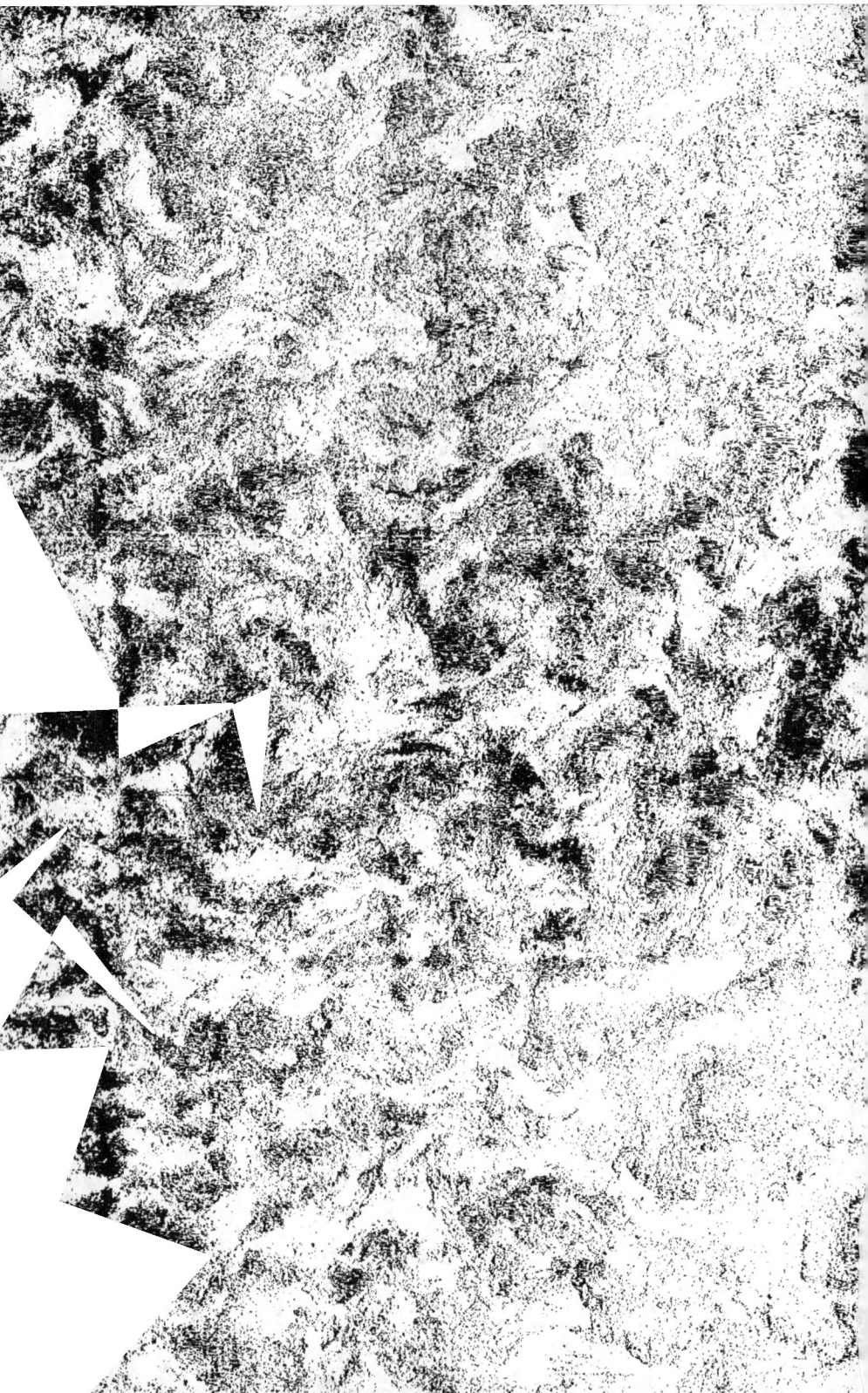

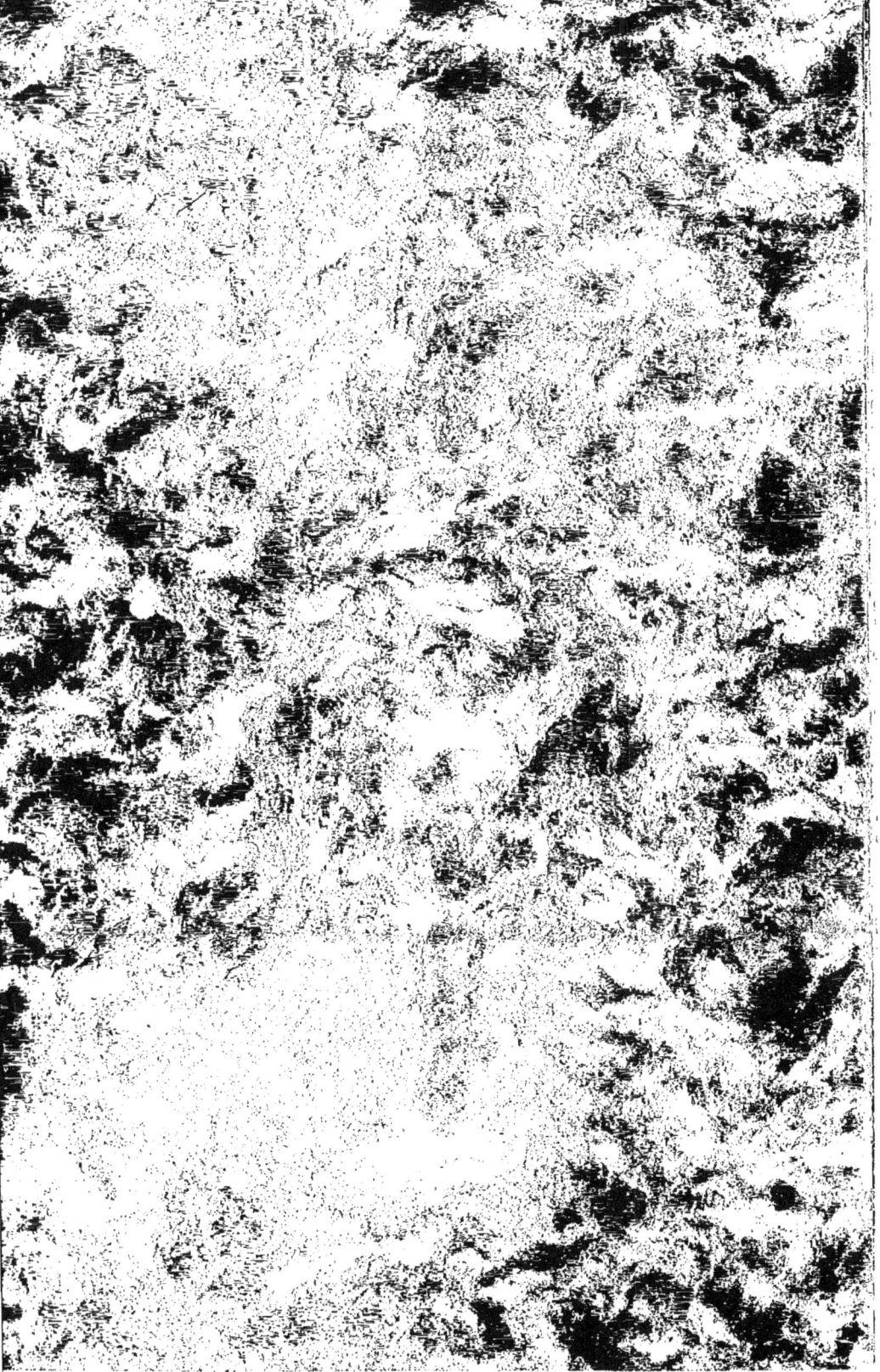

CATALOGUE

de la

BIBLIOTHÈQUE

de la

VILLE DE PAU

par

L. SOULICE

BIBLIOTHÉCAIRE-ARCHIVISTE DE LA VILLE

SCIENCES ET ARTS

PAU

IMPRIMERIE-STÉRÉOTYPIE GARET, RUE DES CORDELIERS

J. EMPÉRAUGER, IMPRIMEUR

1897

CATALOGUE

DE LA

BIBLIOTHÈQUE

DE LA

VILLE DE PAU

PRÉCÉDEMMENT PARUS

Catalogue de la Bibliothèque de la Ville de Pau, par L. Soulice. HISTOIRE LOCALE. — *Pau, 1886, in-8°.*

Notice Historique sur la Bibliothèque de la Ville de Pau, par L. Soulice. — *Pau, 1886, in-8°.*

Notice sur la Bibliothèque du Château de Pau, par L. Soulice. — *Pau, 1894, in-8°.*

Manuscrits de la Bibliothèque de la Ville de Pau, par L. Soulice. — Tome IX du *Catalogue général des Manuscrits des Bibliothèques de France.*

Manuscrits de la Bibliothèque du Palais de Pau, par L. Soulice. — Tome IX du *Catalogue général des Manuscrits des Bibliothèques de France.*

CATALOGUE

DE LA

BIBLIOTHÈQUE

DE LA

VILLE DE PAU

PAR

L. SOULICE

BIBLIOTHÉCAIRE-ARCHIVISTE DE LA VILLE

SCIENCES ET ARTS

PAU
IMPRIMERIE-STÉRÉOTYPIE GARET, RUE DES CORDELIERS
J. EMPÉRAUGER, IMPRIMEUR

1897

TABLE

DES DIVISIONS MÉTHODIQUES

SCIENCES ET ARTS

1. INTRODUCTION. DICTIONNAIRES. PHILOSOPHIE DES SCIENCES.   1 - 12

SCIENCES PHILOSOPHIQUES

2. PHILOSOPHIE.
- A. Introduction. Histoire. Dictionnaires. Revues............ 13 - 54
- B. Philosophie générale. Mélanges....................... 55 - 65
- C. Philosophes anciens et leurs commentateurs.
  - a. Recueils. Critiques généraux..................... 66 - 67
  - b. Philosophes anciens............................ 68-149
- D. Philosophes du moyen âge......................... 150-156
- E. Philosophes modernes à partir du commencement du xvie siècle.. 157-327

3. LOGIQUE.. 328-406

4. MÉTAPHYSIQUE.
- A. Traités généraux et élémentaires..................... 407-419
- B. Métaphysiciens anciens et leurs commentateurs......... 420-442

a

    C. Questions diverses.................................... 443-465
    D. Traités spéciaux sur l'homme, l'âme, ses facultés, ses sensations... 466-529

5. MORALE.

    A. Ouvrages généraux. Collections de moralistes............ 530 - 540
    B. Moralistes anciens et leurs commentateurs.............. 541 - 573
    C. Moralistes modernes qui ont écrit soit en grec, soit en latin. 574 - 578
    D. Moralistes français....................................... 579 - 632
    E. Moralistes étrangers. Moralistes orientaux............... 633 - 652
    F. Traités sur les passions, les vertus, les vices............ 653 - 675
    G. Mélanges de philosophie morale. Traités sur la bonne et la mauvaise fortune... 676 - 702

6. APPLICATION DE LA MORALE. ÉCONOMIE.

    A. Traités généraux. Règles de la vie civile................. 703 - 706
    B. Pédagogie. Traités et ouvrages moraux sur l'éducation et l'instruction des enfants. Instruction publique.
        a. Traités et ouvrages moraux sur l'éducation et l'instruction des enfants........................... 707 - 774
        b. Instruction publique............................... 775 - 852

7. APPLICATION DE LA MORALE. POLITIQUE.

    A. Dictionnaires. Collections. Traités généraux.............. 853 - 858
    B. Auteurs anciens et leurs commentateurs.................. 859 - 863
    C. Auteurs modernes qui ont écrit sur la politique en général. 864 - 882
    D. De la société politique..................................... 883 - 906
    E. Art de gouverner.. 907
    F. Différents systèmes de gouvernements imaginaires ou réels. Aphorismes politiques.................................... 908 - 933
    G. Du prince exerçant la souveraineté....................... 934 - 937
    H. Droits respectifs du peuple et du prince et des limites de l'autorité... 938 - 945
    I. Traités spéciaux touchant les ambassadeurs, les ministres, les conseillers d'État..................................... 946 - 951
    J. Traités sur la noblesse, la cour, les courtisans et les favoris des princes.. 952 - 954

8. APPLICATION DE LA MORALE. ÉCONOMIE POLITIQUE. ÉCONOMIE SOCIALE.

    A. Histoire. Dictionnaires. Collections. Journaux............. 955 - 961
    B. Principes généraux. Cours publics........................ 962 - 995

c. Réformateurs modernes. Sociologie..................... 996-1032
D. Population. Subsistances. Paupérisme. Établissements de secours, de bienfaisance, de répression.
    a. Population. Émigration........................... 1033-1049
    b. Subsistances.................................... 1050-1055
    c. Paupérisme. Mendicité. Prostitution. Criminalité.. 1056-1060
    d. Établissements de secours et de bienfaisance. Assurances.................................. 1061-1099
    e. Établissements de répression. Systèmes pénitentiaires. Peine de mort........................ 1100-1137
E. Industrie. Expositions. Associations. Luxe 1138-1192
F. Finances. Crédit public. Impôts. Monnaies.
    a. Finances. Crédit public........................ 1193-1212
    b. Impôts. Cadastre. Octrois...................... 1213-1225
    c. Monnaies...................................... 1226-1229
G. Commerce. Manufactures. Douanes. Banques.
    a. Commerce. Manufactures 1230-1250
    b. Douanes. Traités de commerce. Contrebande...... 1251-1263
    c. Banques. Tenue des livres. Sociétés de crédit. Caisses d'épargne........................... 1264-1278
H. Colonies.. 1279-1287
I. Circulation intérieure. Chemins de fer. Canaux.......... 1288-1313
J. Statistique générale. Services publics................... 1314-1319

SCIENCES PHYSIQUES ET CHIMIQUES

9. PHYSIQUE.
  A. Histoire. Généralités. Traités préparatoires............. 1320-1333
  B. Auteurs anciens et leurs commentateurs................. 1334-1374
  C. Dictionnaires. Cours et traités généraux................ 1375-1402
  D. Physique appliquée.
    a. Traités divers.................................. 1403-1426
    b. Météorologie. Climatologie comparée............ 1427-1454
    c. Électricité. Magnétisme et Galvanisme........... 1455-1469
    d. Expériences de physique....................... 1470-1474
  E. Mélanges de physique. Ouvrages physico-mathématiques. 1475-1497

10. CHIMIE.
  A. Introduction. Dictionnaires. Histoire de la chimie....... 1498-1512
  B. Traités généraux. Mélanges............................ 1513-1529
  C. Spécialités... 1530-1543
  D. Chimie appliquée..................................... 1544-1575

SCIENCES NATURELLES

11. HISTOIRE NATURELLE.

- A. Généralités. Histoire. Dictionnaires. Systèmes. Traités élémentaires 1576-1600
- B. Auteurs anciens et modernes dont les ouvrages embrassent différentes parties de l'Histoire naturelle 1601-1625
- C. Histoire naturelle de différents pays 1626-1633
- D. Mélanges d'Histoire naturelle et de Physique 1634-1645

12. GÉOLOGIE.

- A. Théorie de la Terre. Constitution minéralogique du globe et de ses différentes parties. 1646-1670
- B. Géologie de différents pays 1671-1707
- C. Montagnes et volcans 1708-1721
- D. Histoire naturelle des eaux. Eaux minérales 1722-1768
- E. Minéralogie. Métaux. Métallurgie. Pierres. Marbres, cristaux et pierres précieuses 1769-1805
- F. Paléontologie 1806

13. BOTANIQUE.

- A. Histoire. Dictionnaires. Traités élémentaires 1807-1817
- B. Géographie botanique. Philosophie botanique. Physiologie botanique. Anatomie des plantes 1818-1837
- C. Systèmes de botanique 1838-1843
- D. Histoire générale des plantes 1844-1850
- E. Plantes ou Flores de différents pays 1851-1880
- F. Collections de plantes des jardins publics et particuliers .. 1881-1883
- G. Monographies soit de classes entières, soit d'espèces particulières des végétaux 1884-1900
- H. Végétaux en usage en médecine 1901-1903

14. ZOOLOGIE.

- A. Généralités. Dictionnaires. Systèmes de classification. Traités élémentaires 1904-1916
- B. Philosophie zoologique 1917-1925
- C. Anatomie et Physiologie des animaux 1926-1937
- D. Histoire générale des animaux 1938-1949
- E. Animaux de différents pays 1950-1954
- F. Description des animaux réunis dans les ménageries 1955-1957
- G. Animaux fossiles en général 1958-1960

— v —

- H. Spécialités zoologiques.
    - a. Animaux vertébrés.
        - Anthropologie. Ethnographie. Paléoethnologie........ 1961-2013
        - Mammifères................................. 2014-2018
        - Oiseaux..................................... 2019-2028
        - Poissons.................................... 2029-2033
    - b. Animaux invertébrés.
        - Généralités................................. 2034-2035
        - Crustacés................................... 2036
        - Insectes.................................... 2037-2041
        - Mollusques. Coquilles....................... 2042-2058
        - Vers. Annélides............................. 2059-2060
        - Infusoires. Animaux inférieurs. Microbes.... 2061-2063
        - Zoophytes................................... 2064-2065
- I. Écarts de la nature.................................. 2066

15. AGRICULTURE. ÉCONOMIE RURALE.

- A. Histoire. Statistique. Dictionnaires. Traités élémentaires.. 2067-2097
- B. Traités généraux anciens et modernes.
    - a. Auteurs anciens et leurs commentateurs......... 2098-2120
    - b. Auteurs modernes............................... 2121-2178
- C. Mélanges. Expositions. Concours. Comices. Journaux..... 2179-2239
- D. Agriculture de différents pays.
    - a. France et Colonies............................. 2240-2273
    - b. Pays étrangers................................. 2274-2287
- E. Culture générale.
    - a. Généralités. Végétation........................ 2288-2298
    - b. Engrais....................................... 2299-2338
    - c. Machines et instruments. Constructions......... 2339-2344
- F. Cultures spéciales.
    - a. Défrichements. Drainage. Irrigations........... 2345-2364
    - b. Prairies...................................... 2365-2370
    - c. Céréales. Maïs................................ 2371-2381
    - d. Arboriculture................................. 2382-2405
    - e. Viticulture................................... 2406-2458
    - f. Cultures diverses............................. 2459-2466
- G. Animaux domestiques.
    - a. Zootechnie.................................... 2467-2470
    - b. Race chevaline. Haras. Courses................ 2471-2491
    - c. Bêtes à cornes. Troupeaux..................... 2492-2505
    - d. Animaux de basse-cour......................... 2506-2514
    - e. Vers à soie. Mûriers.......................... 2515-2524
- H. Horticulture....................................... 2525-2552

SCIENCES MÉDICALES

16. MÉDECINE. CHIRURGIE. PHARMACIE. ART VÉTÉRINAIRE.

- A. Introduction. Histoire. Écrits sur la médecine. Dictionnaires. Traités préparatoires.................... 2553-2573
- B. Traités généraux.
  - a. Auteurs anciens et leurs commentateurs.......... 2574-2614
  - b. Auteurs modernes.............................. 2615-2680
- C. Anatomie.. 2681-2707
- D. Physiologie.
  - a. Traités généraux et spéciaux................... 2708-2740
  - b. Rapports du physique et du moral. Physiognomonie. Phrénologie.............................. 2741-2752
- E. Hygiène.
  - a. Hygiène générale et spéciale................... 2753-2776
  - b. Diététique ou régime sanitaire de la vie. Aliments. Cosmétiques................................... 2777-2802
- F. Pathologie.
  - a. Traités généraux. Médecine pratique. Clinique médicale.. 2803-2837
  - b. Systèmes modernes. Homéopathie................. 2838-2853
- G. Séméiologie, ou Traités sur les signes des maladies....... 2854-2863
- H. Spécialités médicales.
  - a. Fièvres. Maladies inflammatoires............... 2864-2872
  - b. Maladies épidémiques, contagieuses............. 2873-2894
  - c. Maladies aiguës. Maladies chroniques. Maladies séniles... 2895-2902
  - d. Maladies de la peau. Maladies scrofuleuses, syphilitiques, tumeurs, ulcères..................... 2903-2927
  - e. Maladies de la tête. Maladies nerveuses, mentales, morales. Rage................................... 2928-2962
  - f. Maladies de la poitrine, du cœur, du foie et des organes digestifs............................... 2963-2989
  - g. Climatologie médicale. Maladies particulières à certains climats, à certaines professions. Maladies accidentelles.................................. 2990-3003
- I. Thérapeutique. Matière médicale générale et spéciale. Eaux minérales.. 3004-3042
- K. Médecine légale... 3043-3050
- L. Mélanges. Journaux de médecine......................... 3051-3079
- M. Chirurgie.
  - a. Traités généraux. Mélanges..................... 3080-3099
  - b. Traités divers................................. 3100-3114
  - c. Maladies des organes génitaux et des voies urinaires. 3115-3127
  - d. Obstétrique.................................... 3128-3148
- N. Pharmacie et Pharmacopée. Secrets de médecine.......... 3149-3169
- O. Médecine vétérinaire. Hippiatrique..................... 3170-3177

SCIENCES MATHÉMATIQUES

17. GÉNÉRALITÉS.
- A. Histoire. Dictionnaires. Traités élémentaires et généraux.. 3178-3180
- B. Mathématiciens anciens.................................... 3181-3192
- C. Mathématiciens modernes dont les ouvrages se rapportent à plusieurs parties de la science...................... 3193-3211
- D. Mélanges.. 3212-3215

18. MATHÉMATIQUES PURES.
- A. Traités généraux.. 3216-3223
- B. Arithmétique.. 3224-3250
- C. Algèbre élémentaire....................................... 3251-3258
- D. Méthode des fluxions. Calcul différentiel et intégral. Analyse transcendante..................................... 3259-3285
- E. Géométrie. Trigonométrie. Arpentage...................... 3286-3340
- F. Logarithmes. Tables d'usage en mathématiques. Instruments... 3341-3347
- G. Poids et mesures.. 3348-3356

19. MATHÉMATIQUES APPLIQUÉES.
- A. Calcul des probabilités................................... 3357-3361
- B. Mécanique... 3362-3404
- C. Astronomie.
  - a. Histoire... 3405-3408
  - b. Astronomes anciens.................................... 3409-3411
  - c. Astronomes modernes. Traités élémentaires et généraux. Mélanges.. 3412-3431
  - d. Système du monde. Physique et mécanique céleste. 3432-3451
  - e. Observations. Tables astronomiques. Éphémérides. Atlas célestes... 3452-3471
  - f. Description et usage de la sphère et des instruments d'astronomie... 3472-3481
  - g. Mesures déduites de la grandeur de la terre......... 3482-3483
  - h. Traités sur le calendrier. Gnomonique. Horlogerie. 3484-3489
- D. Optique. Perspective...................................... 3490-3501
- E. Marine.. 3502-3520
- F. Art militaire.
  - a. Histoire... 3521-3535
  - b. Traités généraux...................................... 3536-3556
  - c. Administration. Mélanges.............................. 3557-3569
  - d. Tactique. Stratégie. Manœuvres....................... 3570-3579
  - e. Génie militaire. Fortifications. Armes offensives... 3580-3610
  - f. Histoire des opérations militaires.................... 3611-3670
- G. Génie. Ponts et chaussées. Chemins de fer. Canaux....... 3671-3709

APPENDICE AUX SCIENCES

20. APPENDICE AUX SCIENCES.

    A. Philosophie occulte.................................... 3710-3747
    B. Alchimie... 3748-3752
    C. Astrologie. Divination................................ 3753-3759

ARTS

21. ARTS.

    A. Mnémonique.
    B. Écriture et autres moyens de représenter la parole........ 3760-3767

BEAUX-ARTS

22. BEAUX-ARTS.

    A. Introduction. Histoire. Dictionnaires. Philosophie des Beaux-Arts... 3768-3878
    B. Arts du dessin.
        a. Méthodes de dessin........................... 3879-3891
        b. Peinture.
            Histoire de la peinture et des peintres.............. 3892-3906
            Traités théoriques.................................. 3907-3911
            Galeries et Cabinets. Musées. Expositions............ 3912-3939
        c. Gravure.
            Traités généraux.................................. 3940-3947
            Recueils. Portraits. Costumes. Vues 3948-3963
        d. Tapisserie.................................. 3964-3973
        e. Photographie................................ 3974-3977
    C. Sculpture... 3978-3983
    D. Architecture.
        a. Histoire. Dictionnaires........................ 3984-4001
        b. Traités théoriques. Stéréotomie................ 4002-4018
        c. Monuments.................................... 4019-4047
        d. Art décoratif................................ 4048-4066
    E. Mélanges d'objets d'art et curiosités.................... 4067-4098
    F. Musique.
        a. Histoire de la musique et des musiciens. Critique musicale................................... 4099-4119
        b. Traités théoriques. Dictionnaires............... 4120-4127
        c. Chant.. 4128-4140
        d. Compositions musicales........................ 4141-4155

— IX —

23. ARTS MÉCANIQUES ET MÉTIERS.
    A. Dictionnaires. Traités généraux. Mélanges. 4156-4167
    B. Industries manufacturières. Métiers divers. 4168-4185
    C. Art céramique. Verrerie. Émaux. 4186-4207
    D. Art culinaire. 4208-4212

24. EXERCICES GYMNASTIQUES.
    A. Lutte. Escrime. Équitation. Natation. Danse. 4213-4222
    B. Chasses et Pêches. 4223-4229
    C. Jeux divers. 4230-4237

TABLE ALPHABÉTIQUE

DES MATIÈRES

Les noms de personnes sont en petites capitales ; les noms de lieux en italiques et les noms de matières en caractères ordinaires. Les chiffres précédés d'un p. se rapportent aux pages où figurent les articles indiqués pour mémoire et précédés d'astérisques.

A

Abaque. 3242.
Abbaye de St-Martin des Champs de l'ordre de Cluny. *Armoiries*, 110.
Abeilles. 2041, 2182, 2512-2514.
Abstinence. 2783, 2784.
Académies. 2777, 3783-3785, 3810, 3811.
Acide carbonique. 1537, 1539.
Acide phénique. 3032.
Acier. 4168.
Actions humaines. 578.
ADAM. 4109.
Aérostats. 1473, 1929, 4163, 4164.
Afrique. 1986, 2007, 3466.
Agen. 1303, 2237.
Agrégation. 833.

Agriculteurs. 1036, 1040, 1041, 1043, 1044, 1046-1049.
Agriculture. 842, 983, 1034, 1039, 1043, 1046, 1048, 1104-1106, 1157, 1178, 1185, 1187, 1527, 1547-1565, 1678, 1848, 2010, 2067-2552, 2769.
AGRIPPA (Corn.). 3739, *portrait*, 3739.
Air. 1447, 1450.
Aix. 815.
Ajonc. 2466.
ALBÉRONI. 911, 912.
ALBERTINELLI. 3878.
Albi. 2228.
Alcala de Hénarès. Voy. Complutum.
Alchimie. 1512, 3748-3752.

— XII —

Alcoolisme. 1178.
Alençon. 2226.
Alexandrie. 31, 1440.
Algèbre. 3193, 3207, 3251-3258, 3437, 3490.
Alger. 1440, 2222, 3001.
Algérie. 842, 1280, 1698-1703, 1794, 1879, 1880, 2016, 2271, 2272, 2995, 3707-3709.
Aliénés. 2956, 2959, 2960.
Aliments. 1185, 1187, 1527, 2778, 2781-2784, 2789, 2792, 2799, 2800, 2802, 3047, 4165, 4171.
Allemagne. 788, 1728, 1731, 2277, 2356, 3033, 3590, 3842, 3843, 3892, 3896, 4093.
Allier. 812.
ALLIETTE. 3732.
Allumettes. 4169.
Alpes. 1049.
Alsace. 2268, 2472.
Ambassadeurs. 946, 950.
Ame. 79-82, 163, 191, 369, 415, 420, 422-424, 430-438, 444, 466-469, 476, 478, 491, 494, 690, 1338, 1343, 1345, 1367, 1368, 2713, 2987.
Amélie-les-Bains. 3036.
Amendements. *Voy.* Engrais.
Amérique. 919, 3466, 3505, 3654, 3655.
Ameublement. 1185, 1187, 4051, 4056, 4057, 4059, 4062, 4066.
Amiens. 2229.
Amitié. 94-96, 665-668.
Amortissement. 1207.
AMPÈRE. 43, 303, 465.
Amsterdam. 1179, 1180, 1881.
AMUSSAT. 3095, 3097, *portrait,* 3095.
Analyse mathématique. 3200, 3259, 3260, 3262, 3275, 3277, 3282.
Analyses chimiques. 1534, 1535.
Anatomie. 77, 214, 1906, 1926-1937, 2560, 2586, 2606, 2681-2707, 3087, 3150.
ANAXAGORE. 40.
Andalousie. 2455.
ANDOINS (P. d'). *Ex libris,* 420.
Anémie. 2900, 2901.

Angers. 2232.
Anges. 186.
Angleterre. 784, 821, 839, 898, 997, 1070, 1157, 1170-1172, 1190, 1254, 1257-1260, 2274, 2316, 2356, 2956, 3611, 3699, 3704, 3892, 3894, 4045, 4097.
Angoulême. 2231.
Animaux. 77, 79, 451, 1619, 1620, 1623, 1636, 1637, 1904-2066, 2467-2524, 2708, 2987.
Animaux domestiques. 2092, 2096, 2169, 3175.
Animisme. 491.
Anjou. 1049, 1312.
Anthropologie. 1178, 1185, 1961-2013, 2833, 2834.
Anthropométrie. 1118.
Antilles. 2753.
Antimoine. 3006.
Anvers. 1181, 1182, 3637, 3875.
Apprentis, 842.
ARAGO. *Portrait,* 3205.
Aran (Vallée d'). 1697.
ARATUS. 3409, 3411.
Arboriculture. 2098, 2100, 2182, 2382-2405, 2530-2532.
Arcachon. 1953, 3000.
Architecture. 818, 842, 1178, 2339, 2340, 2343, 2589, 3225, 3671, 3768, 3769, 3815, 3837, 3984-4066.
Archives. 1066-1069.
Ardèche. 2259.
Ardennes. 2269.
Arezzo. 4136.
Argelès-Gazost. 1736.
ARGENS (Le Mis d'). *Portrait,* 6.
ARGOLI. *Portrait,* 3462.
Ariège. 1694, 1697, 1968-1970.
ARISTOTE. 55, 70, 77, 87-91, 117, 134, 159, 160, 195, 202, 219, 221, 225, 226, 332, 336, 339-353, 366, 368, 369, 375, 376, 379-381, 407-411, 422-442, 548-557, 862, 863, 1336, 1338-1373, 1844, 1942, 2643, 2644, 2711, 2745.

— XIII —

Arithmétique. 92, 715, 728, 842, 3219, 3224-3230, 3437.
Armagnac. 2254.
Armées. 3521, 3524, 3526-3528, 3532, 3534, 3557, 3559-3563, 3565.
Armoiries. 110, 126, 261, 546, 549, 669, 911, 937, 949, 1514, 1881, 1939, 2123, 2138, 2610, 2682, 2690, 3289, 3434, 3490, 3539, 3724, 3768, 4214.
Armurerie. 4170.
Arpentage. 2206, 3334. *Voy.* Géodésie.
Arras. 2232, p. 605.
Arsenic. 3024, 3027, 3028.
Art. 3770, 3774-3781, 3788, 3789, 3794, 3795, 3797, 3800-3808, 3812, 3813, 3817-3819, 3821-3823, 3830, 3833-3835, 3838, 3839-3841, 3843-3854, 4067-4098.
Art culinaire. 566, 4208-4212.
Art décoratif. 4048-4066.
Art industriel. 4092-4098.
Art militaire. 2553, 3219, 3521-3670.
Artillerie. 3529, 3570, 3571, 3604, 4163, 4164, 4173.
Artois. 1049, 3840, 3841.
Arts. 1185, 1187, 3773, 3813, 4156-4185.
Arzew. 1704.
Asie. 3505, 3849.
Asphalte. 1670.
Asphyxie. 3045-3047.
Assainissement. 2297, 2353, 2358, 2362, 2760, 2761.

Assistance publique. 1080, 1085, 1086, 1088, 1098.
Associations. 1190.
Assurances. 1078, 1094-1097, 2214, 3359.
Assyrie. 3849.
Asthme. 2966, 2967.
Astrologie. 3473, 3735, 3753-3759.
Astronomie. 14, 3224, 3403-3481, 3490, 4163.
Athènes. 1070.
Atmosphère. 2294, 2295.
Atomes. 229.
Attraction. 3430.
AUBRY-LECOMTE. p. 589.
AUDRAN. 3878.
Augsbourg. 3452.
Augusta Vindelicorum. 3452.
AUGUSTE. 3523.
Aurillac. 2229.
Auscultation. 2965.
Australie. 971, 1102, 1107, 2275.
Autorité. 938-943.
Autriche. 1070, 2356, 2475, 4093, 4098.
Auvergne. 2263.
Auxerre. 2228.
AVERROÈS. 34.
Aveugles. 1178.
Aveyron. 812.
Avignon. 1866, 2226, 3484, 3928.
Ax. 1688, 1737.
AZAÏS. 272, *portrait,* 272.
Aztèques. 1993.

B

BABIN. *Portrait,* 929.
Baccalauréat. 833.
BACH. 4107.
BACON. 3, 181-185, 321, *portrait,* 179.
Bactéries. 2876.
Badajoz. 3629.
BADUEL. 805.
Bagnères-de-Bigorre. 1723, 1738-1745, 1974, 3037.

Bagnères-de-Luchon. 3038, 3071.
Baïdes. 1308.
Bains. 3022, 3023.
Balistique. 3195, 3550, 3605-3609.
BALLANCHE. 42.
Baltique. 3644.
Banque. 1264-1267.
Bar-le-Duc. 2225.
BARBARI. 3858.

— XIV —

Barbarie. 2016.
Barbotan. 1723.
Barcelone. 1062, 1871, 2882.
Barèges. 1723, 1746, 1747.
BARYE. 3878.
Basse-cour. 2182, 2498, 2506-2514.
Basses-Pyrénées. 2023, 2435, 2436, 2570, 3626.
BASTIAT. 1003.
BAUTAIN. 42.
Bavière. 1062.
BAYARD. 4082.
Bayonne. 1290, 3466.
Bazeilles. 3665.
Béarn. 2515.
BEAUMONT (Chr. de). *Armoiries,* 261.
BEAUMONT (Elie de). 1662.
Beauvais. 2231.
Beaux-Arts. 1150, 1165, 1171, 1178, 1185-1187, 2704, 2706, 3768-4155.
BEETHOVEN. 4107, 4108.
Belgique. 904, 1070, 1307, 1728, 1731, 2276, 3633, 3634, 4095.
BERKELEY. 484.
Berlin. 1062, 2773.
BERLIOZ. p. 626.
Berne. 1062.
BERSOT. 698, *portrait,* 698.
BERTHELOT. *Portrait,* 1542, 3750.
Besançon. 815.
Bêtes à cornes. 2492-2505.
BETHIZY. *Armoiries,* 937.
Beyrie. 2257.
Biarritz. 1437, 1449, 2994.
Bibliographie. 842, 1848, 2074, 2144.
Bibliothèques. 801, 833, 842, 1167-1169.
Bien. 24.
Bien-être. 972, 1078.
Bienfaisance. 1063, 1065, 1073-1077, 1081, 1082, 1099, 1101.
Bienséance. 715.
Billom. 729.
Biographie. 742, 3855-3878.
Biologie. 1624, 1836, 2727, 2728, 2732, 2737, 2794.

Bitume. 1670.
BLANC (Ch.). 3837, *portrait,* 3837.
Blanchiment. 1546, 1890.
Blois. 2226.
BOÈCE. 92, p. 101.
BOECLERUS. *Ex libris,* 3061.
Bohême. 1706.
BOIELDIEU. p. 626.
BOLOGNE. 3859, *portrait,* 3859.
BONALD (de). 42.
Bonheur. 163, 578, 684, 685, 692, 702, 914, 915, 962, 963.
Bonté. 675.
BONZANIGO. 4082.
BORDAS DEMOULIN. 42.
Bordeaux. 811, 814, 1290-1294, 1645, 1862, 2223, 2229, 2365, 3466.
BORDEU. 1756, 1759, 2572, 2673, 2674.
BOSQUET. *Portrait,* 3645.
BOSSE. 3878.
Botanique. 1178, 1418, 1631, 1636, 1637, 1807-1903, 1936, 2560.
Boucau. 3695.
BOUCHARDON. 3820.
BOUCHER. 3821, 3878.
Boucherie. 1054, 2802.
Boulangerie. 4171.
BOULLE. 3878.
Boulogne-sur-Mer. 1245.
Bourbonne-les-Bains. 1748.
Bourg. 2228.
Bourges. 2232.
BOURLAMAQUE. *Armoiries,* 1514.
Bourse (Opérations de). 1198-1200, 1204.
Boussole. 3341.
BOYLE. 321, 1503.
BRACHET. *Portrait,* 2722.
Brandebourg. 3457, 3458.
Brassac. 1789.
Brasserie. 1178, 1574.
Bray. 3173.
Brésil. 931, 1083.
Brest. 3466.
Bretagne. 1049, 2248, 2351, 2479, 3857, 4154.

BRILLAT SAVARIN. 4211.
Broderie. 4172.
Bronchite. 2981.
BROUSSAIS. 41, 3095.
BRUAT. *Portrait*, 3644.
BRUEGHEL. 3878.
Bruxelles. 804.

Bruyères. 2349, 2350.
BUCHEZ. 42.
Budapest. 4089.
Budget. 1211, 1212.
BUFFON. 321, *portrait*, 1619, 1620.
BUJAULT. *Portrait*, 2173.
BULLION. *Ex libris*, 635.

C

CABANIS. 44, 2748.
Cadastre. 1222, 1223, 2209.
Caen. 816, 2229.
Café. 2781.
CAGLIOSTRO. 2947.
Cagots. 2926.
Cahors. 2226.
Caire (Le). 1440, 4021.
Caisse d'épargne. 1101, 1275-1278.
Calcul différentiel. 3264, 3265, 3268-3270, 3272, 3274, 3276.
Calcul infinitésimal. 3263, 3266, 3267.
Calcul intégral. 3264, 3268-3270.
Calendrier. 214, 2778, 3193, 3225, 3457, 3472, 3473, 3480, 3481, 3484-3486.
Californie. 971.
CALLOT. 3878.
CALVEL. *Portrait*, 2388.
Cambo. 1723.
CAMPAN (Mme). 733.
CAMPER. 2745.
Camps romains, 1630.
CAMUS. 1756.
CANALETTO. 3878, *portrait*, 3878.
Canaux. 1291, 1293, 1300, 1311, 1312, 3392, 3703, 3704, 3706, 4166.
Canfranc. 1309.
Cannes. 2997.
CANROBERT. *Portrait*, 3645.
Cantal. 812.
Capbern. *Voy.* Capvern.
Capbreton. 2396, 3696.
Capucins du Marais. *Armoiries*, 2123.
Capvern. 1749, 1750, 3039, 3040.

Carcassonne. 2228.
Carême. 2783, 2784.
CAREY. 1001.
CARLYLE. 299.
CARNOT. *Portrait*, 3371.
Cartes à jouer. 3791.
Cartésianisme. *Voy*. DESCARTES.
CASTAGNARY. *Portrait*, 3935.
Castejon. 1308.
CASTELLANE (Le M^{al} de). 754.
Catalogne. 1871.
Catholicisme. 64, 877.
CATON. 2100.
Causes finales. 461.
Caustiques. 3095, 3096, 3103, 3112.
Cauterets. 1723, 1751-1760, 2976, 3702.
Cavalerie. 3530, 3560, 3578.
Cavernes. 1687, 1689, 1691, 1965, 1968-1974, 1978.
Cayenne. 3466.
CAYLUS. 3820.
Cazeneuve. 1960.
CELLINI (Benvenuto). 3861, 3878, *portrait*, 3878.
CELSE. 2588.
Céramique. 3910, 4186-4207.
Céréales. 1050-1053, 2371-2381, 2383, 2411.
Certitude. 464.
Cerveau. 1934, 2677, 2697, 2707, 2713, 2728, 2734, 2933, 2940, 2942.
CÉSAR. 3611-3613.
Cette. 1293, 1294.
Chaldéens. 3737, 3849.

— XVI —

Chaleur. 1416, 1487-1490.
Chalons-sur-Marne. 2231.
Chalosse. 1781.
CHAMPAGNE (Ph. de). 3878, p. 591, *portrait*, 3878.
Champignons. 1832, 1884-1889.
Chant. 842, 4128-4140.
Chantilly. 3826.
CHARCOT. *Portrait*, 2677.
Charcuterie. 1054.
CHARDIN. 3821.
Chardonneret. 2028.
Charente. 2450.
Charente-Inférieure. 1951, 1952, 2450.
CHARLET. 3878.
Charleville. 2232.
Charpentier. 4174.
CHARRON. *Portrait*, 581.
Chartres. 4037.
CHASSAIGNAC. 3097.
Chasse. 1913, 2010, 2122, 2123, 2131, 4223-4229.
Chataigne. 2459.
CHATEAUBRIAND. 44.
Chateauroux. 2225.
Chats. 2015.
Chauffage. 4163, 4164.
CHAULIAC. 3084, 3085.
Chaumont. 2226.
Chaux. 2307, 2325, 2327.
CHAZAL. 1756.
Chemins de fer. 1288-1310, 3555, 3694, 3699-3702, 4163, 4164, 4166.
CHEVALIER (Mich.). 1001.
Chevaux. 2471-2491, 3170-3172, 3175.
Chimie. 219, 1391, 1395, 1399, 1403, 1486, 1498-1575, 1903, 2167, 2290, 2306, 2560, 3060, 3748.
Chine. 650, 652, 2026, 2285, 2286, 2520, 2524, 3025, 3650-3653, 3845, 3853, 3983, 4203.
Chiromancie. 3736.
Chirurgie. 2560, 2565, 2585, 2605, 2625, 2628, 2629, 2650, 2698, 2699, 2829, 2971, 3080-3148.

Chlorures. 1533.
Chocolat. 2781.
Choléra. 2882-2894, 3028, 3071.
Chotts. 1446, 3707-3709.
Chronologie. 715, 2589, 2777.
CICÉRON. 100, 133.
Ciel. 81, 82, 191, 214, 345, 430, 1338, 1345-1348, 1359, 1360, 1367, 1368, 1949.
Cigüe. 3016.
CIMAROSA. 4107.
Cimetières. 2762.
CIPRIAUT. *Ex libris*, 2859.
Civilisation. 700, 2011.
Civilité. 711.
CLERICUS. *Portrait*, 250.
Clermont. 813.
Climatologie. 1427, 1436, 1437, 1440, 1445-1447, 1449, 1827, 2386, 2393, 2602, 2823, 2824, 2926, 2990-3001.
Clinique. 2678, 2679, 2826, 3092.
CLOUET. 3878.
Club Alpin. 1178.
Cluny (Musée de). 3771.
Cluny (Ordre de). 110.
COBDEN. 997, 1001.
COCHIN. 3821.
Cochinchine. 3651.
Cœur. 439, 2728, 2963, 2984.
Cognac. 2451.
Coimbre. 344-346, 429-432, 1345-1356.
Coire. 4087.
Collège d'Aquitaine. 251.
Collège de Billom. 729.
Collège de Clermont. 3437.
Collège de Coimbre. 344-346, 429-432, 1345-1356.
Collège de Grassin. *Armoiries*, 546.
Collège de Grenoble. 222.
Collège de La Flèche. 3300.
Collège Louis-le-Grand. 729.
Collège de Saint-Augustin. *Armoiries*, 3181.
Collegium Complutense. 348-350, 414, 437, 438.

Colmar. 2229.
Colonies. 842, 1042, 1279-1287.
Colonies agricoles. 2271, 2272, 2286.
COLUMELLE. 2100-2102.
Comète. 3412-3414.
Comices agricoles. 2221, 2222, 2234.
COMMELINUS. 1881. *Armoiries,* 1881.
Commerce. 728, 983, 997, 1034, 1178, 1230-1250.
Compensations. 271, 272, 504.
Complutum. 348-350, 437, 438, 1363-1366.
Compositions musicales. 4141-4155.
Comptabilité. 1268, 2146, 2161, 2169, 2196, 2206, 3249, 3250.
COMTE (Aug.). 41.
Concarneau. 833.
Conchyliologie. 2042-2058.
Concile. 3484.
Concours régionaux. 2223-2233, 2237.
CONDILLAC. 726.
CONDORCET. 44.
CONDORCET (Mme). 44.
Conférences. 740, 798, 842, 2237, 2281.
CONFUCIUS. 631.
Congrès. 822, 823, 842, 850, 2275, 2276, 2278, 2279, 2283, 2284.
Connaissances humaines. 7.
Conscience. 499, 501, 502, 700.
Conservatoire de musique. 4101-4105.
Constantine. 3404, 3638.
Constantinople. 1070.
Contagion. 2977, 2979.
Conversation. 601.
Conversion. 1207.

COPERNIC. 3440.
Coraux. 2065.
CORNEILLE de Lyon. 3878.
COROT. 3878.
Corps humain. 474-476.
CORRÈGE. 3830.
Corrèze. 812.
Corse. 1437, 2994.
Cosmographie. 3286, 3440, 3446, 3479.
Costumes. 3960.
Coton. 2462.
Couleurs. 1403, 1406-1410, 1414, 1545.
Coulmiers. 3657.
Courage moral. 676-679.
Courses. 2471, 2488, 2489.
COURT DE GEBELIN. 269.
COURTANVAUX. p. 534.
Courtisans. 952, 953.
COUSIN (J.). 3862, 3863, *portrait,* 3862.
COUSIN (V.). 43, 291, 322.
Création. 163, 1594, 1595.
Crèches, 2772.
Crédit foncier. 1269-1272, 1274.
Crédit public. 1197, 1201.
Crétinisme. 2925, 2926.
Creuse. 812.
Crime. 1059, 1060, 1998, 2833, 2962.
Crimée. 3641, 3643-3647.
Croisement. 1895.
CROUSAZ. *Portrait,* 395.
Cryptogames. 1832.
Curare. 2728.
Curiosités. 4067-4091.
CUVIER. *Portrait,* 1958.

D

DALOUZI. 3635.
DAMASCIUS. 102.
DANDOLO. *Portrait,* 2519.
Danemark. 1070, 2279, 3466, 4096.
Danse. 3815, 4106.
Dantzig. 167, 576, 866, 1328.

DARIPE DE LALONGUE. *Ex libris,* 602.
Dartres. 2903.
DARWIN. 1600, 1625, 1916, *portrait,* 1625.
Darwinisme. 2000.
DAUMIER. p. 590.
DAVANBON. *Ex libris,* 1845.

b

DAVID (Louis). 3864, 3865, *portrait*, 3865.
DAVY. 1503.
Dax. 1723, 1761-1763, 3001.
DEBUCOURT. 3821.
DECAMPS. 3878.
Decize. 1787.
Défauts. 662, 681.
Défrichement. 2254, 2297, 2345-2347, 2349-2353.
DELACROIX (Eug.). 3878.
DELAMBRE. *Portrait*, 3408.
DELESSERT. 1882.
DELFF. 3878.
DELILLE. *Portrait*, 2116.
DELLA PORTA. 3878.
DE LORME (Ph.). 3878.
DEMMIN. *Portrait*, 4195.
Démocratie. 855, 903, 919-921, 928, 933, 944, 1006.
Démographie. 1038, 1178, 2011.
Démons. 186, 2947, 3710-3747.
Denrées. 960.
Dentelle. 4172.
DESCARTES. 211-213, 218, 219, 233, 238, 308, 473, 1333, 1373, 3439, *portrait*, 206.
Déserteurs. 3560.
Désinfection. 1533, 1572, 2766.
Despotisme. 913, 914, 941.
Desséchements. 3400.
Dessin. 842, 3837, 3879-3891.
Destinée. 628.
Déterminisme. 458.
DEVERIA (Eug.). p. 590.
Devoir. 674.
Diables. *Voy.* Démons.
Diagnostic. 2861.
DIDOT (Ambr. Firmin). *Portrait*, 3958.

Diététique. 566, 2777-2803.
DIEULAFOY. 3097.
Digestion. 2709.
Digne. 2231, 3484.
Dijon. 3929.
Disette. 1055.
Distillation. 1530, 1531.
Divination. 79, 439, 2947, 3753-3759.
Docks. 1247.
Doctorat. 833.
DOLÆUS. 2630.
DOLBEAU. 3097.
Dolmens. 1972.
DOMBASLE (M. de). 2080, 2170, *portrait*, 2169, 2170.
Domestication. 1905, 1913.
Domestiques. 1009.
DONATELLO. 3878.
DONIZETTI. 4107.
Douanes. 1251-1263.
Douleur. 503.
Draguignan. 3930.
Drainage. 2297, 2352, 2354-2356, 2359, 3399, 3400, 4163.
Dresde. 3926.
Droit. 20, 628, 833, 2012, 2110, 2132, 2155, 2191, p. 384.
DU CHESNE. *Portrait*, 3152.
DUCLOS. 626.
DU MESNIL MARIGNY. 1001.
Dunes. 2348.
Dunkerque. 3402.
DUNS SCOT. 196, 203, 225, 226.
DUPANLOUP. 741.
DUPLAA. *Ex libris*, 1213.
DURAND CLAYE. *Portrait*, 2364.
DURER (Alb.). 3858.
DUSAULX. 1766.
DUTUIT. *Portrait*, 3941.

E

Eau. 3011, 3027, 3028.
Eaux-Bonnes. 1723.
Eaux-Chaudes. 1723.

Eaux minérales. 1722-1768, 2902, 2980, 3033-3042.
Éclairage. 1527, 1536, 1570, 4163, 4164.

— XIX —

Éclairs. 1439.
École centrale des Basses-Pyrénées. 250.
École centrale des travaux publics. 3213.
École polytechnique. 3214, 3310.
Écoles. 739, 842, 868, 869. *Voy.* Instruction publique.
Écoles des Beaux-Arts. 3796, 3801-3805, 3836, 3919.
Économie. 703-706, 728, 866.
Économie domestique. 2185, 2187-2189, 2193, 2205, 2211.
Économie politique. 955-1319, 2191.
Économie rurale. 2076, 2096, 2098-2105, 2111, 2112, 2122-2128, 2131-2134, 2144-2148, 2156, 2161, 2162, 2165, 2187-2189, 2244, 2253, 2260, 2267, 2268, 2274, 2290, 3381.
Économie sociale. *Voy.* Sociologie.
Écosse. 27, 784, 1070, 2274, 2275, 2356.
Écrevisse. 2036.
Écriture. 3760, 3763-3765.
Edelinck. 3878.
Éducation. 521, 529, 631, 669, 690, 699, 707-774, 1025, 1185, 1187.
Éducation des femmes. 715, 719, 722, 727, 733, 740, 741, 755, 765, 800, 838, 984.
Égalité. 986.
Égouts. 2362, 2769, 2775.
Égypte. 1440, 2928, 2995, 3849, 3989.
Égyptiens. 83.
Eisen. 3821.
Électricité. 1417, 1456, 1460-1467, 1469, 1494, 3096, 3367, 3388, 4163, 4164, 4166.
Électrothérapie. 2677.
Émaux. 4205-4207.
Embryologie. 2682, 2685, 2710, 2721, 2739.
Émétique. 3006.
Émigration. 1037, 1042.
Empédocle. 40.
Epictète. 558, 561.

Epicure. 103, 219, 562, 563.
Epinay (Mme d'). 765.
Emploi du temps. 670, 731.
Emprunts. 1210.
Émulation. 690.
Enfant. *Voy.* Éducation. Instruction.
Enfants nouveaux-nés. 2182, 2827.
Enfants trouvés. 1062, 1072.
Engrais. 2178, 2182, 2254, 2291, 2295, 2299-2338, 2369, 2392.
Enseignement. 771, 1185, 1187, 2078, 2087, 2089, 2091, 2094, 2212, 2269, 2570, 2571. *Voy.* Instruction publique.
Ensilage. 2381.
Entendement. 254.
Entomologie. 1831, 1895, 1897, 1925, 1955, 2037-2042.
Épidémies. 2873, 2874.
Épilepsie. 2833, 2938, 2943.
Épistolaire (Art). 331.
Épizootie. p. 483.
Éponges. 3519.
Épuisement. 2899.
Équitation. 2974, 4213-4215.
Équité. 934.
Erreur. 463.
Escaut. 3625.
Espace. 308.
Espagne. 1076, 1077, 1081, 1157, 1263, 1685, 1686, 1811, 2241, 2280, 2281, 2361, 2888, 2995, 2996, 3626, 3628-3634, 3892, 3895, 3909, 3931, 3932, 4088.
Espartero. 2745.
Esprit humain. 297, 460, 474, 477, 480-482, 486, 489, 611, 724.
Esprit public. 897.
Estampes. 3948-3963.
Esthétique. 24, 306, 404, 490, 3798, 3799, 3814-3816, 3831, 3849, 3850, 3908, 4118, 4124, 4186.
Estomac. 2677, 2986.
États-Unis. 786, 830, 1306, 3654, 3698.
Ethnographie. 1178, 1961-2013.

EUCLIDE. 3181-3191.
Eugubio. 157.
Eure-et-Loir. 1070.
Evian. 2429.
Évolution. 1915.
Evreux. 2225.
Ex libris. 250, 270, 420, 474, 602, 635, 888, 1213, 1379, 1819, 1845, 2043, 2585, 2859, 3061, 3181, 3223, 3538, 3546, 4208.
Exorcismes. 3711-3716, 3718, 3719.
Expositions. 783, 792, 793, 795-798, 842, 849, 1138-1189, 1250, 2235, 2236, 2356, 4033, 4043, 4046, 4156.
Expositions des Beaux-Arts. 3826, 3836, 3933-3939, 3952.

F

Fable. 328, 715, 721.
Facultés intellectuelles. 2697, 2712, 2713.
Famille. 748, 1078, 2004, 2005.
Fatalisme. 453.
Fauconnerie. 4223.
Fécondation. 1825, 1828, 1895.
Femme. 1999. *Voy.* Gynécologie.
FÉNELON. 765.
FERMAT. *Portrait*, 3211.
Fermentation. 1540.
Fermes-écoles. 2210, 2213, 2257, 2317.
FERRAN. *Portrait*, 2888.
FERY (Jeanne). 3744.
Feu grégeois. 3550.
Fièvres. 2606, 2612, 2622, 2623, 2632, 2642, 2821, 2848, 2864-2871, 2899, 2978, 3008, 3029, 3030, 3070.
FIGUIER. *Portrait*, 4163, 4166.
Filature. 1178.
Finances. 1193-1212.
Finistère. 2893.
FLAMMARION. *Portrait*, 3428.
Flandre. 1049, 2267, 3614, 3840, 3841, 3892, 3896-3899, 3901.
Flatterie, 541, 913.
Fleurs. 2529, 2533, 2540, 2543, 2544.
Florence. 3924, 3925.
Foie. 2677, 2985.
Foix. 1049. 2228.
FOIX CANDALLE. 1845.
Folie. 2743, 2833, 2844, 2955, 2957, 2958, 2961, 2962.
Fonderie. 4175.
Fonds publics. 1198-1200, 1209, 1210.
Fontainebleau. 3920.
Fontaines. 4176. *Voy.* Hydraulique.
FONTENELLE. 456.
Force. 1422, 1425.
Forêts. 1445, 1894, 2384-2386, 2392, 2393, 2397-2405. *Voy.* Arboriculture.
Forez. 1626, 2142.
Forges. 1790.
Fortification. 3437, 3580-3603, 3671.
FORTUNY. 3878.
Fossiles. *Voy.* Paléontologie.
FOUCQUET. 4077.
FOURCROY. *Portrait*, 1499.
FOURCY (H. de). *Ex libris*, 1819.
FOURIER (Ch.). 41.
FOURIER (J. B. J.). *Portrait*, 3210.
Fourmis. 2041.
Fourrages. 2254, 2331, 2369, 2463.
FRAGONARD. 3821, 3878.
France. 18, 41-44, 46, 154, 300, 711, 748, 789, 850, 895, 917, 920, 925, 961, 1004, 1040, 1043, 1044, 1048, 1049, 1194, 1195, 1197, 1201, 1205, 1206, 1211, 1237, 1252, 1287, 1302, 1430-1433, 1626, 1671-1673, 1728, 1735, 1769, 1810, 1851-1853, 1950, 1959, 2082, 2218, 2240-2247, 2288, 2386, 2414, 2424-2430, 2435, 2436, 2461, 2462, 2465, 2480, 2482, 2756, 2760, 2767, 2999, 3033, 3075, 3528-3535, 3553, 3558, 3563, 3602, 3603, 3626, 3699, 3788, 3789, 3844, 3856, 3902,

3903, 3956, 3958, 3984, 3995, 4036, 4116, 4161, 4222, 4237.
Francfort-sur-l'Oder. 3457.
Franche-Comté. 2270.
François, dauphin. 328.
Fresnel. *Portrait,* 1491.

Fromageries. 2502.
Fruits. 2525-2527, 2530-2532, 2538, 2540, 2541, 2543, 2547, 2548.
Fumiers. 2312, 2318, 2323, 2324, 2328-2332, 2335, 2369. *Voy.* Engrais.

G

Gaete. 3649.
Gaieté. 683.
Gaillon. p. 614.
Galien. 77, 2554, 2555, 2581, 2595, 2606.
Gall. 41, 2745.
Gallicie. 2883.
Gallipoli. 3645.
Galvanoplastie. 4163, 4164.
Gap. 2232.
Garat. 44.
Gard. 2259.
Garde nationale. 3527, 3564.
Garnier (Ad.). 43.
Garou. 3017.
Gascogne. 2353.
Gasparin (Adr. E. P.). 2171.
Gasparin (Ag. de). *Portrait,* 694.
Gassion. 883.
Gaston Phébus. 4228.
Gastronomie. 4211, 4212.
Gavarni. 3878.
Gavarnie. 1711.
Génération. 79, 81, 82, 191, 214, 350, 432, 1338-1341, 1343, 1349-1352, 1357, 1358, 1366, 1946, 2987.
Genève. 1874, 2492, 3745.
Génie. 507, 2834.
Génie civil, Génie militaire. 1034, 1178, 3580-3610, 3671-3709. *Voy.* Architecture.
Géodésie. 3293, 3335-3337, 3424.
Géographie. 715, 721, 728, 842, 1178.
Géographie médicale. 2990, 2991.
Géologie. 1178, 1486, 1646-1806.
Géométrie. 842, 1178, 3181-3191, 3198, 3219, 3286-3333, 3437, 3490.

Gérando (de). 43.
Germain. 4090.
Gers. 812, 1678.
Gervais. 2411.
Gibelins. 328.
Giraudeau de Saint-Gervais. *Portrait,* 2922.
Gironde. 2025, p. 605.
Glaciers. 1423, 1631, 1717, 1720.
Glandes. 2693.
Gloire. 574.
Gluck. 4107.
Gnomonique. 3487, 3488.
Godefroy de Bouillon. 3965.
Gœthe. 50.
Goitre. 2925.
Gomberville. *Portrait,* 654.
Goutte. 2677, 2896.
Gouvernements. 908-933.
Graissessac. 1786.
Grammaire. 270, 715, 2089.
Gramont (M^{al} de). *Armoiries,* 3289.
Grandeur d'âme. 671.
Grangier. *Ex libris,* 2585.
Grassin (Collège de). *Armoiries,* 546.
Gratiolet. 2751, *portrait,* 2751.
Gratianopolis. 222.
Gratry. 42, 322.
Gravelot. 3821.
Gravitation. 1415, 1417, 3430.
Gravure. 3769, 3940-3947.
Grèce. 3802, 3806, 3849, 3982, 3988, 3989, 3996, 4000, 4130, 4134.
Grecs. 6, 40, 817, 3179.
Greffe. 2394, 2411.
Grenoble. 222, 2304.

GRÉTRY. 4107.
GREUZE. 3821, 3878.
Grippe. 2975, 3071.
GROS. 3878.
Guadarrama. 3076.
Gubbio. 157.
Guelfes. 328.
GUENON. *Portrait,* 2496, 2497.
Guéret. 2232.
GUÉRIN (A.). 3097.

GUÉRIN (J.). 3097, 3104.
GUÉRIN (Paulin). 3866, *portrait,* 3866.
Guerre de 1870. 3656-3669.
Guinée. 1109, 2007.
GUIZOT. 43, 2745.
Guyane. 1116.
Gymnastique. 842, 4216-4220.
Gynécologie. 2606, 2665, 2686, 2709, 3050, 3058, 3095, 3120-3122, 3127, 3129, 3145, 3146, 3148.

H

Habitations. 961, 1021, 1022, 1027, 3992, 4008, 4031, 4036, 4039, 4040, p. 417.
HAHNEMANN. *Portrait,* 2851.
Hainaut. 3840, 3841.
Hambourg. 1062.
HAMELIN. *Portrait,* 3644.
HANDEL. 4107.
Haras. 2471-2475, 2478, 2479, 2481, 2490, 3170, 3171.
HARTMANN. 49.
HAUTEFORT. *Armoiries,* 911.
Haute-Garonne. 1695-1697.
Haute-Loire. 812.
Haute-Vienne. 812.
Hautes-Pyrénées. 1721, 1765, 1766, 1861.
HAYDN. 4107, 4108.
Héas. 1711.
Hébraïque (Langue). 232.
Hébreux. 54.
Heidelberg. 372-374.
HEINE (H.). 697.
HELVÉTIUS. 626.
Hémorrhoïdes. 2665, 2898, 3095, 3096.
HÉRACLITE. 40.
Hérault. 1865.
Hérédité. 508, 631, 990.
Hernies. 3095, 3096, 3110.
HÉROLD. 4107.
HÉSIODE. 2120.
Hesse. 3459.
Hiéroglyphes. 328.

Hippiatrique. 3170-3177.
HIPPOCRATE. 77, 2553, 2555, 2591, 2606-2609, 2611, 2643, 2644, 2655, 3087, *portrait,* 2602, 2603.
Histoire. 715, 842.
Histoire naturelle. 77, 81, 82, 200, 1345-1348, 1576-1645, 2560. *Voy.* Physique.
Histologie. 2702.
HOBBEMA. 3878.
HOBBES. *Portrait,* 224.
HOFFMANN. *Portrait,* 2669.
Hollande. 1070, 3892, 3896-3900, 4095.
Homéopathie. 1178, 2838-2853.
Homme. 163, 470, 471, 479, 483, 487, 488, 603, 1949. *Voy.* Anthropologie.
Honduras. 1210.
Hongrie. 1773, 1782, 2278, 2883.
Hôpitaux. 1061, 1062, 1066-1071, 1079, 1086, 1087, 1089, 3164.
Horloges. 3193, 3489.
HORNE TOOKE. 484.
Horticulture. 1178, 1185, 1187, 1848, 2086, 2092, 2131, 2176, 2182, 2285, 2356, 2394, 2525-2552.
Houille. 1772, 1778, 1786-1790, 1795, 1804, 2299-2302.
Houillères. 3386.
HOURCASTREMÉ. *Portrait,* 3212.
Huesca. 1309.
Huîtres. 2052.
Humanité. 1064.

— XXIII —

Hume. 258.
Humeurs. 2581, 2642.
Huningue. 3635.
Hutten (Ulr. de). 328.
Hybridation. 1825.
Hydraulique. 2361, 2364, 2533, 3195, 3389-3404, 3705, 4176.
Hydrographie. 3503.
Hyères. 1440, 2997.
Hygiène. 809, 824, 846, 1178, 2586, 2589, 2607, 2715, 2753-2802, 3095.
Hypnotisme. 2677, 2944-2950.
Hypocrisie. 700.
Hystérie. 2939, 2943.

I

Idéal, Idéalisme. 299, 527.
Idéologie. 270.
Ile de France. 1049.
Ille-et-Vilaine. 2249, 2250.
Illusions. 522.
Imagination. 497.
Immortalité. 498.
Impaludisme. 1760, 2866-2868, 2870.
Impiété. 328.
Impôts. 969, 1197, 1205, 1213, 1214, 1216, 1217, 1219-1221, 2458.
Imprimerie. 562, 3766, 3767, 3791.
Inconscient. 516.
Inde. 19, 1173, 2275.
Industrie. 983, 1114, 1131, 1138-1189, 1568, 1569, 4156-4158, 4162-4166.
Infanterie. 3531, 3533, 3535, 3559, 3560, 3573-3575.
Infirmités. 3100, 3102, 3106.
Infusoires. 2061.
Inoculation. 3017.
Inondations. 3687.
Inquisition. 132, 567.
Insectes. *Voy.* Entomologie.
Instinct. 506, 507, 518, 1918, 1919, 1923, 1925.
Instruction. 707-774.
Instruction publique. 726, 738, 778, 775-852, 1166, 1174. *Voy.* Enseignement.
Instruments aratoires. 2297, 2340-2342, 2344.
Instituteurs. *Voy.* Instruction publique.
Intelligence. 47, 275, 276, 459, 500, 518, 1918, 1919, 1924, 1932, 2942.
Intempérance. 2801.
Internationale. 875, 1008.
Intestins. 2987-2989, 3095, 3096.
Invalides (Hôtel des). 3560.
Invention. 521.
Invertébrés. 2034-2065.
Irlande. 2274, 2275, 2356.
Irréligion. 326.
Irrigations. 2263, 2352, 2357-2364, 3400.
Isère. 2304.
Italie. 48, 807, 1070, 1427, 1728, 2283, 2379, 2995, 2997, 2999, 3639, 3640, 3648, 3805, 3892, 3904-3906, 3924, 3925, 3946, 3963, 3980, 4001, 4019, 4020, 4083, 4084, 4093.

J

Jaca. 1309.
Jacob. 4066.
Jalousie. 661.
Japon. 3839.
Jardins. 2073, 4052. *Voy.* Horticulture.
Jaugeage. 2123, 2180. *Voy.* Poids et mesures.
Jean, duc de Berry. 4086, *portrait*, 4086.
Jeanne, duchesse de Berry. *Portrait*, 4086.

JEANNE DES ANGES. 3743.
Jésuites. 707-709.
Jeunesse. 79, 439.
Jeux. 4230-4237.
JOUFFROY. 43, 322.
JOURDAIN. 322.
Journaux. 2238, 2239, 3077-3079.

JUDDE. *Armoiries*, 2690.
Jugements. 641.
Juifs. 54.
JULIEN (L'empereur). 104.
Jupiter (Planète). 3466, 3468.
Justice divine. 132, 567.

K

Kabbale. 54.
KANT. 278, 308.

KLETT. *Ex libris*, 2043.

L

LABBAT. 1756.
Laboratoires. 833, 2210, 2336.
LA BRUYÈRE. 616, 618, *portrait*, 615, 619.
LACÉPÈDE. 1623.
LA CHAMBRE. 2745.
La Chapelle-sous-Dun. 1790.
Lâcheté. 505.
Lacs. 1631.
LAFFITTE (Jacq.). *Ex libris*, 270.
La Flèche. 3300.
LA FORGE. (L. de). *Portrait*, 474.
Laiterie. 1178.
LAKANAL. 820, *portrait*, 820.
Lalibéla. 4044.
LAMARTINE. 930, 2745.
LAMBERT (Mme de). 765.
LAMENNAIS. 42, 284, 285, 697.
LAMOUR. 3878.
Lampy. 1677.
LANCRET. 3867.
Landes. 1858, 1859, 1981, 2025, 2396, 2823.
Landes. 2349-2351, 2353.
Langage. 641, 2705.
Languedoc. 1049, 1855, 2031, 2180, 2372, 2703.
LAPLACE. *Portrait*, 3204.
LA QUINTYNE. 2528, *portrait*, 2526, 2527.

Largentière. 1796.
LA ROCHEFOUCAULD. 596, *portrait*, 598.
LA ROCHEFOUCAULD DE BAYERS. *Ex libris*, 3546.
La Rochelle. 2228.
LAROMIGUÈRE. 43, *portrait*, 276.
LA TOUR. 3821, 3878.
Lauragais. 2260.
Laval. 2232.
LAVATER. 2744, 2745.
LAVOISIER. 1503, 1511, *portrait*, 1486.
Lazarets. 1062.
Lazaristes de Paris. *Ex libris*, 474.
LE BAILLY. *Portrait*, 1098.
LE BRUN. 3868, *portrait*, 3868.
LECLERC. 3862.
LEIBNITZ. 308, *portrait*, 263.
LE JAY. *Armoiries*, 2610.
Le Mans. 2225.
LEMERY. *Portrait*, 1513.
LENOIR. 4073.
Le Puy. 2229.
LÉOPARDI. 49.
LE REBOURS. *Ex libris*, 4208.
LEROUX (Pierre). 41.
LE SUEUR. *Portrait*, 3950.
L'HUILLIER D'INTERVILLE. *Armoiries*, 1939.
Libéralisme. 43.

Liberté. 458, 693, 694, 743, 901, 905, 943, 945.
Liberté de la presse. 890.
Librairie. 842.
Licence. 833.
LIEBIG. *Portrait,* 1551.
Limoges. 2232.
Lin. 2465.
LIPSE (Juste). *Portrait,* 139.
Liquides de l'organisme. 2726.
Lisbonne. 1070.
LIST. 974.
Lithographie. 3891.
Littérature. 60, 126, 127, 696, 715.
LITTRÉ. 317.
LOCKE. 274, 484.
Locomotion. 1929, 1930, 1937, 1945.
Logarithmes. 3342-3347.
Logique. 62, 63, 80, 92, 103, 153, 176, 177, 187-191, 214, 215, 220, 227, 236, 239, 240, 259, 270, 281, 320, 328-406, 425.
Logrono. 3717.
Loigny. 3658.
LOIR. 3869, *portrait,* 3869.

Loire. 812.
Loire-Inférieure. 1863.
Loiret. 812.
Lombrives. 1965.
Londres. 1062.
Longévité. 2586, 2786, 2791, 2793, 2795-2797. *Voy.* Vie, Vieillesse.
Lons-le-Saulnier. 2229.
LORAIN. *Portrait.* 2830.
Lorraine. 1771.
Loubouer. 1723.
Loudun. 2947, 3733, 3743.
Louviers. 3741.
Louvois. 909.
Louvre. 3916-3918.
Lozère. 1864.
LUINI. 3826.
LULLE (Raymond). 153.
LULLI. 4107.
Lumière. 439, 1411, 1413, 1414, 1417.
Lumière électrique. 1466.
Lune. 3449.
Luxe. 1037, 1192.
Lyon. 813, 815, 2223, 2231, 3466.

M

MABUSE. 3858.
Machines. 979, 2073, 3367, 3371, 3379-3388, 4163, 4164.
Mâcon. 2226.
Madère. 1440.
Madrid. 1070, 1308.
Maestricht. 1705.
Magie. 3710-3747.
Magistrature. 982.
Magnétisme. 1417, 1455, 1457-1461, 1468, 2743.
Maine. 1049.
Maine-et-Loire. 2251-2253, 2422.
MAINE DE BIRAN. 43, 465.
MAINTENON (Mme de). 765.
Maïs. 2374-2376, 2381.

MAISONNEUVE. 3097.
MAISTRE (J. de). 42.
Mal de mer. 3003.
Maladies des enfants. 2827, 2846, 2847.
Malaisie. 3505.
MALEBRANCHE. 456.
MALON. *Portrait,* 1032.
MALTHUS. 1045.
Mammifères. 1956, 2014-2018.
Manche. 812.
MANN (Hor.). 746.
Manufactures. 1238, 1243, 3836, 4156-4167.
Marais. 2396.
MARC-ANTOINE. 3858.

(*)

Maréville. 2959.
MARGUERITE D'AUTRICHE. 3858.
Mariage. 328, 661, 2004.
Mariannes (Iles). 1108, 1109.
MARIE D'ANGLETERRE. 328.
MARILHAT 3870.
Marine. 3195, 3437, 3502-3520, 4163, 4164.
Marne. 2325.
Maroc. 1879, 1880, 2016.
Marolles. 2350.
Marseillaise. 4153.
Marseille. 1301, 2231, 2753, 2881, 3822, 3824, 3825.
MARTINEZ. 3309, *portrait,* 3909.
Mas d'Azil. 1689.
Matérialisme. 309-311.
Mathématiques. 126, 127, 3178-3361, 3437, 3544.
Matière. 1495.
Matière médicale. *Voy.* Thérapeutique.
MAURICEAU. *Portrait,* 3130.
MAURY (L'abbé). *Portrait,* 266.
MAXIME. 105.
MAXIMILIEN. 328.
Mayenne. 1680.
Mécanique. 3194, 3213, 3362-3388.
Médecine. 833, 1178, 1513, 1515, 1567, 1848, 1901-1903, 2067, 2143, 2185, 2553-3079, 4163.
Médecine légale. 3043-3050.
Médicaments. 2554-2556, 2585, 2709, 2724, 2831, 2935, 3005, 3019, 3027, 3057, 3069, 3071, 3149-3164. *Voy.* Pharmacie. Thérapeutique.
MÉDICIS. 3828.
Méditerranée. 1626.
MÉHUL. 4107.
MEISSONIER. P. 591.
MELGAS. *Ex libris,* 888.
Melun. 2225.
Mémoire. 79, 439, 511, p. 576.
Mende. 2225.
Mendicité. 1062.
Mensonge. 700.

Menthe. 1893.
Menton. 1437, 2994, 2997.
Mer. 1592, 1726.
Mer noire. 3644.
Mérite. 669.
MÉRY. 2762.
MESLIER. 266.
MESUÉ. 3151.
Métallothérapie. 2677.
Métallurgie. 1527.
Métaphysique. 16, 56, 77, 83, 169-172, 176, 177, 186-191, 197, 214, 215, 220, 227, 233, 234, 236, 239, 264, 369, 407-529, 633.
Métayage. 2262.
Météorologie. 80-82, 103, 205, 206, 214, 345, 430, 1178, 1338, 1345-1348, 1359, 1360, 1367, 1374, 1427-1454, 1635, 1667, 1779, 1949, 2290, 3451.
Metz. 2231, 3164.
Meurthe. 2269.
Meurthe-et-Moselle. 812.
Meuse. 2269.
Mexique. 1768.
MEYERBEER. 4107.
MICHEL ANGE. 3830.
MICHEL DE RUSSIE (Le grand duc). *Portrait,* 4237.
Microbes. 1527, 2062, 2063.
Microscope. 1418-1420, 1810.
Migraine. 2936.
Mildew. 2373.
Minéralogie. 971, 1427, 1486, 1527, 1617, 1619, 1620, 1626, 1657, 1675, 1769-1805.
Minimes de Paris. *Armoiries.* 2610, 3434, 3490.
Ministres. 947, 948.
Misère. 1101.
Mnémonique. P. 576.
Mobilier. *Voy.* Ameublement.
Modestie. 566.
Mœurs. 161, 532, 569-573, 610, 611, 637, 696, 697, 891.
Moldavie. 2883.

— XXVII —

Molière. 2569.
Mollusques. 1856, 2042-2058.
Monde. 47, 80-82, 214, 1359, 1360, 1367, 1368.
Mondeville. 3099.
Monnaies. 1178, 1226-1229, 2553.
Mons. 3744.
Monsigny. 4107.
Mont-Blanc. 1454.
Mont-de-Marsan. 1290, 1723, 2226, 2227, 2823.
Montagnes. 1708-1712, 1714, 1718-1721.
Montaigne. 582-585, 589-591, 750, portrait, 584, 588, 591.
Montauban. 1295, 2232, 3936.
Montbrison. 2225.
Montecuculi. Portrait, 3546.
Montpellier. 814, 1087, 1865, 2229, 3007.
Montucla. Portrait, 3178.
Montyon. 891.
Monzon. 3630.
Morale. 14, 16, 17, 25-27, 62, 63, 103, 124-130, 159, 176, 177, 179-181, 186-190, 214, 215, 220, 227, 232, 239, 257, 281, 306, 345, 412, 420, 429, 530-702, 855, 856, 863, 994, 1345-1348, 2001.
Morbihan. 2915.
Moreau (L. M.). Portrait, 2797.
Moreau. 3821, 3878, portrait, 3878.
Mort. 68, 79, 81, 82, 214, 324, 350, 432, 439, 1339-1341, 1343, 1349-1352, 1357, 1358, 1366, 2719, 2862, 2863, 3045-3047.
Mortiers. 1527, 3674, 4009.
Mosaïque. 4055.
Moselle. 2269.
Moules. 3061, 3069.
Moulins. 2232.
Moutons. 2504.
Mouvement. 402, 439, 2711, 2729.
Mozart. 4107, 4108.
Munich. 1062.
Mûriers. 2155, 2515, 2516, 2518-2521.
Musée pédagogique. 836, 842.
Musées. 842, 3775, 3782, 3809, 3836, 3842, 3844, 3912-3939, 4105
Muséum. 1640-1643, 1955-1957.
Musique. 92, 3791, 3797, 3807, 3815, 4099-4155.

N

Nancy. 2232, 2411.
Nantes. 2228, 3466.
Naples. 1440.
Napoléon (Le prince). Portrait, 1153.
Narbonne. 1066-1070.
Naturalisation. 1835, 1905, 2289.
Naturalisme. 41, 493.
Nature. 80-82, 160, 296, 495, 496.
Nature humaine. 492.
Navigation. 3502-3520, 3672.
Necker (Mme). 765.
Nègres. 2007.
Nervosisme. 2941, 2943.
Newmarket. 2471.
Newton. 1333, 1514, 3493.
Nice. 1049, 1440, 2997.
Niedermeyer. P. 627.
Nil. 2007.
Niort. 2226.
Noblesse. 574, 703, 713, 714, 954.
Noir animal. 2310, 2319, 2350.
Nollet. Portrait, 1386.
Nominaux. 152.
Normandie. 1049, 4045, 4159.
Norvège. 1070, 4096.
Nouvelle Calédonie. 1116.
Noyon. 4023.
Nuages. 1448.
Nuremberg. 3459.

O

Observatoires. 833, 1442, 1443, 1454, 3422, p. 534.
Obstétrique. 3128-3148.
Octroi, 1224, 1225.
Oculistique. 2691, 2928-2931, 3101.
Odeur. 1426.
Oiseaux. *Voy.* Ornithologie.
OLLIER. 3097.
Opérations militaires. 3611-3670.
Opinion. 452.
Opinions religieuses. 688, 689.
Optique. 205, 206, 1496, 3183, 3437, 3490-3493, 3816, 3976.
Orchidées. 1895.
Oreilles. 2932, 2936.
Orfèvrerie. 3791, 4088-4091.
Organes génitaux. 3095, 3096, 3116, 3117, 3120-3122, 3126, 3127.
Organologie. 2697.
Orgueil. 664.
Orient. 1835, 1877, 3179, 3818, 3819, 3833, 3849-3851.
ORIGANUS. 3456.
Orléans. 2231, 3661.
Orne. 812.
Ornement. *Voy.* Art décoratif.
Ornithologie. 1618, 1949, 2019-2028.
Orphelins. 842.
Orthopédie. 3102, 3104.
Os (Maladie des). 3108, 3114.
Oseraie. 2359.
Oubli. 505.
Ourcq (Canal de l'). 3392.
Ouvriers. 1005, 1007, 1027, 1029.
Oxide de carbone. 1338.
OZANAM. 322.

P

Pacifique. 3670.
PAIGNON DIJONVAL. 3914.
PAISIELLO. 4107.
Paix (Amis de la). 1178.
PAJOL. *Portrait,* 3616.
Paléoethnologie. 1965-1981, 1988, 1990, 1992, 1994.
Paléontologie. 1635, 1657, 1663, 1900, 1949, 1958-1960, 2048, 2049.
Palerme. 1440.
PALESTRINA. 4107.
PALISSY. 3878.
Panama. 3706.
Pansements. 3087, 3105.
Papier. 3791, 4177, 4178.
PAPILLON. 37.
Paralysie. 2729.
Parasites. 1931, 2875.
Parchemin. 3791.
PARENT-DUCHATELET. 1056, 2758, *portrait,* 1056.
Paresse. 670.
PARIS. 3871.
Paris. 797, 849, 1056, 1071, 1089, 1148-1155, 1160, 1161, 1164, 1165-1178, 1183-1188, 1313, 1868-1870, 1955-1957, 2230, 2356, 2366, 2756, 2775, 3588, 3672, 3934, 3968, 4031, 4033, 4103, 4114.
Parlement. 913.
PARSEVAL DESCHÊNES. *Portrait,* 3644.
Parthénon. 4024-4026.
PASCAL. *Portrait,* 532.
Passions. 210, 256, 548, 653, 655-658, 660, 2937.
Pathologie. 2008, 2649, 2803-2853, 2940, 3093, 3094.
PATIN (Guy). 2573, *portrait,* 2573.

Patriotisme. 505, 686.
Patronage. 842.
Paturage. 2094.
Pau. 1440, 1860, 2225, 2867, 3001.
Paupérisme. 1062, 2191.
Pays-Bas. 1310, 3801.
PÉAN, 3097.
Peau (Maladies de la). 2677, 2839, 2843, 2903, 2904.
Pêche. 1913, 2010, 2131, 2385, 4229.
Pédagogie. 707-852.
Peine. 515.
Peine de mort. 1136, 1137.
Peinture. 3768, 3769, 3797, 3815, 3816, 3826, 3837, 3892-3939, 4179, 4180.
PÉLISSIER. *Portrait*, 3645.
Pellagre. 2905.
PENTHIÈVRE (Duc de). *Armoiries*. 3724, 3768.
Pépinières. 2383, 2388, 2389, 2395. *Voy.* Arboriculture.
Périgord. 2262.
Péripatéticiens. 66, 87, 88, 168-172.
Pérou. 2284.
Perpignan. 2232.
Perses. 2076, 3849, 3854.
Personnalité. 513, 2836.
Perspective. 3305, 3315, 3323, 3490, 3494-3501.
Pessimisme. 49, 316.
Peste. 1062, 2642, 2877-2881.
Pétrole. 1670.
Peuple. 942.
Phanérogames. 1833, 1843.
Pharmacie. 833, 1395, 1846, 2132, 2560, 2622, 2623, 2637, 3017, 3149-3164.
Phénicie. 2076, 3849.
PHIDIAS. 3878.
Philadelphie. 795, 796.
Philosophie. 13-327, 396.
Philosophie des sciences. 1-12.
Phonographe. 4164.
Photographie. 1419, 1527, 1541, 3974-3977, 4163, 4164.
Phrénologie. 455, 2741-2743, 2745-2747.

Phtisie. 2921, 2969, 2970, 2973, 2977, 2979, 2980, 3024, 3031.
Phylloxera. 2442-2454.
Physiognomonie. 2744, 2745, 2750-2752.
Physiologie. 1926-1937, 2708-2752, 3072.
Physique. 89, 103, 126, 127, 159, 167, 176, 177, 187-191, 197, 200, 214, 215, 217, 219, 220, 227, 236, 239, 240, 339, 350, 366, 368, 369, 386, 430, 1320-1497, 1560, 2290, 2643, 2690.
Picardie. 1049.
PICCINNI. 4107, p. 625.
PICHEGRU. 3582.
Piémont. 1872.
Pierres précieuses. 1403, 1527.
PIGNATELLI D'EGMOND. *Ex libris.* 3538.
Pisciculture. 1185, 1187, 4163.
PITARO. *Portrait*, 2518.
Plaies. 3086, 3096, 3109, 3111.
Plaisir. 503, 515, 700.
PLATON. 55, 64, 68, 101, 111, 117, 119, 202, 219, 551, 552.
Pleurésie. 2971, 2972, 2976, 2978, 2982, 3026.
Plombières. 1764, 2989.
PLOTIN. 123.
PLUTARQUE. 568.
Poésie. 715, 3815.
Poétique. 331.
Poids et mesures. 1178, 1606, 1609-1611, 2161, 2553, 2587, 3229, 3348-3356, 3482, 3483.
Poisons. 2647, 2724, 2771, 3045-3047, 3049, 3071, 3151.
Poissons. 1949, 2029-2033.
Poissy. 2223.
Poitiers. 2229.
Poitou. 1049.
Poitrine (Maladies de). 2963-2983.
Politique. 16, 74, 77, 159, 179-181, 224, 232, 306, 550, 576, 684, 704, 853-954, 2009, 2217.
Polypes. 2927.
Pommes de terre. 2291, 2432, 2460.
Pompes à incendie. 1316.

Pompes funèbres. 1315.
Ponts et Chaussées. *Voy.* Génie civil.
Population. 1033-1035, 1038, 1039, 1045, 2011.
Porcelaine. 1527. *Voy.* Céramique.
Porcs. 2498, 2511.
PORPHYRE. 134, 332, 336.
PORPORA. 4107.
PORTA. 2745.
Portraits. 6, 139, 143, 179, 206, 224, 233, 235, 239, 250, 263, 266, 272, 276, 395, 474, 532, 581, 584, 588, 591, 598, 615, 619, 634, 659, 694, 698, 820, 929, 1032, 1056, 1098, 1153, 1386, 1486, 1491, 1499, 1513, 1542, 1551, 1619, 1620, 1625, 1958, 2023, 2116, 2128, 2129, 2130, 2169, 2170, 2173, 2364, 2388, 2455, 2496, 2497, 2518, 2519, 2526, 2527, 2573, 2602, 2603, 2640, 2654, 2663, 2669, 2677, 2722, 2731, 2797, 2801, 2830, 2851, 2888, 2922, 3060, 3095, 3130, 3152, 3178, 3204, 3205, 3210-3212, 3371, 3408, 3428, 3462, 3546, 3616, 3644, 3645, 3739, 3742, 3750, 3798, 3837, 3859, 3862, 3865, 3866, 3868, 3869, 3874, 3876-3878, 3909, 3935, 3941, 3943, 3950, 3957-3959, 3986, 4085, 4086, 4163, 4166, 4195, 4237.
Ports. 3695, 3696.
Portugal. 1811, 2995, 3633, 3634.
Positivisme. 35, 41, 301, 312, 317, 524, 696.
Postdam. 1062.
Postes. 1317-1319.
Potagers. 2525-2527, 2530-2532, 2534, 2542, 2547, 2550, 2551.
Pouls. 2856, 2857, 2859, 2860.
Poumons. 2677, 2965.
Poupry. 3658.
POUSSIN. P. 591.

Prague. 2611.
Prairies. 2182, 2365-2370.
Pratique médicale. 2804, 2805, 2808-2810, 2818, 2819, 2822, 2823.
Préchac. 1761.
Préjugés. 613.
Prévoyance. 1083, 1084, 1178.
Prière. 68.
PRIESTLEY. 484, 1503.
Prince. 934-937.
Prisons. 749, 1100-1135, 1178.
Prix de vertu. 700.
Probabilités. 3357-3361.
Progrès. 306, 628.
Propriété. 960, 989, 2006, 2280.
Prosodie. 331.
PROST. 1864.
Prostitution. 1036-1038, 2922.
Protectionisme. 1001.
PROUDHON. 41.
Provence. 1049, 1867, 3466, 3825.
Proverbes. 2246, 2247.
Providence. 457, 873, 874.
PRUDHON. 3821, 3878.
Prusse. 787, 4094.
Psychologie. 62, 63, 264, 281, 320, 455, 466-529, 772, 773.
PTOLÉMÉE. 3410, 3432, 3433.
Puits artésiens. 3393, 3404, 4163.
Purgatifs. 2825.
Puy-de-Dôme. 812, 2263, 2264.
Pyrénées. 1049, 1289, 1296-1298, 1627-1631, 1646, 1682-1684, 1687, 1692, 1694, 1695, 1697, 1708-1712, 1715, 1718-1721, 1724, 1729, 1730, 1734, 1774-1776, 1785, 1797, 1854-1857, 1871, 1884, 2405, 2926, 3034, 3035, 3961, 3962.
Pyrrhonisme. 260.
Pythagoriciens. 66, 543, 546, 860.

Q

QUATREFAGES. 1600.
Quimper. 2231.

Quinine. 3027, 3028.

R

Rabelais. 750.
Rage. 2921, 2938, 2951-2954, 3045.
Raison. 277, 278, 417, 672.
Rameau. 4107.
Ramus. 355, 356.
Raoux. *Portrait*, 2801.
Raphael. 3872.
Rapports du physique et du moral. 2741, 2744, 2745, 2748-2752, 2957.
Rate. 2677.
Ravaisson. 322.
Rebellion. 580.
Reboisement. 2384, 2393, 2398-2400, 2402, 2404.
Réforme sociale. 1004, 1010.
Régis. *Portrait*, 239.
Règle du goût. 256.
Regnault. 3878, p. 591.
Religion. 255, 287, 290, 298, 690, 696, 865, 2003.
Reliure. 3791, 4181, 4182.
Rembrandt. 3873, 3874, 3878, *portrait*, 3874.
Remontes. 2476-2478.
Rémusat. 43.
Renaissance. 3827-3830, 3989, 3995, 3999.
Rente. 1203, 1207, 1209.
Représentation proportionnelle. 931, 932.
Reptiles. 1957.
République. 884-887.
République Argentine. 843, 1285, 1319, 1469, 2503, 2504.
Respiration. 79, 439, 2720.
Responsabilité. 504, 627.
Réunion. 2273.

Rêves. 518, 526, 3710.
Révolution française. 896, 3618.
Reynaud. 41.
Reynolds. 3878.
Rhétorique. 328, 331, 715, 1338.
Rhumatisme. 2677, 2682, 2895, 2896, 2902.
Ricardo. 969.
Richelieu. 910, 4078. *Armoiries*, 549, 2682.
Richesse. 965, 966, 977, 993, 2195.
Richier (Ligier). 3878.
Ridicule. 663.
Ris Paquot. *Portrait*, 4085.
Rivarol. 44.
Riverius. *Portrait*, 2640.
Robert (Léopold). P. 591.
Rojas Clemente y Rubio. *Portrait*, 2455.
Roland (Mme). 765.
Romains. 2071, 3522, 3591.
Romanèche. 1790.
Rome. 1101, 1440, 2589, 3849, 3912, 3989, 4068.
Roncal. 1308.
Rossini. 4107.
Roudaire. 3707-3709.
Rouen. 1244, 2231.
Rouissage. 4183.
Rousseau (J. J.). 269, 718, 765.
Roussillon. 1049.
Routes. 3698.
Royan. 3466.
Royer Collard. 43.
Rubens. 3875.
Rude. 3878.
Russie. 1174, 4093.
Ruysdael. 3878.

S

Sabatier. *Armoiries,* 2123.
Sacrifices. 873, 874.
Sagesse. 531, 580, 581.
Sahara. 1698, 1699, 2483, 2484.
Saignée. 2578, 2581, 2585, 2906, 3008, 3017, 3021, 3056, 3059, 3061, 3136.
Saint-Arnaud. *Portrait,* 3645.
Saint-Arroman. *Portrait,* 3943.
Saint-Aubin. 3821, 3878.
Saint-Brieuc. 2226.
Saint-Etienne. 1295.
Saint-Ferréol. 1677.
Saint-Germain en Laye. 4047.
Saint-Lambert. 626.
Saint-Lô. 2228.
Saint-Louis. 853.
Saint-Martin. 44.
Saint-Pétersbourg. 1070, 1132-1134.
Saint-Quentin. 2228, 4034.
Saint-Sauveur. 1765-1767, 3041.
Saint-Savin. 4022.
Saint-Simon. 41.
Saisset. 43, 322.
Salaires. 960, 1191.
Salles d'asile. 780, 814-816, 842.
Salpêtre. 1486, 1532, 2411.
Salpétrière. 2678, 2679.
Samadet. 4200.
San Remo. 2997.
Sangsues. 2059.
Santorin. 1707.
Saragosse. 1082, 3632.
Sarre. 1788.
Sarthe. 1070.
Saturne (Planète). 3468.
Saubusse. 1761.
Saumur. 384.
Saverdun. 2317.
Savoie. 1728, 1731.
Scarlatti. 4107.
Scepticisme. 53, 454.

Scheele. 1503.
Schopenhauer. 49.
Scolastique. 36, 154-156.
Sculpture. 1612, 3768, 3769, 3815, 3826, 3837, 3978-3983.
Sébastopol. 3641, 3643, 3645.
Secours mutuels. 842, 1090-1093, 3075.
Secrets de médecine. 3165-3169.
Sedan. 3665.
Seigle ergoté. 3027-3030.
Seine. 1070, 3672.
Seine (Dép. de la). 2756.
Seine-et-Marne. 1070.
Seine-et-Oise. 1070.
Seine-Inférieure. 1676.
Sel. 2292, 2293, 2315, 2316.
Sélection. 990, 1912, 1987.
Semailles. 2369, 2378.
Séméiologie. 2830, 2854-2863.
Séminaires. 261, 262, 268.
Sénégal. 1279.
Sénégambie. 2007.
Sénèque. *Portrait,* 143.
Senlis. 2951.
Sens. 79, 80, 439, 459, 1925, 1936, 2733, 2738.
Sens moral. 700.
Sensibilité. 515, 2670.
Sensualisme. 26.
Sériciculture. 1178, 2153, 2515-2524, 4184.
Serres (Oliv. de). 2129, *portrait,* 2128, 2129.
Sèvres. 4198, 4199.
Sierra Morena. 1954.
Simon (Jules). 322.
Simplicius. 561.
Sinclair. *Portrait,* 2150.
Singes. 2018.
Slodtz. 3820.
Sobriété. 2786.

— XXXIII —

Sociabilité. 673.
Socialisme. 41, 882, 999, 1019, 1020, 1023, 1032, 3951.
Société de Saint-Edmond. *Ex libris,* 1379.
Sociologie. 326, 648, 996, 998, 1012, 1014-1018, 1024, 1026, 1028, 1030, 1031, 1184, 1999, 2004-2006, 2009-2013, 3848.
SOCRATE. 40, 149.
SOLANO. 2857, 2859.
Soleil. 104, 3448.
Solidarité. 520.
Sologne. 2265, 2266.
Sommeil. 79, 439, 518.
Somnambulisme. 2943, 2945, 2947, 2948.
Son. 1414, 1421.
Songes. 518, 526, 3710.
Sophistes. 66.
Sora. 200.
Sorciers. 3710-3747.
Sorgho. 1891.
Sorrèze. 726.
Soudan. 2007.
Souffrage. 2420, 2431, 2540.
Sourds muets. 1178, 2705.
Souverain. 939.
SPENCER (Herbert). 307.
Sphère. 214, 3181, 3193, 3409, 3411, 3437, 3472-3481.
SPINOZA. 233, 493, *portrait,* 233, 235.
Spiritualisme. 43, 318, 327.
SPONTINI. 4107.
SPURZHEIM. 2745.

Squirre. 3016.
STAEL (Mme de). 43.
STAHL. 1514, *portrait,* 2663.
Statique. 1412, 1413, 3374-3378.
Statistique. 799, 1178, 1314, 2082-2084, 2195, 2401, 2403, 3691.
Statues. *Voy.* Sculpture.
STENDHAL. 696.
Sténographie. 842, 3761, 3762.
Stéréotomie. 3305, 4012, 4013.
Stoïcisme. 148.
STRADA. 325.
Strasbourg. 2228, 3635, 3663, 4076.
STUART MILL. 301.
Subsistances. 2322, 2411.
Suc gastrique. 2718.
Suède. 1070, 4096.
Sueur. 2714.
Suggestion. 2945, 2946, 2949, 2950.
Suicide. 697.
Suisse. 1101, 1728, 1731, 1875, 2282, 2995, 4094.
Superstitions. 3726.
Surdité. 2936.
Surnaturel. 3747.
SUTTER. *Portrait,* 3798.
SWETCHINE (Mme). 322.
SYLVIUS. 2633.
Sympathie. 504, 641.
Syphilis. 2622, 2623, 2709, 2839, 2912, 2920-2924, 3017, 3117.
Système nerveux. 2677-2679, 2700, 2725, 2731, 2735, 2741, 2844, 2939-2962.
Système pénitentiaire. *Voy.* Prisons.

T

Tabac. 1215, 2461.
Tableaux. *Voy.* Peinture.
Tables astronomiques. 3452-3471.
TACITE. 541.
Takitechnie. 3207, 3208.
Tanin. 2872, 2891, 3026, 3028.
Tapisseries. 3964-3973.

Tarascon. 1689, 1690.
Tarbes. 1303, 2229.
Tarn. 812.
Tarn-et-Garonne. 812, 1679, 1798.
Taupes. 2385, 2396.
Tauromachie. 4221, 4222.
Technologie. 4167.

Teintures. 1527, 1545, 1890.
Télégraphes. 1317, 1319, 4163, 4164.
Témoignage. 934.
Ténériffe. 1632.
Tératologie. 1823, 2066, 2740.
TERBURG. 3878.
Tercis. 1723, 1761.
TERRASSON. 253.
Thé. 2781.
Théâtre. 696, 3836.
Théodicée. 6, 62, 63, 186.
Théologie. 20.
THÉOPHRASTE. 1844.
Thérapeutique. 2554, 2555, 2618, 2619, 3004-3042, 3056, 3057, 3059.
Thermodynamique. *Voy.* Chaleur.
THIERS. 2745, 4069.
THOMAS D'AQUIN. 175, 195, 203, 214, 221, 222, 227, 228, 348-350, 414, 437, 438, 1363-1366.
THORVALDSEN. 3876, *portrait,* 3876.
Timor. 1876.
TITIEN. 3858, 3877, *portrait,* 3877.
Tocologie. 2578, 3095, 3128-3133, 3137-3144, 3147, 3148.
TOLAND. 321.
Tonkin. 1282.
Tonnerre. 1439.
Topographie. 3338-3340.
Torpille. 1927.
Toscane. 1873.
Toulon. 1632.
Toulouse. 1291-1293, 1298, 1856, 2224, 2231.
Touraine. 1049.
Tourbe. 1778, 2301, 2302, 2310.

Tourneur. 4185.
TOUSSENEL. *Portrait,* 2023.
Toxicologie. 1395, 3049. *Voy.* Poisons.
TRACY. 44.
Traditionalisme. 42.
Tragédie. 256.
Traite. 1042.
TRALLES. 2803.
Transformisme. 1593, 1916, 1920-1922, 1963.
Transports. 1178, 1313.
Transylvanie. 1773.
Travail. 989, 1114, 1120, 1131.
Travail manuel. 842, 852.
Tremblement de terre. 1328, 1451, 1667, 1716.
Trigonométrie. 3257, 3304, 3311, 3313, 3319-3321, 3331, 3437.
TRIQUETI. P. 592.
Troupeaux. 2148.
TROYON. 3878, *portrait,* 3878.
Truffes. 1887.
Tuberculose. 2968-2970, 2973, 2977, 2979, 2980, 2993.
Tulle. 261.
TULPIUS. *Portrait,* 3060.
Tumeurs. 3095, 3096, 3116.
Tunis. 842, 1879, 1880.
Tunisie. 2016, 3519.
TURBILLY. 2203.
TURENNE. 3615.
TURNER. 3878.
Turquie. 1261, 3636.
TYCHO BRAHÉ. 3459.
Typographie. *Voy.* Imprimerie.

U

Udine. 1435.
Ultramontanisme. 42.
Univers. 14, 47, 1590.
Universités. 833.

Uranibourg. 3466.
Uriage. 2304.
Urines. 2855, 2858.
Uzès. 1626.

V

Vaccin. 2907-2920.
Vaches laitières. 2486, 2496, 2497, 2500.
Vænius. *Portrait,* 659.
Val d'Yèvre. 1105, 1106.
Valence. 2671, 2818.
Valenciennes. 1795.
Valentinois. 1626.
Van de Velde. 3878.
Van Dyck. 3826.
Van Mierevelt. 3178, *portrait,* 3878.
Van Orley. 3878, *portrait,* 3878.
Van Ostade. 3878, *portrait,* 3878.
Vannes. 2229.
Vapeurs. 2895, 2897, 2934, 2935.
Variole. 2906, 2907, 3008, 3017, 3069. *Voy.* Vaccin.
Varna. 3645.
Varron. 2100, 2114.
Vauvenargues. 626.
Végétation. 1820, 1821, 1824, 1827, 1835, 2291-2294.
Velay. 1626.
Velazquez. 3878.
Venaissin (Comtat). 1049, 1626.
Vendée. 812.
Vénerie. 4226.
Venise. 1440, 2998, 3456.
Vérité. 446-448, 454.
Vernet. P. 592.
Véronèse. 3878.
Verrerie. 4204, 4206.
Verrès. 4079.
Vers à soie. *Voy.* Sériciculture.
Vers de terre. 2060.
Versailles. 2226, 3921-3923.
Vertus. 163, 548, 578, 675, 3087.
Vêtements. 1185, 1187.
Vétérinaire (Art). 2074, 2143-2145, 2411, 3170-3177.

Vices. 163, 548.
Vichy. 3042.
Vie. 79, 439, 703, 2719, 2730. *Voy.* Longévité.
Vie rurale. 2216, 2218.
Vieillesse. 79, 93-96, 439, 2677.
Vienne (Autriche). 792, 793, 1162, 1163, 2356, 2821, 2833.
Vienne (Dép. de la). 812.
Viennois. 1626.
Viète. 3258, 3283, 3284, 3490.
Vigée Le Brun (Mme). 3878.
Vigne. 2182, 2191, 2254, 2383, 2396, 2406-2458.
Vilard d'Honnecourt. 4034.
Villèle. 2745.
Villepion. 3658.
Villers. 44.
Vincennes. 2296, 2334.
Vin. *Voy.* Vigne.
Vinci (Léonard de). 1485.
Viollet le Duc. *Portrait,* 3986.
Virgile. 2117.
Virus. 2835.
Viticulture. 1187.
Vitraux. 3911.
Vivarais. 1626.
Voies digestives. 1764, 2987-2989, 3095, 3096.
Voies urinaires. 2578, 2677, 3095, 3096, 3115, 3117-3119, 3123-3125.
Volcans, 1707, 1713, 1716.
Volney. 44. 626.
Volonté. 512.
Voltaire. 289.
Voyages. 3205.
Vrai. 24.
Vratislav. 2812.

W

WAGNER. P. 626.
WALDSCHMID. 2650.
WALLON. 322.
WATTEAU. 3821, 3878.
WEBER. 4107.
WELLINGTON. 2745.

Westphalie. 1780.
WIER. *Portrait*, 3742.
WIGNEROT DE RICHELIEU. *Armoiries*, 126.
WILLIS. *Portrait*, 2654.
Wissous. 2762.
WOEIRIOT. 3862, *portrait*, 3862.

Z

Zélande (Nouvelle). 1878.
Zoologie. 1904-2066. *Voy.* Animaux.

Zootechnie. 2467-2470.

CATALOGUE

DE LA

BIBLIOTHÈQUE

DE LA VILLE

DE PAU

SCIENCES ET ARTS

1. INTRODUCTION. DICTIONNAIRES. PHILOSOPHIE DES SCIENCES.

1. — Francisci, baronis de Verulamio, vice-comitis Sancti Albani, [BACON], de dignitate et augmentis scientiarum libri IX. — *Parisiis, Metlayer, 1624, in-4°*.

2. — Neuf livres de la dignité et de l'accroissement des sciences, composés par François BACON, baron de Verulam et vicomte de St-Aubain. Et traduits du latin en français par le sieur de GOLEFER,... — *Paris, Dugast, 1632, in-4°*.

3. — Étude sur François Bacon, suivie du Rapport à l'Académie des sciences morales et politiques sur le concours ouvert pour le prix Bordin, par J. BARTHÉLEMY-SAINT-HILAIRE,... — *Paris, Alcan, 1890, in-12*.

4. — Digesti sapientiæ supplementum in quo habetur scientiarum omnium, rerum divinarum atque humanarum nexus et ad prima principia reductio. Authore P. Yvone,... Tomus tertius et ultimus... — *Parisiis, Thierry, 1661, in-f°.*
   Ce tome seul.

5. — Traité de l'incertitude des sciences, traduit de l'anglais [de Thomas Baker, par Nic. Berger]. — *Paris, Miquelin, 1714, in-12.*

6. — La philosophie du bon sens, ou Réflexions philosophiques sur l'incertitude des connaissances humaines, à l'usage des cavaliers et du beau sexe. Nouvelle édition, revue, corrigée et augmentée d'un Examen critique des Remarques de M. l'abbé d'Olivet,... sur la théologie des philosophes grecs, par M. le marquis d'Argens. — *La Haye, Paupie, 1747, 2 vol. in-12, fr. gr. et port.*

7. — Essai sur la philosophie des sciences, ou exposition analytique d'une classification naturelle de toutes les connaissances humaines, par André Marie Ampère,... — *Paris, Bachelier, 1838-1843, 2 vol. in-8°, tabl.*

8. — Dictionnaire universel des sciences, des lettres et des arts... avec l'explication et l'étymologie de tous les termes techniques... rédigé, avec la collaboration d'auteurs spéciaux, par M. N. Bouillet,... — *Paris, Hachette, 1854, 1 tome en 2 vol. gr. in-8°.*

9. — De la méthode a posteriori expérimentale et de la généralité de ses applications, par M. E. Chevreul. — *Paris, Dunod, 1870, in-12, tabl.*

10. — Classification des sciences, par Herbert Spencer. Traduit de l'anglais sur la troisième édition, par F. Réthoré,... — *Paris, Germer-Baillière, 1872, in-12.*

11. — Théorie des sciences. Plan de science intégrale, par L. Bourdeau. — *Paris, Germer-Baillière, 1882, 2 vol. in-8°.*

12. — L'avenir de la science. Pensées de 1848, par Ernest Renan. Troisième édition. — *Paris, Calmann Lévy, 1890, in-8°.*

SCIENCES PHILOSOPHIQUES

2. PHILOSOPHIE.

A. INTRODUCTION. HISTOIRE. DICTIONNAIRES. REVUES.

13. — Lexicon philosophicum græcum... Accessit adjicienda latino lexico sylloge vocum et phrasium quarumdam obsoletarum, minus usu receptarum... cum earum luculenta correctione et interpretatione. Informatum opera et studio Rodolphi GOCLENII,... — *Marchioburgi, Hutwelckerus, 1615, in-4°.*

14. — La bibliothèque des philosophes et des savants tant anciens que modernes, avec les merveilles de la nature, où l'on voit leurs opinions sur toute sorte de matières physiques, comme aussi tous les systèmes qu'ils ont pu imaginer jusqu'à présent sur l'univers et leurs plus belles sentences sur la morale, et enfin les nouvelles découvertes que les astronomes ont faites dans les cieux. Par le sieur H. GAUTIER,... — *Paris, Cailleau, 1723, 2 vol. in-8°, fr. gr. et pl.*

15. — Histoire critique de la philosophie, où l'on traite de son origine, de ses progrès et des diverses révolutions qui lui sont arrivées jusqu'à nous, par M^r D*** [A. F. BOUREAU-DESLANDES]. — *Londres, Nourse, 1742, 3 vol. in-12.*
Le tome 2 porte : *Amsterdam, Changuion, 1737.*

16. — Histoire abrégée des sciences métaphysiques, morales et politiques, depuis la renaissance des lettres. Traduite de l'anglais de Dugald STEWART, et précédée d'un Discours préliminaire par J. A. BUCHON. — *Paris, Levrault, 1820-1823, 3 vol. in-8°.*

17. — Histoire de la philosophie morale, particulièrement aux dix-septième et dix-huitième siècles, par sir James MACKINTOSH. Traduit de l'anglais par M. H. PORET,... — *Paris, Levrault, 1834, in-8°.*

18. — Essai sur l'histoire de la philosophie en France au XIXᵉ siècle, par M. Ph. Damiron,... Troisième édition... — *Paris, Hachette, 1834, 2 vol. in-8°.*

19. — Essais sur la philosophie des Hindous, par M. H. T. Colebrooke,... Traduits de l'anglais et augmentés de textes sanskrits et de notes nombreuses par G. Pauthier,... — *Paris, Didot, 1834, in-8°.*

20. — Éléments généraux de l'histoire comparée de la philosophie, de la littérature et des événements publics, depuis les temps les plus reculés jusqu'à nous. Avec un appendix sur l'histoire du droit, de la théologie, des sciences et des arts... par M. Gatien-Arnoult,... — *Toulouse, Bon et Privat, 1841, in-4°.*

21. — Cours de l'histoire de la philosophie, par M. V. Cousin. Introduction à l'histoire de la philosophie. Nouvelle édition... — *Paris, Didier, 1841, in-8°*

22. — Cours de l'histoire de la philosophie, par M. V. Cousin. Histoire de la philosophie du XVIIIᵉ siècle. Nouvelle édition. — *Paris, Didier, 1841, 2 vol. in-8°.*

23. — Cours d'histoire de la philosophie moderne pendant les années 1816 et 1817, par M. V. Cousin... — *Paris, Ladrange, 1841, in-8°.*

24. — Cours de philosophie professé à la Faculté des lettres pendant l'année 1818, par M. V. Cousin, sur le fondement des idées absolues du vrai, du beau et du bien, publié... par M. Adolphe Garnier,... — *Paris, Hachette, 1836, in-8°.*

25. — Cours d'histoire de la philosophie morale au dix-huitième siècle, professé à la Faculté des lettres en 1819 et 1820, par V. Cousin. Introduction publiée par M. E. Vacherot,... — *Paris, Ladrange, 1841, in-8°.*

26. — Cours d'histoire de la philosophie morale au dix-huitième siècle, professé à la Faculté des lettres en 1819 et 1820, par M. V. Cousin. Première partie. École sensualiste, publiée par M. E. Vacherot,... — *Paris, Ladrange, 1839, in-8°.*

27. — Cours d'histoire de la philosophie morale au dix-huitième siècle, professé à la Faculté des lettres en 1819 et 1820, par M. V. Cousin. Seconde partie. École écossaise, publiée par MM. Danton et Vacherot,... — *Paris, Ladrange, 1840, in-8°.*

28. — Histoire abrégée de la philosophie... par J. Tissot,... — *Paris, Dezobry, 1842, in-8°.*

29. — Dictionnaire des sciences philosophiques, par une Société de professeurs de philosophie [sous la direction de M. Ad. Franck]. — *Paris, Hachette, 1844-1852, 6 vol. in-8°.*

30. — Dictionnaire des sciences philosophiques, par une Société de professeurs et de savants, sous la direction de M. Ad. Franck,... Deuxième édition. — *Paris, Hachette, 1875, gr. in-8°.*

31. — Histoire critique de l'école d'Alexandrie, par E. Vacherot,... — *Paris, Ladrange, 1846-1851, 3 vol. in-8°.*

32. — Histoire de la philosophie allemande depuis Kant jusqu'à Hegel, par J. Wilm,... — *Paris, Ladrange, 1846-1849, 4 vol. in-8°.*

33. — Histoire comparée des systèmes de philosophie considérés relativement aux principes des connaissances humaines. Deuxième partie. Histoire de la philosophie moderne à partir de la renaissance des lettres jusqu'à la fin du dix-huitième siècle, par J. M. de Gerando,... Deuxième édition... — *Paris, Ladrange, 1847, 4 vol. in-8°.*

34. — Averroès et l'averroïsme. Essai historique, par Ernest Renan,... Troisième édition... — *Paris, Michel Lévy, 1866, in-8°.*

35. — La philosophie positive. Revue rédigée par E. Littré et G. Wyrouboff. — *Paris, Germer-Baillière, 1867-1883, 31 vol. in-8°.*

36. — Histoire de la philosophie scolastique, par B. Hauréau,... — *Paris, Durand et Pedone Lauriel, 1872-1880, 3 vol. in-8°.*

37. — Histoire de la philosophie moderne dans ses rapports avec le développement des sciences de la nature. Ouvrage posthume de

Fernand Papillon, publié... par Charles Lévêque,... avec une Notice biographique... — *Paris, Hachette, 1876, 2 vol. in-8°.*

38. — Revue philosophique de la France et de l'étranger... dirigée par Th. Ribot. — *Paris, Germer-Baillière, 1876-1893, 36 vol. in-8°.*

> Continue à paraître. On a publié à part : Table générale des matières contenues dans les douze premières années (1876-1887), par M. Belugoux. — *Paris, Alcan, 1888, in-8°, 100 p.*

39. — Histoire de la philosophie, par Joseph Fabre. — *Paris, Germer-Baillière, 1877, in-12.*

> Première partie : Antiquité et moyen âge.

40. — La philosophie des Grecs considérée dans son développement historique, par Edouard Zeller,... — *Paris, Hachette, 1877-1890, 3 vol. in-8°.*

> Première partie. La philosophie des Grecs avant Socrate, traduite de l'allemand... par Emile Boutroux,...
> Tome 1er. Introduction générale. Les anciens Ioniens. Les Pythagoriciens.
> Tome 2. Les Eléates. Héraclite. Empédocle. Les atomistes. Anaxagore. Les sophistes.
> Deuxième partie. 1re section. Socrate et les Socratiques. Platon et l'ancienne académie.
> Tome 3. Socrate et les Socratiques, traduit par M. Belot.

41. — Étude sur la philosophie en France au xixe siècle. Le socialisme, le naturalisme et le positivisme, par M. Ferraz,... Saint-Simon. Charles Fourier. Pierre Leroux. Jean Reynaud. Gall. Broussais. Auguste Comte. Proudhon, etc. Deuxième édition. — *Paris, Didier, 1877, in-12.*

42. — Histoire de la philosophie en France au xixe siècle. Traditionalisme et ultramontanisme, par M. Ferraz,... J. de Maistre. De Bonald. Lamennais. Ballanche. Buchez. Bautain. Gratry. Bordas-Demoulin, etc. Deuxième édition. — *Paris, Didier, 1880, in-12.*

43. — Histoire de la philosophie en France au xixe siècle. Spiritualisme et libéralisme, par M. Ferraz,... Madame de Staël. Laromiguière. Maine de Biran. Ampère. Royer-Collard.

De Gérando. Victor Cousin. Théodore Jouffroy. Guizot. Charles de Rémusat. Adolphe Garnier et Emile Saisset. Développements du spiritualisme. — *Paris, Perrin, 1887, in-8°*.

44. — Histoire de la philosophie pendant la Révolution (1789-1804), par M. FERRAZ,... Garat. Tracy. Cabanis. Rivarol. Condorcet. Volney. Mme Condorcet. Villers. Saint-Martin. Chateaubriand. etc. — *Paris, Perrin, 1889, in-12*.

45. — Histoire de la philosophie, par Alfred FOUILLÉE,... Deuxième édition... — *Paris, Delagrave, 1879, in-8°*.

46. — La philosophie française contemporaine, par Paul JANET,... — *Paris, Calmann Lévy, 1879, in-12*.

47. — La philosophie, par André LEFÈVRE. I. Les philosophies : les temps primitifs ; les temps anciens ; les temps intermédiaires ; l'âge moderne. II. La philosophie : l'univers ; le monde vivant ; le mécanisme intellectuel. — *Paris, Reinwald, 1879, in-12*.

48. — La philosophie expérimentale en Italie. Origines. État actuel, par Alfred ESPINAS,... — *Paris, Germer-Baillière, 1880, in-12*.

49. — Le pessimisme au XIXe siècle. Léopardi. Schopenhauer. Hartmann, par E. CARO,... Deuxième édition. — *Paris, Hachette, 1880, in-12*.

50. — La philosophie de Gœthe, par E. CARO,... Deuxième édition. Histoire de l'esprit de Gœthe ; ses conceptions sur la nature, Dieu et la destinée humaine ; ses types philosophiques : Prométhée, Méphistophélès, Faust ; la philosophie du second Faust. — *Paris, Hachette, 1880, in-12*.

51. — Esquisse d'une classification systématique des doctrines philosophiques, par Ch. RENOUVIER. — *Paris, 1885-1886, 2 vol. in-8°*.

52. — Histoire de la philosophie. Les problèmes et les écoles, par Paul JANET,... Gabriel SÉAILLES,... — *Paris, Delagrave, 1887, in-8°*.

53. — Les sceptiques grecs, par Victor BROCHARD,... — *Paris, Impr. nat., 1887, in-8°*.

54. — La Kabbale ou la philosophie religieuse des Hébreux, par Ad. FRANCK,... Nouvelle édition. — *Paris, Hachette, 1889, in-8°.*

B. PHILOSOPHIE GÉNÉRALE. MÉLANGES.

55. — La comparaison de Platon et d'Aristote, avec les sentiments des Pères sur leur doctrine et quelques réflexions chrétiennes. [Par le P. René RAPIN]. — *Paris, Barbin, 1671, in-12.*

56. — Examen des préjugés vulgaires pour disposer l'esprit à juger sainement et précisément de tout. Nouvelle édition... par le P. BUFFIER, de la Compagnie de Jésus. — *Paris, Giffart, 1725, in-12.*

Éléments de métaphysique à la portée de tout le monde, par le P. BUFFIER,... — *Paris, Giffart, 1725, in-12.*

57. — Lettres philosophiques par M. de V*** [VOLTAIRE]. — *Amsterdam, Lucas, 1734, 2 part. en 1 vol. in-8°.*

58. — Mélanges philosophiques, par M. FORMEY. — *Leide, Impr. Luzac, 1754, 2 vol. in-12.*

59. — Mélanges philosophiques, par Théodore JOUFFROY. — *Paris, Paulin, mai 1833, in-8°.*

60. — Programme d'un cours de philosophie approuvé par le Conseil royal de l'instruction publique pour l'usage des collèges, par M. GATIEN-ARNOULT,... Quatrième édition... augmentée de plusieurs tableaux propres à l'enseignement et d'un Appendice... — *Toulouse, Bon et Privat, 1841, in-8°.*

Appendice sur la théorie et l'histoire de la littérature, à l'usage des élèves de rhétorique... formant le supplément au Programme d'un cours de philosophie élémentaire... par M. GATIEN-ARNOULT,... Quatrième édition. — *Toulouse, Bon et Privat, 1841, in-8°, 74 p.*

61. — Manuel de philosophie anciennne, par Ch. RENOUVIER. — *Paris, Paulin, 1844, 2 vol. in-12.*

62. — Manuel de philosophie à l'usage des collèges. Introduction et psychologie, par Amédée JACQUES,... Logique et histoire de la philosophie, par Jules SIMON,... Morale et théodicée, par Emile SAISSET,... — *Paris, Joubert, 1846, in-8°.*

63. — Manuel de philosophie à l'usage des collèges. Introduction et psychologie, par Amédée JACQUES,... Logique et histoire de la philosophie, par Jules SIMON,... Morale et théodicée, par Emile SAISSET,... Deuxième édition... — *Paris, Joubert, 1847, in-8°.*

64. — De la philosophie Platonicienne et du Catholicisme. Lettre à M. le prince Albert de Broglie. — *Paris, Didot, 1856, in-8°*, *64 p.*

65. — La philosophie dans ses rapports avec les sciences et la religion, par J. BARTHÉLEMY-SAINT-HILAIRE,... — *Paris, Alcan, 1889, in-8°.*

C. PHILOSOPHES ANCIENS ET LEURS COMMENTATEURS.

a). Recueils. Critiques généraux.

66. — Fragmenta philosophorum græcorum collegit, recensuit, vertit, annotationibus et prolegomenis illustravit, indicibus instruxit Fr. Guil. Aug. MULLACHIUS,... — *Parisiis, Didot, 1860-1881, 3 vol. gr. in-8°.*
> Volumen I. Poeseos philosophicæ cæterorumque ante Socratem philosophorum quæ supersunt.
> Volumen II. Pythagoreos, sophistas, cynicos et CHALCIDII in priorem Timæi Platonici partem commentarios continens.
> Volumen III. Platonicos et Peripateticos continens.

67. — Études de philosophie grecque et latine, par M. Charles LÉVÊQUE,... — *Paris, Durand, 1864, in-12.*

b). Philosophes anciens.

68. — ALCINOI, philosophi Platonici, de doctrina Platonis liber, græcè et latinè. SPEUSIPPI, Platonis discipuli, liber de Platonis definitionibus. XENOCRATIS, philosophi Platonici, liber de morte. — *Parisiis, Vascosan, 1533, in-8°.*

ΑΛΚΙΝΟΟΥ φιλοσοφου εις τα του Πλατωνος δογματα εισαγωγη. ALCINOI philosophi ad Platonis dogmata introductio. — *Lutetiæ, Vascosan, 1532, in-8°.*

ΙΩΑΝΝΟΥ ΤΟΥ ΧΡΥΣΟΣΤΟΜΟΥ περι προσευχης λογοι δυο. — *Parisiis, Wechelus, 1536, in-8°, 16 ff. n. ch.*

69. — ΑΡΙΣΤΟΤΕΛΟΥΣ απαντα. ARISTOTELIS,... opera quæcumque impressa hactenus extiterunt omnia... restituta... per Des. ERAS. [ERASMUM] Roterodamum,... — *Basileæ, Jo. Beb et Mich. Ising, 1539, 2 vol. in-f°.*

70. — ARISTOTELIS,... opera quæ in hunc usque diem extant omnia, latinitate partim antea, partim nunc primum a viris doctissimis donata... Item supra Censuram Jo. Lodovici Vivis Valentini de libris Aristotelicis, et Philippi Melanchtonis Commentationem doctissimam, adjecta nunc primum fuit de ordine librorum Aristotelis, deque illius scriptis legendis dissertatio... — *Basileæ, Oporinus, 1548, 3 tom. en 2 vol. in-f°.*

71. — ARISTOTELIS Stagiritæ opera... recognita ab A. Jacobo MARTINO,... — *Lugduni, Michael, 1581, 2 tom. en 1 vol. in-f°.*

72. — ARISTOTELIS opera moralia. — *In-32.*
Le titre manque.

73. — ΑΡΙΣΤΟΤΕΛΟΥΣ του Σταγειριτου τα σωζομενα. Operum ARISTOTELIS Stagiritæ,... nova editio, græcè et latinè... Accesserunt ex libris Aristotelis qui hodiè desiderantur fragmenta quædam. — *S. l. Vignon, 1597, in-8°.*
Le tome Ier seul.

74. — ΑΡΙΣΤΟΤΕΛΟΥΣ του Σταγειριτου τα σωζομενα. Operum ARISTOTELIS,... nova editio græcè et latinè. Græcus contextus quam emendatissime præter omnes omnium editiones est editus... ex bibliotheca Isaaci Casauboni. Latinæ interpretationes adjectæ sunt... Accesserunt huic editioni Kyriaci STROZÆ libri duo politicorum græco-latini... — *Aureliæ-Allobrogum, de La Rovière, 1605, 2 tom. en 1 vol. in-f°.*

75. — Operum Aristotelis tomus II. Librorum Aristotelis qui non extant fragmenta quædam... — *Aureliæ-Allobrogum, de La Rovière, 1606, in-8°.*
Ce tome seul.

76. — ΑΡΙΣΤΟΤΕΛΟΥΣ του Σταγειριτου τα σωζομενα. Operum Aristotelis Stagiritæ,... nova editio græcè et latinè... Accesserunt ex libris Aristotelis qui hodiè desiderantur fragmenta quædam... — *Aureliæ-Allobrogum, de La Rovière, 1607, in-8°.*
Le tome Ier seul. Deux exemplaires.

77. — Aristotelis opera omnia quæ extant græcè et latinè. Veterum ac recentiorum interpretum, ut Adriani Turnebi, Isaaci Casauboni, Julii Pacii studio emendatissima. Cum Kyriaci Strozæ,... libris duobus græco latinis de Republica, in supplementum Politicorum Aristotelis. Sed novissimæ huic editioni... accessit brevis ac perpetuus in omnes Aristotelis libros commentarius... authore Guillelmo Du Val,... qui et præter operosam illam synopsim, adjecit anthologiam anatomicam ex scitis Hippocratis et Galeni, ad libros Aristotelis de historia, generatione et partibus animalium, et præterea libros quatuordecim divinioris philosophiæ, seu metaphysicorum, notis et argumentis auxit... — *Lutetiæ-Parisiorum, typis regiis, 1629, 2 vol. in-f°.*

78. — ΑΡΙΣΤΟΤΕΛΗΣ. Aristotelis opera omnia ; græcè et latinè, cum indice nominum et rerum absolutissimo. — *Parisiis, F. Didot, 1848-1874, 5 tom. en 6 vol. gr. in-8°.*

79. — Aristotelis de ortu et interitu libri duo, Joachimo Perionio,... interprete. Ejusdem in eosdem observationes... — *Parisiis, Richardus, 1550, in-4°.*
Aristotelis de animo libri tres, Joachimo Perionio,... interprete. Ejusdem Perionii in eosdem libros observationes... — *Parisiis, Richardus, 1550, in-4°.*
Aristotelis libelli qui parva naturalia vulgo appellantur. De sensibus et iis quæ sensibus percipiuntur l. De memoria et recordatione l. De somno et vigilia l. De somniis l. De divinatione per somnum l. De motu animantium l. De diuturnitate et

brevitate vitæ I. De adolescentia et senectute, vita et morte I. De respiratione I. Joachimo Perionio,... interprete. Ejusdem Perionii in eosdem libellos observationes... — *Parisiis, Richardus, 1550, in-4°.*

80. — ΑΡΙΣΤΟΤΕΛΟΥΣ φυσικης ακροασεως Βιβλια Θ. Aristotelis commentationum de natura libri VIII. — *Parisiis, Morelius, 1556, in-4°.*

ΑΡΙΣΤΟΤΕΛΟΥΣ περι οργανου... — *Sans titre; in-4°.*

ΑΡΙΣΤΟΤΕΛΟΥΣ περι κοσμου. Aristotelis de mundo. — *Parisiis, Richardus, 1562, in-4°, 12 ff.*

ΑΡΙΣΤΟΤΕΛΟΥΣ περι γενεσεως και φθορας... — *Le titre manque, in-4°, 55 ff.*

ΑΡΙΣΤΟΤΕΛΟΥΣ μετεωρολογικων... — *Le titre manque, in-4°.*

ΑΡΙΣΤΟΤΕΛΟΥΣ περι ψυχης... — *Le titre manque, in-4°.*

ΑΡΙΣΤΟΤΕΛΟΥΣ περι αισθησεως και αισθητων. — *Le titre manque, in-4°.*

81. — Aristotelis de natura, aut de rerum principiis libri VIII. Joachimo Perionio interprete : et per Nicolaum Grouchium correcti et emendati. Accessit compendiosissimum argumentum in universam tractationem scientiæ naturalis et in primum caput illius partis, quæ est de principiis rerum naturalium, studio Matthæi Frigillani Bellovaci. — *Parisiis, Buon, 1565, in-4°.*

Aristotelis de cœlo libri IV. — *Sans titre; in-4°.*

Aristotelis liber de mundo... Gulielmo Budæo interprete. — *Parisiis, Buon, 1565, in-4°, 16 ff.*

Aristotelis de ortu et interitu libri duo, Joachimo Perionio interprete : per Nicolaum Grouchium correcti et emendati. — *Parisiis, Buon, 1565, in-4°, 36 ff.*

Aristotelis de animo libri III, Joachimo Perionio interprete : per Nicolaum Grouchium correcti et emendati. — *Parisiis, Buon, 1565, in-4°, 48 ff.*

Aristotelis Meteorologicorum libri IV. — *Sans titre; in-4°.*

Aristotelis libelli qui parva naturalia vulgo appellantur, Joachimo Perionio interprete, per Nicolaum Grouchium correcti et emendati. — *Parisiis, Buon, 1565, in-4°*.

82. — Aristotelis de natura, aut de rerum principiis libri VIII. Joachimo Perionio interprete : per Nicolaum Grouchium correcti et emendati. Accessit compendiosissimum argumentum in universam tractationem scientiæ naturalis, et in primum caput illius partis, quæ est de principiis rerum naturalium, studio Matthæi Frigillani Bellovaci. — *Parisiis, Buon, 1571, in-4°*.

Aristotelis de cœlo libri IIII, Joachimo Perionio interprete : per Nicolaum Grouchium correcti et emendati. — *Parisiis, Buon, 1571, in-4°*.

Aristotelis liber de mundo... Gulielmo Budæo interprete. — *Parisiis, Buon, 1571, in-4°, 16 ff*.

Aristotelis de animo libri III, Joachimo Perionio interprete : per Nicolaum Grouchium correcti et emendati. — *Parisiis, Buon, 1571, in-4°*.

Aristotelis de ortu et interitu libri duo, Joachimo Perionio interprete : per Nicolaum Grouchium correcti et emendati. — *Parisiis, Buon, 1571, in-4°, 36 ff*.

Aristotelis Meteorologicorum libri quatuor, Joachimo Perionio interprete : per Nicolaum Grouchium correcti et emendati. — *Parisiis, Buon, 1571, in-4°*.

Aristotelis libelli qui parva naturalia vulgo appellantur, Joachimo Perionio interprete : per Nicolaum Grouchium correcti et emendati. — *Parisiis, Buon, 1571, in-4°*.

83. — Libri quatuordecim qui Aristotelis esse dicuntur, de secretiore parte divinæ sapientiæ secundum Ægyptios. Qui si illius sunt, ejusdem metaphysica vere continent, cum Platonicis magna ex parte convenientia. Opus... recognitum et illustratum scholiis... per Jacobum Carpentarium,... — *Parisiis, Du Puys, 1571, in-4°*.

Les dernières pages manquent.

84. — Aristotelis Stagiritæ thesaurus commentariolis illustratus, quatuordecim libris distinctus, auctus et postremo recognitus,

in quo universæ philosophiæ præceptiones explicantur. Petro Sanflorano,... auctore. — *Parisiis, Juvenis, 1576, in-32.*

85. — Aristotelis Stagiritæ thesaurus commentariolis illustratus, quatuordecim libris distinctus, auctus et postremo recognitus, in quo universæ philosophiæ præceptiones explicantur. Petro Sanfloro,... auctore. — *Parisiis, Juvenis, 1583, in-32.*

86. — Index rerum omnium quæ in Aristotelis operibus continentur... — *Lugduni, Junta, 1579, in-32.*

87. — Francisci Patricii Discussionum Peripateticarum tomi IV. Quibus Aristotelicæ philosophiæ universa historia atque dogmata cum veterum placitis collata, eleganter et eruditè declarantur... — *Basileæ, Pernea Lecythus, 1581, 4 tom. en 1 vol. in-f°.*

88. — Exercitationum paradoxicarum adversus Aristotelcos libri septem. In quibus præcipua totius Peripateticæ doctrinæ fundamenta excutiuntur : opiniones vero aut novæ, aut ex vetustioribus obsoletæ stabiliuntur. Authore Petro Gassendo,... — *Gratianopoli, Verderius, 1624, in-8°.*

89. — Commentaria in universam philosophiam physicam Aristotelis Stagiritæ, cum animatis disputationibus. Auctore Frey Joachimo Climent,... — *Valentiæ, Sorolla, 1627, in-4°.*
Les dernières pages manquent.

90. — Joannis Launoii,... de varia Aristotelis in academia Parisiensi fortuna, extraneis hinc inde adornata præsidiis, liber... Tertia editio... — *Lutetiæ-Parisiorum, Martinus, 1662, in-8°.*

91. — In universam Aristotelis philosophiam introductio, autore magistro Petro Barbay,... Editio quinta... — *Lugduni, Plaignard, 1692, in-12.*

92. — Anitii Manlii Severini Boethii,... opera omnia, quorum alia ante impressa, nunc denuo per doctos viros recognita ; alia, quæ hactenus latuerunt, nunc primum emendatiss. in lucem prodeunt... Præterea jam accesserunt Joannis Murmelii in V lib. de consolatione philosophiæ commentaria. Et in eosdem Rodolphi Agricolæ enarrationes. Item Gilberti Porretæ,... in

IIII lib. de trinitate commentarii... Præter reliquos doctiss. viros Henricus Loritus GLAREANUS arithmeticam et musicam demonstrationibus et figuris auctiorem redditam, suo pristino nitori restituit... et Martianus ROTA, opus de tota disserendi ratione, hoc est, organum, dialecticæ et rhetoricæ studiosis necessarium, illustravit. Et hujus autoris vitam, cum ex aliis, tum ex Boethi munumentis collectam, bona fide descripsit. — *Basileæ Henricpetrus, [1570], in-f°.*

** — BOÈCE. Consolations de la philosophie.
    Voy. Division THÉOLOGIE.

** — S. THOMÆ AQUINATIS expositio aurea in quinque libros Boetii de consolatione philosophiæ.
    Voy. Division THÉOLOGIE.

93. — Μαρκου Τυλλιου ΚΙΚΕΡΩΝΟΣ περι γηρως και ονειρου Σκιπιωνος ερμηνεια ΘΕΩΔΩΡΟΥ. Marci Tullii CICERONIS de senectute et somnio Scipionis. Traductio THEODORI. — *Basileæ, [Bebelius], 1524, in-8°, 13 ff. n. ch. titre encadré.*

ΛΟΥΚΙΑΝΟΥ Σαμοσατεως θεων διαλογοι ΚΔ. LUCIANI Samosatensis deorum dialogi XXIIII. — *Lutetiæ, Wechelus, 1530, in-8°, 58 p. titre encadré.*

ΛΟΥΚΙΑΝΟΥ Σαμοσατεως εναλιοι διαλογοι ΙΕ. LUCIANI Samosatensis marini dialogi XV. — *Lutetiæ, Wechelus, 1530, in-8°, 31 p. titre encadré.*

ΛΟΥΚΙΑΝΟΥ νεκρικοι διαλογοι. LUCIANI mortuorum dialogi. — *Parisiis, Wechelus, 1532, in-8°, 70 p.*

94. — Marci Tullii CICERONIS officiorum libri tres. De Amicitia et Senectute dialogi singuli. Paradoxa, et Somnium Scipionis. Cum annotationibus Erasmi Roterodami. — *Parisiis, Colinæus, 1528, in-8°.*

95. — Les livres de CICÉRON de la vieillesse et de l'amitié, avec les paradoxes du même auteur, traduits en français sur l'édition latine de Grævius, avec des notes... par M. DU BOIS,... Dernière édition... avec le latin à côté. — *Lyon et Paris, Armand, 1732, 2 part. en 1 vol. in-12.*

96. — M. T. Ciceronis libri tres de officiis, una cum Hieronymi Wolfii commentariis, hac secunda editione et correctis et nonnihil auctis... — *Basileæ, Hervagius, 1569, in-f°.*

M. T. Ciceronis Cato major, seu de senectute, ad T. Pomponium Atticum : Hieronymi Wolfii OEtingensis scholiis explicatus. — *Basileæ, 1569, in-f°.*

M. T. Ciceronis Lælius, vel de amicitia, ad T. Pomponium Atticum : Hieronymi Wolfii OEtingensis scholiis explicatus. — *Basileæ, 1569, in-f°.*

M. T. Ciceronis Paradoxa VI ad M. Brutum, cum Hieronymi Wolfii annotationibus. — *Basileæ, 1569, in-f°.*

M. T. Ciceronis Scipionis somnium, e libro de Republica sexto : cum Hieronymi Wolfii OEtingensis annotationibus. — *Basileæ, 1569, in-f°.*

Marci Tullii Ciceronis Tusculanarum quæst. libri quinque, cum Philippi Beroaldi Bononiensis et Georgii Vallæ Placentini commentariis. — *Parisiis, Vascosan, 1533, in-f°.*

97. — Entretiens de Cicéron sur la nature des dieux, traduits par M. l'abbé d'Olivet,... Quatrième édition. — *Paris, Barbou, 1766, 2 vol. in-12.*

98. — Tusculanes de Cicéron, traduites par Messieurs Bouhier et d'Olivet,... Quatrième édition. — *Paris, Barbou, 1766, in-12.*
Le tome Ier seul.

99. — Académiques de Cicéron, avec le texte latin de l'édition de Cambrige et des remarques nouvelles, outre les conjectures de Davies et de Bentley ; suivies du commentaire latin de Pierre Valence, par David Durand,... Nouvelle édition... augmentée de la traduction française du commentaire de Valence, par de Castillon. — *Paris, Barbou, an IV (1796), 2 vol. in-12.*

** — M. Tullii Ciceronis opera omnia.
Voy. Division Belles-Lettres.

100. — Xysti Betuleii Augustani in M. T. Ciceronis libros III de Natura deorum et Paradoxa, commentarii... — *Basileæ, Oporinus, 1550, in-8°, tabl.*

Xysti Betuleii Augustani in M. T. Ciceronis Paradoxa commentarii, nunc primum in lucem editi. — *Basileæ, s. d. in-8°, 54 p. tabl.*

** — Ciceronis librorum de officiis, de amicitia, de senectute analysis, id est in argumenta resolutio. Authore Conrado Clausero, Tigurino.

Voy. Division Belles-Lettres.

101. — ΔΑΜΑΣΚΙΟΥ΄ διαδοχου απορίαι και λυσεις περι των πρωτων αρχων εις τον Πλατωνος Παρμενιδην. Damascii successoris dubitationes et solutiones de primis principiis, in Platonis Parmenidem, partim secundis curis recensuit, partim nunc primum edidit Car. Æm. Ruelle. — *Parisiis, Klincksieck, 1889, 2 vol. gr. in-8°.*

102. — Le philosophe Damascius. Étude sur sa vie et ses ouvrages, suivie de neuf morceaux inédits, extraits du Traité des premiers principes et traduits en latin, par Ch. Em. Ruelle. — *Paris, Didier, 1861, in-8°.*

** — Diogenis Laertii de clarorum philosophorum vitis, dogmatibus et apophthegmatibus libri decem.

Voy. Division Histoire.

103. — Petri Gassendi animadversiones in decimum librum Diogenis Laertii, qui est de vita, moribus, placitisque Epicuri. Continent autem Placita, quas ille treis statuit philosophiæ parteis. I Canonicam nempe, habitam Dialecticæ loco. II Physicam, ac imprimis nobilem illius partem meteorologiam. III Ethicam, cujus gratia ille excoluit cæteras. — *Lugduni, Barbier, 1649, 3 vol. in-f°.*

Deux exemplaires.

104. — ΙΟΥΛΙΑΝΟΥ΄ αυτοκρατορος τα σωζομενα. Juliani imperatoris opera quæ exstant omnia, a Petro Martinio Morentino Navarro et Carolo Cantoclaro,... latina facta... Ejusdem Martinii præfatio de vita Juliani. His accesserunt epistolæ aliquot nondum prius editæ... — *Parisiis, Duvallius, 1583, in-8°.*

ΙΟΥΛΙΑΝΟΥ αυτοκρατορος Καισαρες. JULIANI imperatoris Cæsares. C. CANTOCLARI,... studio atque opera in lucem editi et ab eodem latini facti. — *Parisiis, Duvallius, 1583, in-8°.*

ΙΟΥΛΙΑΝΟΥ περι των αυτοκρατορος πραξεων η περι βασιλειας. JULIANI de imperatoris præclaris actionibus, sive de regno. — *Parisiis, Duvallius, 1583, in-8°,* [v]-55 p.

ΙΟΥΛΙΑΝΟΥ καισαρος εις τον βασιλεα Ηλιον προς Σαλουστιον. JULIANI Cæsaris hymnus in solem regem, nunc primum in lucem editus à Theodoro MARCILIO, cum adnotationibus. — *Parisiis, Duvallius, 1583, in-8°* [vi]-56 p.

Trois exemplaires.

105. — MAXIMI TYRII dissertationes philosophicæ. Cum interpretatione et notis Danielis HEINSII, hac secunda editione emendatioribus. Accessit ALCINOI in Platonem introductio. — *Lugduni-Batavorum, Patius, 1614, in-8°.*

Danielis HEINSII notæ et emendationes ad Maximum philosophum. — *Lugduni-Batavorum, Patius, 1614, in-8°.*

106. — MERCURII TRISMEGISTI Pimandras utraque lingua restitutus, D. Francisci FLUSSATIS CANDALLE industria... — *Burdigalæ, Millangius, 1574, in-4°.*

107. — Le Pimandre de MERCURE TRISMÉGISTE, de la philosophie chrestienne, cognoissance du verbe divin et de l'excellence des œuvres de Dieu, traduit de l'exemplaire grec, avec collation de très amples commentaires, par François, Monsieur de FOIX, de la famille de CANDALLE, captal de Buchs et évesque d'Ayre, etc... — *Bourdeaux, Millanges, 1579, in-f°.*

108. — Omnia divini PLATONIS opera, tralatione Marsilii FICINI, emendatione et ad græcum codicem collatione Simonis GRYNÆI... — *Basileæ, Froben, 1539, in-f°.*

109. — Omnia divini PLATONIS opera, tralatione Marsilii FICINI, emendatione et ad græcum codicem collatione Simonis GRYNÆI... — *Basileæ, Froben, 1551, in-f°.*

110. — Divini PLATONIS opera omnia, Marsilio FICINO interprete. Nova editio, adhibita græci codicis collatione a duobus doctissimis

viris castigata... His accesserunt sex PLATONIS dialogi, nuper a Sebastiano CONRADO tralati... — *Lugduni, Vincentius, 1557, in-f°.*

    Aux armes de l'abbaye de Saint-Martin des Champs de l'ordre de Cluny.

111. — Του θειου ΠΛΑΤΩΝΟΣ απαντα τα σωζομενα. Divini PLATONIS opera omnia quæ exstant, Marsilio FICINO interprete... Vita Platonis a DIOGENE LAERTIO copiosissimè descripta : item pereruditum Timæi LOCRI opusculum... — *Lugduni, Læmarius, 1590, in-f°.*

112. — PLATONIS,... omnium quæ extant operum tomus secundus, græcè et latinè, ex nova Joannis SERRANI interpretatione... — *S. l. n. d., in-f°.*

    Le tome 2 seul.

113. — Του θειου ΠΛΑΤΩΝΟΣ απαντα τα σωζομενα. Divini PLATONIS opera omnia quæ exstant, Marsilio FICINO interprete... — *Francofurti, Marnius, 1602, in-f°.*

114. — CHALCIDII V. C. Timæus de PLATONIS translatus. Item ejusdem in eundem commentarius. Joannes MEURSIUS recensuit... — *Lugduni-Batavorum, Colsterus, 1617, in-8°.*

115. — Œuvres de PLATON traduites par Victor COUSIN. — *Paris, Bossange, [Rey], 1822-1840, 13 vol. in-8°.*

116. — ΠΛΑΤΩΝ. Platonis opera, ex recensione R. B. HIRSCHIGII. [et C. E. Ch. SCHNEIDERI]. — *Parisiis, Didot, 1846-1873, 3 vol. gr. in-8°.*

    Le tome 3 porte : Argumenta dialogorum... condidit J. HUNZIKER. Accedunt prolegomena et scholia græca in Platonem, ex recensione Fr. DÜBNERI.

117. — Pauli BENII Eugubini,... in Platonis Timæum, sive in naturalem omnem atque divinam Platonis et Aristotelis philosophiam decades tres... — *Romæ, Gabian, 1594, in-4°.*

    Les dernières pages manquent. Ce volume ne comprend que la première décade.

118. — La philosophie de Platon. Exposition, histoire et critique de la théorie des idées, par Alfred Fouillée,... — *Paris, Ladrange, 1869, 2 vol. in-8°.*

119. — La philosophie de Platon, par Alfred Fouillée... Deuxième édition. — *Paris, Hachette, 1888-1889, 4 vol. in-12.*
    Tome 1ᵉʳ. Théorie des idées et de l'amour.
    — 2. Esthétique, morale et religion Platoniciennes.
    — 3. Histoire du Platonisme et de ses rapports avec le christianisme.
    — 4. Essais de philosophie Platonicienne.

120. — Plotini,... de rebus philosophicis libri LIIII in Enneades sex distributi, à Marsilio Ficino Florentino, e græca lingua in latinam versi et ab eodem doctissimis commentariis illustrati. — *Apud Salingiacum Joan. Soter excudebat, 1540, in-f°.*

121. — Plotini Platonicorum coryphæi, opera quæ extant omnia, per celeberrimum illum Marsilium Ficinum Florent. ex antiquissimis codicibus latinè translata... — *Basileæ, Lud. Rex, 1615, in-f°.*

122. — ΠΛΩΤΙΝΟΣ. Plotini Enneades, cum Marsilii Ficini interpretatione castigata, iterum ediderunt Frid. Creuzer et Georg. Henricus Moser. Primum accedunt Porphyrii et Procli institutiones et Prisciani philosophi solutiones, ex codice Sangermanensi edidit et annotatione critica instruxit, Fr. Dübner. — *Parisiis, Didot, 1855, gr. in-8°.*

123. — Les Ennéades de Plotin, chef de l'école néoplatonicienne, traduites pour la première fois en français, accompagnées de sommaires, de notes et d'éclaircissements, et précédées de la vie de Plotin et des principes de la théorie des intelligibles de Porphyre, par M. N. Bouillet,... — *Paris, Hachette, 1857-1861, 3 vol. in-8°.*

124. — Plutarchi Chæronei,... Ethica sive moralia opera, quæ in hunc usque diem de græcis in latinum conversa extabant, universa, a Jano Cornario nunc primum recognita, et novorum aliquot librorum translatione ab eodem locupletata... — *Basileæ, Isingrinius, 1552, in-f°.*

— 21 —

125. — Plutarchi,... Moralia opuscula, quotquot reperire licuit latio donata... — *Parisiis, Guillard, 1566, in-8°*.

126. — Plutarchi Chæronensis Moralia quæ usurpantur. Sunt autem omnis elegantis doctrinæ penus : id est varii libri : morales, historici, physici, mathematici, denique ad politiorem litteraturam pertinentes et humanitatem... Guilielmo Xylandro interprete. — *Parisiis, Dupuys, 1570, in-f°*.

    Reliure pleine semée de fleurs de lys, aux armes et au chiffre de Emm. Joseph de Wignerot de Richelieu, abbé de Marmoutiers, etc.

127. — Plutarchi Chæronensis Moralia, quæ usurpantur, sunt autem omnis elegantis doctrinæ penus : id est varii libri : morales, historici, physici, mathematici, denique ad politiorem litteraturam pertinentes et humanitatem. Omnes de græca in latinam linguam transcripti... Guilicl. Xylandro Augustano interprete : cujus etiam annotationes... una eduntur... — *Francofurti ad Mœn. 1592, 3 tom. en 2 vol. in-8°*.

128. — Les œuvres morales et meslées de Plutarque, translatées de grec en français [par Jacques Amyot], reveues et corrigées en plusieurs passages par le translateur... — *S. l. Impr. de Stoer, 1601, 2 tom. en 1 vol. in-f°*.

    Le tome 2 porte la date de 1603. Deux exemplaires.

129. — Les œuvres morales de Plutarque, translatées de grec en français [par Jacques Amyot], revues et corrigées en plusieurs passages par le translateur... — *Genève, Stoer, 1613, in-8°*.

    Le tome 1er seul.

130. — Les œuvres morales de Plutarque, translatées de grec en français [par Jacques Amyot], revues et corrigées en plusieurs passages par le translateur... — *Paris, Guillemot, 1616, 2 vol. in-8°*.

** — Plutarchi opera.

    Voy. Division Belles-Lettres.

131. — Plutarchi opuscula moralia, — *in-8°*.

    Le tome 3 seul sans titre.

132. — Sur les délais de la justice divine dans la punition des coupables, ouvrage de Plutarque nouvellement traduit, avec des additions et des notes, par le Comte Joseph de Maistre, suivi de la traduction du même traité par Amyot, sous ce titre : Pourquoi la justice divine diffère les punitions des maléfices. — *Lyon, Pélagaud, 1845, in-8°.*

Lettres à un gentilhomme russe sur l'inquisition espagnole, par le Comte J. de Maistre. — *Lyon, Pélagaud, 1846, in-8°.*

133. — Porphyrii Institutiones ad Chrysaorium. Aristotelis Categoriæ. Ejusdem de interpretatione liber, Joachimo Perionio,... interprete. Cujus annotationes simul eduntur... Quarta editio. — *Parisiis, Richardus, 1551, in-4°, 18 ff.*

Aristotelis Stagiritæ, de interpretatione liber, Joachimo Perionio,... interprete. — *Parisiis, Vidua Mauricii a Porta, 1551, in-4°.*

Aristotelis priorum Analyticorum libri II, Joachimo Perionio,... interprete. Ejusdem Perionii observationes in eosdem Analyticos libros. — *Parisiis, Vidua Mauricii a Porta, 1551, in-4°.*

Aristotelis posteriorum Analyticorum libri II, Joachimo Perionio,... interprete. Ejusdem Perionii observationes in eadem posteriora analytica. — *Parisiis, Vidua Mauricii a Porta, 1551, in-4°.*

Aristotelis Topicorum libri octo, Joachimo Perionio,... interprete. Ejusdem Joachimi Perionii commentationes, in quibus Topica Ciceronis cum his Aristotelis conjungit... — *Parisiis, Vidua Mauricii a Porta, 1551, in-4°.*

Aristotelis de reprehensionibus fallacibus et captiosis liber, Joachimo Perionio,... interprete. — *Parisiis, Vidua Mauricii a Porta, 1551, in-4°.*

** — Porphyrii philosophi de abstinentia et de antro nympharum.
Voy. Division Belles-Lettres.

134. — Jul. Pacii a Beriga in Porphyrii Isagogen et Aristotelis organum commentarius analyticus... — *Aureliæ-Allobrogum, Vignon, 1605, in-4°.*

135. — Procli philosophi platonici opera inedita, quae primus olim e codd. mss. Parisinis Italicisque vulgaverat, nunc secundis curis emendavit et auxit Victor Cousin. — *Parisiis, Durand, 1864, in-4°*.

136. — L. Annæus Seneca a M. Antonio Mureto correctus et notis illustratus. Accedunt seorsim animadversiones, in quibus, præter omnes passim omnium hujus superiorisque ævi doctorum hominum emendationes interpretationesque, quamplurima loca supplentur, confirmantur, corriguntur, illustrantur, ope mss. quæ in bibliotheca Electoris Palatini, Jani Gruteri opera. — *S. l. Commelinus, 1594, in-f°*.

137. — L. Annæi Senecæ opera cum emendationibus et notis M. Antonii Mureti. Accedunt animadversiones Jani Gruteri... — *S. l. Le Preux, 1594, 2 tom. en 1 vol. in-8°*.

Le titre du tome 1er manque.

138. — L. Annæi Senecæ,... ad Lucilium epistolarum liber... — *Parisiis, Rezé, 1603, in-8°*

Titre déchiré.

139. — L. Annæi Senecæ philosophi opera quæ exstant omnia : a Justo Lipsio emendata et scholiis illustrata. — *Antverpiæ, Plantin, 1605, in-f°, fr. gr. et portrait de Juste Lipse*.

140. — Les œuvres de L. Annæus Seneca, mises en françois par Matthieu de Chalvet,... — *Paris, Langelier, 1609, 2 part. en 1 vol. in-f°, titre gr.*

141. — L. Annæi Senecæ philosophi et M. Annæi Senecæ rhetoris opera quæ extant omnia. — *Coloniæ-Allobrogum, Crispinus, 1614, in-12*.

Deux exemplaires.

142. — L. Annæi Senecæ philosophi et M. Annæi Senecæ rhetoris quæ extant opera, ad veterum exemplarium fidem nunc recens castigata... Accessere loci communes ex utraque Seneca facti, auctore D. Gothofredo,... — *Lutetiæ-Parisiorum, Febvrier, 1627, 1 tom. en 2 vol. in-f°*.

On trouve à la suite du second volume :

M. Annæi Senecæ rhetoris suasoriæ, controversiæ, declamationumque excerpta, ad veterum ms. codd. fidem emendata... Cum uberioribus notis et conjecturis Nic. Fabri, Andr. Schotti, J. Gruteri, Fr. Jureti, J. Lipsii, Jo. Petreii, Fer. Pinciani, J. Opsopoei. Adjectus libellus Andreæ Schotti de claris apud Senecam rhetoribus, quem ipse recognovit... — *Parisiis, 1626, in-f°.*

And. Schottus de claris apud Senecam rhetoribus. — *Parisiis, 1626, in-f°.*

Fed. Morelli,... Scholia ad 1 lib. Senecæ de beneficiis. — *Sans titre ; in-f°, 24 p.*

L. Annæi Senecæ et P. Syri Mimi, forsan etiam aliorum singulares sententiæ, centum aliquot versibus nunc primum auctæ et correctæ... Opera Jani Gruteri. — *S. l. n. d. in-f°, pp. 25-72.*

143. — L. Annæi Senecæ pars prima, sive opera philosophica quæ recognovit et selectis tum J. Lipsii, Gronovii, Gruteri, B. Rhenani, Ruhkopfii, aliorumque commentariis, tum suis illustravit notis M. N. Bouillet,... — *Parisiis, Lemaire, 1827-1832, 5 vol. in-8° portr.*

144. — L. Annæi Senecæ pars secunda, sive opera declamatoria quæ recognovit et selectis Fabri, Schotti, Schultingii aliorumque commentariis illustravit M. N. Bouillet,... — *Parisiis, Lemaire, 1831, in-8°.*

145. — L. Annæi Senecæ pars tertia, sive opera tragica quæ ad Parisinos codices nondum collatos recensuit, novisque commentariis illustravit J. Pierrot,... — *Parisiis, Lemaire, 1829-1832, 3 vol. in-8°.*

146. — OEuvres complètes de Sénèque le philosophe, avec la traduction en français, publiées sous la direction de M. Nisard,... — *Paris, Dubochet, 1842, gr. in-8°.*

147. — Jani Gruteri animadversiones in L. Annæi Senecæ opera... His additæ Nicolai Fabri annotationes, ad Senecæ patris controversias et filii Apocolocynthosin. — *S. l. Le Preux, 1595, in-32.*
Le tome 2 seul.

148. — J. Lipsi manuductionis ad stoicam philosophiam libri IV. — *in-8°*.

>Le titre manque ; l'approbation est datée de 1603.

Justi Lipsi physiologiæ stoïcorum libri tres, L. Annæo Senecæ, aliisque scriptoribus illustrandis. — *Parisiis, Perier, 1604, in-8°*.

** — Justi Lipsi manuductionis ad stoicam philosophiam libri tres, L. Annæo Senecæ, aliisque scriptoribus illustrandis.
>Voy. Division BELLES-LETTRES.

** — Justi Lipsi physiologiæ stoicorum libri tres, L. Annæo Senecæ aliisque scriptoribus illustrandis.
>Voy. Division BELLES-LETTRES.

149. — La philosophie de Socrate, par Alfred FOUILLÉE,... — *Paris, Ladrange, 1874, 2 vol. in-8°*.

D. PHILOSOPHES DU MOYEN AGE.

150. — Georgii VALLÆ Placentini,... de expetendis et fugiendis rebus opus... — *S. l. n. d. in-f°*.
>Le tome 1er seul.

151. — Margarita philosophica, totius philosophiæ rationalis, naturalis et moralis principia dialogice duodecim libris complectens... [auctore Gregorio REISCH]. — *Opera Joannis Schotti, Argentinen. chalchographi civis, 1501, in-4°, fr. et pl. gr.*

152. — Philosophia nominalium vindicata, authore Joanne SALABERT,... — *Parisiis, Cramoisy, 1651, in-8°*.

153. — Raymundi LULLII opera ea quæ ad inventam ab ipso artem universalem, scientiarum artiumque omnium brevi compendio, firmaque memoria apprehendendarum, locupletissimaque vel oratione ex tempore pertractandarum, pertinent. Ut et in eandem quorundam interpretum scripti commentarii... Accessit Valerii de VALERIIS,... aureum in artem Lullii generalem opus... Editio postrema. — *Argentorati, Zetnerus, 1651, in-8°, pl.*

Clavis artis Lullianæ et veræ logices duos in libellos tributa.

Id est solida dilucidatio artis magnæ, generalis, et ultimæ quam Raymundus Lullius invenit, ut esset quarumcunque artium et scientiarum clavigera et serperastra. Edita... opera et studio Johannis Henrici ALSTEDI... Accessit novum speculum logices minime vulgaris. — *Argentorati, Zetnerus, 1652, in-8°.*

154. — Ouvrages inédits d'ABÉLARD pour servir à l'histoire de la philosophie scholastique en France, publiés par M. Victor COUSIN. — *Paris, Impr. roy., 1836, in-4°.*
Collection de documents inédits sur l'histoire de France.

155. — Petri ABÆLARDI opera, hactenus seorsim edita, nunc primum in unum collegit, textum ad fidem librorum editorum scriptorumque recensuit, notas, argumenta, indices adjecit Victor COUSIN, adjuvantibus C. JOURDAIN et E. DESPOIS,... — *Parisiis, Durand, 1849-1859, 2 vol. in-4°.*

156. — Fragments philosophiques, par V. COUSIN. Philosophie scholastique. Seconde édition. — *Paris, Ladrange, 1840, in-8°.*

E. PHILOSOPHES MODERNES A PARTIR DU COMMENCEMENT DU XVIe SIÈCLE.

157. — Augustini STEUCHI Eugubini, episcopi Kisami,... de perenni philosophia libri X. Idem de Eugubii, urbis suæ, nomine. — *Lugduni, Gryphius, 1540, in-f°.*

158. — Compendium naturalis phylosophiæ, seu de consideratione rerum naturalium, earumque ad suum creatorem reductione libri XII. Authore Francisco TITELMANNO,... — *Lugduni, Rouilius, 1545, in-8°.*

159. — Philosophiæ rationalis Epitome, authore Hieronymo WILDENBERGIO. — *In-8°.*
Le titre manque.
Totius naturalis philosophiæ in Physicam Aristotelis Epitome... Hieronymo WILDENBERGIO Aurimontano authore. — *Parisiis, Th. Richardus, 1553, in-8°.*
Hieronymi Aurimontani WILDENBERGII moralis philosophiæ

Epitome : ethices, politices et œconomices principia luculentissimè enarrans... — *Parisiis, Richardus, 1553, in-8°.*

160. — Jacobi Zabarellæ Patavini opera quæ in hunc diem edidit, in quinq. tomos divisa... — *Lugduni, Mareschal, 1587, 5 tom. en 1 vol. in-f°.*

Chaque tome a un titre différent comme suit :

Jacobi Zabarellæ Patavini Tabulæ logicæ ; in quibus summa cum facilitate ac brevitate ea omnia explicantur quæ ab aliis prolixè declarari solent. Quarto editæ. — *Lugduni, Mareschal, 1586, in-f°, 72 p.*

Jacobi Zabarellæ Patavini, in duos Aristotelis libros posteriores analyticos commentarii ; cum antiqua Aristotelis in latinum conversione... — *Lugduni, Mareschal, 1587, in-f°.*

Jacobi Zabarellæ Patavini liber de naturalis scientiæ constitutione, in quo de ejus disciplinæ artificiosa structura et de singulorum librorum subjecto, inscriptione et ordine accuratè pertractatur. — *Lugduni, Mareschal, 1587, in-f°, 69 p.*

Jacobi Zabarellæ Patavini de rebus naturalibus libri XXX, quibus quæstiones, quæ ab Aristotelis interpretibus hodie tractari solent accuratè discutiuntur... — *Coloniæ, Ciottus, 1590, in-f°.*

161. — Académie françoise, en laquelle il est traité de l'institution des mœurs et de ce qui concerne le bien et heureusement vivre en tous estats et conditions, par les préceptes de la doctrine et les exemples de la vie des anciens sages et hommes illustres, par Pierre de La Primaudaye, escuyer, seigneur dudit lieu et de la Barrée,... Troisième édition... — *Basle, Philemon de Hus, 1587, in-8°.*

162. — Troisième tome de l'Académie françoise, par Pierre de La Primaudaye, escuyer, seigneur dudit lieu et de la Barrée. — *S. l. Chouet, 1599, in-8°.*

Ce tome seul.

163. — II volume [et troisième tome] de l'Académie françoise traitant de l'homme, et par une histoire naturelle du corps et de l'âme discourant de la création, matière, composition, forme, nature,

utilité et usage de toutes les parties du bastiment humain, des causes naturelles de toutes affections, des vertus et des vices ; item de la nature, puissances, œuvres et immortalité de l'âme, par Pierre de LA PRIMAUDAYE, escuyer, seigneur dudit lieu et de la Barrée,... — *S. l. Chouet, 1608, 2 vol. in-8°.*

A la suite du tome 3 on trouve :

La philosophie chrestienne de l'Académie françoise. Des vrais et seuls moyens de la vie bien heureuse, par Pierre de LA PRIMAUDAYE, escuyer, sieur de la Barrée,... — *Genève, Chouet, 1607, in-8°.*

164. — L'Académie française divisée en quatre livres. De la philosophie humaine et morale et de la naturelle et divine... Nouvelle édition... Par Pierre de LA PRIMAUDAYE, écuyer, sieur de la Barrée,... — *Saumur, Portau, 1613, 4 tom. en 1 vol. in-4°.*

165. — Francisci PICCOLOMINEI Senensis,... librorum ad scientiam de natura attinentium partes quinque... — *Francofurti, Wecheli hæredes, 1597, in-4°.*

166. — Seminarium totius philosophiæ Aristotelicæ, Platonicæ et stoicæ... Opus novum... quod clarissimorum philosophorum, græcorum, latinorum, arabum, quæstiones, conclusiones, sententiasque... complectitur. Joannis Baptistæ BERNARDI,... studio et labore collectus. Ultima editio, cui recens accesserunt L. Annæi SENECÆ philosophi sententiæ, ex ipsius operibus collectæ. — *Genevæ, Stoer, 1605, 3 tom. en 1 vol. in-f°.*

Le tome 2 est daté de 1599.

167. — Disputationes philosophicæ, physicæ præsertim, quæ in gymnasio Dantiscano ad lectionum philosophicarum cursum paulo plus biennio publicè institutæ et habitæ sunt, sub præsidio Bartholomæi KECKERMANNI,... Ita scriptæ, ut scientiæ naturalis methodicum compendium, simul et de præcipuis materiis utiliora ac jucundiora problemata continerent. — *Hanoviæ, Antonius, 1606, in-8°.*

168. — Joannis MAGIRI physiologiæ peripateticæ libri sex, cum commentariis, in quibus præcepta illius perspicuè eruditèque explicantur, et ex optimis quibusque peripateticæ philosophiæ inter-

pretibus, Platone, Aristotele, Zabarella, Archangelo Mercenario, Thoma Erasto, Jacobo Schegkio, Scaligero, Vico Mercurio, Contareno Cardinale, Hermolao Barbaro, Francisco Patricio, et aliis disceptantur. Editio quinta... — *Genevæ, 1611, in-8°.*

169. — Joannis MAGIRI physiologiæ peripateticæ libri sex, cum commentariis, in quibus præcepta illius perspicuè eruditèque explicantur, et ex optimis quibusque peripateticæ philosophiæ interpretibus, Platone, Aristotele, Zabarella, Archangelo Mercenario, Thoma Erasto, Jacobo Schegkio, Scaligero, Vico Mercurio, Contareno Cardinale, Hermolao Barbaro, Francisco Patricio et aliis disceptantur. Accessit huic quintæ editioni... Enchiridion metaphysicum... studio et vigiliis Caspari BARTHOLINI,... — *Genevæ, De la Rovière, 1611, in-8°.*

Enchiridion metaphysicum philosophorum coryphæi Aristotelis, optimorumque ejus interpretum monumentis adornatum, studio et vigiliis Caspari BARTHOLINI,... — *Genevæ, De la Rovière, 1611, in-8°, 32 p.*

170. — Joannis MAGIRI physiologiæ peripateticæ libri sex, cum commentariis, in quibus præcepta illius perspicuè eruditèque explicantur, et ex optimis quibusvis peripateticæ philosophiæ interpretibus, Platone, Aristotele, Zabarella, Archangelo Mercenario, Thoma Erasto, Jacobo Schegkio, Scaligero, Vico Mercurio, Contareno Cardinale, Hermolao Barbaro, Francisco Patritio et aliis disceptantur. Accessit Caspari BARTHOLINI,... Enchiridion metaphysicum... Editio septima... — *Francofurti, Bringerus, 1612, in-8°.*

Enchiridion metaphysicum ex philosophorum coryphæi Aristotelis, optimorumque ejus interpretum monumentis adornatum. Opera et vigiliis Caspari BARTHOLINI,... — *Francofurti, Bringerus, 1612, in-8°* [IV]-28-[XIII] *p.*

171. — Joannis MAGIRI physiologiæ peripateticæ libri sex. — *In-8°.*
Le titre manque.

Enchiridion metaphysicum ex philosophorum coryphæi Aristotelis, optimorumque ejus interpretum monumentis adornatum, opera et vigiliis Caspari BARTHOLINI,... — *S. l. 1618, in-8°, 31 p.*

172. — Joannis MAGIRI physiologiæ peripateticæ libri sex, cum commentariis in quibus præcepta illius perspicuè eruditèque explicantur, et ex optimis quibusque peripateticæ philosophiæ interpretibus, Platone, Aristotele, Zabarella, Archangelo Mercenario, Thoma Erasto, Jacobo Schegkio, Scaligero, Vico Mercurio, Contareno Cardinale, Hermolao Barbaro, Francisco Patricio et aliis disceptantur. Quibus additus Caspari BARTHOLINI,... Enchiridion metaphysicum... Editio ultima... — *Genevæ, Albertus, 1629, 2 part. en 1 vol. in-8°.*

173. — Disputationum philosophicarum tomus primus [et seqq]... authore Petro HURTADO DE MENDOZA, e S. J. — *Tolosæ, Bosc, 1618, 4 vol. in-8°.*

> Le titre du tome 1ᵉʳ manque. En double les tomes 2, 3 et 4.

174. — Disputationes de summulis, authore Petro HURTADO DE MENDOÇA, Valmasedano, e Societate Jesu. — *In-f°.*

> Le titre manque.

175. — Summa totius philosophiæ e D. Thomæ Aquinatis doctoris angelici doctrina, auctore R. P. Cosmo ALAMANNIO, Mediolanensi Societatis Jesu theologo. Prima pars. — *Ticini, Rubeus, 1618, in-4°.*

> Ce tome seul.

176. — Summa philosophiæ quadripartita, de rebus dialecticis, moralibus, physicis et metaphysicis. Authore Fr. EUSTACHIO A SANCTO PAULO,... Editio quarta... — *Lugduni, 1620, 1 part. en 1 vol. in-8°.*

177. — Summa philosophiæ quadripartita, de rebus dialecticis, moralibus, physicis et metaphysicis. Authore Fr. EUSTACHIO A SANCTO PAULO,... Editio ultima. — *Coloniæ, Albertus, 1629, 4 part. en 1 vol. in-8°, tabl.*

178. — Summa philosophiæ quadripartita, authore Fr. EUSTACHIO A SANCTO PAULO,... Editio octava... — *Parisiis, Bessin, 1638, 4 tom. en 1 vol. in-8°, tabl.*

> En double les deux premiers tomes seuls en 1 vol.

179. — Les œuvres morales et politiques de Messire François Bacon,... de la version de J. Baudoin. — *Paris, Rocolet, 1626, in-8°, fr. gr. et portr.*

180. — Les œuvres morales et politiques de Messire François Bacon,... de la version de J. Baudoin. — *Paris, Rocolet, 1633, in-8°, fr. gr.*

181. — Œuvres philosophiques, morales et politiques de François Bacon, baron de Verulam, vicomte de Saint-Alban, lord chancelier d'Angleterre. Avec une notice biographique, par J. A. C. Buchon. — *Paris, Desrez, 1836, gr. in-8°.*

182. — Analyse de la philosophie du chancelier François Bacon. [Par Alex. Deleyre.] — *Amsterdam, Artskée, 1755, in-8°.*
    Le tome 1ᵉʳ seul.

183. — Examen de la philosophie de Bacon, où l'on traite différentes questions de philosophie rationnelle. Ouvrage posthume du Comte Joseph de Maistre,... — *Paris, Poussielgue-Rusand, 1836, 2 tomes en 1 vol. in-8°.*

184. — Examen de la philosophie de Bacon, où l'on traite différentes questions de philosophie rationnelle. Ouvrage posthume du Comte Joseph de Maistre,... — *Lyon, Pélagaud, 1845, 2 vol. in-8°.*

185. — Bacon [par le général comte Roguet]. — *Paris, Dumaine, 1870, in-12.*

186. — Cours de philosophie, revu, illustré et augmenté par Scipion Dupleix,... — *Paris, Sonnius, 1632, in-8°, fr. gr.*

L'éthique ou philosophie morale, par M. Scipion Dupleix,... — *Paris, Sonnius, 1632, in-8°.*

La métaphysique ou science surnaturelle, par M. Scipion Dupleix,... — *Paris, Sonnius, 1632, in-8°.*

La troisième partie de la métaphysique ou science surnaturelle qui est des anges et démons, par M. Scipion Dupleix,... — *Paris, Sonnius, 1632, in-8°.*

La quatrième partie de la métaphysique ou science surnaturelle, qui est de la divinité, par M. Scipion Dupleix,... — *Paris, Sonnius, 1632, in-8°.*

187. — Totius philosophiæ, hoc est logicæ, moralis, physicæ et metaphysicæ, brevis et accurata, facilique et clara methodo disposita, tractatio. Additæ sunt quædam morales digressiones ad usum concionatorum ex Ethica desumptæ, ejusdem autoris opera. Auctore C. F. d'Abra de Raconis,... — *Parisiis, Hénault, 1633, 2 vol. in-8°.*

Les tomes 1 et 3 seuls.

188. — Totius philosophiæ, hoc est logicæ, moralis, physicæ et metaphysicæ, brevis et accurata, facilique et clara methodo disposita, tractatio. Additæ sunt quædam morales digressiones ad usum concionatorum ex Ethica desumptæ, ejusdem authoris opera. Auctore C. P. d'Abra de Raconis,... — *Parisiis, Blageart, 1640, in-8°.*

189. — Totius philosophiæ, hoc est logicæ, moralis, physicæ et metaphysicæ, brevis et accurata, facilique et clara methodo disposita, tractatio. Additæ sunt quædam morales digressiones, ad usum concionatorum ex Ethica desumptæ. Auctore C. P. d'Abra de Raconis,... — *Rothomagi, Daré, 1650, in-8°.*

190. — Totius philosophiæ, hoc est logicæ, moralis, physicæ et metaphysicæ brevis et accurata, facilique et clara methodo disposita, tractatio. Additæ sunt quædam morales digressiones, ad usum concionatorum ex Ethica desumptæ. Auctore C. F. d'Abra de Raconis,... — *Lugduni, Barlet, 1651, in-8°.*

191. — Integer cursus philosophicus ad unum corpus redactus. In summulas, logicam, physicam, de cœlo, de generatione, de anima, et metaphysicam distributus... Auctore R. P. Francisco de Oviedo, Societatis Jesu,... — *Lugduni, Prost, 1640, 2 tom. en 1 vol. in-f°, fr. gr.*

192. — Summa universæ philosophiæ, cum quæstionibus theologicis quæ hodie inter philosophos agitantur. Auctore P. M. Balthazare Tellez, e Societate Jesu,... — *Ulyssipone, ex officina Laurentii de Anveres, 1642, 2 tom. en 1 vol. in-f°, fr. gr.*

Le frontispice gravé porte: *Ulyssipone, apud P. Craesbeeck, 1641.*

193. — Cursus philosophicus R. P. Roderici de Arriaga, è Societate Jesu. — *In-f°*.
   Deux exemplaires sans titre ; le privilège est donné à Prost en 1644.

194. — Cursus philosophicus, authore Francisco Le Rées,... Editio secunda... — *Parisiis, Guillemot, 1648, 3 vol. in-8°*.
   Les tomes 1, 2 et 4 seuls.

195. — Summa philosophica ex mira principis philosophorum Aristotelis et doctoris angelici D. Thomæ doctrina, juxta legitimam scholæ Thomisticæ intelligentiam composita, per R. P. F. Philippum a Sanctissima Trinitate carmelitarum discalceatorum provinciæ S. Theresiæ in Gallia provincialem. — *Lugduni, Jullieron, 1648, in-f°*.

196. — Integer philosophiæ cursus ad mentem Scoti, primum editus in collegio Romano fratrum minorum Hibernorum. Nunc vero ab authore in conventu magno Parisiensi recognitus... morali insuper philosophia, variisque additionibus locupletatus, authore R. P. Fr. Joanne Poncio,... — *Parisiis, Bertier, 1649, in-f°*.
   Deux exemplaires.

197. — Philosophia, metaphysicam, physicamque complectens quæstionibus contexta... Auctore P. Raphaele Aversa a Sanseverino,... Nunc denuo in lucem edita... — *Bononiæ, Duccia, 1650, 2 vol. in-4°*.

198. — Summa philosophiæ, authore P. Raymundo Mailhat,... — *Tolosæ, Bosc, 1652, in-12*.
   Le tome 1ᵉʳ seul.

199. — Summa philosophiæ, authore P. Raymundo Mailhat,... Editio secunda. — *Tolosæ, Bosc, 1658, 3 vol. in-12*.
   Les tomes 1, 2 et 4 seuls.

200. — Introductio ad scientiam naturalem, in regia nobilium Sorana discentibus exhibita, a Joachimo Bursero,... — *Amstelodami, Janssonius, 1652, 2 tom. en 1 vol. in-8°*.

201. — Cursus philosophicus, concinnatus ex notissimis cuique principiis : ac præsertim quoad res physicas instauratus ex lege

naturæ sensatis experimentis passim comprobata. Autore R. P. F. Emanuele MAIGNAN,... — *Tolosæ, Bosc, 1653, in-8°.*
Le tome 4 seul.

202. — Universæ philosophiæ synopsis accuratissima, sinceriorem Aristotelis doctrinam, cum mente Platonis passim explicata et illustrata, et cum orthodoxis SS. Doctorum sententiis breviter, dilucidèque concinnans. Authore P. Jacobo FOURNENC,... — *Parisiis, Huré, 1655, 6 tom. en 3 vol. in-4°.*

203. — R. P. Joannis LALEMANDET,... Cursus philosophicus, complectens, latèque discutiens controversias omnes a logicis, physicis, metaphysicisque agitari solitas, præsertim quæ Thomisticæ, Scoticæ et nominalium scholis sudorem cient... Editio novissima. — *Lugduni, Anisson, 1656, in-f°.*

204. — Philosophia Ticinensis R. P. D. Sigismundi SERBELLONI,... novis aucta sententiis, nunc primo prodit in lucem... — *Mediolani, Montia, 1657, in-f°.*

205. — Discours de la méthode pour bien conduire sa raison et chercher la vérité dans les sciences. Plus la Dioptrique et les Météores. [Par René DESCARTES.] — *Paris, Legras, 1658, 2 part. en 1 vol. in-4°.*

206. — Renati DESCARTES principia philosophiæ. Ultima editio... — *Amstelodami, Blavius, 1692, in-4°, portr.*

Renati DESCARTES specimina philosophiæ, seu dissertatio de methodo rectè regendæ rationis et veritatis in scientiis investigandæ : Dioptrice et Meteora. Ex gallico translata... ultima editio... — *Amstelodami, Blavius, 1692, in-4°.*

207. — Les principes de la philosophie, écrits en latin par René DESCARTES et traduits en français par un de ses amis. [Claude PICOT.] — *Rouen, Besongne, 1706, in-12.*

208. — Œuvres de DESCARTES, publiées par Victor COUSIN. — *Paris, Levrault, 1824-1826, 11 vol. in-8°.*

209. — Œuvres philosophiques de DESCARTES publiées d'après les textes originaux par L. Aimé MARTIN. — *Paris, Aug. Desrez, 1838, gr. in-8°.*

210. — OEuvres de Descartes. Nouvelle édition collationnée sur les meilleurs textes et précédée d'une introduction, par M. Jules Simon,... Discours sur la méthode. Méditations. Traité des passions. — *Paris, Charpentier, 1844, in-12.*

211. — Commentaire ou Remarques sur la Méthode de Mr Descartes où on établit plusieurs principes généraux, nécessaires pour entendre toutes ses œuvres, par L. P. N. I. P. P. D. L. [le R. P. N. J. Poisson, Père de l'oratoire].—*Paris, Thiboust, 1671, in-12.*

212. — Études du Cartésianisme, ou principes de la philosophie de René Descartes, commentés par un appendice contenant les fragments des lettres de ce philosophe qui se rapportent aux questions traitées dans cet ouvrage, avec des morceaux extraits des plus célèbres Cartésiens du dix-septième siècle, et suivis de notes explicatives de quelques parties du système Cartésien, par M. Ad. Mazure,... — *Paris, Hachette, 1828, in-12.*

213. — Descartes, par Louis Liard,... — *Paris, Germer Baillière, 1882, in-8°.*

214. — Integer philosophiæ cursus ad mentem D. Thomæ, in quo secundum doctoris angelici doctrinam, logica, phisica, de cœlo et mundo, de ortu et interitu, meteora, parva naturalia, humani corporis anatome, metaphysica, ethica, appendix in spheram, cum brevi annotatione de temporum caracteribus, calendarii reformatione, etc., dilucidè pertractantur... Authore D. I. a Sancto Jacobo,... — *Parisiis, Thierry, 1658, 4.part. en 1 vol. in-f°.*

215. — Adriani Heereboord,... Meletemata philosophica ; in quibus pleræque res metaphysicæ ventilantur, tota Ethica κατασκολαστικως και ανασκολαστικως explicatur, universa Physica per theoremata et commentarios exponitur, summa rerum logicarum per disputationes traditur. Editio altera... — *Lugduni-Batavorum, Moyard, 1659, 4 part. en 1 vol. in-4°.*

216. — R. P. Sebast. Izquierdo Alcarazensis Soc. Jesu,... Pharus scientiarum, ubi quidquid ad cognitionem humanam humanitus acquisibilem pertinet... pertractatur. Scientia de scientia, ob

summam universalitatem utilissima, scientificisque jucundissima, scientifica methodo exhibetur. Aristotelis organum jam penè labens restituitur... —*Lugduni, Bourgeat, 1659, 2 tom. en 1 vol. in-f°*.

<small>Le bas du titre du tome 1ᵉʳ manque.</small>

217. — Cursus philosophicus in quo totius scholæ quæstiones, fere omnes, æqua perspicuitate ac doctrina in utramque partem propugnantur. Authore R. P. J. Vincentio,... Tomus II complectens octo libros Physicorum. — *Tolosæ, Boude, 1660, in-4°*.

<small>Ce tome seul.</small>

218. — Discussio peripatetica in quo philosophiæ Cartesianæ principia per singula fere capita, seu articulos, dilucidè examinantur. Auctore R. P. I. Vincentio,... — *Tolosæ, Colomerius, 1677, in-12*.

219. — Joan. Bapt. Du Hamel, de consensu veteris et novæ philosophiæ libri duo. In priori libro Platonis, Aristotelis, Epicuri, Cartesii et aliorum de principiis rerum naturalium placita excutiuntur, ac physica generalis pene tota pertractatur. In posteriori agitur de elementis et chymicorum principiis, necnon de mixtione et dissolutione corporum, ubi chymia fere universa explicatur. — *Parisiis, Savreux, 1663, in-4°*.

220. — Summa philosophiæ angelicæ... Auctore R. P. Arnaldo Milhet,... — *Tolosæ, Boude, 1663-1664, 4 vol. in-12*.

<small>Pars I. Logica, seu philosophia rationalis.
Pars II. Physica, seu philosophia naturalis.
Pars III. Metaphysica, seu philosophia prima.
Pars IV. Ethica, seu philosophia moralis.
En double les tomes 2, 3 et 4 seuls.</small>

221. — Summa philosophiæ speculativæ juxta mentem et doctrinam D. Thomæ et Aristotelis... Authore R. P. Fr. Dominico Linze,... — *Parisiis, Bertier, 1666-1670, 3 vol. in-4°*.

222. — Totius doctrinæ philosophicæ compendiosa tractatio. In qua præcipuæ ad necessariæ definitiones, divisiones, materiarumque philosophicarum resolutiones seu conclusiones, interrogationibus et responsionibus breviter et dilucidè exponuntur ac

explicantur, juxta mentem doctoris angelici D. Thomæ Aquinatis. In gratiam studiosæ juventutis in collegio Gratianopolitano FF. Prædicatorum philosophiæ Thomisticæ candidatæ. — *Gratianopoli, Galle, 1667, in-12.*

223. — Thomæ Hobbes Malmesburiensis Opera philosophica quæ latinè scripsit omnia. Ante quidem per partes, nunc autem, post cognitas omnium objectiones, conjunctim et accuratius edita. — *Amstelodami, Blaeu, 1668, 8 part. en 3 vol. in-4°, pl.*

224. — OEuvres philosophiques et politiques de Thomas Hobbes. — *Neufchatel, Impr. de la Société typographique, 1787, 2 vol. in-8°, portr.*

 Tome 1ᵉʳ contenant les Éléments du citoyen, traduits en français par un de ses amis [Sam. Sorbière].

 Tome 2 contenant le Corps politique et la nature humaine [traduite par le baron d'Holbach].

225. — Philosophia academica quam ex selectissimis Aristotelis et doctoris subtilis Scoti rationibus ac sententiis, in omnium philosophiæ studiosorum, maxime FF. juvenum Franciscanorum Parisiensium gratiam, brevi quidem, sed perspicua methodo ordinavit F. ac P. Claudius Frassen,... Secunda edition... — *Parisiis, Couterot, 1668, 2 vol. in-4°.*

 Deux exemplaires, le second sans les titres.

226. — Philosophia academica quam ex selectissimis illustriorum philosophorum, præsertim vero Aristotelis et doctoris subtilis Scoti, rationibus ac sententiis, in omnium philosophiæ subtilioris et solidioris studiosorum gratiam, brevi quidem, sed perspicua methodo ordinavit F. ac P. Claudius Frassen,... Tertia editio... — *Tolosæ, Colomerius, 1686, 2 vol. in-4°.*

227. — Philosophia juxta inconcussa tutissimaque divi Thomæ dogmata, Logicam, Physicam, Moralem et Metaphysicam quatuor tomis complectens, authore P. F. Antonio Goudin,... — *Lugduni, Jullieron, 1670, 3 vol. in-12.*

 Les tomes 1, 2 et 3 seuls.

228. — Philosophia juxta inconcussa tutissimaque divi Thomæ dogmata, quatuor tomis comprehensa. Authore P. F. Antonio

Goudin,... Editio altera... — *Parisiis, Couterot, 1674, 2 vol. in-12, fr. gr.*

Les tomes 1 et 4 seuls.

229. — Atomi peripateticæ, sive tum veterum tum recentiorum atomistarum placita ad neotericæ peripateticæ scholæ methodum redacta. a R. P. Casimiro Tolosate,... — *Biterris, Martel, 1674, 5 vol. in-12.*

Le tome 6 manque.

230. — Philosophiæ clavis, seu cursus philosophicus, ad usum studiosæ juventutis, authore Joanne Bauduer,... — *Burdigalæ, De la Court, 1675, 3 vol. in-8°.*

Les tomes 1 et 3 en 2 parties seuls.

231. — Philosophiæ clavis, seu cursus philosophicus, ad usum studiosæ juventutis. Authore Joanne Bauduer,... Secunda editio... — *Burdigalæ, De la Court, 1685, 3 vol. in-8°.*

Les tomes 1, 3 et 4 seuls.

232. — B. d. S. [B. de Spinoza.] Opera posthuma... — *S. l. 1677, 2 tom. en 1 vol. in-4°.*

Ce volume contient : I. Ethica, more geometrico demonstrata. II. Politica. III. De emendatione intellectus. IV. Epistotæ, et ad eas responsiones. V. Compendium grammatices linguæ hebreæ. Ce dernier traité a un titre particulier et une pagination séparée.

233. — Œuvres complètes de B. de Spinoza, traduites et annotées par J. G. Prat. — *Paris, Hachette, 1863-1872, 2 vol. in-12, portr.*

Tome 1er. Vie de Spinoza par Lucas. Vie de Spinoza par Colerus. Principes de la philosophie de Descartes et méditations métaphysiques.

Tome 2. Traité théologico-politique.

234. — B. de Spinoza. Ethique, traduite et annotée par J. G. Prat. — *Paris, Hachette, 1880-1883, in-4°.*

Première partie : De Dieu.
Deuxième partie : De l'âme.

235. — B. de Spinoza. Lettres inédites en français, traduites et annotées par J. G. Prat. — *Paris, Baillière et Messager, 1884, in-12, portr. et fac-simile.*

236. — Novissima philosophia, auctore P. D. Flaminio de Langdis,... — *Mediolani, Vigon, 1679, 4 vol. in-12.*
>Pars prima continens Dialecticam et tractatum de scientia.
>Pars secunda continens Physicam.
>Pars tertia continens Metaphysicam et quæstiones de cœlo et mundo.
>Pars quarta continens quæstiones de anima et de ortu et interitu.

237. — Triennium philosophicum quod P. Andreas Semery Remus è S. J. in collegio romano philosophiæ iterum professor dictabat. Secunda editio... — *Romæ, Cæsarettus, 1682, 2 vol. in-12.*

238. — Petri Danielis Huetii,... Censura philosophiæ Cartesianæ. — *Lutetiæ Parisiorum, Hortemels, 1689, in-12.*

239. — Système de philosophie, contenant la Logique, la Métaphysique, la Physique et la Morale, par Pierre Sylvain Regis. — *Paris, Impr. Thierry, 1690, 3 vol. in-4°, portr. et pl.*
>Deux exemplaires.

240. — Philosophus in utramque partem, sive selectæ et limatæ difficultates in utramque partem, cum responsionibus, ad usum scholæ, circa celebres universæ philosophiæ controversias. Pars prima et secunda, de rebus logicis et physicis. Opera et labore Laurentii Duhan,... — *Parisiis, Thiboust, 1694, in-12.*

241. — Philosophus in utramque partem, sive selectæ et limatæ difficultates in utramque partem, cum responsionibus, ad usum scholæ, circa celebres universæ philosophiæ controversias. Authore Laurentio Duhan,... Editio nova... — *Parisiis, Simart, 1708, in-12.*

242. — Philosophus in utramque partem, sive selectæ et limatæ difficultates in utramque partem, cum responsionibus, ad usum scholæ, circa celebres universæ philosophiæ controversias. Authore Laurentio Duhan,... — *Parisiis, sumptibus societatis, 1711, in-12.*

243. — Philosophus in utramque partem, sive selectæ et limatæ difficultates in utramque partem, cum responsionibus, ad usum scholæ, circa celebres universæ philosophiæ controversias. Authore Laurentio Duhan,... Editio nova... — *Parisiis, 1712, in-12.*

— 40 —

244. — Philosophus in utramque partem, sive selectæ et limatæ difficultates in utramque partem, cum responsionibus, ad usum scholæ, circa celebres universæ philosophiæ controversias. Authore Laurentio Duhan,... Editio nova... — *Parisiis, Simart, 1714, in-12.*

245. — Philosophus in utramque partem, sive selectæ et limatæ difficultates in utramque partem, cum responsionibus, ad usum scholæ, circa celebres universæ philosophiæ controversias. Authore Laurentio Duhan,... Editio nova... — *Parisiis, sumptibus societatis, 1715, in-12.*

246. — Institutio philosophica ad faciliorem veterum ac recentiorum philosophorum lectionem comparata. [Opera et studio Edm. Purchotii.] — *Parisiis, Coignard, 1695, 3 vol. in-12, pl.*

247. — Institutiones philosophicæ ad faciliorem veterum et recentiorum philosophorum intelligentiam comparatæ, opera et studio v. cl. Edmundi Purchotii,... Editio quarta... — *Lugduni, Bruyset, 1733, in-4°, pl.*

248. — Institutiones philosophicæ ad faciliorem veterum et recentiorum philosophorum intelligentiam comparatæ, opera et studio v. cl. Edmundi Purchotii,... Editio quarta... — *Parisiis, Le Breton, 1733, in-4°, pl.*

249. — Philosophia ad usum scholæ accommodata, autore M. Guillelmo Dagoumer,... — *Parisiis, Auboin, 1702-1704, 4 vol. in-12.*
   Trois exemplaires. Le second se compose des tomes 1, 2 et 3 seuls ; le troisième des tomes 1 et 2 seuls.

250. — Joannis Clerici opera philosophica... Editio quinta... — *Amstelodami, Wetstenius, 1722, 4 vol. in-12, fr. gr. portr. et pl.*
   Exemplaire donné comme prix à l'École Centrale des Basses-Pyrénées.

251. — Institutiones philosophicæ ex veterum et recentiorum placitis, ad usum Collegii Aquitani. Authore G. Sabatié,... Editio secunda. — *Burdigalæ, De la Court, 1724, 3 vol. in-12.*
   Les tomes 1, 3 et 4 seuls.

252. — Cursus philosophicus ad scholarum usum accommodatus,

authore Petro Lemonnier,... — *Parisiis, Genneau, 1750, 6 vol. in-12.*

253. — La philosophie applicable à tous les objets de l'esprit et de la raison. Ouvrage en réflexions détachées, par feu M. l'abbé Terrasson,... Précédé des Réflexions de M. d'Alembert,... d'une Lettre de M. de Moncrif,... et d'une autre Lettre de M*** sur la personne et les ouvrages de l'auteur. — *Paris, Prault, 1754, in-12.*

254. — Essais philosophiques sur l'entendement humain. Traduit de l'anglais de Mr Hume [par Jean-Baptiste Mérian]. Seconde édition. — *Amsterdam, Schneider, 1761, pet. in-8°.*

Le faux titre porte : Œuvres de M. Hume. Tome 2.

255. — Histoire naturelle de la religion. Traduit de l'anglais de Mr D. Hume [par J. B. Mérian]. Avec un examen critique et philosophique de cet ouvrage. — *Amsterdam, Schneider, 1759, pet. in-8°.*

Le faux titre porte : Œuvres de M. Hume. Tome 3.

256. — Dissertations sur les passions, sur la tragédie, sur la règle du goût. Traduit de l'anglais de Mr D. Hume [par J. B. Mérian]. — *Amsterdam, Schneider, 1759, pet. in-8°.*

Le faux titre porte : Œuvres de M. Hume. Tome 4.

257. — Essais de morale ou recherches sur les principes de la morale. Traduit de l'anglais de Mr Hume [par J. B. R. Robinet]. — *Amsterdam, Schneider, 1760, pet. in-8°.*

Le faux titre porte : Œuvres de M. Hume. Tome 5.

258. — Hume. Sa vie, sa philosophie, par Th. Huxley,... Traduit de l'anglais et précédé d'une introduction par Gabriel Compayré,... — *Paris, Germer-Baillière, 1880, in-8°.*

259. — Institutiones philosophicæ in novam methodum digestæ... Logica. Autore M. P. L. R. I. S. P. S. P. N. N. E. A. M. L. V. S. [P. Le Ridant.] — *Autissiodori, Fournier, 1761, in-12.*

Le tome 1er seul. Contenant la Logique.

260. — Le vrai philosophe, ou l'usage de la philosophie relativement à la société civile, à la vérité et à la vertu. Avec l'histoire, l'ex-

position exacte et la réfutation du Pyrrhonisme ancien et moderne. [Par l'abbé Boncerf.] — *Paris, Babuty, 1762, in-12.*

261. — Institutiones philosophicæ ad usum seminarii Tullensis [auctoribus Camier et Gigot] illustrissimi,... DD. Claudii Drouas, episcopi et comitis Tullensis,... jussu et auctoritate editæ. — *Spinali, Dumoulin, 1763, 5 vol. in-12, pl.*

Aux armes de Chr. de Beaumont, archevêque de Paris.

262. — Institutiones philosophicæ ad usum seminariorum. [Auctoribus Camier et Gigot, edente D. Parisis.] — *Tulli Leucorum, Carez, 1777, 4 vol. in-12.*

263. — Gothofredi Guillelmi Leibnitii,... Opera omnia, nunc primum collecta, in classes distributa... studio Ludovici Dutens. — *Genevæ, de Tournes, 1768, 6 vol. in-4°, portr. et pl.*

264. — Philosophia rationalis eclectica, ad studiosæ juventutis institutionem accommodata. Metaphysica, in qua generales rerum notiones principia et leges. Naturalis theologia atque psycologia, seu de anima humana disseritur, auctore P. Ig. Monteiro, S. J. — *Venetiis, Zatta, 1770, 2 vol. in-8°.*

Le tome 1ᵉʳ en 2 parties seul.

265. — Le bon sens ou idées naturelles opposées aux idées surnaturelles [par le baron d'Holbach]. — *Londres, 1772, in-12.*

266. — Le bon sens du curé J. Meslier [par le baron d'Holbach], suivi de son testament [par Voltaire]. — *Paris, les marchands de nouveautés [Impr. de Bacquenois], 1833, in-12, portr.*

Le portr. est celui de l'abbé Maury.

267. — La vraie philosophie par M. l'abbé M*** [Monestier]. — *Bruxelles, Boubers, 1774, in-8°.*

** — Specimen methodi scholasticæ in disputationibus philosophicis.
Voy. Division Belles-Lettres.

268. — Institutiones philosophicæ auctoritate D. D. archiepiscopi Lugdunensis ad usum scholarum suæ diœcesis editæ. [Auctore Josepho Valla.] — *Lugduni, Perisse, 1784-1785, 4 vol. in-12.*

Les tomes, 1, 2, 3 et 5 seuls.

269. — Analyse des ouvrages de J. J. Rousseau de Genève et de M. Court de Gebelin,... par un Solitaire. [L'abbé Ch. François Le Gros.] — *Genève, Chirol, 1785, in-8°.*

Examen des systèmes de J. J. Rousseau de Genève et de M. Court de Gebelin,... pour servir de suite à l'analyse de leurs ouvrages, par un Solitaire. [L'abbé Ch. François Le Gros.] — *Genève, Chirol, 1786, in-8°.*

270. — Éléments d'idéologie, par A. L. C. Destutt-Tracy,... Seconde édition. — *Paris, Courcier, an XIII = 1804-1815, 4 vol. in-8°.*

    Première partie : Idéologie proprement dite.
    Seconde partie : Grammaire.
    Troisième partie : Logique.
    Quatrième et Cinquième parties : Traité de la volonté et de ses effets.
    Ex libris de Jacques Laffitte.

271. — Système universel, par H. Azaïs. — *Paris, Leblanc, 1809, in-8°.*

272. — Des compensations dans les destinées humaines, par H. Azaïs. Cinquième édition revue avec soin sur un exemplaire annoté par l'auteur, précédée d'une Notice sur sa vie et ses ouvrages [par J. Guadet]. — *Paris, Didot, 1853, in-12, portr.*

273. — Œuvres philosophiques de Locke. Nouvelle édition revue par M. Thurot,... — *Paris, Didot, 1821-1825, 7 vol. in-8°.*

274. — J. Locke, sa vie et son œuvre, d'après des documents nouveaux, par Henri Marion,... — *Paris, Germer-Baillière, 1878, in-12.*

275. — Leçons de philosophie sur les principes de l'intelligence ou sur les causes et sur les origines des idées, par M. Laromiguière,... Cinquième édition... — *Paris, Brunot-Labbe, 1833, 2 vol. in-8°.*

276. — Leçons de philosophie sur les principes de l'intelligence ou sur les causes et sur les origines des idées, par P. Laromiguière,... Sixième édition... — *Paris, Fournier, 1844, 2 vol. in-12, portr.*

277. — Critique de la raison pure par Em. Kant. Traduite de l'allemand sur la septième édition, par C. J. Tissot,... — *Paris, Ladrange, 1835-1836, 2 vol. in-8°.*

278. — Critique de la raison pratique, par Emmanuel KANT. Nouvelle traduction française, avec un Avant-propos sur la philosophie de Kant en France, de 1773 à 1814, des notes philologiques et philosophiques, par F. PICAVET,... — *Paris, Alcan, 1888, in-8°.*

279. — Œuvres complètes de Thomas REID, chef de l'école écossaise, publiées par M. Th. JOUFFROY, avec des fragments de M. ROYER-COLLARD et une introduction de l'éditeur. — *Paris, Masson, 1836-1829, 6 vol. in-8°.*

280. — De l'unité ou aperçus philosophiques sur l'identité des principes de la science mathématique, de la grammaire générale et de la religion chrétienne, par un ancien élève de l'école polytechnique [Martin ETCHEGOYEN]. — *Paris, Debécourt, 1836-1842, 4 vol. in-8°. pl.*

281. — Cours de philosophie, par M. Ph. DAMIRON,...

Première partie. Psychologie. Seconde édition... — *Paris, Hachette, 1837, 2 vol. in-8°.*

Deuxième partie. Morale. Seconde édition revue et augmentée en particulier de deux discours sur l'immortalité de l'âme. — *Paris, Hachette, 1842, in-8°.*

Troisième partie. Logique. — *Paris, Hachette, 1836, in-8°.*

282. — Philosophie de la vie, par Frédéric de SCHLEGEL. Ouvrage traduit de l'allemand en français par M. l'abbé GUÉNOT. — *Paris, Parent-Desbarres, 1838, 2 vol. in-8°.*

283. — Esquisse d'une philosophie, par F. LAMENNAIS. — *Paris, Pagnerre, 1840-1846, 4 vol. in-8°.*

284. — Considérations sur le système philosophique de M. de La Mennais, par M. l'abbé Henri LACORDAIRE,... — *Paris, Derivaux, 1834, in-8°.*

285. — La philosophie de Lamennais, par Paul JANET,... — *Paris, Alcan, 1890, in-12.*

** — E. SPULLER. Lamennais. Étude d'histoire politique et religieuse. Voy. Division HISTOIRE.

286. — Œuvres philosophiques de Samuel CLARKE. Nouvelle édition, collationnée sur les meilleurs textes et précédée d'une introduction par Amédée JACQUES,... — *Paris, Delahays, 1843, in-12.*

287. — Essais sur la philosophie et la religion au XIX⁰ siècle, par Emile SAISSET. — *Paris, Charpentier, 1845, in-12.*

288. — Cours élémentaire de philosophie... par J. TISSOT,... Troisième édition. — *Paris, Dezobry, 1847, in-8°.*

289. — La philosophie de Voltaire, avec une introduction et des notes, par Ern. BERSOT,... — *Paris, Ladrange, 1848, in-12.*

290. — Philosophie populaire, par Victor COUSIN, suivie de la première partie de la profession de foi du vicaire Savoyard sur la morale et la religion naturelle [par Jean-Jacques ROUSSEAU]. — *Paris, Pagnerre, 1848, in-18.*

291. — Paul JANET,... Victor Cousin et son œuvre. — *Paris, Calmann Lévy, 1885, in-8°.*

292. — Philosophie. De la connaissance de Dieu, par A. GRATRY,... Seconde édition. — *Paris, Douniol, 1854, 2 vol. in-8°.*

293. — Le naturisme, dialogue éclectique sur l'universalité des sciences dans ses rapports avec Dieu et la nature. Il est divisé en cinq cent quarante-trois tant demandes que réponses. Plus, pour finale, le même livre comprend en outre un petit poème en quatre chants, également fait en forme de dialogue entre la nature et l'auteur ; il est très précieux dans ses révélations curieuses et utiles à l'humanité, par MANDY, natif de Lyon. — *Lyon, imp. Lépagnez, 1859, in-18, fr. lith.*

294. — Œuvres inédites de MAINE DE BIRAN, publiées par Ernest NAVILLE, avec la collaboration de Marc DEBRIT. — *Paris, Dezobry, 1859, 3 vol. in-8°.*

295. — Essais de philosophie et d'histoire religieuse, par Michel NICOLAS. — *Paris, Michel Lévy, 1863, in-8°.*

296. — Philosophie de la nature de HEGEL, traduite pour la première fois et accompagnée d'une introduction et d'un commentaire

perpétuel, par A. Véra,... — *Paris, Ladrange, 1863-1866, 3 vol. in-8°*.

297. — Philosophie de l'esprit de Hegel, traduite pour la première fois et accompagnée de deux introductions et d'un commentaire perpétuel, par A. Véra,... — *Paris, Germer-Baillière, 1867-1869, 2 vol. in-8°*.

298. — Philosophie de la religion de Hégel, traduite pour la première fois et accompagnée de plusieurs introductions et d'un commentaire perpétuel, par A. Véra,... — *Paris, Germer-Baillière, 1876-1878, 2 vol. in-8°*.

299. — L'idéalisme anglais. Étude sur Carlyle, par H. Taine. — *Paris, Germer-Baillière, 1864, in-12*.

300. — Les philosophes classiques du xixe siècle en France, par H. Taine. Quatrième édition. — *Paris, Hachette, 1876, in-12*.

301. — Le positivisme anglais. Étude sur Stuart Mill, par H. Taine. Deuxième édition. — *Paris, Germer-Baillière, 1878, in-12*.

302. — Force et matière. Études populaires d'histoire et de philosophie naturelles, par Louis Büchner,... Ouvrage traduit de l'allemand... Seconde édition, revue d'après la huitième édition de l'allemand, par A. Gros-Claude. — *Paris, Reinwald, 1865, in-12*.

303. — Philosophie des deux Ampère [André Marie Ampère et Jean Jacques Ampère], publiée par J. Barthélemy Saint-Hilaire. — *Paris, Didier, 1866, in-8°*.

** — La philosophie en France au xixe siècle, par Félix Ravaisson. Voy. Division Histoire.

304. — Libre philosophie, par Ernest Bersot,... — *Paris, Germer-Baillière, 1868, in-12*.

305. — Les premiers principes, par Herbert Spencer. Traduit de l'anglais par M. E. Cazelles. — *Paris, Germer-Baillière, 1871, in-8°*.

306. — Essais de morale, de science et d'esthétique, par Herbert

Spencer. I. Essais sur le progrès. II. Essais de politique. III. Essais scientifiques, suivis de réponses aux objections sur les Premiers principes, traduits de l'anglais par M. A. Burdeau,... *Paris, Germer-Baillière, 1879, 3 vol. in-8°.*

307. — Résumé de la philosophie de Herbert Spencer, par F. Howard Collins, précédé d'une préface de M. Herbert Spencer. Traduction française par Henry de Varigny,... — *Paris, Alcan, 1891, in-8°.*

308. — Étude sur la notion d'espace, d'après Descartes, Leibnitz et Kant. Thèse pour le doctorat soutenue devant la Faculté des lettres de Paris, par Henry Luguet. — *Paris, Durand et Pedone Lauriel, 1875, in-8°.*

309. — Le matérialisme contemporain, par Paul Janet,... — *Paris, Germer-Baillière, 1875, in-12.*

310. — Le matérialisme et la science, par E. Caro,... Troisième édition. — *Paris, Hachette, 1876, in-12.*

311. — Histoire du matérialisme et critique de son importance à notre époque, par F. A. Lange,... Traduit de l'allemand... par B. Pommerol, avec une introduction par D. Nolen,... — *Paris, Reinwald, 1877-1879, 2 vol. in-8°.*

312. — Cours de philosophie positive, par Auguste Comte,... Quatrième édition, augmentée de la préface d'un disciple et d'une Étude sur les progrès du positivisme par E. Littré. — *Paris, Baillière, 1877, 6 vol. in-8°.*
    Tome 1er. Préliminaires généraux. Philosophie mathématique.
    Tome 2. Philosophie astronomique. Philosophie de la physique.
    Tome 3. Philosophie chimique. Philosophie biologique.
    Tome 4. Partie dogmatique de la philosophie sociale.
    Tome 5. Partie historique de la philosophie sociale et tout ce qui concerne l'état théologique et l'état métaphysique.
    Tome 6. Complément de la philosophie sociale. Conclusions générales.

313. — X. Danguin. Le dernier mot de la philosophie. — *Châlon-sur-Saône, Impr. Landa, 1879, in-8°, 1-81 p.*

314. — De la quadruple racine du principe de la raison suffisante. Dissertation philosophique, suivie d'une histoire de la doctrine de l'idéal et du réel, par Schopenhauer. Traduit en français pour la première fois, par J. A. Cantacuzène. — *Paris, Germer-Baillière, 1882, in-8°.*

315. — Le monde comme volonté et comme représentation, par Arthur Schopenhauer. Traduit en français par A. Burdeau,... — *Paris, Alcan, 1888-1890, 3 vol. in-8°.*

316. — Le pessimisme (Histoire et critique), par James Sully. Traduit de l'anglais par MM. Alexis Bertrand et Paul Gérard. — *Paris, Germer-Baillière, 1882, in-8°.*

317. — M. Littré et le positivisme, par E. Caro,... — *Paris, Hachette, 1883, in-12.*

318. — Le nouveau spiritualisme, par E. Vacherot,... — *Paris, Hachette, 1884, in-8°.*

319. — Essais de critique philosophique, par Ad. Franck,... — *Paris, Hachette, 1885, in-12.*

320. — Leçons de philosophie, par Elie Rabier,... Deuxième édition. — *Paris, Hachette, 1886, 2 vol. in-8°.*
    Tome 1ᵉʳ. Psychologie.
    Tome 2. Logique.

321. — Philosophies de la nature. Bacon, Boyle, Toland, Buffon, par Nourrisson,... — *Paris, Perrin, 1887, in-12.*

322. — E. Caro,... Philosophie et philosophes. Comment les dogmes finissent et renaissent. Théodore Jouffroy. Cousin. Jules Simon. Ravaisson. Le P. Gratry. Charles Jourdain. Emile Saisset. M. Wallon. Mᵐᵉ Swetchine. Frédéric Ozanam. — *Paris, Hachette, 1888, in-12.*

323. — La crise chrétienne. Questions d'aujourd'hui, par Pierre Lasserre. — *Paris, Perrin, 1891, in-12.*

324. — Le problème de la mort, ses solutions imaginaires et la science positive, par Louis Bourdeau. — *Paris, Alcan, 1893, in-8°.*

325. — Jean Paul CLARENS [J. P. CABANNES]. Strada. — *Paris, Ollendorff, s. d. [1893], in-8°.*

326. — L'irréligion de l'avenir. Étude sociologique, par M. GUYAU. Cinquième édition. — *Paris, Alcan, 1893, in-8°.*

327. — Spiritualisme, par J* E*^{le} ESCOURROU-LAPUJADE,... — *Tarbes, Impr. Croharé, 1894, in-8°, 56 p.*

3. LOGIQUE.

328. — Georgii TRAPEZONTII dialectica hæc continens : De enunciatione. De quinque vocibus, id est prædicabilibus. De prædicamentis. De syllogismo categorico, id est prædicativo. De syllogismo hypotetico ac conditionali. De enthymemate, id syllogismo imperfecto. De diffinitione ac divisione. De thesi, ne quid aut dicendo, aut scribendo absurdum pugnansve dicatur... — *S. l. n. d. Argentoraci, Schurerius, 1509, in-4°, 30 ff. n. ch.*

PALÆPHATI scriptoris græci opusculum de non credendis fabulosis narrationibus. Interprete Philippo PHASIANINO Bononiensi... — *S. l. n. d. Argentorati, Schurerius, 1517, in-4°, 32 ff. n. ch. titre encadré.*

Do. Andreæ Carolostadii et archidiaconi Wittenburgen, [Andreas BODENSTEIN,] ccclxx et apologeticæ conclusiones pro sacris literis et Wittenburgen. compositæ. Ejusdem defensio adversus Monomachiam D. Joannis Eckii,... Invenies deinde epithome ejusdem de impu justificatione... — *S. l. n. d., in-4°, 58 ff. n. ch. titre encadré.*

Habetis hic CALPHURNIUM atque NEMESIANUM poetas elegantiss. Nuper ab Joanne Alexandro BRASSICANO,... pristino nitori restitutos... — *S. l. n. d. Impensis providi viri Johannis Knoblochi incolæ Argentinensis... anno XIX, in-4°, 28 ff. n. ch.*

Sermo de triplici justicia R. Patris Martini LUTHER Augustiniani Wittenburgensis. — *S. l. 1519, 5 ff. n. ch. titre encadré.*

— 50 —

Disputatio D. Joannis Eccii et P. Martini Luther in studio Lipsensi futura. — *S. l. 1519, in-4°, 6 ff. n. ch. titre encadré.*

Philippi Melanchthonis de rhetorica libri tres. — *Basileæ, Froben, [1519], in-4°, titre encadré.*

Udalrichi Zasii, oratoris et jureconsulti, oratio Friburgi in funere D. Maximiliani Imp. Aug. habita. — *Basileæ, [Froben, 1519], in-4°, 14 p. titre encadré.*

Udalrici Zasii LL. doctoris, apologetica defensio contra Joannem Eckium theologum, super eo quod olim tractaverat, quo loco fides non esset hosti servanda... — *S. l. n. d. Basileæ, Froben, 1519, in-4°, 71 p. titre encadré.*

De risu paschali Œcolampadii ad V. Capitonem theologum epistola apologetica. — *Basileæ, [Froben, 1518], in-4°, 27 p. titre encadré.*

Damus nunc vobis Orum Apollinem Niliacum de hieroglyphicis notis a Bernardino Trebatio Veicetino latinitate donatum. In quo veteris Ægyptiorum sapientiæ thesaurum reperietis, vulgo haud dum cognitum et miras rerum ac animantium naturas ac proprietates. Eum insignis,... Chonradus Peutinger,... liberaliter non ita dudum nobis communicavit... — *S. l. n. d. Basileæ, Froben, 1518, in-4°, 54 p. titre encadré.*

Ulrichi de Hutten equitis ad Bilibaldum Pirckheymer,... epistola vitæ suæ rationem exponens... — *S. l. n. d. Augustæ-Vindelicorum, Grimm, 1518, in-4°, 12 ff. n. ch. titre encadré.*

C. Suetonii Tranquilli de vita duodecim Cæsarum libri xii... — *S. l. n. d. Argentorati, Schurerius, 1515, in-4°, titre encadré.*

Cutheberti Tonstalli in laudem matrimonii oratio habita in sponsalibus Mariæ potentissimi regis Angliæ Henrici octavi filiæ et Francisci christianissimi Francorum regis primogeniti. — *S. l. n. d. Basileæ, Froben, 1519, in-4°, 19 p. titre encadré.*

De origine Guelphorum et Gibellinorum, quibus olim Germania, nunc Italia exardet, libellus eruditus. In quo ostenditur, quantum hac in re clariss. scriptores, Bartholus, Panormitanus, Blondus, Platina et Georgius Merula Alexandrinus a veritate aberraverint. [Auctore Benvenuto de Sancto Georgio et de Blandrate comitibus, eq. Hierosolymitano.] — *S. l. n. d. Basileæ, Cratander, 1519, in-4°, 14 p. titre encadré.*

329. — Dialectica Joannis Cæsarii. — *In-8°*.
Le titre manque.
Georgii Trapezuntii de re dialectica libellus... cum Joannis Noviomagi scholiis... Adjectus est Georgii Vallæ Placentini de expedita ratione argumentandi libellus, cum Petri Mosellani Protegensis in ejusdem categoremata ac categorias scholiis. — *Lugduni, Vincentius, 1539, in-8°.*

330. — Dialecticæ Philippi Melanchtonis libri quatuor, ab autore postremum recogniti. De argumentis et eorum sedibus, ex Georgio Valla... — *Lugduni, Gryphius, 1539, pet. in-8°.*

331. — Dialectica Joachimi Ringelbergii Antverpiani... — *Parisiis, Wechelus, 1542, in-8°, 63 p.*
Joachimi Ringelbergii Antverpiani rhetorica. — *Parisiis, Wechelus, 1542, in-8°, 36 p.*
Methodus conscribendi epistolas, per Christoph. Hegendorphinum. Ejusdem dragmata locorum tum rhetoricorum, tum dialecticorum... Ejusdem exempla status conjecturalis, finitivi, qualitatis. — *Parisiis, Wechelus, 1543, in-8°, 47 p.*
Tabulæ Joannis Murmellii Ruremundensis in artis componendorum versuum rudimenta. — *Parisiis, Wechelus, 1543, in-8°, 46 p.*
Tabulæ de schematibus et tropis Petri Mosellani. Georgii Majoris in Philippi Melanchtonis Rhetorica et in Erasmi Roterodami libellum de duplici copia, tabulæ. — *Parisiis, Wechelus, 1537, in-8°, 27 ff. n. ch.*
De ratione syllabarum brevis Isagoge... recognita jam ab ejus authore D. Henrico Glareano,... Ejusdem succincta de figuris, quibus crebro poetæ utuntur, lucubratio... ex diversis authoribus, Cicerone, Quintiliano, Servio, Prisciano, Diomede, atque, inter recentiores, Antonio Mancinello collecta. — *Parisiis, Wechelus, 1543, in-8°, 56 p.*

332. — Joachimi Perionii,... in Porphyrii Institutiones et in universum Aristotelis organum versio. Ejusdem in eosdem libros observationes. — *Lutetiæ, Nicol. Dives, 1548, 2 part. en 1 vol. in-8°.*

333. — Aristotelis Logica ab eruditissimis hominibus conversa, Claud. Frugeret argumentis et annotationibus illustrata... — *Parisiis, Buon, 1569, in-4°.*

Aristotelis categoriæ Joachimo Perionio interprete, per N. Gruchium correctæ... — *Parisiis, Buon, 1569, in-4°, 22 ff.*

Aristotelis de interpretatione liber, Joachimo Perionio interprete, per N. Gruchium correctus... — *Parisiis, Buon, 1569, in-4°, 16 ff.*

Aristotelis priorum analyticorum, id est de prima resolutione libri II. Firmino Durio interprete, per N. Gruchium correcti... — *Parisiis, Buon, 1569, in-4°.*

Aristotelis de demonstratione, sive de secunda parte Αναλυτικων, libri duo. Nicolao Grucuio,... interprete... — *Parisiis, Buon, 1569, in-4°.*

Aristotelis Topicorum libri octo. Joachimo Perionio interprete, per Nic. Gruchium correcti... — *Parisiis, Buon, 1569, in-4°.*

Aristotelis Stagiritæ de reprehensionibus sophistarum liber unus. Nicol. Grucuio,... interprete. — *Parisiis, Buon, 1569, in-4°, 42 ff.*

334. — Aristotelis logica ab eruditissimis hominibus conversa... — *Parisiis, Brumennius, 1571, in-4°.*

Aristotelis categoriæ, Joachimo Perionio interprete, per N. Gruchium correctæ... — *Parisiis, Brumennius, 1571, in-4°, 22 ff.*

Aristotelis de interpretatione liber, Joachimo Perionio interprete, per N. Gruchium correctus... — *Parisiis, Brumennius, 1571, in-4°, 16 ff.*

Aristotelis priorum analyticorum, id est de prima resolutione, libri II. Firmino Durio interprete, per N. Gruchium correcti... — *Parisiis, Brumennius, 1571, in-4°.*

Aristotelis de demonstratione, sive de secunda parte Αναλυτικων, libri duo. Nicolao Grucuio,... interprete... — *Parisiis, Brumennius, 1571, in-4°.*

Aristotelis Topicorum libri octo, Joachimo Perionio interprete, per Nicolaum Grouchium correcti... — *Parisiis, Brumennius, 1571, in-4°.*

Aristotelis Stagiritæ de reprehensionibus sophistarum liber unus. Nicolao Gruchio.... interprete... — *Parisiis, Brumennius, 1571, in-4°, 12 ff.*

335. — Categoriarum prædicamentorumque Aristotelis liber, Severino Boetio interprete. — *In-8°, 63 p.*

Le titre manque.

Peri Hermenias Aristotelis libri duo Boetio Severino interprete. — *Lugduni, hær. Sim. Vincentii, (s. d.), in-8°, 30 p.*

Priorum analyticorum Aristotelis libri duo Boetio Severino interprete. — *Lugduni, hær. Sim. Vincentii, (s. d.), in-8°.*

Posteriorum analyticorum Aristotelis libri duo Boetio Severino interprete. — *Lugduni, hær. Sim. Vincentii, (s. d.), in-8°, 83 p.*

Topicorum Aristotelis libri octo cum duobus Elenchorum. Boetio Severino interprete. — *Lugduni, hær. Sim. Vincentii, (s. d.), in-8°.*

336. — ΑΡΙΣΤΟΤΕΛΟΥΣ Οργανον. Aristotelis,... Organum, hoc est libri omnes, ad Logicam pertinentes græcè et latinè. Jul. Pacius recensuit... è græca in latinam linguam convertit... Editio tertia... Accessit ejusdem Pacii in universum organum commentarius analyticus... — *Genevæ, Vignon, 1605, in-4°.*

Jul. Pacii a Beriga in Porphyrii Isagogen et Aristotelis organum commentarius analyticus... — *Aureliæ-Allobrogum, Vignon, 1605, in-4°.*

337. — ΑΡΙΣΤΟΤΕΛΟΥΣ Οργανον. Aristotelis,... organum, hoc est libri omnes ad Logicam pertinentes, græcè et latinè. Jul. Pacius recensuit... è græca in latinam linguam convertit... Editio tertia... Accessit ejusdem Pacii in universum organum commentarius analyticus... — *Genevæ, Vignon, 1605, in-4°.*

Le commentaire de Pacius manque.

338. — Logique d'Aristote, traduite en français pour la première fois

et accompagnée de notes perpétuelles, par J. BARTHÉLEMY-SAINT-HILAIRE,... — *Paris, Ladrange, 1839-1844, 4 vol. in-8°.*

    Tome 1ᵉʳ. Introduction aux catégories par PORPHYRE. Catégories. Hermeneia.
    Tome 2. Premiers analytiques.
    Tome 3. Derniers analytiques.
    Tome 4. Topiques. Réfutation des sophistes.

339. — Reverendi patris Dominici SOTO,... in Dialecticam Aristotelis commentarii. Æditio postrema... — *Salmanticæ, Dominicus a Portonariis, 1571, pet. in-f°.*

Reverendi patris Dominici SOTO,... super octo libros Physicorum Aristotelis commentaria. Tertia æditio... — *Salmanticæ, Dominicus a Portonariis, 1572, pet. in-f°.*

Reverendi patris Dominici SOTO,... super octo libros Physicorum Aristotelis quæstiones. — *Salmanticæ, Dominicus a Portonariis, 1572, pet. in-f°.*

    Les dernières pages manquent.

340. — D. Francisci TOLETI, S. J. Commentaria, unà cum questionibus, in universam Aristotelis Logicam... — *Coloniæ-Agrippinæ, hær. Birckmanni, 1577, in-4°.*

341. — D. Francisci TOLETI, Societatis Jesu, commentaria una cum quæstionibus in universam Aristotelis Logicam, multo accuratius, diligentiusque nunc denuo excussa, Editio secunda. — *Lugduni, Marsilius, 1584, in-8°.*

D. Francisci TOLETI, Societatis Jesu, omnia quæ hucusque extant opera... — *Lugduni, Sib. à Porta, 1587, in-8°.*

342. — D. Fr. TOLETI, Societatis Jesu. Commentaria una cum quæstionibus in universam Aristotelis Logicam... editio quarta. — *Lugduni, Morillon, 1608, in-8°.*

    Deux exemplaires.

343. — D. Fr. TOLETI, S. J. Commentaria una cum quæstionibus, in universam Aristotelis Logicam... Editio quarta. — *Lugduni, Morillon, 1609, in-8°.*

D. Francisci TOLETI, S. J. omnia quæ hucusque extant opera philosophica... — *Lugduni, Veyrat, 1602, in-8°.*

344. — Commentarii collegii Conimbricensis è Societate Jesu in universam dialecticam Aristotelis Stagiritæ... Editio secunda... — *Lugduni, Cardon, 1610, in-4°.*

345. — Commentarii collegii Conimbricensis è Societate Jesu in universam dialecticam Aristotelis Stagiritæ... Editio postrema... — *Lugduni, Cardon, 1622, 2 tom. en 1 vol. in-4°.*

Commentarii collegii Conimbricensis Societatis Jesu in quatuor libros de cœlo, meteorologicos, parva naturalia et ethica Aristotelis Stagiritæ. Postrema hac editione... in lucem dati. — *Lugduni, Cardon, 1616, in-4°.*

Commentarii collegii Conimbricensis Societatis Jesu in libros meteororum Aristotelis Stagiritæ. Extrema hac editione... excusi. — *Lugduni, Cardon, 1616, in-4°.*

Commentarii collegii Conimbricensis Societatis Jesu in libros Aristotelis qui parva naturalia appellantur. Postrema hac editione... editi. — *Lugduni, Cardon, 1616, in-4°.*

In libros Ethicorum Aristotelis ad Nicomachum aliquot Conimbricensis cursus disputationes. Hac omnium postrema editione... in lucem datæ. — *Lugduni, Cardon, 1616, in-4°.*

346. — Commentarii collegii Conimbricensis è Societate Jesu in universam dialecticam Aristotelis Stagiritæ... Editio postrema... — *Lugduni, Cardon, 1622, 2 tom. en 1 vol. in-4°.*

347. — Commentarii R. Balforei in organum logicum Aristotelis... — *Burdigalæ, Millangius, 1616, in-4°, fr. gr.*

R. Balforei prolegomena in libros Topicorum Aristotelis. — *Sans titre ; in-4°.*

348. — Artium cursus sive disputationes in Aristotelis dialecticam et philosophiam naturalem. Juxta angelici doctoris D. Thomæ doctrinam et ejus scholam... Per collegium Complutense S. Cyrilli discalceatorum fratrum ordinis Beatæ Mariæ de Monte-Carmeli. Nunc primum in Galliis excusæ. — *Parisiis, Sonnius, 1628, in-4°.*

349. — Artium cursus, sive disputationes in Aristotelis dialecticam et philosophiam naturalem. Juxta angelici doctoris D. Thomæ doc-

trinam et ejus scholam... Per collegium Complutense S. Cyrilli discalceatorum fratrum ordinis beatæ Mariæ de Monte-Carmeli. Nunc primum in Galliis excusæ. — *Parisiis, Thierry, 1636, in-4°.*

350. — Collegii Complutensis Sancti Cyrilli discalceatorum FF. Ordinis B. Mariæ de Monte-Carmeli Disputationes in Arist. dialecticam et philosophiam naturalem, juxta miram angelici doctoris D. Thomæ doctrinam et ejus scholam... — *Lugduni, Huguetan, 1668, in-f°.*

Collegii Complutensis discalceatorum fratrum ordinis B. Mariæ de Monte-Carmeli, Disputationes in octo libros Physicorum Aristotelis, juxta miram angelici doctoris D. Thomæ et scholæ ejus doctrinam... — *Lugduni, Huguetan, 1668, in-f°.*

Collegii Complutensis discalceatorum fratrum ordinis B. Mariæ de Monte-Carmeli, Disputationes in duos libros Physicorum Aristotelis de generatione et corruptione, seu de ortu et interitu ; juxta miram angelici doctoris D. Thomæ doctrinam et ejus doctrinam... — *Lugduni, Huguetan, 1668, in-f°.*

351. — Commentarius in Aristotelis Logicam, authore magistro Petro BARBAY,... Editio secunda... — *Parisiis, Josse, 1676, in-12.*

352. — Commentarius in Aristotelis Logicam, authore magistro Petro BARBAY,... Editio tertia... — *Parisiis, Josse, 1680, in-12.*

353. — Commentarius in Aristotelis Logicam, authore magistro Petro BARBAY,... Editio quarta... — *Parisiis, Josse, 1684, in-12.*

354. — P. RAMI Dialectica Audomari TALÆI prælectionibus illustrata. — *Coloniæ Agrippina, Baumius, 1573, in-8°.*

355. — In Petri Rami,... Dialecticæ libros duos Lutetiæ anno LXXII, postremo sine prælectionibus editos, explicationum questiones : quæ pædagogiæ logicæ de docenda discendaque dialectica. Pars prima. Auctore Frederico BEURHUSIO... — *Londini, Midletonus, 1585, in-8°.*

De P. Rami dialecticæ præcipuis capitibus disputationes scholasticæ, et cum iisdem variorum logicorum comparationes : quæ pædagogiæ logicæ pars secunda, qua artis veritas exquiritur.

Auctore Frederico Beurhusio,... Editio secunda. — *Londini, Bynneman, 1582, in-8°*.

Ad P. Rami dialecticam variorum et maxime illustrium exemplorum, naturali artis progressu, inductio :... quæ pædagogiæ logicæ pars tertia ad artis utilitatem demonstrandam. Auctore Frederico Beurhusio,... Editio secunda. — *Londini, Bishop, 1583, in-8°*.

356. — Commentarii in P. Rami,... dialecticam, quibus ex classicis quibusque auctoribus præceptorum Rameorum perfectio demonstratur, sensus explicatur, usus exponitur. Auctore Georgio Dounamo,... — *Francofurti, Richterus, 1610, in-8°*.

357. — Institutionum Dialecticarum libri octo. Auctore Petro a Fonseca, ex S. J... — *Turnoni, Cl. Michaelis, 1588, in-8°*.

358. — Institutionum dialecticarum libri octo. Auctore Petro Fonseca,... Postrema hac nunc æditione ab ipso recogniti... — *Friburgi Brisgoiæ, 1591, in-8°*.

359. — Institutionum dialecticarum libri octo. Auctore Petro à Fonseca, ex S. J... — *Turnoni, Michaelis, 1597, in-8°*.

360. — Institutionum dialecticarum libri octo. Auctore Petro à Fonseca, ex S. J... — *Lugduni, Rigaud, 1608, in-8°*.

361. — Institutionum dialecticarum libri octo. Auctore Petro à Fonseca, ex S. J... — *Lugduni, Pillehotte, 1609, in-8°*.

362. — Institutionum dialecticarum libri octo. Auctore Petro à Fonseca, ex S. J... — *Lugduni, Rigaud, 1610, in-8°*.

363. — Institutionum dialecticarum libri octo. Auctore Petro à Fonseca, ex S. J... — *Lugduni, Morillon, 1612, in-8°*.

364. — Institutionum dialecticarum libri octo. Auctore Petro à Fonseca, ex S. J... — *Lugduni, Rigaud, 1614, in-8°*.
Deux exemplaires.

365. — Institutionum dialecticarum libri octo. Auctore Petro à Fonseca, ex S. J... — *Lugduni, Rigaud, 1622, in-8°*.

366. — Jacobi Zabarellæ Patavini opera logica... affixa præfatio

Joannis Ludovici Hawenreuteri,... Editio tertia. — *Coloniæ*, *Zetnerus, 1597, in-4°*.

Jacobi ZABARELLÆ Patavini de doctrinæ ordine apologia... — *S. l. 1597, in-4°*.

Jacobi ZABARELLÆ Patavini tabulæ logicæ in quibus summa cum facilitate ac brevitate ea omnia explicantur quæ ab aliis prolixe declarari solent. Sexto editæ. — *S. l. [Coloniæ, Zetnerus], 1597, in-4°*.

Jacobi ZABARELLÆ Patavini de rebus naturalibus libri XXX, quibus quæstiones quæ ab Aristotelis interpretibus hodie tractari solent, accurate discutiuntur... Editio tertia. — *Coloniæ, Zetnerus, 1597, in-4°*.

367. — Jacobi ZABARELLÆ Patavini opera logica... affixa præfatio Joannis Ludovici Hawenreuteri,... Editio quarta. — *Coloniæ, Zetnerus, 1602, in-4°*.

Jacobi ZABARELLÆ Patavini de doctrinæ ordine apologia... — *S. l. 1602, in-4°*.

Jacobi ZABARELLÆ Patavini tabulæ logicæ, in quibus summa cum facilitate ac brevitate ea omnia explicantur quæ ab aliis prolixe declarari solent. Septimo editæ. — *S. l. [Coloniæ, Zetnerus], 1602, in-4°*.

368. — Jacobi ZABARELLÆ Patavini opera logica... affixa præfatio Joannis Ludovici Hawenreuteri,... Editio quarta. — *Coloniæ, Zetnerus, 1603, in-4°*.

Jacobi ZABARELLÆ Patavini de doctrinæ ordine apologia... — *S. l. 1602, in-4°*.

Jacobi ZABARELLÆ Patavini tabulæ logicæ, in quibus summa cum facilitate ac brevitate ea omnia explicantur quæ ab aliis prolixe declarari solent. Septimo editæ. — *S. l. [Coloniæ, Zetnerus], 1602, in-4°*.

Jacobi ZABARELLÆ Patavini, de rebus naturalibus libri XXX. Quibus quæstiones quæ ab Aristotelis interpretibus hodie tractari solent, accurate discutiuntur... Editio quarta. — *Coloniæ, Zetnerus, 1602, in-4°*.

369. — Jacobi ZABARELLÆ Patavini, opera logica... affixa præfatio

Joannis Ludovici Hawenreuteri,... Editio postrema. — *Francofurti, Zetnerus, 1608, in-4°.*

Jacobi ZABARELLÆ Patavini de doctrinæ ordine apologia... — *S. l. 1608, in-4°.*

Jacobi ZABARELLÆ Patavini tabulæ logicæ, in quibus summa cum facilitate ac brevitate ea omnia explicantur, quæ ab aliis prolixe declarari solent. Editio postrema. — *S. l. [Francofurti, Zetnerus], 1608, in-4°.*

Jacobi ZABARELLÆ Patavini de rebus naturalibus libri XXX. Quibus quæstiones quæ ab Aristotelis interpretibus hodie tractari solent, accurate discutiuntur... Editio quarta. — *Coloniæ, Zetnerus, 1602, in-4°.*

Jacobi ZABARELLÆ Patavini in primum Aristotelis librum de anima commentarii. — *Sans titre ; in-4°.*

370. — Amandi POLANI A POLANSDORF Logicæ libri duo ; juxta naturalis methodi leges conformati... Accessit brevis admonitio de usu logicæ et de vera facilique imitatione auctorum. Editio tertia... — *Basileæ, Waldkirchius, 1598, in-8°.*

371. — Fortunati CRELLII Isagoge logica, in duas partes tributa, in communem et propriam. Editio sexta. — *Neustadii, Harnisius, 1598, in-8°.*

372. — Gymnasium logicum, id est de usu et exercitatione logicæ artis absolutiori et pleniori libri tres, annis abhinc aliquot in academia Heidelbergensi privatis prælectionibus traditi a Bartholomæo KECKERMANNO,... — *Hanoviæ, Antonius, 1605, in-8°.*

373. — Gymnasium logicum, id est de usu et exercitatione logicæ artis absolutiori et pleniori libri tres, annis abhinc aliquot in academia Heidelbergensi privatis prælectionibus traditi a Bartholomæo KECKERMANNO,... — *S. l., 1606, in-8°, tabl.*

374. — Præcognitorum logicorum tractatus III, à Bartholomæo KECKERMANNO Dantiscano systemati logico annis abhinc aliquot præmissi, nunc secunda editione, recogniti. — *Hanoviæ, Antonius, 1606, in-8°.*

Gymnasium logicum, id est de usu et exercitatione logicæ

artis absolutiori et pleniori, libri tres annis abhinc aliquot in academia Heidelbergensi privatis prælectionibus traditi à Bartholomæo KECKERMANNO,... — *Hanoviæ, Antonius, 1605, in-8°, tabl.*

375. — Systema logicæ tribus libris adornatum, pleniore præceptorum methodo et commentariis scriptis ad præceptorum illustrationem, et collationem cum doctrina Aristotelis, atque aliorum, tum veterum, tum recentium logicorum sententiis ac disputationibus, a Bartholomæo KECKERMANNO Dantiscano,... Editio tertia... — *Hanoviæ, Antonius, 1606, in-8°, tabl.*

376. — Systema logicæ tribus libris adornatum, pleniore præceptorum methodo et commentariis scriptis ad præceptorum illustrationem et collationem cum doctrina Aristotelis, atque aliorum, tum veterum, tum recentium logicorum sententiis ac disputationibus à Bartholomæo KECKERMANNO Dantiscano,... Editio tertia... — *Apud Ant. Candidum Lugdunensem, 1607, in-8°.*

377. — Petri MOLINEI elementa logica. Quarta editio... — *Parisiis, Plantin, 1611, in-8°.*

378. — Petri MOLINEI elementa logica. Octava editio. — *Gebennæ, Faber, 1625, in-12.*

379. — Logica mexicana R. P. Antonii RUVIO Rodensis,... hoc est commentarii breviores et maxime perspicui in universam Aristotelis dialecticam... — *Lugduni, Pillehotte, 1617, in-8°.*

380. — Logica mexicana R. P. Antonii RUVIO,... hoc est, commentarii breviores et maxime perspicui in universam Aristotelis dialecticam... — *Lugduni, Pillehotte, 1620, in-8°.*

381. — Logica mexicana R. P. Antonii RUVIO,... hoc est, commentarii breviores et maxime perspicui in universam Aristotelis dialecticam... — *Lugduni, Pillehotte, 1625, in-8°.*

382. — PETRI HISPANI [JOANNIS Papæ XXI] Summulæ logicales cum VERSORII Parisiensis clarissima expositione. Parvorum item logicalium eidem Petro Hispano ascriptum opus... Novissima hac editione... castigata... — *Coloniæ-Agrippinæ, Hierat, 1622, in-4°.*

383. — Logica institutionibus præviis quæstionibus contexta. Auctore P. Raphaele AVERSA a Sanseverino,... — *Romæ, Mascardus, 1623, in-4°, fr. gr.*

384. — Marci DUNCANI,... institutionis logicæ libri quinque, in usum academiæ Salmuriensis tertium editi... — *Salmurii, Desbordes, 1643, in-8°.*

385. — Idea philosophiæ rationalis seu Logica, paucis multa complectens, de iis quæ spectant ad mentis directionem. Pars prima totius philosophiæ. Auctore D. PETRO A SANCTO JOSEPH FULIENSI. — *Parisiis, Josse, 1654, in-12.*

386. — Caspari WYSSII,... Logica, quæ est cursus philosophici pars prima. — *Genevæ, de Tournes, 1669, in-8°.*

Caspari WYSSII,... Physica quæ est cursus philosophici pars secunda. — *Genevæ, de Tournes, 1669, in-8°.*

387. — La logique ou l'art de penser, contenant, outre les règles communes, plusieurs observations nouvelles propres à former le jugement. [Par Ant. ARNAULD et P. NICOLE.] Quatrième édition... — *Lyon, Laurens, 1671, in-12.*

388. — La logique ou l'art de penser, contenant, outre les règles communes, plusieurs observations nouvelles propres à former le jugement. [Par Ant. ARNAULD et P. NICOLE]. Cinquième édition... — *Paris, Desprez, 1683, in-12.*

389. — La logique ou l'art de penser, contenant, outre les règles communes, plusieurs observations nouvelles propres à former le jugement. [Par Ant. ARNAULD et P. NICOLE.] Sixième édition... — *Paris, Desprez, 1714, in-12.*

390. — La logique ou l'art de penser, contenant, outre les règles communes, plusieurs observations nouvelles, propres à former le jugement. [Par Ant. ARNAULD et P. NICOLE.] Sixième édition... — *Paris, Desprez, 1724, in-12.*

391. — La logique ou l'art de penser, contenant, outre les règles communes, plusieurs observations nouvelles propres à former le jugement. [Par Ant. ARNAULD et P. NICOLE.] Nouvelle édition... — *Paris, Desprez, 1752, in-12.*

392. — La logique ou l'art de penser, contenant, outre les règles communes, plusieurs observations nouvelles propres à former le jugement. [Par Ant. ARNAULD et P. NICOLE.] Nouvelle édition...
— *Amsterdam, aux dépens de la Compagnie, 1775, in-12.*

393. — Novus candidatus philosophiæ, controversias omnes problematicè solvens in utramque partem. In quo definitiones philosophiæ continentur, ipsissimaque verba quibus utendum est tum in responsionibus, tum in disputationibus. Una cum explicatione omnium figurarum syllogismi, et ratione disputandi ac respondendi : totius philosophiæ synopsim repræsentans, et ad usum scholarum accomodatus. Opera D****,... — *Lutetiæ Parisiorum, Thiboust, 1705, in-12.*

394. — La logique ou système de réflexions, qui peuvent contribuer à la netteté et à l'étendue de nos connaissances, par J. P. de CROUSAZ,... Troisième édition... — *Amsterdam, L'Honoré, 1725, 2 vol. in-12.*

L'ouvrage n'est pas complet en 2 vol.

395. — La logique ou système de réflexions, qui peuvent contribuer à la netteté et à l'étendue de nos connaissances, par M. de CROUSAZ,... Quatrième édition... — *Lausanne, Bousquet, 1741, 6 vol. in-12, portr.*

396. — Philosophia rationalis sive logica, methodo scientifica pertractata, et ad usum scientiarum atque vitæ aptata. Præmittitur discursus præliminaris de philosophia in genere, auctore Christiano WOLFIO,... Editio tertia... — *Veronæ, Typ. Ramanzini, 1735, in-4°.*

397. — Philosophia libera. seu ecclectica rationalis, et mechanica sensuum, ad studiosæ juventutis institutionem accomodata. Pars altera philosophiæ rationalis. Logica, seu ars critica rationis dirigendæ. Auctore P. Ig. MONTEIRO. S. J. — *Venetiis, Zatta, 1768, in-4°.*

** — Principes de logique et de grammaire générale, à l'usage des élèves de l'école royale militaire.

Voy. Division BELLES-LETTRES.

** — La logique ou les premiers développements de l'art de penser, par Condillac.
   Voy. Division Belles-Lettres.

398. — Logique de Kant, traduite de l'allemand, par J^h Tissot,... — *Paris, Ladrange, 1840, in-8°.*

399. — Mélanges de logique d'Emm. Kant, traduits de l'allemand, par J. Tissot,... — *Paris, Ladrange, 1862, in-8°.*

400. — Philosophie. Logique, par A. Gratry,... — *Paris, Douniol, 1855, 2 vol. in-8°.*

401. — Essais de logique. Leçons faites à la Sorbonne de 1848 à 1856, par Charles Waddington,... — *Paris, Durand, 1857, in-8°.*

402. — Essai de logique scientifique. Prolégomènes suivis d'une étude sur la question du mouvement considérée dans ses rapports avec le principe de contradiction, par J. Delbœuf,... — *Liège, Imp. Desoer, 1865, in-8°.*

403. — Du fondement de l'induction. Thèse soutenue devant la Faculté des Lettres de Paris, par J. Lachelier,... — *Paris, Ladrange, 1871, in-8°.*

404. — Principes de logique exposés d'après une méthode nouvelle, par F. A. Hartsen,... Ouvrage suivi d'un Traité sur les principes de l'esthétique. — *Paris, Savy, 1872, in-12.*

405. — Logique de Hégel, traduite pour la première fois et accompagnée d'une introduction et d'un commentaire perpétuel, par A. Véra,... Deuxième édition. — *Paris, Germer-Baillière, 1874, 2 vol. in-8°.*

406. — Logique déductive et inductive, par Alexandre Bain,... Traduit de l'anglais, par Gabriel Compayré,... — *Paris, Germer-Baillière, 1875, 2 vol. in-8°.*

4. MÉTAPHYSIQUE.

A. TRAITÉS GÉNÉRAUX ET ÉLÉMENTAIRES.

407. — R. Patris Francisci Suarez, è Societate Jesu, metaphysicarum disputationum, in quibus et universa naturalis theologia ordinate traditur, et quæstiones ad omnes duodecim Aristotelis libros pertinentes accurate disputantur, tomi duo... — *Moguntiæ, Lippius, 1605, 2 tom. en 1 vol. in-f°*.

408. — R. Patris Francisci Suarez, è Societate Jesu, metaphysicarum disputationum, in quibus et universa naturalis theologia ordinate traditur, et quæstiones ad omnes duodecim Aristotelis libros pertinentes accurate disputantur, tomi duo. — *Coloniæ, Helvidius, 1608, 2 tom. en 1 vol. in-f°*.

409. — R. Patris Francisci Suarez, è Societate Jesu, metaphysicarum disputationum, in quibus et universa naturalis theologia ordinate traditur, et quæstiones ad omnes duodecim Aristotelis libros pertinentes accurate disputantur, tomi duo... — *Genevæ, Albertus, 1614, 2 tom. en 1 vol. in-f°*.

410. — R. Patris Francisci Suarez, è Societate Jesu, metaphysicarum disputationum, in quibus et universa naturalis theologia ordinate traditur, et quæstiones ad omnes duodecim Aristotelis libros pertinentes accurate disputantur, tomi duo... — *Coloniæ-Allobrogum, Crispinus, 1614, 2 tom. en 1 vol. in-f°*.

    Deux exemplaires. Le titre du tome 1er manque au second exemplaire.

411. — R. Patris Francisci Suarez, è Societate Jesu, metaphysicarum disputationum, in quibus et universa naturalis theologia ordinate traditur, et quæstiones ad omnes duodecim Aristotelis libros pertinentes accurate disputantur, tomi duo... — *Parisiis, Perier, 1619, 2 vol. in-f°*.

412. — La métaphysique ou science surnaturelle, par M. Scipion Du Pleix,... — *Genève, Du Pré, 1627, 3 tom. en 1 vol. in-8°*.

L'éthique ou philosophie morale, par M. Scipion Du Pleix,... — *S. l. n. d. in-8°*.

La curiosité naturelle rédigée en questions selon l'ordre alphabétique, par M. Scipion Du Pleix,... — *S. l. n. d. in-8°*.

413. — Franconis Burgersdici Institutionum metaphysicarum libri duo. Opus posthumum... — *Lugduni-Batavorum, Hier. de Vogel, 1640, in-12*.

414. — Metaphysica in tres libros divisa. In quibus metaphysicales, quæ ad integritatem philosophici Carmelit. excalceatorum Complutens. cursus desiderabantur quæstiones disputantur. Juxta eximiam angelici doctoris. D. Thomæ et scholæ ejus doctrinam. Authore R. P. F. Blasio, a Conceptione... — *Lutetiæ-Parisiorum, Thierry, 1640, in-4°*.

Le bas du titre manque.

415. — Éléments de métaphysique tirés de l'expérience ou Lettres à un matérialiste sur la nature de l'âme. [Par l'abbé de Lignac.] — *Paris, Desaint, 1753, in-12*.

416. — Elementa metaphysicæ mathematicum in morem adornata ab Antonio Genuensi,... Editio secunda... — *Neapoli, Typ. Gessari, 1756, in-8°*.

**. — Principes de métaphysique et de morale à l'usage des élèves de l'école royale militaire.

Voy. Division Belles-Lettres.

417. — Prolégomènes à toute métaphysique future qui aura le droit de se présenter comme science, suivis de deux autres fragments du même auteur relatifs à la Critique de la raison pure. Ouvrages traduits de l'allemand d'Emmanuel Kant, par J. Tissot,... — *Paris, Ladrange, 1865, in-8°*.

418. — La science positive et la métaphysique, par Louis Liard,... — *Paris, Germer-Baillière, 1879, in-8°*.

419. — L'avenir de la métaphysique fondée sur l'expérience, par Alfred Fouillée. — *Paris, Alcan, 1889, in-8°*.

B. MÉTAPHYSICIENS ANCIENS ET LEURS COMMENTATEURS.

420. — Le Phédon de Platon traittant de l'immortalité de l'âme, présenté au Roi très chrestien Henry II de ce nom, à son retour d'Allemagne. Le dixiesme livre de la République, en ce qu'il parle de l'immortalité et des loiers et supplices éternels. Deux passages du mesme autheur à ce propos, l'un du Phedre, l'autre du Gorgias. La remonstrance que feit Cyrus, Roy des Perses, à ses enfants et amys un peu auparavant que rendre l'esprit, prise de l'huitiesme livre de son Institution escritte par Xenophon : Le tout traduit de grec en françois avec l'exposition des lieux plus obscurs et difficiles, par Loys Le Roy dit Regius. — *Paris, Nyvelle, 1553, in-4°*.

Les Éthiques d'Aristote Stagirite à son fils Nicomache : nouvellement traduittes de grec en françois, par le P. L. [Le Plessis], gentilhomme de la maison de Monsieur le Comte d'Aran. — *Paris, Vascosan, 1553, in-4°*.

Le Timée de Platon traitant de la nature de l'homme et de ce qui concerne universelement tant l'âme que le corps des deux ; translaté de grec en françois, avec l'exposition des lieux plus obscurs et difficiles, par Loys Le Roy... Trois oraisons de Demosthene... — *Paris, Vascosan, 1551, in-4°*.

Trois oraisons de Demosthene,... dittes Olynthiaques, pleines de matières d'estat, deduittes avecques singulière prudence et éloquence : translatées de grec en françois, par Loys Le Roy... — *Paris, Vascosan, 1551, in-4°, 28 ff.*

Ce volume, dans sa reliure originale en parchemin, aux tranches dorées et ciselées, porte sur la gouttière plate la mention « Paul Dandoyns ».

421. — Métaphysique d'Aristote, traduite en français, avec des notes perpétuelles, par J. Barthélemy Saint-Hilaire,... — *Paris, Germer-Baillière, 1879, 3 vol in-8°*.

422. — D. Francisci Toleti, S. J. Commentaria, una cum quaestionibus in tres libros Aristotelis de Anima... — *Coloniæ-Agrippinæ, hær. Birckmanni, 1576, in-4°*.

423. — D. Francisci Toleti, S. J. Commentaria, una cum quæstionibus, in tres libros Aristotelis de Anima... — *Lugduni, Marcilius Lucencis, 1581, in-8°.*

424. — D. Francisci Toleti, Societatis Jesu, Commentaria, una cum quæstionibus, in tres libros Aristotelis de Anima... — *Lugduni, Veyrat, 1602, in-8°.*
Deux exemplaires.

425. — Commentariorum Petri Fonsecæ,... Societatis Jesu, in libros metaphysicorum Aristotelis Stagiritæ tomus primus [et secundus]... Cui præmissi sunt ejusdem auctoris Institutionum dialecticarum libri octo. — *Lugduni, Junta, 1597, 2 vol. in-4°.*
Le tome 2 porte la date de 1593. Deux exemplaires.

426. — Commentariorum Petri Fonsecæ,... Societatis Jesu, in libros metaphysicorum Aristotelis Stagiritæ tomus secundus... — *Lugduni, Cardon, 1601, in-4°.*
Le tome 2 seul.

427. — Commentariorum Petri Fonsecæ,... Societatis Jesu, in metaphysicorum Aristotelis Stagiritæ decimum, undecimum et duodecimum cum sequentium duorum interpretatione tomus IV. Editio recens... — *Lugduni, Cardon, 1612, in-4°.*
Ce tome seul.

428. — Commentariorum Petri Fonsecæ,... Societatis Jesu, in libros metaphysicorum Aristotelis Stagiritæ tomi quatuor... — *Coloniæ, Zetnerus, 1615-1629, 4 tom. en 3 vol. in-4°.*
Le tome 2 sans titre.

429. — Commentarii collegii Conimbricensis Societatis Jesu in tres libros de anima Aristotelis Stagiritæ. Hac secunda editione... emendatiores. — *Lugduni, Cardon, 1600, in-4°.*
In libros Ethicorum Aristotelis ad Nicomachum aliquot Conimbricensis cursus disputationes, in quibus præcipua quædam Ethicæ disciplinæ capita continentur... — *Lugduni, Junta, 1598, in-4°.*

430. — Commentarii collegii Conimbricensis Societatis Jesu in tres libros de anima Aristotelis Stagiritæ. Hac tertia editione... editi. — *Coloniæ, Zetnerus, 1600, in-4°.*

Commentarii collegii Conimbricensis Societatis Jesu in libros meteororum Aristotelis Stagiritæ. — *Coloniæ, Zetnerus, 1599, in-4°*.

Commentarii collegii Conimbricensis Societatis Jesu in libros Aristotelis qui parva naturalia appellantur. — *Coloniæ, Zetnerus, 1600, in-4°*.

Commentarii collegii Conimbricensis Societatis Jesu in quatuor libros de cœlo, meteorologicos et parva naturalia Aristotelis Stagiritæ. Hac quarta in Germania editione... editi. — *Coloniæ, Zetnerus, 1600, in-4°*.

431. — Commentarii collegii Conimbricensis Societatis Jesu in tres libros de anima Aristotelis Stagiritæ. Hac tertia editione... emendatiores. — *Lugduni, Cardon, 1604, in-4°*.

432. — Commentarii collegii Conimbricensis Societatis Jesu in tres libros de anima Aristotelis Stagiritæ. Hac quarta editione... emendatiores... — *Lugduni, Cardon, 1612, in-4°*.

Commentarii collegii Conimbricensis Societatis Jesu in duos libros de generatione et corruptione Aristotelis Stagiritæ. Nunc denuo... emendatiores... — *Lugduni, Cardon, 1613, in-4°*.

433. — Hieronymi Dandini Cæsenatis, è Societate Jesu, de corpore animato lib. VII, luculentus in Aristotelis tres de anima libros commentarius peripateticus. — *Parisiis, Chappelet, 1611, in-f°*.

434. — R. P. Antonii Ruvio Rodensis,... Commentarii in libros Aristotelis,... de anima, una cum dubiis et quæstionibus hac tempestate in scholis agitari solitis. Nunc primum in Gallia editi... — *Lugduni, Pillehotte, 1613, in-8°*.

435. — R. P. Antonii Ruvio,... commentarii in libros Aristotelis.... de anima : una cum dubiis et quæstionibus hac tempestate in scholis agitari solitis... — *Lugduni, Pillehotte, 1620, in-8°*.
Deux exemplaires.

436. — Doctoris subtilis Jo. Duns Scoti quæstiones super libris Aristotelis de anima : ab oblivione post liminio restitutæ... per R. P. F. Hugonem Cavellum,... Accessit, per eundem, supple-

mentum reliquas quæstiones ac difficultates ad libros de anima spectantes... — *Lugduni, Landry, 1625, in-4°.*

437. — Collegii Complutensis discalceatorum fratrum Beatæ Mariæ de Monte-Carmeli, disputationes in tres libros Aristotelis de anima. Juxta miram angelici doctoris divi Thomæ et scholæ ejus doctrinam... Nunc primum in Gallia excusæ. — *Lutetiæ-Parisiorum, Thierry, 1633, in-4°.*

438. — Collegii Complutensis discalceatorum fratrum ordinis B. Mariæ de Monte-Carmeli, disputationes in tres libros Aristotelis de anima. Juxta miram angelici doctoris D. Thomæ et scholæ ejus doctrinam... — *Lugduni, Huguetan, 1668, in-f°.*

Metaphysica in tres libros divisa, in quibus metaphysicales, quæ ad integritatem philosophici carmelit. excalceatorum Complutens. cursus desiderabantur, quæstiones disputantur, juxta miram angelici doctoris D. Thomæ et scholæ ejus doctrinam. Authore R. P. F. Blasio a Conceptione,... Editio secunda. — *Lugduni, Huguetan, 1668, in-f°.*

439. — Sancti Thomæ Aquinatis,... præclarissima commentaria in libros Aristotelis Peri Hermenias posteriorum analyticorum, de sensu et sensato, de memoria et reminiscentia, somno et vigilia, de somnii, divinatione per somnum, motu animalium, longitudine et brevitate vitæ, juventute et senectute, vita et morte, inspiratione et respiratione, cum antiqua textus translatione, atque etiam nova Joannis Argyropyli : itemque Thomæ Cajetani cardinalis supplementum commentariorum in reliquum secundi libri Peri Hermenias... — *Parisiis, Moreau, 1646, in-f°.*

Sancti Thomæ Aquinatis,... commentaria quæ extant in eos qui parva naturalia Aristotelis dicuntur libros diligentissime castigata, duplici nuper textus tralatione, antiqua videlicet recognita, et nova Nicolai Leonici apposita. Petri item de Alvernia,... in quosdam hujus operis à Sancto Thoma inexpositos libros refertissima expositio... Libelli etiam duo Sancti Thomæ ex volumine opusculorum ejusdem excerpti : alter de motu cordis, alter vero de lumine, ad hanc philosophiæ partem spectantes, his nuper additi sunt... — *Parisiis, Moreau, 1646, in-f°.*

Deux exemplaires.

440. — Sancti Thomæ Aquinatis, .. expositio in duodecim libros metaphysices Aristotelis et in librum de causis, nec non tractatum de ente et essentia ejusdem Sancti Thomæ. Cum commentariis eminentissimi D. D. F. Thomæ de Vio Cajetani, cardinalis. S. Sixti. Editio nova... collata per R. P. F. Cosmam Morelles,... — *Parisiis, Moreau, 1647, in-f°*.
Deux exemplaires.

441. — Commentarius in Aristotelis metaphysicam, authore magistro Petro Barbay,... Editio quarta... — *Parisiis, Josse, 1684, in-12*.

442. — Essai sur la métaphysique d'Aristote... par Félix Ravaisson. — *Paris, Impr. royale, 1837-1846, 2 vol. in-8°*.

C. QUESTIONS DIVERSES.

443. — Universæ naturæ theatrum. In quo rerum omnium effectrices causæ et fines contemplantur et continuæ series quinque libris discutiuntur. Autore Jo. Bodino. — *Lugduni, Roussin, 1596, in-8°*.

444. — Les méditations métaphysiques de René Descartes touchant la première philosophie, dans lesquelles l'existence de Dieu et la distinction réelle entre l'âme et le corps de l'homme sont démontrées. Traduites du latin de l'auteur, par M. le D. D. L. N. S. [Charles d'Albert, duc de Luynes], et les objections faites contre ces méditations par diverses personnes très doctes, avec les réponses de l'auteur, traduites par M. C. L. R. [Claude Clerselier]. — *Paris, Camusat, 1647, in-4°*.

445. — Les méditations métaphysiques de René Descartes touchant la première philosophie, dédiées à MM. de Sorbonne. Nouvellement divisées par articles avec des sommaires à côté et avec des renvois des articles aux objections et des objections aux réponses, pour en faciliter la lecture et l'intelligence, par R. F. [René Fédé.] Troisième édition... — *Paris, Girard, 1673, in-4°*.

446. — De la recherche de la vérité, où l'on traite de la nature de l'esprit de l'homme et de l'usage qu'il en doit faire pour éviter

l'erreur dans les sciences. [Par le P. Malebranche.] Seconde édition... — *Paris, Pralard, 1675, in-12.*

Le tome 1ᵉʳ seul.

447. — De la recherche de la vérité, où l'on traite de la nature de l'esprit de l'homme et de l'usage qu'il en doit faire pour éviter l'erreur dans les sciences. [Par le Père Malebranche.] Quatrième édition... — *Paris, André Pralard, 1678, in-4°.*

448. — De la recherche de la vérité. [Par le Père Malebranche.] — *Paris, Pralard, 1678, in-12.*

Le tome 3 seul.

449. — Entretiens sur la métaphysique et sur la religion. Nouvelle édition... augmentée de plusieurs entretiens sur la mort. Par le R. P. Malebranche,... — *Paris, David, 1703, 2 vol. in-12.*

450. — Œuvres complètes de Malebranche. Ouvrage publié par MM. de Genoude et de Lourdoueix. — *Paris, Sapia, 1837-1838, 2 tom. en 1 vol. in-4°.*

451. — Discours de la connaissance des bêtes, par le P. Ignace Gaston Pardies, de la Compagnie de Jésus. Quatrième édition. — *Amsterdam, de Coup, 1724, in-12.*

452. — Traité de l'opinion ou mémoires pour servir à l'histoire de l'esprit humain, par M. Gilbert Charles Le Gendre, marquis de St-Aubin-sur-Loire,... Seconde édition... — *Paris, Briasson, 1735, 6 vol. in-12.*

453. — Examen du fatalisme ou exposition et réfutation des différents systèmes de fatalisme qui ont partagé les philosophes sur l'origine du monde, sur la nature de l'âme et sur le principe des actions humaines. [Par l'abbé F. A. Adr. Pluquet.] — *Paris, Didot, 1757, 3 vol. in-12.*

454. — An essay on the nature and immutability of truth, in opposition to sophistry and scepticism, by James Beattie, L. L. D.,... The third edition. — *Dublin, Ewing, 1773, in-12.*

455. — La psychologie et la phrénologie comparées, par M. Adolphe Garnier,.. — *Paris, Hachette, 1839, in-8°.*

456. — Le Père André, jésuite, documents inédits pour servir à l'histoire philosophique, religieuse et littéraire du xviiie siècle, contenant la correspondance de ce Père avec Malebranche, Fontenelle et quelques personnages importants de la Société de Jésus, publiés pour la première fois et annotés par MM. A. Charma,... et G. Mancel,... — *Caen, Impr. Lesaulnier, 1844-1856, 2 vol. in-12.*
Le tome 2 porte : *Paris, Hachette.*

457. — Essai sur la providence, par Ernest Bersot,... Deuxième édition augmentée de fragments. — *Paris, Durand, 1855, in-12.*

458. — La liberté et le déterminisme, par Alfred Fouillée,... — *Paris, Ladrange, 1872, in-8°.*

459. — Les sens et l'intelligence, par Alexandre Bain,... Traduit de l'anglais, par M. E. Cazelles. — *Paris, Germer-Baillière, 1874, in-8°.*

460. — L'esprit et le corps considérés au point de vue de leurs relations, suivis d'études sur les erreurs généralement répandues au sujet de l'esprit, par A. Bain,... Deuxième édition. — *Paris, Germer-Baillière, 1876, in-8°.*

461. — Les causes finales, par Paul Janet,... — *Paris, Germer-Baillière, 1876, in-8°.*

462. — L'idée de Dieu et ses nouveaux critiques, par E. Caro,... Sixième édition. — *Paris, Hachette, 1878, in-12.*

463. — De l'erreur. Thèse pour le doctorat, présentée à la Faculté des lettres de Paris, par Victor Brochard,... — *Paris, Germer-Baillière, 1879, in-8°*

464. — De la certitude morale, par Léon Ollé-Laprune,... — *Paris, Belin, 1880, in-8°.*

465. — La psychologie de l'effort et les doctrines contemporaines, par Alexis Bertrand,... Le sens psychologique. La première théorie française de l'inconscient. L'effort musculaire. Le Biranisme appliqué à l'éducation. Les relations, théorie métaphysique d'Ampère. — *Paris, Alcan, 1889, in-12.*

D. TRAITÉS SPÉCIAUX SUR L'HOMME, L'AME, SES FACULTÉS, SES SENSATIONS.

466. — Joannis Lodovici Vivis Valentini, De anima et vita libri tres. Ejusdem argumenti Viti AMERBACHII de anima libri IIII... — *Lugduni, Sylvius, 1555, in-8°.*

Philippi MELANTHONIS De anima liber unus. — *S. l. n. d. Lugduni, Sylvius, 1555, in-8°.*

467. — De l'immortalité de l'âme, par SILHON... — *Paris, Billaine, 1634, in-4°.*

468. — Traités de l'immortalité de l'âme et de la véritable vaillance [dans le martyre], par le R. P. Jean FÉVRIER, de la Compagnie de Jésus. — *Paris, Le Gras, 1656, 2 part. en 1 vol. in-4°.*

469. — Le système de l'âme, par le sieur de LA CHAMBRE. — *Paris, D'Allin, 1664, in-4°, fr. gr.*

470. — L'homme de René DESCARTES et un Traité de la formation du fœtus du même auteur. Avec les Remarques de Louis de LA FORGE,... sur le traité de l'homme de René Descartes et sur les figures par lui inventées. — *Paris, Angot, 1664, in-4°.*

471. — L'homme de René DESCARTES et la formation du fœtus, avec les Remarques de Louis de LA FORGE. A quoi l'on a ajouté Le Monde, ou Traité de la lumière, du même auteur. Seconde édition... — *Paris, Angot, 1677, in-4°.*

472. — Voyage du monde de Descartes [par le P. Gabriel DANIEL]. — *Amsterdam, Mortier, 1700, in-12.*

473. — Voyage du monde de Descartes. Nouvelle édition, revue et augmentée d'une cinquième partie ajoutée aux quatre précédentes, par le P. G. DANIEL. — *Amsterdam, de Coup, 1713, 2 vol. in-12.*

Le tome 2 porte pour titre : Suite du Voyage du monde de Descartes, ou nouvelles difficultés proposées à l'auteur du Voyage du monde de Descartes, avec la réfutation de deux défenses du système général du monde de Descartes. — On trouve à la suite : Histoire de la conjuration faite à Stokholm contre M. Descartes. [Par GERVAISE.]

474. — Traité de l'esprit de l'homme, de ses facultés et fonctions et de son union avec le corps, suivant les principes de René Descartes, par Louis de LA FORGE,... — *Paris, Girard, 1666, in-4°, portr.*

Ex libris des Lazaristes de Paris.

475. — De corpore animato libri quatuor, seu promotæ per experimenta philosophiæ specimen alterum. Autore Joanne Baptista DU HAMEL, P. S. L. — *Parisiis, Michallet, 1673, in-12.*

476. — Le discernement du corps et de l'âme en six discours dédié au roi. Nouvelle édition [par de CORDEMOY]. — *Lyon, Carteron, 1683, in-12.*

477. — Introduction à la connaissance de l'esprit humain, suivie de réflexions et de maximes. [Par le marquis de VAUVENARGUES.] — *Paris, Briasson, 1746, in-12.*

478. — L'immatérialité de l'âme démontrée contre M. Locke, par les mêmes principes par lesquels ce philosophe démontre l'existence et l'immatérialité de Dieu, avec des nouvelles preuves de l'immatérialité de Dieu et de l'âme, tirées de l'Écriture, des Pères et de la raison, par le P. GERDIL,... — *Turin, Impr. roy., 1747, in-4°.*

479. — L'homme considéré en lui-même [par N. Ch. COUTAN]. — *Paris, Nyon, 1753, in-12.*

480. — De l'esprit [par Jean Claude Adrien HELVÉTIUS]. — *Paris, Durand, 1758, in-12.*

Le tome 2 seul.

481. — De l'esprit [par J. Cl. A. HELVÉTIUS]. — *La Haye, Moetjens, 1759, 3 tom. en 1 vol. in-12.*

482. — De l'esprit [par J. Cl. A. HELVÉTIUS]. — *Paris, Durand, 1769, in-8°.*

483. — Discours philosophique sur l'homme considéré relativement

à l'état de nature et à l'état de société, par le P. G. B. [le Père H. S. GERDIL, Barnabite]. — *Turin, Reycends, 1769, in-8°*.

484. — Essais philosophiques sur les systèmes de Locke, Berkeley, Priestley, Horne-Tooke, etc., par M. Dugald STEWART,... Traduit de l'anglais par Charles HURET. — *Paris, Johanneau, 1828, in-8°*.

485. — Philosophie des facultés actives et morales de l'homme, par Dugald STEWART,... Traduction de l'anglais par le docteur Léon SIMON. — *Paris, Johanneau, 1834, 2 vol. in-8°*.

486. — Éléments de la philosophie de l'esprit humain, par Dugald STEWART. Traduction française [par Pierre PRÉVOST, pour le premier volume], revue, corrigée et complétée par L. PEISSE. — *Paris, Ladrange, 1843-1845, 3 vol. in-12*.

487. — Nouvelles considérations sur les rapports du physique et du moral de l'homme. Ouvrage posthume de M. MAINE DE BIRAN, publié par M. COUSIN. — *Paris, Ladrange, 1834, in-8°*

488. — L'homme et son perfectionnement, par F. L. SCHOEN. — *Paris, Ledoux, 1845, in-8°*.

489. — L'esprit humain et ses facultés, par M. L. BAUTAIN,... Nouvelle édition. — *Paris, Didier, 1859, 2 vol. in-12*.

490. — La science du beau étudiée dans ses principes, dans ses applications et dans son histoire, par Charles LÉVÊQUE,... — *Paris, Durand, 1861, 2 vol. in-8°*.

491. — L'âme et la vie. Étude sur la renaissance de l'animisme, suivie d'un examen critique de l'esthétique française, par M. Emile SAISSET,... — *Paris, Germer-Baillière, 1864, in-12*.

492. — La nature humaine. Essais de psychologie appliquée, par NOURRISSON,... — *Paris, Didier, 1865, in-8°*.

493. — Spinoza et le naturalisme contemporain, par NOURRISSON. — *Paris, Didier, 1866, in-12*.

494. — La pluralité des existences de l'âme conforme à la doctrine de la pluralité des mondes. Opinions des philosophes anciens et modernes, sacrés et profanes, depuis les origines de la philoso-

phie jusqu'à nos jours, par André Pezzani,... Quatrième édition... — *Paris, Didier, 1866, in-12.*

495. — Le sentiment de la nature avant le christianisme, par Victor de Laprade,... Deuxième édition. — *Paris, Didier, 1866, in-12.*

496. — Le sentiment de la nature chez les modernes, par Victor de Laprade,... Deuxième édition. — *Paris, Didier, 1870, in-12.*

497. — L'imagination, ses bienfaits et ses égarements, surtout dans le domaine du merveilleux, par J. Tissot,... — *Paris, Didier, 1868, in-8°.*

498. — L'immortalité. La mort et la vie. Étude sur la destinée de l'homme, par M. Baguenault de Puchesse. 3° édition revue et augmentée. — *Paris, Didier, 1868, in-12.*

499. — La science et la conscience, par E. Vacherot,... — *Paris, Germer-Baillière, 1870, in-12.*

500. — De l'intelligence, par H. Taine. — *Paris, Hachette, 1870, 2 vol. in-8°.*

501. — De la conscience en psychologie et en morale, par Francisque Bouillier,... — *Paris, Germer-Baillière, 1872, in-12.*

502. — La vraie conscience, par Francisque Bouillier,... — *Paris, Hachette, 1882, in-12.*

503. — Du plaisir et de la douleur, par Francisque Bouillier,... Deuxième édition. — *Paris, Hachette, 1877, in-12.*

504. — Études familières de psychologie et de morale, par Francisque Bouillier,... I. Y a-t-il une responsabilité morale dans le rêve ? II. Sentiments des vivants à l'égard des morts. III. Les effets de la distance sur la sympathie. IV. Les compensations dans la vie humaine. V. Le temps dans le langage ordinaire. — *Paris, Hachette, 1884, in-12.*

505. — Nouvelles études familières de psychologie et de morale, par Francisque Bouillier,... I. De la justice historique. II. Comment va le monde, ou étude sur la lâcheté. III. Corruption de la langue par la mauvaise foi. IV. De l'oubli. V. Patriotisme

et fêtes publiques, ou enseignement historique populaire. VI. Amour de soi. Amour des autres.— *Paris, Hachette, 1887, in-12.*

506. — L'instinct. Ses rapports avec la vie et avec l'intelligence. Essai de psychologie comparée, par Henri Joly,... Deuxième édition... — *Paris, Thorin, 1873, in-8°.*

507. — Principes de psychologie, avec une étude sur l'instinct et sur la nature du génie, par F. A. Hartsen,... — *Paris, Savy, 1873, in-12.*

508. — L'hérédité. Étude psychologique sur ses phénomènes, ses lois, ses causes, ses conséquences, par Th. Ribot,... — *Paris, Ladrange, 1873, in-8°.*

509. — La psychologie anglaise contemporaine. (École expérimentale), par Th. Ribot,... Deuxième édition. — *Paris, Germer-Baillière, 1875, in-8°.*

510. — La psychologie allemande contemporaine. (École expérimentale), par Th. Ribot,... — *Paris, Germer-Baillière, 1879, in-8°.*

511. — Les maladies de la mémoire, par Th. Ribot,... Deuxième édition. — *Paris, Germer-Baillière, 1883, in-12.*

512. — Les maladies de la volonté, par Th. Ribot,... — *Paris, Germer-Baillière, 1883, in-12.*

513. — Les maladies de la personnalité, par Th. Ribot,... — *Paris, Alcan, 1885, in-12.*

514. — Principes de psychologie, par Herbert Spencer. Traduits sur la nouvelle édition anglaise, par Th. Ribot et A. Espinas,... — *Paris, Germer-Baillière, 1875, 2 vol. in-8°.*

515. — Théorie scientifique de la sensibilité. Le plaisir et la peine, par Léon Dumont. Deuxième édition. — *Paris, Germer-Baillière, 1877, in-8°.*

516. — Philosophie de l'inconscient, par Edouard de Hartmann. Traduite de l'allemand et précédée d'une introduction, par D. Nolen,... Édition revue par l'auteur... — *Paris, Germer-Baillière, 1877, 2 vol. in-8°.*

517. — Supplément aux œuvres de Spinoza. Dieu, l'homme et la béatitude, traduit pour la première fois en français et précédé d'une introduction, par Paul Janet,... — *Paris, Germer-Baillière, 1878, in-12.*

518. — Le sommeil et les rêves. Études psychologiques sur ces phénomènes et les divers états qui s'y rattachent. Suivies de Recherches sur le développement de l'instinct et de l'intelligence dans leurs rapports avec le phénomène du sommeil, par L. F. Alfred Maury,... Quatrième édition. — *Paris, Didier, 1878, in-12.*

519. — Essais de psychologie cellulaire, par Ernest Haeckel,... Traduit de l'allemand et précédé d'une préface, par Jules Soury. — *Paris, Germer-Baillière, 1880, in-12.*

520. — De la solidarité morale. Essai de psychologie appliquée, par Henri Marion,... — *Paris, Germer-Baillière, 1880, in-8°.*

521. — Leçons de psychologie appliquée à l'éducation, par Henri Marion,... Nouvelle édition. — *Paris, Colin, 1886, in-12.*

522. — Théorie de l'invention, par Paul Souriau. — *Paris, Hachette, 1881, in-8°.*

523. — Les illusions des sens et de l'esprit, par James Sully. — *Paris, Germer-Baillière, 1883, in-8°.*

524. — Estudios criticos sobre la filosofia positivista. I. La psicologia celular, por el doctor D. Antonio Hernandez y Fajarnes,... — *Zaragoza, Impr. de la Derecha, 1883, in-8°.*

525. — Considérations sur les divers systèmes de psychologie, par Alphonse Gilardin,... Œuvres inédites publiées par son fils,... — *Paris, Pedone-Lauriel, 1883, in-8°.*

526. — Les rêves, physiologie et pathologie, par le D^r Ph. Tissié,... avec une préface de M. le professeur Azam. — *Paris, Alcan, 1890, in-12.*

527. — De l'idéal. Étude philosophique, par A. Ricardou,... — *Paris, Alcan, 1890, in-8°.*

528. — L'évolutionisme des idées-forces, par Alfred Fouillée. — *Paris, Alcan, 1890, in-8°.*

529. — Psychologie appliquée à l'éducation, par Gabriel Compayré.... Sixième édition. — *Paris, Delaplane, s. d. 2 vol. in-12.*
Première partie. Notions théoriques.
Deuxième partie. Application.

5. MORALE.

A. OUVRAGES GÉNÉRAUX. COLLECTIONS DE MORALISTES.

530. — De la philosophie morale, ou des différents systèmes sur la science de la vie, par Joseph Droz. Troisième édition. — *Paris, Renouard, 1824, in-18.*

531. — Choix de Moralistes français, avec notices biographiques, par J. A. C. Buchon. Pierre Charron, de la Sagesse. — Blaise Pascal, Pensées. — La Rochefoucauld, Sentences et Maximes. — La Bruyère, les Caractères de ce siècle. — Vauvenargues, OEuvres. — *Paris, Desrez, 1836, gr. in-8°.*

532. — Moralistes français. Pensées de Blaise Pascal. Réflexions et maximes de La Rochefoucauld, suivies d'une réfutation par M. L. Aimé Martin. Caractères de La Bruyère. OEuvres complètes de Vauvenargues. Considérations sur les mœurs de ce siècle, par Duclos. — *Paris, Didot, 1847, in-4°, portr. de Pascal.*

533. — Histoire des théories et des idées morales dans l'antiquité, par J. Denis,... — *Paris, Durand, 1856, 2 vol. in-8°.*

534. — Histoire des théories et des idées morales dans l'antiquité, par J. Denis,... Deuxième édition. — *Paris, Thorin, 1879, 2 vol. in-8°.*

535. — De la morale dans l'antiquité, par Ad. Garnier,... précédée d'une introduction, par M. Prévost-Paradol,... — *Paris, Germer-Baillière, 1865, in-12.*

536. — Éléments de morale universelle à l'usage des écoles laïques, par G. Tiberghien.... — *Bruxelles, Mayolez, 1879, in-12.*

537. — Leçons de morale, par Henri MARION.... — *Paris, Colin, 1882, in-12*.

538. — Critique des systèmes de morale contemporains, par Alfred FOUILLÉE. Morale évolutionniste. Morale positiviste. Morale indépendante. Morale Kantienne et néo-Kantienne. Morale pessimiste. Morale spiritualiste. Morale esthétique et mystique. Morale théologique. — *Paris, Germer-Baillière, 1883, in-8°*.

539. — La morale, par Eugène VÉRON. — *Paris, Reinwald, 1884, in-12*.

540. — Les sentiments moraux au xvi° siècle, par Albert DESJARDINS,... — *Paris, Pedone Lauriel, 1887, in-8°*.

B. MORALISTES ANCIENS ET LEURS COMMENTATEURS.

541. — La morale de Tacite. De la flatterie, par le sieur AMELOT DE LA HOUSSAIE. — *Paris, Martin, 1686, in-12*.

542. — Les moralistes sous l'empire romain. Philosophes et poètes, par Constant MARTHA,... Troisième édition. — *Paris, Hachette, 1872, in-12*.

543. — ARISTOTELIS Stagiritæ de moribus ad Nicomachum libri decem, in quibus latina græcis, Dionysio LAMBINO interprete, e regione respondent... Necnon annotationibus Lambini, novisque Zvinggeri scholiis illustrantur. Opera et studio Theodori ZVINGGERI,... Adjecta sunt fragmenta quædam Pythagoreorum vetustissima, ex emendatione et versione Gul. CANTERI... — *Basileæ, Oporinus, 1566, in-4°*.

544. — ARISTOTELIS,... Ethicorum ad Nichomachum libri decem. Joanne ARGYROPYLO Byzantio interprete... cum Donati ACCIAIOLI,... commentariis denuo in lucem editi... — *Lugduni, Vincentius, 1567, in-8°*.

545. — ARISTOTELIS Stagiritæ libri omnes quibus tota moralis philosophia, quæ ad formandos mores, tum singulorum, tum familiæ, tum civitatis spectat, continetur... — *Lugduni, Junta, 1579, in-32*.

Le tome 5 seul.

546. — Aristotelis Ethicorum Nicomachiorum libri decem ; ex Dion. Lambini interpretatione græco-latini. Theod. Zvingeri argumentis atque scholiis, tabulis quinetiam novis methodicè illustrati. Theophrasti item Eressii morum Characteres, interprete Cl. Auberio,... Pythagoreorum veterum fragmenta ethica a Gul. Cantero,... emendata. — *Basileæ, Episcopius, 1582, in-f°.*

Reliure pleine semée de fleurs de lis, tranches dorées, aux armes du Collège fondé par Pierre Grassin à Paris.

547. — Aristotelis Stagiritæ libri omnes quibus tota moralis philosophia, quæ ad formandos mores, tum singulorum, tum familiæ, tum civitatis spectat, continetur... — *Genevæ, Stoer, 1608, in-32.*

Le tome 5 seul.

548. — ΑΝΔΡΟΝΙΚΟΥ ΡΟΔΙΟΥ περιπατητικου φιλοσοφου παραφρασις των ηθικων Νικομαχειων. — Andronici Rhodii Ethicorum Nicomacheorum paraphrasis, cum interpretatione Danielis Heinsii... — *Lugduni-Batavorum, Patius, 1617, in-8°.*

Andronici Rhodii,... libellus περι παθων, id est de animi affectionibus et Anonymus de virtutibus et vitiis. Editi opera Davidis Hoeschelii Augustani. — *Lugduni-Batavorum, Patius, 1617, in-8°, pp. 731-775.*

549. — Tarquinii Gallutii Sabini, è Societate Jesu, in Aristotelis libros quinque priores moralium ad Nicomachum nova interpretatio, commentarii, quæstiones. — *Parisiis, Cramoisy, 1632, in-f°, fr. gr.*

Aux armes du Cardinal de Richelieu.

550. — Sancti Thomæ Aquinatis,... Commentarii in decem libros Ethicorum Aristotelis exquisitissimi. Editio nova... collata per R. P. F. Cosmam Morelles,... — *Parisiis, Moreau, 1644, in-f°.*

Sancti Thomæ Aquinatis,... Commentarii in octo libros Politicorum Aristotelis exquisitissimi. Cum antiqua interpretatione eorundem Politicorum adjecta... Editio nova... collata per R. P. F. Cosmam Morelles,... Accessit singulorum librorum et lectionum epitome... per R. P. Carolum Rapineum,... — *Parisiis, Moreau, 1645, in-f°.*

Le titre de ce second ouvrage manque.

551. — D. N. Chrysostomi JAVELLI Canapicii,... in universam moralem Aristotelis, Platonis et christianam philosophiam epitomes in certas partes distinctæ... Postrema editio... — *Lugduni, De La Garde, 1646, in-f°.*

552. — D. Chrysostomi JAVELLI Canapicii,... in universam moralem Aristotelis, Platonis et christianam philosophiam epitomes in certas partes distinctæ... Editio altera... — *Lugduni, De La Garde, 1651, in-f°.*

553. — Commentarius in Aristotelis Moralem, authore magistro Petro BARBAY,... Editio secunda... — *Parisiis, Josse, 1676, in-12, fr. gr.*
Deux exemplaires.

554. — Commentarius in Aristotelis Moralem, authore magistro Petro BARBAY,... Editio tertia... — *Parisiis, Josse, 1680, in-12.*

555. — Commentarius in Aristotelis Moralem, authore magistro Petro BARBAY,... Editio quarta... — *Parisiis, Josse, 1684, in-12.*
Deux exemplaires.

556. — Essai sur la morale d'Aristote, par Léon OLLÉ-LAPRUNE,... — *Paris, Belin, 1881, in-8°.*

557. — La morale d'Aristote, par Mme Jules FAVRE (née Velten). — *Paris, Alcan, 1889, in-12.*

558. — EPICTETI,... Enchiridion, cum Angeli POLITIANI interpretatione latina. Item ARRIANI commentarius disputationum ejusdem Epicteti, græcè et latinè, interprete Jacobo SCHEGKIO... — *Lugduni, Vignon, 1600, in-8°.*

559. — EPICTETI Enchiridion, Angelo POLITIANO interprete. — *In-8°.*
Le titre manque.

560. — Les entretiens d'EPICTÈTE recueillis par ARRIEN. Traduction nouvelle et complète, par V. COURDAVEAUX,... Deuxième édition... — *Paris, Didier, 1882, in-12.*

561. — SIMPLICII commentarius in Enchiridion Epicteti, ex libris veteribus emendatus. Cum versione Hieronymi WOLFII, et Cl. SALMASII

animadversionibus et notis, quibus philosophia stoica passim explicatur. — *Lugduni-Batavorum, Maire, 1640, in-4°.*

Cl. Salmasii notæ et animadversiones in Epictetum et Simplicium. — *Lugduni-Batavorum, Maire, 1640, in-4°.*

Tabula Cebetis, græcè, arabicè, latinè. Item aurea carmina Pythagoræ, cum paraphrasi arabica, auctore Johanne Elichmanno, M. D. cum præfatione Cl. Salmasii. — *Lugduni-Batavorum, Maire, 1640, in-4°.*

562. — De vita et moribus Epicuri libri octo. Authore Petro Gassendo,... — *Lugduni, Barbier, 1647, in-4°.*

Jacobi Menteli,... de vera typographiæ origine parænesis... — *Parisiis, Ballard, 1650, in-4°.*

563. — La morale d'Epicure et ses rapports avec les doctrines contemporaines, par M. Guyau. — *Paris, Germer-Baillière, 1881, in-8°.*

564. — Les Pensées morales de Marc-Antonin, empereur, de soi et à soi-même. En douze livres, traduits de grec en français, [par Balbisky]. — *Paris, Cottin, 1669, in-12.*

565. — Pensées de Marc Aurèle. Traduction nouvelle, par J. Barthélemy Saint-Hilaire. — *Paris, Germer-Baillière, 1876, pet. in-8°.*

566. — Plutarchus Chæroneus, de vitiosa verecundia, Erasmo Roterodamo interprete. — *Lugduni, Gryphius, 1538, in-8°, 23 p.*

Lingua, per Des. Erasmum Roterodamum. Cui accessit Plutarchi Chæronei de immodica verecundia libellus. — *Lugduni, Gryphius, 1538, in-8°.*

Bap. Platinæ Cremonensis de honesta voluptate. De ratione victus, et modo vivendi. De natura rerum et arte coquendi libri X. — *Parisiis, Vidovæus, 1538, in-8°, titre encadré.*

567. — Sur les délais de la justice divine dans la punition des coupables. Ouvrage de Plutarque, nouvellement traduit avec des additions et des notes, par M. le Cte de Maistre,... suivi de la traduction du même traité par Amyot, sous ce titre : Pourquoi la justice divine diffère la punition des maléfices. — *Lyon, Pélagaud et Lesne, 1838, in-8°.*

Lettres à un gentilhomme russe sur l'inquisition espagnole, par M. le comte J. de Maistre. — *Lyon, Pélagaud, 1837, in-8°.*

568. — De la morale de Plutarque, par Octave Gréard,... Troisième édition. — *Paris, Hachette, 1880, in-12.*

569. — ΘΕΟΦΡΑΣΤΟΥ ηθικοι χαρακτηρες. Theophrasti notationes morum. Isaacus Casaubonus recensuit, in latinum sermonem vertit, et libro commentario illustravit. Editio altera... — *Lugduni, de Harsy, 1599, in-8°.*

570. — ΘΕΟΦΡΑΣΤΟΥ ηθικοι χαρακτηρες. Theophrasti notationes morum. Isaacus Casaubonus recensuit, in latinum sermonem vertit, et libro commentario illustravit. Editio ultima... — *Lugduni, de Harsy, 1617, in-8°.*

571. — Les caractères de Théophraste, traduits du grec, avec les caractères ou les mœurs de ce siècle, [par J. de La Bruyère]. Huitième édition... — *Paris, Michallet, 1694, in-12.*

Discours prononcé dans l'Académie française [le lundi 15 juin 1693, par La Bruyère]. *S. l. n. d. in-12,* xliv *p.*

572. — Les caractères de Théophraste traduits du grec avec les caractères ou les mœurs de ce siècle, [par J. de La Bruyère]. Dixième édition... — *Paris, Michallet, 1699, in-12.*

Discours prononcé dans l'Académie française [le lundi 15 juin 1693, par La Bruyère]. — *S. l. n. d. in-12,* xxviii *p.*

Clef du livre intitulé : Les caractères ou les mœurs de ce siècle, dixième et dernière édition, par M. de La Bruyère,... — *Sans titre ; in-12, 22 p.*

573. — Theophrasti characteres, Marci Antonini commentarii, Epicteti dissertationes ab Arriano literis mandatæ, fragmenta et enchiridion cum commentario Simplicii. Cebetis tabula. Maximi Tyrii dissertationes. Græcè et latinè... Theophrasti characteres xv et Maximum Tyrium... emendavit. Fred. Dübner. — *Parisiis, Didot, 1840, in-8°.*

C. MORALISTES MODERNES QUI ONT ÉCRIT SOIT EN GREC, SOIT EN LATIN.

574. — Hieronymi Osorii Lusitani de gloria libri V... Ejusdem de nobilitate civili et christiana libri V... — *Basileæ, Perna, 1571, in-8°.*

575. — Universa philosophia de moribus a Francisco Piccolomineo Senense,... redacta... Accessit ejusdem Piccolominei, comes politicus pro recta ordinis ratione propugnator, nunc primum a Jul. Pacio recognitus et notis illustratus. — *S. l. Vignon, 1596, in-8°.*

Francisci Piccolominei,... Comes politicus, pro recta ordinis ratione propugnator... Jul. Pacius a Beriga recensuit... et brevibus notis, præsertim singula Jac. Zabarellæ capita, adversus quæ Piccolomineus scripsit, ad oram libri indicavit: quo facilius horum philosophorum scripta inter se contraria conferri veritatis eruendæ gratia possint. — *S. l. Vignon, 1596, in-8°, 80 p.*

576. — Disputationes practicæ, nempe ethicæ, œconomicæ, politicæ, in gymnasio Dantiscano intra biennium ad lectionum philosophicarum cursum habitæ, sub præsidio Bartholomæi Keckermanni,... Ita scriptæ, ut totius philosophiæ practicæ brevis ac methodica systemata, simul et præcipuarum materiarum controversias ac problemata contineant. — *Hanoviæ, Antonius, 1608, in-8°.*

577. — Flavii Quærengi Poiaghi comitis,... Institutionum moralium epitome. De sapientiæ et eloquentiæ divortio. De consiliario. De honore. De numero virtutum moralium. Introductio in philosophiam moralem. — *Parisiis, Dupuis, 1643, in-12.*

578. — Idea philosophiæ moralis seu Ethica, paucis multa complectens de beatitudine, de actibus humanis et de virtutibus moralibus. Pars quarta totius philosophiæ. Auctore D. Petro a Sancto Joseph Fuliensi. — *Parisiis, Josse, 1654, in-12, fr. gr.*

D. MORALISTES FRANÇAIS.

579. — La philosophie morale comprise en sept discours, par Elie Pitard, Saintongeois, conseiller et aumônier de la feu reyne Marguerite... — *Paris, Du Bray, 1619, in-8°.*

580. — De la sagesse, par Pierre Charron. — *In-8°.*
   Le titre manque.
   Traité de sagesse, composé par Pierre Charron,... plus quelques discours chrétiens du même auteur... Dernière édition. — *Rouen, Behourt, 1623,* [viii]*-60 p.*
   Discours chrétien qu'il n'est permis ni loisible à un sujet, pour quelque cause et raison que ce soit, de se liguer, bander et rebeller contre son roi. Par P. C. P.,... [Pierre Charron] — *S. l. 1623, in-8°, pp. 63-72.*
   Discours chrétien sur la bénédiction donnée par Isaac à Jacob son fils puîné pensant la donner à Esaü son aîné, par Pierre Charron,... — *S. l. 1623, in-8°, pp. 73-84.*

581. — De la sagesse, trois livres, par Pierre Charron,... Nouvelle édition publiée... par Amaury Duval,... — *Paris, Rapilly, 1827, 3 vol. in-8°, portr.*

582. — Les Essais de Michel, seigneur de Montaigne. Edition nouvelle, enrichie d'annotations en marge... Plus la vie de l'auteur extraite de ses propres écrits. — *Rouen, De La Motte, 1627, in-8°, fr. gr.*

583. — Les Essais de Michel, seigneur de Montaigne. Edition nouvelle exactement corrigée selon le vrai exemplaire, enrichie à la marge du nom des auteurs cités et de la version de leurs passages mise à la fin de chaque chapitre. Avec la vie de l'auteur. — *Paris, 1635, in-f°.*

584. — Les Essais de Michel, seigneur de Montaigne. Nouvelle édition exactement purgée des défauts des précédentes, selon le vrai original. Et enrichie et augmentée aux marges du nom des auteurs qui y sont cités et de la version de leurs passages grecs.

et latins... Ensemble la vie de l'auteur... — *Paris, Langlois, 1657, in-f°, portr.*

585. — Les Essais de Michel, seigneur de MONTAIGNE. Nouvelle édition exactement purgée des défauts des précédentes... Ensemble la vie de l'auteur... — *Lyon, Olyer, 1669, in-12.*
    Le tome 2 seul.

586. — Les Essais de Michel, seigneur de MONTAIGNE, donnés sur les plus anciennes et les plus correctes éditions : augmentés de plusieurs lettres de l'auteur ; et où les passages grecs, latins et italiens sont traduits plus fidèlement et cités plus exactement que dans aucune des précédentes. Avec des notes... par Pierre COSTE. Nouvelle édition plus ample et plus correcte que la dernière de Londres. — *Paris, par la Société, 1725, 3 vol. in-4°.*

587. — Essais de MONTAIGNE, avec les notes de M. COSTE. Nouvelle édition. — *Londres, Nourse, 1771, 3 vol. in-12.*
    Les tomes 2, 3 et 10 seuls.

588. — Essais de Michel de MONTAIGNE, avec les notes de tous les commentateurs. Edition publiée par J. V. LE CLERC. — *Paris, Lefèvre, 1826, 5 vol. in-8°, portr.*

589. — OEuvres de Michel de MONTAIGNE avec une notice biographique par J. A. C. BUCHON. — *Paris, Desrez, 1837, gr. in-8°.*

590. — Les Essais de Montaigne, accompagnés d'une Notice sur sa vie et ses ouvrages, d'une Étude bibliographique, de variantes, de notes, de tables et d'un glossaire, par E. COURBET et Ch. ROYER. — *Paris, Lemerre, 1872-1877, 4 vol. in-8°.*
    Les tomes 1 à 4 seuls publiés.

591. — Étude sur les Essais de Montaigne, par Alphonse LEVEAUX. — *Paris, Plon, 1870, in-12, portr.*

592. — Socrate chrétien, par le Sr de BALZAC et autres œuvres du même auteur. — *Paris, Courbé, 1661, in-12.*

593. — Réflexions ou sentences et maximes morales [par LA ROCHEFOUCAULD]. Quatrième édition... — *Paris, Barbin, 1675, in-12.*

594. — Réflexions, sentences et maximes morales de LA ROCHEFOUCAULD.

Nouvelle édition conforme à celle de 1678 et à laquelle on a joint les annotations d'un contemporain sur chaque maxime, les variantes des premières éditions et des notes nouvelles, par G. DUPLESSIS, avec une préface par C. A. SAINTE-BEUVE,... — *Paris, Jannet, 1853, in-16.*

595. — Pensées, maximes et réflexions morales de LA ROCHEFOUCAULD, avec les variantes du texte et l'examen critique des maximes, par Aimé MARTIN. — *Paris, Didot, 1855, in-8°.*

596. — Œuvres de LA ROCHEFOUCAULD. Nouvelle édition revue sur les plus anciennes impressions et les autographes, et augmentée de morceaux inédits, des variantes, de notices, de notes, de tables particulières pour les maximes et pour les mémoires, d'un lexique des mots et locutions remarquables... par M. D. L. GILBERT [et J. GOURDAULT]. — *Paris, Hachette, 1868-1883, 3 vol. in-8° et album gr. in-8°.*

597. — Le premier texte de LA ROCHEFOUCAULD, publié par F. de MARESCOT. — *Paris, Jouaust, 1869, in-16.*

598. — Réflexions ou sentences et maximes morales de LA ROCHEFOUCAULD, textes de 1665 et de 1678, revus par Charles ROYER. — *Paris, Lemerre, 1870, in-16, portr.*

599. — Portrait de LA ROCHEFOUCAULD par lui-même, suivi de son portrait, par le cardinal de RETZ. — *Paris, Libr. des Bibliophiles, s. d. in-8°, 14 p.*

600. — La politique chrétienne contenant les maximes morales et politiques de la vie civile. Par Mr D. B. — *Paris, Pralard, 1681, in-12.*

601. — Entretiens de Phocylide et de Théophraste. Du ridicule des conversations provinciales, avec des remarques critiques et des réflexions morales. — *Amsterdam, Wolfgang, 1701, in-12.*

602. — Maximes pour conserver l'union dans les compagnies, par M. Artur de LA GIBONAIS,... — *Nantes, Vve Querro, 1714, in-8°.*
Ex libris Daripe de Lalongue.

603. — Pensées diverses sur l'homme. [Par Antoine PECQUET.] — *Paris, Nyon, 1738, in-12.*

604. — L'art de se connaître soi-même, ou la recherche des sources de la morale, par Jacques ABBADIE. — *La Haye, Neaulme, 1741, in-12.*

605. — L'art de se connaître soi-même, ou la recherche des sources de la morale, par Jacques ABBADIE. — *La Haye, Neaulme, 1771, in-12.*

606. — La conversation avec soi-même, par le marquis [Louis-Ant.] CARACCIOLI,... Nouvelle édition... — *Avignon, Chambeau, 1761, in-12.*

607. — La jouissance de soi-même, par le marquis [Louis-Ant.] CARACCIOLI,... Nouvelle édition... — *A Francfort, en foire, 1761, in-12.*

608. — La jouissance de soi-même, [par le marquis Louis-Ant. CARACCIOLI]. Nouvelle édition... — *Lyon, Reguillat, 1762, in-12.*

609. — Essais historiques sur la morale des anciens et des modernes, par M. LE PILEUR D'APLIGNY. — *Paris, Estienne, 1772, in-12.*

610. — Du gouvernement des mœurs, [par Ant. de POLIER DE SAINT-GERMAIN]. — *Lausanne, Pott, 1784, in-8°.*

611. — Considérations sur l'esprit et les mœurs, [par Gabriel SÉNAC DE MEILHAN]. — *Londres, 1787, in-8°.*

612. — Cours de morale fondé sur la nature de l'homme, par M. P***, pasteur de **. [BUTOT le jeune, commis à la poste aux lettres.] — *Londres, 1789, 2 vol. in-8°, tabl.*

La fin du tome 1ᵉʳ manque.

613. — Des erreurs et des préjugés répandus dans la société, par J. B. SALGUES. Seconde édition... — *Paris, Buisson, 1811, 2 vol. in-8°.*

614. — Maximes, réflexions et pensées diverses, [par Edme P. CHANVOT DE BEAUCHÊNE]. — *Paris, Goujon, 1817, in-18.*

615. — Les caractères de LA BRUYÈRE, suivis des caractères de THÉOPHRASTE, traduits du grec par le même. — *Paris, Lefèvre, 1824, 2 vol. in-8°, portr.*

616. — Les caractères de La Bruyère, suivis des caractères de Théophraste, traduits du grec par le même ; précédés d'une notice sur La Bruyère considéré comme écrivain et comme moraliste, par M. J. Simonnin. — *Paris, Emler, 1829, 2 vol. in-8°.*

617. — La Bruyère. Les caractères de Théophraste, traduits du grec, avec les caractères ou les mœurs de ce siècle. — *Paris, Didot, 1853, in-8°.*

618. — Œuvres de La Bruyère. Nouvelle édition revue sur les plus anciennes impressions et les autographes, et augmentée de morceaux inédits, des variantes, de notices, de notes, d'un lexique des mots et locutions remarquables... par M. G. Servois. — *Paris, Hachette, 1865-1878, 3 vol. in-8° et album gr. in-8°.*

619. — Les caractères de La Bruyère, avec dix-huit gravures à l'eau forte, par V. Foulquier. — *Tours, Mame, 1867, gr. in-8°, portr.*

620. — Le premier texte de La Bruyère, publié par D. Jouaust. — *Paris, Jouaust, 1868, in-16.*

621. — De la servitude volontaire, ou le contr'un, par Estienne de La Boétie (1548) avec les notes de M. Coste et une préface de F. de La Mennais (1835). — *Paris, Daubrée et Cailleux, 1835, in-8°.*

622. — Réflexions sur mes entretiens avec M. le duc de La Vauguyon, par Louis Auguste, dauphin (Louis XVI). Précédées d'une introduction par M. de Falloux,... — *Paris, Aillaud, 1851, in-4°, fac-similé.*

623. — Les souhaits d'un bonhomme à ses concitoyens, par Dvitiya Durmanas, Vasiya de Bénarès. [Ant. Gaspard Bellin.] Nouvelle édition. — *Paris, Ballay et Conchon, 1857-1858, 2 vol. in-18.*

624. — Maximes de Mme de Sablé (1678) publiées par D. Jouaust, imprimeur. — *Paris, Libr. des Bibliophiles, 1870, in-16, xiv-69 p.*

625. — Le livre des familles, ou précis d'enseignements moraux sur les maximes de l'honnête homme, par M. Joseph Le Sage,... Quatrième édition. — *Paris, Douniol, 1870, pet. in-8°.*

**. — Le tableau de Cébès. Souvenirs de mon arrivée à Paris, par Edouard CHARTON.

    Voy. Division HISTOIRE.

626. — Les moralistes français au dix-huitième siècle, par Jules BARNI,... Vauvenargues. Duclos. Helvétius. Saint Lambert. Volney. — *Paris, Germer-Baillière, 1873, in-12.*

627. — De la responsabilité morale, par M. BROCHARD,... — *Pau, Imp. Veronese, 1874, in-8°, 28 p.*

628. — Problèmes de morale sociale, par E. CARO,... La morale indépendante. Les théories contemporaines sur le droit naturel. Le droit de punir. Le progrès social. La destinée humaine d'après les nouvelles écoles scientifiques. — *Paris, Hachette, 1876, in-8°.*

629. — La morale, par Paul JANET,... — *Paris, Delagrave, 1880, in-12.*

630. — Études sur les moralistes français, suivies de quelques réflexions sur divers sujets, par M. PRÉVOST-PARADOL,... Quatrième édition. — *Paris, Hachette, 1880, in-12.*

631. — Éducation et hérédité. Étude sociologique, par M. GUYAU. Troisième édition. — *Paris, Alcan, 1892, in-8°.*

632. — Esquisse d'une morale sans obligation, ni sanction, par M. GUYAU. Troisième édition. — *Paris, Alcan, 1893, in-8°.*

E. MORALISTES ÉTRANGERS. MORALISTES ORIENTAUX.

633. — Dialogi di Antonio BRUCIOLI della naturale philosophia morale. — *Venetia, Brucioli, 1544, in-4°.*

    Le titre manque.

Dialogi di Antonio BRUCIOLI della naturale philosophia humana. — *Venetia, 1544, in-4°.*

Dialogi di Antonio BRUCIOLI della naturale philosophia. — *Venetia, 1544, in-4°.*

Dialogi di Antonio Brucioli della metaphisicale philosophia. — *Venetia, [Brucioli], 1545, in-4°.*

Dialogi di Antonio Brucioli libro quinto. — *Venetia, [Zanetti da Brescia], 1538, in-4°.*

634. — El criticon segunda parte. Juyziosa cortesana filosofia, en el otoño de la varonil edad. Por Garcia de Marlones. — *Madrid, Tazo, 1653, 2 vol. in-8°.*

> La seconde et la troisième partie seules : le titre de la troisième partie manque.

635. — L'homme détrompé ou le Criticon de Baltazar Gracian, traduit de l'espagnol. — *Genève, Bousquet, 1725, 2 vol. in-12, fr. gr.*

> Les tomes 2 et 3 seuls. Ex libris de Bullion.

636. — Le héros, traduit de l'espagnol de Balthazar Gracien, avec des remarques... [Par le P. François de Courbeville.] — *Paris, Pissot, 1725, in-8°.*

637. — Le spectateur ou le Socrate moderne, où l'on voit un portrait naïf des mœurs de ce siècle. [Par Steele, Addison, Hugues, Budgel, Pope, Pearce, Byron, Grove, Tickell, Heusden.] Traduit de l'anglais. — *Amsterdam, 1733 et suiv., 5 vol. in-12.*

> Les tomes 2, 3, 4, 5 et 6 seuls de différentes éditions. Le titre du tome 6 manque.

638. — The beauties of the Spectators, Tatlers and Guardians, connected, and digested under alphabetical heads. — *London, 1757, 2 vol. in-12.*

639. — The spectator. [Par R. Steele et Jos. Addison.] — *London, 1765-1771, 8 vol. in-12.*

> Le tome 8 porte la date de 1717.

640. — Pensées de Monsieur le Comte d'Oxenstirn, sur divers sujets, avec les Réflexions morales du même auteur. Nouvelle édition revue... par Monsieur D. L. M. [Bruzen de la Martinière.] — *La Haye, Van Duren, 1746, in-12, titre et fr. gr.*

> Le tome 1er seul.

641. — Théorie des sentiments moraux, ou Essai analytique sur les principes des jugements que portent naturellement les hommes, d'abord sur les actions des autres, et ensuite sur leurs propres

actions. Suivi d'une dissertation sur l'origine des langues, par Adam SMITH. Traduit de l'anglais sur la septième édition par Mme S. de Grouchy, marquise de CONDORCET. Elle y a joint huit lettres sur la sympathie. Seconde édition... — *Paris, Barrois, 1830, 2 vol. in-8°.*

642. — Esquisses de philosophie morale, par Dugald STEWART, traduit de l'anglais par Théodore JOUFFROY. Seconde édition. — *Paris, Johanneau, 1833, in-8°.*

643. — Déontologie ou science de la morale. Ouvrage posthume de Jérémie BENTHAM, revu, mis en ordre et publié par John BOWRING, traduit sur le manuscrit par Benjamin LAROCHE. — *Paris, Charpentier, 1834, 2 vol. in-8°.*

644. — Principes métaphysiques de la morale, traduit de l'allemand de E. KANT, par C. J. TISSOT,... Seconde édition, augmentée : 1° de la traduction de l'analyse de l'ouvrage par MELLIN ; 2° de la traduction de l'analyse des fondements de la métaphysique des mœurs et de celle de la critique de la raison pratique, par le même ; 3° de la traduction de la morale élémentaire de Fr. W. SNELL. — *Paris, Ladrange, 1837, in-8°.*

645. — Les colliers d'or. Allocutions morales de ZAMAKHSCHARI. Texte arabe suivi d'une traduction française et d'un commentaire philologique, par C. BARBIER DE MEYNARD. — *Paris, Impr. Nat., 1876, in-8°.*

646. — Les bases de la morale évolutionniste, par Herbert SPENCER. — *Paris, Germer-Baillière, 1880, in-8°.*

647. — La morale des différents peuples et la morale personnelle, par Herbert SPENCER. Traduction de M. E. CASTELOT,... et M. Etienne Martin SAINT-LÉON,... — *Paris, Guillaumin, 1893, in-8°.*

648. — Problèmes de morale et de sociologie, par Herbert SPENCER. Traduction et avant-propos, par M. Henry de VARIGNY. — *Paris, Guillaumin, 1894, in-8°.*

649. — Les idées morales du temps présent, par Edouard ROD,... Troisième édition. — *Paris, Perrin, 1892, in-12.*

650. — Sinensis imperii libri classici sex, nimirum adultorum schola, immutabile medium, liber sententiarum, Memcius, filialis observantia, parvulorum schola, è sinico idiomate in latinum traducti à P. Francisco Noel, societatis Jesu missionario... — *Pragæ, Kamenicky, 1711, in-4°.*

651. — Histoire de Confucius, par Jean Sénamaud. — *Bordeaux, Féret, 1878, in-8°.*

652. — Le saint édit [donné par l'empereur K'ang-Hsi]. Étude de littérature chinoise préparée par A. Théophile Piry,... — *Shanghai, Bureau des statistiques, inspectorat général des douanes, 1879, in-4°.*

F. TRAITÉS SUR LES PASSIONS, LES VERTUS, LES VICES.

653. — Augustini Mascardi romanæ dissertationes de affectibus, sive perturbationibus animi earumque characteribus. — *Parisiis, Cramoisy, 1639, in-4°, fr. gr.*

Augustini Mascardi ethicæ prolusiones. — *Parisiis, Cramoisy, 1639, in-4°, fr. gr.*

654. — La doctrine des mœurs, tirée de la philosophie des stoïques, représentée en cent tableaux et expliquée en cent discours pour l'instruction de la jeunesse. [Par Marin Le Roy de Gomberville.] — *Paris, Sevestre, 1646, in-f°, avec un deuxième titre et fr. gr. et portr.*

655. — De l'usage des passions, par le R. P. J. François Sénault,... Septième édition. — *Paris, Camusat, 1649, in-4°, fr. gr.*

656. — De l'usage des passions, par le R. P. J. François Sénault,... Dixième édition. — *Lyon, De La Roche, 1684, in-12.*

657. — De l'usage des passions, par le R. P. J. François Sénault. — *In-12.*

Le titre manque.

658. — Les caractères des passions, par le Sr De La Chambre,... — *Paris, D'Allin, 1662, 5 vol. in-4°.*

659. — Theatro moral de toda la philosophia de los antiguos y modernos, con el Enchiridion de Epicteto, etc. Obra propria para enseñanza de reyes y principes. — *Brusselas, Foppens, 1669, in-f°, portr.*
    Traduction de l'ouvrage d'Otho Vænius intitulé : Horatii emblemata. Exemplaire auquel manquent les pp. 19-20, 25-26, 29-30, 127-128, 131-132, 167-172, 179-180, 201-202. — On trouve à la suite : Enchiridion de Epicteto gentil, con ensayos de christiano... — *Brusselas, Foppens, 1669, in-f°*, vi-54 p.

660. — Les passions de l'âme, par René Descartes. — *Paris, Girard, 1679, in-12.*

661. — Traité de la jalousie, ou moyens d'entretenir la paix dans le mariage. Ouvrage qui contient tout ce qu'il y a de curieux et d'utile à savoir dans la matière du mariage, la conduite des familles, les différentes mœurs des peuples étrangers, ou leurs différentes manières de se marier. [Par Ant. de Courtin.] — *Paris, Jossat, 1685, in-12.*

662. — Réflexions sur les défauts d'autrui. [Par l'abbé P. de Villiers.] — *Paris, Barbin, 1690, in-12.*

663. — Réflexions sur le ridicule et sur les moyens de l'éviter ; où sont représentés les différents caractères et les mœurs des personnes de ce siècle, par M. l'abbé de Bellegarde. Seconde édition... — *Paris, Guignard, 1697, in-12.*

664. — Traité de l'orgueil, par Jean La Placette. Seconde édition... — *Amsterdam, Marret, 1700, in-12, fr. gr.*

665. — Traité de l'amitié. [Par Louis de Sacy.] — *Paris, Moreau, 1703, in-12.*

666. — Traité de l'amitié. [Par Louis de Sacy.] — *Paris, Barbin, 1703, in-12.*

667. — Traité de l'amitié. [Par Louis de Sacy.] Seconde édition. — *Paris, la Compagnie des Libraires, 1722, in-12.*

668. — Traité de l'amitié. [Par Louis de Sacy.] Nouvelle édition. — *Paris, la Compagnie des Libraires, 1722, in-12.*

669. — Traité du vrai mérite de l'homme, considéré dans tous les âges et dans toutes les conditions ; avec des principes d'éducation propres à former les jeunes gens à la vertu, par M. LE MAITRE DE CLAVILLE,... Quatrième édition. — *Paris, Saugrain, 1740, 2 vol. in-12.*

> Les plats de la reliure portent les lettres R. N. entrelacées, précédées et suivies d'une fleur de lys.

670. — Traité de la paresse, ou l'art de bien employer le temps en toutes sortes de conditions. [Par Ant. de COURTIN.] Quatrième édition... augmentée [de la vie de l'auteur, par l'abbé C. P. GOUJET]. — *Paris, Josse, 1743, 2 part. en 1 vol. in-12.*

671. — La grandeur d'âme. [Par L. Ant. CARACCIOLI.] — *Francfort, en foire, 1762, in-12.*

672. — Le langage de la raison, par l'auteur de la jouissance de soi-même [L. Ant. CARACCIOLI]. — *Paris, Nyon, 1763, in-12.*

**. — Le langage de la raison, par L.-Ant. CARACCIOLI.
> Voy. Division BELLES-LETTRES.

673. — De la sociabilité, par l'abbé PLUQUET. — *Paris, Barrois, 1767, in-12.*

> Le tome 2 seul.

674. — Le devoir, par Jules SIMON. Deuxième édition. — *Paris, Hachette, 1854, in-12.*

675. — La bonté, par Charles ROZAN. Deuxième édition. — *Paris, Hetzel, s. d. [1870], in-12.*

G. MÉLANGES DE PHILOSOPHIE MORALE. TRAITÉS SUR LA BONNE ET LA MAUVAISE FORTUNE.

**. — De contemptu mundi, per Des. ERASMUM Roter.
> Voy. Division BELLES-LETTRES.

**. — Justi LIPSI de constantia libri duo, qui colloquium præcipuè continent in publicis malis.
> Voy. Division BELLES-LETTRES.

676. — Francisci Petrarchæ de remediis utriusque fortunæ, libri duo. Editio quinta... — *Coloniæ-Allobrogum, Le Preux, 1613, in-24.*

677. — Francisci Petrarchæ,... De remediis utriusque fortunæ, libri duo. Ejusdem de contemptu mundi colloquiorum liber, quem secretum suum inscripsit. Editio nova... — *Roterodami, Leers, 1649, in-12, fr. gr.*

678. — Le sage résolu contre la fortune, ou le Pétrarque, mis en français par M. de Grenaille, écuyer, sieur de Chateaunières. Cinquième édition... — *Rouen, Besongne, 1662, in-12, fr. gr.*

679. — Le sage résolu contre la fortune, ou le Pétrarque, mis en français par M. de Grenaille, écuyer, sieur de Chateaunières. Sixième édition... — *Paris, Besongne, 1667, in-12, fr. gr.*

680. — Récréations morales, contenant plusieurs discours tirés de divers auteurs italiens et espagnols. — *Paris, Billaine, 1635, in-4°.*

681. — Les leçons de la sagesse sur les défauts des hommes... par M. [l'abbé] Debonnaire. Nouvelle édition. — *Paris, Briasson, 1751, 3 vol. in-12.*

682. — L'univers énigmatique, par le marquis Caraccioli,... Nouvelle édition... — *A Francfort, en foire, 1762, in-12, viij-88 p.*

683. — De la gaieté, par le marquis Caraccioli,... — *Francfort et Paris, Nyon, 1762, in-12.*

684. — Mélanges de physique et de morale, contenant l'extrait de l'Homme physique et moral; des réflexions sur le bonheur; un discours sur la nature et les fondements du pouvoir politique; et un mémoire sur le principe physique de la régénération des êtres, etc. Nouvelle édition, augmentée... de six dialogues sur les causes et les effets de l'état de sécurité nécessaire au bonheur. [Par Louis De La Caze.] — *Paris, Guérin, 1763, in-12.*

685. — Du plaisir ou du moyen de se rendre heureux, par M. l'abbé H. C. A. H. [J. B. Hennebert.] — *Lille, Henry, 1764, 2 tom. en 1 vol. in-12.*

686. — Des véritables intérêts de la patrie [par le comte de Forges]. — *Rotterdam, 1765, in-12.*

Le cri de la vérité contre la séduction du siècle, par l'auteur de la conversation avec soi-même. [Louis Antoine Caraccioli.] — *Paris, Nyon, 1765, in-12.*

L'esprit de Monsieur le Marquis Caraccioli. — *Liège et Dunkerque, de Boubers, 1765, in-12.*

687. — Tratado de la victoria de si mismo, traducido de toscano, por el P. M. F. Melchor Cano,:... Tercera impresion. — *Madrid, Imp. de Ramirez, 1780, in-16.*

688. — De l'importance des opinions religieuses, par M. Necker. — *Londres et Paris, Hôtel de Thou, 1788, in-8°.*

689. — De l'importance de la morale et des opinions religieuses, par M. Necker. — *Londres et Paris, Hôtel de Thou, 1788, in-8°.*

690. — Méditations et études morales, par M. Guizot. — De l'état des âmes. De la religion dans les sociétés modernes. Du catholicisme, du protestantisme et de la philosophie en France. Sur l'immortalité de l'âme : Première méditation. Du sentiment intime de l'immortalité. Deuxième méditation. Du respect des morts. Quel est le vrai sens du mot Foi ? De l'éducation progressive pendant le cours de la vie. Conseils d'un père sur l'éducation : I. Des modifications que doit apporter dans l'éducation la variété des caractères. — II. De l'inégalité des facultés, de ses inconvénients et des moyens de les prévenir. — III. Des moyens d'émulation. — IV. De l'éducation qu'on se donne soi-même. Des idées de Rabelais, de Montaigne, du Tasse, en fait d'éducation. — *Paris, Didier, 1852, in-8°.*

691. — Esprit moral du dix-neuvième siècle, par Louis-Auguste Martin (de Paris). Nouvelle édition. — *Bruxelles, Muquardt, 1855, in-12.*

692. — Le bonheur. Discours prononcé à Genève, par le Cte Agénor de Gasparin. Cinquième édition. — *Paris, Michel Lévy, 1872, in-12.*

693. — La liberté morale, par le Cie Agénor de Gasparin. Quatrième édition. — *Paris, Michel Lévy, 1875, 2 vol. in-12.*

694. — Pensées de liberté inédites, par le Cie Agénor de Gasparin. — *Paris, Michel Lévy, 1876, in-12, portr.*

695. — Jugements d'un mourant sur la vie. Conversations humoristiques et familières d'un malade avec la divinité, par Georges Caumont. — *Paris, Sandoz et Fischbacher, 1876, in-12.*

696. — Études morales sur le temps présent, par E. Caro,... Les religions nouvelles. L'idolâtrie humanitaire. La religion positiviste. Stendhal : sa critique d'art et ses romans. Les mœurs contemporaines au théâtre. La littérature populaire en France. Quatrième édition. — *Paris, Hachette, 1879, in-12.*

697. — Nouvelles études morales sur le temps présent, par E. Caro,... Du suicide dans ses rapports avec la civilisation. L'hygiène morale. La direction des âmes au dix-septième siècle. Lamennais et Henri Heine d'après leur correspondance. Les mœurs littéraires au temps présent. Deuxième édition. — *Paris, Hachette, 1879, in-12.*

698. — Un moraliste. Études et pensées d'Ernest Bersot. Précédées d'une notice biographique par Edmond Scherer. — *Paris, Hachette, 1882, in-12, portr.*

699. — Quelques pensées sur l'éducation morale, par le baron de Lenval. — *Paris, Plon, 1886, in-8°.*

700. — Questions de morale pratique, par Francisque Bouillier,... I. Des altérations du sens moral, ou de la fausse conscience. II. Petits plaisirs et petits déplaisirs. III. De la civilisation sans la morale et de la morale sans la religion. IV. De l'encouragement au bien et des prix de vertu. V. Du mensonge. VI. De l'hypocrisie. — *Paris, Hachette, 1889, in-12.*

701. — Le sens de la vie, par Edouard Rod. Cinquième édition. — *Paris, Perrin, 1889, in-12.*

702. — Le bonheur de vivre, par Sir John Lubbock,... traduit sur la xxe édition anglaise. — *Paris, Alcan, 1891-1892, 2 vol. in-12.*

Le titre du tome 2 porte : Traduit sur la lxxviie édition anglaise.

6. APPLICATION DE LA MORALE. ÉCONOMIE.

A. TRAITÉS GÉNÉRAUX. RÈGLES DE LA VIE CIVILE.

703. — De la institutione di tutta la vita de l'homo nato nobile et in citta libera libri X. In lingua toscana dove e peripateticamente e Platonicamente, intorno a le cose de l'ethica, iconomica e parte de la politica, e raccolta la somma di quanto principalmente puo concorrere a la perfetta e felice vita di quello. Composti dal S. Alessandro Piccolomini... — *Venetiis, Scotus, 1543, in-8°.*

**. — Petri Criniti de honesta disciplina libri XXV.
   Voy. Division Belles-Lettres.

704. — Caroli Scribani, è Societate Jesu, Politico-christianus Philippo IV Hispaniarum regi D. D. — *Antverpiæ, Nutius, 1624, in-4°, fr. gr.*

705. — L'économique de Xénophon et le projet de finance du même auteur, traduits en français, avec des notes, pour servir de premier volume à la collection des auteurs anciens qui ont traité de l'administration publique ou domestique, par M. Dumas,... — *Paris, de Hansy, 1768, in-12.*

**. — Xenophontis de administratione domestica.
   Voy. Division Histoire.

706. — Première introduction à la philosophie économique, ou analyse des états policés, par un Disciple de l'Ami des hommes [l'abbé Nic. Baudeau]. — *Paris, Didot, 1771, in-8°.*

B. PÉDAGOGIE. TRAITÉS ET OUVRAGES MORAUX SUR L'ÉDUCATION ET L'INSTRUCTION DES ENFANTS. INSTRUCTION PUBLIQUE.

). **Traités et ouvrages moraux sur l'éducation et l'instruction des enfants.**

**. — Sancti Thomæ Aquinatis expositio aurea in tractatum Boetii de scholarium disciplina.
Voy. Division Théologie.

707. — Parænesis ad magistros scholarum inferiorum Societatis Jesu, scripta a P. Francisco Sacchino, ex eadem societate. — *Romæ, Mascardi, 1625, in-12.*

Protrepticon ad magistros scholarum inferiorum Societatis Jesu, scriptum a P. Francisco Sacchino,... — *Romæ, Mascardi, 1625, in-12.*

708. — Protrepticon ad magistros scholarum inferiorum Societatis Jesu, scriptum a P. Francisco Sacchino, ex eadem societate. — *Romæ, Mascardi, 1625, in-12.*
Deux exemplaires.

709. — Programme et règlement des études de la Société de Jésus (Ratio atque institutio studiorum Societatis Jesu), comprenant les modifications faites en 1832 et 1858. Traduction, par H. Ferté,... — *Paris, Hachette, 1892, in-12.*

710. — De l'instruction de Monseigneur le Dauphin, à Monseigneur l'éminentissime cardinal duc de Richelieu, [par de La Motte Le Vayer,...] — *Paris, Cramoisy, 1640, in-4°, fr. gr.*

**. — Entretiens sur l'éducation des filles, par Mme de Maintenon.
Voy. Division Belles-Lettres.

711. — Nouveau traité de la civilité qui se pratique en France parmi les honnêtes gens, augmenté de la civilité chrétienne. [Par Ant. de Courtin.] — *Bruxelles, Foppens, 1738, in-12.*

712. — Éducation chrétienne, ou conduite pour élever chrétiennement les enfants, divisée en trois parties : I. Importance de l'édu-

cation des enfants. II. Nécessité de l'éducation chrétienne des enfants. III. Moyens de donner aux enfants une bonne éducation. Par demandes et par réponses. — *Paris, Lottin, 1746, in-18.*

713. — Essai sur l'éducation de la noblesse. [Par le chevalier de Brucourt.] — *Paris, Durand, 1747, in-12.*
Le tome 1er seul.

714. — Essai sur l'éducation de la noblesse, par M. le chevalier de ** [de Brucourt]. Nouvelle édition... — *Paris, Durand, 1748, 2 vol. in-12, fr. gr.*

715. — Les études convenables aux demoiselles, contenant la grammaire, la poésie, la rhétorique, le commerce des lettres, la chronologie, la géographie, l'histoire, la fable héroïque, la fable morale, les règles de la bienséance, et un court traité d'arithmétique, [par André Joseph Panckoucke]. Ouvrage destiné aux jeunes pensionnaires des communautés et maisons religieuses. — *Paris, Bordelet, 1755, 2 vol. in-12.*

716. — De l'éducation des enfants, traduit de l'anglais de M. Jean Locke, par M. Coste,... Huitième édition... — *Lausanne, Bousquet, 1760, 2 vol. in-12.*

717. — Emile ou de l'éducation, par J. J. Rousseau,... — *Amsterdam, Néaulme, 1762, 4 vol. in-12, fr. et pl. gr.*

718. — Jean Jacques Rousseau, citoyen de Genève, à Christophe de Beaumont, archevêque de Paris,... avec sa lettre au Conseil de Genève. — *Amsterdam, Rey, 1763, in-8°.*

Censure de la Faculté de théologie de Paris, contre le livre qui a pour titre : Emile ou de l'éducation. — *Paris, Le Prieur, 1762, in-8°.*

Le faux titre porte : Œuvres de Jean Jacques Rousseau,... tome troisième, seconde partie.

719. — Instructions pour les jeunes dames qui entrent dans le monde et se marient, leurs devoirs dans cet état et envers leurs enfants, pour servir de suite au Magasin des adolescentes, par Madame

Le Prince de Beaumont. Édition faite sous les yeux de l'auteur... *Lyon, Reguilliat, 1764, in-12.*
   Le tome 1ᵉʳ seul.

720. — Le Mentor moderne ou instructions pour les garçons et pour ceux qui les élèvent... par Madame Le Prince de Beaumont. — *Paris, Hérissant, 1772-1773, 12 vol. in-12.*

721. — Magasin des enfants ou dialogues d'une sage gouvernante avec ses élèves de la première distinction, dans lesquels on fait penser, parler, agir les jeunes gens suivant le génie, le tempérament et les inclinations d'un chacun. On y représente les défauts de leur âge, l'on y montre de quelle manière on peut les en corriger ; on s'applique autant à leur former le cœur qu'à leur éclairer l'esprit. On y donne un abrégé de l'histoire sacrée, de la fable, de la géographie, etc., le tout rempli de réflexions utiles et de contes moraux pour les amuser agréablement et écrit d'un style simple et proportionné à la tendresse de leurs années. Par Madame Le Prince de Beaumont. — *Lyon, Rusand, 1773, 4 tom. en 2 vol. in-12.*

722. — Magasin des adolescentes, ou dialogues d'une sage gouvernante avec ses élèves de la première distinction, pour servir de suite au Magasin des enfants. Par Madame Le Prince de Beaumont. — *Lyon, Bruyset, 1784, 4 tom. en 2 vol. in-12.*

723. — Le Magasin des pauvres, artisans, domestiques et gens de la campagne, par Madame Le Prince de Beaumont. Nouvelle édition. — *Lyon, Bruyset, 1775, 2 vol. in-12.*

724. — Joh. Francisci Buddei exercitatio de cultura ingenii. Ubi de necessitate, modis, ac rationibus ingenii, animique excolendi ac de fine et utilitate disciplinarum saluberrima præcepta traduntur. — *Hagæ Comitum, Van Ellen, 1765, pet. in-8°.*

725. — De l'éducation civile, par M. Garnier,... — *Paris, Vente, 1765, pet. in-12.*

726. — Lettre d'un professeur émérite de l'Université de Paris [l'abbé Chrétien Le Roy] en réponse au R. P. D. V......, prieur de...

religieux bénédictin de la congrégation de St-Maur : sur l'éducation publique, au sujet des exercices de l'abbaye royale de Sorèze. Divisée en trois parties : 1° Les réguliers sont-ils propres à l'éducation publique ? 2° Reconnaît-on le plan de l'Université de Paris dans celui que lui attribue M. d'Alembert ? 3° Les exercices du collège de Sorèze peuvent-ils tourner au profit de la jeunesse qu'on y élève ? On trouvera de suite la réfutation du système de M. l'abbé de Condillac et celle de plusieurs autres, tous également défectueux. — *Bruxelles et Paris, Brocas, 1777, in-8°.*

727. — Adèle et Théodore, ou lettres sur l'éducation, contenant tous les principes relatifs aux trois différents plans d'éducation des princes, des jeunes personnes et des hommes. [Par Madame de Genlis.] — *Paris, Lambert, 1782, in-12.*

    Le tome 3 seul.

728. — Bibliothèque des enfants de la campagne divisée en huit chapitres, contenant : 1° des notices sur différents sujets ; 2° le petit dictionnaire ; 3° la géographie universelle ; 4° les connaissances humaines ; 5° cours complet d'arithmétique ; 6° notices sur le commerce, etc. ; 7° maximes pour diriger une maison ; 8° lettres sur différents sujets, etc. ; ouvrage utile à toutes sortes de personnes. Par J. V. d. N. A. D. d. l. M. — *Paris, Hérissant, 1783, in-12.*

729. — Recueil de plusieurs des ouvrages de Monsieur le président Rolland, imprimé en exécution des délibérations du bureau d'administration du collège de Louis le Grand, des 17 janvier et 18 avril 1782. — *Paris, Simon et Nyon, 1783, in-4°, tabl. et pl.*

    Avec la grande planche du tableau trouvé dans l'église du collège de Billom ; la carte manque.

730. — Vues patriotiques sur l'éducation du peuple, tant des villes que de la campagne. Avec beaucoup de notes intéressantes. Ouvrage qui peut être également utile aux autres classes de citoyens. [Par Louis Philipon de la Madelaine.] — *Lyon, Bruyset-Ponthus, 1783, in-12.*

731. — Essai sur une méthode qui a pour objet de bien régler l'emploi du temps, premier moyen d'être heureux ; à l'usage des jeunes

gens de l'âge de 16 à 25 ans ; extrait d'un travail général plus étendu sur l'éducation, par M. A. J. — *Paris, Didot, 1808, in-8°.*

732. — Essai sur l'éducation morale. Discours couronné par la Société des sciences, agriculture et arts du Bas-Rhin, dans sa séance générale du 1er juillet 1828, par M. J. L. Théodore RATISBONNE,... — *Strasbourg, Février, 1828, in-8°, 52 p.*

733. — Conversations d'une mère avec sa fille et quelques autres personnes, ou dialogues composés pour la maison d'éducation de Madame Campan, près de Paris, [par Madame CAMPAN] et arrangés par Madame D**** à l'usage des demoiselles anglaises. Nouvelle édition. — *Londres, Whittaker, 1842, in-12.*

734. — Théorie de l'éducation naturelle et attrayante ; dédiée aux mères, par Victor CONSIDERANT,... — *Paris, Libr. de l'école sociétaire, 1844, in-8°.*

735. — Magasin de l'enfance chrétienne, recueil mensuel rédigé par Madame MENNECHET... — *Paris, 1851-1856, 6 vol. in-8°.*
Rédigé par M. Jules MASSÉ à partir de la 5e année.

736. — Magasin de la jeunesse chrétienne, suite au Magasin de l'enfance chrétienne... Directeur et rédacteur en chef, M. Jules MASSÉ. — *Paris, 1856-1859, 3 vol. in-8°.*
Manque le n° 8 du 2e volume.

737. — Petit-Jean, par M. Charles JEANNEL,... Troisième édition... — *Paris, Dezobry, s. d. [1853], in-12.*

738. — Lettres sur la profession d'instituteur, par A. THÉRY,... — *Paris, Dezobry et Magdeleine, 1853, in-12.*

739. — L'École, par Jules SIMON. Deuxième édition. — *Paris, Lacroix, Verboeckhoven, 1865, in-8°.*

740. — Des conférences dans leurs rapports avec l'éducation des femmes. Conférence faite à Pau, le 6 décembre 1866, par M. L. AYMA,... — *Pau, Impr. Vignancour, 1866, in-8°, 36 p.*

741. — Réponse à Monseigneur Dupanloup sur l'instruction secondaire des femmes, par Isidore AMIEL. — *Paris, Durand et Pedone-Lauriel, 1868, in-18, 72 p.*

742. — Histoire universelle de la pédagogie, renfermant les systèmes d'éducation et les méthodes d'enseignement des temps anciens et modernes, les biographies de tous les pédagogues célèbres, le développement progressif de l'école depuis la scolastique jusqu'à nos jours, la comparaison et la caractéristique des pédagogies anglaise, allemande et française, etc., etc... Par Jules PAROZ,... — *Paris, Delagrave, [1869], in-12.*

743. — Instruction et liberté, par Romuald DEJERNON. — *Paris, Lechevalier, 1870, in-12.*
Deux exemplaires.

744. — J. MICHELET. Nos fils. — *Paris, Libr. internationale, 1870, in-12.*

745. — Le salut par l'éducation. Lecture du XI° discours de FICHTE à la nation allemande en 1807, faite à l'oratoire Saint-Honoré, le 30 octobre 1871, devant l'assemblée trimestrielle des moniteurs et monitrices des écoles du dimanche de Paris, par M. Charles ROBERT,... — *Paris, Grassart, 1871, in-4°, 27 p.*

746. — De l'importance de l'éducation dans une république. Conférence par Horace MANN,... précédée d'extraits de la Vie d'Horace Mann, par M. Ed. LABOULAYE. — *Paris, Le Chevalier, 1873, in-8°, 82 p.*

747. — Nos maîtres, hier. Études sur les progrès de l'éducation et sur les développements de l'instruction populaire en France depuis les temps les plus reculés jusqu'à J. J. Rousseau, par H. ANDRÉ,... — *Paris, Hachette, s. d. [1873], in-12.*

748. — La famille et l'éducation en France dans leurs rapports avec l'état de la société, par Henri BAUDRILLART,... — *Paris, Didier, 1874, in-12.*

749. — École ou prison, par M. Charles ROBERT,... Conférence faite à Paris... le 28 janvier 1874. — *Paris, Société des écoles du dimanche, 1874, in-12, 93 p. pl.*

750. — Conférence Franklin. De l'éducation dans Rabelais et dans Montaigne, par Raoul JEUDY. Première édition. — *Paris, Hurtau, 1874, in-12, 32 p.*

751. — Lectures courantes des écoliers français. La famille, la maison, le village, notre département, notre pays, par CAUMONT. [Madame Alfred MÉZIÈRES, née LARDENOIS DE CAUMONT.] Livre du maître. — *Paris, Delagrave, s. d. in-12.*

> Édition contenant le département des Basses-Pyrénées, par le D' C. DELVAILLE.

752. — Lectures courantes des écoliers français. La famille, la maison, le village, notre département, notre pays, par CAUMONT. [Madame Alfred MÉZIÈRES, née LARDENOIS DE CAUMONT.] — *Paris, Delagrave, 1876, in-12.*

> Édition contenant le département des Basses-Pyrénées, par le D' C. DELVAILLE.

753. — L'instruction et l'éducation, par Charles ROBIN,... — *Paris, Decaux, 1877, in-12.*

754. — L'éducation du maréchal de Castellane. Notes écrites par sa mère [Adélaïde de Rohan Chabot, comtesse de CASTELLANE], publiées pour la Société des Bibliophiles du Béarn. — *Pau, Ribaut, 1877, in-16.*

755. — Nos filles et nos fils. Scènes et études de famille, par Ernest LEGOUVÉ,... Vingt et unième édition... — *Paris, Hetzel, s. d. in-12, fr. et pl. lith.*

756. — Revue pédagogique publiée sous les auspices et avec la collaboration de membres de l'Institut, professeurs et inspecteurs de l'enseignement public, directeurs d'écoles normales et instituteurs libres. Directeur M. Ch. HANRIOT [et Hippolyte COCHERIS]. — *Paris, Delagrave, 1878-1894, 9 vol. in-12 et 25 vol. in-8°.*

> Continue à paraître. Depuis le troisième trimestre de 1882, le titre porte : Musée pédagogique et bibliothèque centrale de l'enseignement primaire. Revue pédagogique. Nouvelle série.
> On a publié en outre : Table générale des quinze premières années de la Revue pédagogique, 1878-1892. — Paris, Delagrave, 1894, in-8°.

757. — La science de l'éducation, par Alex. BAIN,... — *Paris, Germer-Baillière, 1879, in-8°.*

758. — Histoire critique des doctrines de l'éducation en France depuis le seizième siècle, par Gabriel COMPAYRÉ,... — *Paris, Hachette, 1879, 2 vol. in-8°.*

759. — De l'éducation intellectuelle, morale et physique, par Herbert SPENCER. Traduit de l'anglais. Deuxième édition. — *Paris, Germer-Baillière, 1879, in-8°.*

760. — Études au jour le jour sur l'éducation nationale, 1871-1879, par Félix PÉCAUT. — *Paris, Hachette, 1879, in-12.*

761. — Dictionnaire de pédagogie et d'instruction primaire, publié sous la direction de F. BUISSON,...

Ire partie. — *Paris, Hachette, 1882-1887, 2 tom. en 3 vol. gr. in-8°.*

IIe partie. — *Paris, Hachette, 1880-1882, 2 vol. gr. in-8°.*

Deuxième supplément. — *Paris, Hachette, 1893, in-8°.*

762. — Edmond DREYFUS-BRISAC.... L'éducation nouvelle. Études de pédagogie comparée. — *Paris, Masson, 1882-1888, 2 vol. in-8°.*

763. — Histoire de la pédagogie, par Gabriel COMPAYRÉ,... — *Paris, Delaplane, s. d. [1884], in-12.*

764. — La pédagogie, son évolution et son histoire, par C. ISSAURAT. — *Paris, Reinwald, 1886, in-12.*

765. — Oct. GRÉARD,... L'éducation des femmes par les femmes. Études et portraits. Fénelon, Mme de Maintenon, Mme de Lambert, J. J. Rousseau, Mme d'Epinay, Mme Necker, Mme Roland. — *Paris, Hachette, 1886, in-12.*

766. — Éducation et instruction, par Oct. GRÉARD,... — *Paris, Hachette, 1887, 4 vol. in-12.*

    Enseignement supérieur, 1 vol.
    Enseignement secondaire, 2 vol.
    Enseignement primaire, 1 vol.

767. — L'éducation morale dès le berceau. Essai de psychologie appliquée, par Bernard PÉREZ. Deuxième édition... — *Paris, Alcan, 1888, in-8°.*

768. — L'éducation de l'instituteur. Pédagogie pratique et administration scolaire, par Léon Chauvin,... Troisième année... — *Paris, Picard et Kaan, s. d. [1889], in-12.*

769. — Roti-cochon. — *Paris, pour la Société des Bibliophiles françois, suivant la copie imprimée à Dijon, chez Claude Michard, chez Morgand, 1890, in-16, xxxi-26-36 p.*

770. — Les parents éducateurs. Conseils pratiques pour assurer aux enfants bonne santé et bon caractère, par Bidart. — *Tarbes, Bidart, 1890, in-12.*

771. — Études sur l'enseignement et sur l'éducation, par Gabriel Compayré. — *Paris, Hachette, 1891, in-12.*

772. — La psychologie de l'enfant. Les trois premières années de l'enfant, par Bernard Pérez. Cinquième édition remaniée, précédée d'une introduction de M. James Sully. — *Paris, Alcan, 1892, in-8°.*

773. — La psychologie de l'enfant. L'enfant de trois à sept ans, par Bernard Pérez. Troisième édition... — *Paris, Alcan, 1894, in-8°.*

774. — L'évolution intellectuelle et morale de l'enfant, par G. Compayré,... — *Paris, Hachette, 1893, gr. in-8°.*

b). Instruction Publique.

775. — Escuela española de sordo-mudos, o arte para enseñarles a escribir y hablar el idioma español. Obra de Lorenzo Hervas y Panduro. — *Madrid, Imp. real, 1795, 2 vol. pet. in-4°.*

776. — Annuaire de l'instruction publique pour l'an XII, ou recueil complet des lois, arrêtés, décisions et instructions concernant l'établissement et le régime des lycées, des écoles primaires, secondaires et des écoles spéciales, avec l'état général et nominatif de tous les établissements et de tous les fonctionnaires dépendant de la direction de l'Instruction publique... — *Paris, Courcier, an XII-1804, in-18.*

777. — Essai sur l'instruction publique et particulièrement sur l'instruction primaire, où l'on prouve que la méthode des écoles chrétiennes est le principe et le modèle de la méthode de l'en-

seignement mutuel, par M. Ambroise RENDU,... — *Paris, Impr. Egron, 1819, 2 vol. in-8°.*

778. — Guide des écoles primaires, ou lois, règlements et instructions concernant les écoles primaires, recueillis et mis en ordre par un Recteur d'académie... [Jean-Joseph SOULACROIX.] Troisième édition. — *Paris, Hachette, 1830, in-8°.*

779. — Guide des écoles primaires, contenant : 1° toute la législation nouvelle divisée par ordre de matières et coordonnée de manière à faciliter les recherches ; 2° des instructions sur le choix des meilleures méthodes d'enseignement ; 3° un règlement général des écoles, par un Recteur d'académie [Jean-Joseph SOULACROIX]... Septième édition d'après la loi du 28 juin 1833. — *Paris, Hachette, 1838, in-8°.*

780. — Manuel des fondateurs et des directeurs des premières écoles de l'enfance connues sous le nom de salles d'asile, par M. COCHIN,... — *Paris, Hachette, 1833, in-8°, pl.*

Plan d'éducation ou projet d'un collège nouveau, par M. l'abbé NICOLLE. — *Paris, Gosselin, 1834, in-8°, pl.*

781. — Recueil méthodique des lois, ordonnances, règlements, arrêtés et instructions, relatifs à l'enseignement, à l'administration et à la comptabilité des écoles normales primaires : suivi de tableaux présentant les résultats qu'ont produits jusqu'à ce jour ces écoles, par M. ALLARD,... — *Paris, Dupont, 1843, in-8°.*

782. — Le budget de l'instruction publique et des établissements scientifiques et littéraires, depuis la fondation de l'Université impériale jusqu'à nos jours, par Charles JOURDAIN,... — *Paris, Hachette, 1857, in-8°.*

**. — Rapport sur l'organisation et les progrès de l'instruction publique, par M. Charles JOURDAIN.

Voy. Division HISTOIRE.

783. — Promenade à l'exposition scolaire de 1867. Souvenir de la visite des instituteurs, par Charles DEFODON,... — *Paris, Hachette, 1868, in-12, pl.*

784. — De l'enseignement secondaire en Angleterre et en Écosse. Rapport adressé à S. Excellence M. le Ministre de l'Instruction publique, par MM. J. DEMOGEOT,... et H. MONTUCCI,... — *Paris, Impr. Imp., 1868, gr. in-8°.*

785. — L'enseignement supérieur devant le Sénat. Discussion extraite du Moniteur, avec préface et pièces à l'appui. — *Paris, Hetzel, 1868, in-12.*

786. — L'instruction publique aux États-Unis. Écoles publiques, collèges, universités, écoles spéciales. Rapport adressé au Ministre de l'Instruction publique, par M. C. HIPPEAU,... — *Paris, Didier, 1870, in-8°, pl.*

787. — Quelques mots sur l'éducation primaire en Prusse, par M. l'évêque d'Orléans,... [Félix-Antoine-Philippe DUPANLOUP]. — *Paris, Douniol, 1872, in-8°, 47 p.*

788. — L'instruction publique en Allemagne. Salles d'asile (Kindergarten) ; Écoles primaires ; Realschulen ; Gymnases ; Universités ; Écoles spéciales, par C. HIPPEAU,... — *Paris, Didier, 1873, in-12.*

789. — De l'enseignement moyen industriel en France et à l'étranger, par H. BAUDRILLART,... Extrait du Journal des économistes, numéros de septembre et octobre 1873. — *Paris, Guillaumin, 1873, in-8°, 49 p.*

790. — Les écoles nationales et les écoles confessionnelles en Irlande, par N. REINTJENS,... — *Bruxelles, Muquardt, 1873, in-8°, 30 p.*

791. — La réforme de l'enseignement secondaire, par Jules SIMON. Deuxième édition. — *Paris, Hachette, 1874, in-12.*

792. — Rapports de la délégation ouvrière française à l'exposition universelle de Vienne, 1873. Instituteurs et institutrices. Paris. — *Paris, Morel, 1874, in-8°.*
La couverture imprimée sert de titre.

793. — Rapport sur l'instruction primaire à l'exposition universelle de Vienne, en 1873, par F. BUISSON,... — *Paris, Impr. Nat., 1875, gr. in-8°.*

794. — Conférences de pédagogie. Manuel des élèves maîtres et des instituteurs, par L. MARIOTTI,... Troisième édition... — *Paris, Hachette, 1877, in-12.*

795. — Devoirs d'écoliers américains recueillis à l'exposition de Philadelphie (1876), par F. BUISSON,... et traduits par A. LEGRAND,... — *Paris, Hachette, 1877, in-12.*

796. — Rapport sur l'instruction primaire à l'exposition universelle de Philadelphie en 1876, présenté à M. le Ministre de l'Instruction publique, au nom de la Commission envoyée par le Ministère à Philadelphie, par F. BUISSON,... — *Paris, Imp. Nat., 1878, gr. in-8°.*

797. — Exposition universelle de 1878. L'enseignement primaire à Paris et dans le département de la Seine de 1867 à 1877, par M. GRÉARD,... — *Paris, Imp. Chaix, 1878, gr. in-4°.*

798. — Les conférences pédagogiques faites aux instituteurs délégués à l'exposition universelle de 1878, [par MM. E. LEVASSEUR, B. BERGER, BROUARD, G. JOST, Maurice GIRARD, Michel BRÉAL, Dr RIANT, A. DUPAIGNE, LIÈS-BODART, BUISSON.] — *Paris, Delagrave, 1878, in-12, carte.*

799. — Ministère de l'Instruction publique, des Cultes et des Beaux-Arts. Statistique de l'enseignement primaire (1876-1877). — *Paris, Impr. Nat., 1878-1880, 2 vol. in-4°, pl.*

> Le tome 2 porte pour sous titre : Statistique comparée de l'enseignement primaire (1829-1877).

800. — Chambre des Députés... Annexe au procès-verbal de la séance du 27 mai 1879. Rapport fait au nom de la Commission nommée pour l'examen de la proposition de loi de M. Camille Sée, sur l'enseignement secondaire des jeunes filles, par M. Camille SÉE, député. — *Versailles, Impr. Cerf, 1879, in-4°.*

801. — Rapport à M. Bardoux, ministre de l'Instruction publique, des Cultes et des Beaux-Arts, sur le service des bibliothèques scolaires (1866-1877), par le baron de WATTEVILLE,... — *Paris, Impr. Nat., 1879, gr. in-8°, 94 p.*

802. — Journal général de l'instruction publique. Enseignement su-

périeur. Enseignement secondaire. Enseignement primaire. Lettres, Sciences, Arts. Actes et documents officiels. Revue hebdomadaire. — *Paris, Dupont, 1879-1882, 7 vol. in-4°*.

803. — Bulletin administratif du Ministère de l'Instruction publique. — *Paris, Impr. Nat., 1882-1894, 34 vol. in-8°*.
    Continue à paraître.

804. — Congrès international de Bruxelles. Lettre à M. Jules Ferry, ministre de l'Instruction publique et des Beaux-Arts, par A. Du Mesnil,... — *Paris, Hachette, 1880, in-8°, 83 p*.

805. — Claude Baduel et la réforme des études au XVIe siècle, par M. J. Gaufrès. — *Paris, Hachette, 1880, in-8°*.

806. — La loi sur l'enseignement primaire (proposition Barodet). Rapport présenté à la Chambre des Députés, par M. Paul Bert, suivi de la statistique de l'enseignement primaire, du tableau des condamnations pour crimes et délits contre les mœurs, etc. Deuxième édition, augmentée de l'Instruction dans une démocratie, conférence par M. Paul Bert, et de ses rapports sur le conseil supérieur de l'instruction publique, les titres de capacité exigés pour l'enseignement primaire, la gratuité absolue de l'enseignement primaire et l'enseignement primaire obligatoire. — *Paris, Masson, 1880, in-12*.

807. — Deux mois de mission en Italie, par Félix Pécaut. — *Paris, Hachette, 1880, in-12*.

808. — L'enseignement civique à l'école primaire, par Charles Du Pouey. Mémoire présenté au concours du Manuel général de l'instruction primaire. — *Pau, Cazaux, s. d. [1880], in-12, 25 p*.

809. — Hygiène scolaire. Influence de l'école sur la santé des enfants, par A. Riant,... Cinquième édition... — *Paris, Hachette, 1880, in-12*.

810. — Ministère de l'Instruction publique et des Beaux-Arts. Extraits des rapports d'inspection générale et résumé des états de situation de l'enseignement primaire. Année scolaire 1878-1879. — *Paris, Imp. Nat., 1880, 2 vol. gr. in-8°*.

— 114 —

811. — Ministère de l'Instruction publique. Rapports d'inspection générale sur l'Académie de Bordeaux (1880). Signé : Félix Pécaut,... — *Paris, Impr. Nat., 1880, gr. in-8°, 97 p.*
La couverture imprimée sert de titre.

812. — Ministère de l'Instruction publique. Rapport d'inspection générale, 1881. — *Paris, Impr. Nat., 1881-1882, 18 fasc. gr. in-8°.*
Département de l'Allier, par M. P. Leyssenne.
Dép. de l'Aveyron, par M. H. Le Bourgeois.
Dép. du Cantal, par M. P. Leyssenne.
Dép. de la Corrèze, par M. P. Leyssenne.
Dép. de la Creuse, par M. P. Leyssenne.
Dép. du Gers, par M. H. Le Bourgeois.
Dép. de la Loire, par M. P. Leyssenne.
Dép. de la Haute-Loire, par M. P. Leyssenne.
Dép. du Loiret, par M. E. Brouard.
Dép. de la Manche, par M. Baudouin.
Dép. de Meurthe-et-Moselle, par M. E. Brouard.
Dép. de l'Orne, par M. Baudouin.
Dép. du Puy-de-Dôme, par M. P. Leyssenne.
Dép. du Tarn, par M. H. Le Bourgeois.
Dép. de Tarn-et-Garonne, par M. H. Le Bourgeois.
Dép. de la Vendée, par M. E. Anthoine.
Dép. de la Vienne, par M. E. Anthoine.
Dép. de la Haute-Vienne, par M. E. Anthoine.

813. — Ministère de l'Instruction publique. Rapport d'inspection générale sur les académies de Clermont et de Lyon. Signé : P. Leyssenne,... — *Paris, Impr. Nat., 1882, gr. in-8°, 54 p.*
La couverture imprimée sert de titre.

814. — Ministère de l'Instruction publique. Rapport sur les salles d'asile des académies de Montpellier et de Bordeaux, par Mlle Marie Loizillon,... — *Paris, Impr. Nat., 1881, gr. in-8°, 16 p.*

815. — Ministère de l'Instruction publique. Rapport sur les salles d'asile des académies d'Aix, de Lyon et de Besançon, par Mlle M. Matrat,... — *Paris, Impr. Nat., 1882, gr. in-8°, 28 p.*

816. — Ministère de l'Instruction publique. Rapport sur les salles d'asile de l'académie de Caen, par Mme Dillon,... — *Paris, Imp. Nat., 1882, gr. in-8°, 12 p.*

817. — L'instruction publique chez les Grecs depuis la prise de Constantinople par les Turcs jusqu'à nos jours, avec statistique... pour l'année scolaire 1878-1879, par G. CHASSIOTIS,... — *Paris, Leroux, 1881, gr. in-8°, cartes.*

818. — Cours de construction civile. Deuxième partie. Nouveau règlement pour la construction et l'ameublement des écoles primaires, avec analyse, article par article, commentaires et développements pratiques, par P. PLANAT,... — *Paris, Ducher, 1881, gr. in-8°.*

819. — L'instruction primaire en France avant la Révolution, d'après les travaux récents et des documents inédits, par l'abbé ALLAIN,... — *Paris, Librairie de la Société bibliographique, 1881, in-12.*

820. — Lakanal et l'instruction publique sous la Convention, par E. GUILLON,... — *Paris, Librairie d'éducation laïque, s. d. [1881], in-18, portr.*

821. — L'enseignement primaire en Angleterre, par Mlle A. BARDOL,... — *Lyon, Impr. Pitrat, 1882, gr. in-8°, 23 p.*

822. — Ministère de l'Instruction publique et des Beaux-Arts. Résolutions adoptées par le personnel enseignant des écoles normales primaires sur les questions soumises au Congrès pédagogique (1882-1883). — *Paris, Impr. Nat., 1882, 2 vol. in-4°.*
    Tome 1er. Écoles normales d'instituteurs.
    Tome 2. Écoles normales d'institutrices.

823. — Ministère de l'Instruction publique et des Beaux-Arts. Congrès pédagogique. 1° Analyse des propositions soumises par le personnel enseignant des écoles normales primaires. 2° Résolutions adoptées par le Congrès (1882-1883). — *Paris, Impr. Nat., 1883, in-4°, 99 p.*

824. — Ministère de l'Instruction publique. Commission de l'hygiène scolaire. — *Paris, Impr. Nat., 1882, in-8°.*

825. — Quelques réformes dans les écoles primaires, par Julien HAYEM,... — *Paris, Hachette, 1882, in-12.*

826. — Chambre des Députés. Rapport fait au nom de la Commission chargée d'examiner la proposition de loi de M. Paul Bert sur l'organisation de l'enseignement primaire, et le projet de loi relatif à la nomination et au traitement des instituteurs et institutrices primaires, par M. Paul BERT,... — *Paris, Picard-Bernheim, s. d. [1882], in-18, 81 p.*

827. — Ministère de l'Instruction publique et des Beaux-Arts. Résumé des états de situation de l'enseignement primaire pour l'année scolaire 1880-1881 [et 1882-1883]. — *Paris, Impr. Nat., 1882-1884, 2 vol. gr. in-8°.*

828. — Le rétablissement du monopole universitaire. Étude sur le certificat d'aptitude pédagogique et les grades. (Projet voté par la Chambre des Députés, le 12 juillet 1882.) Par Jules AUFFRAY,... — *Paris, Palmé, 1883, in-8°.*

829. — La tradition et les réformes dans l'enseignement universitaire. Souvenirs et conseils, par E. EGGER,... — *Paris, Masson, 1883, in-8°.*

830. — L'éducation des enfants aux États-Unis. Rapport présenté à M. le Ministre de l'Instruction publique après une mission officielle, par Mlle Marie LOIZILLON,... — *Paris, Hachette, 1883, in-8°.*

831. — Ministère de l'Instruction publique et des Beaux-Arts. Direction de l'enseignement primaire. Documents relatifs aux écoles normales supérieures de l'enseignement primaire. — *Paris, Impr. Nat., 1883, pet. in-4°*

832. — La pédagogie révolutionnaire, par Georges DUMESNIL,... — *Paris, Delagrave, 1883, in-12.*

833. — Ministère de l'Instruction publique et des Beaux-Arts. Enquêtes et documents relatifs à l'enseignement supérieur. — *Paris, Imp. Nat., 1883-1894, 51 vol. ou fascicules in-8°.*
    1. Doctorat ès-sciences médicales.
    2. Baccalauréat ès-sciences restreint.
    3. Régime des écoles de plein exercice et des écoles préparatoires de médecine et de pharmacie.
    4. Cours libres.

— 117 —

5. Discipline dans les facultés et les écoles.
6. Documents.
7. État des études dans les facultés des sciences et des lettres. Situation matérielle des facultés des lettres. Bibliothèques universitaires.
8. Rapport sur les observatoires de province.
9. Situation matérielle et collections des facultés des sciences.
10. État des études dans les facultés des sciences et des lettres. Bibliothèques universitaires. (Année scolaire 1883-1884. 1er semestre.)
11. Licence ès-lettres. Sur la faculté qui pourrait être laissée aux candidats de subir à des époques différentes les épreuves communes et les épreuves spéciales.
12. Manque.
13. Laboratoires maritimes.
14. Rapport sur les observatoires astronomiques de province.
15. Notes sur l'enseignement supérieur en France. 1884.
16. Universités.
17. Rapport sur les observatoires astronomiques de province.
18. Baccalauréat. (Facultés, lycées et collèges. Conseils académiques.) 2 vol.
19. État des études dans les facultés des sciences et des lettres. Bibliothèques universitaires. 1884-1885. Premier semestre.
20. Rapport sur les observatoires astronomiques de province.
21. État numérique des grades.
22. Organisation des facultés et écoles d'enseignement supérieur.
23. Rapports des conseils généraux des facultés pour l'année scolaire 1885-1886.
24. Rapport sur les observatoires astronomiques de province.
25. Rapport à M. le Ministre sur le fonctionnement du laboratoire de Concarneau, par M. G. Pouchet,...
26. Licence et doctorat en droit.
27. Rapports des conseils généraux des facultés pour l'année scolaire 1886-1887.
28. Médecine et pharmacie. Projets de lois recueillis et publiés par A. de Beauchamp, 1789-1803.
29. Rapport sur les observatoires astronomiques de province.
30. Rapports des conseils généraux des facultés pour l'année scolaire 1887-1888.
31. Projet d'organisation des études de la licence en droit.
32. Rapport sur les observatoires astronomiques de province.
33. }
34. } Manquent.

35. Rapports des conseils généraux des facultés pour l'année scolaire 1888-1889.
36.)
37. } Manquent.
38.)
39. Concours d'agrégation dans les facultés de droit.
40. Médecine et pharmacie. Projets de lois recueillis et publiés par A. de BEAUCHAMP, 1828-1842.
41. Rapports des conseils généraux des facultés pour l'année scolaire 1889-1890.
42. Régime de l'agrégation dans les facultés de médecine.
43. Rapport sur les observatoires astronomiques de province.
44. Réorganisation du baccalauréat en vue des études médicales.
45. Rapports des conseils généraux des facultés pour l'année scolaire 1890-1891.
46. Rapport sur les observatoires astronomiques de province.
47. Rapports des conseils généraux des facultés pour l'année scolaire 1891-1892.
48. Rapport sur les observatoires astronomiques de province.
49. Médecine et pharmacie. Projets de lois, recueillis et publiés par A. de BEAUCHAMP.
50. Rapports des conseils généraux des facultés pour l'année scolaire 1892-1893.
51. Baccalauréat de l'enseignement secondaire moderne et études médicales, 1893.
52. Licence ès-lettres. Projet de réforme.
53. Licence ès-sciences. Projet de réforme.
54. Agrégation d'histoire.
55. Doctorat en droit. Réforme 1894.
56. Rapport sur les observatoires astronomiques de province. Année 1893.

834. — La loi sur l'organisation de l'enseignement primaire. Recueil de documents parlementaires relatifs à la discussion de cette loi à la Chambre des Députés. — *Paris, Delagrave, 1884, in-8°.*

835. — Ministère de l'Instruction publique. Nomination et traitement des instituteurs à l'étranger. — *Paris, Imp. Nat., 1884, in-8°.*

836. — Ministère de l'Instruction publique et des Beaux-Arts. Direction de l'enseignement primaire. Le musée pédagogique, son origine, son organisation, son objet, d'après les documents officiels (15 mai 1884). — *Paris, Imp. Nat., 1884, in-8°.*

837. — Chambre des Députés... Session de 1886. Annexe au procès-verbal de la séance du 13 mars 1886. Annexes au projet de loi sur les dépenses ordinaires de l'instruction primaire publique et les traitements du personnel de ce service... — *Paris, Impr. Quantin, 1886, in-4°.*

838. — Étude sur l'organisation, le fonctionnement et les progrès de l'enseignement secondaire des jeunes filles en France de 1879 à 1887, par Antoine Villemot,... — *Paris, Dupont, 1887, gr. in-8°.*
   Extrait de la Revue de l'enseignement secondaire et de l'enseignement supérieur.

839. — L'éducation en Angleterre. Collèges et universités, par Pierre de Coubertin. — *Paris, Hachette, 1888, in-12.*

840. — E. Spuller. Au Ministère de l'Instruction publique, 1887. Discours, allocutions, circulaires. — *Paris, Hachette, 1888, in-12.*

841. — Louis Liard. L'enseignement supérieur en France, 1789-1889. — *Paris, Colin, 1888-1891, 2 vol. in-8°.*

842. — Mémoires et documents scolaires publiés par le Musée pédagogique (2ᵉ série). — *Paris, Impr. Nat., 1889, 58 fasc. in-8°.*
   1. Le mouvement des idées pédagogiques en France depuis 1870, par M. Henri Marion,...
   2. Législation et réglementation de l'enseignement primaire (1878-1888), par M. Félix Martel,...
   3. L'enseignement obligatoire et les commissions scolaires, par M. Edmond Dreyfus-Brisac,...
   4. Tableau général de l'organisation de l'enseignement primaire public et privé à ses divers degrés, par M. P. Leyssenne,...
   5. L'inspection de l'enseignement primaire à ses différents degrés, par M. D. Bertrand,... et M. Boniface,...
   6. Le conseil supérieur de l'instruction publique (1880-1889), par M. R. Jallifier,...
   7. Organisation financière et budget de l'enseignement primaire, par M. Turlin,...
   8. Situation scolaire des départements en 1878 et en 1888.
   9. Écoles primaires supérieures, écoles d'apprentissage et écoles

nationales professionnelles, par M. Félix MARTEL,... et Georges FERRAND,...

10. Bourses de l'enseignement primaire supérieur et professionnel en France et à l'étranger, par M. L. ARMAGNAC,...

11. Notice historique sur les écoles normales d'instituteurs et d'institutrices, par M. E. JACOULET,...

12. Organisation et administration matérielle des écoles normales, par M. CLERC,...

13. Extraits des rapports des recteurs sur le développement et la situation des écoles normales d'instituteurs et d'institutrices (1878-1888).

14. Notices sur les écoles normales supérieures d'enseignement primaire de Fontenay-aux-Roses et de Saint-Cloud.

15. Le Musée pédagogique et la bibliothèque centrale de l'enseignement primaire, par M. A. BEURIER,...

16. La librairie scolaire, par M. Paul DELALAIN,...

17. Bibliographie de l'enseignement primaire (1878-1888), par M. E. D'OLLENDON,...

18. La presse pédagogique et les bulletins départementaux. Les périodiques scolaires français de 1789 à 1889, par M. A. BEURIER,...

19. Les examens du personnel de l'enseignement primaire, par M. G. JOST,...

20. Les auteurs français dans l'enseignement primaire, par M. Félix HÉMON,...

21. Le certificat d'études primaires élémentaires, par M. I. CARRÉ,...

22. Les bibliothèques scolaires, par M. Ed. GŒPP,...

23. Les bibliothèques pédagogiques, par M. R. SABATIÉ,...

24. Les conférences pédagogiques, par M. R. AUBERT,...

25. Les congrès pédagogiques d'instituteurs, par M. Émile COUTURIER,...

26. Les expositions scolaires départementales, par M. Charles DEFODON,...

27. L'enseignement de la lecture, de l'écriture et de la langue française dans les écoles primaires, par M. I. CARRÉ,...

28. L'éducation morale dans les écoles primaires, par M. F. LICHTENBERGER,...

29. L'instruction civique, par M. Léopold MABILLEAU,...

30. L'enseignement de l'histoire dans les écoles primaires, par M. Henry LEMONNIER,...

31. La géographie dans l'enseignement primaire, par M. P. DUPUY,...

32. Enseignement de l'arithmétique et de la géométrie, par M. J. DALSÈME,...

33. Enseignement du travail manuel, par M. G. SALICIS,...

34. L'enseignement de l'agriculture dans les écoles normales d'instituteurs et dans les écoles primaires, par M. PRILLIEUX,... et M. SCHRIBAUX,...

35. Les langues vivantes dans l'enseignement primaire, par M. Michel BRÉAL,...

36. L'enseignement du dessin, par M. Eugène GUILLAUME,... et Jules PILLET,...

37. L'enseignement du chant, par M. A. CORNET,...

38. Enseignement de la gymnastique et des jeux scolaires, par M. le lieutenant-colonel A. DALLY,...

39. La sténographie appliquée à l'enseignement primaire, par M. René FOURÈS,...

40. Les caisses des écoles, par M. Ernest CADET,...

41. Manque.

42. Les sociétés de secours mutuels entre les instituteurs et les institutrices, par M. W. MARIE-CARDINE,...

43. Associations amicales d'anciens élèves d'écoles normales et d'écoles primaires, par M. BRUNEL,...

44. Œuvre de l'orphelinat de l'enseignement primaire en France, par M. L. GALLIARD,...

45. État actuel en France du patronage et de l'enseignement des apprentis, par M. E. CACHEUX,...

46. De l'éducation des enfants assistés et des enfants moralement abandonnés en France, par M. L. BRUEYRE,...

47. Les colonies de vacances en France et à l'étranger, par M. Edmond COTTINET,...

48. Constructions scolaires, par M. Georges PETIT,... et M. Marcel LAMBERT,...

49. Les écoles de hameau, par M. F. POITRINEAU,...

50. Manque.

51. Les écoles maternelles, par Mlle MATRAT,... et Mme KERGOMARD,...

52. Les musées scolaires, par M. G. SERRURIER,...

53. L'imagerie scolaire, par M. Henry HAVARD,...

54. Les petits musées d'art scolaires, par M. Paul MANTZ.

55. L'enseignement privé.

56. Les sociétés d'enseignement primaire, par M. Félix MARTEL,...

57. L'enseignement primaire en Algérie, par M. P. LEYSSENNE,...

58. L'enseignement public dans la régence de Tunis, par M. L. MACHUEL,...

59. L'instruction primaire dans les colonies françaises, par M. Frank PUAUX,...

60. L'alliance française, par M. Pierre FONCIN,...

843. — Quelques mots sur l'instruction publique et privée dans la République Argentine, par le Docteur J. B. Zubiaur,... — *Paris, Impr. Mouillot, 1889, in-8°, pl.*

844. — Procès-verbaux du comité d'instruction publique de l'assemblée législative, publiés et annotés par M. J. Guillaume. — *Paris, Impr. Nat., 1889, gr. in-8°.*

845. — Procès-verbaux du comité d'instruction publique de la Convention Nationale, publiés et annotés par M. J. Guillaume. — *Paris, Impr. Nat., 1891-1894, 2 vol. gr. in-8°.*
    Collection de documents inédits sur l'histoire de France.
    Tome 1er. 15 octobre 1792 — 2 juillet 1793.
    Tome 2. 3 juillet 1793 — 30 brumaire an II (20 novembre 1793).

846. — Guide hygiénique et médical de l'instituteur, par le Dr Delvaille,... le Dr A. Breucq,... — *Paris, Nathan, s. d. [1889], in-18, 91 p.*

847. — La législation de l'instruction primaire en France depuis 1789 jusqu'à nos jours. Recueil des lois, décrets, ordonnances, arrêtés, règlements, décisions, avis, projets de lois, avec introduction historique... par M. Gréard,... Deuxième édition. — *Paris, Impr. Delalain, [1890 et ann. suiv.], 3 vol. in-8°.*
    Tome 1er. De 1789 à 1833.
    Tome 2. De 1833 à 1847.
    Tome 3. De 1848 à 1863.

**. — Recueil des lois et règlements sur l'enseignement supérieur, par A. de Beauchamp.
    Voy. Division Jurisprudence.

848. — L'État et l'Université, ou la vraie réforme de l'enseignement secondaire, par Adrien Dupuy. — *Paris, Cerf, 1890, in-12.*

849. — 1889. Exposition universelle de Paris. Instruction publique. Classes 6, 7, 8 et (6, 7, 8). Rapporteurs : M. Gobat,... M. Hunziker,... — *Bienne, Impr. Schüler, 1890, in-8°.*

850. — La escuela primaria en Francia. (Informes sobre el congreso pedagojico internacional y la seccion escolar francesa de instruccion primaria en la esposicion universal de Paris de 1889.) Por el Dr J. B. Zubiaur,... — *Buenos-Aires, 1891, in-8°.*

851. — L'éducation dans l'université, par Henri Marion,... — *Paris, Armand Colin, [1892], in-12.*

852. — Le travail manuel à l'école primaire. Cours méthodique et pratique conforme au programme officiel. Pliage. Tissage. Tressage. Collage. Découpage et Cartonnage. Modelage. Travail de fil de fer. Section enfantine. Cours élémentaire. Cours moyen. Cours supérieur. 242 exercices et 280 figures, par MM. M. Coste,... J. Lapassade,... 1re édition. — *Pau, Lafon, Ribaut, Tonnet, [1892], in-8°.*

7. APPLICATION DE LA MORALE. POLITIQUE.

A. DICTIONNAIRES. COLLECTIONS. TRAITÉS GÉNÉRAUX.

853. — Les politiques chrétiennes ou tableau des vertus politiques considérées en l'état chrétien. Divisé en trois livres. Revu, corrigé et augmenté du panégyrique du roi Saint Louis, par E. Molinier,... Seconde édition. — *Paris, Collet, 1627, in-8°.*

854. — De la méthode d'observation dans son application aux sciences morales et politiques, par M. P. A. Dufau,... — *Paris, Renouard, 1866, in-8°.*

855. — La morale dans la démocratie, par Jules Barni. — *Paris, Germer-Baillière, 1868, in-8°.*

856. — Histoire de la science politique dans ses rapports avec la morale, par Paul Janet,... Seconde édition... — *Paris, Ladrange, 1872, 2 vol. in-8°.*

857. — Dictionnaire général de la politique, par Maurice Block,... Deuxième édition. — *Paris, Perrin, 1884, 2 vol. gr. in-8°.*

858. — La politique expérimentale, par Léon Donnat. — *Paris, Reinwald, 1885, in-12.*

B. AUTEURS ANCIENS ET LEURS COMMENTATEURS.

859. — Aristotelis de reip. bene administrandæ ratione, libri octo. Dionys. Lambino,... latini facti... — *Lutetiæ, Joan Bene-Natus, 1567, in-4°.*

860. — Aristotelis Politicorum libri octo ex Dion. Lambini et P. Victorii interpretationibus puriss. græco-latini. Theod. Zvingeri argumentis atque scholiis... illustrati ; Victorii commentariis perpetuis declarati. Pythagoreorum veterum fragmenta politica a Jo. Spondano conversa et emendata. — *Basileæ, Episcopius, 1582, in-f°.*

Deux exemplaires.

861. — La politique d'Aristote, ou la science des gouvernements. Ouvrage traduit du grec, avec des notes historiques et critiques, par le citoyen Champagne,... — *Paris, Impr. Bailleul, an V... (1797, v. st.), 2 vol. in-8°.*

862. — Paraphrase française sur les huit livres des Politiques d'Aristote, composée par feu M. Hierosme de Bénévent,... — *In-4°.*

Le titre manque; le privilège est donné à J. de Heuqueville en 1621.

863. — Sancti Thomæ Aquinatis,... commentarii in octo libros Politicorum Aristotelis exquisitissimi. Cum antiqua interpretatione eorundem Politicorum adjecta... Editio nova... collata per R. P. F. Cosmam Morelles,... Accessit singulorum librorum et lectionum epitome... per R. P. Carolum Rapineum,... — *Parisiis, Moreau, 1645, in-f°.*

Sancti Thomæ Aquinatis,... commentarii in decem libros Ethicorum Aristotelis exquisitissimi. Editio nova... collata per R. P. F. Cosmam Morelles,... — *Parisiis, Moreau, 1644, in-f°.*

AUTEURS MODERNES QUI ONT ÉCRIT SUR LA POLITIQUE EN GÉNÉRAL.

864. — Justi Lipsi Politicorum, sive civilis doctrinæ libri sex, qui ad principatum maxime spectant. Editio altera... — *Lugduni-Batavorum, Plantin, 1590, in-8°.*

Justi Lipsi ad libros Politicorum breves notæ. — *Lugduni-Batavorum, Plantin, 1590, in-8°.*

865. — Justi Lipsi Politicorum, sive civilis doctrinæ libri sex, qui ad principatum maxime spectant. Additæ notæ... et de una religione liber. Omnia postremo auctor recensuit. — *Lugduni-Batavorum, Maire, 1634, in-32, fr. gr.*

866. — Systema disciplinæ politicæ, publicis prælectionibus anno MDCVI propositum in gymnasio Dantiscano à Bartholomæo KECKERMANNO,... — *Hanoviæ, Antonius, 1608, in-8°.*

Synopsis disciplinæ œconomicæ dispositionem ejus breviter adumbrans, proposita in gymnasio Dantiscano, anno MDCVI a Bartholomæo KECKERMANNO,... — *Hanoviæ, Antonius, 1608, in-8°.*

867. — Trésor politique divisé en trois livres, contenant les relations, instructions, traités et divers discours appartenant à la parfaite intelligence de la raison d'état et de très grande importance à l'entière connaissance des intérêts, prétentions, desseins et revenus des plus grands princes et seigneurs du monde... [traduit de l'italien de Comino VENTURA, par Nic. DU FOSSÉ]. — *Paris, Du Fossé, 1608, in-4°.*

868. — Johannis ALTHUSII V. J. D. Politica methodice digesta atque exemplis sacris et profanis illustrata ; cui in fine adjuncta est Oratio panegyrica, de necessitate et antiquitate scholarum. — *Groningæ, Radæus, 1610, in-4°.*

869. — Johannis ALTHUSII, V. J. D. Politica methodice digesta atque exemplis sacris et profanis illustrata. Editio nova... cui in fine adjuncta est Oratio panegyrica de necessitate et antiquitate scholarum. — *Arnheim... in-4°.*

Le bas du titre est rongé.

870. — Les politiques de Vincent Cabot Tolosain. — *Tolose, Bosc, 1630, in-8°*.

871. — Recueil de quelques discours politiques écrits sur diverses occurences des affaires et guerres étrangères depuis 15 ans en ça. — *A S. Gervais, Waudreman, 1633, in-4°*.

872. — Discours politiques de Messire Daniel de Priezac,... — *Paris, Rocolet, 1652-1654, 2 tom. en 1 vol. in-4°*.

873. — Les soirées de Saint-Pétersbourg, ou entretiens sur le gouvernement temporel de la providence, suivies d'un Traité sur les sacrifices, par M. le comte J. de Maistre,... Troisième édition. — *Lyon, Pélagaud, 1836, 2 tom. en 1 vol. in-8°*.

874. — Les soirées de Saint-Pétersbourg, ou entretiens sur le gouvernement temporel de la providence, suivies d'un Traité sur les sacrifices, par le comte J. de Maistre. Cinquième édition. — *Lyon, Pélagaud, 1845, 2 vol. in-8°*.

875. — Rénovation sociale basée sur les lois de la nature. Testament contemporain conciliant tous les partis, toutes les opinions, toutes les religions, toutes les conditions et positions sociales et tendant au bien-être et à la paix générale. Suivi de conseils à l'Internationale, par Démétrius Goubareff. Deuxième édition... — *S. l. [Nice, Impr. Caisson et Mignon], 1872, in-18, 68 p.*

876. — Correspondance politique, par P. Enfantin. 1835-1840. Extrait du journal Le Crédit. — *Paris, Impr. Poussielgue, 1849, in-8°*.

877. — Les principes de 89 et la doctrine catholique, par un professeur de grand séminaire [l'abbé Léon Godard]. — *Paris, Lecoffre, 1861, in-8°*.

Première édition mise à l'index.

878. — L'illusion libérale, par Louis Veuillot. Quatrième édition. — *Paris, Palmé, 1866, in-8°*.

879. — Où en sommes nous ? Étude sur les événements actuels. 1870 et 1871. Par Mgr Gaume,... — *Paris, Gaume et Duprey, 1871, in-8°*.

880. — Le mal de l'époque. Droit et devoir, par Louis Charles FORGUE. — *Bordeaux, Impr. Duverdier, 1874, in-16.*

881. — Œuvres politiques de Benjamin CONSTANT, avec introduction, notes et index, par Charles LOUANDRE. — *Paris, Charpentier, 1874, in-12.*

882. — Yves GUYOT. Les principes de 89 et le socialisme. Cinquième mille. — *Paris, Delagrave, [1894], in-12.*

D. DE LA SOCIÉTÉ POLITIQUE.

883. — Αναλυσις πολιτικη, in qua de prima civitatum origine, de præstantiori illarum statu, seu administratione, denique de ultimo illarum fine, seu summo bono allatis et expensis veterum philosophorum ea de re sententiis, breviter et dilucide disputatur. Authore Jacobo GASSIONO Palensi. — *Burdigalæ, Millangius, 1591, pet. in-8°, 55 ff.*

    L'Épitre dédicatoire est dédiée à ... charissimo ... patri D. de Gassion,... in senatu Bearnensi præsidi, Jacobus Gassionus filius. Elle est suivie de pièces de vers en grec et en latin adressées à l'auteur par Joan. Daliel univ. Orthesianæ rector, Alex. Blairius, in univ. Orth. prof. — Ja. Flaminius, in univ. Orth. prof.

884. — Joannis BODINI,... de Republica libri sex, latine ab authore redditi, multo quam antea locupletiores, et nunc hac secunda editione ex authoris autographo recogniti... — *S. l. Du Puys, 1591, in-8°.*

885. — Les six livres de la République de Jean BODIN,... — *S. l. Cartier, 1599, in-8°.*

    Apologie de René Herpin [Jean BODIN] pour la République de J. Bodin. — *S. l. Cartier, 1599, in-8°, 81 p.*

886. — Joan. BODINI,... de Republica libri sex, latine ab auctore redditi, multo quam antea locupletiores... Editio quarta... — *Ursellis, Sutorius, 1601, in-8°.*

887. — De republica libri sex et viginti in duos tomos distincti, authore D. Petro Gregorio Tholosano,... — *Lugduni, Pillehotte, 1609, 2 tom. en 1 vol. in-f°*.

888. — Politica para corregidores y señores de vassallos, en tiempo de paz y de guerra, y para perlados en lo espiritual, y temporal entre legos, juezes de comission, regidores, abogados, y otros oficiales publicos : y de las juridiciones, preeminencias, residencias, y salarios dellos, y de lo tocante a las de ordenes, y cavalleros dellas. Autor el licenciado Castillo de Bovadilla,... — *Barcelona, Cormellas, 1624, 2 vol. in-f°*.

> Ex libris de J. Fr. de Melgas. Le tome 2 porte : Politica... y para juezes eclesiasticos y seglares, y de sacas, aduanas, y de residencias, y de sus oficiales ; y para regidores y abogados, y del valor de los corregimientos, y goviernos realengos, y de las ordenes...

889. — Du contrat social, ou principes du droit politique, par J. J. Rousseau,... — *Amsterdam, Rey, 1763, in-12*.

Anti-contrat social, dans lequel on réfute d'une manière claire, utile et agréable, les principes posés dans le Contrat social de J. J. Rousseau,... par P. L. de Bauclair, citoyen du monde. — *La Haye, Staatman, 1765, in-12*.

890. — De l'opposition dans le gouvernement et de la liberté de la presse, par M. le vicomte de Bonald,... — *Paris, Le Clerc, 1827, in-8°*.

891. — Des mœurs, des lois et des abus. Tableaux du jour. Précédés de la vie de M. de Montyon... par M. Alissan de Chazet,... — *Paris, Gosselin, décembre 1829, 2 tom. en 1 vol. in-8°, fac-simile*.

892. — Les prophètes du passé, par Jules Barbey d'Aurevilly. — *Paris, Hervé, 1851, in-16*.

893. — Considérations politiques au point de vue du vrai absolu et des concessions possibles ; précédées de la suite des lettres diverses sur la Révolution de février 1848, par M. le vicomte de La Tour Du Pin Chambly. — *Paris, Allouard et Kæppelin, 1851, in-8°*.

894. — Les agitateurs, par Emile MALCAZE. — *Paris, Dentu, 1869, in-8°, 64 p.*

895. — De l'équilibre social en France. Introduction. — *Paris, Muzard, 1873, in-8°.*

896. — Philosophie de la Révolution française, par Paul JANET,... — *Paris, Germer-Baillière, 1875, in-12.*

897. — Essai sur l'esprit public dans l'histoire, par le Vte Ph. D'USSEL. — *Paris, Hachette, 1877, in-8°.*

898. — Le développement de la constitution et de la société politique en Angleterre, par E. BOUTMY,... — *Paris, Plon, 1887, in-12.*

899. — Essai de synthèse des groupements sociaux, par A. PICHE,... — *Pau, Ribaut, 1889, in-8°, 9 p. 1 tabl.*
    Extrait du Bulletin de la Société des Sciences, Lettres et Arts de Pau, 2e série, t. 18.

900. — Essai de synthèse des groupements sociaux. Tableau présenté à la Société des Sciences, Lettres et Arts de Pau, par A. PICHE,... — *Sans titre; Pau, Impr. Garet, [1889], in-8°, 4 p. et 1 tableau in-f°.*

901. — L'école de la liberté. Conférence faite à Genève, le 9 avril 1890, par M. Frédéric PASSY,... — *Paris, Guillaumin, 1890, in-18, 79 p.*

902. — L'état moderne et ses fonctions, par Paul LEROY-BEAULIEU,... — *Paris, Guillaumin, 1890, in-8°.*

903. — Eugène SPULLER. Éducation de la démocratie. Troisième série des conférences populaires. — *Paris, Alcan, 1892, in-12.*

904. — La révision constitutionnelle en Belgique et ses conséquences. [Par M. FRÈRE-ORBAN.] — *Bruxelles, Imp. Stevelinck, s. d. [1893], gr. in-8°.*

905. — De la liberté politique dans l'état moderne, par Arthur DESJARDINS,... — *Paris, Plon, 1894, in-8°.*

906. — Transformations sociales, par Hector Depasse. — *Paris, Alcan, 1894, in-12.*

E. ART DE GOUVERNER.

907. — De l'art de régner. Au roi. Par le Père Le Moyne, de la Compagnie de Jésus. — *Paris, Cramoisy, 1665, in-f°.*

F. DIFFÉRENTS SYSTÈMES DE GOUVERNEMENT IMAGINAIRES OU RÉELS. APHORISMES POLITIQUES.

908. — Arnoldi Clapmarii de arcanis rerumpublicarum libri sex... — *Bremæ, Typ. Wesselii, 1605, in-4°.*

909. — Testament politique du marquis de Louvois,... où l'on voit ce qui s'est passé de plus remarquable en France jusqu'à sa mort, [par Sandras de Courtilz]. — *Cologne, chez le Politique, 1695, in-12.*

910. — Testament politique du Cardinal Duc de Richelieu,... Cinquième édition... — *Amsterdam, Desbordes, 1696, 2 tom. en 1 vol. in-12.*

911. — Testament politique du Cardinal Jules Alberoni, recueilli de divers mémoires, lettres et entretiens de Son Eminence, par Monsignor A. M., traduit de l'italien par le C. de R. B. M. [composé par Jos. Mar. Durey de Morsan, revu et publié par Maubert de Gouvest]. — *Lausanne, Bousquet, 1754, 2 tom. en 1 vol. in-12.*

Aux armes de Hautefort.

912. — Testament politique du Cardinal Alberoni [par Durey de Morsan]. — *In-12.*

Le titre manque.

913. — Principes sur le gouvernement monarchique. Dangers du despotisme. Usage légitime de l'autorité royale. Nécessité de maintenir et d'observer les lois fondamentales d'un état monarchique. Obligation indispensable d'écouter les remontrances des parlements. Excellences des formes inséparables de l'usage de la législation. Avis sur le choix des amis, des ministres, sur la haine et l'aversion pour les flatteurs, etc. Tirés des meilleurs auteurs anciens et modernes... [par l'abbé P. BARRAL]. — *Londres, Nourse, 1755, in-12.*

914. — Recherches sur l'origine du despotisme oriental. Ouvrage posthume de M' B. J. D. P. E. C. [par N. A. BOULANGER]. — *Londres, Seyffert, 1762, in-12.*

Dissertation sur Elie et Enoch, par l'auteur [M' BOULANGER], des Recherches sur l'origine du despotisme oriental et servant de suite à cet ouvrage. — *S. l. au dix-huitième siècle, in-12, 158 p. tabl.*

Traité mathématique sur le bonheur, par Irénée KRANTZOVIUS. Ouvrage traduit de l'allemand en anglais, avec des remarques, par A. B. et traduit de l'anglais en français, avec une lettre préliminaire par le traducteur français [Et. de SILHOUETTE]. — *S. l. n. d. in-12, pp. 159-216.*

915. — Les causes du bonheur public... par M. l'abbé GROS DE BESPLAS,... Seconde édition... — *Paris, Prault, 1774, 2 vol. in-12, fr. gr.*

916. — Du meilleur gouvernement possible ou la nouvelle île d'Utopie de Thomas MORUS. Traduction nouvelle. Seconde édition, avec des notes, par M. T. ROUSSEAU,... — *Paris, Blanchon, 1789, in-8°.*

917. — Du gouvernement de la France depuis la Restauration et du ministère actuel, par F. GUIZOT. — *Paris, Ladvocat, 1820, in-8°.*

918. — Tactique des assemblées législatives, suivie d'un traité des sophismes politiques : Ouvrages extraits des manuscrits de M. Jérémie BENTHAM,... par Et. DUMONT,... Seconde édition... — *Paris, Bossange, 1822, 2 vol. in-8°.*

919. — De la démocratie en Amérique, par Alexis de Tocqueville,... Septième édition... — *Paris, Gosselin, 1839-1840, 4 vol. in-8°.*

920. — De la démocratie en France (janvier 1849), par M. Guizot. — *Paris, Masson, 1849, in-8°.*

921. — De l'organisation de la démocratie, par Julien Le Rousseau. — *Paris, Capelle, 1850, in-8°.*

**. — Instruction pastorale de Mgr l'évêque d'Amiens [Antoine de Salinis] sur le pouvoir, à l'occasion du rétablissement de l'empire.

Voy. Division Jurisprudence.

922. — Lettres à un membre du parlement d'Angleterre sur la constitution de 1852 (les ministres, le conseil d'état, le corps législatif, le sénat), par C. Latour du Moulin,... — *Paris, Amyot, 1861, in-8°.*

923. — Cours de politique constitutionnelle, ou collection des ouvrages publiés sur le gouvernement représentatif, par Benjamin Constant, avec une introduction et des notes, par M. Edouard Laboulaye,... — *Paris, Guillaumin, 1861, 2 vol. in-8°.*

924. — Le parti libéral, son programme et son avenir, par Edouard Laboulaye,... Troisième édition. — *Paris, Charpentier, 1863, in-12.*

925. — La France nouvelle, par M. Prévost-Paradol,... Deuxième édition. — *Paris, Michel Lévy, 1868, in-8°.*

926. — Un minimum de constitution, par le marquis de Noailles. — *Bayonne, Impr. Lamaignère, 1871, in-8°, 48 p.*

927. — Le vrai bon sens républicain, par P. D. [Prosper Dumont], ancien officier. — *Toulouse, Impr. Chauvin, 1871, in-18, 31 p.*

928. — Histoire de la démocratie en Europe, par Sir Thomas Erskine May, traduit librement de l'anglais par H. Fargues. — *Paris, Fischbacher, 1879, in-8°.*

929. — Le guide de la sagesse, ou guide du bon citoyen républicain (divisé en trois parties), par Augustin BABIN. Première édition. — *Paris, Impr. Unsinger, 1881, in-12, portr.*

930. — Opinion de Lamartine, le principal fondateur de la République de 1848 et du suffrage universel, sur le scrutin de liste, complétée par Emile DELAURIER. Suivi de quelques idées générales pour le bonheur de la France et des autres nations, et sommaires d'un ouvrage sur une bonne organisation de la République française. — *Paris, Impr. Lahure, 1883, in-12.*

931. — Étude sur la représentation proportionnelle au Brésil, par le baron D'OURÉM,... Extrait du Bulletin de la Société de législation comparée. — *Paris, Impr. Marpon et Flammarion, 1887, in-8°, 84 p.*

932. — La représentation proportionnelle. Études de législation et de statistique comparées, publiées sous les auspices de la Société pour l'étude de la représentation proportionnelle. Documents législatifs et débats parlementaires des principaux états d'Europe et d'Amérique. Statistiques électorales... — *Paris, Pichon, 1888, in-8°, cartes.*

933. — Le gouvernement dans la démocratie, par Emile de LAVELEYE,... — *Paris, Alcan, 1891, 2 vol. in-8°.*

G. DU PRINCE EXERÇANT LA SOUVERAINETÉ.

934. — Tractatus de brachio regio, sive de libera, ampla et absoluta potestate judicis supremi, in prosequendo, judicando et exequendo. Auct. D. Hortensio CAVALCANO,... Cui nuper ab eodem auctore addita est pars sexta : De æquitate et rigore, cum notabilissimis cxxv fragmentis ; nec non cum theorica et practica de testibus recens multis additionibus exornata... — *Venetiis, Junta, 1608, in-f°.*

Tractatus de æquitate et rigore, nunc primum in lucem æditus, sextam partem continens, in quo de partibus, tum justitiæ tum gratiæ, spectantibus ad principes et ad eorum auditores, judices et magistratus; nec non de obedientia et fidelitate subditorum et vassallorum, luculenter tractatur... D. Hortensio CAVALCANO,... authore. — *Venetiis, Junta, 1608, in-f°.*

Practica et theorica de testibus, in qua de eorum qualitate et numero, probatione et reprobatione, et circa eosdem de officio et arbitrio judicis, in causis civilibus et capitalibus, absolutissime pertractatur. Eaque omnia traduntur quæ in hac materia jusdicentibus simul et causarum patronis maximo in dies usui sunt necessaria... Hortensio CAVALCANO,... authore... — *Venetiis, Junta, 1608, in-f°.*

**. — Du prince, par MACHIAVEL.

Voy. Division HISTOIRE et Division BELLES-LETTRES.

935. — De l'éducation d'un prince, divisée en trois parties, dont la dernière contient divers traités utiles à tout le monde, [par P. NICOLE, sous le nom du sieur de CHANTERENES]. — *Lyon, Libéral, 1680, in-12.*

936. — Institution d'un prince, ou traité des qualités, des vertus et des devoirs d'un souverain, [par l'abbé Jacq. Jos. DUGUET]. — *Leide, Verbeek, 1739, 2 vol. in-12.*

Les tomes 2 et 4 seuls.

937. — Institution d'un prince, ou traité des qualités, des vertus et des devoirs d'un souverain, soit par rapport au gouvernement temporel de ses états, ou comme chef d'une société chrétienne qui est nécessairement liée avec la religion. [Par l'abbé Jacq. Jos. DUGUET.] — *Londres, Nourse, 1739, in-4°.*

Aux armes du marquis de Bethizy.

H. DROITS RESPECTIFS DU PEUPLE ET DU PRINCE ET DES LIMITES DE L'AUTORITÉ.

938. — De formulæ regnante Christo in veterum monumentis usu, justas, pro regibus maximis Philippo I et II, summaque regum

omnium potestate, vindicias complexa Diatribe, auctore D. BLONDELLO. — *Amstelodami, Blaeu, 1646, in-4°.*

939. — Le monarque ou les devoirs du souverain, par le R. P. Jean François SÉNAULT,... — *Paris, Le Petit, 1661, in-4°.*

940. — Hugo GROTIUS de imperio summarum potestatum circa sacra, cui accedunt D. BLONDELLUS, de jure plebis in regimine ecclesiastico ; et de officio magistratus christiani, alius authoris opusculum. Editio novissima. — *Amstelodami, Joh. Nic. ten Hoorn, 1677, in-12.*

941. — Essai sur le despotisme [par Honoré Gabr. Riquetti, comte de MIRABEAU]. — *Londres, 1776, in-8°.*

942. — Le peuple, par J. MICHELET. Deuxième édition. — *Paris, Comptoir des Imprimeurs unis, 1846, in-12.*

943. — La liberté, par Jules SIMON. — *Paris, Hachette, 1859, 2 vol. in-8°.*

944. — Cour d'appel de Pau. Discours prononcé à l'audience solennelle de rentrée, le 4 novembre 1872, par M. CLÉMENT-SIMON,... La démocratie et le pouvoir judiciaire. — *Pau, Impr. Vignancour, 1872, in-8°, 64 p.*

945. — La liberté dans l'ordre intellectuel et moral. Études de droit naturel, par Émile BEAUSSIRE,... Deuxième édition. — *Paris, Didier, 1878, in-12.*

I. TRAITÉS SPÉCIAUX TOUCHANT LES AMBASSADEURS, LES MINISTRES, LES CONSEILLERS D'ÉTAT.

946. — Legatus. Opus Caroli PASCHALII,... — *Rothomagi, Parvivallius, 1598, in-8°.*

947. — Histoire des ministres d'estat qui ont servi sous les rois de France de la troisième lignée, [par Charles de COMBAULD, baron

d'Auteuil]. Avec le sommaire des règnes auxquels ils ont vécu. Le tout justifié par les chroniques des auteurs contemporains, chartes d'église, lettres et mémoires des affaires d'état, registres anciens et autres bonnes preuves. — *Paris, Courbé, 1642, in-f°.*

948. — Le ministre d'état, avec le véritable usage de la politique moderne, par SILHON. — *Paris, Rocolet, 1643, in-4°.*
    Seconde partie seule. Deux exemplaires.

949. — De la certitude des connaissances humaines. Où sont particulièrement expliqués les principes et les fondements de la morale et de la politique, avec des observations sur la manière de raisonner par l'assemblage de plusieurs moyens, confirmée par des exemples et particulièrement de la religion chrétienne, par le Sr de SILHON,... — *Paris, Impr. royale, 1661, in-4°.*
    Aux armes royales. Troisième partie du Ministre d'état. Deux exemplaires.

950. — L'ambassadeur et ses fonctions, par Monsieur de WICQUEFORT,... Dernière édition, augmentée des Réflexions sur les mémoires pour les ambassadeurs. De la réponse à l'auteur et du Discours historique de l'élection de l'empereur et des électeurs, par le même auteur. — *Cologne, Marteau, 1715, 3 part. en 2 vol. in-4°.*
    A la suite du tome 2, on trouve : Mémoire sur le rang et la préséance entre les souverains et entre leurs ministres représentants, suivant leurs différents caractères, par M. ROUSSET,... — *S. l. n. d., in-4°.*

951. — L'orateur d'état devant les chambres françaises. Signé : Ernest LAHARANNE. — *Auch, Impr. Foix, 1867, in-8°, 35 p.*

J. TRAITÉS SUR LA NOBLESSE, LA COUR, LES COURTISANS ET LES FAVORIS DES PRINCES.

952. — Il libro del Cortegiano del Conte Baldesar CASTIGLIONE. — *Venetiis, 1539, in-8°.*
    L'anthropologia di Galeazzo CAPELLA, secretario dell' illustrissimo signor duca di Milano. — *S. l. Aldus, 1533, in-8°.*

**. — Catalogus gloriæ mundi D. Bartholomæi Chassanæi, in duodecim libros divisus humanæ sortis summam artificiose complectens.
   Voy. Division Histoire.

953. — Fragment de l'Examen du Prince de Machiavel, où il est traité des confidents, ministres et conseillers particuliers du prince, ensemble de la fortune des favoris, [par Didier Hérauld]. — *Paris, Pacard, 1622, in-12.*

954. — La noblesse ramenée à ses vrais principes, ou Examen du développement de la noblesse commerçante, [par le marquis de Vento des Pennes]. — *Amsterdam et Paris, Desaint et Saillant, 1759, in-12.*

8. APPLICATION DE LA MORALE.
ÉCONOMIE POLITIQUE. ÉCONOMIE SOCIALE.

A. HISTOIRE. DICTIONNAIRES. COLLECTIONS. JOURNAUX.

955. — Dictionnaire de l'économie politique contenant l'exposition des principes de la science, l'opinion des écrivains qui ont le plus contribué à sa fondation et à ses progrès, la bibliographie générale de l'économie politique... publié sous la direction de MM. Ch. Coquelin et Guillaumin. Deuxième tirage. — *Paris, Guillaumin, 1854, 2 vol. gr. in-8°.*

956. — L'Économiste français. Journal hebdomadaire. Rédacteur en chef M. Paul Leroy-Beaulieu. — *Paris, 1874-1894, 30 vol. in-4°.*
   Années 1874 et 1881-1894 ; continue à paraître.

957. — Annales de l'École libre des sciences politiques. Recueil trimestriel publié avec la collaboration des professeurs et des anciens élèves de l'École. — *Paris, Alcan, 1886-1894, 9 vol. in-8°.*
   Bimestriel à partir de 1894 ; continue à paraître.

958. — Les progrès de la science économique depuis Adam Smith. Révision des doctrines économiques, par Maurice BLOCK,... — *Paris, Guillaumin, 1890, 2 vol. in-8°.*

959. — Nouveau dictionnaire d'économie politique publié sous la direction de M. Léon SAY,... et de M. Joseph CHAILLEY. — *Paris, Guillaumin, 1891-1892, 2 vol. gr. in-8°.*

960. — Histoire économique de la propriété, des salaires, des denrées et de tous les prix en général depuis l'an 1200 jusqu'en l'an 1800, par le vicomte G. d'AVENEL. — *Paris, Impr. Nat., 1894, 2 vol. gr. in-8°.*

961. — Ministère de l'Instruction publique, des Beaux-Arts et des Cultes. Comité des travaux historiques et scientifiques. Section des sciences économiques et sociales. Enquête sur les conditions de l'habitation en France. Les maisons-types, avec une introduction de M. Alfred de FOVILLE,... — *Paris, Leroux, 1894, in-8°, pl.*

B. PRINCIPES GÉNÉRAUX. COURS PUBLICS.

962. — Traité sur le bonheur public, par M. Louis-Antoine MURATORI,... traduit de l'italien sur l'édition de Lucques, 1749. Avec sa vie et le catalogue de ses ouvrages, par M. Jean François Soli MURATORI,... Le tout extrait et traduit aussi de l'italien sur l'édition de Venise, 1756, par L. P. D. L. B. [le P. Timothée HUREAU DE LIVOY, barnabite.] — *Lyon, Reguilliat, 1772, 2 vol. in-12.*

963. — De la félicité publique, ou considérations sur le sort des hommes dans les différentes époques de l'histoire. [Par Fr. Jean de CHASTELLUX.] Nouvelle édition... — *Bouillon, Impr. de la Société typographique, 1776, 2 vol. in-8°.*

964. — De l'ordre social. Ouvrage suivi d'un traité élémentaire sur la valeur, l'argent, la circulation, l'industrie et le commerce inté-

rieur et extérieur, par M. Le Trosne,... — *Paris, Debure, 1777, in-8°.*

De l'intérêt social par rapport à la valeur, à la circulation, à l'industrie et au commerce intérieur et extérieur. Ouvrage élémentaire dans lequel on discute quelques principes de M. l'abbé de Condillac, par M. Le Trosne,... — *Paris, Debure, 1777, in-8°.*
La pagination de ce second ouvrage suit celle du premier.

965. — Recherches sur la nature et les causes de la richesse des nations, traduit de l'anglais d'Adam Smith par le citoyen Blavet. — *Paris, Impr. Laran, an 9, 1800-1801, 4 vol. in-8°.*

966. — Traité d'économie politique ou simple exposition de la manière dont se forment, se distribuent et se consomment les richesses. Cinquième édition augmentée d'un volume et à laquelle se trouvent joints un Epitome des principes fondamentaux de l'économie politique... par Jean-Baptiste Say,... — *Paris, Rapilly, 1826, 3 vol. in-8°.*

967. — Cours complet d'économie politique pratique : ouvrage destiné à mettre sous les yeux des hommes d'état, des propriétaires fonciers et des capitalistes, des savants, des agriculteurs, des manufacturiers, des négociants et en général de tous les citoyens l'économie des sociétés, par Jean Baptiste Say,... — *Paris, Rapilly, 1828-1833, 7 vol. in-8°.*

968. — Principes d'économie politique et de finance appliqués, dans l'intérêt de la science, aux fausses mesures des gouvernements, aux fausses spéculations du commerce et aux fausses entreprises des particuliers, par M. Ganilh,... — *Paris, Levrault, 1835, in-8°.*

969. — Des principes de l'économie politique et de l'impôt, par David Ricardo. Traduit de l'anglais par F. S. Constancio,... avec des notes explicatives et critiques par J. B. Say,... Seconde édition... augmentée d'une Notice sur la vie et les écrits de Ricardo, publiée par sa famille. — *Paris, Aillaud, 1835, 2 vol. in-8°.*

970. — De la valeur comme première notion de l'économie politique.

Lettre adressée à M. J. Garnier,... par Camille Esménard Du Mazet. — *Paris, Joubert, 1851, in-8°, 23 p.*

971. — De la découverte des mines d'or en Australie et en Californie, ou recherches sur les lois qui règlent la valeur et la distribution des métaux précieux ; accompagnées de notes historiques sur les effets de l'exploitation des mines américaines à l'égard des prix en Europe, aux xvi°, xvii° et xviii° siècles, par M. P. J. Stirling,... traduit en français par M. Augustin Planche. — *Paris, Guillaumin, 1853, in-12.*

972. — De l'influence du bien-être matériel sur la moralité des peuples modernes, ouvrage qui a partagé le prix proposé sur cette question par l'Académie des sciences morales et politiques, par Édouard Mercier,... — *Paris, Renouard, 1854, 2 vol. in-8°.*

Le 2° volume porte à la suite du titre : Supplément.

973. — Cours d'économie politique fait au collège de France, par Michel Chevalier,... Seconde édition... — *Paris, Capelle, 1855, 3 vol. in-8°.*

Tome 1er. Réunion de tous les discours d'ouverture. Leçons.
Tome 2. Deuxième année, 1842-43.
Tome 3. La monnaie.
Le tome 2 est daté : 1844. Le tome 3, 1850.

974. — Système national d'économie politique, par Frédéric List. Traduit de l'allemand par Henri Richelot,... avec deux préfaces, une notice biographique et des notes, par le traducteur. Seconde édition... mise au courant des faits économiques. — *Paris, Capelle, 1857, in-8°.*

975. — Principes d'économie politique avec quelques-unes de leurs applications à l'économie sociale, par M. John Stuart Mill. Traduits par MM. H. Dussard et Courcelle Seneuil et précédés d'une introduction par M. Courcelle Seneuil. Seconde édition. — *Paris, Guillaumin, 1861, 2 vol. in-8°.*

976. — Leçons d'économie politique faites à Montpellier par M. Frédéric Passy, recueillies par MM. Emile Bertin et Paul Glaize. 1860-1861. 2° édition. — *Paris, Guillaumin, 1862, 2 vol. in-8°.*

977. — Esquisse d'une théorie de la richesse. Discours prononcé le 19 décembre 1863, à l'ouverture du cours d'économie politique professé à Pau par M. WALRAS,... — *Pau, Impr. Vignancour, 1863, in-8°, 31 p.*

978. — Traité d'économie politique. Exposé didactique des principes et des applications de cette science et de l'organisation économique de la société, par Joseph GARNIER,... Cinquième édition. — *Paris, Garnier, 1863, in-12.*

979. — Les machines et leur influence sur le développement de l'humanité. Deux conférences faites à Paris sous les auspices de l'Association polytechnique, par M. Frédéric PASSY. — *Paris, Hachette, 1866, in-12.*

980. — Bulletin de la Société d'économie politique de Bordeaux, 1865-1866. — *Bordeaux, Impr. Gounouilhou, 1866, in-8°.*

981. — Conférences populaires faites à l'asile impérial de Vincennes... Notions générales d'économie politique, par L. WOLOWSKI,... — *Paris, Hachette, 1866, in-18, 69 p.*

982. — Cour impériale de Pau. Discours prononcé à l'audience solennelle de rentrée le 4 novembre 1867, par M. LESPINASSE, premier avocat général. L'Économie politique et la magistrature. — *Pau, Impr. Vignancour, 1867, in-8°, 47 p.*

983. — Cours d'économie rurale, industrielle et commerciale, par E. LEVASSEUR,... — *Paris, Hachette, 1868, in-12.*

984. — Réforme de l'éducation. Introduction de l'économie politique dans l'enseignement des femmes. Deux discours par Frédéric PASSY. — *Paris, Guillaumin, 1871, in-8°, 48 p.*

985. — La hacienda de nuestros abuelos. Conferencias de aldea escritas por Modesto FERNANDEZ y Gonzalez,... Segunda edicion. — *Madrid, Impr. de la biblioteca de instruccion y recreo, [1872], in-12.*

986. — Société des bibliothèques populaires de la Dordogne. Biblio-

thèque de Périgueux. Assemblée générale du 13 décembre 1872. Conférence de M. Frédéric Passy sur la véritable égalité, faite à Périgueux le 13 décembre 1872. — *Paris, Bellaire, 1873, in-8°, 46 p.*

987. — De l'importance des études économiques. Conférence donnée par M. Frédéric Passy, le dimanche 15 décembre 1872... pour inaugurer le cours d'économie politique fondé par la Chambre de commerce de Bordeaux. — *Paris, Bellaire, 1873, in-18, 96 p.*

988. — Catéchisme de l'économie politique, par Du Mesnil Marigny. Sixième édition. — *Paris, Dentu, 1873, in-12.*

989. — La defensa del derecho de propiedad y sus relaciones con el trabajo, por Vicente Santamaria de Paredes,... — *Madrid, 1874, gr. in-8°.*

990. — Lois scientifiques du développement des nations dans leurs rapports avec les principes de la sélection naturelle et de l'hérédité, par W. Bagehot. Deuxième édition. — *Paris, Germer-Baillière, 1877, in-8°.*

991. — Edmond About. A B C du travailleur. Troisième édition. — *Paris, Hachette, 1879, in-12.*

992. — La science économique, par Yves Guyot. — *Paris, Reinwald, 1881, in-12.*

993. — Essai sur la répartition des richesses et sur la tendance à une moindre inégalité des conditions, par Paul Leroy-Beaulieu,... Deuxième édition. — *Paris, Guillaumin, 1883, in-8°.*

994. — Philosophie de l'économie politique. Des rapports de l'économie politique et de la morale, par M. H. Baudrillart,... Deuxième édition. — *Paris, Guillaumin, 1883, in-8°.*

995. — Les gaspillages des sociétés modernes. Contribution à l'étude de la question sociale, par J. Novicow. — *Paris, Alcan, 1894, in-8°.*

C. RÉFORMATEURS MODERNES. SOCIOLOGIE.

996. — Science de l'organisation sociale démontrée dans ses premiers éléments, ou nouvelle méthode d'étudier l'histoire, les voyages, l'économie politique, la morale, le droit des nations et d'assurer le succès de l'enseignement public, par le citoyen J. André BRUN,... — *Paris, Cerioux, an VII, in-8°*.

997. — Cobden et la ligue, ou l'agitation anglaise pour la liberté du commerce, par M. Fréd. BASTIAT,... — *Paris, Guillaumin, 1845, in-8°*.

998. — Devoirs, droits, assistance par le christianisme, la liberté, l'éducation. Origine et conditions essentielles des droits, particulièrement des droits du travail ; principes de l'association du travail, du capital et de la distribution des produits ; statistique de la propriété foncière et industrielle, des propriétaires et des ouvriers, de l'indigence et de la bienfaisance ; examen des doctrines communistes et socialistes ; voies et moyens de réaliser l'amélioration intellectuelle, morale et matérielle des classes pauvres. Par de BAUSSET-ROQUEFORT,... — *Paris, Garnier, 1849, in-12*.

999. — Histoire du communisme, ou réfutation historique des utopies socialistes, par M. Alfred SUDRE... Deuxième édition. — *Paris, Lecou, 1849, in-12*.

1000. — OEuvres complètes de Frédéric BASTIAT, mises en ordre, revues et annotées d'après les manuscrits de l'auteur. Deuxième édition. — *Paris, Guillaumin, 1862-1864, 7 vol. in-12*.

    Tome 1er. Correspondance. Mélanges.
    Tome 2. Le libre échange.
    Tome 3. Cobden et la Ligue, ou l'agitation anglaise pour la liberté des échanges.
    Tomes 4. 5. Sophismes économiques. Petits pamphlets.
    Tome 6. Harmonies économiques.
    Tome 7. Essais, ébauches, correspondance.

1001. — Les économistes appréciés, ou nécessité de la protection, par P. O. Protin. Cobden — Michel Chevalier — Carey — Du Mesnil-Marigny. — *Paris, Dentu, 1862, in-18.*

1002. — Ce qu'on voit et ce qu'on ne voit pas, ou l'économie politique en une leçon, par F. Bastiat. Sixième édition, précédée d'une notice biographique... — *Paris, Bellaire, s. d., in-32.*

1003. — Documents publiés par l'association du libre échange de Bordeaux. 2ᵉ série, 1ʳᵉ publication. [Séance publique tenue le 6 avril 1873... Bastiat, sa vie et ses œuvres. Conférence de M. Frédéric Passy.] — *Bordeaux, Impr. Gounouilhou, 1873, in-8°, 55 p.*

La couverture imprimée sert de titre.

1004. — La réforme sociale en France déduite de l'observation comparée des peuples européens, par M. F. Le Play,... Seconde édition... — *Paris, Dentu, 1866, 2 vol. in-12.*

1005. — Jules Simon. L'ouvrier de huit ans. — *Paris, Libr. internationale, 1867, in-8°.*

1006. — A la démocratie française, par Barthélemy Saint-Hilaire,... La démocratie française en 1873. De la vraie démocratie, 1848. — *Paris, Baur, 1874, in-12.*

1007. — Algunas verdades á la clase obrera, por D. Pedro Armengol y Cornet... — *Madrid, 1874, in-12.*

1008. — Breve refutacion de los falsos principios economicos de la internacional, por D. Jose Menendez de La Pola... — *Madrid, 1874, in-12.*

1009. — Cour d'appel de Toulouse. Audience solennelle de rentrée du 3 novembre 1875. De la domesticité. Discours prononcé par M. Bouniceau-Gesmon,... — *Toulouse, Impr. Douladoure, 1875, in-8°, 86 p.*

1010. — Cour d'appel de Pau. Audience solennelle de rentrée, du 3 novembre 1877. De l'esprit de réforme. Discours prononcé par

M. Bouniceau-Gesmon,... — *Pau, Impr. Vignancour, 1877, in-8°, 66 p.*

1011. — Cartas politico-economicas escritas por el conde de Campomanes,... al conde de Lerena. Publicalas ahora por primera vez, precedidas de una introduccion, y de la biografia del autor Antonio Rodriguez Villa. — *Madrid, Murillo, 1878, in-12.*

1012. — Des sociétés animales, par Alfred Espinas,... Deuxième édition, augmentée d'une introduction sur l'histoire de la sociologie en général. — *Paris, Germer-Baillière, 1878, in-8°.*

1013. — Introduction à la science sociale, par Herbert Spencer. Troisième édition. — *Paris, Germer-Baillière, 1878, in-8°.*

1014. — La sociologie d'après l'ethnographie, par le Docteur Charles Letourneau. — *Paris, Reinwald, 1880, in-12.*

1015. — La science sociale contemporaine, par Alfred Fouillée. — *Paris, Hachette, 1880, in-12.*

1016. — Principes de sociologie, par Herbert Spencer. Traduit de l'anglais par M. E. Cazelles. Deuxième édition. — *Paris, Germer-Baillière, 1880-1887, 4 vol. in-8°.*

1017. — La sociologie. Essai de philosophie sociologique, par E. de Roberty. — *Paris, Germer-Baillière, 1881, in-8°.*

1018. — La propriété sociale et la démocratie, par Alfred Fouillée. — *Paris, Hachette, 1881, in-12.*

1019. — Le socialisme d'état. Conférences faites au cercle Saint-Simon, par Léon Say,... — *Paris, Calmann Lévy, 1881, in-12.*

1020. — Le socialisme d'état. Conférences faites au cercle Saint-Simon, par Léon Say,... — *Paris, Calmann Lévy, 1890, in-12.*

1021. — Un devoir social et les logements d'ouvriers, par Georges Picot,... — *Paris, Calmann Lévy, 1885, in-12.*

1022. — La question des habitations ouvrières en France et à l'étranger.

La situation actuelle ; ses dangers ; ses remèdes. Conférence faite à l'exposition d'hygiène de la caserne Lobau, le 17 juin 1886, par M. E. Cheysson,... Extrait de la Revue d'hygiène (août 1886). — *Paris, Masson, 1886, pet. in-8°, 74 p.*

1023. — Le socialisme à notre époque, par D. Goubareff. — *Beaulieu-sur-Mer, 1886, in-18, 20 p.*

1024. — Les questions sociales contemporaines. Comptes-rendus du concours Pereire et études nouvelles sur le paupérisme, la prévoyance, l'impôt, le crédit, les monopoles, l'enseignement, par Adolphe Coste,... avec la collaboration, pour la partie relative à l'enseignement, de MM. Aug. Burdeau,... et Lucien Arréat,... Observations de MM. A. Baron, Emile Chevalet, Paul Matrat,... — *Paris, Alcan, 1886, in-8°.*

1025. — Association française pour l'avancement des sciences... Congrès de Toulouse, 1887. M. A. Piche,... De l'enseignement pratique de la vie sociale à l'école primaire. Séance du 26 septembre 1887. — *Sans titre ; Toulouse, Impr. Douladoure-Privat, in-8°, 5 p.*

1026. — La question sociale et sa solution scientifique, par Jules-Edouard Blondel. — *Paris, Guillaumin, 1887, gr. in-8°.*

1027. — Le logement de l'ouvrier et du pauvre, par Arthur Raffalovich. États-Unis, Grande Bretagne, France, Allemagne, Belgique. — *Paris, Guillaumin, 1887, in-12.*

1028. — L'évolution des mondes et des sociétés, par F. Camille Dreyfus,... — *Paris, Alcan, 1888, in-8°.*

1029. — L'ouvrier. La vie de famille. L'ouvrier logé chez lui. Accession à la propriété, par Charles Bertheau,... — *Paris, Chevalier-Marescq, 1889, gr. in-8°.*

1030. — Économie sociale, par Léon Say,... Exposition universelle de 1889. Groupe de l'économie sociale. Rapport général. Deuxième édition. — *Paris, Guillaumin, 1891, in-8°.*

1031. — L'Europe politique et sociale, par Maurice BLOCK,... Deuxième édition... — *Paris, Hachette, 1892, in-8°, pl.*

1032. — Le socialisme intégral, par B. MALON. — *Paris, Alcan, [1892]- 1894, 2 vol. in-8°, portr.*
     I. Histoire des théories et tendances générales.
     II. Des réformes possibles et des moyens pratiques.

D. POPULATION. SUBSISTANCES. PAUPÉRISME. ÉTABLISSEMENTS DE SECOURS, DE BIENFAISANCE, DE RÉPRESSION.

a). Population. Émigration.

1033. — L'Ami des hommes, ou traité de la population [par Victor Riquetti, marquis de MIRABEAU et Franç. QUESNAY]. — *Avignon, 1756, 3 tom. en 1 vol. in-4°.*

1034. — Précis de l'organisation, ou Mémoire sur les États provinciaux. [Quatrième partie de l'Ami des hommes, par Victor Riquetti, marquis de MIRABEAU.] — *S. l., 1758, in-4°.*

    Questions intéressantes sur la population, l'agriculture et le commerce, proposées aux académies et autres sociétés savantes des provinces. — *Sans titre ; in-4°, 81 p.*

    Mémoire sur l'agriculture envoyé à la très louable Société d'Agriculture de Berne, avec l'extrait des six premiers livres du corps complet d'Œconomie rustique de feu M. Thomas HALE. [Cinquième partie de l'Ami des hommes.] — *S. l., 1760, in-4°.*

    Réponse à l'Essai sur les ponts et chaussées, la voirie et les corvées. Tableau économique avec ses explications. [Sixième partie de l'Ami des hommes.] — *S. l. n. d., in-4°.*

1035. — Essai sur le principe de population, ou exposé des effets passés et présents de l'action de cette cause sur le bonheur du genre humain ; suivi de quelques recherches relatives à l'espérance de guérir ou d'adoucir les maux qu'elle entraîne, par T. R. MALTHUS,... Traduit de l'anglais sur la 5e édition, par P.

Prévost,... et par son fils G. Prévost,... 3ᵉ édition française... — *Genève, Cherbuliez, 1830, 4 vol. in-8°.*

1036. — Les paysans au dix-neuvième siècle. Mémoire couronné par la société royale académique de Nantes et de la Loire-Inférieure, par E. Bonnemère,... — *Nantes, Impr. Mellinet, 1847, in-8°, 50 p.*

1037. — Rapport à Son Excellence le Ministre de l'Agriculture, du Commerce et des Travaux Publics fait au nom de la commission chargée d'étudier les différentes questions qui se rattachent à l'émigration européenne, par M. Heurtier,... Suivi d'un projet de règlement et des annexes. — *Paris, Imp. Imp., 1854, in-8°.*

1038. — Éléments de statistique humaine ou démographie comparée, où sont exposés les principes de la science nouvelle et confrontés, d'après les documents les plus authentiques, l'état, les mouvements généraux et les progrès de la population dans les pays civilisés, par Achille Guillard,... — *Paris, Guillaumin, 1855, in-8°.*

1039. — L'agriculture et la population en 1855 et 1856, par M. L. de Lavergne,... — *Paris, Guillaumin, 1857, in-12.*

1040. — Histoire des classes agricoles en France, par C. Dareste de La Chavanne,... 2ᵉ édition... — *Paris, Guillaumin, 1858, in-8°.*

1041. — Memoria sobre el fomento de la poblacion rural... Su autor el Excmo Sʳ D. Fermin Caballero. — *Madrid, 1863, in-4°.*

1042. — La traite, l'émigration et la colonisation au Brésil, par Charles Expilly,... — *Paris, Lacroix, 1865, in-8°.*

**. — L'émigration dans les Basses-Pyrénées.
Voy. Division Histoire locale.

1043. — Des paysans et de l'agriculture en France au xixᵉ siècle. Intérêts. — Mœurs. — Institutions, par Madame Romieu (Marie Sincère). — *Paris, Bouchard-Huzard, 1865, in-8°.*

1044. — Histoire des classes rurales en France et de leurs progrès dans l'égalité civile et la propriété, par Henry Doniol,... Deuxième édition (2ᵉ tirage). — *Paris, Guillaumin, 1867, in-8°.*

1045. — Le principe de la population, Malthus et sa doctrine, par Frédéric Passy. — *Paris, Hachette, 1868, in-18, 52 p.*
   Conférences populaires faites à l'Asile impérial de Vincennes.

1046. — L'agriculture et les classes rurales dans le pays Toulousain depuis le milieu du dix-huitième siècle, par M. Théron de Montaugé,... — *Paris, Libr. agricole, 1869, in-8°.*

1047. — Cour d'appel de Pau. Discours prononcé à l'audience solennelle de rentrée, le 3 novembre 1876, par M. Lespinasse,... De la condition des classes agricoles au point de vue social, économique et juridique. — *Pau, Impr. Vignancour, 1876, in-8°, 51 p.*

1048. — A. Alexis Monteil. Histoire agricole de la France. L'agriculture, les cultivateurs et la vie rurale depuis l'époque gauloise jusqu'à nos jours. Avec introduction, supplément et notes, par Charles Louandre. — *Paris, Dupont, s. d. [1877], in-8°, fr.*

1049. — Les populations agricoles de la France, par Henri Baudrillart,... Passé et présent. Mœurs, coutumes, instruction, population, famille, valeur et division des terres, fermage et métayage, ouvriers ruraux, salaires, nourriture, habitation. — *Paris, Hachette, [Guillaumin], 1885-1893, 3 vol. in-8°.*
   Tome 1ᵉʳ. Normandie et Bretagne.
   Tome 2. Maine, Anjou, Touraine, Poitou, Flandre, Artois, Picardie, Ile de France.
   Tome 3. 3ᵉ série publiée par Alfred Baudrillart,... Les populations du Midi (Méditerranée, Alpes, Pyrénées, Massif central). Provence, Comté de Nice, Comtat Venaissin, Roussillon, Comté de Foix, Languedoc.

b). Subsistances.

1050. — Dialogues sur le commerce des blés, [par l'abbé Ferdinand Galiani]. — *Londres, 1770, in-8°.*

1051. — Réfutation de l'ouvrage qui a pour titre : Dialogues sur le commerce des blés [de l'abbé Galiani, par l'abbé And. Morellet]. — *Londres, 1770, in-8°.*

1052. — L'intérêt général de l'état ou la liberté du commerce des blés démontrée conforme au droit naturel, au droit public de la France ; aux lois fondamentales du royaume ; à l'intérêt commun du souverain et de ses sujets dans tous les temps. Avec la réfutation d'un nouveau système, publié [par l'abbé Galiani] en forme de dialogues sur le commerce des blés. [Par P. F. J. H. Le Mercier de la Rivière.] — *Amsterdam et Paris, Desaint, 1770, in-12.*

1053. — Sur la législation et le commerce des grains, [par Jacq. Necker]. — *Paris, Pissot, 1775, 2 part. en 1 vol. in-8°.*

**. — Études sur la question des subsistances dans ses rapports économiques avec l'agriculture de l'arrondissement de Pau, par le baron de Laussat.
Voy. Division Histoire locale.

1054. — Du commerce de la boucherie et de la charcuterie de Paris et des commerces qui en dépendent, tels que la fonte des suifs, la triperie, etc., par M. Louis-Charles Bizet,... suivis du Rapport sur le projet de l'organisation de la boucherie, par M. H. Boulay de la Meurthe,... — *Paris, Dupont, 1847, in-8°.*

1055. — Supplément au Progrès d'Indre-et-Loire du 26 avril 1851. Assurance mutuelle contre la disette. Greniers communaux de prévoyance. Réponse à la cinquième question du programme du Congrès central d'agriculture, session de 1851... Signé : Léon Viot,... — *Sans titre ; Tours, Impr. Bideaux, in-8°, 8 p.*

c). **Paupérisme. Mendicité. Prostitution. Criminalité.**

1056. — De la prostitution dans la ville de Paris, considérée sous le rapport de l'hygiène publique, de la morale et de l'administration. Ouvrage appuyé de documents statistiques puisés dans les archives de la Préfecture de police... par A. J. B. Parent-

Duchatelet,... Précédé d'une Notice sur la vie et les ouvrages de l'auteur, par Fr. Leuret,... Deuxième édition... — *Paris, Baillière, 1837, 2 vol. in-8°, portr., carte et tabl.*

1057. — Rapport sur la prostitution, par M. de Goulhot de Saint-Germain,... suivi du discours de M. le procureur général Dupin sur le luxe effréné des femmes. Sénat. Séance du jeudi 22 juin 1865. — *Paris, Dentu, 1865, in-8°, 31 p.*

1058. — Les réhabilitées, par le R. P. M. Jean-François Lataste, des frères prêcheurs. — *Paris, Poussielgue-Rusand, mai 1866, in-8°, xii-72 p.*

1059. — Henri Joly. Le crime. Étude sociale. — *Paris, Cerf, 1888, in-12.*

1060. — Henri Joly. La France criminelle. — *Paris, Cerf, 1889, in-12.*

d). Établissements de secours et de Bienfaisance. Assurances.

1061. — État général des unions faites des biens et revenus des maladreries, léproseries, aumôneries et autres lieux pieux, aux hôpitaux des pauvres malades, en exécution de l'édit du roi du mois de mars et des déclarations des quinze du même mois et vingt quatre août 1693. Divisé par diocèses et par ordre alphabétique. — *Paris, Impr. Thierry, 1705, in-4°.*

1062. — Recueil de mémoires sur les établissements d'humanité ; traduits de l'allemand et de l'anglais [par Griffet de La Baume, F. A. F. de La Rochefoucauld-Liancourt et autres]. Publiés [par Adrien Duquesnoy] par ordre du Ministre de l'Intérieur. — *Paris, Impr. Agasse, an 7, 5 vol. in-8°.*

> Cette collection ne comprend que les mémoires suivants sur les 39 dont elle doit se composer.
> Détails sur un établissement fondé à Munich en faveur des pauvres, traduit de l'allemand de Benj. Thomson, comte de Rumfort.
> Rapports d'une société établie pour améliorer le sort des pauvres, traduits de l'anglais [publiés par Th. Bernard].
> Des aliments en général et en particulier de la nourriture des pauvres, traduit de l'allemand de Benj. Thomson, comte de Rumfort.

Précis de divers établissements d'utilité publique formés en Bavière ; traduit de l'allemand de Benj. Thomson, comte de Rumfort.

Principes généraux sur lesquels doivent être fondés en tout pays les établissements pour les pauvres. Traduit de l'allemand de Benj. Thomson, comte de Rumfort.

Histoire des principaux lazarets de l'Europe, accompagnée de différents mémoires relatifs à la peste, et suivie d'observations ultérieures sur quelques prisons et hôpitaux... par Jean Howard.

Notices historiques et économiques sur l'établissement d'humanité de Hambourg.

Réflexions sur les hôpitaux, par J. Aikin.

Règlements de la maison de travail de Bridewell et de l'hôpital des fous à Londres...

Recueil contenant : Règlements des établissements de charité du canton de Berne. — Rapport de l'Institut des indigents de Hambourg. — Instructions pour la junte d'hospice et de refuge de Barcelone. — Législation anglaise concernant les pauvres infirmes, les valides et les vagabonds. — Institution de bienfaisance en faveur des artisans de Berlin et de Potsdam.

Considérations sur les établissements d'humanité en général et en particulier sur les hospices d'enfants trouvés, traduites de l'allemand, de Krunitz.

Essai sur les établissements d'humanité et sur l'extirpation totale de la mendicité, par F. E. de Rochow.

Recherches sur les pauvres, par John Mac-Farland.

1063. — De la bienfaisance publique, par M. le Bon de Gérando,... — *Paris, Renouard, 1839, 4 vol. in-8°*.

1064. — De l'humanité et de ses divers ordres de civilisation, condition du progrès social et du bonheur des peuples dans l'unité, par Me Joanny Bonnetaïn,... Troisième édition. — *Paris, Gennequin, 1844, in-8°*.

1065. — Description, plans et détails des établissements de bienfaisance, crèches, salles d'asile, ouvroirs, bureaux de bienfaisance, par Louis Heuzé,... — *Paris, Bouchard-Huzard, 1851, in-4°, 28 p. et pl.*

1066. — Hospices de Narbonne. Classement des archives antérieures à l'année 1790, par M. Hippolyte Faure,... — *Narbonne, Impr. Caillard, 1855, in-4°*.

1067. — Hospices de Narbonne. Supplément au classement des archives antérieures à l'année 1790, par M. Hippolyte Faure,... Pièces données. Recherches nouvelles. — *Narbonne, Impr. Caillard, 1863, in-4°.*

1068. — Hospices de Narbonne. Classement des papiers modernes, faisant suite au classement des archives antérieures à l'année 1790, par M. Hippolyte Faure,... — *Narbonne, Impr. Caillard, 1856, in-4°.*

1069. — Notes et documents sur les archives des hospices et sur les résultats comparés de l'assistance hospitalière à Narbonne et dans une partie de l'Europe, par M. Hippolyte Faure,... — *Narbonne, Impr. Caillard, 1886-1887, 6 vol. in-8°.*

1070. — Étude sur les œuvres hospitalières à Narbonne, en Angleterre, en Écosse, en Belgique, en Hollande, en Danemark, en Suède, en Norvège, en Italie, à Constantinople, Saint-Pétersbourg, Madrid, Athènes, Lisbonne, dans les départements de la Seine, de Seine-et-Oise, de Seine-et-Marne, d'Eure-et-Loir, de la Sarthe et dans le Nord, le Nord-Est et l'Est de l'Autriche-Hongrie, par M. Hippolyte Faure,... Deuxième édition. — *Narbonne, Impr. Caillard, 1890, in-8°.*

1071. — Des maisons de convalescence établies à Paris en faveur des enfants pauvres, par M. de Cambray,... Extrait des Annales de la charité. — *Paris, Le Clère, 1856, in-8°, 16 p.*

1072. — Note sur le service des enfants trouvés et orphelins du département de la Seine, par M. de Cambray,... Extrait des Annales de la charité. — *Paris, Le Clère, 1856, in-12, 32 p.*

1073. — Société scientifique de Pau. Aperçu de la bienfaisance en France sous le double rapport de l'assistance et de la prévoyance, par M. Blandin,... — *Pau, Impr. Vignancour, 1857, in-8°, 56 p.*

1074. — La beneficencia, la filantropia y la caridad. Memoria... escrita por la señora Doña Concepcion Arenal de Garcia Carrasco. — *Madrid, 1861, in-8°.*

1075. — Reseña historica y teoria de la beneficencia. Memoria... su autor D. Antonio Balbin de Unquera,... — *Madrid, 1862, in-4°.*

1076. — Reseña historica de la beneficencia española; principios que convendra seguir para enlazar la caridad privada con la beneficencia publica ; hasta donde deben estender su accion el estado ; las asociaciones caritativas y los particulares, y medios de poner en armonia esta accion respectiva, fundandola en la economia social y en el sentimiento moral y religioso... su autor D. José Arias Miranda. — *Madrid, 1862, in-4°.*

1077. — De la beneficencia publica en España, su actual organizacion y reformas que reclama, por Don Miguel Blanco Herrero,... — *Madrid, Impr. de Perez, 1869, in-8°.*

1078. — Questions sociales. Le bien-être, la famille et l'assurance, par J. Isnard. Deuxième édition. — *S. l. [Clichy, Impr. Loignon], 1869, in-12.*

1079. — Ministère de l'Intérieur. Situation administrative et financière des hôpitaux et hospices de l'empire. Documents recueillis et mis en œuvre par les inspecteurs généraux des établissements de bienfaisance, sous la direction de M. de Lurieu,... — *Paris, Impr. Imp., 1869, 2 vol. gr. in-4°, carte.*

1080. — Les militaires blessés et invalides. Leur histoire, leur situation en France et à l'étranger, par le comte de Riencourt. — *Paris, Dumaine, 1875, 2 vol. in-8°, fac-simile, pl. et tabl.*

1081. — La beneficencia en España, por el Dr D. Fermin Hernandez Iglesias,... — *Madrid, tipogr. de Minuesa, 1876, 2 vol. in-8°.*

1082. — Informe sobre la beneficencia provincial de Zaragoza, presentado por la comision encargada de este ramo que comprende el hospital de nuestra señora de gracia. el hospicio de nuestra señora de misericordia, y los de Calatayud y Tarazona, con los inventarios generales de todo el mobiliario, utiles y fincas, y el movimiento de caudales y acogidos durante el año economico de 1869 a 70. Segunda edicion... — *Zaragoza, Imp. del hospicio, 1876, in-8°.*

1083. — Quelques notes sur les institutions de prévoyance au Brésil. Communication faite au congrès scientifique international des institutions de prévoyance tenu à Paris en 1878. Par le Baron d'Ouchém,... — *Pau, Impr. Vignancour, 1878, in-8°, 45 p.*

1084. — Revue des institutions de prévoyance, paraissant tous les mois sous la direction de M. Hippolyte Maze,... — *Paris, Berger-Levrault, 1887-1891, 5 vol. in-8°.*
1re-5e années.

1085. — Ministère de l'Intérieur. Statistique des dépenses publiques d'assistance faites en France pendant l'année 1885, par Henri Monod,... — *Paris, Impr. Nouvelle, 1889, in-4°.*

1086. — De l'assistance publique et des hôpitaux jusqu'au xixe siècle. Plan d'un Hôtel Dieu attribué à Philibert Delorme, par C. Tollet,... — *Paris, l'auteur, 1889, gr. in-4°, pl.*

1087. — Les hôpitaux au xixe siècle. Études, projets, discussions et programmes relatifs à leur construction. L'hôpital civil et militaire de Montpellier, par C. Tollet,... — *Paris, l'auteur, 1889, gr. in-4°, pl.*

1088. — De l'assistance dans les campagnes. Indigence, prévoyance, assistance, par Émile Chevallier,... avec une préface de M. Léon Say,... — *Paris, Rousseau, 1889, in-8°.*

1089. — Archives de l'Hôtel Dieu de Paris (1157-1300), publiées par Léon Brièle, avec notice, appendice et table, par Ernest Coyecque. — *Paris, Impr. Nat., 1894, in-4°.*
Collection de documents inédits sur l'histoire de France.

1090. — Rapport à l'Empereur sur la situation des sociétés de secours mutuels, présenté en exécution de l'article 13 de la loi du 15 juillet 1850 et de l'article 20 du décret organique du 26 mars 1852, par la commission supérieure d'encouragement et de surveillance des sociétés de secours mutuels. — *Paris, Impr. Imp., 1855-1858, 3 vol. in-4°.*
Les années 1854, 1855, 1857 seules.

1091. — Ministère de l'Intérieur et des Cultes. Rapport sur les opérations des sociétés de secours mutuels pendant l'année 1878, présenté à M. le Président de la République, par M. LEPÈRE, ministre de l'intérieur et des cultes. — *Paris, Imp. Nat., 1879, in-4°.*

1092. — Ministère de l'Intérieur et des Cultes. Rapport sur les opérations des sociétés de secours mutuels pendant l'année 1879, présenté à M. le Président de la République, par M. CONSTANS, ministre de l'intérieur et des cultes. — *Paris, Imp. Nat., 1880, in-4°.*

1093. — Ministère de l'Intérieur. Rapport sur les opérations des sociétés de secours mutuels,... — *Melun, Impr. administrative, 1890-1894, 3 vol. in-4°.*
 Années 1887, 1888, 1892.

1094. — Projet d'assurance générale contre la grêle, les inondations et l'épizootie, suivi d'un exposé sur la situation financière de la France et notamment sur la création, la marche et la situation de la dette publique, présenté au gouvernement, par M. DAUMON,... — *Pau, Impr. Veronese, mai 1831, in-8°, 94 p. et 1 tabl.*

1095. — Ministère de l'agriculture, du commerce et des travaux publics. Caisses d'assurances en cas de décès et en cas d'accidents, instituées sous la garantie de l'État par la loi du 11 juillet 1868. Loi, décret réglementaire, instructions et tarifs. — *Paris, Impr. Imp., 1869, in-8°, 77 p.*

1096. — Des assurances sur la vie dans leurs rapports avec les principes du droit civil, du droit commercial et les lois de l'enregistrement, par Léon Adrien de MONTLUC,... — *Paris, Impr. Alcan Lévy, 1870, in-8°.*

1097. — Dictionnaire pratique des assurances terrestres. Principes. Tarifs. Jurisprudence. Statistique. Situation des compagnies. Modèles de propositions et de polices, par E. LECHARTIER,... 2ᵉ édition. — *Paris, Guillaumin, 1884, pet. in-8°.*

1098. — Bureaux municipaux de placement gratuit. Leur situation actuelle, par LE BAILLY,... Ouvrage posthume. — *Paris, Le Bailly, 1890, in-8°, portr. et fac-simile.*

1099. — Le rôle moral de la bienfaisance, par Herbert SPENCER. Traduction de M. E. CASTELOT,... et M. E. MARTIN SAINT-LÉON,... — *Paris, Guillaumin, 1895, in-8°.*

c). Établissements de répression. Systèmes pénitentiaires. Peine de mort.

1100. — De la réforme des prisons, par Léon FAUCHER. — *Paris, Angé, 1838, in-8°.*

1101. — Aperçu du système pénitentiaire, tel qu'il existe en Suisse, comparé avec celui projeté en France, par P. BLANDIN,... — *Pau, Impr. Vignancour, 1840, in-8°, 28 p.*

Rapport sur la caisse d'épargnes, présenté au congrès international de charité de Paris, quatrième section, par M. BLANDIN,... — *Pau, Impr. Vignancour, 1855, in-8°, 7 p.*

Rapport sur la caisse des retraites pour la vieillesse, présenté au congrès international de charité de Paris, quatrième section, par M. BLANDIN,... — *Pau, Impr. Vignancour, 1855, in-8°, 11 p.*

Encore les caisses de retraite ou rentes viagères pour la vieillesse, par M. BLANDIN,... — *Pau, Impr. Vignancour, s. d., in-12, 12 p.*

Misère et charité à Rome, par M. BLANDIN,... — *Pau, Impr. Vignancour, 1851, in-18, 15 p.*

**. — Observations générales sur le système pénitentiaire, à l'occasion du meilleur mode de travail à introduire dans la prison de Pau, par M. BLANDIN.
Voy. Division HISTOIRE LOCALE.

1102. — Histoire de la colonisation pénale et des établissements de l'Angleterre en Australie, par le marquis de BLOSSEVILLE,... — *Evreux, Impr. Hérissey, 1859, in-8°.*

1103. — Essai sur la réforme pénitentiaire, par A. PICHE,... — *Pau, Impr. Veronese, 1872, in-8°, 23 p.*

1104. — La réforme des prisons et les colonies agricoles, par Henri SUBIT,... — *Genève, Impr. Ramboz et Schuchardt, 1872, in-12.*

1105. — Transformation de la colonie pénitentiaire privée du Val d'Yèvre en colonie publique. Discours prononcé à cette occasion par M. Ch. Lucas,... — *Bourges, [Impr. Jollet], octobre 1872, in-12, 26 p.*

1106. — Transformation de la colonie privée du Val d'Yèvre en colonie publique. Exposé par M. Ch. Lucas,... suivi d'un examen comparé de la colonie publique et de la colonie privée. Extrait du compte-rendu de l'Académie des sciences morales et politiques... mars 1873. — *S. l. n. d., Orléans, Impr. Colas, in-8°, 24 p.*
   La couverture imprimée sert de titre.

1107. — Las colonias penales de la Australia y la pena de deportacion, por la señora Doña Concepcion Arenal de Garcia Carrasco... — *Madrid, Impr. de Martinez, 1877, in-4°.*

1108. — La colonizacion penitenciaria de las Marianas y Fernando Póo, por el Ilmo Sr D. Francisco Lastres y Juiz... — *Madrid, Impr. de Martinez, 1878, in-4°, 69 p.*

1109. — A las islas Marianas, o al golfo de Guinea ? Memoria... sobre si convendria establecer en las islas del golfo de Guinea o en las Marianas unas colonias penitenciarias como las inglesias de Botany-Bay, por D. Pedro Armengol y Cornet. — *Madrid, Impr. de Martinez, 1878, in-4°.*

1110. — Ministère de l'Intérieur. Statistiques des prisons et établissements pénitentiaires... — *Paris, Impr. Dupont, 1870-1882, 7 vol. in-8°.*
   Années 1868, 1869, 1871, 1872, 1877, 1878, 1879.
   Par M. J. Jaillant pour les années 1869, 1871, 1872, et M. Michon, pour 1877, 1878, 1879.

1111. — Ministère de l'Intérieur. Statistique pénitentiaire pour l'année 1881 [et suivantes]. Exposé général de la situation des services et des divers établissements... — *Melun, Impr. admin., 1884-1890, 7 vol. in-8°.*
   Les années 1881, 1882, 1883, 1884, 1885, 1886, 1887 seules.

1112. — Code des prisons ou recueil complet des lois, ordonnances, arrêtés et instructions ministérielles concernant le régime intérieur, économique et disciplinaire des prisons et établissements pénitentiaires. — *Paris, Dupont, [Melun, Impr. admin.], 1875-1890, 8 vol. in-8°.*

> Les tomes VI à XIII seuls. A partir du tome VII, le titre porte : Code pénitentiaire. Recueil des actes et documents officiels intéressant les services et les établissements pénitentiaires.

1113. — Application du système d'emprisonnement individuel en France. — *Paris, Impr. du Journal officiel, 1885, in-4°.*

1114. — République française. Ministère de l'Intérieur. Direction de l'administration pénitentiaire. Note sur l'organisation du travail dans les établissements pénitentiaires et sur les questions qu'elle peut soulever, spécialement en ce qui concerne la concurrence à l'industrie libre. 1885. — *Melun, Impr. admin., in-4°, 20 p.*

1115. — Organisation des services et des établissements pénitentiaires en France. Exposé général présenté par M. L. HERBETTE,... — *Paris, Impr. Perreau, 1885, in-8°, 30 p.*

1116. — Notice sur la transportation à la Guyanne française et à la Nouvelle-Calédonie... — *Paris, Impr. Nat., 1885-1887, 2 vol. in-8°, cartes.*

> Années 1882-1883, 1884.

1117. — Bulletin de l'administration pénitentiaire, 1886. — *Melun, Impr. admin., janvier 1886, in-8°.*

> 1er fascicule seul.

1118. — Anthropometrical descriptions. New method of determining individual identity. Conference given at the international penitentiary congress at Rome, by Alphonse BERTILLON,... Address of M. Louis HERBETTE,... Meeting of 22 november 1885... Translated by E. SPEARMAN,... — *Melun, Admin. printing, 1887, in-8°, 28 p. et pl.*

1119. — Observations, faits et avis à recueillir dans le personnel sur certaines questions d'ordre général concernant notamment l'exécution de la peine des travaux forcés, la transportation et la relégation, l'application du régime d'emprisonnement individuel, la substitution de certaines peines de réclusion aggravée à la peine de mort, ou aux travaux forcés à perpétuité. — *S. l. n. d. [Melun, Impr. admin., mars 1888], in-8°, 18 p.*

1120. — République française. Ministère de l'Intérieur. Direction de l'administration pénitentiaire. Notes et renseignements concernant le travail des détenus (système de l'entreprise et système de la régie). Conseil supérieur des prisons, 1888. — *Melun, Impr. admin., in-8°, 25 p.*

1121. — République française. Ministère de l'Intérieur. Direction de l'administration pénitentiaire. Exposition universelle de 1889. Exposition spéciale du Ministère de l'Intérieur (Établissements, œuvres et services pénitentiaires). Concours demandé à toutes autorités, personnes, institutions et sociétés compétentes pour l'organisation d'une exposition rétrospective des moyens, systèmes et lieux de répression en France. — *Melun, Impr. admin., 1888, in-8°, 12 p.*

1122. — Mise en pratique du système de la libération conditionnelle. — *S. l. n. d. [Melun, Impr. admin., 1888], in-8°, 16 p.*

1123. — République française. Ministère de l'Intérieur. Note sur l'application du système de la libération conditionnelle. Années 1885 à 1888. — *Melun, Impr. admin., juin 1888, in-8°, 16 p.*

1124. — République française. Ministère de l'Intérieur. Direction de l'administration pénitentiaire. Libération conditionnelle des condamnés. Extension du système de la libération conditionnelle. Fixation du mode d'instruction des demandes ou propositions de mise en liberté. Juillet 1888. — *Melun, Impr. admin., in-8°, 36 p.*

1125. — Questions budgétaires. Note sur les moyens à étudier pour faciliter le contrôle et la gestion des services et établissements en régie de l'État. Juillet 1888. Direction de l'administration pénitentiaire. — *Melun, Impr. admin., in-8°, 16 p.*

1126. — République française. Ministère de l'Intérieur. Direction de l'administration pénitentiaire. Réorganisation des services et du personnel de l'administration pénitentiaire dans les prisons de la Seine. — *Melun, Impr. admin., 1889, in-8°, 40 p.*

1127. — République française. Ministère de l'Intérieur. Direction de l'administration pénitentiaire. Préparation du congrès pénitentiaire international et de l'exposition spéciale qui auront lieu en juin 1890 à Saint-Pétersbourg. Note sur les dispositions prises en vue du congrès. Programme des questions à débattre... — *Melun, Impr. admin., 1889, in-8°, 87 p.*

1128. — République française. Ministère de l'Intérieur. Questions et services intéressant les mineurs placés sous l'autorité de l'administration pénitentiaire. 1882-1890. Extraits du code pénitentiaire. Études et documents annexes présentés par M. Louis HERBETTE,... à l'occasion du congrès international de Saint-Pétersbourg. — *Paris, juin 1890, in-8°.*

1129. — République française. Ministère de l'Intérieur. Direction de l'administration pénitentiaire. Application de la loi du 14 août 1885. Exposé général concernant la mise en pratique du système de la libération conditionnelle. — *Melun, Impr. admin., 1890, in-8°, 74 p.*

1130. — République française. Ministère de l'Intérieur. Rapport sur l'application de la loi de relégation pendant l'année 1889, par M. Et. JACQUIN,... — *Melun, Impr. admin., 1890, in-8°, 36 p.*

1131. — IV° congrès pénitentiaire international de Saint-Pétersbourg. Travaux préparatoires. Deuxième section. 1re Question : Le système du travail en régie est-il préférable, dans les établissements pénitentiaires, au système du travail par entreprise ? 2e Question : Dans quelle mesure le travail dans les prisons est-il préjudiciable à l'industrie libre ? Comment pourrait-on organiser le travail des détenus de manière à éviter, autant que possible, les inconvénients de la concurrence ? Rapport présenté par M. Louis HERBETTE,... — *Paris, Saint-Pétersbourg, [Melun, Impr. admin.], 1890, in-8°, 24 p.*

1132. — République française. Ministère de l'Intérieur. Administration pénitentiaire. Congrès pénitentiaire international de Saint-Pétersbourg. Juin 1890. Exposition spéciale. Section française. Notices. Indication générale des sujets, documents et objets présentés. — *S. l. n. d.* [*Melun, Impr. admin.*], *in-8°, 59 p.*

1133. — République française. Ministère de l'Intérieur. Direction de l'administration pénitentiaire. Congrès pénitentiaire international de Saint-Pétersbourg, 1890. Établissements et services pénitentiaires intéressant les enfants, les jeunes gens et les jeunes filles. France. Réponses au questionnaire préparé par la commission russe d'organisation du congrès. — *Melun, Impr. admin., 1890, 7 fascicules, in-4°.*

> I. Maisons de Fouilleuse et d'Auberive. — II. Colonie agricole d'Aniane. — III. Colonie agricole de Belle-Ile-en-Mer. — IV. Colonie agricole aux Douaires. — V. Colonie agricole à Saint-Hilaire. — VI. Colonie agricole à Saint-Maurice. — VII. Colonie agricole au Val d'Yèvre.

1134. — Les congrès pénitentiaires internationaux. Le congrès et l'exposition spéciale de Saint-Pétersbourg. Juin-juillet 1890. Travail et documents présentés au Ministre de l'Intérieur, par L. Herbette,... — *Paris, Impr. des Journaux officiels, septembre 1890, gr. in-4°, 29 p.*

> Extrait du *Journal Officiel*. Numéros des 10 et 11 septembre 1890.

1135. — République française. Ministère de l'Intérieur. Direction de l'administration pénitentiaire. Règlement spécial applicable aux détenus politiques. [Du 4 janvier 1890.] — *Sans titre ; Melun, Impr. admin., in-8°, 10 p.*

**. — De la peine de mort considérée dans tous ses rapports avec la religion, la morale et la politique, par le Vicomte de Saint-Cricq.
> Voy. Division Jurisprudence.

1136. — La peine de mort, récit, par Jules Simon. — *Paris, Libr. internationale, 1869, in-12.*

1137. — Abolition de la peine de mort, par Petit De Latour,... — *Paris, Meyrueys, 1869, in-12.*

E. INDUSTRIE. EXPOSITIONS. ASSOCIATIONS. LUXE.

1138. — Rapport sur les produits de l'industrie française, présenté au nom du jury central, à S. E. M. le Comte de Saint-Cricq, ministre secrétaire d'État du commerce et des manufactures ; rédigé par M. le Vte Héricart de Thury,... et par M. Migneron,... [Exposition de 1827.] — *Paris, Impr. Roy., 1828, in-8°*.

1139. — Rapport du jury départemental de la Seine sur les produits de l'industrie admis au concours de l'exposition publique de 1827, par M. Payen,... — *Paris, Impr. Crapelet, 1829, 2 vol. in-8°*.

1140. — Rapport du jury central sur les produits de l'industrie française exposés en 1834, par le Baron Charles Dupin,... — *Paris, Impr. Roy., 1836, 3 vol. in-8°*.

1141. — Exposition des produits de l'industrie française en 1839. Rapport du jury central. — *Paris, Bouchard-Huzard, 1839, 3 vol. in-8°*.

1142. — Exposition des produits de l'industrie française en 1844. Rapport du jury central. — *Paris, Impr. Fain et Thunot, 1844, 3 vol. in-8°*.

1143. — Exposition nationale des produits de l'agriculture et de l'industrie en 1849. Distribution des récompenses par le Président de la République (11 novembre 1849). — *S. l. n. d. [Paris, Imp. Panckoucke,] 1849, in-8°*.

1144. — Exposition universelle de 1851. Travaux de la commission française sur l'industrie des nations, publiés par ordre de l'Empereur. — *Paris, Impr. Imp., 1854-1873, 8 tom. en 16 vol. in-8°*.

>Tome 1er (inachevé).
>Tome 1er : 1re, 2e, 3e, 5e, 6e, 8e parties.
>Tome 3 : 1re partie (1re, 2e sections), 2e partie.
>Tomes 4, 5, 6, 7, 8.

1145. — Exposition universelle de 1855. Le système de classification adopté par la commission impériale précédé d'une nomenclature alphabétique des produits de l'agriculture, de l'industrie et de l'art, indiquant pour chacun la classe et la section auxquelles il se rapporte, à l'usage des exposants, des comités et des jurys. — *Paris, Impr. Noblet, 1854, in-8°.*

1146. — Exposition universelle de 1855. Commission impériale. Liste générale par ordre alphabétique des exposants inscrits au catalogue officiel. — *Paris, Impr. Imp., 1855, in-8°.*

1147. — Exposition des produits de l'industrie de toutes les nations. 1855. Catalogue officiel, publié par ordre de la commission impériale. Deuxième édition. — *Paris, Panis, s. d., in-8°.*

1148. — Visite à l'exposition universelle de Paris en 1855, contenant : 1° l'énumération des objets sur lesquels doit se porter principalement l'attention des visiteurs ; 2° l'indication des places où se trouvent ces objets ; 3° tous les renseignements nécessaires relatifs à leur mécanisme, à leur emploi, à leur fabrication, à leur prix, etc. Publié avec la collaboration de MM. Alcan,... Baudement,... Boquillon,... Delbrouck, aîné,... Deherain,... Fortin Hermann,... J. Gaudry,... Molinos,... C. Nepveu,... H. Peligot,... Pronnier,... Silbermann,... E. Trélat,... U. Trélat,... Tresca,... sous la direction de M. TRESCA,... — *Paris, Hachette, 1855, in-12, plan.*

1149. — Visites et études de S. A. I. le prince Napoléon au Palais de l'Industrie, ou guide pratique et complet à l'exposition universelle de 1855. Comprenant les vingt-sept classes de l'industrie. — *Paris, Perrotin, 1855, in-12.*

1150. — Visites et études de S. A. I. le prince Napoléon au Palais des Beaux-Arts, ou description complète de cette exposition (Peinture, sculpture, gravure, architecture), avec la liste des récompenses ; suivies des visites du Prince aux produits collectifs des nations qui ont pris part à l'exposition de 1855. — *Paris, Noblet, 1856, in-12.*

1151. — Revue de l'exposition universelle, par Edouard GORGES. — *Paris, Sartorius, 1855, 4 tom. en 1 vol. in-12, pl.*

1152. — Exposition universelle de 1855. Atlas descriptif dressé par ordre de S. A. I. le prince Napoléon,... — *Paris, Impr. Kæppelin, s. d., in-f° obl.*

1153. — Album de l'exposition universelle dédié à S. A. I. le prince Napoléon, par M. le baron L. BRISSE,... publié avec le concours de MM. Dumas,... Arlès-Dufour,... Le Play,... F. de Mercey,... Michel Chevalier,... — *Paris, [Impr. Claye], 1856, 3 vol. in-4°, portr.*

1154. — Exposition universelle de 1855. Rapports du jury mixte international publiés sous la direction de S. A. I. le prince NAPOLÉON, président de la commission impériale. — *Paris, Impr. Imp., 1856, in-4°.*

1155. — Rapport sur l'exposition universelle de 1855, présenté à l'empereur par S. A. I. le prince NAPOLÉON, président de la commission. — *Paris, Impr. Imp., 1857, in-4°.*

1156. — Société industrielle d'Amiens. Questionnaire relatif à l'exposition de Londres pour les membres de la Société qui se rendront en Angleterre. Deuxième édition. — *Amiens, Impr. Jeunet, 1862, in-8°, 29 p.*

1157. — La España y la Inglaterra agricolas en la esposicion industrial, 1862. Memoria presentada à la Excm. diputacion provincial de Zaragoza, por su comisionado en Londres, Don Mariano CARRERAS y Gonzalez,... — *Zaragoza, Impr. de Peiro, 1863, in-8°, pl.*

1158. — Exposition universelle de 1867. Rapports du jury international. Introduction par M. Michel CHEVALIER,... — *Paris, Impr. Dupont, 1868, in-8°.*

1159. — Exposition universelle de 1867. L'enquête du dixième groupe. Catalogue analytique des documents, mémoires et rapports exposés hors classe dans le dixième groupe et relatifs aux institutions publiques et privées créées par l'État, les départements, les communes et les particuliers pour améliorer la condition physique et morale de la population. — *Paris, Dentu, 1867, in-8°.*

1160. — Exposition universelle de 1867 à Paris. Rapports du jury international publiés sous la direction de M. Michel CHEVALIER,... — *Paris, Impr. Dupont, 1868, 13 vol. in-8°.*

 Tome 1ᵉʳ. Introduction, par M. Michel CHEVALIER. Groupe I, classes 1 à 5. Rapport du jury spécial (nouvel ordre de récompenses).
 Tome 2. Groupe II, classes 6 à 13.
 Tome 3. Groupe III, classes 14 à 26.
 Tome 4. Groupe IV, classes 27 à 39.
 Tome 5. Groupe V, classe 40.
 Tome 6. Groupe V, classes 41 à 43.
 Tome 7. Groupe V, classes 44 à 46.
 Tome 8. Groupe VI, classes 47 à 52.
 Tome 9. Groupe VI, classes 53 à 64.
 Tome 10. Groupe VI, classes 65 et 66.
 Tome 11. Groupe VII, classes 67 à 73.
 Tome 12. Groupes VIII et IX, classes 74 à 88.
 Tome 13. Groupe X, classes 89 à 95.

1161. — Commission impériale. Rapport sur l'exposition universelle de 1867 à Paris. Précis des opérations et listes des collaborateurs, avec un appendice sur l'avenir des expositions, la statistique des opérations, les documents officiels et le plan de l'exposition. — *Paris, Impr. Imp., 1869, gr. in-8°, pl.*

1162. — Exposition universelle de Vienne, 1873. France. Produits industriels. Deuxième édition comprenant l'Algérie et les colonies françaises. —*Paris, [Vienne, Impr. Roy.], août 1873, in-8°, pl.*

1163. — Exposition universelle de Vienne en 1873. France. Commission supérieure. Rapports. — *Paris, Imp. Nat., 1875, 5 vol. gr. in-8°.*

1164. — Exposition universelle de Paris. Année 1878. Section française. Classe XVI. Géographie. Cosmographie. Statistique. Notice publiée par le comité d'installation. — *Paris, Impr. Delalain, 1878, in-8°, pl.*

 La couverture imprimée sert de titre.

— 167 —

1165. — Exposition universelle de 1878 à Paris. Notice historique et analytique des peintures, sculptures, tapisseries, miniatures, émaux, dessins, etc., exposés dans les galeries des portraits nationaux, au palais du Trocadéro, par M. Henry Jouin,... — *Paris, Impr. Nat., 1879, in-8°.*

1166. — Exposition universelle de 1878. Catalogue du Ministère de l'Instruction publique, des Cultes et des Beaux-Arts. — *Paris, [Impr. Pougin], 1878, 3 tom. en 5 vol. pet. in-8°.*
> Tome 1er. Catalogue de la bibliothèque du corps enseignant.
> Tome 2. 1er fascicule. Thèses. Publications du Ministère. Souscriptions. Bibliothèque scolaire. Archives et bibliothèques.
> Tome 2. 2e fascicule. Missions et voyages scientifiques. Exposition théâtrale.
> Tome 3. 1er fascicule. Enseignement supérieur.
> Tome 3. 2e fascicule. Enseignement primaire.

1167. — Bibliothèque nationale. Département des manuscrits, chartes et diplômes. Notice des objets exposés. — *Paris, Champion, 1878, in-12, 79 p.*

1168. — Bibliothèque nationale. Département des imprimés. Notice des objets exposés. — *Paris, Champion, 1878, in-12.*

1169. — Bibliothèque nationale. Département des estampes. Notice des objets exposés. — *Paris, Champion, 1878, in-12, 39 p.*

1170. — Exposition universelle de 1878 à Paris. Catalogue officiel de la section anglaise. Deuxième édition... — *Londres, Impr. Eyre et Spottiswoode, 1878, 2 vol. in-8°, plans.*

1171. — Exposition universelle de 1878 à Paris. Grande Bretagne. Catalogue de la section des Beaux-Arts. — *Londres, [Impr. Eyre et Spottiswoode], s. d., in-12.*

1172. — Exposition universelle de 1878 à Paris. Catalogue des colonies anglaises. — *Londres, [Impr. Eyre et Spottiswoode], s. d., in-8°.*

1173. — Exposition universelle de 1878 à Paris. Manuel de la section des Indes britanniques, par le docteur Georges C. M. Birdwood,... — *Londres, [Impr. Eyre et Spottiswoode], s. d., in-8°, pl.*

1174. — Exposition universelle de Paris, 1878. Catalogue de l'exposition du Ministère de l'Instruction publique de Russie. — *Paris, Hachette, 1878, in-8°, 72 p.*

1175. — Ministère de la Guerre. Rapport de la commission militaire sur l'exposition universelle de 1878. — *Paris, Impr. Nat., 1879, in-8°.*

1176. — Ministère de l'Agriculture et du Commerce. Rapport administratif sur l'exposition universelle de 1878 à Paris. [Par J. B. Krantz.] — *Paris, Impr. Nat., 1881, 2 vol. in-8° et atlas, in-4°.*

1177. — Ministère de l'Agriculture et du Commerce. Exposition universelle internationale de 1878 à Paris. Congrès et conférences du palais du Trocadéro. Comptes-rendus sténographiques publiés sous les auspices du comité central des congrès et conférences et la direction de M. Ch. Thirion,... Conférences du palais du Trocadéro. — *Paris, Impr. Nat., 1879, 3 vol. in-8°.*

    1re série : Industrie. Chemins de fer. Travaux publics. Agriculture.
    2e série : Arts. Sciences.
    3e série : Enseignement. Sciences économiques. Hygiène.

1178. — Ministère de l'Agriculture et du Commerce. Exposition universelle internationale de 1878 à Paris. Congrès et conférences du palais du Trocadéro. Comptes-rendus sténographiques publiés sous les auspices du comité central des congrès et conférences et la direction de M. Ch. Thirion,... — *Paris, Impr. Nat., 1879-1880, 33 vol. in-8°.*

    N° 1. Congrès international de l'agriculture.
    N° 2. Congrès international pour l'unification du numérotage des fils de toute nature.
    N° 3. Congrès scientifique international des institutions de prévoyance.
    N° 4. Congrès international de démographie.
    N° 5. Congrès international des sciences ethnographiques.
    N° 6. Congrès international des géomètres experts.
    N° 7. Conférences internationales de statistique.
    N° 8. Congrès international pour le développement et l'amélioration des moyens de transports.
    N° 9. Congrès international des architectes.

N° 10. Congrès international d'hygiène (2 vol.).
N° 11. Congrès international de médecine mentale.
N° 12. Congrès international du génie civil.
N° 13. Congrès international d'homœopathie.
N° 14. Congrès international de médecine légale.
N° 15. Congrès international sur le service médical des armées en campagne.
N° 16. Congrès international pour l'étude des questions relatives à l'alcoolisme.
N° 17. Congrès international des sciences anthropologiques.
N° 18. Congrès international de botanique et d'horticulture.
N° 19. Congrès international du commerce et de l'industrie.
N° 20. Congrès international de météorologie.
N° 21. Congrès international de géologie.
N° 22. Congrès international pour l'unification des poids, mesures et monnaies.
N° 23. Congrès international séricicole.
N° 24. Congrès international de la propriété industrielle.
N° 25. Congrès international du Club-Alpin français.
N° 26. Congrès international pour le patronage des prisonniers libérés.
N° 27. Congrès international de la propriété artistique.
N° 28. Congrès international de géographie commerciale.
N° 29. Congrès universel pour l'amélioration du sort des aveugles et des sourds-muets.
N° 30. Congrès international des sociétés des amis de la paix.
N° 31. Congrès international des brasseurs.
N° 32. Congrès international pour les progrès de l'industrie laitière.

1179. — Ministère du Commerce. Union des chambres syndicales ouvrières de France. Délégation nationale ouvrière à l'exposition universelle internationale d'Amsterdam, en 1883. Rapport d'ensemble par MM. Louis CHALAIN et Charles GRUMIER,... — *Paris, Impr. Nouvelle, 1885, 2 vol. in-8°.*

1180. — Ministère du Commerce et de l'Industrie. Rapport de M. Victor DELAHAYE, ouvrier mécanicien délégué à l'exposition coloniale et internationale d'Amsterdam, 1883. — *Paris, Impr. Nouvelle, 1886, in-8°.*

1181. — Le tour de l'exposition. Seul guide pratique avec plans de la ville et de l'exposition universelle d'Anvers, par un groupe de journalistes, d'ingénieurs et de spécialistes. — *Bruxelles, [Imp. Guyot], 1885, in-18, plan.*

1182. — Ministère du Commerce et de l'Industrie. Rapports des ouvriers délégués à l'exposition internationale d'Anvers en 1885. — *Paris, Impr. Nat., 1886, 2 vol. in-8°.*

1183. — Remarques sur l'exposition du Centenaire, par le Vte E. M. de Vogüé,... — *Paris, Plon, 1889, in-12.*

1184. — Ministère du Commerce et de l'Industrie. Exposition universelle de 1889 à Paris. Direction générale de l'exploitation. Exposition d'économie sociale. Enquête. Instructions et questionnaires. — *Paris, Impr. Nat., 1887, in-8°.*

1185. — Ministère du Commerce, de l'Industrie et des Colonies. Exposition universelle internationale de 1889 à Paris. Rapport général, par M. Alfred Picard,... — *Paris, Impr. Nat., 1891-1892, 10 vol. gr. in-8°, pl.*

    Tome 1er. — Historique des expositions universelles. Préliminaires de l'exposition universelle de 1889.
    Tome 2. — Travaux de l'exposition universelle de 1889.
    Tome 3. — Exploitation, services divers, régime financier et bilan de l'exposition universelle de 1889.
    Tome 4. — Les beaux-arts, l'éducation, l'enseignement, les arts libéraux. (Groupes I et II de l'exposition universelle de 1889. Exposition centennale de l'art français.)
    Tome 5. — Le mobilier, les tissus et les vêtements. (Groupes III et IV de l'exposition universelle de 1889.)
    Tome 6. — Les industries extractives, les produits bruts et ouvrés. L'outillage et les procédés des industries mécaniques. (Groupes V et VI de l'exposition universelle de 1889.)
    Tome 7. — L'outillage et les procédés des industries mécaniques. L'électricité (suite). (Groupe VI de l'exposition universelle de 1889.)
    Tome 8. — Les produits alimentaires. L'agriculture, l'aquiculture et l'horticulture. (Groupes VII, VIII et IX de l'exposition universelle de 1889.)
    Tome 9. — L'économie sociale. L'exposition rétrospective du travail et des sciences anthropologiques. Résumé et conclusions.
    Tome 10. — Pièces annexes. Actes officiels. Tableaux statistiques et financiers.

1186. — Ministère du Commerce, de l'Industrie et des Colonies. Exposition universelle internationale de 1889 à Paris. Rapport général par M. Alfred PICARD,... Extrait. Les Beaux-Arts, l'éducation et l'enseignement. — *Paris, Impr. Nat., 1891, gr. in-8°.*

1187. — Ministère du Commerce, de l'Industrie et des Colonies. Exposition universelle internationale de 1889 à Paris. Rapports du jury international publiés sous la direction de M. Alfred PICARD,... — *Paris, Impr. Nat., 1890-1892, 18 vol. gr. in-8°.*

> Tome 1er. — Groupe I. Œuvres d'art. Classes 1 à 5 bis.
> Tome 2. — Groupe II, 1re partie. Éducation et enseignement. Classes 6, 7, 8 et 6-7-8.
> Tome 3. — Groupe II, 2e partie. Matériel et procédés des arts libéraux. Classes 9 à 16.
> Tome 4. — Groupe III. Mobilier et accessoires. Classes 17 à 29.
> Tome 5. — Groupe IV. Tissus, vêtements et accessoires. Classes 30 à 40.
> Tomes 6, 7. — Groupe V. Industries extractives. Produits bruts et ouvrés. Classes 41 à 47.
> Tomes 8, 9. — Groupe VI. Outillage et procédés des industries mécaniques (1re, 2e parties). Classes 48 à 51.
> Tome 10. — Manque.
> Tomes 11 à 14. — Groupe VI. Outillage et procédés des industries mécaniques (4e à 7e parties). Classes 53 à 66.
> Tomes 15, 16. — Groupe VII. Produits alimentaires (1re, 2e parties). Classes 67 à 73.
> Tome 17. — Groupe VIII. Agriculture, viticulture et pisciculture. Classes 73 bis à 77. Groupe IX. Horticulture. Classes 78 à 83.
> Tomes 18, 19. — Groupe de l'économie sociale, 1re, 2e parties.

1188. — Exposition universelle de 1889. Les expositions de l'État au Champ de Mars et à l'esplanade des Invalides. — *Paris, Impr. des journaux officiels, 1890, 2 vol. in-4°.*

1189. — GLUCQ. L'Album de l'exposition. 1889. — *Paris, l'auteur, s. d., 2 vol. in-f°, pl.*

1190. — Les associations ouvrières en Angleterre (Trade-Unions), par M. le comte de PARIS. — *Paris, Germer-Baillière, 1869, in-12.*

1191. — Les salaires au XIXe siècle, par Emile CHEVALLIER,... avec une préface de M. E. LEVASSEUR,... — *Paris, Rousseau, 1887, in-8°.*

1192. — Histoire du luxe privé et public depuis l'antiquité jusqu'à nos jours, par H. BAUDRILLART,... — *Paris, Hachette, 1878-1880, 4 vol. in-8°.*

> Tome 1er. — Théorie du luxe. Le luxe primitif. Le luxe dans l'Orient antique et moderne. Le luxe en Grèce.
> Tome 2. — Le luxe romain. Le luxe à Rome sous la république et l'empire. Le luxe byzantin. La censure du luxe par les écrivains romains et les Pères de l'église. Le luxe funéraire dans l'antiquité.
> Tome 3. — Le moyen âge et la renaissance.
> Tome 4. — Le luxe dans les temps modernes.

F. FINANCES. CRÉDIT PUBLIC. IMPOTS. MONNAIES.

a). **Finances. Crédit public.**

1193. — Formulaire des esleuz, auquel sont contenues et déclarées les fonctions et devoirs desdits officiers, par le Pr. LA BARRE. — *in-8°.*

> Le titre manque. Le privilège est donné à Osmont de Rouen, en 1617.

1194. — Recherches et considérations sur les finances de France depuis l'année 1595 jusqu'à l'année 1721. [Par Fr. VÉRON DE FORBONNOIS.] — *Basle, Cramer, 1758, 2 vol. in-4°, tabl.*

1195. — Recherches et considérations sur les finances de France depuis 1595 jusqu'en 1721. [Par Fr. VÉRON DE FORBONNOIS.] — *Liège, 1758, 6 vol. in-12.*

1196. — Réponse de M. de CALONNE à l'écrit de M. Necker, publié en avril 1787, contenant l'examen des comptes de la situation des finances rendus en 1774, 1776, 1781, 1783 et 1787, avec des observations sur les résultats de l'assemblée des notables. — *Londres, Impr. Spilbury, janvier 1788, in-8°, tabl.*

1197. — Histoire financière de la France depuis l'origine de la monarchie jusqu'à l'année 1828; précédée d'une introduction sur le mode d'impôts en usage avant la Révolution, suivie de considérations sur la marche du crédit public et les progrès du système financier... par Jacques BRESSON. — *Paris, Bachelier, 1829, 2 vol. in-8°.*

1198. — Des fonds publics français et étrangers, des chemins de fer et des opérations de la Bourse de Paris... par Jacques BRESSON,... Neuvième édition... — *Paris, [Impr. Plon], 1849, in-12.*

1199. — Manuel du spéculateur à la Bourse, par P. J. PROUDHON. Quatrième édition. — *Paris, Garnier, 1857, in-12.*

1200. — Sociétés par actions et opérations de bourse considérées dans leurs rapports avec la pratique, la législation, l'économie politique, l'histoire et les réformes dont elles sont susceptibles, par Emile WORMS,... — *Paris, Cotillon, 1867, in-8°.*

1201. — Le crédit en France, par Romuald DEJERNON. — *Paris, Sagnier, 1871, in-12.*

1202. — Alfred NEYMARCK. Aperçus financiers. 1868-1872 ; 1872-1873. — *Paris, Dentu, 1872-1873, 2 vol. in-8°.*

1203. — Alfred NEYMARCK. La rente française, son origine, ses développements, ses avantages. — *Paris, Dentu, 1873, in-8°, 40 p.*

1204. — Traité élémentaire des opérations de bourse et de change, par Alph. COURTOIS fils,... Sixième édition. — *Paris, Garnier, 1876, in-12.*

1205. — Études sur le régime financier de la France avant la Révolution de 1789, par M. Ad. VUITRY,... Les impôts romains dans la Gaule du ve au xe siècle. Le régime financier de la monarchie féodale aux xie, xiie et xiiie siècles. — *Paris, Guillaumin, 1878, in-8°.*

1206. — Études sur le régime financier de la France avant la Révolution de 1789, par M. Ad. VUITRY,... Nouvelle série. Philippe le Bel et ses trois fils, 1285-1328. Les trois premiers Valois, 1328-1380. — *Paris, Guillaumin, 1883, 2 vol. in-8°.*

1207. — Isaac PEREIRE. Politique financière. La conversion et l'amortissement. — *Paris, Impr. Motteroz, 1879, in-8°.*

1208. — Dictionnaire des finances publié sous la direction de M. Léon Say,... par MM. Louis Foyot,... A. Lanjalley,... avec la collaboration des écrivains les plus compétents et des principaux fonctionnaires des administrations publiques. — *Paris, Berger-Levrault, 1889-1894, 2 vol. gr. in-8°.*

1209. — La dette publique. Histoire de la rente française, par J. M. Gorges,... — *Paris, Guillaumin, 1884, in-12.*

1210. — Documentos oficiales sobre los emprestitos de Honduras, publicados por Victor Herran. — *Paris, Impr. Goupy y Jourdan, 1884, in-8°.*

1211. — Les budgets contemporains. Budgets de la France depuis vingt ans et des principaux états de l'Europe depuis 1870. Développement des chemins de fer. Navigation. Commerce. Forces militaires des principaux pays, par Félix Faure,... — *Paris, Guillaumin, 1887, gr. in-4°.*

1212. — Cours de finances. Le budget, son histoire et son mécanisme, par René Stourm,... — *Paris, Guillaumin, 1889, in-8°.*

b). Impôts. Cadastre. Octrois.

1213. — Projet d'une dîme royale qui, supprimant la taille, les aides, les douanes d'une province à l'autre, les décimes du clergé, les affaires extraordinaires, et tous autres impôts onéreux et non volontaires, et diminuant le prix du sel de moitié et plus, produirait au roi un revenu certain et suffisant, sans frais et sans être à charge à l'un de ses sujets plus qu'à l'autre, qui s'augmenterait considérablement par la meilleure culture des terres. Par Monsʳ le maréchal de Vauban,... — *S. l. 1708, pet. in-8°, tabl.*

Ex libris du président Duplaa.

1214. — Théorie de l'impôt, par l'auteur de l'Ami des hommes [Victor de Riquetti, marquis de Mirabeau]. — *Amsterdam, Arktée et Merkus, 1761, in-12.*

**. — Observations de la chambre de commerce de Bayonne sur le projet de loi relatif aux contributions indirectes.
> Voy. Division HISTOIRE LOCALE.

**. — Mémoire sur l'impossibilité d'asseoir l'impôt foncier avec justice d'après le classement des terres dans les Basses-Pyrénées, par M. MAZÈRES.
> Voy. Division HISTOIRE LOCALE.

1215. — Chambre des Députés. Enquête sur les tabacs. — *S. l. n. d., in-4°, tabl. et carte.*

1216. — Discours prononcé par M. O'QUIN, député au corps législatif, dans la discussion du projet de loi relatif à une taxe municipale sur les voitures circulant à Paris. Séance du 12 avril 1856. — *Pau, Impr. Vignancour, 1856, in-8°, 15 p.*

1217. — Traité des finances. L'impôt en général ; son assiette, ses effets économiques, politiques et moraux ; catégories et espèces diverses d'impôts ; les emprunts, le crédit public et les dettes dites consolidées ; les dépenses publiques et les attributions de l'état ; les réformes financières ; l'impôt dans ses rapports avec le progrès et la misère. Notes historiques et documents statistiques, par M. Joseph GARNIER,... Deuxième édition. — *Paris, Garnier, 1862, in-12.*

1218. — Lettre d'un conseiller général sur les dépenses départementales. Signé Louis LA CAZE, membre du Conseil général des Basses-Pyrénées. — *Pau, Impr. Veronese, décembre 1867, in-8°, 24 p.*

1219. — Ministère des Finances. Direction générale des contributions directes. Nouvelle évaluation du revenu foncier des propriétés non bâties, faite par l'administration des contributions directes, en exécution de l'article 1er de la loi du 9 août 1879. — *Paris, Impr. Nat., 1883-1884, in-f° et 2 atlas gr. in-f°.*
> Résultats généraux. — Atlas statistique. — Tableaux graphiques.

1220. — Ministère des Finances. Direction générale des contributions directes. Rapport adressé à M. Rouvier,... par M. BOUTIN,...

sur les résultats de l'évaluation des propriétés bâties prescrite par la loi du 8 août 1885 (art. 34) (5 juillet 1890). — *Paris, Impr. des journaux officiels, 1890, in-f°.*

1221. — René STOURM,... Systèmes généraux d'impôts. Impôt sur le capital. — Impôt sur le revenu. — Impôt unique, en nature, capitation. — Tarifs progressifs. — Systèmes socialistes et radicaux. — Droits sur les successions. — Monopole de l'alcool. — Impôts sur le luxe, sur les valeurs mobilières et foncières, directs et indirects, de répartition et de quotité, etc. — Impôts sur les objets de première nécessité. — *Paris, Guillaumin, 1893, in-8°.*

1222. — Pétitions et mémoires sur la conservation du cadastre et sur la nécessité d'instituer un corps de géomètres experts, adressés à la Chambre des députés, par M. Jean Félix BARRAU,... — *S. l. [Paris, Impr. Dupont], avril 1835, in-8°, 88 p.*

Observations contre le projet de conservation du cadastre arrêté le 20 juillet 1837 par la commission créée par l'arrêté du 5 juin du Ministre des Finances et modifications importantes à introduire dans l'exécution et dans la forme du cadastre actuel pour lui donner la vertu de servir de titre à la propriété foncière et pour rendre sa conservation facile et économique, par J. Félix BARRAU,... — *Pau, Impr. Vignancour, 1838, in-8°, 100 p.*

Nécessité de renouveler les évaluations cadastrales d'après un mode plus exact, plus expéditif et plus économique, pour servir à la répartition de la contribution foncière entre les départements, les arrondissements, les communes et les propriétés individuelles et pour fournir des bases justes à la perception des droits d'enregistrement pour cause de mutation, par J. Félix BARRAU,... — *Pau, Impr. Vignancour, 1844, in-8°, 22 p.*

Pétitions. La première sur l'organisation de la conservation du cadastre et la seconde sur la nécessité de renouveler les évaluations cadastrales, adressées à la Chambre des députés dans les sessions 1844 et 1845, par M. J. F. BARRAU,... — *Paris, Impr. Proux, 1845, in-8°, 15 p.*

A MM. les membres des conseils généraux. Mémoire sur l'organisation du corps des géomètres. — *Sans titre ; [Noyon, Imp. Cottu-Harlay], in-8°, 8 p.*

1223. — Ministère des Finances. Commission extraparlementaire du cadastre, instituée au Ministère des Finances (décret du 30 mars 1891). Sous-commission juridique. Discours prononcés par M. Alfred NEYMARCK,... dans les séances des 12 et 26 novembre 1891, 25 février et 7 avril 1892. — *Paris, Impr. Nat., 1892, in-4°, 21 p.*

1224. — Études d'économie sociale. L'octroi et le vinage, par Romuald DEJERNON. — *Paris, Sagnier, [1870], in-12.*

1225. — La suppression des octrois. Rapport à la Chambre des députés, par Yves GUYOT. — *Paris, Challamel, 1889, in-8°, 72 p.*

c). Monnaies.

1226. — Ministère des Finances et Ministère de l'Agriculture, du Commerce et des Travaux publics. Enquête sur les principes et les faits généraux qui régissent la circulation monétaire fiduciaire. — *Paris, Impr. Imp., 1867-1869, 6 vol. gr. in-4°.*

    Tomes 1-3. Dépositions.
    Tome 4. Délibérations des Chambres de Commerce françaises et étrangères. Chambres consultatives des arts et manufactures, etc.
    Tome 5. Dépositions écrites françaises et étrangères.
    Tome 6. Rapport. Délibérations du Conseil supérieur. Documents annexes.

1227. — Conseil supérieur du commerce, de l'agriculture et de l'industrie. Enquête sur la question monétaire. — *Paris, Impr. Nat., 1872, 2 vol. gr. in-4°.*

1228. — La monnaie et le mécanisme de l'échange, par W. Stanley JEVONS,... — *Paris, Germer-Baillière, 1876, in-8°.*

1229. — Ministère des Affaires étrangères. Conférence monétaire internationale, avril-mai [juin-juillet] 1881. Procès-verbaux. — *Paris, Impr. Nat., 1881, 2 vol. gr. in-4°.*

G. COMMERCE. MANUFACTURES. DOUANES. BANQUES.

a). Commerce. Manufactures.

1230. — Laberinto de comercio terrestre y naval, donde breve y compendiosamente se trata de la mercancia y contratacion de tierra y mar... autor Juan de Hevia Bolaño,... — *Madrid, Sanchez, 1619, in-4°.*

1231. — Segunda parte de la curia filipica, donde se trata breve, y compendiosamente de la mercancia y contratacion de tierra y mar... autor Juan de Hevia Bolaño,... — *Valladolid, Morillo, 1623, in-4°.*
Suite du Laberinto du même auteur.

1232. — Le parfait négociant, ou instruction générale pour ce qui regarde le commerce des marchandises de France et des pays étrangers. Pour la banque, le change et rechange. Pour les sociétés ordinaires, en commandite et anonymes. Pour les faillites, banqueroutes, séparations, cessions et abandonnements de biens. Pour la manière de tenir les livres journaux d'achats, de vente, de caisse et de raison. Des formulaires de lettres et billets de change, d'inventaire et de toutes sortes de sociétés. Comme aussi plusieurs parares ou avis et conseils sur diverses matières de commerce très importantes. Par le sieur Jaques Savary. Enrichi d'augmentations par le feu sieur Jaques Savary Desbruslons. Nouvelle édition, revue et corrigée sur leurs mémoires, et nouvellement augmentée des édits, déclarations, arrêts et règlements intervenus, depuis la précédente édition, sur le fait du commerce et des manufactures; ensemble de la vie de l'auteur, par M. Philémon Louis Savary,... son fils. Augmentée de l'Art des lettres de change, par Dupuis de la Serra, et du Traité des changes étrangers, par Claude Nolot. — *Genève, Cramer et Philibert, 1752, 2 vol. in-4°, fr. gr. et pl.*

**. — Histoire philosophique et politique des établissements et du commerce des Européens dans les deux Indes, par l'abbé RAYNAL.

Voy. Division HISTOIRE.

1233. — Dictionnaire universel de la géographie commerçante contenant tout ce qui a rapport à la situation et à l'étendue de chaque état commerçant; aux productions de l'agriculture et au commerce qui s'en fait; aux manufactures, pêches, mines, et au commerce qui se fait de leurs produits; aux lois, usages, tribunaux et administration de commerce; au roulage, à la navigation; aux banques, compagnies de commerce, poids, mesures et monnaies; au commerce d'exportation et d'importation, au change, à la balance du commerce, aux colonies, etc. Par J. PEUCHET,... — *Paris, Blanchon, an VII-an VIII, 5 vol. in-4°.*

1234. — Vocabulaire des termes de commerce, banque, manufactures, navigation marchande, finance mercantile et statistique, par J. PEUCHET. — *Paris, Testu, an IX (1801), in-4°.*

1235. — Ideen über die Politik, den Verkehr und den Handel der vornehmsten Völker der alten Welt. Von A. H. L. HEEREN,... — *Wien, 1817, 5 tom. en 4 vol. in-8°, cartes.*

1236. — Considérations sur l'état politique et commercial des puissances européennes, depuis la Révolution jusqu'au congrès d'Aix-la-Chapelle, par M. DORION. — *Paris, Dentu, 1818, in-8°.*

1237. — Causes du malaise industriel et commercial de la France et moyens d'y remédier, par M. Emile BÉRES,... Ouvrage couronné à l'unanimité, en 1832, par la Société industrielle de Mulhouse, suivi du rapport fait par M. le baron Charles DUPIN à l'Académie des sciences. — *Paris, Paulin, 1832, in-8°.*

1238. — Science économique des manufactures. Traduit de l'anglais de Ch. BABBAGE, sur la troisième édition, par M. ISOARD,... — *Paris, Dondey-Dupré, 1834, in-8°.*

1239. — Ministère de l'Agriculture et du Commerce. Documents sur le commerce extérieur. — *,Paris, Impr. Dupont, [Impr. Nat.], 843-1894, 51 vol. gr. in-8°*.

> Le titre porte à partir de 1851 : Annales du commerce extérieur. Continue à paraître.

1240. — Conseils généraux de l'agriculture, des manufactures et du commerce, 1841-1842. [Question des sucres.] Procès-verbaux. — *Paris, Impr. Roy., 1843, in-4°, 96 p.*

1241. — Conseils généraux de l'agriculture, des manufactures et du commerce. 1841-1842. Procès-verbaux. — *Paris, Impr. Roy., 1845, in-4°.*

1242. — Conseils généraux de l'agriculture, des manufactures et du commerce. 1845-1846. Procès-verbaux. — *Paris, Impr. Roy., 1846, 3 vol. in-4°.*

1243. — Ministère de l'Agriculture et du Commerce. Conseil général de l'agriculture, des manufactures et du commerce. Session 1850. — *Paris, Impr. Panckoucke, 1850, 4 vol. in-4°.*

> Tome 1er. Procès-verbaux.
> Tomes 2-3. Notices sur les questions soumises aux délibérations du Conseil général. Agriculture.
> Tome 4. Notices... Manufactures et commerce.

1244. — Chambre de commerce de Rouen. Exploration commerciale dans les mers du Sud et de la Chine, par M. Marc Arnaudtizon,... Rapport de ce délégué. — *Rouen, Impr. Péron, 1851, in-8°.*

1245. — Chambre de commerce de Boulogne-sur-Mer. Compte-rendu de ses travaux... — *Boulogne-sur-Mer, Impr. Berr, 1877-1878, 3 vol. gr. in-8°.*

> IV. Années 1873 et 1874.
> VI. Années 1876 et 1877.
> VII. Années 1877 et 1878.

1246. — La liberté commerciale, son principe et ses conséquences, par M. J. Dupuit,... — *Paris, Guillaumin, 1861, in-12.*

1247. — XXVIIIe session. Congrès scientifique de France à Bordeaux. Question des docks. Discours prononcé dans le sein du congrès, par M. Raoul BALGUERIE. Séance du mardi 24 septembre 1861. — *Bordeaux, Impr. Picot, 1861, in-8°, 19 p.*

1248. — La hotte du chiffonnier, par Louis PAULIAN. Deuxième édition. — *Paris, Hachette, 1890, gr. in-8°, pl.*

1249. — Histoire du commerce du monde depuis les temps les plus reculés, par Octave NOEL,... Temps ancien. Moyen âge. — *Paris, Plon, 1891, gr. in-8°, pl. et cartes.*

1250. — La concurrence étrangère. Les musées commerciaux et l'exposition universelle de 1889. Le musée commercial, métropolitain, colonial et universel de Paris, par Paul VIBERT (Théodore Vibert fils). — *Paris, Guérin, 1892, in-18.*

b) Douanes. Traités de commerce. Contrebande.

1251. — Tratado juridico-politico del contra-bando... escribiale el Lic. D. Pedro Gonzalez de SALCEDO,... — *Madrid, Diaz de la Carrera, 1654, in-4°.*

1252. — Des intérêts respectifs du Midi et du Nord de la France dans les questions de douanes ; de l'importance relative de l'industrie intérieure et du commerce extérieur ; des intérêts spéciaux du commerce et du système de protection pour l'industrie du pays ; de l'avenir industriel du royaume. Par C. J. A. Mathieu de DOMBASLE,... — *Paris, Huzard, 1834, in-8°, 66 p.*
La couverture imprimée sert de titre.

1253. — Ministère du commerce. Enquête relative à diverses prohibitions établies à l'entrée des produits étrangers, commencée le 8 octobre 1834, sous la présidence de M. T. Duchatel,... — *Paris, Impr. Roy., 1835, 3 vol. in-4°.*
Tome 1er. Documents généraux.
Tome 2. Poteries. Plaqués. Verreries.
Tome 3. Fils et tissus de laine et de coton.

1254. — Tarif des douanes de la Grande-Bretagne. Traduit au Ministère du Commerce, sur les actes des 28 août 1833 et 15 août 1834...

Extrait des Archives du Commerce. Tome X. — *Paris, Impr. Moreau de Saint-Fussien, 1835, in-8°, 48 p.*

1255. — Étude économique sur les tarifs de douanes, par M. Amé,... — *Paris, Guillaumin, 1859, in-8°.*

1256. — Étude économique sur les tarifs de douane, par M. Amé,... Deuxième édition. — *Paris, Guillaumin, 1860, in-8°.*

**. — Traité de commerce conclu entre la France et la Grande-Bretagne (1860).
  Voy. Division JURISPRUDENCE.

1257. — Conseil supérieur de l'agriculture, du commerce et de l'industrie. Enquête. Traité de commerce avec l'Angleterre. Industrie métallurgique. — *Paris, Impr. Imp., 1860, 2 vol. gr. in-4°.*

1258. — Conseil supérieur de l'agriculture, du commerce et de l'industrie. Enquête. Traité de commerce avec l'Angleterre. Industries textiles. Laine. — *Paris, Impr. Imp., 1860, gr. in-4°.*

1259. — Conseil supérieur de l'agriculture, du commerce et de l'industrie. Enquête. Traité de commerce avec l'Angleterre. Produits divers. Sucres raffinés. — Produits alcooliques. — Produits chimiques. — Verreries. — Produits céramiques. — Tabletterie. — Cuirs et peaux. — Carrosserie. — Bâtiments de mer et embarcations. — *Paris, Impr. Imp., 1861, gr. in-4°.*

1260. — Conseil supérieur de l'agriculture, du commerce et de l'industrie. Enquête. Traité de commerce avec l'Angleterre. Actes et documents. — *Paris, Impr. Imp., 1861, gr. in-4°.*

1261. — Tarif des douanes turques arrêté le 5 décembre 1861, dans la commission mixte instituée ad hoc par l'ambassade de France et la Porte Ottomane et établissant les droits d'importation sur les marchandises de provenance française et suisse, ainsi que les droits d'exportation sur les articles de provenance ottomane ; précédé du traité de commerce conclu entre la France et la Turquie le 29 avril 1861. — *Constantinople, Impr. Cayol, 1862, in-8°.*

1262. — Ministère de l'Agriculture et du Commerce. Conseil supérieur du commerce, de l'agriculture et de l'industrie. Examen des tarifs de douane. — *Paris, Impr. Nat., 1876, gr. in-4°*.

1263. — La liga aduanera Iberica. Memoria... escrita por el Excmo S' D. Jose Garcia BARZANALLANA,... Segunda edicion. — *Madrid, Impr. de Martinez, 1878, in-4°*.

c). Banques. Tenue des livres. Sociétés de crédit. Caisses d'épargne.

1264. — La banque de France dans ses rapports avec le crédit et la circulation, par Gustave MARQFOY. — *Paris, Guillaumin, 1862, in-8°*.

1265. — Principes de la constitution des banques, par M. Isaac PEREIRE. — *Paris, Dupont, 1865, in-8°*.

1266. — Banque de France. Assemblée générale des actionnaires de la Banque de France... Compte-rendu au nom du Conseil général de la Banque et rapport de MM. les Censeurs. — *Paris, Impr. Dupont, 1879-1894, 13 fasc. in-4°*.
Années 1879, 1882 à 1891, 1894, 1895.

1267. — Commission de surveillance des banques coloniales. Rapport au Président de la République sur les opérations des banques coloniales... —*Paris, Impr. Nat., 1884-1887, 3 fasc. in-4°*.
Exercices 1883-1884, 1885-1886, 1886-1887.

1268. — La comptabilité. Théorie, pratique et enseignement. Comptabilité et tenues des livres du commerce, de l'industrie et de l'agriculture, de la banque et de la finance, des assurances et des chemins de fer, comptabilité publique. Notions générales de change et de bourse, par H. LEFÈVRE,... — *Paris, Libr. illustrée, s. d., [1886], in-8°*.

1269. — Du crédit foncier, par Marcel BARTHE,... — *Pau, Impr. Veronese, 1850, in-4°, 33 p*.

1270. — Du crédit foncier, par Jules MARTINELLI,... — *Bordeaux, Chaumas, 1851, in-18, 32 p*.

1271. — Études sur le crédit foncier, par M. Félix Héron de Villefosse,... — *Auxerre, Impr. Gallot, 1852, in-8°, 48-8 p.*

1272. — Crédit foncier ou nouveau mode d'emprunt sur hypothèque, avec le décret du 10 décembre 1852 et la convention qui l'approuve, par Félix Héron de Villefosse,... — *S. l. n. d., Auxerre, Impr. Gallot, in-12, 13 p.*

**. — Le crédit foncier en France et le département des Basses-Pyrénées, par M. Bellemare.
Voy. Division Histoire locale.

1273. — La Société du Prince Impérial (Prêts de l'enfance au travail). Son but, ses progrès, son avenir. Étude suivie d'un recueil de documents pour servir à l'intelligence du mécanisme de l'institution, par A. G. Bellemare. — *Pau, Impr. Vignancour, 1864, in-8°, vii-64 p.*

1274. — Complément de l'exposé d'un système de crédit foncier rural et de crédit agricole, présenté à la Société d'Agriculture de la Haute-Garonne, par F. Granié,... Juin 1867. — *S. l., Toulouse, Impr. Troyes, in-8°, 80 p.*

**. — De la caisse d'épargne et de prévoyance établie à Genève, par Eusèbe Salverte.
Voy. Division Histoire.

1275 — Rapport au roi sur les caisses d'épargne. — *Paris, Impr. Roy., 1838-1845, 6 vol. in-4°.*
Les années 1836, 1839, 1840, 1841, 1842, 1843.

1276. — Rapport à Sa Majesté l'Empereur sur les caisses d'épargne. Année 1867. — *Paris, Impr. Imp., 1868, gr. in-4°.*

1277. — Rapport à Monsieur le Président de la République sur les opérations des caisses d'épargne. — *Paris, Impr. Nat., 1876-1887, 5 vol. in-4°.*
Années 1874, 1879, 1880, 1884, 1885.

1278. — Ministère des Finances. Direction générale es postes et des

— 185 —

télégraphes. Rapport à Monsieur le Président de la République sur les opérations de la caisse nationale d'épargne. (Caisse d'épargne postale.) — *Paris, Impr. Nat., 1887, in-4°, 64 p.*

Année 1886. La couverture imprimée sert de titre.

H. COLONIES.

**. — Pour les ouvrages relatifs à la colonisation de l'Algérie.
Voyez Division HISTOIRE.

1279. — Mémoire présenté à M. le Ministre de la Marine et des Colonies, sur quelques améliorations à apporter à la colonie du Sénégal, par M. HÉRICÉ,... — *Paris, Impr. Plon, 1847, in-8°; 48 p.*

1280. — Le commerce et la navigation de l'Algérie avant la conquête française, par M. F. Elie de LA PRIMAUDAIE... — *Paris, Impr. Lahure, 1861, in-8°, carte.*

**. — Les colonies et la politique coloniale de la France, par M. Jules DUVAL.
Voy. Division HISTOIRE.

1281. — Tableaux de population, de culture, de commerce et de navigation, formant pour l'année 1863 [1864, 1865] la suite des Tableaux insérés dans les notices statistiques sur les colonies françaises. — *Paris, Impr. Imp., 1865-1867, 3 vol. in-8°.*

**. — Tableau général du commerce de la France avec ses colonies et les puissances étrangères.
Voy. Division HISTOIRE.

1282. — La question Tonkinoise, avant et après le traité avec la Chine, par J. PÈNE-SIEFERT. — *Paris, Lemerre, 1885, in-8°, 51 p.*

1283. — Ministère de la Marine et des Colonies. Statistiques coloniales... — *Paris, Impr. Nat., 1886-1887, 2 vol. in-8°.*

Années 1884, 1885.

1284. — Rapport présenté au Ministre de la Marine et des Colonies, par le conseil supérieur des colonies pour l'année 1885. — *S. l. n. d., Paris, Impr. des journaux officiels, in-f°, 8 p.*
La couverture imprimée sert de titre.

**. — L'expansion coloniale de la France. Étude économique, politique et géographique sur les établissements français d'outre-mer, par J. L. de LANESSAN.
Voy. Division HISTOIRE.

** — La France coloniale. Histoire, géographie, commerce. Ouvrage publié par M. Alfred RAMBAUD.
Voy. Division HISTOIRE.

1285. — Une visite aux colonies de la République Argentine, par Alexis PEYRET,... — *Paris, Impr. Mouillot, 1889, in-8°.*

**. — Exposition coloniale de 1889. Les colonies françaises. Notices illustrées publiées sous la direction de M. Louis HENRIQUE.
Voy. Division HISTOIRE.

1286. — Recueil des délibérations du congrès colonial national. Paris, 1889-1890. — *Paris, Librairie des Annales économiques, 1890-1892, 3 vol. in-8°.*

1287. — Histoire de la question coloniale en France, par Léon DESCHAMPS,... — *Paris, Plon, 1891, in-8°.*

**. — L'expansion de la France, par Louis VIGNON.
Voy. Division HISTOIRE.

I. CIRCULATION INTÉRIEURE. CHEMINS DE FER. CANAUX.

1288. — Ministère du Commerce et des Travaux publics. Rapport au Conseil général des manufactures, sur l'intervention du gouvernement dans l'exécution des chemins de fer. [Par Léon TALABOT, rapporteur.] — *Sans titre ; Impr. Roy., janvier 1834, in-4°, 28 p.*

1289. — Chemins de fer des Pyrénées. Aux habitants des vallées du Gave, de l'Ousse, de l'Echez, de l'Adour, de l'Arros, du Bouès, de l'Osse et de la Baïse. Signé : Colomès de Juillan,... Tarbes, le 10 janvier 1839. — *Sans titre ; Bagnères, Impr. Dossun, in-4°, 16 p.*

1290. — Délibération sur le chemin de fer de Bordeaux à Bayonne, prise par le Conseil municipal de la ville de Mont-de-Marsan, sur le rapport de M. V^{or} Lefranc,... [le 23 novembre 1844]. — *Sans titre ; Mont-de-Marsan, Impr. Leclercq, 1845, in-4°, 7 p.*

1291. — Chemin de fer de Bordeaux à Toulouse. [Note sur la possibilité d'établir immédiatement et sans frais pour l'État un chemin de fer entre Bordeaux et Toulouse, en utilisant les travaux faits pour l'établissement du canal latéral à la Garonne, et sur les avantages qui en résulteraient pour les habitants du Sud-Ouest de la France.] Signé : Tarbé des Sablons,... Paris, le 20 novembre 1850. — *S. l. n. d. [Sceaux, Impr. Dépée], in-4°, 9 p.*

1292. — Chemin de fer de Bordeaux à Toulouse. État de la question, par M. Tarbé des Sablons. 1er mai 1851. — *Paris, Impr. Chaix, in-4°, 20 p.*

La couverture imprimée sert de titre.

1293. — Chemin de fer de Bordeaux à Toulouse et à Cette. Résumé des questions soulevées par le projet de construire un chemin de fer de Bordeaux à Toulouse et à Cette, en utilisant les travaux du canal latéral à la Garonne, par M. Tarbé des Sablons. — *Paris, 15 août 1851, in-4°, 12 p.*

1294. — Du chemin de fer de Cette à Bordeaux et de ses embranchements vers l'Espagne, au 20 mai 1852, par M. J. N. d'Espaignol-Lafagette,... — *Sans titre ; Foix, Impr. Pomiés, in-8°, 11 p.*

1295. — Considérations sur le chemin de fer de Montauban à St-Etienne et sur ceux qui doivent compléter le réseau du Sud-Ouest de la France, par M. Augustin de Thuret. — *Paris, Impr. Chaix, juillet 1852, in-8°, 47 p., carte.*

1296. — Réseau Pyrénéen. Simple analyse de la demande de concession faite par M. Péreire, au nom de la Compagnie du Midi, pour certains tronçons isolés de ce réseau. Comparaison de cette demande avec celle de la Compagnie d'Embarrère pour le réseau Pyrénéen complet. Par J^h BARRANDE,... — *Paris, Impr. Preve, s. d., [1853], in-8°, 56 p., carte.*

1297. — Des chemins de fer Pyrénéens, par P. O'QUIN,... — *Pau, Impr. Vignancour, 1853, in-12.*

La couverture imprimée sert de titre.

1298. — Opinion de la Chambre de commerce de Toulouse sur les projets de chemins de fer à construire dans les départements Pyrénéens. Délibération du 20 mai 1853. — *Toulouse, Impr. Gibrac, s. d., in-4°, 12 p.*

1299. — Des réformes à opérer dans l'exploitation des chemins de fer et des conséquences qui peuvent en résulter, soit pour l'augmentation du revenu des compagnies, soit pour l'abaissement des prix de transport, l'organisation de l'industrie voiturière et la constitution économique de la société. [Par P. J. PROUDHON.] *Paris, Garnier, 1855, in-12.*

1300. — Compagnie des chemins de fer du Midi et du canal latéral à la Garonne. Assemblée générale des actionnaires... Rapport du conseil d'administration. Résolutions de l'assemblée générale. — *Paris, Impr. Dupont, 1853 et ann. suiv., 43 fasc. in-4°, cartes.*

Les années 1853 à 1863, 1865 à 1887, 1889 à 1895.
Assemblée extraordinaire : 1859, 1883, 1891.

1301. — Marseille et les chemins de fer français. — *Paris, Impr. Brière, 1862, in-8°, 31 p.*

1302. — De l'abaissement des tarifs de chemins de fer en France, par Gustave MARQFOY,... — *Paris, Libr. Nouvelle, 1863, gr. in-8°.*

1303. — Chemins de fer. Ligne d'Agen à Tarbes. Signé : Un commerçant de Tarbes. Tarbes, le 1er octobre 1867. — *Sans titre; Tarbes, Impr. Lescamela, in-8°, 20 p.*

1304. — Dictionnaire législatif et réglementaire des chemins de fer, contenant le résumé des documents officiels en vigueur et les principaux renseignements pratiques sur l'établissement, l'entretien, la police et l'exploitation des voies ferrées. Personnel, exploitation technique, matériel, voie, service commercial, par G. Palaa,... 2ᵉ édition. — *Paris, Cosse, Marchal et Billard, 1872-1881, 2 vol. gr. in-8°.*

305. — Isaac Pereire. La question des chemins de fer. — *Paris, Imp. Motteroz, 1879, in-8°, cartes.*

306. — La huelga en los ferro-carriles de los Estados Unidos de la America del Norte en 1877. Estudio hecho por el marques de La Vega de Armijo... — *Madrid, Impr. de Martinez, 1879, in-12.*

307. — Les chemins de fer de l'État en Belgique. Lettre à M. le président de la Société des ingénieurs civils, par L. Molinos,... — *Paris, Impr. Chaix, 1880, in-8°, 15 p.*

308. — Notice sur les avantages que rapporterait la construction d'un chemin de fer direct de Madrid à la frontière française, par Baides, Castejon et Roncal. [Par Jose Canalejas y Casas.] — *Madrid, Impr. Juste, 1881, in-8°, 71 p., carte.*

309. — Dictamenes de los cuerpos colegisladores, con los discursos pronunciados en los mismos, acerca del proyecto de ley autorizando la construccion del ferro-carril internacional a Francia por Huesca, Jaca, y Canfranc, y ley de dicho ferro-carril sancionado por S. M. el Rey, en 5 de Enero de 1882. — *Zaragoza, Impr. del hospicio provincial, 1882, in-8°.*

310. — Étude sur les chemins de fer des Pays-Bas, par M. Albert Jacqmin,... Deuxième édition... — *Paris, Dunod, 1882, in-8°, carte.*

311. — La Compagnie du Midi et ses canaux. Signé : Hippolyte Peut. — *Paris, Impr. Poitevin, 1862, in-8°, 32 p.*

312. — Essai historique sur le canal de Monsieur en Anjou, par

M. GUILLORY aîné,... — *Angers, Impr. Cosnier et Lachèse, 1864, in-8°, 31 p.*

La couverture imprimée sert de titre.

1313. — Ministère de l'Instruction publique et des Beaux-Arts. Étude historique et statistique sur les moyens de transport dans Paris,... par Alfred MARTIN,... — *Paris, Impr. Nat., 1894, in-8°, plans.*

J. STATISTIQUE GÉNÉRALE. SERVICES PUBLICS.

1314. — Annales de statistique, ou journal général d'économie politique, industrielle et commerciale ; de géographie, d'histoire naturelle, d'agriculture, de physique, d'hygiène et de littérature. — *Paris, Impr. Valade, an X (1802), 4 tom. en 3 vol. in-8°, tabl.*

Les tomes 1, 2, 3 et 4 seuls. A partir du tome 2, le titre porte : Annales de statistique, ouvrage spécialement destiné à présenter le tableau réel de la France sous le rapport de l'étendue et de la division du territoire ; de la population ; des productions des trois règnes de la nature ; de l'état de la littérature, des sciences et des arts ; de l'industrie ; du commerce et de ses moyens ; de la navigation marchande ; des revenus de l'État ; des forces de terre et de mer, etc., par L. J. P. BALLOIS.

1315. — Les mystères des pompes funèbres de la ville de Paris dévoilés par les entrepreneurs eux-mêmes ; suivi du guide des familles pour le règlement général des convois, d'après les tarifs du cahier des charges homologué par décret du 2 octobre 1852. Par M. BALARD,... — *Paris, Impr. Allard, 1856, in-8°.*

1316. — Le feu à Paris et en Amérique, par le colonel PARIS,... — *Paris, Germer-Baillière, 1881, in-12, cartes.*

1317. — Ministère des Postes et des Télégraphes. Rapport présenté à Monsieur le Président de la République, par M. Ad. COCHERY,... — *Paris, Impr. Nat., 1884, in-f°.*

1318. — La poste aux lettres, par Louis PAULIAN. Troisième édition. — *Paris, Hachette, 1892, gr. in-8°, pl.*

319. — Republica Argentina. Codigos postal y telegrafico dictados durante la administracion del D' C. Carles. — *Buenos-Aires, 1895, 3 vol. in-8°.*

SCIENCES PHYSIQUES & CHIMIQUES

9. PHYSIQUE.

A. HISTOIRE. GÉNÉRALITÉS. TRAITÉS PRÉPARATOIRES.

320. — Hieronymi Cardani,... de subtilitate libri xxi. Nunc demum ab ipso autore recogniti atque perfecti. — *Lugduni, Rouillius, 1554, in-8°.*

321. — Hieronymi Cardani,... de subtilitate libri xxi. Nunc demum ab ipso autore recogniti atque perfecti. — *Lugduni, Rouillius, 1559, in-8°.*

322. — Hieronymi Cardani,... de subtilitate libri xxi. Ab ipsa authoris recognitione, nunc demum emaculatiores et longe perfectiores redditi. — *Lugduni, Michaelis, 1580, in-8°.*

323. — Hieronymi Cardani,... de rerum varietate libri xvii. — *Basileæ, [Henricus Petri], 1557, in-f°.*

324. — Hieronymi Cardani,... de rerum varietate libri xvii, a prima editione ab ipso denuo authore recogniti... — *Avinione, Vincentius, 1558, in-8°.*

325. — Julii Cæsaris Scaligeri exotericarum exercitationum liber quintus decimus, de subtilitate, ad Hieronymum Cardanum... — *Lutetiæ, Morellus, 1557, in-4°.*

326. — Gulielmi Adolphi Scribonii physica et sphærica doctrina; illa Timothei Brighti,... animadversionibus; hæc vero M. Zachariæ Paltheni,... notis illustrata. Tertio nunc edita... — *Francofurdi, Wechelus, 1593, pet. in-8°.*

Isagoge sphærica Guilielmi Adolphi Scribonii, in gratiam studiosæ juventutis notis et explicationibus illustrata, per M. Zachariam Palthenium Fridbergensem. — *Francofurdi, Wechelus, 1593, pet. in-8°.*

1327. — Brun. Seidelii,... Physica, cum supplemento Rodolphi Goclenii,... — *Francofurto, Palthenius, 1596, in-8°.*

1328. — Contemplatio gemina, prior ex generali physica de loco, altera, ex speciali de terræ motu, potissimum illo stupendo qui fuit anno 1601, mense septembri, scripta a Bartholomæo Keckermanno et nunc secundum edita. — *Hanoviæ, Antonius, 1607, in-8°.*

Præcognitorum philosophicorum libri duo, naturam philosophiæ explicantes et rationem ejus, tum docendæ, tum discendæ, monstrantes, publicis prælectionibus propositi et cursui philosophico præmissi in gymnasio Dantiscano a Bartholomæo Keckermanno,... — *Hanoviæ, Antonius, 1608, in-8°.*

1329. — Le second livre de la Science des choses corporelles, où l'on voit quelle est l'action du souverain agent de la nature sur les autres corps principaux ; si la lumière est corporelle ou incorporelle ; comment se fait l'élévation des nuées et leur chute ; l'origine des fontaines, la cause du vent et du tremblement de terre ; celle des comètes et autres feux ; quels sont les corps dérivés fixes, comme les divers genres de terre et de pierres, les métaux et les plantes ; quelles sont les propriétés des animaux terrestres et aquatiques, parfaits et imparfaits, et ce qui appartient au corps de l'homme, avec la recherche des sens externes et internes. Le tout appuyé sur des raisonnements naturels contre les erreurs vulgaires. Par M. Ch. Sorel,... — *Paris, Billaine, 1637, in-4°.*

Ce tome seul.

1330. — Physica, id est scientia rerum corporearum in decem tractatus distributa, auctore Honorato Fabri, Soc. Jesu. Nunc primum in lucem prodit. — *Lugduni, Anisson, 1669-1671, 1 vol. in-4°, pl.*

Incomplet ; se termine avec le traité huit.

1331. — Observations curieuses sur toutes les parties de la physique, extraites et recueillies des meilleures mémoires, [par le P. Guil. Hyac. BOUGEANT et le P. Nicolas GROZELLIER]. — *Paris, Jombert, 1726-1730, 3 vol. in-12.*

1332. — Institutions de physique, [par la marquise DU CHATELET]. — *Paris, Prault, 1740, in-8°, pl.*

1333. — Le vrai système de physique générale de M. Isaac Newton, exposé et analysé en parallèle avec celui de Descartes ; à la portée du commun des physiciens, par le R. P. Louis CASTEL, de la Compagnie de Jésus,... — *Paris, Simon, 1743, in-4°, pl.*

B. AUTEURS ANCIENS ET LEURS COMMENTATEURS.

1334. — ARISTOTELIS Stagiritæ Physicorum libri VIII. Quibus adjecimus omnia illius opera quæ ad naturalem philosophiam spectare videbantur... — *Lugduni, Berjon, 1580, in-32.*
Le tome 2 seul.

1335. — Physique d'ARISTOTE ou leçons sur les principes généraux de la nature, traduite en français pour la première fois et accompagnée d'une paraphrase et de notes perpétuelles, par J. BARTHÉLEMY SAINT-HILAIRE,... — *Paris, Durand, 1862, 2 vol. in-8°.*

1336. — Jacobi FABRI STAPULENSIS in Aristotelis octo physicos libros paraphrasis ; adjectis Judoci CLICTHOVEI Neoportuensis scholiis. — *Parisiis, Regnault, 1525, in-f°.*
Le titre manque.

1337. — Naturalis totius philosophiæ paraphrases. Ad postremam autoris manum Franciscus Vatablus recognovit... [auctore Jacobo FABRO STAPULENSI]. — *Lugduni, Vincentius, 1538, in-8°.*

1338. — Totius naturalis philosophiæ in Physicam Aristotelis epitome, cujus hæc est facies : Physicorum Libri VIII. — De cœlo IIII. — De generatione II. — Meteororum IIII. — De Anima II. — Hieronymo Wildenbergio Aurimontano autore. — *Parisiis, Richard, 1548, in-8°*.

Petri Rami Veromandui Rhethoricæ distinctiones... Oratio ejusdem de studiis philosophiæ et eloquentiæ conjungendis. — *Parisiis, Grandinus, 1549, in-8°*.

1339. — D. Francisci Toleti, S. J. Commentaria, unà cum quæstionibus, in octo libros Aristotelis de physica auscultatione. Item, in lib. Arist. De generatione et corruptione... — *Coloniæ-Agrippinæ, hær. Birckmanni, 1577, in-4°*.

1340. — D. Fr. Toleti, Societatis Jesu, commentaria unà cum quæstionibus, in octo libr. Aristot. de physica auscultatione... — *Lugduni, Sib. à Porta, 1588, in-8°*.

D. Fr. Toleti, Societatis Jesu, commentaria unà cum quæstionibus, in librum de generatione et corruptione Aristotelis... — *Lugduni, Sib. à Porta, 1588, in-8°*.

1341. — D. Fr. Toleti, Societatis Jesu, commentaria unà cum quæstionibus in octo libr. Aristot. de physica auscultatione. Item in lib. Arist. de generat. et corrupt... — *Lugduni, Veyrat, 1598, in-8°*.

D. Fr. Toleti, Societatis Jesu, commentaria una cum quæstionibus in librum de generatione et corruptione Aristotelis... — *Lugduni, Veyrat, 1598, in-8°*.

1342. — D. Fr. Toleti, Societatis Jesu, commentaria unà cum quæstionibus in octo libr. Aristot. de physica auscultatione... — *Lugduni, Veyrat, 1598, in-8°*.

1343. — D. Fr. Toleti, Societatis Jesu, commentaria unà cum quæstionibus in librum de generatione et corruptione Aristotelis... — *Lugduni, Veyrat, 1598, in-8°*.

D. Francisci Toleti, Societatis Jesu, commentaria unà cum quæstionibus, in tres libros Aristotelis de anima... — *Lugduni, Veyrat, 1602, in-8°*.

1344. — Benedicti Pererii, Societatis Jesu, de communibus omnium rerum naturalium principiis et affectionibus, libri quindecim.

Qui plurimum conferunt ad eos octo libros Aristotelis, qui de Physico auditu inscribuntur, intelligendos... omnia in hac postrema editione... emendata. — *Parisiis, Brumennius, 1585, in-4°.*

1345. — Commentarii collegii Conimbricensis, Societatis Jesu, in quatuor libros de cœlo Aristotelis Stagiritæ. Hac secunda editione... auctiores. — *Lugduni, Junta, 1598, in-4°.*

Commentarii collegii Conimbricensis, Societatis Jesu, in libros meteororum Aristotelis Stagiritæ. — *Lugduni, Junta, 1598, in-4°.*

Commentarii collegii Conimbricensis, Societatis Jesu, in libros Aristotelis qui parva naturalia appellantur. — *Lugduni, Junta, 1597, in-4°.*

In libros Ethicorum Aristotelis ad Nicomachum aliquot Conimbricensis cursus disputationes, in quibus præcipua quædam ethicæ disciplinæ capita continentur. — *Lugduni, Junta, 1598, in-4°.*

Commentarii collegii Conimbricensis, Societatis Jesu, in tres libros de anima Aristotelis Stagiritæ. Hac tertia editione... emendatiores. — *Lugduni, Cardon, 1604, in-4°.*

1346. — Commentarii collegii Conimbricensis, Societatis Jesu, in quatuor libros de cælo, meteorologicos, parva naturalia et ethica Aristotelis Stagiritæ. Postrema hac editione... in lucem dati. — *Lugduni, Cardon, 1608, in-4°.*

Commentarii collegii Conimbricensis, Societatis Jesu, in libros meteororum Aristotelis Stagiritæ. Extrema hac editione... excusi. — *Lugduni, Cardon, 1608, in-4°.*

Commentarii collegii Conimbricensis, Societatis Jesu, in libros Aristotelis qui parva naturalia appellantur. Postrema hac editione... editi. — *Lugduni, Cardon, 1608, in-4°.*

In libros Ethicorum Aristotelis ad Nicomachum aliquot Conimbricensis cursus disputationes. Hac omnium postrema editione... in lucem datæ. — *Lugduni, Cardon, 1608, in-4°.*

1347. — Commentarii collegii Conimbricensis, Societatis Jesu, in quatuor libros de cælo, meteorologicos, parva naturalia et ethica

Aristotelis Stagiritæ. Postrema hac editione... in lucem dati. — *Lugduni, Cardon, 1616, in-4°*.

Commentarii collegii Conimbricensis, Societatis Jesu, in libros meteororum Aristotelis Stagiritæ. Extrema hac editione... excusi. — *Lugduni, Cardon, 1616, in-4°*.

Commentarii collegii Conimbricensis, Societatis Jesu, in libros Aristotelis qui Parva naturalia appellantur. Postrema hac editione... editi. — *Lugduni, Cardon, 1616, in-4°*.

In libros Ethicorum Aristotelis ad Nicomachum aliquot Conimbricensis cursus disputationes. Hac omnium postrema editione... in lucem datæ. — *Lugduni, Cardon, 1616, in-4°*.

1348. — Commentarii collegii Conimbricensis, Societatis Jesu, in quatuor libros de cælo, meteorologicos, parva naturalia et ethica Aristotelis Stagiritæ. Postrema hac editione... in lucem dati. — *Lugduni, Pillehotte, 1616, in-4°*.

Commentarii collegii Conimbricensis, Societatis Jesu, in libros meteororum Aristotelis. — *In-4°*.
Le titre et les premières pages manquent.

Commentarii collegii Conimbricensis, Societatis Jesu, in libros Aristotelis qui Parva naturalia appellantur. Postrema hac editione... editi. — *Lugduni, Pillehotte, 1616, in-4°*.

In libros Ethicorum Aristotelis ad Nicomachum aliquot Conimbricensis cursus disputationes. Hac omnium postrema editione... in lucem datæ. — *Lugduni, Pillehotte, 1616, in-4°*.

1349. — Commentarii collegii Conimbricensis, Societatis Jesu, in libros de generatione et corruptione Aristotelis Stagiritæ. Hac secunda editione... auctiores. — *Moguntiæ, Albinus, 1599, in-4°*.

1350. — Commentarii collegii Conimbricensis, Societatis Jesu, in libros de generatione et corruptione Aristotelis Stagiritæ. Hac secunda editione... auctiores. — *Moguntiæ, Albinus, 1606, in-4°*.

1351. — Commentarii collegii Conimbricensis, Societatis Jesu, in duos libros de generatione et corruptione Aristotelis Stagiritæ. Hac secunda editione... emendatiores. — *Lugduni, Cardon, 1606, in-4°.*

1352. — Commentarii collegii Conimbricensis, Societatis Jesu, in duos libros de generatione et corruptione Aristotelis Stagiritæ. Nunc denuo... emendatiores. — *Lugduni, Cardon, 1613, in-4°.*

1353. — Commentariorum collegii Conimbricensis, Societatis Jesu, in octo libros Physicorum Aristotelis Stagiritæ prima [et secunda] pars... — *Coloniæ, Zetnerus, 1600, 2 tom. en 1 vol. in-4°.*

1354. — Commentarii collegii Conimbricensis, Societatis Jesu, in octo libros Physicorum Aristotelis Stagiritæ prima [et secunda] pars... — *Lugduni, Pillehotte, 1602, 2 tom. en 1 vol. in-4°.*

1355. — Commentariorum collegii Conimbricensis, Societatis Jesu, in octo libros Physicorum Aristotelis Stagiritæ prima [et secunda] pars... — *Francofurti, Zetnerus, 1609, 2 tom. en 1 vol. in-4°.*

1356. — Commentarii collegii Conimbricensis, Societatis Jesu, in octo libros Physicorum Aristotelis Stagiritæ prima [et secunda] pars... — *Lugduni, Pillehotte, 1610, 2 tom. en 1 vol. in-4°.*

Deux exemplaires.

1357. — R. P. Antonii Ruvio Rodensis,... Commentarii in libros Aristotelis Stagiritæ de ortu et interitu rerum naturalium, seu de generatione et corruptione earum ; una cum dubiis et quæstionibus hac tempestate in schola agitari solitis. — *Lugduni, Pillehotte, 1614, in-8°.*

Deux exemplaires.

1358. — R. P. Antonii Ruvio,... commentarii in libros Aristotelis Stagiritæ de ortu et interitu rerum naturalium, seu de generatione et corruptione earum ; una cum dubiis et quæstionibus hac tempestate in schola agitari solitis... — *Lugduni Pillehotte, 1620, in-8°.*

Trois exemplaires.

1359. — R. P. Antonii Ruvio Rodensis, doctoris theologi Societatis Jesu,... commentarii in libros Aristotelis Stagiritæ de cœlo et mundo ; una cum dubiis et quæstionibus in schola agitari solitis. Nunc primum in Gallia editi. — *Lugduni, Pillehotte, 1616, in-8°*.

1360. — R. P. Antonii Ruvio Rodensis,... commentarii in libros Aristotelis Stagiritæ de cœlo et mundo ; una cum dubiis et quæstionibus in schola agitari solitis. — *Lugduni, Pillehotte, 1620, in-8°*.

1361. — R. P. Antonii Ruvio Rodensis,... commentarii in octo libros Aristotelis de physico auditu, seu auscultatione ; una cum dubiis et quæstionibus hac tempestate agitari solitis. Nunc secundo in Gallia editi... — *Lugduni, Pillehotte, 1618, in-8°*.
Deux exemplaires.

1362. — R. P. Antonii Ruvio,... commentarii in octo libros Aristotelis de physico auditu, seu auscultatione ; una cum dubiis et quæstionibus hac tempestate agitari solitis... — *Lugduni, Pillehotte, 1620, in-8°*.

1363. — Collegii Complutensis discalceatorum Fratrum B. Mariæ de Monte Carmeli, disputationes in octo libros physicorum Aristotelis. Juxta miram angelici doctoris D. Thomæ et scholæ ejus doctrinam... — *Compluti, Joan. de Orduña, 1625, in-1°*.

1364. — Collegii Complutensis discalceatorum fratrum ordinis B. Mariæ de Monte Carmeli, disputationes in octo libros physicorum Aristotelis. Juxta miram angelici doctoris D. Thomæ, et scholæ ejus doctrinam... Nunc primum in Galliis excusæ. — *Parisiis, Sonnius, 1628, in-4°*.

1365. — Collegii Complutensis discalceatorum fratrum B. Mariæ de Monte Carmeli, disputationes in octo libros physicorum Aristotelis. Juxta miram angelici doctoris D. Thomæ et scholæ ejus doctrinam... Nunc primum in Galliis excusæ. — *Parisiis, Dion. Thierry, 1636, in-4°*.

1366. — Collegii Complutensis discalceatorum fratrum beatæ Mariæ de Monte Carmeli, disputationes in duos libros physicorum Aristotelis de generatione et corruptione, seu de ortu et interitu. Juxta miram angelici doctoris D. Thomæ et scholæ ejus doctrinam... Nunc primum in Galliis excusæ. — *Parisiis, Thierry, 1636, in-4°*.

1367. — Sancti Thomæ Aquinatis,... In octo physicorum Aristotelis libros commentaria... ad hæc accessit Roberti Linconiensis in eosdem summa. Quibus etiam nuper sunt additi S. Thomæ infrascripti libelli ad negocium physicum spectantes : De principiis naturæ. — De natura materiæ. — De loco. — De tempore libri duo. — De æternitate mundi. Ac Thomæ de Vio Cajetani quæstiones duæ : altera de subjecto naturalis scientiæ, altera de Dei intensiva infinitate... — *Parisiis, Moreau, 1649, in-f°*.

Sancti Thomæ Aquinatis,... in quatuor libros Aristotelis de cœlo et mundo commentaria, quæ... absolvit Petrus de Alvernia ; cum duplici textus translatione antiqua videlicet et Joannis Argyropoli nova... — *Parisiis, Moreau, 1649, in-f°*.

Sancti Thomæ Aquinatis,... in tres libros Aristotelis de anima præclarissima expositio, cum duplici textus translatione ; antiqua scilicet et nova Argyropoli... Accedunt ad hæc acutissimæ quæstiones Magistri Dominici de Flandria... — *Parisiis, Moreau, 1649, in-f°*.

Sancti Thomæ Aquinatis,... in libros meteorologicorum Aristotelis præclarissima commentaria, cum duplici textus interpretatione, una Francisci Vatabli, antiqua altera... — *Parisiis, Moreau, 1649, in-f°*.

Deux exemplaires.

1368. — Sancti Thomæ Aquinatis,... in quatuor libros Aristotelis de cœlo et mundo commentaria, quæ... absolvit Petrus de Alvernia, cum duplici textus translatione, antiqua videlicet et Joannis Argyropoli nova... — *Parisiis, Moreau, 1649, in-f°*.

Sancti Thomæ Aquinatis,... in tres libros Aristotelis de anima præclarissima expositio, cum duplici textus translatione : antiqua scilicet et nova Argyropoli... Accedunt ad hæc acutissimæ quæstiones Magistri Dominici de Flandria... — *Parisiis, Moreau, 1649, in-f°*.

1369. — Commentarius in Aristotelis physicam, authore magistro Petro Barbay,... — *Parisiis, Josse, 1675, 2 vol. in-12*.

1370. — Commentarius in Aristotelis physicam, authore magistro Petro

Barbay,... Editio secunda... — *Parisiis, Josse, 1676, 2 vol. in-12, fr. gr.*

1371. — Commentarii in Aristotelis physicam tomus secundus, authore magistro Petro Barbay,... Editio tertia... — *Parisiis, Josse, 1680, in-12.*

   Ce tome seul.

1372. — Commentarius in Aristotelis physicam, authore magistro Petro Barbay,... Editio quarta... — *Parisiis, Josse, 1684, 2 vol. in-12.*

1373. — Parallèle des principes de la physique d'Aristote et de celle de René Descartes. [Par le P. René Le Bossu.] — *Paris, Le Petit, 1674, in-12.*

1374. — Cleomedis meteora græcè et latinè a Roberto Balforeo ex ms. codice... repurgata, latinè versa, et perpetuo commentario illustrata... — *Burdigalæ, Millangius, 1605, in-1°.*

C. DICTIONNAIRES. COURS ET TRAITÉS GÉNÉRAUX.

1375. — Traité de physique, par Jacques Rohault. — *Paris, Savreux, 1671, 2 tom. en 1 vol. in-4°, pl.*

   Deux exemplaires.

1376. — Traité de physique, par Jacques Rohault. Quatrième édition. — *Lyon, Guillimin, 1696, 2 vol. in-12.*

1377. — Traité de physique, par Jacques Rohault. Nouvelle édition. — *Paris, Desprez, 1730, 2 vol. in-12.*

1378. — Institutiones physicæ ad usum scholarum accomodatæ. Opera Francisci Bayle,... — *Tolosæ, Douladoure, 1700, 3 vol. in-4°, pl.*

   Deux exemplaires.

1379. — Leçons de physique, contenant les éléments de la physique déterminés par les seules lois des mécaniques, expliquées au

collège royal de France, par Joseph PRIVAT DE MOLIÈRES,...
Seconde édition. — *Paris, Brocas, 1740, 4 vol. in-12, pl.*

Ex libris Societatis S. Edmundi Paris. 1749.
Le tome 1ᵉʳ seul est de la 2ᵉ édition ; les tomes 2, 3 et 4, ne portent aucune mention et sont datés : 1736, 1737 et 1739.

1380. — Leçons de physique expérimentale, par M. l'abbé NOLLET,...
— *Paris, Guérin, 1743-1764, 5 vol. in-12, pl.*

Les tomes 1, 2, 3, 5 et 6 seuls.

1381. — Leçons de physique expérimentale, par M. l'abbé NOLLET,...
Seconde édition. — *Paris, Guérin, 1745, 3 vol. in-12, fr. et pl.*

Les tomes 1, 2 et 3 seuls.

1382. — Leçons de physique expérimentale, par M. l'abbé NOLLET,...
Seconde édition. — *Paris, Guérin, 1750, in-12, pl.*

Le tome 3 seul.

1383. — Leçons de physique expérimentale, par M. l'abbé NOLLET,...
Quatrième édition. — *Paris, Guérin et Delatour, 1754, 2 vol. in-12, fr. et pl.*

Les tomes 1 et 2 seuls.

1384. — Leçons de physique expérimentale, par M. l'abbé NOLLET,...
Cinquième édition. — *Paris, Durand, 1768, in-12, pl.*

Le tome 4 seul.

1385. — Leçons de physique expérimentale, par M. l'abbé NOLLET,...
Huitième édition. — *Paris, Durand, 1780, in-12, pl.*

Le tome 6 seul.

1386. — Leçons de physique expérimentale, par M. l'abbé NOLLET,...
Neuvième édition. — *Paris, Durand, 1783, in-12, portr. et pl.*

Le tome 1ᵉʳ seul.

1387. — Cours de physique expérimentale, par le Docteur J. T. DESAGULIERS,... Traduit de l'anglais, par le R. P. PEZENAS, de la Compagnie de Jésus,... — *Paris, Rollin, 1751, in-4°, pl.*

Le tome 2 seul.

— 202 —

1388. — Philosophia ad usum scholarum accommodata, auctore Antonio Seguy,... Physica generalis. — *Parisiis, Savoye, 1771, in-12.*

1389. — Théorie des êtres sensibles, ou cours complet de physique spéculative, expérimentale, systématique et géométrique,... par M. l'abbé Para du Phanjas. — *Paris, Jombert, 1772, 2 vol. in-8°, pl.*

> Les tomes 1 et 4 seuls contenant :
> Tome 1er. Théorie de la matière et du mouvement.
> Tome 4. Théorie du ciel, ou astronomie géométrique et astronomie physique.

1390. — Le manuel des jeunes physiciens, ou nouvelle physique élémentaire, contenant les découvertes les plus curieuses et les plus utiles des physiciens modernes mises dans un nouvel ordre et à la portée de tout le monde, par M. Wandelaincourt,... — *Verdun, Impr. Christophe, 1778, in-12.*

1391. — Nouveau système de l'univers, ou abrégé philosophique de la physique et de la chimie. Avec de nouvelles découvertes de l'auteur, un coup d'œil sur les rapports de ces deux sciences aux autres et leurs applications aux arts en grand. Par Charles Léopold Mathieu,... — *Paris, Janet, an VII, in-8°, fr. gr. pl. et tabl.*

1392. — Éléments, ou principes physico-chimiques, destinés à servir de suite aux principes de physique, à l'usage des écoles centrales, par Mathurin Jacques Brisson,... — *Paris, Bossange, an VIII (1800), in-8°, pl.*

1393. — Essai d'un cours élémentaire et général des sciences physiques, par F. S. Beudant,... Troisième édition. — *Paris, Verdière, 1824, in-8, pl.*

1394. — Traité élémentaire de physique, par C. Despretz,... Quatrième édition... — *Paris, Méquignon-Marvis, 1836, in-8°, pl.*

1395. — Traité élémentaire de physique, chimie, toxicologie et pharmacie... par C. Favrot,... — *Paris, Bechet et Labé, 1841, 2 vol. in-8°.*

1396. — Traité de physique considérée dans ses rapports avec la chimie et les sciences naturelles, par M. BECQUEREL,... — *Paris, Didot, 1842-1844, 2 vol. in-8°, pl.*

1397. — Précis élémentaire de physique, par E. SOUBEIRAN,... Seconde édition. — *Paris, Fortin, Masson et Cie, 1844, in-8°, pl.*

1398. — Programme d'un cours élémentaire de physique à l'usage des établissements d'instruction publique... par Aug. PINAUD,... Quatrième édition... — *Toulouse, Delsol, 1846, in-8°, pl.*

1399. — Notions élémentaires de physique et de chimie, à l'usage des agriculteurs et des jardiniers... par M. le Cte d'ESTAINTOT,... — *Rouen, Imp. Boissel, 1864, in-18, 60 p.*

1400. — Cours élémentaire de physique suivi de problèmes, par A. BOUTAN,... J. Ch. d'ALMEIDA,... Troisième édition... — *Paris, Dunod, 1867, 2 vol. in-8°.*

1401. — Cours élémentaire de physique suivi de problèmes, par A. BOUTAN,... J. Ch. d'ALMEIDA,... Quatrième édition... — *Paris, Dunod, 1874, 2 vol. in-8°.*

1402. — Cours de physique de l'École polytechnique, par M. J. JAMIN. Troisième édition... par M. JAMIN,... et M. BOUTY,... — *Paris, Gauthier-Villars, 1878-1883, 4 vol. in-8°, pl.*

    Tome 1er. Propriétés générales des corps, hydrostatique, électricité statique, magnétisme, théorie du potentiel.

    Tome 2. Thermométrie, dilatations, calorimétrie, théorie mécanique de la chaleur, propagation de la chaleur.

    Tome 3. Acoustique. Optique géométrique. Étude des radiations. Optique physique.

    Tome 4. La pile, les aimants. Applications de l'électricité...

D. PHYSIQUE APPLIQUÉE.

a). Traités divers.

1403. — Roberti BOYLE,... opera varia... — *Coloniæ-Allobrogum, de Tournes, 1677, 3 vol. in-4°.*

Chaque traité porte un titre particulier comme suit :

Tome 1er. Nova experimenta physico-mechanica de vi aeris elastica et ejusdem effectibus, facta maximam partem in nova machina pneumatica... a,... Roberto BOYLE,... — *Coloniæ-Allobrogum, de Tournes, 1677.*

Defensio doctrinæ de elatere et gravitate aeris propositæ a Domino Roberto BOYLE, in novis ipsius physico-mechanicis experimentis, adversus objectiones Francisci Lini. Ubi etiam objectoris funicularis hypothesis examinatur, eaque occasione quædam experimenta adduntur. Ab autore supra-dictorum Experimentorum. — *Coloniæ-Allobrogum, de Tournes, 1677, 85 p. pl.*

Tractatus scripti a Domino Roberto BOYLE,... ubi : I. Mira aeris (etiam citra calorem) rarefactio detecta. II. Observata nova circa durationem virtutis elasticæ aeris expansi. III. Experimenta nova de condensatione aeris solo frigore facta ; ejusque compressione sine machinis. IV. Ejusdem quantitatis aeris rarefacti et compressi mire discrepans extensio. — *Coloniæ-Allobrogum, de Tournes, 1677, 19 p.*

Paradoxa hydrostatica novis experimentis (maximam partem physicis ac facilibus) evicta, et regiæ Britanniarum societati exhibita. Ab,... Roberto BOYLE,... — *Coloniæ-Allobrogum, de Tournes, 1677, 72 p. pl.*

Tentamina quædam physiologica diversis temporibus et occasionibus conscripta, cum historia fluiditatis et firmitatis. Accessit de novo tractatus de absoluta quiete in corporibus, ab,... Roberto BOYLE,... — *Coloniæ-Allobrogum, de Tournes, 1677.*

Tome 2. Chymista scepticus, vel dubia et paradoxa chymico-physica, circa spagyricorum principia, vulgo dicta hypostatica, prout proponi et propugnari solent à turba alchymistarum. Cui pars præmittitur alterius cujusdam dissertationis ad idem argumentum spectans. Ab,... Roberto BOYLE,... — *Coloniæ-Allobrogum, de Tournes, 1677.*

Experimenta et considerationes de coloribus, primum ex occasione, inter alias quasdam diatribas, ad amicum scripta, nunc vero in lucem prodire passa, ceu initium historiæ experimentalis de coloribus. A Roberto BOYLE,... — *Coloniæ-Allobrogum, de Tournes, 1677.*

Introductio ad historiam qualitatum particularium. Cui subnectuntur tractatus : De cosmicis rerum qualitatibus. De cosmicis suspicionibus. De temperie subterranearum regionum. De temperie submarinarum regionum. De fundo maris. Ab,... Roberto BOYLE,... — *Coloniæ-Allobrogum, de Tournes, 1677.*

Exercitationes de atmosphæris corporum consistentium ; deque mira subtilitate, determinata natura, et insigni vi effluviorum. Subjunctis experimentis novis ostendentibus posse partes igni et flammæ reddi stabiles ponderabilesque. Una cum detecta penetrabilitate vitri a ponderabilibus partibus flammæ. Ab,... Roberto BOYLE,... — *Coloniæ-Allobrogum, de Tournes, 1677.*

Specimen de gemmarum origine et virtutibus, in quo proponuntur et historice illustrantur quædam conjecturæ circa consistentiam materiæ lapidum pretiosorum, et subjecta, in quibus eorum præcipuæ virtutes consistunt. Ab,... Roberto BOYLE,... — *Coloniæ-Allobrogum, de Tournes, 1677, 58 p.*

Tome 3. Introductio ad historiam qualitatum particularium. Cui subnectuntur tractatus : De cosmicis rerum qualitatibus. De cosmicis suspicionibus. De temperie subterranearum regionum. De temperie submarinarum regionum. De fundo maris. Ab,... Roberto BOYLE,... — *Generæ, de Tournes, 1677.*

Tractatus in quibus continentur suspiciones de latentibus quibusdam qualitatibus aeris : una cum appendice de magnetibus cælestibus, nonnulisque argumentis aliis, animadversiones in D. Hobbesii problemata de vacuo, et dissertatio de causa attractionis per suctionem. Authore Roberto BOYLE,... — *Coloniæ-Allobrogum, de Tournes, 1680, 87 p.*

Exercitationes de atmosphæris corporum consistentium, deque mira subtilitate, determinata natura, et insigni vi effluviorum. Subjunctis experimentis novis, ostendentibus posse partes ignis et flammæ reddi stabiles ponderabilesque. Una cum detecta penetrabilitate vitri a ponderabilibus partibus flammæ. Ab,... Roberto BOYLE,... — *Generæ, de Tournes, 1677.*

Specimen de gemmarum origine et virtutibus, in quo proponuntur et historice illustrantur quædam conjecturæ circa consistentiam materiæ lapidum pretiosorum et subjecta, in quibus eorum præcipuæ virtutes consistunt. Ab,... Roberto BOYLE,... — *Generæ, de Tournes, 1677, 58 p.*

Cogitationes de S. scripturæ stylo, ab,... Roberto BOYLE.... — *Generæ, de Tournes, 1680.*

Apparatus ad historiam naturalem sanguinis humani, ac spiritus præcipue ejusdem liquoris. Authore Roberto BOYLE,... — *Generæ, de Tournes, 1686, 91 p.*

Nova experimenta pneumatica respirationem spectantia. Authore Roberto BOYLE,... — *Genevæ, de Tournes, 1686, 47 p.*

Observationes de salsedine maris. Authore Roberto BOYLE,... — *Genevæ, de Tournes, 1686, 23 p.*

Tentamen porologicum, sive ad porositatem corporum, tum animalium, tum solidorum detegendam. Authore Roberto BOYLE,... — *Genevæ, de Tournes, 1686, 46 p.*

De specificorum remediorum cum corpusculari philosophia concordia. Cui accessit dissertatio de varia simplicium medicamentorum utilitate et usu. Authore Roberto BOYLE.... — *Genevæ, de Tournes, 1687, 64 p.*

Origo formarum et qualitatum juxta philosophiam corpuscularem, considerationibus et experimentis illustrata. (Admodum annotationum in tentamen circa nitrum primitus conscripta.) Authore Roberto BOYLE,... — *Genevæ, de Tournes, 1688.*

Tractatus de ipsa natura, sive libera in receptam naturæ notionem disquisitio ad amicum. Authore Roberto BOYLE.... — *Genevæ, de Tournes, 1688.*

De amore seraphico, seu de quibusdam ad Dei amorem stimulis Roberti BOYLE,... epistola ad amicum conscripta. — *Genevæ, de Tournes, 1693, 59 p.*

1404. — Essais de physique ou Recueil de plusieurs traités touchant les choses naturelles, par M. PERRAULT,... — *Paris, Coignard, 1680, in-12, pl.*

Le tome 2 seul contenant les traités du son.

1405. — Physique du monde, dédiée au roi, par M. le Baron de MARIVETZ et par M. GOUSSIER. — *Paris, Quillau, 1780-1787, 5 tom. en 7 vol. in-4°.*

**. — Voyage autour du monde exécuté pendant les années 1836-1837 sur la corvette « La Bonite », commandée par M. Vaillant. Physique par MM. DAROMDEAL et E. CHEVALIER.

Voy. Division HISTOIRE.

**. — Voyage autour du monde sur la frégate « La Vénus » pendant les années 1836-1839, par Abel DU PETIT-THOUARS. Physique.

Voy. Division HISTOIRE.

**. — Anthonii THYLESII Cosentini libellus de coloribus.

Voy. Division THÉOLOGIE.

— 207 —

1406. — Quatrième essai de la nature des couleurs, par M. MARIOTTE,... *Paris, Michallet, 1681, in-12, pl.*

Le faux-titre porte : Essais de physique, ou mémoires pour servir à la science des choses naturelles.

1407. — Théorie des couleurs, contenant explication de la table des couleurs. Expériences et observations physiques et théoriques sur les couleurs. Moyen de produire soi-même les couleurs. Méthode de noter les couleurs et de les exprimer par les nombres. Par Gaspard GRÉGOIRE. — *Paris, l'auteur, Impr. de Gillé, s. d. in-8°, iv-88 p. pl.*

1408. — Les couleurs au point de vue physique, physiologique, artistique et industriel, par le D' Ernest BRUCKE,... [Traduit par M. P. SCHUTZENBERGER.] — *Paris, Baillière, [1866], in-12.*

1409. — Théorie scientifique des couleurs et leurs applications à l'art et à l'industrie, par M. O. N. ROOD,... — *Paris, Germer-Baillière, 1881, in-8°, pl.*

1410. — De la loi du contraste simultané des couleurs et de l'assortiment des objets colorés considéré d'après cette loi dans ses rapports avec la peinture, les tapisseries des Gobelins, les tapisseries de Beauvais pour meubles, les tapis, la mosaïque, les vitraux colorés, l'impression des étoffes, l'imprimerie, l'enluminure, la décoration des édifices, l'habillement et l'horticulture, par M. E. CHEVREUL, avec une introduction de M. H. Chevreul, fils. — *Paris, Impr. Nat., 1889, gr. in-4°, pl.*

1411. — La lumière... par le sieur DE LA CHAMBRE.... — *Paris, Rocolet, 1657, in-4°, fr. gr.*

Deux exemplaires.

1412. — Traité de la percussion ou choc des corps, dans lequel les principales règles du mouvement sont expliquées et démontrées par leurs véritables causes. Troisième édition revue et augmentée de plusieurs propositions touchant l'accélération du mouvement des corps qui tombent. par M. MARIOTTE, .. — *Paris, Michallet, 1684, in-12, pl.*

1413. — Discours du mouvement local, avec des remarques sur le mouvement de la lumière, par le R. P. Ignace Gaston Pardies, de la Compagnie de Jésus. Cinquième édition. — *Amsterdam, de Coup, 1724, in-12.*

La statique, ou la science des forces mouvantes, par le R. P. Ignace Gaston Pardies, de la Compagnie de Jésus. Cinquième édition. — *Amsterdam, de Coup, 1724, in-12, pl.*

1414. — Traité physique de la lumière, des couleurs, du son, et des différents tons... par M. Jean Banières. — *Paris, Mazières, 1737, in-12, pl.*

Le tome 1er seul contenant le traité de la lumière et des couleurs.

1415. — Pauli Frisii de gravitate omnium corporum. — *In-4°.*

Le titre manque.

1416. — Traité de la chaleur et de ses applications aux arts et aux manufactures, par E. Péclet,... — *Paris, Malher, 1828, 2 vol. in-8° et atlas in-4° obl.*

**. — Rapport sur les progrès de la théorie de la chaleur, par M. P. Desains.

Voy. Division Histoire.

**. — Rapport sur les progrès de la thermodynamique en France, par M. Bertin.

Voy. Division Histoire.

1417. — Rudiments des forces primaires de la gravitation, du magnétisme et de l'électricité, considérés dans leurs rapports avec le mouvement des corps célestes et comme causes de la lumière, de la température et des autres phénomènes de ces corps, par M. P. Murphy. — *Paris, Baillière, 1830, in-8, pl.*

1418. — Le microscope et son application spéciale à l'étude de l'anatomie végétale, par le Dr Hermann Schacht.... Traduction française publiée d'après la 3e édition allemande, par M. Jules Dalimier,... — *Paris, Savy, 1865, in-8°, pl.*

1419. — La photographie appliquée aux recherches micrographiques, par A. Moitessier,... — *Paris, Baillière, 1866, in-12, phot.*

1420. — La chambre noire et le microscope. Photomicrographie pratique, par Jules Girard. — *Paris, Savy, 1869, in-18, 87 p.*

1421. — Le son, par John Tyndall,... Cours expérimental fait à l'institution royale. Traduit de l'anglais, par M. l'abbé Moigno. — *Paris, Gauthier-Villars, 1869, in-8°.*

1422. — La conservation de l'énergie, par Balfour Stewart,... suivie d'une Étude sur la nature de la force, par P. de Saint-Robert. Deuxième édition. — *Paris, Germer-Baillière, 1876, in-8°.*

1423. — Les glaciers et les transformations de l'eau, par J. Tyndall,... suivis d'une Conférence sur le même sujet, par M. Helmholtz, avec la réponse de M. Tyndall. Deuxième édition. — *Paris, Germer-Baillière, 1876, in-8°, pl.*

1424. — Note sur le radiomètre d'absorption, par J. Thore. — *Dax, Impr. Jestède, s. d. [1877], in-8°, 11 p., pl.*

Extrait du Bulletin de la Société de Borda à Dax. La couverture imprimée sert de titre.

1425. — Une nouvelle force ? par J. Thore. — *Dax, Impr. Justère, 1887, in-8°, 3 p. et pl.*

Une nouvelle force ? Première et deuxième communications, par J. Thore. — *Dax, Impr. Labèque, 1887, in-8°, 7 p. et pl.*

1re, 2e et troisième communications sur une nouvelle force ? par J. Thore. — *Dax, Impr. Labèque, 1887, in-8°, 17 p. et pl.*

Extrait du Bulletin de la Société scientifique de Borda. Les couvertures imprimées des deux premières pièces servent de titre.

1426. — Sur les minimums perceptibles de quelques odeurs, par M. Jacques Passy. — *Sans titre ; Paris, Impr. Gauthier-Villars, in-4°, 4 p.*

Extrait des comptes-rendus des séances de l'Académie des sciences, 8 février 1892.

b). Météorologie. Climatologie comparée.

**. — Climatologie et météorologie des Basses-Pyrénées.
  Voy. Division Histoire locale.

1427. — Mélanges d'histoire naturelle, de physique et de chimie. Mémoires sur l'aérologie et l'électrologie. Ouvrage divisé en deux parties ; la première servant de complément au Traité sur le climat d'Italie ; la seconde, devant servir d'introduction au Traité sur la minéralogie des Alpes et de l'Apennin. Par M. P. Th*** [Thouvenel],... — *Paris, Impr. Valade, 1806, 3 vol. in-8°, pl.*

**. — Voyage autour du monde exécuté sur les corvettes « L'Uranie » et « La Physicienne » en 1817-1820, publié par Louis de Freycinet. Magnétisme terrestre. Météorologie.
  Voy. Division Histoire.

**. — Voyage de découvertes de « l'Astrolabe » exécuté pendant les années 1826-1829 sous le commandement de M. J. Dumont d'Urville. Observations météorologiques. Observations de physique.
  Voy. Division Histoire.

1428. — Météorologie. Observations et recherches expérimentales sur les causes qui concourent à la formation des trombes, par M. Ath. Peltier,... — *Paris, Cousin, 1840, in-8°, pl.*

1429. — Éléments de physique terrestre et de météorologie, par M. Becquerel,... et par M. Ed. Becquerel,... — *Paris, Didot, 1847, in-8°, pl.*

1430. — Annuaire météorologique de la France pour 1849, par MM. J. Haeghens, Ch. Martins et A. Bérigny, avec des notices scientifiques, par MM. A. Bravais, J. Delcros, de Gasparin, J. Haeghens, Lortet, Ch. Martins, A. Perrey, J. M. Peyré et A. Quetelet ; et des séries météorologiques, par MM. P. A. Benoist, A. Bérigny, C. Blondeau, C. Evrard, de Gasparin, J. Haeghens, d'Hombres-Firmas, Huette, Ch. Lacroix, Lamarche, Nell de Bréauté, Alexis

Perrey, F. Petit, F. Preisser, Schuster et B. Valz. — *Paris, Gaume, 1848, gr. in-8°, pl.*

1431. — Annuaire météorologique de la France pour 1850, par MM. J. HAEGHENS, Ch. MARTINS et A. BÉRIGNY, avec des notices scientifiques, par MM. Abria, G. Aimé, W. Bessel, Blondeau, A. Bravais, Brunner fils, J. Delcros, Dowe, J. Glaisher, J. Haeghens, Maedler, A. Mallet, Ch. Martins, Ath. Peltier, A. Perrey, A. Quetelet, Robinet, J. Thurmann et Benj. Valz ; et des séries météorologiques, par MM. Abria, A. Bérigny, C. Blondeau, A. et C. Bravais, Chalette, Delcros, Don, C. Evrard, Fraysse, de Gasparin, J. Haeghens, d'Hombres-Firmas, Huette, Jarrin, Ch. Lacroix, Ch. Martins, Müller, J. Pakhtoussoff, Ath. Peltier, Alexis Perrey, F. Petit, F. Preisser, Thorel, Schuster, B. Valz et Wachsmuth. 2ᵉ année. — *Paris, Gaume, 1850, gr. in-8°, pl.*

1432. — Annuaire météorologique de la France pour 1851, par MM. J. HAEGHENS, Ch. MARTINS et A. BÉRIGNY, avec des notices scientifiques, par MM. Barral et Bixio, J. M. Bertrand de Doue, Blondeau, A. Bravais, J. Delcros, Dupré, de Gasparin, W. Gray et J. Phillips, J. Haeghens, W. Krecke, Lortet, Ch. Martins, A. Perrey, J. M. Peyré, E. Plantamour, Pouillet, A. Quetelet ; et des séries météorologiques, par MM. Abria, A. Bérigny, J. M. Bertrand de Doue, C. Blondeau, Fraysse, de Gasparin, J. Haeghens, Ch. d'Hombres, Huette, Jarrin, Ch. Lacroix, Müller, A. Perrey, F. Petit, F. Preisser, A. Santhiller, Schuster, Thorel, B. Valz, etc. 3ᵉ année. — *Paris, Gaume, 1851, gr. in-8°, pl.*

1433. — Annuaire météorologique de la France pour 1852, par MM. J. HAEGHENS, Ch. MARTINS et A. BÉRIGNY, avec des notices scientifiques, par MM. Ad. Bérigny, J. M. Bertrand de Doue, R. Blanchet, A. Bravais, J. A. Clos, Collin, J. Fournet, Em. Liais, E. Plantamour, A. Quetelet ; et des séries météorologiques, par MM. Abria, A. Bérigny, J. M. Bertrand de Doue, C. Blondeau, de Gasparin, J. Haeghens, Ch. d'Hombres, Jarrin, Ch. Lacroix, Em. Liais, Müller, A. Perrey, F. Petit, E. Plantamour, F. Preisser, E. Renou, P. de Tchiatchef, etc. 4ᵉ année. — *Paris, Gaume, 1853, gr. in-8°, pl.*

1434. — Annuaire météorologique de l'Observatoire de Paris. — *Paris, Gauthier-Villars, in-18.*

> Les années 1872 à 1883.
> Le titre de l'année 1873 porte : Annuaire météorologique de l'Observatoire physique central. — Le titre des années 1874 à 1876 porte : Annuaire météorologique et agricole de l'observatoire de Montsouris. — A partir de 1877, le titre porte : Annuaire de l'observatoire de Montsouris... Météorologie. Agriculture. Hygiène.

1435. — Osservazioni meteorologiche fatte in Udine nel Friuli pel quarantennio, 1803-1842, da Girolamo Venerio. — *Udine, Typ. Vendrame, 1851, in-f°.*

1436. — Des climats et de l'influence qu'exercent les sols boisés et non boisés, par M. Becquerel,... — *Paris, Didot, 1853, in-8°, pl.*

1437. — Mentone, die Riviera, Corsica und Biarritz als Winteraufenthaltsorte, von J. Henry Bennet,... Nach der zweiten Auflage aus dem Englischen übersetzt, von Gottf. C. Hahn,... — *Mainz, Kupferberg, 1863, pet. in-8°.*

1438. — Historique des entreprises météorologiques de l'Observatoire impérial de Paris, 1854-1867. — *Paris, Gauthier-Villars, 1868, in-4°, 76 p.*

> La couverture imprimée sert de titre.

1439. — Notice historique et théorique sur le tonnerre et les éclairs, par le Vte Th. Du Moncel,... — *Paris, Hachette, 1857, in-8°, 54 p.*

> La couverture imprimée sert de titre.

1440. — Climats de l'Afrique septentrionale et du Midi de la France. Alexandrie, Le Caire, la Haute-Egypte, Alger, Madère, Palerme, Rome, Naples, Venise, Nice, Hyères et Pau. De leur valeur dans les affections chroniques de la poitrine, par M. le Dr B. Schnepp,... — *Paris, Lainé, 1865, in-12.*

1441. — La prévision du temps, par Zurcher et Margollé. — *Paris, Bellaire, s. d. [1873], in-32.*

1442. — Actualités scientifiques. Les observatoires de montagne. Les nouveaux observatoires météorologiques du Puy-de-Dôme et du Pic du Midi de Bigorre. Par M. R. Radau. — *Paris, Gauthier-Villars, 1876, in-18, 71 p., pl.*

1443. — Observatoire de Montsouris. Instructions pour les observations météorologiques, par M. Marié-Davy,... — *Paris, Gauthier-Villars, 1876, gr. in-4°, 39 p.*

1444. — Essai d'une théorie provisoire des hydrométéores, par M. Ch. Ritter,... Extrait de l'Annuaire de la Société météorologique de France. Tome XXVIII (2e trimestre, 1880), p. 105. — *Sans titre: Versailles, Impr. Aubert, gr. in-8°, 47 p. et pl.*

1445. — De l'influence des forêts et des cultures sur le climat et sur le régime des sources, par M. Jules Maistre de Villeneuvette. — *Montpellier, Impr. du Midi, 1881, in-8°, 68 p.*

1446. — Sur les résultats probables de la submersion des chotts tunisiens, par M. Ch. Ritter,... Extrait de l'Annuaire de la Société météorologique de France. Tome XXX, août-septembre-octobre 1882. — *Versailles, Impr. Aubert, 1883, gr. in-8°, 20 p. et pl.*
La couverture imprimée sert de titre.

1447. — L'air des montagnes et l'air de la mer, de leur pureté en microbes et de leur teneur en produits gazeux divers, par le Dr Dunourcau (de Cauterets). (Extrait de la Revue médicale et scientifique d'hydrologie et de climatologie Pyrénéennes, 1884.) — *Toulouse, Privat, 1884, in-8°, 16 p.*
La couverture imprimée sert de titre.

1448. — Études météoronomiques. Particules aqueuses non congelées qui constituent les nuages et les vapeurs dites vésiculaires, par M. Ch. Ritter,... Extrait de l'Annuaire de la Société météorologique de France. Tome XXXIII, novembre-décembre 1885. — *Sans titre; Versailles, Impr. Aubert, gr. in-8°, 32 p.*

1449. — Congrès international d'hydrologie et de climatologie. Compte-rendu de la première session. Biarritz, 1886. — *Paris, Doin, 1887, in-8°.*

1450. — Association française pour l'avancement des sciences... Congrès de Toulouse, 1887. M. A. PICHE,... Quelques expériences sur l'adhérence de l'air en mouvement aux surfaces polies et sur sa non adhérence aux surfaces rugueuses. Application possible à l'explication des courants descendants dans les vallées. Séance du 24 septembre 1887. — *Sans titre ; Toulouse, Impr. Douladoure-Privat, in-8°, 7 p.*

1451. — Les tremblements de terre, par F. FOUQUÉ,... — *Paris, Baillière, 1888, in-12.*

1452. — Association française pour l'avancement des sciences,... Congrès de Pau, 1892. M. E. MENDEZ. Sur les remous atmosphériques. — *Paris, Impr. Chaix, in-8°, 18 p.*
La couverture imprimée sert de titre.

1453. — L'été de 1892 et la loi des variations thermiques des saisons, par Clémence ROYER. — *Bruxelles, Impr. Vve Monnom, 1892, in-8°, 21 p.*

1454. — Annales de l'observatoire météorologique du Mont-Blanc, (altitude 4365 mètres), publiées sous la direction de J. VALLOT,... — *Paris, Steinheil, 1893, in-4°, fr. phot.*
Tome 1er.

c). Électricité, Magnétisme et Galvanisme.

1455. — Tractatus sive Physiologia nova de magnete, magneticisque corporibus et magno magnete tellure, sex libris comprehensus, a Guilielmo GILBERTO,... Omnia nunc diligenter recognita... opera et studio D. Wolfgangi LOCHMANS,... — *Sedini, Gotzius, 1633, in-4°, pl.*

1456. — Expériences sur l'électricité, avec quelques conjectures sur la cause de ses effets, par M. JALLABERT,... — *Paris, Durand, 1749, pet. in-8°, pl.*

— 215 —

1457. — L'antimagnétisme, ou origine, progrès, décadence, renouvellement et réfutation du magnétisme animal. [Par J. J. PAULET.] — *Londres, 1784, in-8°, pl.*

1458. — Doutes d'un provincial proposés à Messieurs les médecins commissaires chargés par le roi de l'examen du magnétisme animal. [Par Antoine-Joseph-Michel SERVAN.] — *Lyon et Paris, Impr. Prault, 1784, in-8°.*

1459. — Appel au public sur le magnétisme animal, ou projet d'un journal pour le seul avantage du public et dont il serait le collaborateur. [Par MOUILLESAUX.] — *S. l. 1787, in-8°, 100 p.*

1460. — Manuel du galvanisme, ou description et usage des divers appareils galvaniques employés jusqu'à ce jour, tant pour les recherches physiques et chimiques, que pour les applications médicales. Par Joseph IZARN,... — *Paris, Barrau, an XII-1804. in-8, pl.*

1461. — Traité expérimental de l'électricité et du magnétisme et de leurs rapports avec les phénomènes naturels, par M. BECQUEREL,... — *Paris, Didot, 1834-1840, 7 tomes en 8 vol. in-8° et atlas in-f°.*

1462. — Archives de l'électricité, par M. A. de LA RIVE,... Supplément à la Bibliothèque universelle de Genève. — *Genève, 1841, in-8°.*
Le tome 1er seul.

1463. — Éléments d'électro-chimie appliquée aux sciences naturelles et aux arts, par M. BECQUEREL,... — *Paris, Didot, 1843, in-8°, pl.*

**. — De l'électricité, du magnétisme et de la capillarité, par M. QUET.
Voy. Division HISTOIRE.

1464. — Exposé des applications de l'électricité, par le Cte Th. DU MONCEL,... 3e édition... — *Paris, Lacroix, 1872-1878, 5 vol. in-8°, pl.*
Tomes 1, 2. Technologie électrique.
Tome 3. Télégraphie électrique.
Tome 4. Applications mécaniques de l'électricité.
Tome 5. Applications industrielles de l'électricité.

1465. — Traité d'électricité statique, par M. E. MASCART,... — *Paris, Masson, 1876, 2 vol. in-8°.*

1466. — La lumière électrique, son histoire, sa production et son emploi dans l'éclairage public ou privé, les phares, les théâtres, l'industrie, les travaux publics, les opérations militaires et maritimes, par Em. ALGLAVE et J. BOULARD. — *Paris, Didot, 1882, gr. in-8°, pl.*

1467. — Recherches sur l'électricité, par Gaston PLANTÉ,... de 1859 à 1879. Ouvrage réimprimé sur le texte de la première édition publiée en février 1879 et comprenant les deux fascicules supplémentaires publiés par l'auteur en octobre 1879. — *Paris, aux bureaux de la Revue la Lumière électrique, 1883, in-8°.*

1468. — Le magnétisme animal, par Alfred BINET et Ch. FÉRÉ,... — *Paris, Alcan, 1887, in-8°.*

1469. — Republica Argentina. Direccion general de correos y telegrafos. Curso de electrotecnica de la escuela profesional superior, por M. B. BABIA,... — *Buenos-Aires, 1894, pet. in-8°.*

d). Expériences de Physique.

1470. — Expériences de physique, par M. Pierre POLINIÈRE,... Quatrième édition... — *Paris, Gissey, 1734, 2 vol. in-12, pl.*

1471. — Expériences de physique, par M. Pierre POLINIÈRE,... Cinquième édition... — *Paris, Clouzier, 1741, 2 vol. in-12, pl.*

1472. — L'art des expériences ou avis aux amateurs de la physique, sur le choix, la construction et l'usage des instruments, sur la préparation et l'emploi des drogues qui servent aux expériences, par M. l'abbé NOLLET,... — *Paris, Durand, 1770, 2 vol. in-12. pl.*
Les tomes 2 et 3 seuls.

1473. — Description des expériences de la machine aérostatique de MM. de Montgolfier et de celles auxquelles cette découverte a donné lieu ; suivie de recherches sur la hauteur à laquelle est parvenu le ballon du Champ de Mars, sur la route qu'il a tenue, sur les différents degrés de pesanteur de l'air dans les couches de l'atmosphère. D'un mémoire sur le gaz inflammable et sur celui qu'ont employé MM. de Montgolfier, sur l'art de faire les machines aérostatiques, de les couper, de les remplir et sur la manière de dissoudre la gomme élastique, etc. D'une lettre sur les moyens de diriger ces machines et sur les différents usages auxquels elles peuvent être employées... Par M. FAUJAS DE SAINT-FOND. — *Paris, Cuchet, 1783, in-8°*.

Les planches manquent.

1474. — Description et usage d'un cabinet de physique expérimentale, par M. SIGAUD DE LA FOND,... Troisième édition, revue... par M. ROULAND,... — *Tours, Letourmy, an quatrième... 2 vol. in-8°, pl.*

E. MÉLANGES DE PHYSIQUE.
OUVRAGES PHYSICO-MATHÉMATIQUES.

1475. — Dies caniculares, hoc est colloquia tria et viginti physica... per Simonem MAIOLUM,... quibus pleraque naturæ admiranda, quæ aut in æthere fiunt, aut in Europa, Asia atque Africa, quin etiam in ipso orbe novo et apud omnes antipodas sunt, item mirabilia arte hominum confecta recensentur... — *Ursellis, Sutorius, 1600, in-4°*.

1476. — Dies caniculares illustrissimi et reverendissimi præsulis Dn. Simonis MAIOLI,... hoc est colloquia physica nova et admiranda... quibus pleraque naturæ admiranda, quæ aut in æthere fiunt, aut in Europa, Asia atque Africa, quin etiam in ipso orbe novo et apud omnes antipodas sunt, item mirabilia arte hominum confecta recensentur... Opus hac tertia editione revisum. — *Moguntiæ, Schönwetterus, 1614, 2 tom. en vol. in-f°, fr. gr.*

1477. — De miraculis occultis naturæ libri IIII. Item de vita cum animi et corporis incolumitate recte instituenda, liber unus... Auctore Levino LEMNIO,... — *Francofurti, Hofmann, 1628, in-16*.

1478. — Nicolai Forest Duchesne abbatis Escureiensis, selectæ dissertationes physico-mathematicæ. Auctarium Florilegio universali illustrando peridoneum. — *Lutetiæ-Parisiorum, Lesselin, 1650, in-4°, pl.*

Le tome 2 seul.

1479. — Les entretiens physiques d'Ariste et d'Eudoxe, ou physique nouvelle en dialogues, qui renferme précisément ce qui s'est découvert de plus curieux et de plus utile dans la nature... Nouvelle édition... par le P. Regnault, de la Compagnie de Jésus. — *Paris, Clouzier, 1732, 4 vol. in-12, pl.*

1480. — Les entretiens physiques d'Ariste et d'Eudoxe, ou physique nouvelle en dialogues, qui renferme précisément ce qui s'est découvert de plus curieux et de plus utile dans la nature... Troisième édition... par le P. Regnault, de la Compagnie de Jésus. — *Paris, Damonneville, 1737, 4 vol. in-12, pl.*

1481. — L'origine ancienne de la physique nouvelle, où l'on voit dans des entretiens par lettres, ce que la physique nouvelle a de commun avec l'ancienne. Le degré de perfection de la physique nouvelle sur l'ancienne. Les moyens qui ont amené la physique à ce point de perfection. Par le P. Regnault, de la Compagnie de Jésus. — *Paris, Clousier, 1734, 3 vol. in-12.*

1482. — Réplique à M. de Molières, ou démonstration physico-mathématique de l'impossibilité et de l'insuffisance des tourbillons, par M. Sigorgne. — *Paris, Clousier, 1741, in-12, pl.*

Le poème de Pope intitulé « Essai sur l'homme » convaincu d'impiété. Lettres pour prévenir les fidèles contre l'irréligion [par l'abbé J. B. Gaultier]. — *La Haye, 1746, in-12.*

Anecdotes physiques et morales [par P. L. Moreau de Maupertuis]. — *Sans titre ; in-12, 36 p.*

1483. — Physices elementa mathematica, experimentis confirmata. Sive introductio ad philosophiam Newtonianam. Auctore Gulielmo Jacobo 'sGravesande. Editio tertia... — *Leidæ, Langerak, 1742, in-4°, pl.*

Le tome 1er seul.

— 219 —

1484. — Lettres de M. EULER à une princesse d'Allemagne, sur différentes questions de physique et de philosophie. Nouvelle édition, avec des additions, par MM. le marquis de CONDORCET et DE LA CROIX. — *Paris, Royez, 1787-1789, 3 vol. in-8°, pl.*

1485. — Essai sur les ouvrages physico-mathématiques de Léonard de Vinci, avec des fragments tirés de ses manuscrits, apportés de l'Italie ; lu à la première classe de l'Institut national des Sciences et Arts, par J. B. VENTURI,... — *Paris, Duprat, an V (1797), in-4°, 56 p.*

1486. — Œuvres de LAVOISIER publiées par les soins de Son Excellence le Ministre de l'Instruction Publique. — *Paris, Impr. Imp., 1862-1893, 6 vol. in-4°, portr. et pl.*

    Tome 1er. Traité élémentaire de chimie. Opuscules physiques et chimiques.
    Tome 2. Mémoires de chimie et de physique.
    Tomes 3, 4. Mémoires et rapports sur divers sujets de chimie et de physique pures ou appliquées à l'histoire naturelle générale et à l'hygiène publique.
    Tome 5. Mémoires de géologie et de minéralogie. Notes et mémoires divers de chimie. Mémoires scientifiques et administratifs sur la production du salpêtre et sur la régie des poudres.
    Tome 6. Rapports à l'Académie. Notes et rapports divers. Économie politique, agriculture et finances. Commission des poids et mesures.

1487. — Abhandlungen über die mechanische Wärmetheorie, von R. CLAUSIUS. — *Braunschweig, Vieweg, 1864-1867, 2 vol. in-8°.*

1488. — Théorie mécanique de la chaleur. Première partie. Exposition analytique et expérimentale, par G. A. HIRN,... Seconde édition... — *Paris, Gauthier-Villars, 1865, in-8°, pl.*

1489. — Grundzüge der mechanischen Wärmetheorie. Mit Anwendungen auf die der Wärmelehre angehörigen Theile der Maschinenlehre, insbesondere auf die Theorie der calorischen Maschinen und Dampfmaschinen, von Dr Gustav ZEUNER,... Zweite... Auflage. — *Leipzig, Felix, 1866, in-8°.*

1490. — Théorie mécanique de la chaleur. Conséquences philosophiques et métaphysiques de la thermodynamique, par G. A. HIRN. Analyse élémentaire de l'Univers. — *Paris, Gauthier-Villars, 1868, in-8°*.

1491. — Œuvres complètes d'Augustin FRESNEL, publiées par MM. Henri de SÉNARMONT, Emile VERDET et Leonor FRESNEL. — *Paris, Impr. Imp., 1866-1870, 3 vol. in-4°, portr. et pl.*

1492. — Recherches mathématiques sur les lois de la matière, par L. J. A. de COMMINES DE MARSILLY, .. — *Paris, Gauthier-Villars, 1868, in-4°.*

1493. — Journal de physique théorique et appliquée, publié par J. Ch. d'ALMEIDA,... — *Paris, [Impr. Gauthier-Villars], 1872-1876, 5 vol. in-8°.*

Les tomes 1 à 5 seuls.

**. — Annales scientifiques de l'École normale supérieure, publiées sous les auspices du Ministre de l'Instruction publique.

Voy. Division HISTOIRE.

1494. — Théorie mathématique des phénomènes électro-dynamiques uniquement déduite de l'expérience, par André-Marie AMPÈRE. Deuxième édition conforme à la première publiée en 1826. — *Paris, Hermann, 1883, in-4°, pl.*

1495. — La matière et la physique moderne, par J. B. STALLO, avec une préface sur la théorie atomique, par C. FRIEDEL,... — *Paris, Alcan, 1884, in-8°.*

1496. — Recherches d'optique physiologique et physique, par Clémence ROYER. — *Bruxelles, Impr. Vve Monnom, 1892, in-8°, 42 p.*

1497. — Sir William THOMSON (Lord KELVIN),... Conférences scientifiques et allocutions, traduites et annotées sur la deuxième édition, par P. LUGOL,... avec des extraits de Mémoires récents de Sir W. Thomson et quelques notes par M. BRILLOUIN,... Constitution de la matière. — *Paris, Gauthier-Villars, 1893, in-8°.*

10. CHIMIE.

A. INTRODUCTION. DICTIONNAIRES. HISTOIRE DE LA CHIMIE.

1498. — Theatrum chemicum, praecipuos selectorum auctorum tractatus de chemia et lapidis philosophici antiquitate, veritate, jure, praestantia et operationibus continens... [per Laz. ZETNERUM, collectum]. — *Ursellis, Sutorius, 1602, in-8°.*
Le tome 3 seul.

1499. — Philosophie chimique, ou vérités fondamentales de la chimie moderne, disposées dans un nouvel ordre, par A. F. FOURCROY. Seconde édition. — *Paris, Du Pont, an III, in-8°, portr.*

1500. — Annales de chimie ou recueil de mémoires concernant la chimie, les arts qui en dépendent et spécialement la pharmacie, par les citoyens Guyton, Monge, Berthollet, Fourcroy, Adet, Hassenfratz, Seguin, Vauquelin, C. A. Prieur, Chaptal, Van Mons, Deyeux, Parmentier et Bouillon-Lagrange. — *Paris, Fuchs, an VIII-an IX, 5 vol. in-8°, pl.*
Les tomes 33, 34, 35, 36, 37, 38 et 39 seuls.

1501. — Théorie des proportions chimiques et table synoptique des poids atomiques des corps simples et de leurs combinaisons les plus importantes, par J. J. BERZELIUS. Deuxième édition... — *Paris, Didot, 1835, in-8°.*

1502. — Leçons sur la philosophie chimique professées au collège de France par M. DUMAS, recueillies par M. BINAU. — *Paris, Béchet, 1837, in-8°.*

1503. — Ferdinand HOEFER. La chimie enseignée par la biographie de ses fondateurs. R. Boyle, Lavoisier, Priestley, Scheele, Davy, etc. — *Paris, Hachette, 1865, in-12.*

1504. — Dictionnaire de chimie pure et appliquée, comprenant la chimie organique et inorganique, la chimie appliquée à l'industrie, à l'agriculture et aux arts, la chimie analytique, la chimie physique et la minéralogie, par Ad. Wurtz,... avec la collaboration de MM. J. Bouis, E. Caventou, Ph. de Clermont, H. Debray, P. P. Dehérain, Delafontaine, Ch. Friedel, A. Gautier, [Ch. Girard et de Laire], E. Grimaux, P. Hautefeuille, [A. Henninger], E. Kopp, [F. de Lalande], Ch. Lauth, F. Le Blanc, A. Naquet, G. Salet, P. Schützenberger, [Dr Thiercelin], L. Troost, [G. Vogt] et Ed. Willm. — *Paris, Hachette, 1869-1878, 3 tom. en 5 vol. in-8°, pl.*

Dictionnaire de chimie pure et appliquée... par Ad. Wurtz,... avec la collaboration de MM. P. T. Cleve, E. Demarçay, A. Etard, Ad. Fauconnier, Ch. Friedel, A. Gautier, Ch. Girard, E. Grimaux, M. Hanriot, A. Henninger, A. Kopp, J. A. Lebel, W. Œchsner de Coninck, G. Salet, P. Schützenberger, J. Tcherniac, M. Wassermann et Ed. Willm. Supplément. — *Paris, Hachette, s. d. [1880-1886], 2 vol. in-8°.*

Deuxième supplément au Dictionnaire de chimie pure et appliquée de A. Wurtz, publié sous la direction de Ch. Friedel,... avec la collaboration de MM. P. Adam, A. Arnaud, A. Béhal, G. de Bechi, A. Bigot, L. Bourgeois, L. Bouveault, E. Burcker, C. Chabrié, P. T. Cleve, Ch. Cloez, A. Combes, C. Combes, A. Etard, Ad. Fauconnier, H. Gall, A. Gautier, H. Gautier, E. Grimaux, G. Griner, Ph. A. Guye, A. Haller, M. Hanriot, L. Hugouneng, E. Lambling, L. Lindet, L. Maquenne, J. Meunier, P. Miquel, H. Moissan, E. Nœlting, F. Reverdin, Richard et Dépierre, L. Roux, O. Saint-Pierre, G. Salet, P. Schützenberger, C. Vincent, G. Vogt, E. Willm. — *Paris, Hachette, 1891 et années suivantes, in-8°.*

En cours de publication.

1505. — La synthèse chimique, par M. Berthelot,... Deuxième édition. — *Paris, Germer-Baillière, 1876, in-8°.*

1506. — La théorie atomique, par Ad. Wurtz,... — *Paris, Germer-Baillière, 1879, in-8°, tabl.*

1507. — Introduction à l'étude de la chimie. Théories et notations chimiques. Premières leçons du cours professé à l'École polytechnique, par Edouard GRIMAUX,... — *Paris, Dunod, 1883, in-12.*

1508. — Essai d'une théorie générale supérieure de philosophie naturelle et de thermo-chimie, avec une nouvelle nomenclature binaire notative pour la chimie minérale et organique, par E. DELAURIER,... — *Paris, Impr. Lahure, 1883-1884, 4 fasc. in-8°, formant 1 vol.*

1509. — Introduction à l'étude de la chimie, par Ad. WURTZ,... — *Paris, Masson, 1885, in-8°.*

1510. — La chimie contemporaine. Système atomique. Théorie et notation. Comparaison avec les équivalents. Par le Docteur A. FREBAULT,... — *Paris, Masson, 1889, in-8°.*

1511. — La révolution chimique. Lavoisier. Ouvrage suivi de notices et extraits des registres inédits de laboratoire de Lavoisier, par M. BERTHELOT,... — *Paris, Alcan, 1890, in-8°, fr. phot.*

1512. — Histoire des sciences. La chimie au moyen âge. Ouvrage publié sous les auspices du Ministère de l'Instruction Publique, par M. BERTHELOT,... — *Paris, Impr. Nat., 1893, 3 vol. in-4°.*

> Tome 1er. Essai sur la transmission de la science antique au moyen âge. Doctrines et pratiques chimiques. Traditions techniques et traductions arabico-latines, avec publication nouvelle du Liber ignium de MARCUS GRÆCUS et impression originale du Liber sacerdotum.
> Tome 2. L'Alchimie syriaque, comprenant une introduction et plusieurs traités d'alchimie syriaques et arabes d'après les manuscrits du British Museum et de Cambridge. Texte et traduction... avec la collaboration de M. Rubens DUVAL,...
> Tome 3. L'Alchimie arabe, comprenant une introduction historique et les traités de CRATÈS, D'EL-HABIB, D'OSTANÈS et de DJÂBER, tirés des manuscrits de Paris et de Leyde. Texte et traduction... avec la collaboration de M. O. HOUDAS,...

B. TRAITÉS GÉNÉRAUX. MÉLANGES.

1513. — Cours de chimie, contenant la manière de faire les opérations qui sont en usage dans la médecine, par une méthode facile... par M. Nicolas Lemery,... Neuvième édition... — *Paris, Delespine, 1701, in-8°, portr. et pl.*

1514. — Nouveau cours de chimie suivant les principes de Newton et de Sthall. Avec un discours historique sur l'origine et les progrès de la chimie, [par J. B. Sénac]. — *Paris, Vincent, 1723, 2 vol. in-12.*

Timbré aux armes de C. C. de Bourlamaque.

1515. — Cours de chimie contenant la manière de faire les opérations qui sont en usage dans la médecine, par une méthode facile. Avec des raisonnements sur chaque opération, pour l'instruction de ceux qui veulent s'appliquer à cette science. Par M. Lemery,... Nouvelle édition... par M. Baron,... — *Paris, d'Houry, 1757, in-4°, pl.*

1516. — Traité élémentaire de chimie présenté dans un ordre nouveau et d'après les découvertes modernes, par Lavoisier,... Troisième édition... — *Paris, Deterville, an IX = 1801, 2 vol. in-8°, pl.*

1517. — Traité de chimie élémentaire théorique et pratique, par L. J. Thenard,... Seconde édition... — *Paris, Crochard, 1817-1818, 4 vol. in-8°, pl.*

1518. — Nouveau système de chimie organique fondé sur de nouvelles méthodes d'observation et précédé d'un traité complet de l'art d'observer et de manipuler en grand et en petit, dans le laboratoire et sur le porte objet du microscope, par F. V. Raspail. Troisième édition... — *Bruxelles, Meline, Cans et Cie, 1839, 2 vol. in-4°.*

L'Atlas manque.

1519. — Traité de chimie organique, par Justus Liebig. Édition française, revue et considérablement augmentée par l'auteur et publiée par Ch. Gerhardt,... — *Paris, Fortin, Masson et Cie, 1841-1844, 3 vol. in-8°*.

1520. — Traité de chimie minérale, végétale et animale, par J. J. Berzelius. Seconde édition française traduite... par MM. Esslinger et Hoefer, sur la cinquième édition que publie M. Berzelius à Dresde et à Leipzic. — *Paris, Didot, 1845-1850, 6 vol. in-8°*.

1521. — Traité de chimie organique, par M. Charles Gerhardt. — *Paris, Didot, 1853-1856, 4 vol. in-8°*.
Suite du Traité de chimie de Berzelius.

1522. — Cours de chimie générale, par J. Pelouze,... et E. Fremy,... — *Paris, Masson, 1848-1850, 4 vol. in-8°*.
Le tome 4 contient les planches.

1523. — Traité de chimie générale, analytique, industrielle et agricole, par J. Pelouze,... et E. Fremy,... Troisième édition... — *Paris, Masson, 1865, 6 tom. en 7 vol. in-8°*.

1524. — Cours élémentaire de chimie, par M. V. Regnault,... Troisième édition. — *Paris, Masson, 1851, 4 vol. in-12, pl.*

1525. — Chimie organique fondée sur la synthèse, par Marcellin Berthelot,... — *Paris, Mallet-Bachelier, 1860, 2 vol. in-8°*.

1526. — Traité de chimie générale, comprenant les principales applications de la chimie aux sciences biologiques et aux arts industriels, par Paul Schutzenberger,... — *Paris, Hachette, 1880-1894, 7 vol. in-8°*.

1527. — Encyclopédie chimique publiée sous la direction de M. Fremy,... par une réunion d'anciens élèves de l'École polytechnique, de professeurs et d'industriels... — *Paris, Dunod, 1882 et années suiv., in-8°*.

En cours de publication, ont paru :
Tome Ier. Introduction. — *2 vol. de texte et 1 vol. de pl.*

Tome II. Métalloïdes.

1re Section. (1er et 2e fascicules), par MM. Fremy, Bourgoin, Gaudin, Lemoine, Urbain, A. Joly. Nomenclature. Équivalents. Atomes. Oxygène. Azote. Air. Hydrogène. Composés oxygénés de l'azote. Ammoniaque. Chlore. Brome. Iode. Fluor. — 1 vol.

2e Section. (1er et 2e fascicules), par MM. Margottet, Lemoine, Urbain, Ogier et Joannis. Soufre. Sélénium. Tellure. Phosphore. Arsenic. Carbone et Cyanogène. — 1 vol.

3e Section. Bore. Silicium. Silicates, par MM. Joly et Curie. — 1 vol.

Complément. 1re partie. Charbon de bois. Noir de fumée. Combustibles minéraux, par MM. Urbain et Stanislas Meunier. — 1 vol.

Complément. 2e partie. Diamant, par M. Boutan,... — 1 vol.

1er Appendice. Reproduction artificielle des minéraux, par M. L. Bourgeois,... — 1 vol.

Appendice. 2e cahier. Météorites, par M. Stanislas Meunier. — 1 vol.

Tome III. Métaux.

1er Cahier. Propriétés générales des métaux et des sels. Principes de classification, par M. G. Rousseau.

2e Cahier. Potassium, par M. Rousseau.

2e Cahier. Sodium. Rubidium et Cœsium, par MM. Rousseau et de Forcrand.

3e Cahier. Lithium et Ammonium, par MM. de Forcrand et Villiers.

4e Cahier. (Métaux alcalino-terreux) : Baryum Strontium. Calcium. Magnésium et Aluminium, par MM. Nivoit et Margottet.

5e Cahier. (Métaux terreux) : Glucinium. Zirconium. Thorium, Cerium. Lanthane. Didyme. Samarium. Decipium et Terbium. Yttrium. Holmium. Thulium. Ytterbium. Scandium. Gallium et Indium, par MM. Cleve, Lecoq de Boisbaudran et Sabatier.

6e Cahier. Zinc. Cadmium. Thallium, par M. P. Sabatier.

7e Cahier. Niobium. Tantale. Tungstène, par M. Joly.

8e Cahier. Molybdène. Vanadium et Titane, par M. Parmentier.

9e Cahier. Fer et Chrome, par MM. Joannis et Moissan.

10e Cahier. Manganèse, par M. Moissan.

11e Cahier. Uranium. Étain et Antimoine, par MM. Ditte et Guntz.

12e Cahier. Cobalt et Nickel, par M. J. Meunier.

13e Cahier. 1re partie. Le Bismuth et ses composés, par M. L. Godefroy.

13e Cahier. 2e partie. Plomb et ses composés, par F. Parmentier.

14e Cahier. Cuivre et Mercure, par MM. Rousseau et Joannis.

15e Cahier. L'argent et ses composés. 1re partie : Étude théorique. 2e partie : Applications, par M. R. de Forcrand.

16ᵉ Cahier. L'Or, par MM. E. Cumenge et Edmond Fuchs, avec la collaboration de MM. F. Robellaz, Ch. Laforgue, Ed. Saladin.

Tome IV. Analyse chimique.

Résumé d'analyse minérale, par M. R. Metzner.

Méthodes analytiques appliquées aux substances agricoles, par M. A. Muntz.

Analyse des gaz, par M. J. Ogier.

Tableaux d'analyse qualitative, par M. L. Paunier.

Analyse qualitative microchimique, par M. Th. H. Behrens, avec la collaboration de M. Léon Bourgeois.

Tome V. Applications de chimie inorganique.

1ʳᵉ Section. Produits chimiques : 1ᵉʳ et 2ᵉ fascicules, par M. Sorel. Soufre. Acide sulfurique. Sulfure de carbone. Salpêtre. Acide nitrique. Sel marin. Acide chlorhydrique. Potasse. Soude par le procédé Leblanc. Soude à l'ammoniaque. Soude par la cryolithe.

2ᵉ Partie. 1° Généralités, par M. Fremy. 2° Chlorure de chaux, par M. Kolb. 3° Phosphate de chaux, par M. Nivoit. 4° Superphosphates, par M. Kolb. 5° Aluns, sulfates d'alumine, par M. Pommier. 6° Chlorates, par M. Péchiney.

2ᵉ Section. Industries chimiques. 1ᵉʳ fascicule. Mortier et ciments, par M. Duquesnay.

2ᵉ Fascicule. Éclairage électrique, par M. Violle.

3ᵉ Fascicule. La porcelaine, par M. Dubreuil.

4ᵉ Fascicule. La photographie, par M. Pabst.

5ᵉ Fascicule. Le verre et le cristal, par M. J. Henrivaux, avec atlas.

2ᵉ Section. Industries chimiques. 2ᵉ partie. Métallurgie. 4ᵉ cahier. Cuivre, par M. Gruner et complément, par M. Roswag.

7ᵉ Cahier. Métallurgie de l'argent, par M. C. Roswag.

8ᵉ Cahier. Désargentation des minerais de plomb, par M. Roswag. Aciers, par M. Bresson.

Fonte et fer, par M. G. Bresson.

L'Aluminium et ses alliages, par M. Wickersheimer.

Nickel et Cobalt, par M. A. M. Villon.

L'Or. 1ʳᵉ section. Exploitation et traitement des minerais aurifères. 2ᵉ section. Traitement des minerais auro-argentifères, par MM. E. Cumenge et Edmond Fuchs. Avec la collaboration de MM. F. Robellaz, Ch. Laforgue, Ed. Saladin.

Tome VI. Chimie organique.

1° Généralités, par M. Villiers. 2° Carbures d'hydrogène, par M. Bourgeois.

2ᵉ Fascicule. Alcools et phénols, par M. Prunier.

Tome VII. Chimie organique.

1ᵉʳ Fascicule. Aldéhydes, par M. Edme Bourgoin.

2ᵉ Fascicule. Carbonyles. Quinons. Aldéhydes à fonction mixte, par M. Edme BOURGOIN.

4ᵉ Fascicule. Ethers, par M. LEIDIÉ.

5ᵉ Fascicule. Acides organiques. 1ʳᵉ section. Généralités. Acides gras, par MM. E. BOURGOIN, J. RIBAN.

2ᵉ Section. Acides organiques à fonction simple, par M. Edme BOURGOIN.

3ᵉ Section. Acides organiques à fonction complexe. (Acides à six équivalents d'oxygène), par M. Edme BOURGOIN. — *2 vol.*

Tome VIII. Chimie organique.

6ᵉ Fascicule. Alcalis organiques. 1ʳᵉ section. Alcalis organiques artificiels. 1ʳᵉ série. Série grasse, par M. Edme BOURGOIN.

1ʳᵉ Section. Alcalis organiques artificiels. 2ᵉ partie. Série aromatique, par M. Edme BOURGOIN.

2ᵉ Section. Alcaloïdes naturels, par M. CHASTAING.

7ᵉ Fascicule. Amides. 1ʳᵉ partie. Série grasse, par M. CHASTAING.

2ᵉ Partie. Série aromatique, par M. CHASTAING.

3ᵉ Partie. Radicaux organo-métalliques, par M. CHASTAING.

8ᵉ Fascicule. Appendice. Essai sur l'isomérie de position, par M. Albert COLSON.

Tome IX. Chimie biologique et chimie physiologique.

1ʳᵉ Section. Microbiologie, par M. DUCLAUX.

2ᵉ Section. Chimie des végétaux. 1ᵉʳ fascicule. Structure de la plante, par M. FREMY.

2ᵉ Fascicule. Chimie physiologique. 1ʳᵉ partie. Analyse chimique des liquides et des tissus de l'organisme, par les Dʳˢ GARNIER et SCHLAGDENHAUFFEN.

2ᵉ Partie. Chimie des liquides et des tissus de l'organisme, par les Dʳˢ GARNIER, LAMBLING, SCHLAGDENHAUFFEN. — *2 vol.*

Tome X. Applications de chimie organique. Matières colorantes. 1ᵉʳ fascicule. Série aromatique et ses applications industrielles, par M. Ch. GIRARD et M. A. PABST. — *2 vol.*

Fabrication des couleurs, par M. Ch. Er. GUIGNET.

Teinture et apprêt des tissus de coton, par Léon LEFÈVRE.

Chimie agricole. Nutrition de la plante, par M. DEHERAIN.

Contribution à l'étude de la chimie agricole, par M. Th. SCHLOESING.

Le sucre, par M. Paul CHARPENTIER.

Le bois, par M. Paul CHARPENTIER.

Le papier, par M. Paul CHARPENTIER

Les textiles, par M. Paul CHARPENTIER.

La conservation des substances alimentaires, par M. URBAIN.

Gélatines et colles, par M. Paul CHARPENTIER. Analyse des matières alimentaires et recherches de leurs falsifications, par

MM. Ch. Girard et A. Dupré. Avec la collaboration de MM. F. Bordas, Sanglé-Ferrière, J. de Brevans, A. Saglier, Ladan Bockairy, Truchon, V. Genin, L. Robin et P. Girard.

4ᵉ Fascicule. Industrie des produits ammoniacaux, par M. Camille Vincent.

1528. — Cours élémentaire de chimie à l'usage des élèves de l'enseignement secondaire classique et des candidats au baccalauréat. Ouvrage rédigé conformément au dernier programme officiel... par P. Lugol,... — *Paris, Belin, 1893, in-12.*

1529. — Traité élémentaire de chimie (chimie inorganique, chimie organique, notions d'analyse chimique), à l'usage des élèves de l'enseignement secondaire moderne et des candidats au baccalauréat. Ouvrage rédigé conformément au dernier programme officiel... par P. Lugol,... — *Paris, Belin, 1894, in-12.*

C. SPÉCIALITÉS.

1530. — Traité raisonné de la distillation ou la distillation réduite en principes, par M. Déjean, distillateur. Sixième édition... — *Marseille, Mossy, 1792, in-12.*

1531. — Traité complet de la distillation des principales substances qui peuvent fournir de l'alcool, vin, grains, betteraves, fécule, tiges, fruits, racines, tubercules, bulbes, etc., par A. Payen,... — *Paris, Bouchard-Huzard, 1858, in-8°, pl.*

1532. — Instruction sur la fabrication du salpêtre, publiée par le comité consultatif institué près de la Direction générale du service des poudres et salpêtres de France. — *Paris, Impr. Royale, 1820, in-4°, 76 p., pl.*

1533. — L'art de préparer les chlorures de chaux, de soude et de potasse, suivi de détails sur les moyens d'apprécier la valeur réelle de ces produits, leur application aux arts, à l'hygiène publique, à la désinfection des ateliers, des salles des hôpitaux, des fosses d'aisance, etc. ; à la préparation de divers médicaments et au traitement de diverses maladies. Terminé par des considérations et des faits sur l'emploi du chlore dans divers cas et pour combattre la phthisie, par A. CHEVALLIER,... — *Paris, Béchet, 1829, in-8°, pl.*

1534. — Dictionnaire des analyses chimiques, ou répertoire alphabétique des analyses de tous les corps naturels et artificiels depuis l'origine de la chimie jusqu'à nos jours, avec l'indication du nom des auteurs et des recueils où elles ont été insérées, par J. H. M. VIOLETTE,... et P. J. ARCHAMBAULT,... — *Paris, Baillière, 1851, 2 vol. in-8°.*

1535. — Recueil d'analyses chimiques à l'usage de l'agriculture moderne, comprenant toutes les analyses des substances végétales, des fumiers naturels ou artificiels, des amendements de toute espèce, d'eaux domestiques et d'eaux d'irrigation, par M. Émile GUEYMARD,... — *Grenoble, Impr. Prudhomme, 1868, in-8°.*

1536. — Traité de l'éclairage au gaz tiré de la houille, des bitumes, des lignites, de la tourbe, des huiles, des résines, des graisses, etc., par PELOUZE père. Fabrication du coke et du charbon de tourbe. — *Paris, Magnin, s. d. [1858], in-8°, pl.*

1537. — Dosage de l'acide carbonique en combinaison dans les bicarbonates et dans les eaux naturelles à l'aide du proto-azotate de mercure, par M. A. BARTHÉLEMY,... Extrait des Annales de chimie et de physique, 4e série, t. XIII. — *Sans titre; Paris, Impr. Gauthier-Villars, in-8°, 15 p.*

1538. — Mémoire sur le dédoublement de l'oxyde de carbone sous l'action combinée du fer métallique et des oxydes de ce métal, par M. L. GRUNER,... — *Paris, Impr. Nat., 1872, in-4°, VIII-66 p.*
    Extrait des Mémoires présentés par divers savants à l'Académie des Sciences, tome XXII.

1539. — Influence de l'acide carbonique sur la respiration des animaux, par M. F. M. RAOULT,... Mémoire soumis à l'Académie des Sciences. — *Sans titre; Paris, Imp. Gauthier-Villars, in-8°, 10 p., pl.*
    Extrait des Annales de chimie et de physique, 5e série, t. IX, 1876.

1540. — Les fermentations, par P. Schützenberger. Deuxième édition. — *Paris, Germer-Baillière, 1876, in-8°.*

1541. — La photographie et la chimie de la lumière, par H. Vogel,... Deuxième édition. — *Paris, Germer-Baillière, 1878, in-8°, phot.*

1542. — Essai de mécanique chimique fondée sur la thermochimie, par M. Berthelot,... — *Paris, Dunod, 1879, 2 vol. in-8°, portr.*

1543. — Recherches chimiques sur les corps gras d'origine animale, par E. Chevreul, avec un avant-propos de M. A. Arnaud,... — *Paris, Impr. Nat., 1889, gr. in-4°, pl.*

D. CHIMIE APPLIQUÉE

1544. — Recherches expérimentales sur la cause des changements de couleurs dans les corps opaques et naturellement colorés. Ouvrage traduit de l'anglais, de M. Edward Hussey Delaval,... par M. Quatremère Dijonval,... — *Paris, Impr. de Monsieur, 1778, in-8°.*

1545. — Supplément au recueil de procédés et d'expériences sur les teintures solides que nos végétaux indigènes communiquent aux laines et aux lainages. Par M. L. A. Dambourney,... Imprimé et publié par ordre du gouvernement en l'année MDCCLXXXVI. — *Paris, Impr. Pierres, 1788, in-4°.*

1546. — Essai sur le blanchiment, avec la description de la nouvelle méthode de blanchir par la vapeur, d'après le procédé du citoyen Chaptal, et son application aux arts. Par R. O'Reilly,... — *Paris, Déterville, an IV (1801), in-8°.*

Les planches manquent.

1547. — Chimie appliquée à l'agriculture, par M. le comte Chaptal,... Deuxième édition. — *Paris, Huzard, 1829, 2 vol. in-8°.*

1548. — Chimie organique appliquée à la physiologie végétale et à l'agriculture, suivie d'un Essai de toxicologie, par M. Justus

LIEBIG,... Traduction faite sur les manuscrits de l'auteur, par M. Charles GERHARDT,... — *Paris, Fortin, 1841, in-8°.*

1549. — Chimie organique appliquée à la physiologie animale et à la pathologie, par M. Justus LIEBIG,... Traduction faite sur les manuscrits de l'auteur par M. Charles GERHARDT,... — *Paris, Fortin, Masson et Cie, octobre 1842, in-8°.*

1550. — Chimie appliquée à la physiologie végétale et à l'agriculture, par M. Justus LIEBIG,... Traduction faite sur les manuscrits de l'auteur, par M. Charles GERHARDT,... Deuxième édition... — *Paris, Fortin, Masson et Cie, 1844, in-8°.*

1551. — Lettres sur la chimie considérée dans ses applications à l'industrie, à la physiologie et à l'agriculture, par M. Justus LIEBIG,... Nouvelle édition française publiée par M. Charles GERHARDT,... — *Paris, Masson, 1847, in-12, portr.*

1552. — Nouvelles lettres sur la chimie considérée dans ses applications à l'industrie, à la physiologie et à l'agriculture, par M. Justus LIEBIG. Édition française publiée par M. Charles GERHARDT. — *Paris, Masson, 1852, in-12.*

1553. — Catéchisme de chimie et de géologie agricoles, par le professeur James F. W. JOHNSTON; traduit de l'anglais, par F. ANDRÉ. — *Liège, Oudart, 1847, in-18.*

1554. — Expériences chimiques et agronomiques, par Fréd. KUHLMANN,... — *Paris, Masson, 1847, in-8°.*

1555. — Précis élémentaire de chimie agricole, par le Dr F. SACC,... Seconde édition. — *Paris, Dusacq, s. d., in-12.*

1556. — Chimie agricole, ou l'agriculture considérée dans ses rapports principaux avec la chimie, par J. I. PIERRE,... Deuxième édition. — *Paris, Libr. agricole, s. d., in-12.*

1557. — Chimie agricole, ou l'agriculture considérée dans ses rapports principaux avec la chimie, par Isidore PIERRE,... Sixième édition. — *Paris, Libr. agricole, 1882, 2 vol. in-12.*

1558. — La chimie du cultivateur, par P. Joigneaux,... — *Paris, Masson, 1850, in-12.*

1559. — Chimie agricole. Analyses comparatives des cendres d'un grand nombre de végétaux, suivies de l'analyse de différentes terres végétales, par M. P. Berthier. Extrait des Mémoires de la Société impériale et centrale d'agriculture. — *Paris, Bouchard-Huzard, 1854, in-8°.*

1560. — Bibliothèque du jardinier. Chimie et physique horticoles, par P. P. Dehérain,... — *Paris, Dusacq, s. d. [1854], in-12.*

1561. — Cours de chimie agricole professé en 1857, par M. F. Malaguti, à la Faculté des Sciences de Rennes... — *Rennes, Impr. Oberthur, 1857, in-12.*

1562. — Cours de chimie agricole professé en 1858, par M. F. Malaguti, à la Faculté des Sciences de Rennes... — *Rennes, Impr. Oberthur, 1858, in-12.*

1563. — Cours de chimie agricole professé en 1860, par M. F. Malaguti, à la Faculté des Sciences de Rennes... — *Rennes, Verdier, 1860, in-12.*

1564. — Chimie appliquée à l'agriculture. Précis des leçons professées depuis 1852 jusqu'à 1862 sur différents sujets d'agriculture, par F. Malaguti,... Nouvelle édition. — *Paris, Dezobry, s. d. [1863], 3 vol. in-12.*

1565. — A B C D de la chimie agricole, ou la chimie mise à la portée du paysan, par Félix Guittet,... — *Pau, Impr. Veronese, 1881, in-12, 61 p.*

1566. — Traité de chimie appliquée aux arts, par M. Dumas,... — *Paris, Béchet, 1828-1846, 8 vol. in-8° et Atlas gr. in-4°.*

1567. — Éléments de chimie appliquée à la médecine et aux arts, par M. Orfila. Sixième édition... — *Paris, Crochard, 1835-1836, 3 vol. in-8°, pl.*

1568. — Leçons de chimie élémentaire appliquées aux arts industriels et faites le dimanche à l'école municipale de Rouen, par M. J. GIRARDIN,... Troisième édition... — *Paris, Fortin, Masson et Cie, 1846, 2 vol. in-8°.*

1569. — Précis de chimie industrielle à l'usage des écoles préparatoires aux professions industrielles et des fabricants, par A. PAYEN,... — *Paris, Hachette, 1849, 2 vol. in-8°.*

Le tome 2 contient les planches.

1570. — Mémoire sur l'application des acides gras à l'éclairage [présenté à l'Académie des Sciences, le 17 janvier 1853, par Jules de CAMBACÉRÈS]. — *S. l. n. d. [Strasbourg, Impr. Berger-Levrault], in-4°, 18 p. et pl.*

1571. — L'ammoniaque dans l'industrie, par Ch. TELLIER,... Force motrice. Traction mécanique. Chemins de fer. Vide. Vidange. Élévation des eaux. Refroidissement des brassins, des caves, des lieux publics. Fabrication de la glace. Aérostation. Fabrication du fer fondu, de l'oxygène, de l'ammoniaque, etc. Deuxième édition... — *Paris, Rothschild, 1867, in-8°, pl.*

1572. — Études prophylactiques, par Rudolph TURECKI, chimiste. — *Paris, l'auteur, 1868, in-4°, tabl.*

Sur la désinfection des matières fécales et leur conversion en engrais.

1573. — Éléments de chimie minérale ou synthétique, par le Dr SACC,... — *Paris, Lacroix, s. d. [1870], in-12.*

1574. — Études sur la bière, ses maladies, causes qui les provoquent, procédé pour la rendre inaltérable, avec une théorie nouvelle de la fermentation, par M. L. PASTEUR,... — *Paris, Gauthier-Villars, 1876, in-8°, pl.*

1575. — Action de l'aldéhyde sur le propylglycol, par M. Arnaud de GRAMONT. — *Sans titre ; Paris, Impr. Gauthier-Villars, in-4°, 2 p.*

Extrait des comptes-rendus des séances de l'Académie des Sciences, 16 juillet 1883.

SCIENCES NATURELLES

11. HISTOIRE NATURELLE.

A. GÉNÉRALITÉS. HISTOIRE. DICTIONNAIRES. SYSTÈMES. TRAITÉS ÉLÉMENTAIRES.

1576. — Compendium naturalis philosophiæ. Libri duodecim de consideratione rerum naturalium, earumque ad suum creatorem reductione. Per Fratrem Franciscum Titelmannum,... — *Parisiis, Roigny, 1542, in-8°.*

1577. — Henrici Regii Ultrajectini philosophia naturalis. Editio secunda... — *Amstelodami, Elzevirius, 1654, in-4°.*

1578. — Principales merveilles de la nature, où l'on traite de la substance de la terre, de la mer, des fleuves, lacs, rivières... par M***. — *Amsterdam, 1745, in-12, fr. et pl.*
Le tome 1er seul.

1579. — Dictionnaire raisonné universel d'histoire naturelle contenant l'histoire des animaux, des végétaux et des minéraux, et celle des corps célestes, des météores et des autres principaux phénomènes de la nature, avec l'histoire et la description des drogues simples tirées des trois règnes, et le détail de leurs usages dans la médecine, dans l'économie domestique et champêtre et dans les arts et métiers... par M. Valmont de Bomare,... Nouvelle édition... — *Paris, Lacombe, 1768, 4 vol. in-4°.*

1580. — Dictionnaire raisonné universel d'histoire naturelle : contenant l'histoire des animaux, des végétaux et des minéraux, et celle des corps célestes, des météores et des autres principaux phénomènes de la nature : avec l'histoire et la description des drogues simples tirées des trois règnes, et le détail de leurs usages dans la médecine, dans l'économie domestique et champêtre et dans les arts et métiers... par M. VALMONT DE BOMARE,... Nouvelle édition... — *Paris, Lacombe, 1769, 6 vol. in-8°.*

1581. — Dictionnaire raisonné universel d'histoire naturelle : contenant l'histoire des animaux, des végétaux et des minéraux, et celle des corps célestes, des météores et des autres principaux phénomènes de la nature ; avec l'histoire et la description des drogues simples tirées des trois règnes, et le détail de leurs usages dans la médecine, dans l'économie domestique et champêtre et dans les arts et métiers... par M. VALMONT DE BOMARE,... Nouvelle édition... — *Paris, Brunet, 1775, 7 vol. in-8°.*

Les tomes 1 à 7 seuls ; s'arrête à la lettre R.

1582. — Éléments d'histoire naturelle... par A. L. MILLIN,... Seconde édition... — *Paris, Levrault, l'an V, 1797, in-8°.*

**. — Rapport historique sur le progrès des sciences naturelles depuis 1789 et sur leur état actuel, par M. CUVIER.

Voy. Division HISTOIRE.

1583. — Dictionnaire des sciences naturelles, dans lequel on traite méthodiquement des différents êtres de la nature considérés soit en eux-mêmes, d'après l'état actuel de nos connaissances, soit relativement à l'utilité qu'en peuvent retirer la médecine, l'agriculture, le commerce et les arts. Suivi d'une biographie des plus célèbres naturalistes... Par plusieurs professeurs du jardin du roi et des principales écoles de Paris. — *Strasbourg, Levrault, 1816-1845, 61 vol. in-8° et 8 vol. de pl.*

1584. — Annales des sciences naturelles, comprenant la zoologie, la botanique, l'anatomie et la physiologie comparées des deux règnes, et l'histoire des corps organisés fossiles ; rédigées, pour la zoologie, par MM. AUDOUIN et MILNE-EDWARDS, et pour la botanique, par MM. Ad. BRONGNIART et GUILLEMIN. — *Paris, Crochard, 1836-1838, 10 part. en 5 vol. in-8°, pl.*

Les tomes 5 à 10 seuls de la 2ᵉ série, divisés en deux parties :
1° Zoologie. 2° Botanique.

585. — Annales des sciences naturelles, comprenant la zoologie, la botanique, l'anatomie et la physiologie comparées des deux règnes et l'histoire des corps organisés fossiles ; rédigées pour la zoologie, par M. Milne-Edwards et pour la botanique, par MM. Ad. Brongniart et J. Decaisne. Troisième série. Zoologie. — *Paris, Fortin, Masson et Cie, 1844-1849, 12 vol. in-8°, pl.*

Les tomes 1 à 12 seuls.

586. — Annales des sciences naturelles, comprenant la zoologie, la botanique, l'anatomie et la physiologie comparées des deux règnes, et l'histoire des corps organisés fossiles ; rédigées pour la zoologie, par M. Milne-Edwards, et pour la botanique, par MM. Ad. Brongniart et J. Decaisne. Troisième série. Botanique. — *Paris, Fortin, Masson et Cie, 1844-1849, 12 vol. in-8°, pl.*

Les tomes 1 à 12 seuls.

587. — Dictionnaire universel d'histoire naturelle, par MM. Arago, Audouin, Bazin, Becquerel, Bibron, Blanchard, de Brébisson, Ad. Brongniart, C. Broussais, Brullé, Chevrolat, Cordier, Decaisne, Delafosse, Deshayes, J. Desnoyers, Alcide et Charles d'Orbigny, Doyère, Dujardin, Dumas, Duponchel, Duvernoy, Edwards, Milne-Edwards, Elie de Beaumont, Flourens, Geoffroy Saint-Hilaire, Isidore Geoffroy Saint-Hilaire, Gervais, Guillemin, de Jussieu, de Lafresnaye, Laurillard, Lemaire, Léveillé, Lucas, Martin Saint-Ange, Montagne, Pelletan, Pelouze, C. Prévost, de Quatrefages, A. Richard, Rivière, Roulin, Spach, Valenciennes. Ouvrage dirigé par M. Charles d'Orbigny... — *Paris, 1841-1849, 13 vol. in-8° et 3 vol. de planches.*

588. — Précis élémentaire d'histoire naturelle, par M. G. Delafosse,... Cinquième édition... — *Paris, Hachette, 1846, in-12, pl.*

589. — Les sciences naturelles. Études sur leur histoire et sur leurs plus récents progrès, par Paul de Rémusat. Des races humaines. Une révolution en chimie. Hippocrate. La chimie à l'exposition. L'aluminium. Physiologie expérimentale. Newton. — *Paris, Michel Lévy, 1857, in-12.*

1590. — L'univers. Les infiniments grands et les infiniments petits, p. F. A. Pouchet,... — *Paris, Hachette, 1865, in-12.*

1591. — Conférences faites à la gare Saint-Jean, à Bordeaux, sous patronage de la Compagnie des Chemins de fer du Midi. — *Paris, Hachette, 1867-1868, 2 vol. in-12.*

1592. — Le fond de la mer, par Léon Renard,... — *Paris, Hetzel 1868, in-12.*

1593. — D\ Louis Büchner,... Conférences sur la théorie Darwinienne de la transmutation des espèces et de l'apparition du monde organique. Application de cette théorie à l'homme. Ses rapports avec la doctrine du progrès et avec la philosophie matérialiste du passé et du présent. Traduit de l'allemand d'après la seconde édition, par Auguste Jacquot. — *Leipzig, Thomas, 1869, in-8°*

1594. — Histoire de la création. Exposé scientifique des phases du développement du globe terrestre et de ses habitants, par H. Burmeister,... Édition française traduite de l'allemand d'après la huitième édition, par E. Maupas, revue par le professeur Giebel. — *Paris, Savy, 1870, gr. in-8°.*

1595. — La création, par Edgar Quinet. — *Paris, Libr. internationale 1870, 2 vol. in-8°.*

1596. — La Nature. Revue des sciences et de leurs applications aux arts et à l'industrie. Journal hebdomadaire illustré... Rédacteur en chef Gaston Tissandier... — *Paris, Masson, 1873-1894 43 vol. gr. in-8°.*

Table des matières des dix premières années (1873-1882). — *Paris, Masson, s. d., gr. in-8°.*

1597. — Science et philosophie, par M. Berthelot,... — *Paris, Calmann Lévy, 1886, in-8°.*

1598. — La physico-chimie, son rôle dans les phénomènes naturels astronomiques, géologiques et biologiques, par le D\ Fauvelle. Précédée d'une lettre de l'auteur à M. Berthelot sur l'unité de la science. — *Paris, Reinwald, 1889, in-12.*

1599. — Le Cosmos. Revue des sciences et de leurs applications. — *Paris, 1891 et ann. suiv., 12 vol. in-4°.*
>Nouvelle série, tomes 18 à 29, du 6 déc. 1890 au 24 nov. 1894.

1600. — Les émules de Darwin, par A. de QUATREFAGES,... Précédé d'une préface par M. Edmond PERRIER,... et d'une Notice sur la vie et les travaux de M. de Quatrefages, par M. E. T. HAMY,... — *Paris, Alcan, 1894, 2 vol. in-8°.*

B. AUTEURS ANCIENS ET MODERNES
DONT LES OUVRAGES EMBRASSENT DIFFÉRENTES PARTIES DE L'HISTOIRE NATURELLE.

1601. — Problemata ARISTOTELIS ac philosophorum medicorumque complurium, ad varias quæstiones cognoscendas admodum digna... Marci Antonii ZIMARÆ Sanctipetrinatis Problemata his addita una cum trecentis Aristotelis et Averrois propositionibus... Item ALEXANDRI APHRODISEI super quæstionibus nonnullis physicis, solutionum liber, Angelo POLITIANO interprete. — *Parisiis, Prevotius, 1555, in-32.*

>ARISTOTELIS Sententiæ omnes undiquæque selectissimæ... His accesserunt et aliæ ex variis SENECÆ, BOETII et APULEII libellis sententiæ... — *Parisiis, Prevost, 1556, in-32.*

1602. — Les problèmes d'ARISTOTE, traduits en français pour la première fois et accompagnés de notes perpétuelles, par J. BARTHÉLEMY SAINT-HILAIRE,... — *Paris, Hachette, 1891, 2 vol. in-8°.*

1603. — C. PLINII SECUNDI naturalis historiæ libri XXXVII. — *Parisiis, Petr. Vidovæus, 1524, in-f°.*
>Le titre manque.

>Prima pars Pliniani indicis editi per Joannem CAMERTEM... — *S. l. n. d. Parisiis, Vidovæus, 1524, in-f°, titre encadré.*

1604. — C. PLINII SECUNDI historiæ mundi libri XXXVII, ex postrema ad vetustos codices collatione cum annotationibus et indice. — *Parisiis, Regnault, 1543, 2 part. en 1 vol. in-f°.*

1605. — C. Plinii Secundi historiæ mundi libri XXXVII, majore quam hactenus unquam studio, fide, religione emendati... — *Lugduni, Frellonius, 1553, 2 part. en 1 vol. in-f°.*

1606. — L'Histoire du monde de C. Pline Second, collationnée et corrigée sur plusieurs vieux exemplaires latins... A quoy a esté adjousté un traité des pois et mesures antiques réduites à la francoyse... Le tout fait et mis en françois par Antoine Du Pinet, seigneur de Noroy. — *Lyon, Senneton, 1562, 2 vol. in-f°.*

Les tables de chaque volume ont des titres séparés.

1607. — C. Plinii Secundi historiæ mundi libri XXXVII. Opus omni quidem commentatione majus... Omnia quidem... novissime vero laboriosis observationibus conquisita et solerti judicio pensitata Jacobi Dalecampii,... — *Francoforti ad Mœnum, Feyerabendt, 1599, in-f°.*

1608. — C. Plinii Secundi historiæ mundi libri XXXVII. Opus omni quidem commendatione majus... — *Lugduni, sumptibus Caldorianæ societatis, 1606, in-f°.*

1609. — L'Histoire du monde de C. Pline Second, collationnée et corrigée sur plusieurs vieux exemplaires latins... à quoy a été adjousté un traité des poix et mesures antiques, réduites à la façon des François... Le tout mis en françois, par Antoine Du Pinet, seigneur de Noroy... — *Genève, Impr. Stoer, 1608, in-8°.*

Le tome 1ᵉʳ seul.

1610. — L'Histoire du monde de C. Pline Second... à quoi a été ajouté un traité des poids et mesures des antiques réduites à la façon des Français... Le tout mis en français, par Antoine Du Pinet, seigneur de Noroy, et depuis en cette cinquième et dernière édition augmentée de plusieurs nouvelles annotations... — *Paris, Du Carroy, 1615, 2 tom. en 1 vol. in-f°.*

1611. — L'Histoire du monde de C. Pline Second, collationnée et corrigée sur plusieurs vieux exemplaires latins... A quoi a été ajouté un traité des poids et mesures des antiques, réduites à la façon des Français... Le tout mis en français, par Antoine Du Pinet, seigneur de Noroy; et depuis en cette sixième et dernière édition augmentée de plusieurs nouvelles annotations... — *Paris, Blaise, 1622, 2 tom. en 1 vol. in-f°.*

1612. — Caii Plinii Secundi historiæ naturalis libri XXXVII, cum selectis commentariis J. Harduini ac recentiorum interpretum novisque adnotationibus. — *Parisiis, Lemaire, 1827-1832, 11 vol. in-8°.*

    Volumen I. Continens cosmologiam, curante C. Alexandre.
    Vol. II. Continens geographiam, curante F. Ansart.
    Vol. III, IV. Continens zoologiam Georgii Cuvier notis et excursibus illustratam, curante Jo. B. Fr. Steph. Ajasson de Grandsagne.
    Vol. V, VI, VII. Continens rem herbariam, curante L. Desfontaines.
    Vol. VIII. Continens materiam medicam ex animalibus, curante Jo. B. Fr. Steph. Ajasson de Grandsagne.
    Vol. IX. Continens mineralogiam, curante Delafosse.
    Vol. X, XI. Indices, curante Angelo Pujan Delaforest.
    Le tome IX contient en outre : Essai sur le classement chronologique des sculpteurs grecs les plus célèbres, par M. T. B. Eméric David.

1613. — Histoire naturelle de Pline, avec la traduction en français, par M. E. Littré,... — *Paris, Didot, 1860, 2 vol. gr. in-8°.*

1614. — Histoire naturelle, générale et particulière [par Buffon], avec la description du cabinet du roi [par Daubenton]. — *Paris, Imp. Roy., 1758-1768, 5 vol. in-12, pl.*

    Les tomes 12, 13, 14, 30 et 31 seuls.

1615. — Histoire naturelle, générale et particulière, par M. de Buffon,... Nouvelle édition. — *Paris, Impr. Roy., 1769, in-12.*

    Le tome 3 seul.

1616. — Histoire naturelle, générale et particulière, servant de suite à la théorie de la terre et d'introduction à l'histoire des minéraux, par M. le comte de Buffon,... Supplément. — *Paris, Impr. Roy., 1774-1778, 3 vol. in-12.*

    Les tomes 2, 7 et 10 seuls.

1617. — Histoire naturelle des minéraux, par M. le comte de Buffon,... — *Paris, 1784, 2 vol. in-12.*

Les tomes 3 et 4 seuls.

1618. — Histoire naturelle des oiseaux [par Buffon]. — *Paris, Impr. Roy., 1775-1779, 3 vol. in-12.*

Les tomes 6, 8 et 9 seuls.

1619. — Histoire naturelle de Buffon, réduite à ce qu'elle contient de plus instructif et de plus intéressant, par P. Bernard. — *Paris, Hacquart, an VIII, 10 vol. in-8°, portr. et pl.*

Tome 1er. Histoire de la terre.
Tome 2. Histoire des minéraux.
Tome 3. Histoire de l'homme.
Tomes 4, 5, 6. Histoire des quadrupèdes.
Tomes 7, 8, 9. Histoire des oiseaux.
Tome 10. Histoire de la reproduction.

1620. — OEuvres complètes de Buffon, mises en ordre et précédées d'une Notice historique, par M. A. Richard,... — *Paris, Pourrat, 1835, 20 vol. in-8°, portr. et pl.*

Tomes 1, 2. Théorie de la terre.
Tomes 3-7. Histoire des minéraux.
Tomes 8-20. Histoire des animaux.

1621. — De la nature, [par Jean-Baptiste-René Robinet]. — *[Amsterdam, 1761], in-8°.*

Le titre manque.

1622. — Cosmos. Essai d'une description physique du monde, par Alexandre de Humboldt. Traduit par H. Faye,... [et Ch. Galusky]. — *Paris, Gide, 1847-1859, 4 vol. in-8°.*

Le tome 3 est en deux parties.

1623. — Histoire naturelle de Lacépède, comprenant les cétacés, les quadrupèdes ovipares, les serpents et les poissons. Nouvelle édition, précédée de l'Éloge de Lacépède, par Cuvier, avec des notes et la nouvelle classification de M. A. G. Desmarest,... — *Paris, Furne, 1855, 2 vol. in-4°, pl.*

1624. — Principes de biologie, par Herbert SPENCER. Traduit de l'anglais, par M. E. CAZELLES. — *Paris, Germer-Baillière, 1880, 2 vol. in-8°.*

1625. — La vie et la correspondance de Charles DARWIN, avec un chapitre autobiographique, publiés par son fils M. Francis DARWIN. Traduit de l'anglais, par Henry C. de VARIGNY,... — *Paris, Reinwald, 1888, 2 vol. in-8°, portr. et pl.*

C. HISTOIRE NATURELLE DE DIFFÉRENTS PAYS.

1626. — Histoire naturelle de la France méridionale, ou recherches sur la minéralogie du Vivarais, du Viennois, du Valentinois, du Forez, du Velai, de l'Uségeois, du Comtat Venaissin, des diocèses de Nîmes, Montpellier, Agde, etc. ; sur la physique de la mer Méditerranée ; sur les météores, les arbres, les animaux, l'homme et la femme de ces contrées, par M. l'abbé GIRAUD-SOULAVIE. — *Nîmes, Impr. Belle, 1780-1784, 7 vol. in-8°, pl.*

1627. — Observations faites dans les Pyrénées, pour servir de suite à des observations sur les Alpes, insérées dans une traduction des Lettres de W. Coxe sur la Suisse, [par L. F. E. RAMOND DE CARBONNIÈRES]. — *Paris, Belin, 1789, 2 vol. in-8°, cartes et pl.*

1628. — Mémoires pour servir à l'histoire naturelle des Pyrénées et des pays adjacents, par M. PALASSOU,... — *Pau, Impr. Vignancour, 1815, in-8°.*

1629. — Suite des Mémoires pour servir à l'histoire naturelle des Pyrénées et des pays adjacents, par M. PALASSOU,... — *Pau, Impr. Vignancour, 1819, in-8°.*

1630. — Nouveaux Mémoires pour servir à l'histoire naturelle des Pyrénées et des pays adjacents, par M. PALASSOU,... — *Pau, Impr. Vignancour, novembre 1823, in-8°.*

Supplément aux Mémoires pour servir à l'histoire naturelle des Pyrénées et des pays adjacents, suivis de recherches relatives aux anciens camps de la Novempopulanie, par M. PALASSOU,... — *Pau, Impr. Vignancour, 1821, in-8°.*

1631. — Études Pyrénéennes. Le sapin et ses déformations, par J. VALLOT. — *Paris, Lechevalier, 1887, in-8°, 49 p., pl.*

Études Pyrénéennes. Mécanisme de la destruction des pics granitiques, par J. VALLOT. — *Paris, Lechevalier, 1887, in-8°, 31 p., pl.*

Études Pyrénéennes. Oscillations des glaciers des Pyrénées, par J. VALLOT. — *Paris, Lechevalier, 1887, in-8°, 16 p., pl.*

Études Pyrénéennes. Comblement des lacs Pyrénéens, par J. VALLOT. — *Paris, Lechevalier, 1887, in-8°, 12 p., pl.*

**. — Pour l'histoire naturelle des Basses-Pyrénées.
Voy. Division HISTOIRE LOCALE.

**. — Du Spitzberg au Sahara. Étapes d'un naturaliste au Spitzberg, en Laponie, en Écosse, en Suisse, en France, en Italie, en Orient, en Égypte et en Algérie, par Charles MARTINS.
Voy. Division HISTOIRE.

1632. — Notes et notices sur l'expédition scientifique des Anglais au pic de Ténériffe en 1856. Sur l'origine des espèces. Sur Toulon port de mer. Sur l'ouvrage de Miss Nightingale, intitulé : " Notes on nursing ". Traduction d'un article du Titan sur les aquarium. Par J. P. A. MADDEN,... — *Versailles, Impr. Aubert, 1864, in-8°, 52-7 p.*

1633. — Voyage d'un naturaliste autour du monde, fait à bord du navire « Le Beagle », de 1831 à 1836, par Charles DARWIN,... traduit de l'anglais, par M. Ed. BARBIER. — *Paris, Reinwald, 1875, in-8°.*

D. MÉLANGES D'HISTOIRE NATURELLE ET DE PHYSIQUE.

1634. — Curiosa filosofia y tesoro de maravillas de la naturaleza, examinadas en varias questiones naturales... por el Padre Juan Eusebio NIEREMBERG, de la Compania de Jesus. Ultima impression... — *Barcelona, Lacavalleria, 1644, in-8°.*

1635. — Joan. Bapt. Du Hamel, De meteoris et fossilibus libri duo... — *Parisiis, Lamy, 1660, in-4°.*

1636. — Honorati Fabri, Societatis Jesu theologi, tractatus duo : quorum prior est de plantis et de generatione animalium ; posterior de homine. — *Parisiis, Muguet, 1666, 2 part. en 1 vol. in-4°, pl.*

1637. — Honorati Fabri, Societatis Jesu theologi, tractatus duo : quorum prior est de plantis et de generatione animalium ; posterior de homine. — *Norimbergæ, Endterus, 1677, in-4°, pl.*

1638. — Recueil de différents traités de physique et d'histoire naturelle, par And. Fr. Boureau-Deslandes. — *In-12, pl.*
Le titre manque. Le privilège est donné à Quillau, en 1747.

1639. — Telliamed, ou entretiens d'un philosophe indien avec un missionnaire français, sur la diminution de la mer, la formation de la terre, l'origine de l'homme, etc. Mis en ordre sur les mémoires de feu M. [Benoist] de Maillet, par J. A. G*** [J. Ant. Guers]. — *Bale, Les Libraires associés, 1749, in-12.*

1640. — Mémoires du Muséum d'histoire naturelle, par les professeurs de cet établissement. — *Paris, Dufour, [Belin], 1815-1832, 20 vol. in-4°, pl.*

1641. — Archives du Muséum d'histoire naturelle, publiées par les professeurs administrateurs de cet établissement. — *Paris, Gide, 1839-1861, 10 vol. in-4°, pl.*

1642. — Nouvelles archives du Muséum d'histoire naturelle, publiées par MM. les professeurs administrateurs de cet établissement. — *Paris, Guérin, [Masson], 1865-1895, 26 vol. in-4°, pl.*
En cours de publication.

1643. — Centenaire de la fondation du Muséum d'histoire naturelle, 10 juin 1793—10 juin 1893. Volume commémoratif, publié par les professeurs du Muséum. — *Paris, Impr. Nat., 1893, gr. in-4°.*

1644. — Annales européennes de physique végétale et d'économie

publique, rédigées par une société d'auteurs... [Sous la direction de M. RAUCH.] — *Paris, Rauch, 1821-1822, 3 vol. in-8°, fr. gr.*
Les trois premiers volumes seuls.

1645. — Bulletin d'histoire naturelle de la Société Linnéenne de Bordeaux. — *Bordeaux, Impr. Laguillotière, 1827, in-8°, pl.*
Le tome 2 seul.

12. GÉOLOGIE.

A. THÉORIE DE LA TERRE. CONSTITUTION MINÉRALOGIQUE DU GLOBE ET DE SES DIFFÉRENTES PARTIES.

1646. — Théorie de la terre déduite de l'organisation des Pyrénées et pays adjacents, rédigée par M. Jⁿ LATAPIE,... sur les manuscrits de M. FLAMICHON,... — *Pau, Impr. Tonnet, 1816, in-8°.*
Deux exemplaires.

1647. — Essai géognostique sur le gisement des roches dans les deux hémisphères, par Alexandre de HUMBOLDT. 2e édition... — *Paris, Levrault, 1826, in-8°.*

1648. — Table des principales positions géonomiques du globe, recueillies et mises en ordre d'après les autorités les plus modernes ; en deux parties, renfermant les expressions de position de tous les points maritimes connus, classés par ordre alphabétique, avec les noms des observateurs ou des auteurs auxquels les chiffres sont dus ; plus un appendice contenant dans leur ordre géographique la dénomination des principaux points à l'usage particulier des constructeurs de cartes. Par Ph. J. COULIER. — *Paris, Bossange, 1828, in-8°.*

1649. — Traité de géognosie, ou exposé des connaissances actuelles sur la constitution physique et minérale du globe terrestre, par J. F. d'AUBUISSON DE VOISINS,... Nouvelle édition... — *Paris, Levrault, 1828-1835, 3 vol. in-8°, pl.*
Les tomes 2 et 3 ont pour auteurs, Amédée BURAT.

1650. — Tableau des terrains qui composent l'écorce du globe, ou essai sur la structure de la partie connue de la terre, par Alexandre BRONGNIART,... — *Bruxelles, Hauman, Cattoir et Cie, 1838, in-12.*

1651. — L'art d'observer en géologie, par Henry T. DE LA BÈCHE,... traduit de l'anglais, par H. de COLLEGNO,... — *Paris, Levrault, 1838, in-8°.*

Recherches sur la partie théorique de la géologie, par Henry T. DE LA BÈCHE,... traduites de l'anglais, par H. de COLLEGNO,... — *Paris, Levrault, 1838, in-8°, pl.*

1652. — Coupes et vues pour servir à l'explication des phénomènes géologiques, par Henry T. DE LA BÈCHE,... avec un texte traduit de l'anglais, par H. de COLLEGNO,... — *Paris, Pitois-Levrault, 1839, in-4°, 77 p. et pl.*

1653. — Manuel géologique, par Henry T. DE LA BÈCHE,... seconde édition, publiée à Londres en 1832. Traduction française, revue et publiée par A. J. M. BROCHANT DE VILLIERS,... — *Paris, Langlois et Leclercq, s. d. [1841], in-8°.*

1654. — Lettres sur les révolutions du globe, par Alexandre BERTRAND,... Cinquième édition... enrichie de nouvelles notes, par MM. Arago, Elie de Beaumont, Al. Brongniart, etc. — *Paris, Tessier, 1839, in-8°, pl.*

1655. — Éléments de géologie, par Charles LYELL,... traduit de l'anglais, sous les auspices de M. Arago, par Mme Tullia MEULIEN. — *Paris, Pitois-Levrault, 1839, in-12, fr. lith. en couleur.*

1656. — Principes de géologie, ou illustrations de cette science empruntées aux changements modernes que la terre et ses habitants ont subis, par Charles LYELL,... Ouvrage traduit de l'anglais sur la sixième édition et sous les auspices de M. Arago, par Mme Tullia MEULIEN. — *Paris, Langlois et Leclercq, 1843-1848, 4 vol. in-12, pl.*

1657. — Des roches considérées minéralogiquement, par J. J. D'OMALIUS D'HALLOY. Nouvelle édition. — *Paris, Langlois et Leclercq, 1841, in-8°.*

Tableau de la distribution méthodique des espèces minérales suivie dans le cours de minéralogie fait au Muséum royal d'histoire naturelle en 1833, par M. Alexandre BRONGNIART,... présentant leur nomenclature univoque, ou Linnéenne, et leur nomenclature caractéristique, ou définition tirée de leur composition définie et de leur forme fondamentale. — *Paris, Roret, 1833, in-8°, 17 p.*

Formation. Fossile, par M. Constant PRÉVOST. (Extrait du Dictionnaire universel d'histoire naturelle.) — *Sans titre ; Imp. Bourgogne et Martinet, in-8°, 8 p.*

1658. — Histoire des progrès de la géologie de 1834 à 1845, par le vicomte D'ARCHIAC, publiée par la Société géologique de France... — *Paris, [Impr. Martinet], 1847-1851, 4 tomes en 5 vol. in-8°, pl.*

    Tome 1er. Cosmogonie et géogénie. Physique du globe, géographie physique, terrain moderne.
    Tome 2. 1re part. Terrain quaternaire ou diluvien.
    Tome 2. 2e part. Terrain tertiaire.
    Tome 3. Formation nummulitique. Roches ignées ou pyrogènes des époques quaternaire et tertiaire.
    Tome 4. Formation crétacée. 1re part.
    L'ouvrage complet doit avoir 8 tomes.

**. — Rapport sur les progrès de la géologie expérimentale, par A. DAUBRÉE.

    Voy. Division HISTOIRE.

**. — Rapport sur les progrès de la stratigraphie, par M. L. Elie de BEAUMONT.

    Voy. Division HISTOIRE.

1659. — Lectures sur la géologie, par M. LEJEUNE,... — *Pau, Impr. Veronese, 1855, in-8°, 73 p., pl.*

1660. — Éléments de géologie, par L. R. LE CANU,... — *Paris, Baillière, 1856, in-8°.*

1661. — La terre. Description des phénomènes de la vie du globe, par

Elisée Reclus. Deuxième édition. — *Paris, Hachette, 1870-1872, 2 vol. gr. in-8°, pl.*

    Tome I. Les continents.
    Tome II. L'Océan, l'atmosphère, la vie.

**. — Lettres à M. Babinet sur la précipitation incessante des eaux par leur propre poids vers le centre de la terre et sur les nombreux phénomènes qui en sont la conséquence, par Le Roy Mabille.

    Voy. Division Belles-Lettres.

1662. — Coup d'œil historique sur la géologie et sur les travaux d'Elie de Beaumont. Leçons professées au collège de France (mai-juillet 1875), par Ch. Sainte-Claire Deville,... — *Paris, Masson, 1878, in-8°, tabl.*

1663. — Traité de géologie et de paléontologie, par Credner,... Traduit sur la troisième édition allemande, par R. Moniez,... — *Paris, Savy, 1879, gr. in-8°.*

1664. — Études synthétiques de géologie expérimentale, par A. Daubrée,... — *Paris, Dunod, 1879, gr. in-8°, pl.*

1665. — J. D. Dana. Manuel du géologue, traduit et adapté de l'anglais par W. Houtlet. — *Paris, Hetzel, s. d. [1883], in-12.*

1666. — Traité de géologie, par A. de Lapparent,... — *Paris, Savy, 1883, in-8°.*

1667. — Les régions invisibles du globe et des espaces célestes, eaux souterraines, tremblements de terre, météorites, par A. Daubrée,... — *Paris, Alcan, 1888, in-8°.*

1668. — La période glaciaire étudiée principalement en France et en Suisse, par A. Falsan.... — *Paris, Alcan, 1889, in-8°, fr. lith. et pl.*

1669. — Sur les spectres d'étincelle de quelques minéraux (sulfures métalliques), par M. A. de Gramont. — *Sans titre ; Paris, Impr. Gauthier-Villars, [12 mars 1894], in-4°, 3 p.*

Sur les spectres d'étincelle de quelques minéraux, par M. A. de GRAMONT. — *Sans titre ; Paris, Impr. Gauthier-Villars, [2 avril 1894], in-4°, 3 p.*

Sur le spectre de lignes du soufre et sur sa recherche dans les composés métalliques, par M. A. de GRAMONT. — *Sans titre ; Paris, Impr. Gauthier-Villars, [2 juillet 1894], in-4°, 4 p.*

Sur les spectres du sélénium et de quelques séléniures naturels, par M. A. de GRAMONT.— *Sans titre ; Paris, Imp. Gauthier-Villars, [8 avril 1895], in-4°, 3 p.*

1670. — Le pétrole, l'asphalte et le bitume au point de vue géologique, par A. JACCARD,... — *Paris, Alcan, 1895, in-8°.*

B. GÉOLOGIE DE DIFFÉRENTS PAYS.

1671. — Explication de la carte géologique de la France, rédigée sous la direction de M. Brochant de Villiers,... par MM. DUFRÉNOY et Elie de BEAUMONT,... — *Paris, Impr. Roy., 1841-1879, 4 vol. in-4° et carte en 6 feuilles collées sur toile.*
Tomes 1, 2, 3, 1re p., 4, 2e part.

1672. — Ministère des Travaux publics. Carte géologique de la France, à l'échelle du millionième, exécutée en utilisant les documents publiés par le service de la carte géologique détaillée de la France, par un comité composé de MM. Barrois pour la Bretagne, Bergeron pour le Rouergue et la montagne noire, Bertrand pour le Jura et la Provence, Depéret pour le Roussillon, Fabre pour les Cévennes, Fontannes pour le bassin tertiaire du Rhône, Fouqué et Michel Lévy pour le plateau central, Gosselet pour l'Ardenne, Jacquot pour les Pyrénées et le bassin tertiaire du Sud-Ouest, Lecornu pour la Manche, Lory pour les Alpes, Potier pour les Alpes-Maritimes, Vélain pour les Vosges... — *Paris, Baudry, s. d., gr. in-plano collée sur toile et pliée.*

1673. — Lectures sur la géologie de la France, par M. LEJEUNE,... — *Pau, Impr. Vignancour, 1858, in-8°, pl.*

1674. — Projet de géologie départementale, par M. Guillaume Petit,... — *Paris, Impr. Lainé et Havard, 1864, in-8°, 45 p., pl.*

1675. — Sur certaines relations entre la géologie et l'art des mines, par M. Stuart-Menteath. — *Sans titre ; in-8°, 4 p.*
  Extrait du Bulletin de la Société géologique de France, 3ᵉ série, t. XVII, p. 157. Séance du 19 novembre 1888.

1676. — Description géologique du département de la Seine-Inférieure, par M. Antoine Passy,... — *Rouen, Impr. Periaux, 1832, in-4°.*
  Les planches et la carte manquent.

1677. — Voyage géologique à Saint-Ferréol et à Lampy, par Casimir Roumeguère,... — *Montauban, Impr. Forestié, juin 1852, in-8°, 20 p., pl.*

1678. — Description géologique, minéralogique et agronomique du département du Gers, par M. E. Jacquot,... — *Paris, Impr. Nat., 1870-1873, 2 vol. in-8°, pl.*
  Carte géologique et agronomique du département du Gers, dressée par M. E. Jacquot,... sur la réduction de la carte de l'état-major, 1869. — *Impr. Imp., in-plano.*

1679. — Aperçu général des questions d'agronomie, d'hydrologie et des questions économiques qui se rattachent à l'étude géologique du département de Tarn-et-Garonne, par Rey-Lescure,... — *Montauban, Impr. Vidallet, 1872, in-8°, 39 p.*
  La couverture imprimée sert de titre.

1680. — Notes géologiques sur le département de la Mayenne, par M. D. Oehlert,... accompagnées d'une carte géologique, par J. Triger,... — *Angers, Impr. Germain et Grassin, 1882, in-8°, carte.*

1681. — Alexandre Chèvremont. Les mouvements du sol sur les côtes occidentales de la France et particulièrement dans le golfe Normanno-breton. — *Paris, Leroux, 1882, gr. in-8°, pl.*

1682. — Description de la vallée du gave béarnais dans les Pyrénées, par M. Reboul. — *Sans titre ; in-8°, 53 p. et 1 pl.*

**. — Pour la géologie des Basses-Pyrénées.
Voy. Division HISTOIRE LOCALE.

1683. — Sur les terrains diluviens des Pyrénées, par H. de COLLEGNO,... Extrait des Annales des Sciences géologiques, publiées par M. Rivière ; 1843. — S. l. n. d. Paris, Impr. Fain et Thunot, in-8°, 61 p.

1684. — Guide du géologue dans les Pyrénées centrales, par Emilien FROSSARD, p^r. — Bagnères-de-Bigorre, Plassot, 1858, in-12, VIII-76 p.

1685. — Note sur une partie du pays basque espagnol, accompagnée d'une carte, par MM. de VERNEUIL, COLLOMB et TRIGER, et suivie d'une description de quelques échinodermes, par M. G. COTTEAU. Extrait du Bulletin de la Société géologique de France, 2e série, t. XVII, p. 333. Séance du 27 février 1860. — Paris, Impr. Martinet, in-8°, pp. 333-376 et carte.
La couverture imprimée sert de titre.

1686. — Étude des terrains crétacés et tertiaires du nord de l'Espagne, par L. CAREZ. — Paris, Savy, 1881, in-8°, pl.

1687. — Étude comparative des alluvions quaternaires anciennes et des cavernes à ossements des Pyrénées et de l'Ouest de l'Europe, au point de vue géologique, paléontologique et anthropologique, par le Dr Félix GARRIGOU,... — Toulouse, Delboy, 1865, in-8°, 56 p.

1688. — Considérations générales sur l'étude des eaux minérales. Géologie de la station thermale d'Ax (Ariège), par le docteur F. GARRIGOU,... Extrait du Bulletin de la Société géologique de France, 2e série, t. XXIV, p. 245. Séance du 4 février 1867. — Sans titre ; Paris, Impr. Martinet, in-8°, pp. 245-280 et 1 pl.

1689. — Étude stratigraphique de la caverne du Mas-d'Azil et des cavernes de divers âges dans la vallée de Tarascon (Ariège), par le Dr F. GARRIGOU,... Extrait du Bulletin de la Société géologique de France, 2e série, t. XXIV, p. 492. Séance du 1er avril 1867. — Sans titre; Paris, Impr. Martinet, in-8°, pp. 492-497 et 1 pl.

1690. — Traces de diverses époques glaciaires dans la vallée de Tarascon (Ariège), par le docteur F. Garrigou,... Extrait du Bulletin de la Société géologique de France, 2ᵉ série, t. XXIV, p. 577, séance du 15 avril 1867. — *Sans titre ; Paris, Impr. Martinet, in-8°, pp. 577-578.*

1691. — Note sur le niveau des cavernes, par M. F. Garrigou. Extrait du Bulletin de la Société géologique de France, 2ᵉ série, t. XXVI, p. 825, séance du 19 avril 1869. — *Sans titre ; Paris, Impr. Blot, in-8°, pp. 825-831.*

1692. — Voyage géologique sur le chemin de fer du Midi. Première partie. Ligne de Toulouse à Bayonne et ses embranchements vers les Pyrénées, par Émilien Frossard,... — *Bagnères, Imp. Cazenave, 1873, in-12.*

1693. — Mémoire sur le terrain crétacé du Sud-Ouest de la France, par M. H. Arnaud. — *Paris, Savy, 1877, gr. in-4°, pl.*
    Mémoires de la Société géologique de France. Deuxième série. Tome dixième.

1694. — Thèses présentées à la Faculté des Sciences de Montpellier pour obtenir le grade de docteur ès-sciences naturelles, par Paul Seignette,... Première thèse. Essai d'études sur le massif Pyrénéen de la Haute-Ariège. — *Castres, Impr. du Progrès, s. d. [1880], in-8°, pl.*

1695. — Description géologique et paléontologique des Pyrénées de la Haute-Garonne... par A. Leymerie,... — *Toulouse, Privat, 1881, in-8°, avec atlas in-8° obl. et carte gr. in-f° pliée.*

1696. — Note sur le lias de la Haute-Garonne, par MM. Maurice Courdon et A. de Gramont. — *Sans titre ; Lagny, Impr. Aureau, in-8°, 2 p.*
    Extrait du Bulletin de la Société géologique de France, 3ᵉ série, t. XI, p. 461, séance du 21 mai 1883.

1697. — Études géologiques sur les hauts massifs des Pyrénées centrales (Haute-Ariège, Haute-Garonne, vallée d'Aran), par J. Caralp,... — *Toulouse, Privat, 1888, gr. in-8°.*

1698. — Mémoire sur la constitution géologique des Zibân et de l'Ouad R'ir, au point de vue des eaux artésiennes de cette portion du Sahara, par M. Duboco,... Extrait des Annales des mines, t. II, page 249. — *Paris, Carilian-Gœury, 1852, in-8°, 83 p., cart.*

1699. — Exploration géologique du Beni Mzab, du Sahara et de la région des steppes de la province d'Alger, par M. Ville,... — *Paris, Impr. Nat., 1872, in-4°, pl.*

1700. — Texte explicatif de la carte géologique provisoire au $\frac{1}{800.000^e}$ du département de Constantine, par J. Tissot,... — *Alger, Jourdan, 1881, in-8°, et 1 carte in-f°.*

1701. — Texte explicatif de la carte géologique provisoire au $\frac{1}{800.000^e}$ des provinces d'Alger et d'Oran, par A. Pomel et J. Pouyanne. — *Alger, Jourdan, 1882, in-8°, 55 p. et 1 carte en 4 feuilles in-f°.*

1702. — Essai d'une description géologique de l'Algérie, pour servir de guide aux géologues dans l'Afrique française, par A. Peron. — *Paris, Masson, 1883, in-8°.*

1703. — Description géologique de la Kabylie du Djurjura. Étude spéciale des terrains tertiaires, par E. Ficheur,... — *Alger, Impr. Fontana, 1890, in-8°, cartes.*

1704. — Essai sur la constitution de la saline d'Arzew, par A. Péquignot. — *Oran, Impr. Collet, 1890, in-8°, 20 p., pl.*

1705. — Voyage souterrain, ou description du plateau de Saint-Pierre de Maestricht et de ses vastes cryptes, par le colonel Bory de Saint-Vincent,... suivi de la Relation de nouveaux voyages entrepris dans les montagnes maudites, par M. Léon Dufour,... — *Paris, Ponthieu, 1821, in-8°, carte et pl.*

**. — Voyage géologique dans les républiques de Guatemala et de Salvador, par MM. A. Dolfus et E. de Moat Serrat.
Voy. Division Histoire.

**. — Voyage autour du monde exécuté pendant les années 1836-

1837 sur la corvette « La Bonite », commandée par M. Vaillant. Géologie et minéralogie, par M. E. CHEVALIER.

Voy. Division HISTOIRE.

1706. — Géologie de la Bohême, par J. de MORGAN,... — *Paris, Baudry, 1882, in-8°, pl. et cartes.*

1707. — Santorin et ses éruptions, par F. FOUQUÉ,... — *Paris, Masson, 1879, gr. in-4°, pl.*

C. MONTAGNES ET VOLCANS.

1708. — Discours en forme de dissertation sur l'état actuel des montagnes des Pyrénées et sur les causes de leur dégradation, prononcé par M. D'ARCET,... pour son installation et l'inauguration de la chaire de chimie au Collège de France, le 11 décembre 1775. On y a joint des expériences et des observations sur les variations du baromètre, sur le thermomètre, et autres morceaux de physique, d'histoire naturelle et de chimie, avec une note de M. LE MONNIER, sur l'aiguille aimantée. — *Paris, Cavelier, 1776, in-8°.*

1709. — Description des Pyrénées considérées principalement sous les rapports de la géologie, de l'économie politique, rurale et forestière, de l'industrie et du commerce. Ouvrage où l'on traite de la nature, de l'étendue et des hauteurs comparées de ces montagnes ; de la température qui y règne, des plantes et des animaux qu'elles nourrissent ; des points de vue les plus dignes de l'admiration des voyageurs ; de l'origine et des mœurs des habitants ; des eaux minérales, des mines, des carrières, des forges ; et où l'on indique divers moyens pour l'amélioration de cette partie de l'empire, par M. DRALET,... — *Paris, Bertrand, 1813, 2 vol. in-8°, cartes et tabl.*

Deux exemplaires.

1710. — Essai sur la constitution géognostique des Pyrénées, par J. de CHARPENTIER,... — *Paris, Levrault, 1823, in-8°, carte et pl.*

1711. — Souvenirs et impressions de voyage sur des excursions Pyrénéennes à Gavarnie, Héas, Pic du Midi, montagnes maudites, Pic d'Ossau, lac bleu, adressés à M. Massey, par M. Léon Dufour,... — *Bordeaux, Lafargue, 1848, in-8°, 83 p.*

1712. — Tableau orographique comprenant la hauteur relative des montagnes, passages, lacs, sources et lieux habités, accompagné d'indications sur la zoologie, la botanique, la géologie, etc. de la chaîne des Pyrénées, composé par Emilien Frossard, p^r. — *Toulouse, Lith. Delor, 1849, in-plano.*

1713. — Mémoire sur le mode de formation des cônes volcaniques et des cratères, par G. Poulett Scrope,... Extrait du " Quaterly journal of the geological society ", pour novembre 1859. Traduit de l'anglais, sous la surveillance de l'auteur, par Endymion Pieraggi... — *Paris, Mallet-Bachelier, 1860, in-8°, 82 p. et fr. col.*

1714. — J. Michelet. La montagne. Troisième édition. — *Paris, Libr. internationale, 1868, in-12.*

1715. — Ernest Mourgues. Les Pyrénées préhistoriques, choses d'il y a six mille ans. Roman primitif au sein d'un cataclysme. Gave, Adour, Ariège. Les hommes du monde englouti. Le manuscrit mystérieux. Prédictions. — *Tarbes, Cazaux, 1876, in-18, 79 p.*

1716. — Les volcans et les tremblements de terre, par K. Fucus,... Deuxième édition. — *Paris, Germer-Baillière, 1878, in-8°, carte.*

1717. — Prince Roland Bonaparte. Les variations périodiques des glaciers français. Extrait de l'Annuaire du Club Alpin français, 18e volume, 1891. — *Paris, Impr. Chamerot et Renouard, 1892, pet. in-8°, 40 p.*

1718. — Étude stratigraphique des Pyrénées, par Joseph Roussel,... — *Paris, Baudry, 1893, in-8°, cartes.*

    Extrait du Bulletin des services de la carte géologique de la France et des topographies souterraines. N° 35, tome V, 1893-1894. La couverture imprimée sert de titre.

1719. — P. Camena d'Almeida,... Les Pyrénées. Développement de la connaissance géographique de la chaîne. — *Paris, Colin, s. d. [1893], in-8°.*

1720. — Les Pyrénées. Les montagnes, les glaciers, les eaux minérales, les phénomènes de l'atmosphère, la flore, la faune et l'homme, par Eugène Trutat,... — *Paris, Baillière, 1894, in-12.*

1721. — Extrait du compte-rendu des séances de la Société géologique de France. N° 15. Séance du 5 novembre 1894, p. cxlvi. M. Stuart Menteatu. Note préliminaire sur la géologie des Hautes-Pyrénées. — *S. l. n. d., in-8°, pp.* cxlvi-cxlix.

D. HISTOIRE NATURELLE DES EAUX. EAUX MINÉRALES.

1722. — Hydrographum spagyricum P. Joannis Fabri,... in quo de mira fontium essentia, origine et virtute tractatur. — *In-8°.*
> Le titre manque. Le privilège est donné à Bosc de Toulouse en 1639.

1723. — Traité des eaux minérales de Baignères, Baredges, Cauterets, Eaux-bonnes, Eaux-chaudes, Tersis, Dax, Barboutan, Loubouer, Cambo, Mont-de-Marsan et autres petites sources de la Guyenne et du Béarn. Dans lequel on expose les propriétés et la nature de ces minérales, la manière de les prendre avec succès à la source, ou transportées ; les moyens de les transporter, et dans lequel on indique les différents rapports qu'elles peuvent avoir entr'elles, d'après les observations pratiques et les expériences chimiques des médecins qui ont écrit sur cette matière, et d'après celles de tous les médecins qui exercent actuellement leur profession sur les lieux, ou à portée, avec des réflexions de l'auteur, qui s'est transporté sur tous ces endroits, dont il donne des éclaircissements topographiques, pour l'instruction et la commodité des malades qui sont obligés d'avoir recours à ces eaux. Avec l'analyse des minérales de la Rue de la Rousselle. Par Mr Raymond François Castetbert,... Première partie. — *Bordeaux, Impr. Chappuis, 1762, in-12.*

1724. — Mémoire sur les eaux minérales et les monuments thermaux des Pyrénées, par A. F. LOMET,... publié par ordre du Comité de Salut public. — *Paris, Impr. Vatar, an III, in-8°, pl.*

1725. — Manuel des eaux minérales naturelles, contenant : l'exposé des précautions qu'on doit prendre avant, pendant et après l'usage des eaux minérales ; la description des lieux et des sources ; les analyses chimiques les plus récentes ; les propriétés médicales ; le mode d'administration des eaux minérales de la France, des eaux étrangères les plus célèbres, et des bains de mer, par Ph. PATISSIER,... et A. F. BOUTRON-CHARLARD,... Deuxième édition... — *Paris, Colas, 1837, in-8°, carte.*

1726. — Révolutions de la mer, par J. ADHÉMAR,... — *Paris, Carilian-Gœury et Dalmont, 1842, in-8°, pl.*

1727. — Notice sur la fabrication des eaux minérales artificielles, par E. SOUBEIRAN,... Troisième édition. — *Paris, Fortin, Masson et Cie, 1843, in-12.*

1728. — Guide pratique aux principales eaux minérales de France, de Belgique, d'Allemagne, de Suisse, de Savoie et d'Italie, contenant la description détaillée des lieux où elles se trouvent, ainsi que la composition chimique, les propriétés médicales et le mode d'emploi de ces sources, suivi de quelques considérations sur les étuves, les bains de gaz et les bains de mer, par le docteur Constantin JAMES,... — *Paris, Masson, 1851, in-8°.*

1729. — Précis sur les eaux minérales des Pyrénées et de toute la région qui se trouve comprise entre l'Océan atlantique et les rives de la Garonne ; précédé d'un traité sur les bains en général et suivi d'un essai sur les bains de mer, par B. VERDO,... — *Paris, Ledoyen et Giret, 1851, in-12, pl. et carte.*

1730. — Précis sur les eaux minérales des Pyrénées et de la Gascogne et sur les bains de mer. Précédé d'une notice sur les bains en général, par B. VERDO,... 2e édition... — *Paris, Masson, 1855, in-12, fr. gr. et carte.*

1731. — Recherches sur les eaux minérales des Pyrénées, de l'Allemagne, de la Belgique, de la Suisse et de la Savoie, par Jean Pierre Amédée FONTAN (d'Izaourt),... Deuxième édition. — *Paris, Baillière, 1853, in-8°, pl.*

1732. — Des eaux thermales et du climat du Sud-Ouest de la France dans leurs rapports avec les chemins de fer. Signé : POUGET,... — *S. l. n. d. Bordeaux, Imp. Gounouilhou, [1858], in-12, 12 p.*
Extrait du journal la *Gironde.*

1733. — Album international des villes d'eaux, des manufacturiers, du commerce et de l'industrie. Guide en cinq sections et en cinq langues réuni à l'Album universel des eaux minérales, des bains de mer et des stations d'hiver. Douzième année, 1874. — *Paris, [Impr. Guérin], in-f°, fr. lith.*

1734. — Recherches sur les eaux minérales des Pyrénées, par Edouard FILHOL,... OEuvre posthume publiée par les soins de M. le Dr Léon JOULIN,... — *Paris, Masson, 1888, in-8°.*

1735. — Les eaux minérales de la France. Études chimiques et géologiques entreprises conformément au vœu émis par l'Académie de Médecine, sous les auspices du Comité consultatif d'hygiène publique de France, par E. JACQUOT,... et WILM,... — *Paris, Baudry, 1894, gr. in-8°.*

**. — Pour les ouvrages concernant les eaux minérales et les bains de mer des Basses-Pyrénées.
Voy. Division HISTOIRE LOCALE.

1736. — Argelès-Gazost (Hautes-Pyrénées). Études générales et pratiques sur les eaux minérales de Gazost. Mémoire présenté au Congrès médical de Barcelone, 10 septembre 1888, par le docteur Th. BLONDIN,... — *Paris, Doin, 1889, in-18, 36 p., fr. lith. et carte.*

1737. — Théorie de la formation des eaux sulfureuses chaudes. Coup d'œil sur l'installation balnéaire de la station d'Ax. Conclusions générales. Par le Dr F. GARRIGOU,... Lu à l'Académie de Médecine le 26 mai 1868. — *Paris, Masson, 1868, in-8°, 12 p.*

1738. — Mémoire sur la nature et les propriétés des eaux minérales de Bagnères, lu le 25 janvier 1749 à l'Académie royale des Sciences et Beaux-Arts de Pau, par M. LABAIG,... — *Pau, Impr. Dupoux, 1750, in-12, 84 p.*

1739. — Observations sur la nature et les effets des eaux minérales de Bagnères-Adour, département des Hautes-Pyrénées, suivies de la description des établissements thermaux, de celle des promenades de la ville et des environs, et des indications ou renseignements nécessaires aux étrangers, par P. SARABEYROUZE, cadet,... — *Bagnères, Impr. Dossun, 1818, in-8°.*

1740. — Analyse des eaux minérales de Bagnères-de-Bigorre, par M. E. FILHOL,... — *Bagnères-de-Bigorre, Impr. Dossun, 1861, in-8°, 32 p.*

1741. — Manuel du baigneur à Bagnères-de-Bigorre. Troisième édition... suivie d'un parallèle entre les eaux de France et d'Allemagne, par Ar. PAMBRUN,... — *Bagnères-de-Bigorre, Péré, 1875, in-12, tabl.*

1742. — Notice sur la restauration des sources Pierra. Signé : BUTENVAL. Bagnères-de-Bigorre, 24 décembre 1880. — *S. l. n. d., in-8°, 13 p.*
Extrait du *Bulletin de la Société Ramond.*

1743. — Aperçu général sur les eaux de Bagnères-de-Bigorre, par M. le Dr DEJEANNE,... — *S. l. n. d. Bagnères, Impr. Sarcia, [1886], in-12, 25 p.*

1744. — Quelques lignes de Pierre DESCAUNETS,... adressées à M. Vandermonde,... [en 1760] (Réimpression). [Par M. le Dr DEJEANNE.] Extraite de la *Gazette thermale* [de Bagnères-de-Bigorre]. — *S. l. n. d. Bagnères, Impr. Cazenave, in-8°, II-14 p.*
La couverture imprimée sert de titre.

1745. — Bibliographie médicale de Bagnères-de-Bigorre, par le Dr DEJEANNE,... Extrait de la *Gazette thermale* de Bagnères-de-Bigorre. — *S. l. n. d., 8 part. en 1 vol. in-8° de 7-8-6-8-8-8-24-4 p.*
La couverture imprimée sert de titre.

1746. — Précis d'observations sur les eaux de Barèges et les autres eaux minérales du Bigorre et du Béarn, ou extraits de divers ouvrages périodiques au sujet de ces eaux, [par M. de Bordeu le cadet]. — *Paris, 1760, in-12, xxviii-59 p.*

1747. — Essai sur les eaux thermales de Barèges, par J. G. Ballard,... — *Paris, Levrault, 1834, in-8°, carte.*

1748. — Notice sur les sources thermales de Bourbonne-les-Bains, par M. Drouot,... Extrait des Annales des Mines, t. III, 1863. — *Paris, Dunod, 1863, in-8°, pl.*

1749. — Considérations sur les eaux minérales de Capvern (Hautes-Pyrénées), par Michel Ticier,... — *Toulouse, Impr. Douladoure, 1869, in-8°, 35 p.*

1750. — Capvern et ses eaux minérales. Résumé des propriétés médicales de ces eaux d'après les ouvrages les plus autorisés. Nouveaux aperçus. — *Pau, Impr. Vignancour, 1872, in-12, 32 p.*

L'avant-propos est signé A. G. B.

1751. — Opuscule sur Cauterets et ses eaux minérales chaudes, ouvrage nécessaire aux praticiens et aux personnes atteintes de maladies chroniques pour lesquelles on les recommande généralement, par Cyprien Camus,... — *Auch, Impr. Duprat, 1817, in-8°.*

1752. — Nouvelles réflexions sur Cauterets et ses eaux minérales, ou les différents opuscules refondus, par Cyprien Camus,... — *Auch, Impr. Duprat, 1824, in-8°.*

1753. — Des eaux thermales sulfureuses de Cauterets. Souvenirs cliniques de thérapeutique hydrominérale... précédés d'une description de Cauterets et de ses établissements thermaux, du nombre de ses sources sulfureuses et de leur composition chimique, par le Dr C. Drouhet,... — *Bordeaux, Impr. Gounouilhou, 1858, in-8°.*

1754. — Précis descriptif, théorique et pratique sur les eaux minérales de Cauterets (Hautes-Pyrénées), par le Docteur L. Gigot-Suard,... Deuxième édition... — *Paris, Baillière, 1869, in-12, plan.*

1755. — La sulfurométrie appliquée aux sources de Cauterets, par le docteur E. Duhourcau,... — *Paris, Delahaye, 1876, in-8°.*

1756. — Histoire des fontaines de Cauterets et des variations de leur emploi au traitement des maladies chroniques. Chazal. Bordeu. Labbat. Camus. Les contemporains. Par le docteur Labillonne,... Préface par M. le professeur Hirtz,... — *Paris, Germer-Baillière, s. d. [1877], in-12.*

1757. — Cauterets. Source du Rocher et Établissement des Néothermes, par le docteur F. Garrigou,... et le docteur Duhourcau,... — *Paris, Impr. Cusset, 1882, in-18, 34 p.*

1758. — Cauterets, ses eaux minérales et leurs effets curatifs, par le Dʳ Duhourcau,... — *Paris, Delahaye et Lecrosnier, 1882, in-12.*

1759. — Recueil d'observations sur l'effet des eaux minérales de Cauterets. Fragment inédit d'un manuscrit commencé l'année 1749 par Antoine, Théophile et François de Bordeu, médecins, recueilli et annoté par le docteur Duhourcau,... — *Pau, Cazaux, 1883, in-18, 73 p.*

1760. — De l'action révélatrice et bienfaisante des eaux sulfureuses de Cauterets sur la diathèse palustre, par le Dʳ Constant Robert,... — *Paris, Masson, 1885, in-8°, vi-57 p.*

1761. — Mémoire sur les eaux et boues thermales de Dax, Préchac, Saubusse et Tercis, par MM. Jean Thore,... et Pierre Meyrac,... — *Bordeaux, Impr. Brossier, 1809, in-8°, 34 p.*

1762. — Titres médicaux des thermes de Dax comme station hivernale. Extraits de *Dax-Médical*, par le Dʳ V. A. Fauconneau-Dufresne, du *Journal humoristique d'un Médecin phthisique*, par le Dʳ X... et suivis d'un Appendice. [Publiés par les Dʳˢ Paul Delmas et L. Larauza.] — *Paris, Germer-Baillière, 1877, in-12, fr. lith.*

1763. — Guide pittoresque et médical du baigneur à Dax (Landes), par le Dʳ Charles Lavielle,... — *Dax, Impr. Justère, 1886, in-18.*

1764. — Des eaux minérales de Plombières et de leur emploi dans le traitement des maladies chroniques du tube digestif, par le D' C. LECLERE,... — *Paris, Delahaye, 1869, in-8°, 84 p.*

1765. — Précis d'observations sur les principes minéraux des eaux thermales des Hautes-Pyrénées et spécialement de celles de Saint-Sauveur, suivi de quelques exemples de guérisons produites par ces dernières, par le cit. FABAS,... — *Tvrbes, Impr. Lagarrigue, VI° année républicaine, in-8°.*

1766. — Nouvelles observations sur l'état actuel des montagnes des Hautes-Pyrénées et des sources thermales qui en découlent, en particulier de celles de Saint-Sauveur, précédées du passage de S. M. la reine de Hollande par le Vignemale, etc., et de l'oraison funèbre de Dusaulx dans la vallée de Gavarnie, etc., par J. FABAS,... Nouvelle édition, revue et augmentée par son fils Xavier-Bernard FABAS,... — *Tarbes, Impr. Lavigne, 1852, in-8°.*

1767. — Eaux de Saint-Sauveur. Leurs spécialités. Maladies des femmes. Maladies nerveuses. Par A. CHARMASSON DE PUYLAVAL,... — *Paris, Baillière, 1860, in-8°.*

1768. — Estudio sobre las aguas medicinales de la Republica Mexicana, por el D' José G. LOBATO. — *Mexico, 1884, in-8°, pl.*

E. MINÉRALOGIE. MÉTAUX. MÉTALLURGIE. PIERRES, MARBRES, CRISTAUX ET PIERRES PRÉCIEUSES.

1769. — Edits, ordonnances et règlements sur le fait, ordre et police des mines et minières de France, depuis le roi Charles VI jusques à présent. Avec les déclarations du droit de dixième dû au roi sur l'or, argent, cuivre, acier, fer, plomb, azur d'Acre, azur commun, verdet ou naturel, antimoine, ocre, orpiment, soufre, calamite, vitriol, alun, gontran, gommes terrestres, pétroille, charbon terrestre, ardoises, houille, salgemme, jayet, jaspe, marbre, pierres fines et communes et toutes autres substances terrestres. Ensemble la création des officiers sur lesdites mines, privilèges, franchises et libertés concédés aux entrepreneurs et ouvriers d'icelles. Le tout vérifié et émologué par les cours de parlement, et ailleurs, où besoin a été. — *Paris, Millot, 1619, pet. in-8°.*

1770. — Georgii AGRICOLÆ,... De re metallica libri XII, quibus officia, instrumenta, machinæ, ac omnia denique ad metallicam spectantia, non modo luculentissime describuntur... Ejusdem de animantibus subterraneis liber, ab autore recognitus... — *Basileæ-Helvet. Ludov. Rex, 1621, in-f°, pl.*

1771. — Vallerius Lotharingiæ, ou catalogue des mines, terres, fossiles, sables et cailloux qu'on trouve dans la Lorraine et les trois évêchés ; ensemble leurs propriétés dans la médecine et dans les arts et métiers, par M. Pierre-Joseph BUC'NOZ,... — *Paris, Fétil, s. d. [1771], in-12.*

1772. — L'art d'exploiter les mines de charbon de terre, par M. MORAND,... Seconde partie, quatrième section. Essai de théorie pratique sur l'art d'exploiter les mines ou carrières de charbon de terre, et sur les différentes manières d'employer ce fossile pour les manufactures, ateliers et usages domestiques. — *S. l., 1776, in-f°, pl.*

Partie incomplète de la Description des arts et métiers faite ou approuvée par MM. de l'Académie des Sciences.

1773. — Voyage minéralogique fait en Hongrie et en Transylvanie, par M. de BORN. Traduit de l'allemand, avec quelques notes, par M. MONNET,... — *Paris, Rue et Hôtel Serpente, 1780, in-12.*

1774. — Essai sur la minéralogie des monts Pyrénées. [Par l'abbé PALASSOU.] — *Paris, Didot, 1784, in-4°, pl.*

1775. — Mémoire pour servir de supplément à l'Essai sur la minéralogie des monts Pyrénées. [Par l'abbé PALASSOU.] — *Pau, Impr. Daumon, s. d. [1791], in-4°, 67 p.*

1776. — Description des gîtes de minerai, des forges et des salines des Pyrénées, suivie d'observations sur le fer mazé et sur les mines des Sards en Poitou, par M. le baron de DIETRICH,... — *Paris, Didot, 1786, 2 tom. en 1 vol. in-4°, pl.*

*. — Pour les ouvrages concernant la minéralogie des Basses-Pyrénées.
   Voy. Division HISTOIRE LOCALE.

1777. — Journal des Mines publié par l'agence des mines de la République. N° 1ᵉʳ. Vendémiaire de l'an III [et suivants]. — *Paris, Impr. Du Pont, s. d. [an III-1815], 38 vol. in-8°, pl.*

> Du tome 11 au tome 14, le titre porte : Journal des mines, ou recueil de mémoires sur l'exploitation des mines et sur les sciences et les arts qui s'y rapportent, par les CC. Haüy, Vauquelin, Baillet, Brochant, Tremery et Collet-Descostils. — Du tome 15 au tome 28, le titre porte : ... par les CC. Coquebert-Montbret, Haüy, Vauquelin, Baillet, Brochant, Tremery et Collet-Descostils. — A partir du tome 29, le titre porte : ... par MM. Coquebert-Montbret, Haüy, Vauquelin, Gillet-Laumont, Baillet, Héron de Villefosse, Brochant, Tremery et Collet-Descostils.

1778. — Histoire du charbon de terre et de la tourbe, suivie de la méthode d'épurer ces deux combustibles et d'en employer avec utilité et avantage les différents produits, par PFEIFFER,... Traduit de l'allemand, par H. J. JANSEN. — *Paris, Impr. Jansen, l'an IVᵉ, in-12.*

1779. — Des pierres tombées du ciel ou lithologie atmosphérique, présentant la marche et l'état actuel de la science sur le phénomène des pierres de foudre, pluies de pierres, pierres tombées du ciel, etc. ; plusieurs observations inédites communiquées par MM. Pictet, Sage, Darcet et Vauquelin ; avec un essai de théorie sur la formation de ces pierres, par Joseph IZARN,... — *Paris, Delalain, floréal an XI (1803), in-8°, tabl.*

1780. — De la richesse minérale. Considérations sur les mines, usines et salines des différents États et particulièrement du royaume de Westphalie, pris pour terme de comparaison, par A. M. HÉRON DE VILLEFOSSE,... — *Paris, Impr. Levrault, 1810-1819, 3 vol. in-4°, tabl. et atlas in-f°.*

1781. — Excursion minéralogique dans une partie de la Chalosse dépendante du département des Landes, par Achille Jean LE BOULLENGER,... — *Mont-de-Marsan, Impr. Delaroy, 1817, in-4°, 25 p.*

1782. — Voyage minéralogique et géologique en Hongrie pendant l'année 1818, par F. S. Beudant,... — *Paris, Verdière, 1822, 4 vol. in-4°.*

> Tomes 1-3 : Relation historique.
> Tome 4 : Atlas.
> A la suite du Tome 4 on trouve : Extrait du Rapport fait à l'Académie royale des Sciences, par MM. de Humboldt, Lelièvre et Brochant, sur un manuscrit intitulé : Voyage minéralogique et géologique en Hongrie, par F. S. Beudant. — *Sans titre; in-4°, 16 p.*

1783. — Traité élémentaire de minéralogie, par F. S. Beudant,... Deuxième édition. — *Paris, Verdière, 1830-1832, 2 vol. in-8°, pl.*

1784. — Cours élémentaire d'histoire naturelle... par MM. Milne-Edwards, A. de Jussieu et F. S. Beudant. Minéralogie, par M. F. S. Beudant,... Cinquième édition. — *Paris, Langlois et Leclercq, 1851, in-12.*

1785. — Mémoire sur la position géologique des principales mines de fer de la partie orientale des Pyrénées. Accompagné de considérations sur l'époque du soulèvement du Canigou et sur la nature du calcaire de Rancié, par M. Dufrénoy,... — *Paris, Carilian-Gœury, 1834, in-8°, 50 p. et 1 pl.*

1786. — Études de gîtes minéraux publiées par les soins de l'administration des mines. [Étude du bassin houiller de Graissessac (Hérault) faite en 1838, par Napoléon Garella.] — *Paris, Impr. Dondey-Dupré, 1843, in-4° et atlas in-f°.*

> La couverture imprimée de l'Atlas sert de titre.

1787. — Études de gîtes minéraux publiées par les soins de l'administration des mines. N° 5 de la publication. [Description du bassin houiller de Decize (Nièvre) faite en 1845 et revue en 1848, par M. Boulanger,...] — *Paris, Mathias, 1849, in-4° et atlas in-f°.*

> La couverture imprimée de l'Atlas sert de titre.

1788. — Études géologiques sur le bassin houiller de la Sarre, faites en 1847, 1848 et 1850, par E. Jacquot,... — *Paris, Impr. Imp., 1853, in-8°, pl.*

1789. — Études de gîtes minéraux publiées par les soins de l'Administration des Mines. Bassin houiller de Brassac. [Par M. Baudin,...] — *Paris, Impr. Nat., 1851, in-4°, et atlas in-f°.*

    L'Atlas porte pour titre : Description historique, géologique et topographique du bassin houiller de Brassac (départements du Puy-de-Dôme et de la Haute-Loire), par M. Baudin,... — *Paris, Impr. Nat., 1851, in-f°.*

1790. — Notices sur les gîtes de houille et les terrains des environs de Forges et de La Chapelle-sous-Dun et sur les gîtes de manganèse et les terrains des environs de Romanèche, département de Saône-et-Loire, par M. Drouot,... — *Paris, Impr. Impér., 1857, in-4° et atlas in-f°.*

1791. — Traité de minéralogie, par A. Dufrénoy,... — *Paris, Carilian-Gœury et Dalmont, 1844-1847, 4 vol. in-8°.*

    Le tome 4 forme l'Atlas.

1792. — Ministère de l'Agriculture, du Commerce et des Travaux publics. Direction des Mines. Statistique de l'industrie minérale. Résumé des travaux statistiques de l'Administration des Mines en 1847, 1848, 1849, 1850, 1851 et 1852. — *Paris, Impr. Impér., octobre 1854, in-4°.*

1793. — Ministère des Travaux publics. Direction des Mines. Statistique de l'industrie minérale. Résumé des travaux statistiques de l'Administration des Mines en 1865, 1866, 1867, 1868 et 1869. — *Paris, Impr. Nat., 1874, gr. in-4°.*

1794. — Notice minéralogique sur les provinces d'Oran et d'Alger, par M. Ville,... — *Paris, Impr. Impér., 1857, in-4° et atlas in-f°.*

    La couverture imprimée de l'Atlas sert de titre.

**. — Rapport sur les progrès de la minéralogie, par G. Delafosse.

    Voyez Division Histoire.

1795. — Topographie souterraine du bassin houiller de Valenciennes, par M. Émile Dormoy,... — *Paris, Impr. Impér., 1867-1869, in-4° et atlas in-f°.*

1796. — Les mines d'argent de Largentière (Ardèche), par Henry Vaschalde,... — *Privas, Impr. Roure, 1868, in-8°, 19 p.*

1797. — Ophites des Pyrénées ; leur origine sédimentaire et métamorphique, par M. F. Garrigou. Extrait du Bulletin de la Société géologique de France, 2e série, t. XXV, p. 724, séance du 18 mai 1868. — *Sans titre ; Paris, Impr. Blot, in-8°, pp. 724-749.*

1798. — Remarques sur les gisements de chaux phosphatées des cantons de Saint-Antonin et de Caylus (Tarn-et-Garonne), par M. Eugène Trutat. Extrait du Bulletin de la Société d'histoire naturelle de Toulouse. — *Sans titre ; Toulouse, Impr. Bonnal et Gibrac, [1871], in-8°, 8 p.*

1799. — Le livre de la nature. Éléments de minéralogie, géognosie et géologie... par Frédéric Schœdler,... Traduit... sur la 18e édition allemande, par Henri Welter. — *Paris, Reinwald, 1874, in-8° pl.*

1800. — Guide pratique de minéralogie usuelle, exposition succincte et méthodique des minéraux, de leurs caractères, de leur composition chimique, de leurs gisements, de leurs applications aux arts et à l'industrie, par M. Drapiez. — *Paris, Lacroix, s. d., in-12.*

1801. — Sur quelques expériences de double réfraction par compression annulaire, par M. A. de Gramont. — *Paris, Impr. Chaix, 1886, in-8°, 2 p.*

Société française de minéralogie. Extrait du *Bulletin* n° 6 du tome IX.

1802. — Production artificielle de la boracite par voie humide, par M. A. de Gramont. — *Sans titre ; Paris, Gauthier-Villars, in-4°, 2 p.*

Extrait des Comptes-rendus de l'Académie des Sciences, 7 juillet 1890.

1803. — Production artificielle de la boracite par voie humide, par M. A. de Gramont. — *Sans titre ; Paris, Impr. Chaix, in-8°, 4 p.*

Bulletin de la Société française de minéralogie, t. XIII, n° 7, 1890.

1804. — La houille et ses dérivés, par O. Chemin,... et F. Verdier,... — *Paris, Quantin, s. d., in-8°.*

1805. — Analyse spectrale directe des minéraux, par M. Arnaud de Gramont,... — *Paris, Baudry, 1895, in-8°, tabl.*

F. PALÉONTOLOGIE.

1806. — Cours élémentaire de paléontologie et de géologie stratigraphiques, par M. Alcide d'Orbigny,... — *Paris, Masson, 1849-1852, 2 tom. en 3 vol. in-12 et 1 vol. in-4° de tableaux.*

13. BOTANIQUE.

A. HISTOIRE. DICTIONNAIRES. TRAITÉS ÉLÉMENTAIRES.

1807. — Démonstrations élémentaires de botanique contenant les principes généraux de cette science, l'explication des termes, les fondements des méthodes et les éléments de la physique des végétaux, la description des plantes les plus communes, les plus curieuses, les plus utiles, rangées suivant la méthode de M. de Tournefort et celle du chevalier Linné... [par l'abbé François Rozier et Ant. Louis Claret de La Tourette]. 3° édition [publiée par J. Emm. Gilibert]. — *Lyon, Bruyset, 1787, 2 vol. in-8°.*
Les tomes 1 et 2 seuls ; l'ouvrage a 3 vol.

1808. — Cours élémentaire d'histoire naturelle... par MM. F. S. Beudant, Milne-Edwards et A. de Jussieu... Botanique, par M. Adrien de Jussieu,... — *Paris, Fortin, Masson et Cie, s. d. [1842], in-12, tabl.*

1809. — Leçons élémentaires de botanique fondées sur l'analyse de 50 plantes vulgaires et formant un traité complet d'organographie et de physiologie végétale, à l'usage des étudiants et des gens du monde, par M. Emm. Le Maout,... — *Paris, Langlois et Leclercq, 1844, 2 vol. in-8°, pl.*

1810. — Guide du botaniste, ou conseils pratiques sur l'étude de la botanique, l'usage du microscope et l'emploi du dessin appliqués aux travaux d'observation, les excursions botaniques et la recherche, la récolte, la culture, la préparation et la conservation des plantes, etc. ; accompagnés d'un traité élémentaire des propriétés et usages économiques des plantes qui croissent spontanément en France ou qui y sont généralement cultivées et d'un Dictionnaire raisonné des mots techniques français et latins employés dans les ouvrages d'organographie végétale et de botanique descriptive, par E. GERMAIN, de Saint-Pierre,... — *Paris, Masson, 1852, 2 vol. in-12.*

1811. — La botanica y los botanicos de la peninsula hispano-lusitana. Estudios bibliograficos y biograficos, por Don Miguel COLMEIRO,... — *Madrid, Impr. de Rivadeneyra, 1858, gr. in-8°.*

1812. — Causeries familières sur les sciences. Les mystères d'un bouquet (La botanique en deux leçons), par le Docteur DELVAILLE. — *Paris, Delagrave, 1868, in-18, 40 p.*

1813. — Dictionnaire de botanique, par M. H. BAILLON, avec la collaboration de MM. J. de Seynes, J. de Lanessan, E. Mussat, W. Nylander, E. Tison, E. Fournier, J. Poisson, L. Soubeiran, H. Bocquillon, G. Dutailly, A. Bureau, H. A. Weddel, etc. — *Paris, Hachette, 1876-1892, 4 vol. in-4°, pl.*

1814. — Éléments de botanique, comprenant l'anatomie, l'organographie, la physiologie des plantes, les familles naturelles et la géographie botanique, par P. DUCHARTRE,... Deuxième édition. — *Paris, Baillière, 1877, in-8°.*

1815. — Nouveaux éléments d'histoire naturelle. Botanique à l'usage des lycées... par l'abbé Ed. LAMBERT,... Troisième édition... — *Paris, Savy, 1877, in-12.*

1816. — Origine des plantes cultivées, par Alph. de CANDOLLE,... — *Paris, Germer-Baillière, 1883, in-8°.*

1817. — La botanique, par J. L. de LANESSAN,... — *Paris, Reinwald, 1883, in-12.*

B. GÉOGRAPHIE BOTANIQUE. PHILOSOPHIE BOTANIQUE. PHYSIOLOGIE BOTANIQUE. ANATOMIE DES PLANTES.

1818. — Phytognomonica Jo. Baptistæ Portæ Neapol. octo libris contenta, in quibus nova, facillimaque affertur methodus, qua plantarum, animalium, metallorum, rerum denique omnium ex prima extimæ faciei inspectione quivis abditas vires assequatur... — *Francofurti, Wechelus, 1591, in-8°.*

1819. — Phytologia, sive philosophia plantarum, auctore M. Guillelmo Du Val,... Opus posthumum. — *Parisiis, Meturas, 1647, in-8°.*
Ex libris de Henri de Fourcy, abbé de Saint-Wandrille.

1820. — Recherches sur l'usage des feuilles dans les plantes et sur quelques autres sujets relatifs à l'histoire de la végétation, par Charles Bonnet,... — *Gottingue et Leide, Luzac, 1754, in-4°, pl.*

1821. — Régénération de la nature végétale, ou recherches sur les moyens de recréer, dans tous les climats, les anciennes températures et l'ordre primitif des saisons, par des plantations raisonnées, appuyées de quelques vues sur le ministère que la puissance végétale semble avoir à remplir dans l'harmonie des éléments, par F. A. Rauch,... — *Paris, Impr. Didot, 1818, 2 vol. in-8°.*

1822. — Caroli Linnæi philosophia botanica in qua explicantur botanices fundamenta, studio Curtii Sprengel. Editio aucta et emendata. — *Tornaci-Nerviorum, Casterman-Dieu, 1824, in-8°, pl.*

1823. — Éléments de tératologie végétale, ou histoire abrégée des anomalies de l'organisation dans les végétaux, par A. Moquin-Tandon,... — *Paris, Loss, 1841, in-8°.*

1824. — Recherches expérimentales sur la végétation, par M. Georges Ville,... — *Paris, Mallet-Bachelier, 1857, in-8°, pl.*
La pl. 2 manque.

1825. — De la fécondation naturelle et artificielle des végétaux et de l'hybridation considérée dans ses rapports avec l'horticulture, l'agriculture et la sylviculture, contenant les moyens pratiques d'opérer l'hybridation et de créer facilement des variétés nouvelles, par Henri Lecoq,... Deuxième édition. — *Paris, Libr. agricole, 1862, in-8°.*

1826. — Lois de la nomenclature botanique adoptées par le Congrès international de botanique tenu à Paris en août 1867. Suivies d'une deuxième édition de l'Introduction historique et du commentaire qui accompagnaient la rédaction préparatoire présentée au Congrès par M. Alph. de Candolle,... — *Genève et Bâle, Georg., 1867, in-8°, 64 p.*

**. — Rapport sur les progrès de la botanique phytographique, par M. Adolphe Brongniart.

Voy. Division Histoire.

**. — Rapport sur les progrès de la botanique physiologique, par M. Duchartre.

Voy. Division Histoire.

1827. — La végétation du globe d'après sa disposition suivant les climats. Esquisse d'une géographie comparée des plantes, par A. Grisebach. Ouvrage traduit de l'allemand... par P. de Tchihatchef,... — *Paris, Baillière, 1877-1878, 2 vol. gr. in-8°, carte.*

Tome 1er, 2e p. seule ; tome 2, 1re et 2e p.

1828. — Des effets de la fécondation croisée et de la fécondation directe dans le règne végétal, par Charles Darwin,... Ouvrage traduit de l'anglais... par le Dr Edouard Heckel,... — *Paris, Reinwald, 1877, in-8°.*

1829. — Des différentes formes de fleurs dans les plantes de la même espèce, par Ch. Darwin,... Ouvrage traduit de l'anglais... par le Dr Edouard Heckel,... précédé d'une préface analytique du prof. Coutance. — *Paris, Reinwald, 1878, in-8°.*

1830. — La faculté motrice dans les plantes, par Ch. Darwin, avec la collaboration de Fr. Darwin fils. Ouvrage traduit de l'anglais... par le Dr Edouard Heckel,... — *Paris, Reinwald, 1882, in-8°*.

1831. — Les insectes et les fleurs sauvages, leurs rapports réciproques, par Sir John Lubbock,... Traduit par Edm. Barbier. — *Paris, Reinwald, 1879, in-12*.

1832. — L'évolution du règne végétal. Les cryptogames, par G. de Saporta,... A. F. Marion,... — *Paris, Germer-Baillière, 1881, in-8°*.

1833. — L'évolution du règne végétal. Les phanérogames, par G. de Saporta,... A. F. Marion,... — *Paris, Alcan, 1885, 2 vol. in-8°*.

1834. — Introduction à la botanique. Le sapin, par J. L. de Lanessan,... — *Paris, Alcan, 1885, in-8°, pl.*

1835. — Société des Sciences et Arts de Bayonne. La végétation orientale en Occident, par Henry Léon,... — *Bayonne, Impr. Lamaignère, 1886, in-8°, 11 p.*
La couverture imprimée sert de titre.

1836. — La biologie végétale, par Paul Vuillemin,... — *Paris, Baillière, 1888, in-12*.

1837. — Études d'histoire générale. Conquête du monde végétal, par Louis Bourdeau. Introduction. Cueillette. Culture. Plantes alimentaires, économiques, fourragères, officinales, industrielles, ligneuses, ornementales. Procédés de culture. — *Paris, Alcan, 1893, in-8°*.

C. SYSTÈMES DE BOTANIQUE.

1838. — Caroli a Linné,... systema plantarum secundum classes, ordines, genera, species, cum characteribus, differentiis, nominibus trivialibus, synonymis selectis, et locis natalibus. Editio novissima, novis plantis ac emendationibus ab ipso auctore sparsim evulgatis adaucta, curante D. Joanne Jacobo Reichard,... — *Francofurti ad Mœnum, Varrentrapp et Wenner, 1779-1780, 4 vol. in-8°*.

1839. — Éléments de botanique, ou méthode pour connaître les plantes, par Pitton de Tournefort. Édition augmentée de tous les suppléments donnés par Antoine de Jussieu ; enrichie d'une concordance avec les classes, les ordres du système sexuel de Linné et les familles naturelles créées par Laurent Antoine de Jussieu... par N. Jolyclerc,... — *Lyon, Bernuset, 1797, 6 vol. in-8°.*

> Les tomes 5 et 6 contiennent les planches.

1840. — Carte botanique de la méthode naturelle d'A. L. de Jussieu, rédigée par le C^{en} D**, d'après le Tableau du règne végétal du C^{en} Ventenat,... — *Paris, Impr. de la République, an IX, in-8°, 94 p.*

> Attribué à René Desfontaines par le Catalogue de la Bibliothèque de Dôle, n° 1851. La carte manque.

1841. — Regni vegetabilis systema naturale, sive ordines, genera et species plantarum secundum methodi naturalis normas digestarum et descriptarum ; auctore Aug. Pyramo de Candolle. — *Parisiis, Treuttel et Wurtz, 1818-1821, 2 vol. in-8°.*

> Les tomes 1 et 2 seuls publiés.

1842. — Prodromus systematis naturalis regni vegetabilis, sive enumeratio contracta ordinum, generum, specierumque plantarum hucusque cognitarum, juxta methodi naturalis normas digesta ; auctore Aug. Pyramo de Candolle. [Continué par Alph. de Candolle.] — *Parisiis, Treuttel et Wurtz, 1824-1873, 17 tom. en 20 vol. in-8°.*

1843. — Monographiæ phanerogamarum Prodromi nunc continuatio, nunc revisio, auctoribus Alphonso et Casimir de Candolle, aliisque botanicis ultra memoratis. — *Parisiis, Masson, 1878-1893, 8 vol. in-8°, pl.*

> En cours de publication.
> Tome 1er. Smilaceæ, Restiaceæ, Meliaceæ.
> Tome 2. Araceæ, auctore Engler.
> Tome 3. Philydraceæ, Alismaceæ, Butomaceæ, Juncagineæ, Commelinaceæ, Cucurbitaceæ.
> Tome 4. Burseraceæ et Anacardiaceæ, auctore Engler. Pontederiaceæ, auctore Comite de Solms-Laubach.

Tome 5. Cyrtandreæ, auctore C. B. Clarke. Ampelideæ, auctore J. E. Planchon.
Tome 6. Andropogoneæ, auctore Eduardo Hackel.
Tome 7. Melastomaceæ, auctore Alfred Cogniaux.
Tome 8. Guttiferæ, auctore Juliano Vesque.

D. HISTOIRE GÉNÉRALE DES PLANTES.

1844. — Julii Cæsaris Scaligeri,... commentarii et animadversiones in sex libros de causis plantarum Theophrasti... — *Genevæ, Crispinus, 1566, in-f°.*

Julii Cæsaris Scaligeri,... in libros de plantis Aristoteli inscriptos commentarii... — *Lugduni, Rouillius, 1566, in-f°.*

1845. — Histoire générale des plantes contenant XVIII livres... sortie en latin de la bibliothèque de M. Jacques Dalechamps, puis faite française par Jean Des Moulins. — *Lyon, Rouille, 1615, 2 vol. in-f°.*
Le titre du tome 1ᵉʳ manque. — **Exemplaire donné à Frère Sébastien Davanbon, par Françoise de Foix-Candalle en 1645.**

1846. — Abrégé de l'histoire des plantes usuelles, dans lequel on donne leurs noms différents, tant français que latins, la manière de s'en servir, la dose et les principales compositions de pharmacie dans lesquelles on les emploie, par feu Pierre-Jean-Baptiste Chomel,... Nouvelle édition. — *Paris, les Libraires associés, 1782, in-8°.*

1847. — Phytologie universelle, ou histoire naturelle et méthodique des plantes, de leurs propriétés, de leurs vertus et de leur culture ; ouvrage consacré aux progrès des sciences utiles, de l'agriculture et de tous les arts. Par N. Jolyclerc,... — *Paris, Gueffier, an VII, 5 tom. en 8 vol. in-8°, pl.*

1848. — Le règne végétal divisé en Traité de botanique générale, Flore médicale et usuelle, Horticulture botanique et pratique (plantes potagères, arbres fruitiers, végétaux d'ornement), Plantes agricoles et forestières, Histoire biographique et bibliographique de la botanique, par MM. O. Reveil,... Fr. Gérard,... A. Dupuis,... F. Hérincq,... et d'après les travaux des plus éminents botanistes français et étrangers... — *S. l. [Paris], édité par L. Guerin, s. d. [1864-1869], 9 vol. gr. in-8° de texte et 8 vol. pet. in-4° de pl.*

Chaque partie porte en outre un titre séparé :

Tomes 1-4. Traité de botanique générale, par MM. F. Hérincq,... Fr. Gérard,... O. Reveil,...

Tomes 5-10. Flore médicale usuelle et industrielle du xixe siècle, par MM. A. Dupuis,... O. Reveil,... donnant la description, la culture, la composition chimique, les propriétés curatives ou dangereuses, les usages économiques et industriels des plantes.

Tomes 11, 12. Horticulture. Jardin potager et jardin fruitier, par MM. F. Hérincq,... Fr. Gérard,... et d'après les plus savants écrits français et étrangers sur la matière. Ouvrage donnant des notions générales sur la culture du jardin potager et du jardin fruitier et des notions particulières sur chaque plante.

Tomes 13, 14. Horticulture. Végétaux d'ornement, par MM. A. Dupuis,... F. Hérincq,... donnant des notions générales sur l'horticulture florale, la culture et la description particulières à chaque plante d'ornement.

Tomes 15, 16. Plantes agricoles et forestières, par M. A. Dupuis...

Tome 17. Précis de l'histoire de la botanique, pour servir de complément à l'étude du règne végétal, par L. G.... suivi d'un Appendice de géographie botanique, avec cartes, par J. A. Barral./.

1849. — ΘΕΟΦΡΑΣΤΟΣ. Theophrasti Eresii opera, quæ supersunt, omnia græca recensuit, latine interpretatus est... Fridericus Wimmer,... — *Parisiis, Didot, 1866, gr. in-8°.*

1850. — Histoire des plantes, par H. Baillon,... — *Paris, Hachette, 1867-1895, 13 vol. in-8°.*

En cours de publication.

Tome 1er. Renonculacées, Dilléniacées, Magnoliacées, Anonacées, Monimiacées, Rosacées.

Tome 2. Connaracées et légumineuses-mimosées, Légumineuses-cæsalpiniées, Légumineuses-papilionacées, Protéacées, Lauracées, Elæagnacées et myristicacées.

Tome 3. Ménispermacées, Berbéridacées, Nymphæacées, Papavéracées, Capparidacées, Crucifères, Résédacées, Crassulacées, Saxifragacées, Pipéracées, Urticacées.

Tome 4. Nyctaginacées, Phytolaccacées, Malvacées, Tiliacées, Diptérocarpacées, Chlænacées, Ternstrœmiacées, Bixacées, Cistacées, Violacées, Ochnacées, Rutacées.

Tome 5. Géraniacées, Linacées, Trémandracées, Polygalacées, Vochysiacées, Euphorbiacées, Térébinthacées, Sapindacées, Malpighiacées, Méliacées.

Tome 6. Célastracées, Rhamnacées, Pénæacées, Thyméléacées, Ulmacées, Castanéacées, Combrétacées, Rhizophoracées, Myrtacées, Hypéricacées, Clusiacées, Lythrariacées, Onagrariacées, Balanophoracées.

Tome 7. Mélastomacées, Cornacées, Ombellifères, Rubiacées, Valérianacées, Dipsacacées.

Tome 8. Composées, Campanulacées, Cucurbitacées, Loasacées, Passifloracées, Bégoniacées.

Tome 9. Aristolochiacées, Cactacées, Mésembryanthémacées, Portulacacées, Caryophyllacées, Chénopodiacées, Elatinacées et Frankéniacées, Droséracées, Tamaricacées, Salicacées, Batidacées, Podostémacées, Plantaginacées, Solanacées, Scrofulariacées.

Tome 10. Bignoniacées et Gesnériacées, Gentianacées et Apocynacées, Asclépiadacées, Convolvulacées, Polémoniacées, Boraginacées, Acanthacées.

Tome 11. Labiées, Verbénacées, Ericacées, Ilicacées, Ebénacées, Oléacées, Sapotacées, Primulacées, Utriculariacées, Plombaginacées, Polygonacées, Juglandacées, Loranthacées.

Tome 12. Conifères, Gnétacées, Cycadacées, Alismacées, Triuridacées, Thypacées, Najadacées, Centrolépidacées, Graminées, Cypéracées, Restiacées, Eriocaulacées, Liliacées.

Tome 13. Amaryllidacées, Broméliacées, Iridacées, Taccacées, Burmanniacées, Hydrocharidacées, Commelinacées, Xyridacées, Mayacacées, Phylidracées, Rapatéacées, Palmiers, Pandanacées, Cyclanthacées, Aracées.

E. PLANTES OU FLORES DE DIFFÉRENTS PAYS.

1851. — Synopsis plantarum in flora gallica descriptarum, auctoribus J. B. de LAMARCK,... et A. P. de CANDOLLE,... — *Parisiis, Agasse, 1806, in-8°*.

1852. — Flore française, ou descriptions succinctes de toutes les plantes qui croissent naturellement en France, disposées selon une nouvelle méthode d'analyse, et précédées par un exposé des principes élémentaires de la botanique. Troisième édition... par MM. de Lamarck et de Candolle. — *Paris, Desray, 1815, 5 tom. en 6 vol. in-8°, pl.*

1853. — Types de chaque famille et des principaux genres des plantes croissant spontanément en France. Exposition détaillée et complète de leurs caractères et de l'embryologie, par F. Plée. — *Paris, l'auteur, 1844-1864, 2 vol. in-4°, pl.*

1854. — Histoire abrégée des plantes des Pyrénées, et itinéraire des botanistes dans ces montagnes, par M^r le Baron Picot de Lapeyrouse,... — *Toulouse, Bellegarrigue, 1818, 2 vol. in-8°, carte.*

1855. — Catalogue des plantes indigènes des Pyrénées et du Bas-Languedoc, avec des notes et observations sur les espèces nouvelles ou peu connues ; précédé d'une notice sur un voyage botanique fait dans les Pyrénées pendant l'été de 1825, par George Bentham. — *Paris, Huzard, 1826, in-8°.*

1856. — Flore du bassin sous-Pyrénéen, ou description des plantes qui croissent naturellement dans cette circonscription géologique, avec l'indication spéciale des espèces qui se trouvent aux environs de Toulouse, par M. J. B. Noulet,... — *Toulouse, Paya, 1837, in-8°.*

Précis analytique de l'histoire naturelle des mollusques terrestres et fluviatiles qui vivent dans le bassin sous-Pyrénéen, par M. J. B. Noulet,... — *Toulouse, Paya, 1834, in-8°.*

1857. — Flore des Pyrénées, par M. Philippe,... — *Bagnères-de-Bigorre, Plassot, 1859, 2 vol. in-8°.*

1858. — Essai d'une chloris du département des Landes, par J. Thore,... — *Dax, Impr. Seize, an XI, in-8°.*
Deux exemplaires.

1859. — Flore landaise et médecine par les plantes vulgaires, par Jules Léon,... — *Pau, Impr. Vignancour, 1876, in-12.*

1860. — Bulletin de la Société botanique de France... Tome quinzième. 1868. Session extraordinaire à Pau, août 1868. — *Paris, [Impr. Martinet], in-8°,* cvi *p. et 1 pl.*

    La couverture imprimée sert de titre.

**. — Pour les ouvrages traitant de la botanique des Basses-Pyrénées.

    Voy. Division Histoire locale.

1861. — Département des Hautes-Pyrénées. Mélanges botaniques. Plantes nouvelles, critiques, monstrueuses, rares, par l'abbé Joseph Dulac. — *Paris, Savy, 1886, in-8°.*

1862. — Flore bordelaise, ou tableau des plantes qui croissent naturellement aux environs de Bordeaux, dans un cercle d'un myriamètre et demi de rayon, classées d'après le système de Linné, avec l'étymologie des noms génériques, le site, l'époque de la floraison, etc., leurs usages dans les arts, l'économie rurale et la médecine, précédée de notions élémentaires sur la botanique... Par Jean François Laterrade,... — *Bordeaux, Impr. Moreau, an 1811, in-12.*

1863. — Catalogue des plantes recueillies dans le département de la Loire-Inférieure, classé suivant le système de Linné, par J. B. Pesneau. — *Nantes, Forest, 1837, in-18.*

1864. — L'herbier de la Lozère et M. Prost, par M. Henri Loret. (Extrait du Bulletin de la Société d'agriculture, industrie, sciences et arts du département de la Lozère, t. XIIIe, année 1862.) — *Mende, Impr. Ignon, 1862, in-8°, 54 p.*

1865. — Flore de Montpellier, comprenant l'analyse descriptive des plantes vasculaires de l'Hérault, l'indication des propriétés médicinales, des noms vulgaires et des noms patois, et un vocabulaire explicatif des termes de botanique, par Hri Loret et Ate Barrandon. — *Montpellier, Coulet, 1876, 2 vol. in-12, carte.*

1866. — Catalogue des plantes phanérogames qui croissent spontanément dans le territoire d'Avignon et dans les lieux circonvoisins, rédigé par Maurice Palun,... — *Avignon, Impr. Seguin, 1867, in-8°.*

1867. — Catalogue des plantes de Provence spontanées ou généralement cultivées, par Honoré Roux,... avec une préface par M. le professeur A. Derbès. — *Marseille, Impr. Olive, 1881, in-8°.*

1868. — Flore des environs de Paris, ou distribution méthodique des plantes qui y croissent naturellement, exécutée d'après le système de Linnæus... par M. Thuillier,... — *Paris, Desaint, 1790, in-12.*

1869. — Tableau analytique de la flore Parisienne, d'après la méthode adoptée dans la flore française de MM. Lamarck et de Candolle, contenant tous les végétaux vasculaires de nos environs, et la description des familles et des genres disposés d'après la nouvelle classification de M. de Candolle... par Al. Bautier,... Septième édition. — *Paris, Labé, 1853, in-18.*

1870. — Essai sur la Flore du pavé de Paris limité aux boulevards extérieurs, ou catalogue des plantes qui croissent spontanément dans les rues et sur les quais, suivi d'une florule des ruines du conseil d'état, par J. Vallot. — *Paris, Lechevalier, [Pau, Impr. Veronese], 1884, in-18, sur papier de Chine.*

**. — Voyage autour du monde exécuté sur la corvette « La Coquille » pendant les années 1822-1829 par L. J. Duperrey. Botanique, par MM. d'Urville, Bory de St-Vincent et Ad. Brongniart.

Voy. Division Histoire.

**. — Voyage autour du monde exécuté pendant les années 1836-1837 sur la corvette « La Bonite », commandée par M. Vaillant. Botanique, par M. Ch. Gaudichaud.

Voy. Division Histoire.

**. — Voyage autour du monde sur la frégate « La Vénus » pendant les années 1836-1839, par Abel Du Petit Thouars. Botanique.

Voy. Division Histoire.

1871. — Catologo metodico de plantas observadas en Cataluña, particularmente en las inmediaciones de Barcelona, inclusa una porcion de Pirenaicas, con sus nombres botanicos mas usuales, los vulgares catalanes de muchas, y la indicacion de localidades y epocas en que florecen. Seguido de la nomenclatura Catalana de las plantas traducida al idioma castellano y al botanico... por Don Miguel COLMEIRO,... — *Madrid, Calleja, 1846, in-8°.*

1872. — Auctarium ad floram Pedemontanam cum notis et emendationibus, auctore Carolo ALLIONIO,... — *Augustæ-Taurinorum, Briolus, 1789, in-4°, 53 p. et pl.*

1873. — Prodomo della flora Toscana, ossia catologo metodico delle plante che nascono salvatiche in Toscana e nelle sue isole, o che vi sono estesamente coltivate, con la indicazione dei luoghi nei quali si trovano, del tempo della loro fioritura e fruitificazione. dei loro nomi volgari ed usi, di Teodoro CARUEL,... — *Firenze, Le Monnier, 1860, in-8°.*

**. — Flore de Virgile, composée pour la collection des classiques latins, par A. L. A. FÉE.

Voy. Division BELLES-LETTRES.

1874. — Catalogue des plantes vasculaires qui croissent naturellement aux environs de Genève, par G. F. REUTER,... Deuxième édition... Suivie d'une monographie des espèces du genre Rubus des environs de Genève, par le Dr E. MERCIER. — *Genève, Kessmann, 1861, pet. in-8°.*

1875. — Flore analytique de la Suisse. Vademecum du botaniste, par P. MORTHIER,... Deuxième édition... — *Paris, Sandoz et Fischbacher, 1872, in-18.*

**. — Expédition scientifique de Morée. Botanique, par MM. FAUCHÉ, Adolphe BRONGNIART, CHAUBARD et BORY DE SAINT-VINCENT.

Voy. Division HISTOIRE.

1876. — Herbarii Timorensis descriptio... auctore Josepho DECAISNE,... — *Parisiis, Roret, 1835, in-4°, pl.*

1877. — Illustrationes plantarum orientalium, auctoribus Comite JAUBERT et Eduardo SPACH. — *Parisiis, Roret, 1842-1857, 5 tom. en 2 vol. gr. in-4° de texte et 5 vol. gr. in-4° de pl.*

**. — Pour les végétaux mentionnés dans la Bible.
Voy. Division THÉOLOGIE.

1878. — Choix de plantes de la Nouvelle-Zélande recueillies et décrites par M. E. RAOUL,... — *Paris, Fortin, Masson et Cie, 1846, in-f°, pl.*

1879. — Compendium floræ Atlanticæ, seu expositio methodica plantarum omnium in Algeria, necnon in regno Tunetano et imperio Maroccano hucusque notarum, ou Flore des États Barbaresques, Algérie, Tunisie et Maroc, par E. COSSON,... — *Paris, Impr. Nat., 1881-1887, 2 vol. in-8°, cartes.*

En cours de publication.

1880. — Illustrationes floræ Atlanticæ, seu icones plantarum novarum, rariorum vel minus cognitarum in Algeria, necnon in regno Tunetano et imperio Maroccano nascentium, auctore E. COSSON,... — *Parisiis, e Reipublicæ typographeo, 1882 et ann. suiv., gr. in-4°, pl.*

En cours d'impression. Fascicules 1-6 seuls parus.

F. COLLECTIONS DE PLANTES DES JARDINS PUBLICS ET PARTICULIERS.

1881. — Horti medici Amstelodamensis rariorum tam orientalis, quam occidentalis Indiæ aliarumque peregrinarum plantarum... descriptio et icones, ad vivum æri incisæ, auctore Joanne COMMELINO,... opus posthumum, latinitate donatum, notisque et observationibus illustratum a Frederico RUYSCHIO,... et Francisco KIGGELARIO. — *Amstelodami, Blaeu, 1697, in-f°, fr. et pl. gr.*

Il y a un second titre en hollandais, suivi d'une planche représentant les armoiries de Commelinus.

1882. — Musée botanique de M. Benjamin Delessert. Notices sur les collections de plantes et la bibliothèque qui le composent ; contenant en outre des documents sur les principaux herbiers d'Europe et l'exposé des voyages entrepris dans l'intérêt de la botanique, par A. Lasègue. — *Paris, Fortin, Masson et Cie, janvier 1845, in-8°.*

1883. — Flore des serres et des jardins de l'Europe, ou description des plantes les plus rares et les plus méritantes, nouvellement introduites sur le continent ou en Angleterre. Ouvrage enrichi de notices historiques, scientifiques, étymologiques, synonymiques, horticulturales, etc., et rédigé par M. Ch. Lemaire,... M. Scheidweiler,... M. L. Van Houtte,... — *Gand, Van Houtte, 1845-1880, 23 vol. in-8°, pl.*

G. Monographies soit de classes entières, soit d'espèces particulières des végétaux.

1884. — Traité des champignons comestibles suspects et vénéneux qui croissent dans le bassin sous-Pyrénéen... par J. B. Noulet et A. Dassier,... — *Toulouse, Paya, 1838, in-8°, pl.*

1885. — Histoire des champignons comestibles et vénéneux, où l'on expose leurs caractères distinctifs, leurs propriétés alimentaires et économiques, leurs effets nuisibles et les moyens de s'en garantir ou d'y remédier, par J. Roques,... Deuxième édition... — *Paris, Fortin, Masson et Cie, 1841, in-8°, et atlas in-f°.*

1886. — Botanique cryptogamique ou histoire des familles naturelles des plantes inférieures, par J. Payer,... — *Paris, Masson, 1850, in-8°.*

1887. — Champignons et truffes, par Jules Remy. — *Paris, Libr. agricole, 1861, in-12, pl.*

1888. — Notes sur diverses espèces de champignons. Signé : J. A. M. [Manescau]. — *Pau, Impr. Vignancour, 1865, in-4°, 16 p.*

1889. — Les champignons, par M. C. Cooke, sous la direction de M. J. Berkeley. Deuxième édition. — *Paris, Germer-Baillière, 1878, in-8°.*

1890. — Manuel tinctorial des plantes, ou traité de toutes les plantes qui peuvent servir à la teinture et à la peinture. On y a joint des observations sur les animaux et les minéraux, pareillement propres à la teinture et à la peinture ; deux Dissertations de Linné sur le même sujet ; différentes méthodes concernant le blanchiment des toiles ; des procédés pour teindre la laine en noir et les draps en deux couleurs, de même que la manière de préparer le bleu de Prusse et le vert de gris. Cinquième édition... par J. P. Buc'hoz,... — *Paris, l'auteur, an VIII (1800), in-8°.*

1891. — Monographie de la canne à sucre de la Chine, dite sorgho à sucre, par le docteur Adrien Sicard,... — *Marseille, Camoin, 1858, 2 vol. in-8°.*

1892. — Note sur une nouvelle espèce d'Iberis, par M. Louis Deville. — *Sans titre ; Tarbes, Impr. Perrot-Prat, [1859], in-8°, 3 p.*

1893. — La menthe poivrée, sa culture en France, ses produits, falsifications de l'essence et moyens de les reconnaître, par M. L. Roze,... — *Paris, Baillière, 1868, in-12, 47 p.*

1894. — Eugène de Gayffier,... Herbier forestier de la France. Reproduction par la photographie d'après nature et de grandeur naturelle des principales plantes ligneuses qui croissent spontanément en forêt. Description botanique. Situation. Culture. Qualités. Usages... — *Paris, Rothschild, 1868-1873, 2 vol. in-f°, pl.*

1895. — De la fécondation des orchidées par les insectes et des bons résultats du croisement, par Charles Darwin,... Traduit de l'anglais par L. Rérolle. — *Paris, Reinwald, 1870, in-8°.*

1896. — Les mouvements et les habitudes des plantes grimpantes, par Charles Darwin,... Ouvrage traduit de l'anglais sur la deuxième édition, par le Docteur Richard Gordon,... — *Paris, Reinwald, 1877, in-8°.*

1897. — Les plantes insectivores, par Charles DARWIN. Ouvrage traduit de l'anglais, par Ed. BARBIER, précédé d'une introduction biographique et augmenté de notes complémentaires, par Charles MARTINS,... — *Paris, Reinwald, 1877, in-8°.*

1898. — Étude botanique, chimique et physiologique sur le thalictrum macrocarpum, par E. DOASSANS,... — *Paris, Henry, 1881, in-8°, pl.*

1899. — Les batrachospermes. Organisation, fonctions, développement, classification, par S. SIRODOT,... — *Paris, Masson, 1884, gr. in-4°, pl.*

1900. — Les plantes fossiles, par B. RENAULT,... — *Paris, Baillière, 1888, in-12, pl.*

H. VÉGÉTAUX EN USAGE EN MÉDECINE.

1901. — Pedanii DIOSCORIDIS Anazarbei de medicinali materia libri VI. — *Lugduni, Frellonius, 1547, in-32.*

Le titre manque.

1902. — Les commentaires de M. P. André MATTHIOLUS,... sur les six livres de Pedacius Dioscoride Anazarbéen de la matière medecinale. Traduits de latin en françois, par M. Antoine DU PINET ; et illustrés de nouveau d'un bon nombre de figures, et augmentés... tant de plusieurs remèdes à diverses sortes de maladies, que aussi des distillations, comme pareillement de la cognoissance des simples... — *Lyon, Rigaud, 1605, in-f°, titre encadré.*

1903. — Les commentaires de M. P. André MATTHIOLE,... sur les six livres de la matière medecinale de Pedacius Dioscoride Anazarbéen. Traduits de latin en français, par M. Antoine DU PINET... Augmentés... d'un traité de chimie en abrégé, pour l'analyse tant des végétaux que de quelques animaux et minéraux, par un docteur en médecine. Dernière édition... — *Lyon, De Ville, 1680, in-f°.*

14. ZOOLOGIE.

A. GÉNÉRALITÉS. DICTIONNAIRES. SYSTÈMES DE CLASSIFICATION. TRAITÉS ÉLÉMENTAIRES.

1904. — Discours sur les révolutions de la surface du globe et sur les changements qu'elles ont produits dans le règne animal, par Georges CUVIER. Huitième édition. — *Paris, Cousin, 1840, in-12, tabl. et pl.*

1905. — Rapport général sur les questions relatives à la domestication et à la naturalisation des animaux utiles, adressé à M. le Ministre de l'Agriculture et du Commerce, par M. Isidore GEOFFROY SAINT-HILAIRE,... — *Paris, Impr. Nat., novembre 1849, in-4°, 51 p.*

1906. — Le règne animal distribué d'après son organisation, pour servir de base à l'histoire naturelle des animaux et d'introduction à l'anatomie comparée, par Georges CUVIER. Édition accompagnée de planches gravées représentant les types de tous les genres, les caractères distinctifs des divers groupes et les modifications de structure sur lesquelles repose cette classification, par une réunion de disciples de Cuvier : MM. Audouin, Blanchard, Deshayes, Alcide d'Orbigny, Doyère, Dugès, Duvernoy, Laurillard, Milne-Edwards, Roulin et Valenciennes. — *Paris, Fortin, Masson et Cie, s. d. [1849], 10 vol. in-4° de texte et 10 vol. in-4° de pl.*

1907. — Revue et magasin de zoologie pure et appliquée. Recueil mensuel destiné à faciliter aux savants de tous les pays les moyens de publier leurs observations de zoologie pure et appliquée à l'industrie et à l'agriculture, leurs travaux de paléontologie, d'anatomie et de physiologie comparées, et à les tenir au courant des nouvelles découvertes et des progrès de la science, par MM. F. E. GUÉRIN-MÉNEVILLE,... et avec la collaboration scientifique de Ad. FOCILLON,... — *Paris, 1849-1873, 24 vol. in-8°, pl.*

La livraison 9 de 1861 manque.

1908. — Cours élémentaire d'histoire naturelle... par MM. Milne-Edwards, A. de Jussieu et Beudant. Zoologie, par M. MILNE-EDWARDS,... — *Paris, Masson, 1850, in-12.*

**. — Rapport sur les progrès récents des sciences zoologiques en France, par M. MILNE-EDWARDS.
    Voy. Division HISTOIRE.

1909. — De l'espèce et de la classification en zoologie, par L. AGASSIZ. Traduit de l'anglais, par Félix VOGELI. Édition revue et augmentée par l'auteur. — *Paris, Germer-Baillière, 1869, in-8°.*

1910. — Traité de zoologie, conforme à l'état présent de la science, par le Dr C. CLAUS,... Traduit de l'allemand sur la troisième édition et annoté par G. MOQUIN-TANDON,... — *Paris, Savy, 1878, in-8°.*

1911. — Nouveaux éléments d'histoire naturelle. Zoologie, à l'usage des lycées... par l'abbé Ed. LAMBERT,... Troisième édition... — *Paris, Savy, 1878, in-12.*

1912. — L'origine des espèces au moyen de la sélection naturelle, ou la lutte pour l'existence dans la nature, par Charles DARWIN,... Traduit sur l'édition anglaise définitive, par Ed. BARBIER. — *Paris, Reinwald, 1880, in-8°.*

1913. — Conquête du monde animal, par Louis BOURDEAU. Quête, chasse, pêche. Destruction des animaux nuisibles. Domestication des animaux utiles. Espèces moyennes, grandes, petites. — *Paris, Alcan, 1885, in-8°.*

1914. — Les industries des animaux, par Frédéric HOUSSAY,... — *Paris, Baillière, 1889, in-12, pl.*

1915. — L'évolution des formes animales avant l'apparition de l'homme, par Fernand PRIEM,... — *Paris, Baillière, 1891, in-12.*

1916. — Darwin et ses précurseurs français. Étude sur le transformisme, par A. de QUATREFAGES,... Deuxième édition... — *Paris, Alcan, 1892, in-8°.*

B. PHILOSOPHIE ZOOLOGIQUE.

1917. — Principes de philosophie zoologique discutés en mars 1830 au sein de l'Académie royale des Sciences, par M. GEOFFROY SAINT-HILAIRE. — *Paris, Pichon et Didier, 1830, in-8°.*

1918. — De l'instinct et de l'intelligence des animaux, par P. FLOURENS,... Troisième édition... — *Paris, Hachette, 1851, in-18.*

1919. — Études philosophiques sur l'instinct et l'intelligence des animaux, par A. L. A. FÉE,... — *Strasbourg, Berger-Levrault, 1853, in-12.*

1920. — Descendance et darwinisme, par O. SCHMIDT. Troisième édition. — *Paris, Germer-Baillière, 1878, in-8°.*

1921. — De la variation des animaux et des plantes à l'état domestique, par Charles DARWIN,... Traduit, sur la seconde édition anglaise, par Ed. BARBIER, préface de Carl VOGT. — *Paris, Reinwald, 1879-1880, 2 vol. in-8°.*

1922. — La philosophie zoologique avant Darwin, par Edmond PERRIER,... — *Paris, Alcan, 1884, in-8°.*

1923. — L'évolution mentale chez les animaux, par George John ROMANES,... suivi d'un Essai posthume sur l'instinct, par Charles DARWIN. Traduction française par le docteur Henry C. de VARIGNY. — *Paris, Reinwald, 1884, in-8°, tabl.*

1924. — L'intelligence des animaux, par G. J. ROMANES,... Précédée d'une préface sur l'évolution-mentale, par Edm. PERRIER,... — *Paris, Alcan, 1887, 2 vol. in-8°.*

1925. — Les sens et l'instinct chez les animaux et principalement chez les insectes, par sir John LUBBOCK,... — *Paris, Alcan, 1891, in-8°.*

C. ANATOMIE ET PHYSIOLOGIE DES ANIMAUX.

1926. — Recherches expérimentales sur les propriétés et les fonctions du système nerveux dans les animaux vertébrés, par P. FLOURENS,... Seconde édition... — *Paris, Baillière, 1842, in-8°.*

1927. — Traité des phénomènes électro-physiologiques des animaux, par C. MATTEUCCI. Suivi d'Études anatomiques sur le système nerveux et sur l'organe électrique de la torpille, par Paul SAVI. — *Paris, Fortin, Masson et Cie, 1844, in-8°, pl.*

1928. — Étude de l'appareil reproducteur dans les cinq classes d'animaux vertébrés au point de vue anatomique, physiologique et zoologique, par G. J. MARTIN-SAINT-ANGE,... — *Paris, Impr. Imp., 1854, gr. in-4°, pl.*

1929. — La locomotion chez les animaux, ou marche, natation et vol, suivie d'une Dissertation sur l'aéronautique, par J. Bell PETTIGREW,... — *Paris, Germer-Baillière, 1874, in-8°, fr. lith.*

1930. — La machine animale. Locomotion terrestre et aérienne, par E. J. MAREY,... Deuxième édition. — *Paris, Germer-Baillière, 1878, in-8°.*

1931. — Les commensaux et les parasites dans le règne animal, par P. J. VAN-BENEDEN,... Deuxième édition. — *Paris, Germer-Baillière, 1878, in-8°.*

1932. — La vie psychique des bêtes, par le Dr Louis BÜCHNER,... Ouvrage traduit de l'allemand, par le D^r Ch. LETOURNEAU. — *Paris, Reinwald, 1881, in-8°, fr. lith.*

1933. — Leçons de zoologie professées à la Sorbonne. Enseignement secondaire des jeunes filles, par M. Paul BERT,... Anatomie. Physiologie. — *Paris, Masson, 1881, in-8°.*

1934. — Le cerveau organe de la pensée chez l'homme et chez les animaux, par H. Charlton Bastian,... — *Paris, Germer-Baillière, 1882, 2 vol. in-8°.*

1935. — Les sens chez les animaux inférieurs, par E. Jourdan,... — *Paris, Baillière, 1889, in-12.*

1936. — Les animaux et les végétaux lumineux, par Henri Gadeau de Kerville. — *Paris, Baillière, 1890, in-12.*

1937. — Physiologie du mouvement. Le vol des oiseaux, par E. J. Marey,... — *Paris, Masson, 1890, in-8°, pl.*

D. HISTOIRE GÉNÉRALE DES ANIMAUX.

1938. — Ex Æliani historia, per Petrum Gyllium latini facti, itemque ex Porphyrio, Heliodoro, Oppiano, tum eodem Gyllio luculentis accessionibus aucti, libri XVI, de vi et natura animalium. Ejusdem Gyllii liber unus, de gallicis et latinis nominibus piscium. — *Lugduni, Gryphius, 1533, in-4°.*

1939. — Κλαυδιου ΑΙΛΙΑΝΟΥ περι ζωων ιδιοτητος βιβλια ιζ. Claudii Æliani de animalium natura libri XVII. Petro Gillio Gallo et Conrado Gesnero Helvetio interpretibus... — *Genevæ, Tornæsius, 1616, in-16.*

Aux armes de L'Huillier d'Interville.

1940. — Claudii Æliani de animalium natura libri XVII. — *In-16.*
Le titre manque.

1941. — ΑΡΙΣΤΟΤΕΛΟΥΣ περι ζωων ιστορικς. Aristotelis historia de animalibus. Julio Cæsare Scaligero interprete, cum ejusdem commentariis. Philippus Jacobus Maussacus,... primus vulgavit et restituit, additis prolegomenis et animadversionibus. Accedit fragmentum quod decimus historiarum inscribitur... — *Tolosæ, Colomerius, 1619, in-f°.*

1942. — Notes sur l'histoire des animaux d'Aristote, par M. Camus,... — *Paris, Desaint, 1783, in-4°.*

Histoire des animaux d'Aristote, tome 2 seul.

1943. — ΑΡΙΣΤΟΤΕΛΟΥΣ περι ζωων ιστοριας βιϐλια θ, εφ'οις και δεκατον το νοθον. Επιμελεια και διορθωσει Ν. Σ. ΠΙΚΚΟΛΟΥ ιατρου. — [ARISTOTE. Histoire des animaux, texte revu et corrigé par N. PICCOLOS, D. M.] — *Paris, Didot, 1863, in-8°.*

    Tome 1ᵉʳ contenant le texte.

1944. — Histoire des animaux d'ARISTOTE, traduite en français et accompagnée de notes perpétuelles, par J. BARTHÉLEMY SAINT-HILAIRE,... — *Paris, Hachette, 1883, 3 vol. in-8°.*

1945. — Traités des parties des animaux et de la marche des animaux d'ARISTOTE, traduits en français pour la première fois et accompagnés de notes perpétuelles, par J. BARTHÉLEMY SAINT-HILAIRE,... — *Paris, Hachette, 1885, 2 vol. in-8°.*

1946. — Traité de la génération des animaux d'ARISTOTE, traduit en français pour la première fois et accompagné de notes perpétuelles, par J. BARTHÉLEMY SAINT-HILAIRE,... — *Paris, Hachette, 1887, 2 vol. in-8°.*

1947. — Conradi GESNERI,... Historiæ animalium lib. I de quadrupedibus viviparis... — *Tiguri, Froschoverus, 1551-1554, 2 vol. in-f°.*

    Le tome 2 porte pour titre :... Liber II de quadrupedibus oviparis...

1948. — Los libros de Cayo PLINIO SECUNDO de la historia natural de los animales. — *Alcala, 1602; Madrid, 1603, 2 tom. en 1 vol. in-4°.*

    Comprend seulement les livres VII, VIII et IX. Le haut du titre manque.

1949. — Joh. JONSTONI Thaumatographia naturalis, in decem classes distincta, in quibus admiranda : I cœli, II elementorum, III meteororum, IV fossilium, V plantarum, VI avium, VII quadrupedum, VIII exanguium, IX piscium, X hominis. — *Amstelodami, Janssonius, 1665, pet. in-12, fr. gr.*

**. — MANUELIS PHILÆ de animalibus.

    Voy. Division BELLES LETTRES.

E. ANIMAUX DE DIFFÉRENTS PAYS.

**. — Voyage autour du monde exécuté sur la corvette « La Coquille » pendant les années 1822-1825, par M. L. J. Duperrey. Zoologie, par MM. Lesson et Garnot.

Voy. Division Histoire.

**. — Voyage autour du monde exécuté pendant les années 1836-1837, sur la corvette « La Bonite », commandée par M. Vaillant. Zoologie, par MM. Eydous et Souleyet. Zoophytologie, par M. Laurent.

Voy. Division Histoire.

**. — Voyage autour du monde sur la frégate « La Vénus » pendant les années 1836-1839, par Abel Du Petit Thouars. Zoologie.

Voy. Division Histoire.

**. — Pour les ouvrages concernant la Zoologie des Basses-Pyrénées.

Voy. Division Histoire locale.

1950. — Zoologie et paléontologie françaises (Animaux vertébrés), ou nouvelles recherches sur les animaux vivants et fossiles de la France, par M. Paul Gervais,... — *Paris, Bertrand, 1848-1852, 3 vol. in-4° dont 1 de pl.*

1951. — Faune fossile de la Charente-Inférieure, par M. Edouard Beltremieux,... — *La Rochelle, Impr. V*^{ve}* Mareschal et Martin, 1884, in-8°.*

1952. — Faune vivante de la Charente-Inférieure, par M. Edouard Beltremieux,... — *La Rochelle, Impr. V*^{ve}* Mareschal et Martin, 1884, in-8°.*

1953. — Société scientifique d'Arcachon. Notice sur la station zoologique d'Arcachon. — *Arcachon, Impr. Talon, 1886, in-8°, 21 p. fr. lith.*

1954. — Fauna de Sierra Morena. Catalogo descriptivo de los mamiferos del termino de Montoro, con la indicacion de las utilidades y perjuicios que pueden producir al hombre, por el doctor Leopoldo Martinez y Reguera,... — *Madrid, Impr. de Romero, 1881, in-8°.*

F. DESCRIPTION DES ANIMAUX RÉUNIS DANS LES MÉNAGERIES.

1955. — Muséum d'histoire naturelle de Paris. Catalogue de la collection entomologique. Classe des insectes. Ordre des coléoptères. Professeur administrateur : M. Milne-Edwards,... Aide-naturaliste, M. Emile Blanchard ; sous-aide, M. H. Lucas. — *Paris, Gide et Baudry, 1850, in-8°.*

Le tome 1er, 1re et 2e livraisons seules.

1956. — Muséum d'histoire naturelle de Paris. Catalogue méthodique de la collection des mammifères, de la collection des oiseaux et des collections annexes, par le professeur administrateur M. Isidore Geoffroy Saint-Hilaire,... et les aides naturalistes MM. Florent Prévost et Pucheran. — *Paris, Gide et Baudry, 1851, in-8°.*

Première partie. Mammifères. Introduction et catalogue des primates, par M. Isidore Geoffroy Saint-Hilaire.

1957. — Muséum d'histoire naturelle de Paris. Catalogue méthodique de la collection des reptiles. Professeur administrateur : M. C. Duméril,... Aide-naturaliste : M. Aug. Duméril,... — *Paris, Gide et Baudry, 1851, in-8°.*

1re et 2e livraisons seules.

G. ANIMAUX FOSSILES EN GÉNÉRAL.

1958. — Recherches sur les ossements fossiles où l'on rétablit les caractères de plusieurs animaux dont les révolutions du globe ont détruit les espèces, par Georges Cuvier. Quatrième édition.

— *Paris, d'Ocagne, 1834-1836, 9 tom. en 10 vol. in-8° et atlas de 2 vol. in-4°, avec portr.*

1959. — Paléontologie française. Description de tous les animaux mollusques et rayonnés fossiles de la France, par Alcide d'ORBIGNY,...
— *Paris, l'auteur, [Masson], 1840 et ann. suiv., 22 vol. in-8° de texte et 22 vol. in-8° de pl.*

Tomes 1-4. Terrains crétacés.
Tome 5. Terrains crétacés contenant les Bryozoaires.
Tome 6. Terrains crétacés contenant les Echinodermes.
Tome 7. Terrains crétacés. Echinides, par G. COTTEAU.
Tome 8. Zoophytes, par M. de FROMENTEL.
En cours de publication.

A partir du tome 7 le titre porte : Paléontologie française. Description des animaux invertébrés, commencée par Alcide d'Orbigny, continuée sous la direction d'un conseil spécial.

Terrain jurassique :
Tome 9. Echinides irréguliers, par G. COTTEAU.
Tome 10. 1ʳᵉ partie. Echinides réguliers. Familles des Cidaridées et des Salénidées, par G. COTTEAU.
Tome 10. 2ᵉ partie. Echinides réguliers. Familles des Diadematidées et des Echinidées, par G. COTTEAU.
Tome 11. 1ʳᵉ partie. Crinoïdes, par M. P. de LORIOL. Familles des Eugéniacrinidées, des Holopidées, des Apiocrinidées, pars G. Apiocrinus, Guettardicrinus et Millericrinus.
Tome 11. 2ᵉ partie. Crinoïdes, par M. P. de LORIOL. Familles des Apiocrinidées (fin). Pentacrinidées, Comatulidées.
Tome 12. Zoophytes, par MM. de FROMENTEL et FERRY.
En cours de publication.

1ʳᵉ Série. Animaux invertébrés.

Terrains tertiaires :
Tome 1ᵉʳ. Echinides éocènes. Familles des Spatangidées, des Brissidées, des Echinonéidées et des Cassidulidées (pars), par G. COTTEAU.
Tome 2. Echinides éocènes. Familles des Cassidulidées (pars), Conoclypéidées, Clypéastroidées, Scutellidées, Scutellinidées, Fibularidées et les Echinides réguliers, par G. COTTEAU.

Terrain jurassique :
Tome 3. Gastéropodes, par M. PIETTE.
Tome 6. Brachiopodes, par M. DESLONCHAMPS.
En cours de publication.

Les tomes 4 et 5 ne sont pas publiés.

2ᵉ Série. Végétaux.

Plantes jurassiques, par le comte de SAPORTA.

Tome 1ᵉʳ, précédé d'une introduction générale. Algues, Equisétacées, Characées, Fougères.

Tome 2. Cycadées.

Tome 3. Conifères ou Acicularices.

Tome 4. Types proangiospermiques et supplément final.

**. — Paléontologie de la France, par A. d'ARCHIAC.

Voy. Division HISTOIRE.

1960. — Excursion de la Société Linnéenne à Cazeneuve (Gironde). Procès-verbal de la 50ᵉ fête Linnéenne, 27 juin 1867, par M. LINDER. Appendice. Liste des principaux fossiles recueillis par les membres de la Société à Cazeneuve, dans le calcaire de Bazas, pendant l'excursion de la 50ᵉ fête Linnéenne, par M. Ch. DES MOULINS,... Extrait des actes de la Société Linnéenne de Bordeaux, t. XXVI, 1868. — *Bordeaux, Impr. Coderc, Degréteau et Poujol, 1868, in-8°, 64 p.*

La couverture imprimée sert de titre.

H. SPÉCIALITÉS ZOOLOGIQUES.

a). Animaux vertébrés.

Anthropologie. Ethnographie. Paléoethnologie.

1961. — Histoire générale des races humaines, ou philosophie ethnographique, par Eusèbe Fr. de SALLES. — *Paris, Duprat, 1849, in-12.*

1962. — Unité de l'espèce humaine, par A. de QUATREFAGES,... — *Paris, Hachette, 1861, in-12.*

1963. — Origine et transformation de l'homme et des autres êtres. Première partie indiquant la transformation des êtres organisés, la formation des espèces, les conditions qui produisent les types, l'instinct et les facultés intellectuelles, la base des sciences naturelles, historiques, politiques, etc., par P. Trémaux,... — *Paris, Hachette, 1865, in-12.*

1964. — Leçons sur l'homme. Sa place dans la création et dans l'histoire de la terre, par Carl Vogt,... Traduction française de J. J. Moulinié,... — *Paris, Reinwald, 1865, in-8°.*

1965. — Études sur les crânes de la caverne de Lombrives, par M. le Dr Garrigou. (Extrait des Bulletins de la Société d'Anthropologie.) — *Paris, Masson, 1865, in-8°, 16 p.*

1966. — Matériaux pour l'histoire positive et philosophique de l'homme. Bulletin des travaux et découvertes concernant l'anthropologie, les temps anté-historiques, l'époque quaternaire, les questions de l'espèce et de la génération spontanée, par Gabriel de Mortillet. — *Paris, [Reinwald], 1865-1888, 22 vol. in-8°, pl.*

Emile Cartailhac. Matériaux pour l'histoire primitive et naturelle de l'homme. Table générale des dix premiers volumes (1865-1875)... — *Paris, Reinwald, s. d., in-8°, 72 p.*

1er fascicule seul paru.
Le titre des *Matériaux* a été modifiée successivement comme suit : Le tome 4 porte : Matériaux pour l'histoire primitive et philosophique de l'homme... A partir du tome 5, le titre porte : Matériaux pour l'histoire primitive et naturelle de l'homme et l'étude du sol, de la faune et de la flore qui s'y rattachent. Revue mensuelle illustrée, fondée par G. de Mortillet et continuée par Eugène Trutat et Emile Cartailhac. A partir du tome 8, le titre porte :... dirigée par M. Emile Cartailhac, avec le concours de MM. P. Cazalis de Fondouce et Chantre. A partir du tome 18, le titre porte :... dirigée par E. Cartailhac et E. Chantre.

1967. — Matériaux pour l'histoire de l'homme. Revue d'anthropologie. Revue d'ethnographie réunis. L'Anthropologie, paraissant tous les deux mois, sous la direction de MM. Cartailhac, Hamy, Topinard. — *Paris, Masson, 1890-1895, 6 vol. in-8°, pl.*

Continue à paraître. A partir du tome 5, le titre porte :... L'Anthropologie... Principaux collaborateurs : MM. d'Acy, Boule, Cartailhac, Collignon, Deniker, Hamy, Montano, Mis de Nadaillac, Piette, Salomon Reinach, Prince Roland Bonaparte, Topinard, Verneau. Secrétaires de la rédaction : MM. Boule, Verneau.

— 297 —

**. — Rapport sur les progrès de l'anthropologie, par M. A. de QUATREFAGES.
Voy. Division HISTOIRE.

1968. — Age de la pierre polie dans les cavernes des Pyrénées Ariégeoises, par le Docteur F. GARRIGOU, de Tarascon (Ariège), et H. FILHOL. — *Paris, Baillière, s. d. [1866], in-4°, 79 p., pl.*

1969. — Sur l'âge du bronze et du fer dans les cavernes des Pyrénées Ariégeoises, par M. GARRIGOU. Extrait des Bulletins de la Société d'Anthropologie. Tome II, 2° série, 2° fascicule (février à avril 1867). — *Paris, Impr. Hennuyer, 1867, in-8°, 31 p.*

1970. — Age du renne dans la grotte de la Vache (vallée de Niaux) près de Tarascon (Ariège), par le D' F. GARRIGOU. — *Toulouse, Impr. Bonnal et Gibrac, 1867, in-8°, 10 p., pl.*
La couverture imprimée sert de titre. Extrait du Bulletin de la Société d'histoire naturelle de Toulouse (avril 1867).

1971. — Importance des ossements cassés des gisements paléo-archéologiques et du mode de cassure, par M. GARRIGOU. — Sur les os cassés des cavernes, par M. GARRIGOU. — L'Anthropophagie chez les peuples des âges du renne et de la pierre polie dans les cavernes du Midi de la France, par M. GARRIGOU. — *Sans titre ; Paris, Impr. Hennuyer, in-8°, 23 p.*
Extrait des Bulletins de la Société d'Anthropologie. Tome II, 2° série, 3° fascicule (avril à juin 1867).

1972. — Ages de l'ours, du renne, de la pierre polie et des dolmens dans le département du Lot, par MM. F. GARRIGOU et H. DUPORTAL. Extrait du Bulletin de la Société géologique de France, 2° série, t. XXVI, p. 461, séance du 1er février 1869. — *Sans titre ; Paris, Impr. Blot, in-8°, pp. 461-481.*

1973. — Des habitations troglodytiques. Lettre à M. le D' J. B. Noulet, de Toulouse, par M. DEVALS aîné,... Montauban, le 5 mars 1870. — *Sans titre ; in-8°, 22 p., pl.*

1974. — Note sur une grotte renfermant des restes humains de l'époque paléolithique découverte à Bagnères-de-Bigorre, le 4 mai 1869, par MM. Emilien Frossard P^r et Charles L. Frossard P^r. (Extrait du Bulletin de la Société Ramond), janvier 1870. — *Bagnères, Impr. Cazenave, in-8°, 15-24 p., pl.*

La couverture imprimée sert de titre.

1975. — Mémoires d'anthropologie, par Paul Broca,... — *Paris, Reinwald, 1871-1883, 5 vol. in-8°, pl.*

1976. — Discours prononcé à l'ouverture du Congrès scientifique de France, à Pau, le 31 mars 1873. De l'existence de l'homme à l'époque tertiaire, par le marquis de Nadaillac,... — *Pau, Imp. Vignancour, 1874, in-8°, 22 p.*

La couverture imprimée sert de titre.

1977. — L'homme selon la science, son passé, son présent, son avenir, ou, d'où venons-nous ? qui sommes-nous ? où allons-nous ? Exposé très simple, suivi d'un grand nombre d'éclaircissements et remarques scientifiques, par le Docteur Louis Büchner,... Traduit de l'allemand, par le Docteur Ch. Letourneau. Deuxième édition. — *Paris, Reinwald, 1874, in-8°.*

1978. — Une sépulture des anciens troglodytes des Pyrénées superposée à un foyer contenant des débris humains associés à des dents sculptées de lion et d'ours, par Louis Lartet et Chaplain Duparc. — *Paris, Masson, 1874, in-8°, 67 p.*

La couverture imprimée sert de titre.

1979. — Association française pour l'avancement des sciences. M. Ed. Piette. Les vestiges de la période néolithique comparés à ceux des âges antérieurs. Séance du 26 août 1875. — *Sans titre ; Nantes, Impr. Forest et Grimaud, in-8°, 24 p., pl.*

1980. — Lettre sur l'homme préhistorique du type le plus ancien, sur la structure de ses restes et sur son origine, par A. Hovelacque. — *Paris, Reinwald, 1875, in-8°, 16 p.*

1981. — L'âge de la pierre polie dans les Landes, par H. Du Boucher et Raimond Pottier. — *Paris, Leroux, 1875, in-8°, 31 p.*

1982. — Anthropogénie, ou histoire de l'évolution humaine. Leçons familières sur les principes de l'embryologie et de la phylogénie humaines, par Ernest HAECKEL,... Traduit de l'allemand sur la deuxième édition, par le Dr Ch. LETOURNEAU. — *Paris, Reinwald, 1877, in-8°, pl.*

1983. — L'anthropologie, par le Dr Paul TOPINARD,... Avec préface du professeur Paul BROCA. Deuxième édition. — *Paris, Reinwald, 1877, in-12.*

1984. — L'espèce humaine, par A. de QUATREFAGES,... Quatrième édition. — *Paris, Germer-Baillière, 1878, in-8°.*

1985. — L'homme avant les métaux, par N. JOLY,... — *Paris, Germer-Baillière, 1879, in-8°, fr. lith.*

1986. — Les peuples de l'Afrique, par R. HARTMANN,... — *Paris, Germer-Baillière, 1880, in-8°, fr. lith.*

1987. — La descendance de l'homme et la sélection sexuelle, par Charles DARWIN,... Traduit par Edmond BARBIER, d'après la seconde édition anglaise... Préface par Carl VOGT. Troisième édition française. — *Paris, Reinwald, 1881, in-8°.*

1988. — Les premiers hommes et les temps préhistoriques, par le Marquis de NADAILLAC. — *Paris, Masson, 1881, 2 vol. in-8°, pl.*

1989. — Ethnographie moderne. Les races sauvages, par Alphonse BERTILLON,... Les peuples de l'Afrique, les peuples de l'Amérique, les peuples de l'Océanie, quelques peuples de l'Asie et des régions boréales. — *Paris, Masson, s. d. [1883], in-8°, pl.*

1990. — Le préhistorique. Antiquité de l'homme, par Gabriel de MORTILLET,... — *Paris, Reinwald, 1883, in-12.*

1991. — Essai sur l'inégalité des races humaines, par le comte de GOBINEAU,... Deuxième édition... — *Paris, Didot, 1884, 2 vol. in-12.*

1992. — Dictionnaire des sciences anthropologiques, anatomie, craniologie, archéologie préhistorique, ethnographie (mœurs, lois, arts, industrie), démographie, langues, religions, publié sous la direction de MM. Ad. Bertillon, Coudereau, A. Hovelacque, Issaurat, André Lefèvre, Ch. Letourneau, G. de Mortillet, Thulié et E. Véron. Avec la collaboration de MM. J. Bertillon, Blanchard, Bordier, Chervin, Chudzinski, Delisle, Deniker, M. Duval, Fauvelle, Gatteyrias, V. Henry, Kuhff, de Lanessan, Mahoudeau, Manouvrier, Mondière, A. de Mortillet, Picot, G. de Rialle, Cl. Royer, de Quatrefages, Salmon, Varambey, J. Vinson, Weissgerber, Zaborowski, etc. — *Paris, Doin, s. d. [1884-1889], 2 vol. gr. in-8°.*

1993. — Les Aztèques, histoire, mœurs, coutumes, par Lucien BIART. — *Paris, Hennuyer, 1885, in-8°, pl.*

1994. — Paléoethnologie. De l'antiquité de l'homme dans les Alpes-Maritimes, par Émile RIVIÈRE,... — *Paris, Baillière, 1887, gr. in-4°, pl.*

1995. — Histoire générale des races humaines. Introduction à l'étude des races humaines, par A. de QUATREFAGES,... — *Paris, Hennuyer, 1887-1889, 2 vol. in-8°, pl. et cartes.*

    1re partie : Questions générales.
    2e partie : Classification des races humaines.

1996. — Les origines du musée d'ethnographie. Histoire et documents, par le Dr E. T. HAMY,... — *Paris, Leroux, 1890, in-8°.*

1997. — L'homme dans la nature, par Paul TOPINARD,... — *Paris, Alcan, 1891, in-8°.*

1998. — L'ethnographie criminelle, d'après les observations et les statistiques judiciaires recueillies dans les colonies françaises, par le Dr A. CORRE. — *Paris, Reinwald, 1894, in-12.*

1999. — La femme. Essai de sociologie physiologique. Ce qu'elle a été. — Ce qu'elle est. — Les théories. — Ce qu'elle doit être. Par le Dr H. THULIÉ,... — *Paris, Delahaye et Lecrosnier, 1885, in-8°.*
    Bibliothèque anthropologique. Tome 1er.

2000. — Le Darwinisme. Leçons professées à l'école d'anthropologie, par Mathias DUVAL,... — *Paris, Delahaye et Lecrosnier, 1886, in-8°.*
    Bibliothèque anthropologique. Tome 2.

2001. — L'évolution de la morale. Leçons professées pendant l'hiver de 1885-1886, par Ch. LETOURNEAU,... — *Paris, Delahaye et Lecrosnier, 1887, in-8°.*
    Bibliothèque anthropologique. Tome 3.

2002. — Précis d'anthropologie, par Abel HOVELACQUE,... Georges HERVÉ,... — *Paris, Delahaye et Lecrosnier, 1887, in-8°.*
    Bibliothèque anthropologique. Tome 4.

2003. — Les religions actuelles. Leurs doctrines, leur évolution, leur histoire, par Julien VINSON,... — *Paris, Delahaye et Lecrosnier, 1888, in-8°.*
    Bibliothèque anthropologique. Tome 5.

2004. — L'évolution du mariage et de la famille, par Ch. LETOURNEAU,... — *Paris, Delahaye et Lecrosnier, 1888, in-8°.*
    Bibliothèque anthropologique. Tome 6.

2005. — La famille dans la société romaine. Étude de moralité comparée, par Paul LACOMBE. — *Paris, Lecrosnier et Babé, 1889, in-8°.*
    Bibliothèque anthropologique. Tome 7.

2006. — L'évolution de la propriété, par Ch. LETOURNEAU,... — *Paris, Lecrosnier et Babé, 1889, in-8°.*
    Bibliothèque anthropologique. Tome 8.

2007. — Les nègres de l'Afrique sus-équatoriale (Sénégambie, Guinée, Soudan, Haut-Nil). Par Abel HOVELACQUE,... — *Paris, Lecrosnier et Babé, 1889, in-8°.*
    Bibliothèque anthropologique. Tome 9.

2008. — Pathologie comparée de l'homme et des êtres organisés, par le Dr A. BORDIER,... — *Paris, Lecrosnier et Babé, 1889, in-8°.*
    Bibliothèque anthropologique. Tome 10.

2009. — L'évolution politique dans les diverses races humaines, par Ch. Letourneau,... — *Paris, Lecrosnier et Babé, 1890, in-8°*.
Bibliothèque anthropologique. Tome 11.

2010. — Origines de la chasse, de la pêche et de l'agriculture, par Gabriel de Mortillet. I. Chasse, pêche, domestication. — *Paris, Lecrosnier et Babé, 1890, in-8°*.
Bibliothèque anthropologique. Tome 12.

2011. — Dépopulation et civilisation. Étude démographique, par Arsène Dumont,... — *Paris, Lecrosnier et Babé, 1890, in-8°*.
Bibliothèque anthropologique. Tome 13.

2012. — L'évolution juridique dans les diverses races humaines, par Ch. Letourneau,... — *Paris, Lecrosnier et Babé, 1891, in-8°*.
Bibliothèque anthropologique. Tome 14.

2013. — Mme Clémence Royer. Origine de l'homme et des sociétés. — *Paris, Masson, 1870, in-8°*.

Mammifères.

2014. — L'esprit des bêtes. Zoologie passionnelle. Mammifères de France, par A. Toussenel,... Deuxième édition. — *Paris, Libr. phalanstérienne, 1853, in-8°*.

2015. — Champfleury. Les chats. Histoire, mœurs, observations, anecdotes... — *Paris, Rothschild, 1869, in-12, pl.*

2016. — Étude de la faune des vertébrés de Barbarie (Algérie, Tunisie et Maroc). Catalogue provisoire des mammifères apélagiques sauvages, par Fernand Lataste,... Extrait des actes de la Société Linnéenne de Bordeaux, XXXIXe volume, pages 129-289. — *Bordeaux, Impr. Durand, 1885, in-8°*.

2017. — Les mammifères dans leurs rapports avec leurs ancêtres géologiques, par O. Schmidt. — *Paris, Alcan, 1887, in-8°*.

2018. — Les singes anthropoïdes et leur organisation comparée à celle de l'homme, par R. HARTMANN,... — *Paris, Alcan, 1886, in-8°, fr. lith.*

Oiseaux.

2019. — Ornithologie, ou méthode contenant la division des oiseaux en ordres, sections, genres, espèces et leurs variétés. A laquelle on a joint une description exacte de chaque espèce, avec les citations des auteurs qui en ont traité, les noms qu'ils leur ont donnés, ceux que leur ont donné les différentes nations et les noms vulgaires, par M. BRISSON,... — *Paris, Bauche, 1760, 6 tom. en 7 vol. in-4°, fr. et pl. gr.*
Le verso du frontispice est occupé par un titre en latin.

2020. — Amusements des dames dans les oiseaux de volière, ou traité des oiseaux qui peuvent servir d'amusement au beau sexe, par M. BUC'HOZ,... Deuxième édition. — *Paris, l'auteur, 1785, in-12.*

2021. — La galerie des oiseaux, par L. P. VIEILLOT,... et par M. P. OUDART,... — *Paris, Carpentier-Méricourt, 1834, 2 vol. in-4°, pl.*

2022. — L'oiseau, par J. MICHELET. Cinquième édition. — *Paris, Hachette, 1858, in-12.*

2023. — L'esprit des bêtes. Le monde des oiseaux. Ornithologie passionnelle, par A. TOUSSENEL. Deuxième édition. — *Paris, Dentu, 1859, 3 vol. in-8°, portr.*
Les tomes 2 et 3 portent la date de 1855.

2024. — Les oiseaux dans les harmonies de la nature, par M. F. LESCUYER,... — *Paris, Palmé, 1872, in-8°.*

2025. — Catalogue critique des oiseaux observés dans les départements des Landes, des Basses-Pyrénées et de la Gironde, par M. P. E. DUBALEN,... (Extrait des Actes de la Société Linnéenne de Bordeaux, t. XXVIII, 5ᵉ liv., 1872.) — *Bordeaux, Coderc et Degréteau, 1872, in-8°, 68 p.*

2026. — Les oiseaux de la Chine, par M. l'abbé Armand DAVID,... et M. E. OUSTALET,... — *Paris, Masson, 1877, 2 vol. in-8°, dont 1 de pl.*

2027. — Histoire naturelle des promerops et des guêpiers, par François LEVAILLANT. Faisant suite à celle des oiseaux de paradis, par le même. — *Paris, Denné, 1807, 3 part. en 1 vol. in-f°, pl.*

2028. — Monographie du chardonneret, par un rhétoricien amateur. — *Bagnères-de-Bigorre, Dossun, 1857, in-12.*
Avec envoi d'auteur signé : CAZES.

Poissons.

2029. — La première [et seconde] partie de l'histoire entière des poissons, composée premièrement en latin par Maistre Guilaume RONDELET,... maintenant traduites en françois, sans avoir rien omis estant necessaire à l'intelligence d'icelle. [Par Laurent JOUBERT.] — *Lion, Mace Bonhome, 1558, 2 tom. en 1 vol. in-4°.*

2030. — Ulyssis ALDROVANDI de piscibus libri V. — *Bononiæ, Bellagamba, 1612, in-f°.*
Le titre manque. L'auteur réel est J. C. UTERVERIO.

2031. — Ichthyologie de la côte Languedocienne. I. Comparaison de la faune ichthyologique des étangs salés avec celle de la mer sur les côtes du Languedoc. II. Des principales causes qui amènent le dépoissonnement dans le golfe du Lion, et des moyens d'en combattre efficacement les effets. Mémoire lu en séance générale au Congrès scientifique de France (session de Montpellier), par M. N. DOUMET. — *Montpellier, Imp. Martel, 1869, in-8°, 19 p.*

2032. — Études sur l'appareil mucipare et sur le système lymphatique des poissons, par Ph. C. SAPPEY,... — *Paris, Delahaye, 1880, in-f°, pl.*

2033. — Expéditions scientifiques du « Travailleur » et du « Talisman » pendant les années 1880, 1881, 1882, 1883. Ouvrage publié... sous la direction de M. Milne-Edwards,... Poissons, par L. VAILLANT,... — *Paris, G. Masson, 1888, gr. in-4°, pl.*

b). Animaux invertébrés.

Généralités.

2034. — Mémoires sur les animaux sans vertèbres, par Jules César Savigny,... — *Paris, Dufour, janvier 1816, 2 tom. en 1 vol. in-8°, pl.*

> Première partie. Description et classification des animaux invertébrés et articulés connus sous les noms de crustacés, d'insectes, d'annélides, etc. Premier fascicule. Mém. 1-2. Théorie des organes de la bouche des crustacés et des insectes.
> Seconde partie. Description et classification des animaux invertébrés, non articulés, connus sous les noms de mollusques, de radiaires, de polypes, etc. Premier fascicule. Mém. 1-3. Recherches anatomiques sur les Ascidies composées et sur les Ascidies simples. Système de la classe des Ascidies.

2035. — Histoire naturelle des animaux sans vertèbres, présentant les caractères généraux et particuliers de ces animaux, leur distribution, leurs classes, leurs familles, leurs genres, et la citation des principales espèces qui s'y rapportent ; précédée d'une introduction offrant la détermination des caractères essentiels de l'animal, sa distinction du végétal et des autres corps naturels, enfin l'exposition des principes fondamentaux de la zoologie, par J. B. P. A. de Lamarck,... Deuxième édition revue et augmentée de notes présentant les faits nouveaux dont la science s'est enrichie jusqu'à ce jour, par MM. G. P. Deshayes et H. Milne-Edwards. — *Paris, Baillière, 1835-1845, 11 vol. in-8°.*

Crustacés.

2036. — L'écrevisse. Introduction à l'étude de la zoologie, par Th. H. Huxley,... — *Paris, Germer-Baillière, 1880, in-8°, fr. lith.*

Insectes.

2037. — Histoire abrégée des insectes dans laquelle ces animaux sont rangés suivant un ordre méthodique. Nouvelle édition... par M. Geoffroy,... — *Paris, Delalain, an IX-1800, 2 vol. in-4°, pl.*

2038. — Bibliographie entomologique comprenant l'indication par ordre alphabétique de noms d'auteurs : 1° des ouvrages entomologiques publiés en France et à l'étranger, depuis les temps les plus reculés jusques et y compris l'année 1834 ; 2° des monographies et mémoires contenus dans les recueils, journaux et collections académiques françaises et étrangères. Accompagnée de notices sur les ouvrages périodiques, les dictionnaires et les mémoires des sociétés savantes... par A. PERCHERON. — *Paris, Baillière, 1837, 2 vol. in-8°.*

**. — Recherches sur les insectes mentionnés dans la Bible, par M. le Colonel GOUREAU.

    Voy. Division THÉOLOGIE.

2039. — Faculté des sciences de Toulouse. Recherches d'anatomie et de physiologie générales sur la classe des lépidoptères, pour servir à l'histoire des métamorphoses, par M. A. BARTHÉLEMY,... — *Toulouse, Impr. Chauvin, 1864, in-4°, pl.*

2040. — Manuel d'entomologie à l'usage des horticulteurs du Midi de la France, par Jules LICHTENSTEIN,... — *Montpellier, Impr. Ricateau, Hamelin et Cie, 1872, in-8°, 83 p.*

    Extrait des Annales de la Société d'horticulture et d'histoire naturelle de l'Hérault.

2041. — Fourmis, abeilles et guêpes. Études expérimentales sur l'organisation et les mœurs des sociétés d'insectes hyménoptères, par Sir John LUBBOCK,... — *Paris, Germer-Baillière, 1883, 2 vol. in-8°, pl.*

Mollusques. Coquilles.

2042. — La conchyliologie, ou histoire naturelle des coquilles de mer, d'eau douce, terrestres et fossiles, avec un traité de la zoomorphose, ou représentation des animaux qui les habitent. Ouvrage dans lequel on trouve une nouvelle méthode de les diviser. Par M. DESALLIER D'ARGENVILLE,... Troisième édition... par MM. de FAVANNE DE MONTCERVELLE père et fils. — *Paris, Debure, 1780, 2 vol. in-4°, fr. gr. et 1 vol. in-4° de pl.*

2043. — Conchyliologie systématique et classification méthodique des coquilles, offrant leurs figures, leur arrangement générique, leurs descriptions caractéristiques, leurs noms, ainsi que leur synonymie en plusieurs langues. Ouvrage destiné à faciliter l'étude des coquilles, ainsi que leur disposition dans les cabinets d'histoire naturelle. Coquilles univalves, cloisonnées, par Denys de MONTFORT,... — *Paris, Schœll, 1808-1810, 2 vol. in-8°, pl.*

Ex libris G. T. Klett.

2044. — Histoire naturelle générale et particulière des mollusques terrestres et fluviatiles, tant des espèces que l'on trouve aujourd'hui vivantes que des dépouilles fossiles de celles qui n'existent plus ; classés d'après les caractères essentiels que présentent ces animaux et leurs coquilles, par D. de FÉRUSSAC et G. P. DESHAYES... — *Paris, Baillière, 1820-1851, 2 tomes en 3 vol. gr. in-4° de texte et 2 vol. de planches.*

2045. — Histoire naturelle générale et particulière des mollusques, tant des espèces que l'on trouve aujourd'hui vivantes que des dépouilles fossiles de celles qui n'existent plus ; classés d'après les caractères essentiels que présentent ces animaux et leurs coquilles. Publiée par monographies ; par M. le baron de FÉRUSSAC,... et par plusieurs autres naturalistes. — *Paris, Bertrand, 1834, gr. in-4°.*

S'arrête à la page 96.

2046. — Histoire naturelle générale et particulière des céphalopodes acétabulifères vivants et fossiles comprenant : la description zoologique et anatomique de ces mollusques, des détails sur leur organisation, leurs mœurs, leurs habitudes et l'histoire des observations dont ils ont été l'objet depuis les temps les plus reculés jusqu'à nos jours. Ouvrage commencé par MM. de FÉRUSSAC et Alcide d'ORBIGNY et continué par Alcide d'ORBIGNY,... — *Paris, Impr. Lacour, 1835 à 1848, 2 vol. gr. in-4°.*

1 vol. de texte et 1 vol. de planches.

2047. — Histoire naturelle des aplysiens. Première famille de l'ordre des tectibranches, par M. Sander Rang,... — *Paris, Impr. Didot, 1838, gr. in-4°, pl.*

<small>Un premier titre porte : Histoire naturelle générale et particulière des mollusques...</small>

2048. — Description des coquilles fossiles des environs de Paris, par G. P. Deshayes,... — *Paris, l'auteur, 1824-1837, 3 vol. in-4°, dont 1 de pl.*

2049. — Description de coquilles caractéristiques des terrains, par M. G. P. Deshayes,... — *Paris, Levrault, 1831, in-8°, pl.*

2050. — Manuel de l'histoire naturelle des mollusques et de leurs coquilles, ayant pour base de classification celle de M. le baron Cuvier, par M. Sander Rang,... — *Paris, Roret, mai 1829, in-18, pl.*

**. — Histoire des mollusques terrestres et fluviatiles vivant dans les Pyrénées Occidentales, par C. Mermet.

<small>Voy. Division Histoire locale.</small>

**. — Mission scientifique au Mexique. Études sur les mollusques terrestres et fluviatiles, par M. P. Fischer et H. Crosse.

<small>Voy. Division Histoire.</small>

2051. — Miscellanées malacologiques, par A. de Saint-Simon. — *Toulouse, Impr. Labouisse-Rochefort, [Chauvin], 1848-1856, in-8°, 41-54 p.*

<small>Première et deuxième décade.</small>

2052. — Les huîtres et les mollusques comestibles, moules, praires, clovisses, escargots, etc. Histoire naturelle, culture industrielle, hygiène alimentaire, par Arnould Locard,... — *Paris, Baillière, 1890, in-12.*

2053. — Les Méléagrinicoles. Espèces nouvelles, par L. de Folin. — *Havre, Impr. Lepelletier, 1867, in-8°, 74 p., pl.*

2054. — Le genre Meioceras, par le marquis L. de Folin,... Extrait des

Annales de la Société Linnéenne de Maine-et-Loire, tome XI. — *Angers, Impr. Lachèse, 1869, in-8°, 15 p., pl.*
   La couverture imprimée sert de titre.

2055. — Monographie de la famille des Cœcidæ, par le marquis L. de Folin,... — *Bayonne, Impr. Lamaignère, 1875, gr. in-8°, 31 p., pl.*

2056. — D'une méthode de classification pour les coquilles de la famille des Chemnitzidæ, par le marquis L. de Folin,... — *Angers, Impr. Lachèse, 1870, in-8°, 12 p.*
   La couverture imprimée sert de titre.

2057. — Thèses présentées à la Faculté des Sciences de Paris pour obtenir le grade de docteur ès-sciences naturelles, par B. de Nabias,... Première thèse : Recherches histologiques et organologiques sur les centres nerveux des gastéropodes. Seconde thèse : Propositions données par la Faculté. Soutenues le 15 mars 1894... — *Bordeaux, Impr. Durand, 1894, in-8°, pl.*

2058. — Expéditions scientifiques du « Travailleur » et du « Talisman » pendant les années 1880, 1881, 1882, 1883. Ouvrage publié... sous la direction de A. Milne-Edwards,... Brachiopodes, par P. Fischer,... et D. P. Œhlert,... — *Paris, Masson, 1891, gr. in-4°, pl.*

Vers. Annélides.

2059. — Observations sur la pathologie, la thérapeutique et la récolte des sangsues, par M. Honoré Silva,... — *Paris, Impr. Alcan-Lévy, 1870, in-8°, 16 p.*

2060. — Rôle des vers de terre dans la formation de la terre végétale, par Charles Darwin. Traduit de l'anglais par M. Levèque, préface de M. Edmond Perrier,... — *Paris, Reinwald, 1882, in-8°.*

Infusoires. Animaux inférieurs. Microbes.

2061. — Le règne des protistes. Aperçu sur la morphologie des êtres vivants les plus inférieurs, suivi de la classification des protistes, par Ernest Haeckel. Traduit de l'allemand et précédé d'une introduction, par Jules Soury. — *Paris, Reinwald, 1879, in-8°.*

2062. — Les microbes, par John Tyndall,... Traduit de l'anglais, par Louis Dollo,... — *Paris, Savy, 1882, in-8°.*

2063. — Les microbes, les ferments et les moisissures, par le Dʳ E. L. Trouessart. — *Paris, Alcan, 1886, in-8°.*

Zoophytes.

2064. — Expéditions scientifiques du « Travailleur » et du « Talisman » pendant les années 1880, 1881, 1882, 1883. Ouvrage publié... sous la direction de A. Milne-Edwards,... Échinodermes, par Edmond Perrier. — *Paris, Masson, 1894, gr. in-4°, pl.*

2065. — Les récifs de corail, leur structure et leur distribution, par Charles Darwin. Traduit de l'anglais d'après la seconde édition, par M. L. Cosserat,... — *Paris, Germer-Baillière, 1878, in-8°, pl.*

I. ÉCARTS DE LA NATURE.

**. — Julii Obsequentis prodigiorum liber.
Voy. Division Histoire.

2066. — Histoire générale et particulière des anomalies de l'organisation chez l'homme et les animaux. Ouvrage comprenant des recherches sur les caractères, la classification, l'influence physiologique et pathologique, les rapports généraux, les lois et les causes des monstruosités, des variétés et vices de conformation, ou Traité de tératologie, par M. Isidore Geoffroy Saint-Hilaire,... — *Bruxelles, Hauman, Cattoir et Cⁱᵉ, 1837-1838, 3 vol. in-8°.*
L'Atlas manque.

15. AGRICULTURE. ÉCONOMIE RURALE.

A. HISTOIRE. STATISTIQUE. DICTIONNAIRES. TRAITÉS ÉLÉMENTAIRES.

2067. — Dictionnaire œconomique, contenant divers moyens d'augmenter son bien et de conserver sa santé ; avec plusieurs remèdes assurés et éprouvés pour un grand nombre de maladies et de beaux secrets pour parvenir à une longue et heureuse vieillesse... Seconde édition... par M. Noël CHOMEL,... — *Paris, Ganeau, 1718, 2 vol. in-f°.*

Deux exemplaires.

2068. — Nomenclator agriculturæ, authore Carolo de AQUINO, Societatis Jesu. — *Romæ, Typ. Ant. de Rubeis, 1736, in-4°.*

2069. — Boussole agronomique ou Guide des laboureurs, ouvrage posthume de M. de CUI***, divisé en entretiens et recueils, pour la facilité des curés qui voudront enseigner les principes et la pratique de l'agriculture à leurs jeunes paroissiens, et en même temps pour l'utilité des cultivateurs actuels : traduit du latin, par quatre curés de Normandie. [Par L. Joseph BELLEPIERRE DE NEUVE ÉGLISE.] — *Yvetot et Paris, Despilly, [1762], 3 tom. en 2 vol. in-8°.*

Les Recueils 1, 2, 3 seuls.

2070. — L'agronome. Dictionnaire portatif du cultivateur, contenant toutes les connaissances nécessaires pour gouverner les biens de campagne et les faire valoir utilement ; pour soutenir ses droits, conserver sa santé et rendre gracieuse la vie champêtre. Ce qui a pour objet : 1° les terres à grains, la vigne, les prés, les bois, la chasse, la pêche, les jardins... 2° les principales notions qui peuvent donner l'intelligence des affaires... 3° les remèdes dans les maladies ordinaires... 4° les divers apprêts des aliments... Avec un nombre considérable d'autres instructions utiles et curieuses à tout homme qui passe sa vie à la campagne. [Par Pons Aug. ALLETZ.] Dernière édition... — *Paris, Savoye, 1765, 2 vol. in-12.*

2071. — De l'état de l'agriculture chez les Romains, depuis le commencement de la République jusqu'au siècle de Jules César, relativement au gouvernement, aux mœurs et au commerce. Dissertation qui a obtenu l'accessit du prix de l'Académie royale des Inscriptions et Belles-Lettres en 1776, par M. ARCÈRE,... — *Paris, Lottin l'aîné, 1777, in-8°.*

2072. — Encyclopédie méthodique. Agriculture, par M. l'abbé TESSIER,... M. THOUIN et M. FOUGEROUX DE BONDAROY,... [et Bosc]. — *Paris, Panckoucke, 1787-1821, 7 vol. in-4°.*

> Le titre du tome VII porte en outre : Dictionnaire de la culture des arbres et de l'aménagement des forêts, par MM. Bosc et BAUDRILLARD,...

2073. — Encyclopédie méthodique. Art aratoire et du jardinage, contenant la description et l'usage des machines, ustensiles, instruments et outils employés dans l'exploitation des terres et dans la culture des plantes. — *Paris, Agasse, an V... in-4°.*

> Recueil des planches du Dictionnaire encyclopédique de l'art aratoire et du jardinage. — *Paris, Agasse, 1802, l'an X... in-4°, pl.*

2074. — Bibliographie agronomique ou dictionnaire raisonné des ouvrages sur l'économie rurale et domestique et sur l'art vétérinaire. Suivie de notices biographiques sur les auteurs et d'une table alphabétique des différentes parties de l'art agricole... par un des collaborateurs du Cours complet d'agriculture pratique. [Victor Donatien de MUSSET-PATHAY.] — *Paris, Impr. Colas, 1810, in-8°.*

2075. — Histoire de l'agriculture française considérée dans ses rapports avec les lois, les cultes, les mœurs et le commerce ; précédée d'une Notice sur l'empire des Gaules et sur l'agriculture des anciens, par J. B. R. DELABERGERIE,... — *Paris, Huzard, 1815, in-8°.*

— 313 —

2076. — De l'économie publique et rurale des Perses et des Phéniciens, par L. REYNIER. — *Genève, Paschoud, 1819, in-8°.*

2077. — Notions élémentaires et pratiques sur l'agriculture, par V. RENDU,... — *Paris, Levrault, 1835, in-18.*

2078. — Catéchisme d'agriculture ou premiers éléments d'agriculture mis à la portée des enfants qui fréquentent les écoles primaires des campagnes, imité de la collection anglaise de Pinnock, par P. A. MASSON-FOUR,... — *Paris, Masson, 1836, in-18.*

2079. — Le petit agriculteur, ou éléments de botanique et de zoologie agricoles, par N. C. SERINGE,... — *Lyon, l'auteur, 1841, in-18, pl.*

2080. — Calendrier du bon cultivateur, ou Manuel de l'agriculteur praticien, par C. J. A. Mathieu de DOMBASLE. Huitième édition... précédée de quelques notes sur M. de Dombasle et sur l'influence qu'il a exercée. — *Paris, Bouchard-Huzard, 1846, in-12.*

2081. — Calendrier du bon cultivateur, ou Manuel de l'agriculteur praticien, par Mathieu de DOMBASLE. 11e édition... publiée avec de nombreuses additions, par Ch. de MEIXMORON DE DOMBASLE. — *Paris, Libr. agricole, 1877, in-12.*

2082. — Statistique de l'agriculture de la France comprenant : la statistique des céréales, de la vigne, des cultures diverses, des paturages, des bois et forêts et des animaux domestiques, avec leur production actuelle comparée à celle des temps anciens et des principaux pays de l'Europe, par Alex. MOREAU DE JONNÈS. — *Paris, Guillaumin, 1848, in-8°.*

2083. — Statistique internationale. Statistique internationale de l'agriculture, rédigée et publiée par le service de la statistique générale de France (Ministère de l'Agriculture et du Commerce). — *Nancy, Impr. Berger-Levrault, 1876, gr. in-8°.*

2084. — Ministère de l'Agriculture et du Commerce. Direction de l'agriculture. Bureau des subsistances. Récoltes des céréales et des pommes de terre de 1815 à 1876. Relevé des rapports transmis annuellement par les préfets au Ministère de l'Agriculture et du Commerce. — *Paris, Impr. Nat., 1878, gr. in-4°.*

2085. — Cours élémentaire d'agriculture, par MM. J. Girardin,... et A. Du Breuil,... — *Paris, Masson, 1850, in-12.*
   Le tome 1ᵉʳ seul.

2086. — Dictionnaire théorique et pratique d'agriculture et d'horticulture, rédigé d'après les meilleurs ouvrages français, allemands et anglais, sous la direction de M. le Dʳ Hoefer. — *Paris, Didot, 1855, in-12.*

2087. — Lectures et promenades agricoles pour les enfants des écoles primaires, par J. Bodin,... — *Rennes, Verdier, 1856, in-18.*

2088. — Encyclopédie pratique de l'agriculteur, publiée... sous la direction de M. L. Moll [et de M. Eug. Gayot]. — *Paris, Didot, 1859-1877, 13 vol. in-8°.*

2089. — L'agriculture enseignée par la grammaire à l'usage des écoles rurales, par M. Jean,... — *Paris, Tandou, 1863, in-12.*

2090. — Manuel de l'agriculteur commençant par Schwerz, traduit par Charles et Félix Villeroy,... Neuvième édition. — *Paris, Libr. agricole, s. d., in-12.*

2091. — Traité d'agriculture élémentaire et pratique à l'usage des écoles primaires, par C. Laurençon. — *Paris, Libr. agricole, s. d. [1867], 2 vol. in-12.*

2092. — Simples notions sur l'agriculture, les animaux domestiques, l'économie agricole et la culture des jardins, par Th. H. Barrau. Nouvelle édition... par Gustave Heuzé,... — *Paris, Hachette, 1868, in-12, fr. et carte.*

2093. — Petite école d'agriculture, par P. Joigneaux. — *Paris, Libr. agricole, 1874, in-12.*

2094. — Petit questionnaire agricole à l'usage des écoles primaires des pays de pâturage, par M. Edmond Teisserenc de Bort,... — *Paris, Libr. agricole, 1876, in-18.*

2095. — Instruction primaire. Petits entretiens sur la vie des champs, par P. Joigneaux. — *Namur, Wesmael-Charlier, 1876, in-12, fr.*

2096. — Dictionnaire raisonné d'agriculture et d'économie du bétail suivant les principes élémentaires des sciences naturelles appliquées, par A. Richard (du Cantal),... 3° édition. — *Paris, Hachette, 1884, 2 vol. in-8°.*

2097. — L'agriculture et la science agronomique, par Albert Larbalétrier,... — *Paris, Reinwald, 1888, in-12.*

B. TRAITÉS GÉNÉRAUX ANCIENS ET MODERNES.

a). Auteurs anciens et leurs commentateurs.

2098. — Libri de re rustica a Nicolao Angelio, viro consumatissimo, nuper maxima diligentia recogniti et typis excusi, cum indice et expositione omnium dictionum. Catonis Varronis, Collumellæ, Palladii quæ aliqua enucleatione indigebant. M. Catonis Lib. I. M. Terentii Varronis Lib. III. L. Junii Moderati Columellæ Lib. XII. Ejusdem de arboribus liber separatus ab aliis. Palladii Lib. XIIII. De duobus dierum generibus, simulque de umbris et oris quæ apud Palladium. — *S. l. n. d. Impressum Florentiæ, opera et impressa Philippi Juntæ, anno a nativitate DXV supra mille, mense Julio, in-4°.*

2099. — Libri de re rustica M. Catonis, Marci Terentii Varronis, L. Junii Moderati Columellæ, Palladii Rutilii quorum summam pagina sequenti reperies. — *Parisiis, Galeotus a Prato, [1533], in-f°.*

2100. — Libri de re rustica, M. Catonis Lib. I. M. Terentii Varronis Lib. III, per Petrum Victorium ad veterum exemplarium fidem, suæ integritati restituti. — *Parisiis, Stephanus, 1543, in-8°.*

L. Junii Moderati Columellæ de re rustica libri XII. Ejusdem de arboribus liber separatus ab aliis. — *Parisiis, Stephanus, 1543, in-8°.*

PALLADII Rutilii Tauri Æmiliani, viri illustris, de re rustica libri XIIII. — *Parisiis, Stephanus, 1543, in-8°.*

Petri VICTORII explicationes suarum in Catonem, Varronem, Columellam castigationum. — *Parisiis, Stephanus, 1543, in-8°.*

Enarrationes vocum priscarum in libris de re rustica, per GEORGIUM Alexandrinum. — Philippi BEROALDI in libros XIII Columellæ annotationes. — ALDUS de dierum generibus, simulque de umbris, et horis quæ apud Palladium. — *Parisiis, Stephanus, 1543, in-8°.*

2101. — Marci CATONIS ac M. Teren. VARRONIS de re rustica libri, per Petrum VICTORIUM, ad veterum exemplarium fidem, suæ integritati restituti. — *Lugduni, Gryphius, 1549, in-8°.*

PALLADII Rutilii Tauri Æmiliani viri illustris de re rustica libri XIIII. — *Lugduni, Gryphius, 1549, in-8°.*

Enarrationes vocum priscarum in libris de re rustica, per GEORGIUM Alexandrinum. — Philippi BEROALDI in libros XIII Columellæ annotationes. — ALDUS de dierum generibus, simulque de umbris et horis, quæ apud Palladium. — *Lugduni, Gryphius, 1549, in-8°.*

2102. — De re rustica L. Junii Moderati COLUMELLÆ libri XIII. — *Lugduni, Gryphius, 1535, in-8°.*

Priscarum vocum, in libris de re rustica, enarrationes, per GEORGIUM Alexandrinum. Philippi BEROALDI in libr. XIII Columellæ annotationes. ALDUS de dierum generibus, simulque de umbris et horis, quæ apud Palladium. — *Lugduni, Gryphius, 1535, in-8°.*

Le titre du premier ouvrage porte en outre : Tomus II, quoique Columelle soit complet ; celui du second : Tomus III.

2103. — Hortus COLUMELLE cum interpretatione Julii POMPONII FORTUNATI, cui accesserunt annotationes Baptistæ PII, Philippi BEROALDI et preterea cujusdam viri doctissimi... — *Parisiis, Mich. de la Guierche, 1543, in-4°, 32 ff.*

2104. — Les douze livres de Lucius Junius Moderatus COLUMELLA des choses rusticques, traduicts de latin en françoys par feu maistre Claude Cotereau, chanoine de Paris. — *Paris, Kerver, 1552, in-4°, titre encadré.*

2105. — L'économie rurale de Columelle, traduction nouvelle par M. Louis Du Bois,... — *Paris, Panckoucke, 1844-1845, 3 vol. in-8°.*

2106. — Constantini Cæsaris selectarum præceptionum de agricultura libri viginti. Jano Cornario medico interprete. — *Lugduni, Gryphius, 1541, pet. in-8°.*

2107. — Les XX livres de Constantin César, ausquels sont traictez les bons enseignemens d'agriculture ; traduits en françoys, par M. Anthoine Pierre, licentié en droict. Reveu de nouveau par ledict traducteur. — *Paris, Groulleau, 1550, pet. in-8°.*

2108. — Rei agrariæ auctores legesque variæ, quædam nunc primum, cœtera emendatiora prodeunt curà Wilelmi Goesii, cujus accedunt indices, antiquitates agrariæ et notæ. Una cum Nicolai Rigaltii notis et observationibus, nec non glossario ejusdem. — *Amstelredami, Janssonius, 1674, 2 part. en 1 v. in-4°, fr. gr. pl.*

2109. — Scriptores rei rusticæ veteres latini, è recensione Jo. Matth. Gesneri, cum ejusdem præf. et lexico rustico... præmittitur notitia litteraria studiis societatis Bipontinæ. — *Biponti, ex typographia Societatis, 1787, 4 vol. in-8°.*

    Tome 1er. Caton et Varron.
    Tome 2. Columelle.
    Tome 3. Palladius et Vegetius cum Gargilii Martialis fragmento et Auson. Popmæ, lib. de instrumento fundi.
    Tome 4. Lexicon rusticum.

2110. — Rei agrariæ scriptorum nobiliores reliquiæ. Accessit legum romanarum agrariarum delectus. Ad usum scholarum ex optimorum librorum fide et mss. codd. ope recensuit, edidit, notulis instruxit Carolus Giraud,... — *Parisiis, Videcoq, 1843, in-8°.*

    Un second titre porte : Rei agrariæ scriptorum nobiliores reliquiæ. Accessit legum romanarum ibidem spectantium delectus. Ad usum scholarum... notulis instruxit Carolus Giraud,... — *Parisiis, Videcoq, 1841.*

2111. — L'économie rurale de Palladius Rutilius Taurus Æmilianus, traduction nouvelle par M. Cabaret-Dupaty,... — *Paris, Panckoucke, 1843, in-8°.*

2112. — L'économie rurale de Varron, traduction nouvelle par M. X. Rousselot,... — *Paris, Panckoucke, 1843, in-8°.*

2113. — Examen d'un passage de Pline relatif à une invention de Varron, par A. Deville,... — *S. l. n. d. Rouen, Impr. Peron, 1848, in-8°, 16 p., pl.*
> Extrait du Précis analytique des travaux de l'Académie des Sciences de Rouen, année 1847.
> La couverture imprimée sert de titre.

2114. — Étude sur la vie et les ouvrages de M. T. Varron, par Gaston Boissier,... — *Paris, Hachette, 1861, in-8°.*

2115. — Les agronomes latins : Caton, Varron, Columelle, Palladius, avec la traduction en français publiés sous la direction de M. Nisard,... — *Paris, Didot, 1856, gr. in-8°.*

**. — P. Virgilii Maronis Georgica.
> Voy. Division Belles-Lettres.

2116. — Les Géorgiques de Virgile en vers français, par M. l'abbé Delille. — *Paris, Impr. Didot, 1782, in-18, portr.*

2117. — Études agronomiques sur les Géorgiques de Virgile, par A. Bosson,... — *Paris, Lévy, 1869, in-12.*

2118. — De l'agriculture des anciens, par Adam Dickson, traduit de l'anglais [par P. A. Paris]. — *Paris, Jansen, an X-1802, 2 vol. in-8°, pl.*

2119. — Abrégé des Géoponiques, extrait d'un ouvrage grec fait sur l'édition donnée par Jean Nicolas Niclas à Leipsick en 1781, par un Amateur [Ch. A. Caffarelli]. — *Paris, Huzard, 1812, in-8°.*

2120. — Dissertation sur les œuvres d'Hésiode, par E. Hamel,... — *Paris, Impr. Royale, 1832, in-8°, 66 p.*

b). Auteurs modernes.

2121. — De agricultura, omnibusque plantarum et animalium generibus, libri XII, in quibus nihil non experientia comprobatum, causaque et vires rerum ita explicatæ, ut confidamus non solum œconomiæ studioso, et medico, verumetiam philosopho aliquid hinc accessurum. Autore optimo agricola et philosopho Petro CRESCENTIENSI [CRESCENZI] qui hæc senator Bononiæ, multis legationibus functus, rogatu regis Siciliæ Caroli, ante an. CXX literis mandavit. Nunc autem tandem castigata ad exemplaria autoris tempore scripta. — *Basileæ, Henricus Petrus, [1538], in-4°*.

2122. — L'agriculture et maison rustique de MM. Charles ESTIENNE et Jean LIEBAULT,... Édition dernière... Plus un brief recueil des chasses du cerf, du sanglier, du lièvre, du renard, du blereau, du connil, du loup, des oiseaux et de la fauconnerie... — *Lyon, Du Puys, 1583, in-4°*.

La chasse du loup, nécessaire à la maison rustique, par Jean de CLAMORGAN, seigneur de SAANE,... en laquelle est contenue la nature des loups et la manière de les prendre, tant par chiens, filets, pièges, qu'autres instruments... — *Lyon, Du Puys, 1583, in-4°, 19 p.*

2123. — L'agriculture et maison rustique de MM. Charles ESTIENNE et Jean LIEBAULT,... revue et augmentée de diverses curiosités dignes de remarque... Avec un bref recueil des chasses du cerf, du sanglier, du lièvre, du renard, du blaireau, du connil, du loup, des oiseaux et de la fauconnerie ; plus la fabrique et usage de la jauge, ou diapason, très nécessaire pour savoir juger ce que tient un vaisseau, suivant la mesure de quel lieu, ville, ou pays que ce soit... Dernière édition. — *Lyon, Rigaud, 1628, in-4°*.

Aux armes de Sabatier ; le plat supérieur porte, frappée en or, l'inscription : Convent. Concept. Capucin. Parisi. Le titre porte à la main : Pour les Pères capucins du Maret. Ces diverses mentions réunies ne concordent pas exactement avec ce que dit Franklin. Les anciennes bibliothèques de Paris, t. II, p. 374 ; III, p. 450.

2124. — Rei rusticæ libri quatuor universam agriculturæ disciplinam continentes, à,... D. Conrado Heresbachio,... olim conscripti : nunc ab innumeris mendis repurgati et cum auctario editi... — *Spiræ-Nemetum, typis Smesmannianis, 1595, pet. in-8°.*

2125. — Le théâtre d'agriculture et mesnage des champs d'Olivier de Serres, seigneur Du Pradel. Quatriesme édition... — *Paris, Berjon, 1608, in-4°, titre encadré et pl.*

2126. — Le théâtre d'agriculture et ménage des champs, d'Olivier de Serres, Sr Du Pradel, où est représenté tout ce qui est requis et nécessaire pour bien dresser, gouverner, enrichir et embellir la maison rustique. Dernière édition... — *Genève, Chouet, 1651, in-4°, pl.*

2127. — Le théâtre d'agriculture et ménage des champs d'Olivier de Serres, seigneur Du Pradel. Dernière édition... — *Rouen, Costé, 1663, in-4°.*

2128. — Le théâtre d'agriculture et ménage des champs d'Olivier de Serres, seigneur Du Pradel, dans lequel est représenté tout ce qui est requis et nécessaire pour bien dresser, gouverner, enrichir et embellir la maison rustique. Nouvelle édition... publiée par la Société d'agriculture du département de la Seine. — *Paris, Huzard, an XII (1804)-an XIV (1805), 2 vol. in-4° portr. et pl.*

Deux exemplaires.

2129. — Olivier de Serres, agronome du xvie siècle, sa vie, ses travaux, ses écrits, par Reisnes, avec un portrait par J. F. Millet. — *Privas, Impr. Roure, 1858, in-8°, 63 p., portr.*

2130. — Comes rusticus exoptimis latinæ linguæ scriptoribus excerptus [par Claude Le Pelletier]. — *Parisiis, Mariette, 1708, pet. in-8°.*

2131. — Le nouveau théâtre d'agriculture et ménage des champs, contenant la manière de cultiver et faire valoir toutes sortes de biens à la campagne. Avec une instruction générale sur les jardins fruitiers, potagers, jardins d'ornement et botanique, et sur le commerce de toutes les marchandises qui proviennent de l'agriculture ; le tout suivi d'un traité de la pêche et de la chasse, extrait de Fouilloux et des meilleurs auteurs... Par le sieur LIGER. — *Paris, Beugnié, 1723, in-4°, pl.*

2132. — La nouvelle maison rustique ou économie générale de tous les biens de campagne ; la manière de les entretenir et de les multiplier, donnée ci-devant au public, par le sieur LIGER. Neuvième édition augmentée... avec la vertu des simples, l'apothicairerie, les décisions du droit français sur les matières rurales... par M*** [H. BESNIER]. — *Paris, Saillant, 1768, 2 vol. in-4°, pl.*

2133. — Jacobi VANIERII, è Societate Jesu sacerdotis. Prædium rusticum. Editio novissima... — *Coloniæ Munatianæ, Thurneisen, 1750, in-12, fr. et pl. gr.*

2134. — Économie rurale, traduction du poème du P. VANIERE, intitulé Prædium rusticum, par M. BERLAND [D'HALOUVRY]. — *Paris, Estienne, 1756, 2 vol. in-12.*

2135. — Traité de la culture des terres suivant les principes de M. Tull, anglais, par M. DUHAMEL DU MONCEAU,... — *Paris, Guérin, 1750, in-12, pl.*

2136. — Traité de la culture des terres suivant les principes de M. Tull, anglais, par M. DUHAMEL DU MONCEAU,... Nouvelle édition... — *Paris, Guérin, 1753-1757, 5 vol. in-12, pl.*

2137. — Le gentilhomme cultivateur ou corps complet d'agriculture. Traduit de l'anglais de M. HALE et tiré des auteurs qui ont le mieux écrit sur cet art, par Monsieur DUPUY DEMPORTES,... — *Paris, Simon, 1761-1764, 8 tom. en 4 vol. in-4°, pl.*

2138. — Manuel d'agriculture pour le laboureur, pour le propriétaire et pour le gouvernement ; contenant les vrais et seuls moyens de faire prospérer l'agriculture, tant en France que dans tous les autres États où l'on cultive ; avec la réfutation de la nouvelle méthode de M. Thull. Par M. de LA SALLE DE L'ETANG, seigneur de Muyr, Tinqueux, etc.,... — *Paris, Lottin, 1764, in-8°, fr. gr.*

Aux armes de ?

2139. — L'agriculture réduite à ses vrais principes, par M. Jean Gottschalk WALLERIUS. Ouvrage traduit en français sur la version latine, auquel on a ajouté un grand nombre de notes tirées de la version allemande, [par le baron d'HOLBACH]. — *Paris, Lacombe, 1774, in-12.*

2140. — Œuvres de Bernard PALISSY, revues sur les exemplaires de la Bibliothèque du roi, avec des notes, par M. FAUJAS DE SAINT-FOND, et des additions, par M. GOBET. — *Paris, Ruault, 1777, in-4º.*

2141. — Œuvres complètes de Bernard PALISSY. Édition conforme aux textes originaux imprimés du vivant de l'auteur, avec des notes et une notice historique, par Paul-Antoine CAP. — *Paris, Dubochet, 1844, in-12.*

2142. — Le grand œuvre de l'agriculture, ou l'art de régénérer les surfaces et les très fonds ; ouvrage utile à tous les pays, mais particulièrement à l'usage de la province de Forez, accompagné de découvertes intéressantes pour l'agriculture et la guerre, par M. MONTAGNE, marquis de PONCINS,... — *Lyon, Faucheux, 1779, in-18, pl.*

2143. — Cours complet d'agriculture théorique, pratique, économique et de médecine rurale et vétérinaire ; suivi d'une méthode pour étudier l'agriculture par principes, ou dictionnaire universel d'agriculture, par une société d'agriculteurs et rédigé par M. l'abbé ROZIER,... — *Paris, 1781-1805, 12 vol. in-4º, pl.*

> Le tome 10 porte en outre : Rédigé par les citoyens Chaptal,... Dussieux, Lasteyrie et Cadet de Vaux,... Parmentier, Gilbert, Rougier-Labergerie et Chambon,... Les tomes 11 et 12 portent : Rédigé par M. A. Thouin, Parmentier, Biot, de Chassiron, Chabert, Lasteyrie, de Perthuis, Roard, Cotte, Sonnini, Fromage, Chaumontel, Tollard aîné, Bosc, Curaudau. Le tome 11 contient en outre : Discours sur l'exposition et la division méthodique de l'économie rurale, sur la manière d'étudier l'agriculture par principes... par M. A. THOUIN,...

2144. — Cours complet d'agriculture, ou nouveau dictionnaire d'agriculture théorique et pratique, d'économie rurale et de médecine vétérinaire, rédigé sur le plan de l'ancien dictionnaire de l'abbé

Rozier, par M. le Baron de Morogues,... M. Mirbel,... M. le Vicomte Héricart de Thury,... M. Desvaux,... M. Antoine,... M. Tollard aîné,... M. Payen,... M. Barthélemy aîné,... M. Grognier,... sous la direction de M. L. Vivien,... précédé d'un tableau historique de l'agriculture des divers pays du globe et de la France en particulier et d'une bibliographie agricole complète et raisonnée. — *Paris, Pourrat, 1834-1840, 18 vol. in-8° pl.*

Les pages 209-217 du tome 6 et 392 du tome 18 manquent.

2145. — Nouveau cours complet d'agriculture du xix° siècle, contenant la théorie et la pratique de la grande et de la petite culture, l'économie rurale et domestique, la médecine vétérinaire, etc., ou dictionnaire raisonné et universel d'agriculture, ouvrage rédigé sur le plan de celui de feu l'abbé Rozier, duquel on a conservé les articles dont la bonté a été prouvée par l'expérience, par les membres de la section d'agriculture de l'Institut de France, etc... Nouvelle édition... — *Paris, Roret, 1838, 16 vol. in-8°, pl.*

2146. — OEuvres d'agriculture et d'économie rurale... suivies d'un tableau annuel de la régie, administration et comptabilité des revenus d'une terre, où l'on découvre au premier coup d'œil, sans être sur les lieux, les produits de toutes les parties d'un bien quelque considérable qu'il puisse être, par Rey Deplanazu,... Nouvelle édition... — *Paris, Colas, s. d. [1801], in-4°, fr. gr. pl. et tabl.*

2147. — Recueil pratique d'économie rurale et domestique, par Mme Gacon-Dufour,... — *Paris, Buisson, an XII (1804), in-12, pl.*

2148. — Principes d'agriculture et d'économie, appliqués mois par mois à toutes les opérations du cultivateur dans les pays de grande culture. Ouvrage particulièrement destiné aux propriétaires qui font valoir par eux-mêmes ; dans lequel ils trouveront des instructions intéressantes sur le soin des troupeaux et le gouvernement d'une ferme, par un cultivateur pratique du département de l'Oise [Chrestien de Lihus fils]. — *Paris, Marchant, an XII-1804, in-8°.*

2149. — Principes raisonnés d'agriculture, traduits de l'allemand d'A. THAER, par E. V. B. CRUD. — *Paris, Paschoud, 1811-1816, 4 vol. in-4°, tabl. et pl.*

2150. — The code of agriculture, including observations on gardens, orchards, woods and plantations, by the righ honourable sir John SINCLAIR,... Second edition. — *London, printed... by B. M'Millan, 1819, in-8°, portr. et pl.*

2151. — The farmer's calendar, containing the business necessary to be performed on various kinds of farms during every month in the year... by Arthur YOUNG,... The twelfth edition corrected by... John MIDDLETON,... — *London, printed for sir Richard Phillips, 1822, in-12, pl.*

2152. — Maison rustique du XIXe siècle. Encyclopédie d'agriculture pratique contenant les meilleures méthodes de culture usitées particulièrement en France, en Angleterre, en Allemagne et en Flandre ; tous les bons procédés pratiques propres à guider le petit cultivateur, le fermier, le régisseur et le propriétaire dans l'exploitation d'un domaine rural ; les principes généraux d'agriculture ; la culture de toutes les plantes utiles ; l'éducation des animaux domestiques, l'art vétérinaire ; la description de tous les arts agricoles ; les instruments et bâtiments ruraux ; l'entretien et l'exploitation des vignes, des arbres fruitiers, des bois et forêts, des étangs, etc. ; l'économie, l'organisation et la direction d'une administration rurale ; enfin la législation appliquée à l'agriculture... Cours élémentaire, complet et méthodique d'économie rurale... rédigé et professé par une réunion d'agronomes et de praticiens... sous la direction de M. C. BAILLY DE MERLIEUX,... — *Paris, au bureau, 1835-1845, 5 vol. gr. in-8°.*

2153. — Maison rustique du XIXe siècle, contenant les meilleures méthodes de culture usitées en France et à l'étranger ; tous les procédés pratiques propres à guider le cultivateur, le fermier, le régisseur et le propriétaire dans l'exploitation d'un domaine rural ; les principes généraux d'agriculture, la culture de toutes les plantes utiles ; l'éducation des animaux domestiques, l'art vétérinaire ; la description de tous les arts agricoles ; les instruments et bâtiments ruraux ; l'entretien et l'exploitation des vignes, des arbres fruitiers, des bois et forêts, des étangs ; l'économie, l'organisation et la direction d'une administration rurale ; la législation appliquée à l'agriculture ; tout ce qui a rapport au potager, au parterre, aux serres et aux jardins paysagers ; enfin l'indication des travaux de chaque mois pour toutes les cultures spéciales... Rédigé et professé par une réunion d'agronomes et de praticiens... sous la direction du Dr Alexandre Bixio. — *Paris, Libr. agricole, 1844, 5 vol. in-8°*.

2154. — Maison rustique du xixe siècle, contenant les meilleures méthodes de culture usitées en France et à l'étranger ; tous les procédés pratiques propres à guider le cultivateur, le fermier, le régisseur et le propriétaire dans l'exploitation d'un domaine rural ; les principes généraux d'agriculture, la culture de toutes les plantes utiles ; l'éducation des animaux domestiques, l'art vétérinaire ; la description de tous les arts agricoles ; les instruments et bâtiments ruraux ; l'entretien et l'exploitation des vignes, des arbres fruitiers, des bois et forêts, des étangs ; l'économie, l'organisation et la direction d'une administration rurale ; la législation appliquée à l'agriculture ; tout ce qui a rapport au potager, au parterre, aux serres et aux jardins paysagers ; enfin l'indication des travaux de chaque mois pour toutes les cultures spéciales... Par une réunion d'agronomes et de praticiens... sous la direction de MM. Bailly, Bixio et Malpeyre. — *Paris, Libr. agricole, 1849, 5 vol. gr. in-8°*.

2155. — Cours complet d'agriculture pratique. Agronomie. Agriculture proprement dite. Éducation du bétail. Économie agricole. Économie forestière. Médecine vétérinaire. Culture des arbres fruitiers, de la vigne et des plantes potagères. Éducation des abeilles. Économie usuelle, etc. Par Burger,... Pfeil,... Rohlwes,... Ruffiny,... Traduit de l'allemand, par M. Louis Noirot. Augmenté d'un traité de la culture des mûriers et de l'éducation des vers à soie, par M. Bonafous,... Suivi d'un traité de jurisprudence rurale, d'un dictionnaire des mots techniques... — *Paris, Huzard, 1836, in-4°, pl.*

2156. — Économie théorique et pratique de l'agriculture, par le baron E. V. B. Crud. Édition refondue et augmentée par l'auteur, à la suite de dix-sept ans de nouvelles expériences et réduite aux monnaies, poids et mesures décimaux français... — *Paris, Bethune et Plon, 1839, 2 tom. en 1 vol. in-8°.*

2157. — Préceptes d'agriculture pratique de J. N. Schwerz,... traduits sur la seconde édition, par P. R. de Schauenburg,... — *Paris, Huzard, 1839, in-8°, pl.*

2158. — Bibliothèque du cultivateur... Manuel de l'agriculteur commençant, par Schwerz, traduit par Charles et Félix Villeroy,... Seconde édition. — *Paris, Libr. agricole, s. d., in-12.*

2159. — Cours d'agriculture théorique et pratique à l'usage des plus simples cultivateurs ; suivi d'une notice sur les chaulages de la Mayenne, par Emile Jamet,... — *Château-Gontier, Delaplace, 1846, in-12.*

2160. — Manuel d'agriculture, par Jules Martinelli,... Deuxième édition augmentée d'une notice sur le crédit foncier. — *Bordeaux, Chaumas, 1851, in-12.*

2161. — Manuel d'agriculture pratique et d'économie rurale, contenant l'art de conserver, cultiver et faire produire les biens ruraux ; la description des instruments aratoires les plus en pratique ; augmenté de nouvelles découvertes agricoles, d'une tenue de livres simplifiée, mise à la portée des fermiers et cultivateurs, suivi de la concordance des poids et mesures anciens avec les nouveaux et de la biographie des agriculteurs les plus célèbres, par M. O. Chaptal. — *Paris, Libr. scientifique, 1852, in-8°.*

2162. — Traité inédit d'économie rurale composé en Angleterre au xiiie siècle, publié avec un glossaire, par M. Louis Lacour. — *Paris, Bouchard-Huzard, 1856, in-8°, 40 p.*

2163. — Les travaux des champs. Éléments d'agriculture pratique, par Victor Borie,... — *Paris, Libr. agricole, 1857, in-12.*

2164. — Catéchisme d'agriculture [de Masson-Four]. Deuxième édition complètement refondue... [par A. Jourdier]. — *Paris, Masson, 1857, in-12, fr. lith.*

2165. — Mélanges d'économie rurale. L'agriculture au coin du feu, par Victor Borie. — *Paris, Guillaumin, 1858, in-12.*

2166. — La culture et la vie des champs, par J. Bodin,... — *Rennes, Verdier, 1858, in-12.*

2167. — Agronomie, chimie agricole et physiologie, par M. Boussingault,... 2ᵉ édition... — *Paris, Mallet-Bachelier, 1860-1891, 8 vol. in-8°, pl.*

    Le tome 8 porte : 3ᵉ édition.

2168. — Calendrier du bon cultivateur ou Manuel de l'agriculteur praticien, par Mathieu de Dombasle. 10ᵉ édition... publiée avec de nombreuses additions, par C. de Meixmoron-Dombasle. — *Paris, Bouchard-Huzard, 1860, in-12, pl.*

2169. — Œuvres posthumes de C. J. A. Mathieu de Dombasle. Traité d'agriculture, publié sur le manuscrit de l'auteur, par Ch. de Meixmoron de Dombasle,... — *Paris, Bouchard-Huzard, 1861-1864, 5 vol. in-8°, portr.*

    Tome 1ᵉʳ. Économie générale.
    Tomes 2-3. Pratique agricole.
    Tome 4. Bétail.
    Tome 5. Comptabilité.

2170. — Mathieu de Dombasle, sa vie et ses œuvres, par Edouard Bécus,... — *Paris, Libr. agricole, 1874, gr. in-8°, portr.*

2171. — Cours d'agriculture, par le Cᵗᵉ de Gasparin,... Troisième édition. — *Paris, Dusacq, 1863, 6 vol. in-8°.*

    On a placé en tête du tome VI : M. de Gasparin. Notice publiée dans le numéro du 20 septembre 1862 du *Journal d'agriculture pratique*, par J. A. Barral,... Deuxième édition. — *Paris, Libr. agricole, s. d., in-8°, 31 p.*

2172. — Dix ans d'agriculture, par le comte de Falloux,... — *Paris, Libr. agricole, s. d. [1863], gr. in-8°, 47 p.*

2173. — Œuvres de Jacques Bujault,... précédées d'une introduction et accompagnées de notes, par Jules Rieffel,... et E. Ayrault,... 3ᵉ édition. — *Niort, Clouzot, 1864, gr. in-8°, portr. et pl.*

2174. — Principes d'agriculture rationnelle, par J. C. Crussard,... — *Paris, Nouvelle Librairie agricole, 1864, in-8°.*

2175. — Le livre de l'agriculture d'Ibn-Al-Awam (Kitab-al-Felahah) traduit de l'arabe, par J. J. Clément-Mullet,... — *Paris, Herold, 1864, in-8°.*

Tome 1ᵉʳ seul.

2176. — Causeries sur l'agriculture et l'horticulture, par P. Joigneaux. — *Paris, Libr. agricole, 1864, in-12.*

2177. — L'agriculture contemporaine, sa situation, ses moyens d'action, par Louis Bruguière,... Avec une préface de M. L. A. Londet,... — *Paris, Masson, 1877, in-8°, pl.*

2178. — Libro de agricultura, su autor el doctor excelente Abu Zacaria Iabia Aben Mohamed Ben Ahmed Ebn El Awam, Sevillano. Arreglo hecho en vista de la traduccion castellana de D. Jose Banqueri, por D. Claudio Boutelou, precedido de una introduccion escrita por D. Esteban Boutelou,... y seguido del « Catecismo de agricultura », por Victor Van den Broeck, y de los « Abonos quimicos », conferencias agricolas dadas en el campo de Vincennes, por M. Georges Ville. — *Madrid, Suarez, 1878, 2 vol. in-12.*

C. MÉLANGES. EXPOSITIONS. CONCOURS. COMICES. JOURNAUX.

2179. — Poetæ rusticantis litteratum otium [auctore Andr. Fr. Deslandes]. Tertia editio, prioribus auctior. — *Londini, Parisiis, Ganeau, 1752, pet. in-8°, 76 p.*

2180. — Mémoires d'agriculture et de mécanique, dans lesquels on propose des pratiques simples et nouvelles relatives au bien de l'État et des avantages particuliers de la province de Languedoc. Avec le moyen de remédier aux abus du jaugeage des vaisseaux dans tous les ports du royaume, par M. BARTHÉS, seigneur de MARMORIÈRES,... — *Paris, Impr. Prault, 1762, in-8°, pl.*

2181. — Préservatif contre l'agronomie, ou l'agriculture réduite à ses vrais principes, [par L. B. DESPLACES]. — *Paris, Hérissant, 1762, in-12.*

2182. — Recueil de pièces économiques et autres curieuses et utiles, contenant la meilleure méthode de semer et de moissonner les grains, de cultiver la vigne, de cuver les vins nouveaux, de faire des prairies artificielles de luzerne, esparcette et trèfle, des engrais des terres, des labours, d'élever et de tailler les arbres fruitiers, des figuiers, de la culture des fèves, des haricots, des artichauts et autres légumes. Avec des avis sur les moyens de prévenir les dangers des accouchements dans les campagnes, sur les enfants nouveaux nés, et la manière d'élever les enfants dans les premiers temps qui suivent leur naissance. Et enfin la manière de gouverner avantageusement les mouches à miel, d'élever les poulets d'Inde, les canards, les oies, de faire sécher et conserver le regain pour la nourrriture du bétail... — *Genève, Impr. Pellet, 1764, in-12, pl.*

2183. — L'agriculture ou les géorgiques françaises, poème [par Pierre Fulcran de ROSSET]. Seconde édition. — *Paris, Moutard, 1777, in-12.*

Voy. également Division BELLES-LETTRES.

2184. — Le Socrate rustique ou description de la conduite économique et morale d'un paysan philosophe. Traduit de l'allemand de M. HIRZEL,... par un officier suisse au service de la France [J. R. FREY DES LANDRES], et dédié à l'Ami des hommes. Quatrième édition... — *Lausanne, Grasset, 1777, 2 vol. in-8°.*

2185. — Bibliothèque physico-économique, instructive et amusante recueillie en 1783. Seconde année contenant des mémoires et observations pratiques sur l'économie rustique, sur les nouvelles découvertes les plus intéressantes, la description de nouvelles machines et instruments inventés pour la perfection des arts utiles et agréables, etc. On y a joint nombre de recettes, pratiques et procédés découverts en 1783, sur les maladies des hommes et des animaux, sur l'économie domestique et en général sur tous les objets d'agrément et d'utilité dans la vie. — *Paris, Hôtel Serpente, 1784, in-12, pl.*

2186. — Lettres d'un cultivateur américain écrites à W. S., écuyer, depuis l'année 1770 jusqu'à 1781, [par J. H. SAINT JOHN DE CRÈVECŒUR], traduites de l'anglais par *** [l'auteur, et publiées par P. L. LACRETELLE ainé]. — *Paris, Cuchet, 1784, 2 vol. in-8°.*

Le titre du tome 2 manque.

2187. — Mémoires d'agriculture, d'économie rurale et domestique publiés par la Société royale d'agriculture de Paris. — *Paris, Buisson, 1785-1788, 14 tom. en 4 vol. in-8°, pl.*

Années 1785 (trimestres d'été et d'automne), 1786, 1787, 1788. — A la suite de l'année 1785 on a joint : Principes raisonnés de l'agriculture, ou l'agriculture démontrée par les principes de la chimie économique, d'après les observations de plusieurs savants. Ouvrage traduit en français sur la version latine de Jean Gottschalk VALERIUS, par J. F. FONTALARD. — *Paris, Impr. Polyglotte, an second, in-8°.*

2188. — Mémoires d'agriculture, d'économie rurale et domestique publiés par la Société d'agriculture du département de la Seine… — *Paris, Huzard, an IX-1813, 16 vol. in-8°, pl.*

Les tomes 4 et 12 contiennent des tables.

2189. — Mémoires d'agriculture, d'économie rurale et domestique publiés par la Société royale et centrale d'agriculture. — *Paris, Huzard, 1815-1817, 3 vol in-8°, pl.*

Les années 1815, 1816, 1817 seules.

2190. — Essai sur la nature champêtre, en vers, avec des notes. [Par le marquis Claude François Adrien de LEZAY-MARNÉZIA.] — *Paris, Impr. Prault, 1787, in-8°.*

2191. — De la restauration des campagnes, à opérer au physique et au moral, par une division mieux entendue des possessions rurales, au plus grand avantage de tout propriétaire, par M. de Montvert,... — *Avignon et Paris, Froullé, 1789, in-8°.*

Mémoire sur l'agriculture, [par de Lormoy]. — *S. l. 1789, in-8°.*

Lettres campagnardes. Première lettre, du 1ᵉʳ mai 1789 — Troisième lettre, du 15 mai 1789. — *Sans titre; in-8°, 40 p.*

Moyens d'augmenter considérablement les revenus de l'État, sans impôts; de diminuer ceux qui gênent le commerce; de ramener l'abondance sur toutes les denrées de première nécessité et de prévenir à jamais la réunion de ces troupes de pauvres qui, faute de travail, se répandent dans diverses provinces et surtout à Paris. — *Sans titre; Impr. de Demonville, 1789, in-8°, 35 p.*

Manuel des vignerons de tous les pays, ou moyens perpétuels d'économies et d'améliorations, comme il n'y en a guères, pour soulager et décharger tous les pays vignobles. Contenant : 1° La méthode la plus simple et la plus économique pour planter et cultiver la vigne, pour en augmenter le rapport et avancer la maturité des raisins. 2° Une méthode particulière pour traiter, tailler et gouverner toutes les vignes déjà existantes, à beaucoup moins de frais qu'à présent sans en changer la forme, et en supprimant entièrement l'usage des fosses ou provins et la plus grande partie des engrais. 3° Deux procédés les plus généraux et les plus simples pour faire et améliorer les vins. Avec les principales expériences des méthodes. Imprimé sous les auspices de l'assemblée générale des trois provinces de la généralité de Tours et aux frais de Monseigneur l'archevêque de Tours, son président, par M. Maupin,... — *Paris, l'auteur, 1789, in-8°, 66 p.*

Questions sur différents genres d'obligations et sur le droit naturel, [par M. Maupin]. — *Sans titre; in-8°, 6 p.*

2192. — Le bonheur rural, ou tableau de la vie champêtre. Poème en douze livres et en prose, par Joseph Rosny,... — *Paris, Poisson, an X (1801), in-8°, fr. gr.*

2193. — Conseils maternels ou Manuel pour les jeunes filles, les épouses, les mères et les maîtresses de maison. Extrait et traduction libre d'un ouvrage allemand de feu J. L. EWALD,... d'après la quatrième édition, par Madame GAUTERON. — *Genève, Paschoud, 1825, in-12.*

2194. — Les avantages de la réunion territoriale, proverbe, par Louis GOSSIN,... — *Paris, Bouchard-Huzard, 1841, in-18, 39 p.*

2195. — Notes économiques sur l'administration des richesses et la statistique agricole de la France, par C. E. ROYER,... — *Paris, au bureau du Moniteur de la propriété, 1843, gr. in-8°.*

2196. — Petit traité de comptabilité agricole en partie simple, par Edmond de GRANGES DE RANCY,... — *Paris, Libr. agricole, s. d. [1849], in-8°, 80 p.*

2197. — Bibliothèque du cultivateur... Guide des propriétaires de biens ruraux affermés, par de GASPARIN,... Seconde édition. — *Paris, Dusacq, s. d. [1851], in-12.*

2198. — Explication du Capitulaire « de Villis », par M. GUÉRARD,... — *Paris, Impr. Didot, 1853, gr. in-8°.*

2199. — La vie rurale. Tableaux et récits, par J. AUTRAN. — *Paris, Michel Lévy, 1856, in-12.*

2200. — Lettres sur l'agriculture, par M. Victor de TRACY,... — *Paris, Impr. Plon, 1857, in-12.*

2201. — L'école et la ferme, ou une lecture par semaine sur les travaux de l'année agricole, par Michel GREFF,... — *Paris, Dupont, 1861, in-18.*

2202. — Fermage. Guide des propriétaires de biens affermés, par le Cte de GASPARIN,... Troisième édition. — *Paris, Libr. agricole, s. d. [1862], in-12.*

2203. — Le marquis de Turbilly, agronome angevin du XVIIIe siècle, par GUILLORY aîné. Deuxième édition revue et augmentée des appréciations historiques et critiques, par MM. E. CHEVREUL et P. CLÉMENT,... — *Paris, Guillaumin, 1862, in-12.*

2204. — Lettres sur l'agriculture moderne, par le baron Justus de Liebig, traduites par le docteur Théodore Swarts,... — *Paris, Libr. agricole, s. d. [1862], in-12.*

2205. — Conseils aux jeunes filles qui doivent devenir fermières. Lectures pour les écoles rurales, par J. Bodin,... — *Paris, Tandou, 1864, in-18.*

2206. — Comptabilité et géométrie agricoles, calculs et barêmes, système métrique, comptabilité, arpentage, cubage, nivellement et levé des plans, par Lefour,... Deuxième édition. — *Paris, Libr. agricole, s. d. [1865], in-12.*

2207. — La crise agricole devant la science. Conférence faite à la Sorbonne, le 17 mars 1866, par M. Georges Ville. — *Paris, Giraud, 1866, gr. in-8°, 32 p.*

2208. — L'agriculture et la liberté, par Victor Borie,... — *Paris, Libr. agricole, 1866, in-8°.*

2209. — Sénat. Séance du vendredi 6 avril 1866. Du cadastre dans ses rapports avec la propriété foncière. Discours prononcé par M. le président Bonjean,... Titres, bornages, hypothèques, crédit agricole, frais de justice. Pièce pour l'enquête sur la situation de l'agriculture. — *Paris, Impr. Lahure, 1866, in-8°, 47 p.*

**. — L'épiphytie actuelle. Lettres à M. Barral sur trois plantes martyrisées par l'homme et guéries par elles-mêmes. 1re partie, la pomme de terre ; 2e partie, la vigne ; 3e partie, le poirier, par Le Roy Mabille.

Voy. Division Belles-Lettres.

2210. — Stations agronomiques et laboratoires agricoles ; but, organisation, installation, personnel, budget et travaux de ces établissements, par L. Grandeau,... — *Paris, Libr. agricole, s. d. [1869], in-12, tabl.*

2211. — Du rôle des femmes dans l'agriculture. Esquisse d'un institut rural féminin, par P. E. C. [P. Euryale CAZEAUX]. — *Paris, Libr. du Magasin pittoresque, 1869, in-12.*

2212. — L'enseignement primaire en présence de l'enquête agricole, par A. PINET,... — *Paris, Ducrocq, 1872, in-8°.*

2213. — Les fermes-écoles, ou écoles professionnelles de l'agriculture. [Rapport de M. le Directeur de l'agriculture, LEFEBVRE DE SAINTE MARIE, à M. le Ministre de l'Agriculture et du Commerce.] — *Paris, Impr. Nat., 1872, gr. in-8°, plans.*

2214. — Les assurances mutuelles agricoles. Communication faite au Congrès scientifique de France dans sa XXXIX° session, ouverte à Pau le 31 mars 1873, par M. Aug. GUILLEMIN,... — *Pau, Impr. Vignancour, 1873, in-8°, 12 p.*
La couverture imprimée sert de titre.

2215. — Mélanges d'agriculture, industrie, sciences et arts (extraits des Bulletins de la Société industrielle), par GUILLORY aîné,... — *Angers, Barassé, 1875, 2 vol. in-8°.*

2216. — Cour d'appel de Pau. Discours prononcé à l'audience solennelle de rentrée, le 3 novembre 1876, par M. LESPINASSE,... De la condition des classes agricoles au point de vue social, économique et juridique. — *Pau, Impr. Vignancour, 1876, in-8°, 51 p.*

2217. — La crise agricole et la République. Simples observations d'un agriculteur adressées à MM. les sénateurs et députés, par Justin QUINTAA,... — *Pau, Impr. Garet, 1884, in-12, 27 p.*

2218. — La vie rurale dans l'ancienne France, par Albert BABEAU. Deuxième édition. — *Paris, Didier, 1885, in-12.*

2219. — Études agronomiques, par L. GRANDEAU,... — *Paris, Hachette, 1887-1892, 6 vol. in-12.*
1re à 6e séries, 1885-1891.

2220. — Études agricoles, par Félix LABROUCHE. — *Pau, Impr. Garet, 1889, in-8°, 34 p.*

2221. — Guide des comices et des propriétaires. Signé : Jacques BUJAULT,... — *Paris, [Impr. Gros], 1843, in-8°, 48 p.*
   La couverture imprimée sert de titre.

2222. — Statuts du comice agricole de la province d'Alger. — *Alger, Impr. Bourget, 1849, in-8°, 32 p.*

2223. — Concours d'animaux de boucherie à Poissy, Lyon et Bordeaux, depuis la fondation du concours de Poissy, en 1844, jusqu'à ce jour. Compte-rendu des opérations des concours et du rendement des animaux primés, publié par ordre de M. le Ministre de l'Agriculture et du Commerce. — *Paris, Impr. Nat., 1849, gr. in-8°, pl.*

2224. — Quelques mots sur le concours régional d'agriculture de Toulouse (1851). Signé : Ernest CONDUCHÉ,... — *Toulouse, Impr. Labouisse-Rochefort, 1851, in-12, 24 p.*

2225. — Concours régionaux d'animaux reproducteurs, d'instruments, machines, ustensiles ou appareils à l'usage de l'industrie agricole et des divers produits de l'agriculture, tenus à Bar-le-Duc, Evreux, Pau, Châteauroux, Le Mans, Melun, Montbrison et Mende en 1857. — *Paris, Impr. Imp., 1859, gr. in-8°, pl.*

2226. — Concours d'animaux reproducteurs, d'instruments, machines, ustensiles ou appareils à l'usage de l'industrie agricole et des divers produits de l'agriculture, tenus à Avignon, Blois, Cahors, Chaumont, Saint-Brieuc, Alençon, Mâcon, Mont-de-Marsan, Niort et Versailles en 1858. — *Paris, Impr. Imp., 1859, gr. in-8°, pl.*

2227. — Ministère de l'Agriculture, du Commerce et des Travaux publics. Concours régional agricole de Mont-de-Marsan, du 17 au 22 mai 1858. Catalogue des animaux, instruments et produits agricoles exposés. — *Paris, Impr. Imp., 1858, in-8°, 39 p.*

2228. — Concours d'animaux reproducteurs, d'instruments, machines, ustensiles ou appareils à l'usage de l'industrie agricole et des divers produits de l'agriculture, tenus à Albi, Carcassonne, La Rochelle, Nantes, Saint-Quentin, Auxerre, Bourg, Foix,

Saint-Lô et Strasbourg en 1859. — *Paris, Impr. Imp., 1860, gr. in-8°, pl.*

2229. — Concours d'animaux reproducteurs, d'instruments, machines, ustensiles ou appareils à l'usage de l'industrie agricole et des divers produits de l'agriculture, tenus à Amiens, Aurillac, Bordeaux, Caen, Colmar, Le Puy, Lons-le-Saunier, Montpellier, Poitiers, Tarbes, Troyes et Vannes en 1860. — *Paris, Impr. Imp., 1864, gr. in-8°.*

2230. — Concours général d'animaux reproducteurs, d'instruments, machines, ustensiles ou appareils à l'usage de l'industrie agricole et des divers produits de l'agriculture, tenu à Paris en 1860. Compte-rendu des opérations du concours, publié par les soins de la Société impériale et centrale d'agriculture de France... — *Paris, Impr. Bouchard-Huzard, 1863, gr. in-8°, pl.*

2231. — Concours d'animaux reproducteurs, d'instruments, machines, ustensiles ou appareils à l'usage de l'industrie agricole et des divers produits de l'agriculture, tenus à Angoulême, Beauvais, Châlons-sur-Marne, Digne, Lyon, Marseille, Metz, Orléans, Quimper, Rodez, Rouen et Toulouse en 1861. — *Paris, Impr. Imp., 1865, gr. in-8°.*

2232. — Concours d'animaux reproducteurs, d'instruments, machines, ustensiles ou appareils à l'usage de l'industrie agricole et des divers produits de l'agriculture, tenus à Angers, Arras, Bourges, Charleville, Gap, Guéret, Laval, Limoges, Montauban, Moulins, Nancy et Perpignan en 1862. — *Paris, Impr. Imp., 1866, gr. in-8°.*

2233. — Les primes d'honneur et les médailles de spécialités décernées dans les concours régionaux. — *Paris, Impr. Nat., 1876-1878, 8 vol. gr. in-8, pl.*

Concours de 1865, 1866, 1867, 1868, 1869, 1870, 1871-1872.
De 1867 à 1869, le titre porte : Les primes d'honneur, les médailles de spécialité et les prix d'honneur des fermes-écoles décernés...
A partir de 1870, le titre porte : Les primes d'honneur, les prix culturaux, les médailles de spécialités et les prix d'honneur des fermes-écoles décernés...

2234. — Manuel des comices de l'agriculture moderne, par G. de Grousseau,... — *Poitiers, Létang et Girardin, 1865, in-18, 51 p.*

2235. — Exposicion nacional vinicola de 1877. Catalogo general. — *Madrid, Impr. de Aribau, 1877, in-8°.*

2236. — Estudio sobre la exposicion vinicola nacional de 1877... — *Madrid, Impr. de Tello, 1878, gr. in-4°, cartes.*

2237. — Conférences agricoles du concours régional d'Agen, faites sous les auspices des sociétés d'agriculture de Lot-et-Garonne, du 19 mai au 22 mai 1886. — *Agen, Impr. Lentheric, 1886, in-12.*

2238. — Journal d'agriculture pratique, de jardinage et d'économie domestique, publié sous la direction de M. Alexandre Bixio,... — *Paris, 1837-1879, 51 vol. in-8°.*

> Les années 1837, 1839, 1850, 1854 (2ᵉ sem.), 1855, 1857 à 1879.
> A partir de 1850, le titre porte : Journal d'agriculture pratique et de jardinage, fondé par le Dʳ Bixio, publié sous la direction de M. Barral, [de M. Lecouteux depuis 1866].

2239. — Journal de l'agriculture, fondé et dirigé par J. A. Barral,... avec le concours d'agriculteurs de toutes les parties de la France et de l'étranger. — *Paris, 1867-1882, 62 vol. gr. in-8°.*

> Les fascicules des 5 et 20 septembre 1867 manquent.

D. AGRICULTURE DE DIFFÉRENTS PAYS.

a). France et Colonies.

2240. — Agriculture française, par MM. les inspecteurs de l'agriculture, publié d'après les ordres de M. le Ministre de l'Agriculture et du Commerce. — *Paris, Impr. roy., 1843-1847, 7 vol. in-8°, cartes.*

> Aude, Côtes-du-Nord, Haute-Garonne, Isère, Nord, Hautes-Pyrénées, Tarn.

2241. — Notes extraites d'un voyage agricole dans l'Ouest, le Sud-Ouest, le Midi et le centre de la France et le nord de l'Espagne, exécuté par M. le comte Conrad de Gourcy. — *Paris, Bouchard-Huzard, 1851, in-8°, 84 p.*

2242. — L'agriculture française. Principes d'agriculture appliqués aux diverses parties de la France, par M. Louis Gossin,... Deuxième édition. — *Paris, Lacroix et Baudry, 1859, 2 vol. in-12.*

2243. — Enquête sur l'état actuel de l'agriculture française. Ce qu'elle est. Ce qu'elle doit être. Voies et moyens. Par une réunion de députés au Corps Législatif, 1861. — *Paris, Impr. du Corps Législatif, 1862, in-8°.*

2244. — Économie rurale de la France depuis 1789, par M. L. de Lavergne,... Troisième édition... — *Paris, Guillaumin, 1866, in-12.*

2245. — Ministère de l'Agriculture, du Commerce et des Travaux publics. Enquête agricole. — *Paris, Impr. Imp., 1867-1872, 38 vol. in-4°.*

    Première série. Documents généraux. Décrets, rapports, etc. Séances de la Commission supérieure. 4 vol.
    Deuxième série. Enquêtes départementales. 29 vol.
      1re Circonscription. Manche. Calvados. Eure.
      2e Circonscription. Orne. Mayenne. Sarthe. Maine-et-Loire.
      3e Circonscription. Morbihan. Finistère. Côtes-du-Nord. Ille-et-Vilaine.
      4e Circonscription. Somme. Oise. Seine-Inférieure.
      5e Circonscription. Aisne. Pas-de-Calais. Nord.
      6e Circonscription. Eure-et-Loir. Seine-et-Marne. Seine-et-Oise. Seine.
      7e Circonscription. Vendée. Deux-Sèvres. Loire-Inférieure.
      8e Circonscription. Cher. Indre-et-Loire. Loir-et-Cher.
      9e Circonscription. Allier. Puy-de-Dôme. Nièvre.
      10e Circonscription. Indre. Creuse. Vienne.
      11e Circonscription. Loiret. Aube. Marne. Yonne.
      12e Circonscription. Meuse. Ardennes. Moselle. Meurthe.
      13e Circonscription. Bas-Rhin. Haut-Rhin.
      14e Circonscription. Haute-Marne. Côte-d'Or. Saône-et-Loire.
      15e Circonscription. Haute-Vienne. Charente-Inférieure. Charente.
      16e Circonscription. Dordogne. Lot-et-Garonne. Gironde.
      17e Circonscription. Basses-Pyrénées. Hautes-Pyrénées. Landes.
      18e Circonscription. Tarn-et-Garonne. Haute-Garonne. Gers.
      19e Circonscription. Lot. Aveyron. Tarn.
      20e Circonscription. Cantal. Haute-Loire. Lozère. Corrèze.
      21e Circonscription. Ariège. Pyrénées-Orientales. Aude.

22ᵉ Circonscription. Gard. Hérault. Bouches-du-Rhône.
23ᵉ Circonscription. Vaucluse. Drôme. Ardèche.
24ᵉ Circonscription. Basses-Alpes. Var. Alpes-Maritimes.
25ᵉ Circonscription. Hautes-Alpes. Haute-Savoie. Savoie. Isère.
26ᵉ Circonscription. Doubs. Vosges. Haute-Saône.
27ᵉ Circonscription. Jura. Loire. Rhône. Ain.
28ᵉ Circonscription. Corse.
Algérie. Alger. Oran. Constantine.
Troisième série. Dépositions orales reçues par la Commission supérieure. 1 vol.
Quatrième série. Documents recueillis à l'étranger. 3 vol.
Tables. 1 vol.

2246. — Proverbes agricoles du Sud-Ouest de la France, par Anacharsis Combes. (2ᵉ édition.) — *Castres, Huc, s. d. [1869], pet. in-8°.*

2247. — Proverbes et dictons agricoles de France. — *Paris, Berger-Levrault, 1872, in-12.*

2248. — Corps d'observations de la Société d'agriculture, de commerce et des arts établie par les États de Bretagne. Années 1757 et 1758. — *Rennes, Vatar, 1760, in-8°, fr. gr. et pl.*

2249. — Éléments d'agriculture ou Leçons d'agriculture appliquées au département d'Ille-et-Vilaine et à quelques départements voisins, faites aux élèves de l'École d'agriculture de Rennes et à ceux de l'École normale, par J. Bodin,... 3ᵉ édition... — *Rennes, Deniel, 1856, in-12, pl.*

2250. — Éléments d'agriculture ou Leçons d'agriculture, appliquées au département d'Ille-et-Vilaine et à quelques départements voisins, faites aux élèves de l'École d'agriculture de Rennes et à ceux de l'École normale, par J. Bodin,... 4ᵉ édition... — *Rennes, Verdier, 1863, in-12, pl.*

2251. — L'agriculture de l'Ouest de la France étudiée plus spécialement dans le département de Maine-et-Loire, par O. Leclerc-Thouin,... — *Paris, Bouchard-Huzard, 1843, in-8°.*

2252. — État actuel de l'agriculture dans le département de Maine-et-Loire et de quelques moyens de lui venir en aide, par M. P. A. Millet,... — *Angers, Cosnier et Lachèse, 1856, in-8°, fr.*

2253. — Économie rurale du département de Maine-et-Loire, suivie d'une 2ᵉ édition augmentée des Études ornithologiques, par M. Ch. Giraud,... — *Angers, Impr. Cosnier et Lachèse, 1862, in-12.*

2254. — Le cultivateur du Bas-Armagnac. Manuel d'agriculture élémentaire et pratique pour les départements du Sud-Ouest, par M. Lacome Auguste,... Labourage, engrais, fourrages, vignes, défrichement des landes. — *Auch, Impr. Foix, 1855, in-12.*

2255. — Le génie de l'agriculture et de l'horticulture du Midi et du Sud-Ouest de la France. Guide pratique indispensable aux propriétaires, cultivateurs, horticulteurs et commerçants, par M. Ferdinand Rouget... — *S. l. [Toulouse], l'auteur, 1864, in-12.*

2256. — La France agricole, par Gustave Heuzé,... Région du Sud-Ouest, ou région du maïs... — *Paris, Hachette, 1868, in-12, carte.*

2257. — Compte-rendu de la ferme-école de Beyrie, canton de Mugron (Landes), présenté à M. le Ministre de l'Agriculture et du Commerce, par M. Auguste Du Peyrat,... Exercice 1872. — *Toulouse, Impr. Douladoure, 1873, in-4°, 16 p.*

2258. — Notice agricole. — *Sans titre ; Clermont, Impr. Hubler, in-8°, 7 p.*

**. — Pour les ouvrages concernant l'agriculture dans les Basses-Pyrénées.

Voy. Division Histoire locale.

2259. — Agriculture méridionale, le Gard et l'Ardèche, par Lᶜᵉ Destremx de Sᵗ Christol,... — *Paris, Libr. agricole, s. d. [1867], in-8°.*

2260. — Économie rurale, mœurs et usages du Lauragais (Aude et Haute-Garonne), par M. F. Pariset. — *Paris, Bouchard-Huzard, 1867, in-8°, pl.*

2261. — L'agriculture de la France méridionale. Ce qu'elle a été ; ce qu'elle est ; ce qu'elle pourrait être, par A. Riondet,... — *Paris, Libr. agricole, [1868], in-12.*

2262. — Manuel d'agriculture des propriétaires et des métayers du Périgord et des contrées soumises au système agricole du métayage... par Ludovic MAURIAL,... — *Bordeaux, Impr. Gounouilhou, s. d. [1853], pet. in-12.*

2263. — Excursion agronomique en Auvergne, principalement aux environs des Monts-d'Or et du Puy-de-Dôme, suivie de recherches sur l'état et l'importance des irrigations en France, par J. A. Victor YVART,... — *Paris, Impr. roy., 1819, in-8°.*

2264. — Agriculture du département du Puy-de-Dôme, par la Société centrale d'agriculture de ce département, sous la direction de M. J. A. BAUDET-LAFARGE,... — *Clermont-Ferrand, Imp. Hubler, 1860, in-8°.*

2265. — Vues générales sur l'état de l'agriculture dans la Sologne et sur les moyens de l'améliorer, par M. HUET DE FROBERVILLE,... — *Orléans, Impr. Jacob-Sion, 1788, in-8°, viii-88-[iv] p.*

2266. — Essai sur les moyens d'améliorer l'agriculture en France, particulièrement dans les provinces les moins riches et notamment en Sologne, par M. le baron de MOROGUES,... — *Paris, Tourneux, 1822, 2 vol. in-8°.*

2267. — Mémoire sur l'agriculture de la Flandre française et sur l'économie rurale, par J. CORDIER,... — *Paris, Impr. Didot, 1823, in-8°, tabl.*

2268. — Étude sur l'économie rurale de l'Alsace, par MM. E. TISSERAND,... Léon LEFÉBURE,... — *Paris, Berger-Levrault, 1869, in-12.*

2269. — Manuel élémentaire d'agriculture, à l'usage des écoles primaires des départements de la Meuse, de la Meurthe, de la Moselle et des Ardennes, par M. Louis GOSSIN fils,... — *Vouziers, Flamant-Ansiaux, s. d. [1839], in-12, pl.*

2270. — Manuel pratique et populaire d'agriculture, revu, augmenté et approprié à l'usage de la Franche-Comté et pays semblables, par le Docteur BONNET,... Quatrième édition. — *Besançon, l'auteur, 1837, in-8°.*

2271. — Colonies agricoles de l'Algérie, par M. le général de division LE PAYS DE BOURJOLLY. — *Paris, Dumaine, 1849, in-8°, 39 p.*

2272. — Manuel du colon algérien. Traité pratique d'agriculture algérienne, par Ch. MILLOT,... — *Paris, Challamel, 1891, gr. in-8°.*

2273. — Mémoire sur la situation de l'agriculture à l'île de la Réunion, en 1868, par M. A. DU PEYRAT,... — *Paris, Bouchard-Huzard, 1872, in-8°.*

b). Pays étrangers.

2274. — Essai sur l'économie rurale de l'Angleterre, de l'Écosse et de l'Irlande, par M. Léonce de LAVERGNE,... Quatrième édition. — *Paris, Guillaumin, 1863, in-12.*

2275. — Société des agriculteurs de France. L'agriculture de l'Écosse et de l'Irlande. Série de traités préparés pour le Congrès international de l'agriculture en 1878 ; traduits de l'anglais, par Ernest MÉRICE. La production agricole dans l'Inde méridionale d'après des documents envoyés pour le Congrès international d'agriculture, par Henri VILMORIN,... L'agriculture en Australie, par M. Jules JOUBERT,... — *Paris, [Impr. Donnaud], 1878, in-8°.*

2276. — Congrès agricole international de Paris, 1878. L'agriculture belge. Rapport présenté au nom des Sociétés agricoles de Belgique et sous les auspices du gouvernement, par Emile de LAVELEYE,... — *Paris, [Liège, Impr. de Thier], 1878, in-8°, carte.*

2277. — L'agriculture allemande, ses écoles, son organisation, ses mœurs et ses pratiques les plus récentes, publié par ordre de M. le Ministre de l'Agriculture et du Commerce, par ROYER,... — *Paris, Impr. royale, 1847, in-8°.*

2278. — Rapport sur l'état de l'agriculture en Hongrie, rédigé... par Charles KELETI,... Présenté au Congrès international de l'agriculture convoqué à Paris en 1878. — *Budapest, 1878, in-8°.*

2279. — Société des agriculteurs de France. Congrès international de l'agriculture. Économie rurale du Danemark. Mémoires adressés par la Société royale d'agriculture du Danemark résumés et mis en ordre, par Jules Godefroy,... — *Paris, 1878, in-8°.*

2280. — Memoria... sobre la influencia que la acumulacion, o division excesiva de la propiedad territorial ejercen en la prosperidad o decadencia de la agricultura en España, por Don Francisco de Ubagon y Guardamino. — *Madrid, Impr. de Martinez, 1876, in-4°, 95 p.*

2281. — Conferencias agricolas de la provincia de Madrid... — *Madrid, 1878-1880, 4 vol. in-8°, cartes et pl.*

2282. — Coup d'œil sur l'agriculture et les institutions agricoles de quelques cantons de la Suisse, par Matthieu Bonafous. — *Paris, Huzard, 1829, in-8°, 95 p. pl.*

2283. — Société des agriculteurs de France. Congrès international de l'agriculture. L'agriculture en Italie, par Henri Sagnier,... — *Paris, [Impr. Lahure, 1878], in-8°.*

2284. — Société des agriculteurs de France. L'agriculture au Pérou. Résumé du Mémoire présenté au Congrès international de l'agriculture, par J. B. H. Martinet,... — *Paris, 1878, in-8°.*

2285. — Recherches sur l'agriculture et l'horticulture des Chinois et sur les végétaux, les animaux et les procédés agricoles que l'on pourrait introduire avec avantage dans l'Europe occidentale et le Nord de l'Afrique ; suivies d'une analyse de la grande encyclopédie... [Chéou Chi Thong Khao], par le baron Léon d'Hervey Saint Denys,... — *Paris, Allouard et Kaeppelin, 1850, in-8°.*

2286. — Mémoire sur les colonies militaires et agricoles des Chinois, par M. Edouard Biot,... — *Paris, Impr. Nat., 1850, in-8°.*

2287. — Manuel pratique des cultures tropicales et des plantations des pays chauds, par P. Sagot,... Ouvrage publié après sa mort, complété et mis à jour par E. Raoul,... Préface par M. Maxime Cornu,... — *Paris, Challamel, 1893, gr. in-8°.*

E. CULTURE GÉNÉRALE.

a). Généralités. Végétation.

2288. — De l'état de la culture en France et des améliorations dont elle est susceptible, par D. DEPRADT,... [l'abbé Dominique Dufour de PRADT]. — *Paris, Maradan, an X-1802, 2 tom. en 1 vol. in-8°.*

2289. — Cours de culture et de naturalisation des végétaux, par André THOÜIN,... publié par Oscar LECLERC,... Atlas. — *Paris, Huzard, 1827, in-4° obl. pl.*
   Les trois volumes de texte manquent.

2290. — Économie rurale considérée dans ses rapports avec la chimie, la physique et la météorologie, par J. B. BOUSSINGAULT,... — *Paris, Béchet, 1843-1844, 2 vol. in-8°.*

2291. — Recherches sur la végétation appliquées à l'agriculture, contenant : un mémoire sur la théorie des boutures ; trois mémoires sur l'action des sels ammoniacaux et autres sur la végétation des plantes usuelles ; un mémoire sur l'action des poisons et substances diverses sur les plantes et sur les poissons ; un mémoire sur l'influence du sol sur l'action des poisons sur les plantes ; des expériences sur le développement des plantes dont les racines plongent dans l'eau ; suivies de considérations sur l'influence des terrains submergés sur la végétation ; des expériences sur cette question : les plantes placées dans une dissolution contenant plusieurs substances absorbent-elles préférablement certaines substances à d'autres ; un mémoire sur les engrais ; une note sur l'emploi des matières à vidange dans l'agriculture ; un mémoire sur la maladie des pommes de terre, par M. BOUCHARDAT,... — *Paris, Chamerot, 1846, in-12.*

2292. — Mémoire sur l'état de la végétation dans les terrains salifères et sur les moyens d'améliorer les terres par le chlorure de sodium, par M. ANCELON,... et M. PARISOT,... — *Paris, Impr. Didot, 1847, in-8°, 12 p. tabl.*
   La couverture imprimée sert de titre.

2293. — Recherches expérimentales sur l'action du sel dans la végétation et sur son emploi en agriculture, par M. BECQUEREL,... — *Paris, Impr. Didot, 1847, in-8°, 35 p.*

   La couverture imprimée sert de titre.

2294. — De l'influence exercée par l'atmosphère sur la végétation, par M. J. A. BARRAL,... Leçon professée à la Société chimique de Paris, le 4 mai 1860. — *S. l. n. d. [Paris, Impr. Lahure], in-8°, 48 p.*

2295. — L'atmosphère, le sol, les engrais. Leçons professées de 1850 à 1862 à la Chaire municipale et à l'École préparatoire des sciences de Nantes, par Adolphe BOBIERRE,... avec une introduction, par M. Jules RIEFFEL,... — *Paris, Libr. agricole, s. d. [1863], in-12, cartes.*

2296. — Conférences agricoles faites au champ d'expériences de Vincennes dans la saison de 1864, par M. Georges VILLE. — *Paris, Giraud, 1864, gr. in-8°.*

   1re à 6e conférence.

2297. — Culture générale et instruments aratoires, défrichement, assainissement, drainage, labours et façons du sol, par LEFOUR,... — *Paris, Libr. agricole, s. d. [1868], in-12.*

2298. — Le propriétaire agriculteur. Guide raisonné de la culture intensive, par le Baron d'AVÈNE,... — *Paris, Libr. agricole, 1873, in-12.*

b). Engrais.

2299. — Examen de la houille considérée comme engrais des terres, par M. RAULIN,... — *Paris, Vincent, 1775, in-12, iv-70 p.*

   Examen des coquilles et du tuf de la Touraine considérés comme engrais des terres, par M. RAULIN,... — *Amsterdam et Paris, Vincent, 1776, in-12, viii-75 p.*

2300. — Expériences et nouvelles observations sur les houilles d'engrais. Seconde partie, [par L. S. D. Le Brun]. — *Paris, Clousier, 1780, in-12.*

<blockquote>Suite de l'ouvrage du même auteur publié sous le titre de : Observations critiques sur un ouvrage intitulé : Examen de la houille, par M. Raulin.</blockquote>

2301. — Recherches sur la houille d'engrais et les houillères, sur les marais et leur tourbe et sur l'exploitation de l'une et de l'autre de ces substances. [Par L. S. D. Le Brun]... Troisième partie. — *Paris, Clousier, 1780, in-12, pl.*

<blockquote>Suite de l'ouvrage précédent.</blockquote>

2302. — Instruction familière adressée aux grands et petits cultivateurs, sur l'usage des houilles d'engrais, des tourbes et de leurs cendres et sur l'usage du parc domestique. Par l'auteur des Recherches sur les houilles et les tourbes, servant de suite à cet ouvrage. [L. S. D. Le Brun]. — *Paris, Clousier, 1781, in-12.*

2303. — Essai sur la nature des engrais, par M. Arthur Young,... traduit de l'anglais, par M. M*** [C. N. S. Sonnini de Manoncour]. — *Paris, Arthus Bertrand, 1808, in-12.*

2304. — Mémoire sur les engrais tirés des immondices et des latrines de Grenoble, par M. Berriat-Saint-Prix. Inséré dans l'Annuaire de l'Isère de 1808. — *Grenoble, Impr. Allier, 1808, in-8°, 23 p.*

<blockquote>Notice sur les diverses contrées du département de l'Isère qui sont connues sous un nom spécial. Rapport fait à l'Académie des sciences et des arts de Grenoble, par MM. Berriat-Saint-Prix et Champollion-Figeac. — *Grenoble, Impr. Allier, Février 1811, in-8°, 15 p.*

Rapport sur les antiquités et les bains d'Uriage près Grenoble, par M. Berriat-Saint-Prix, fait à la Société royale des antiquaires de France, les 9 novembre 1825 et 30 janvier 1826 et inséré dans le tome VIII de ses mémoires. — *Paris, Impr. Selligue, 1828, in-8°, 8 p.*</blockquote>

2305. — Traité des engrais tiré des différents rapports faits au département d'agriculture d'Angleterre, avec des notes, suivi de la traduction du Mémoire de Kirwan sur les engrais et de l'explication des principaux termes chimiques employés dans cet ouvrage, par F. G. MAURICE, de Genève,... Troisième édition... — *Genève, Paschoud, 1825, in-8°, tableau.*

2306. — L'art de préparer les terres et d'appliquer les engrais, ou chimie appliquée à l'agriculture, par Sir Humphry DAVY,... Traduit de l'anglais, par A. BULOS. — *Paris, Baudouin, 1825, in-12.*

2307. — De l'emploi de la chaux en agriculture, par M. A. PUVIS,... — *Paris, Huzard, 1835, in-8°.*

2308. — Nouvelle méthode de Pierre JAUFFRET qui enseigne à chaque agriculteur la fabrication économique des engrais sur toutes les habitations, à volonté, en douze jours, sans bestiaux, et gradués suivant les diverses natures de terrain. — *Paris, Impr. Dondey-Dupré, 1837, in-8°, 55 p. pl.*

2309. — Des différents moyens d'amender le sol, par M. A. PUVIS,... — *Paris, Huzard, 1837, in-8°.*

2310. — Manuel du fabricant d'engrais, ou de l'influence du noir animal résidu pur de raffinerie et de la tourbe sur la végétation, précédé de notions élémentaires de physique et de chimie appliquées à la physiologie végétale, par G. BERTIN,... — *Nantes, Impr. Mellinet, 1841, in-18.*

2311. — Des engrais, ou l'art d'améliorer les plus mauvaises terres par les amendements et les engrais de toute nature, par M. DUCOIN,... — *Tours, Pornin, 1842, in-18.*

2312. — Des fumiers considérés comme engrais, par J. GIRARDIN,... 5° édition... — *Paris, Langlois et Leclercq, 1847, in-18.*

2313. — Technologie des engrais de l'Ouest de la France. Études chimiques, agronomiques et commerciales sur leur analyse, leur fabrication, leur emploi et leur vente, par Ed. MORIDE et Adolphe BOBIERRE,... — *Paris, Langlois et Leclercq, 1848, in-8°.*

2314. — Traité des amendements et des engrais, par P. JOIGNEAUX,... — *Paris, Bouchard-Huzard, 1848, in-18.*

2315. — Des engrais inorganiques en général et du sel marin (chlorure de sodium) en particulier, par M. Becquerel,... — *Paris, Didot, 1848, in-12.*

2316. — Ministère de l'Agriculture et du Commerce. Rapport sur la production et l'emploi du sel en Angleterre, adressé à M. le Ministre de l'Agriculture et du Commerce, par M. Milne Edwards,... — *Paris, Impr. Nat., janvier 1850, in-4°.*

2317. — De l'agriculture au point de vue chrétien. Cours élémentaire à l'usage de la ferme-école du Roussel, dépendant de l'Institut des orphelins protestants de Saverdun (Ariège), par H. Laurens,... Deuxième partie. Des amendements et des engrais. — *Toulouse, Société des livres religieux, 1852, in-18.*

2318. — Le fumier de ferme élevé à sa plus haute puissance de fertilisation et n'étant plus insalubre. Deuxième édition revue et augmentée des considérations sur l'emploi : 1° du sulfate de fer (couperose verte du commerce) ; 2° du sulfate de chaux (plâtre) ; 3° et des litières terreuses sèches comme prévenant, à des titres distincts, la déperdition des produits volatils des fumiers, par M. Quenard,... — *Paris, Goin, 1854, in-12, 83 p.*

2319. — Le noir animal, analyse, emploi, vente, par Adolphe Bobierre,... — *Paris, Libr. agricole, 1856, in-12.*

2320. — Notice concernant l'engrais humain et l'utilité d'en employer les produits aux travaux de l'agriculture, lue devant les comices. Signé : Gal de Sallenave. Pau, le 13 avril 1857. — *Sans titre; Pau, Impr. Vignancour, in-8°, 7 p.*

2321. — Cours d'agriculture pratique. Matières fertilisantes, engrais solides, liquides, naturels et artificiels, par Gustave Heuzé,... Troisième édition. — *Paris, Hachette, 1857, in-8°.*

2322. — Guide de la fabrication économique des engrais, au moyen de tous les éléments qui peuvent être avantageusement employés en agriculture. Renseignements pratiques sur l'assainissement des opérations et des établissements insalubres, sur l'emploi du guano, des phosphates fossiles, etc. Précédé d'un aperçu statistique sur la production générale des subsistances, par F. Rohart,... Publication de M. Ch. Laboulaye. — *Paris, Lacroix et Baudry, 1858, in-8°.*

2323. — La fosse à fumiers, par M. Boussingault,... Leçon professée au Conservatoire des arts et métiers. — *Paris, Béchet, 1858, in-8°, 64 p. pl.*

2324. — Les fumiers couverts, ou méthode pour traiter les engrais de ferme, suivi d'un aperçu sur le développement qu'ils sont appelés à donner à l'agriculture, par le baron E. Peers,... — *Paris, Goin, 1858, in-18, 75 p. et 1 pl.*

2325. — Chaux, marne et calcaires coquilliers ; leur emploi pour l'amendement du sol, par J. Isidore Pierre,... Deuxième édition. — *Paris, Goin, 1858, in-12, 72 p.*

2326. — Études sur les engrais de mer, par J. Isidore Pierre,... — *Paris, Goin, s. d., in-12.*

2327. — La fertilité du sol résultant de l'emploi des amendements calcaires et principalement de la chaux vive, par Ed. Vianne,... — *Paris, Hachette, 1859, in-18, 52 p.*

2328. — Engrais. Disposition des fumières et des latrines dans les exploitations rurales, par Louis Bouchard,... — *Paris, Bouchard-Huzard, s. d. [1859], gr. in-8°, 64 p.*
Extrait du Traité des constructions rurales, du même auteur.

2329. — Bibliothèque du cultivateur... Fumiers de ferme et composts, par G. Fouquet,... Deuxième édition. — *Paris, Libr. agricole, s. d., in-12.*

2330. — La formule des fumures, par Gustave Heuzé. — *Paris, Libr. agricole, 1865, in-8°, 11 p.*
La couverture imprimée sert de titre.

2331. — Les formules des fumures et des étendues en fourrages, par Gustave Heuzé,... Deuxième édition. — *Paris, Libr. agricole, 1868, in-12.*

2332. — De la préparation et de l'amélioration des fumiers et des engrais de ferme en général, par A. Baudrimont,... — *Bordeaux, Chaumas, 1866, in-12.*

2333. — Les engrais chimiques. Entretiens agricoles donnés au champ d'expériences de Vincennes dans la saison de 1867, par M. Georges Ville. Quatrième édition... — *Paris, Libr. agricole, s. d., 2 vol. in-12, pl.*

2334. — La doctrine des engrais chimiques au point de vue des intérêts agricoles. Réponse aux Conférences de Vincennes. Examen des résultats obtenus, par F. Rohart,... — *Paris, Masson, 1869, in-12.*

2335. — Entretiens familiers sur l'agriculture, les litières, les fumiers de ferme, de basse-cour et de volières, sur le guano, les fientes humaines et les composts, recueillis et publiés pour l'usage des écoles rurales, par Th. Soulice,... — *Paris, Hachette, 1869, in-12.*

2336. — Simples notions sur l'achat et l'emploi des engrais commerciaux. Exposé élémentaire des faits qu'il importe aux cultivateurs de ne pas ignorer. Utilité des laboratoires de chimie agricole, par Adolphe Bobierre,... — *Paris, Masson, 1870, in-18, pl.*

2337. — Économie rurale. Premier mémoire sur la pulvérisation des engrais et sur les meilleurs moyens d'accroître la fertilité des terres, par Menier,... — *Paris, Plon, 1875, in-8°, cartes.*

2338. — Les engrais, par A. Muntz,... A. Ch. Girard,... — *Paris, Didot, 1889-1891, 3 vol. pet. in-8°.*

>Tome 1er. Alimentation des plantes. Fumiers. Engrais des villes. Engrais végétaux.
>Tome 2. Engrais azotés. Engrais phosphatés.
>Tome 3. Engrais potassiques. Engrais calcaires. Engrais divers. Engrais composés. Achat, transport, contrôle, expérimentation des engrais.

c). Machines et Instruments. Constructions.

2339. — Mémoire sur l'art de perfectionner les constructions rurales, par M. de PERTHUIS,... — *Paris, Impr. Huzard, an XIII (1805), in-4°, pl.*

2340. — Collection de machines, d'instruments, ustensiles, constructions, appareils, etc. employés dans l'économie rurale, domestique et industrielle, d'après les dessins faits dans diverses parties de l'Europe, par le comte de LASTEYRIE. — *Paris, à l'établissement lithographique du comte de Lasteyrie, 1820, in-4°, pl.*

Le tome 1er seul.

2341. — Description des nouveaux instruments d'agriculture les plus utiles, par A. THAER. Traduit de l'allemand, par C. J. A. Mathieu de DOMBASLE,... avec XXVI planches gravées par M. Le Blanc,... — *Paris, Huzard, 1821, in-4°, pl.*

2342. — Nouveau Manuel complet des instruments d'agriculture et de jardinage les plus modernes... par M. BOITARD,... — *Paris, Roret, 1844, gr. in-8°, pl.*

2343. — L'architecture rurale, par H. DUVINAGE,... — *Mézières, Impr. Lelaurin-Martinet, 1856, gr. in-8°, pl.*

2344. — Le matériel agricole, ou description et examen des instruments, des machines, des appareils et des outils au moyen desquels on peut : 1° sonder, défricher, défoncer, drainer ; 2° labourer, fouiller, remuer et aérer, alléger, plomber, nettoyer et ensemencer la terre ; 3° façonner le sol emblavé ; 4° récolter, transporter, abriter et emmagasiner les produits ; 5° tirer parti de chacun d'eux, soit pour les consommer, soit pour les vendre, etc. Par Auguste JOURDIER,... Deuxième édition. — *Paris, Hachette, 1856, in-12.*

F. CULTURES SPÉCIALES.

a). Défrichements. Drainage. Irrigations.

2345. — Mémoire sur les défrichements, [par L. F. H. de Menon, marquis de Turbilly]. — *Paris, d'Houry, 1760, in-12, pl.*

2346. — Pratique des défrichements, par Louis François Henri de Menon, marquis de Turbilly. Quatrième édition, augmentée de la correspondance agricole de l'auteur avec la Société économique de Berne et de notes extraites des mémoires de cette Société... — *Paris, Marchant, 1811, in-8°, pl.*

2347. — Essai de bien public ou Mémoire raisonné pour lever, à coup sûr, tous les obstacles qui s'opposent à l'exécution des défrichements et dessèchements ; faire mettre en valeur, par des moyens simples et avantageux à tout le monde, toutes les terres et fonds incultes quelconques ; et pour perfectionner l'art de l'agriculture, [par Collignon]. — *Neuchatel, Impr. de la Société typographique, 1776, in-12.*

2348. — Mémoire sur les dunes et particulièrement sur celles qui se trouvent entre Bayonne et la pointe de Grave, à l'embouchure de la Gironde, par N. T. Brémontier,... — *Paris, Impr. de la République, thermidor an V, in-8°, 73 p.*

2349. — Du défrichement et de la plantation des landes et bruyères, par J. L. Trochu,... — *Paris, Huzard, juillet 1820, in-8°, 50 p. pl.*

2350. — Exposé des résultats obtenus à Marolles, commune de Genillé (Indre-et-Loire), sur des défrichements de landes et de bruyères, par l'emploi du noir animal à petite dose et mêlé à la semence. Notice sur l'exploitation de Marolles, par M. Dubreuil-Chambardel,... — *Paris, Impr. Bouchard-Huzard, 1849, in-8°, 31 p.*

2351. — Mise en valeur des landes de Bretagne, par le défrichement et par l'ensemencement en bois, par le général de Lourmel. — *Paris, [Impr. Guiraudet et Jouaust], 1853, in-8°, 39 p.*

2352. — La science des campagnes. Défrichements, irrigations et drainage, par A. Ysabeau,... — *Paris, Dupont, s. d. [1861], in-18.*

2353. — Les landes de Gascogne. Leur assainissement, leur mise en culture. Exploitation et débouchés de leurs produits, par M. Chambrelent,... — *Paris, Baudry, 1887, in-8°, 2 cartes.*

2354. — Faits et observations sur l'utilité du drainage perfectionné, par le Baron Mertens-d'Ostin. — *Bruxelles, Impr. Vanderauwera, 1849, in-8°, 20 p.*

2355. — Manuel pratique de drainage, par H. Stephens,... traduit de l'anglais, par Fréd. d'Omalius ; suivi d'une Notice sur le drainage, par J. M. J. Leclerc,... — *Bruxelles, Stapleaux, 1852, in-12.*

2356. — Études pratiques sur l'art de dessécher et diverses impressions de voyage, par le Mis Ch. de Bryas,... Troisième édition... Théorie du drainage. Voyage en Angleterre, en Irlande, en Écosse et dans le pays de Galles. Voyage en Autriche et dans les états allemands. Exposition de Vienne. Exposition horticole de Paris. — *Paris, Masson, 1857, in-18, pl.*

2357. — Des irrigations suivant la loi du 16 septembre 1807, par Alphonse de P******,... [Pistoye]. Extrait de l'École des communes. — *Paris, Dupont, 1844, in-8°, 55 p.*

2358. — Manuels-Roret. Irrigation et assainissement des terres. Traité de l'emploi des eaux en agriculture, par Raphael Pareto,... — *Paris, Roret, 1851, 4 vol. in-12 et Atlas in-f° obl.*

2359. — Guide pratique pour les irrigations, le drainage et la culture des oseraies, suivi des lois qui les concernent, par P. J. Brassart,... — *Saint-Omer, Impr. Van Elsland, 1854, in-12, 48 p.*

2360. — De l'irrigation dans les contrées montagneuses, par L. A. Sers,... Avril 1861. — *Pau, Impr. Vignancour, 1861, in-8°, 24 p., pl.*

2361. — Irrigations du Midi de l'Espagne. Études sur les grands travaux hydrauliques et le régime administratif des arrosages de cette contrée, par Maurice AYMARD,... Précédé d'un Rapport de M. LEBASTEUR,... — *Paris, Lacroix, 1864, in-8° et atlas in-4°.*

2362. — Assainissement des villes et des cours d'eau. Égouts et irrigations, par M. A. RONNA. Extrait des Mémoires de la Société des ingénieurs civils. — *Paris, Impr. Viéville et Capiomont, 1872, in-8°, tabl. et pl.*

2363. — Les irrigations, par A. RONNA,... — *Paris, Didot, 1888-1890, 3 vol. pet. in-8°, pl.*

    Tome 1er. Les eaux d'irrigation et les machines.
    Tome 2. Les canaux et les systèmes d'irrigation.
    Tome 3. Les cultures arrosées. L'économie des irrigations. Histoire, législation et administration.

2364. — Hydraulique agricole et génie rural. Leçons professées à l'École des Ponts et Chaussées, par Alfred DURAND-CLAYE,... et rédigées par M. Félix LAUNAY,... — *Paris, Doin, 1890-1892, 2 vol. gr. in-8°, portr.*

b). Prairies.

2365. — Prairies artificielles. Mémoire sur le fromental et la culture anglaise, par Dom MIROUDOT,... avec un avertissement de l'éditeur, dans lequel on trouvera les nouvelles observations qui ont fait supprimer, dans cette édition, la dénomination de ray-grass, ci-devant donnée au fromental. Mémoire abrégé sur le sainfoin et l'esparcette, tiré des Recueils de la Société économique de Berne, auquel on a joint quelques remarques de MM. de TULL et DUHAMEL. Instruction sur la culture de la luzerne distribuée dans la généralité de Bordeaux. — *Lyon, Regnault, 1762, in-8°, xx-69 p.*

2366. — Traité des prairies artificielles, ou Recherches sur les espèces de plantes qu'on peut cultiver avec le plus d'avantage en prairies artificielles dans la généralité de Paris, et sur la culture qui leur convient le mieux, par M. GILBERT,... — *Paris, d'Houry et Debure, 1789, in-8°, tabl.*

2367. — Essai sur les prairies artificielles, luzerne, trèfle ordinaire, trèfle printanier et sainfoin ou esparcette, par H. MACHARD,... — *Besançon, Impr. Jacquin, 1847, in-18.*

2368. — L'art de s'enrichir par l'agriculture en créant des prairies, par M. Henri PELLAULT,... Deuxième édition. — *Paris, Bouchard-Huzard, 1849, in-12, pl.*

2369. — Amendements et prairies. Traité populaire extrait des œuvres de Jacques BUJAULT,... avec des notes explicatives et un résumé complet des notions les plus exactes sur les amendements et les engrais, par N. BASSET. — *Paris, Goin, 1854, in-12, 100 p.*

Traité pratique des prairies et des fourrages dans les terres fortes et argileuses du Midi, par A. J. M. de S$^\text{T}$-FÉLIX,... — *Toulouse, Douladoure, 1841, in-12.*

Des récoltes dérobées comme fourrages et engrais verts en général et cultures de la moutarde blanche, du sarrazin et de la spergule en particulier, par J. A. G. [Jules Alexandre GRANDVOINNET.] — *Paris, Goin, 1856, in-12, 95 p.*

Le fumier de ferme élevé à sa plus haute puissance de fertilisation et n'étant pas insalubre. Deuxième édition, revue et augmentée des considérations sur l'emploi : 1° du sulfate de fer (couperose verte du commerce) ; 2° du sulfate de chaux (plâtre) ; 3° et des litières terreuses sèches comme prévenant, à des titres distincts, la déperdition des produits volatils des fumiers, par M. QUENARD,... — *Paris, Goin, 1854, in-12, 83 p.*

Des semailles en ligne et des semoirs mécaniques. Signé : F. GEORGES. — *Sans titre ; in-12, 32 p.*

2370. — Les champs et les prés, par P. JOIGNEAUX. Troisième édition. — *Paris, Libr. agricole, s. d. [1865], in-12.*

c). Céréales. Maïs.

2371. — Supplément au Traité de la conservation des grains ; contenant plusieurs nouvelles expériences : une méthode plus simple de conserver les grains que celle qui a été publiée en 1754, par M. DUHAMEL DU MONCEAU,... Nouvelle édition, augmentée de la conservation des farines. — *Paris, Desaint, 1771, in-12, pl.*

2372. — Mémoire sur les avantages que la province de Languedoc peut retirer de ses grains, considérés sous leurs différents rapports avec l'agriculture, le commerce, la meunerie et la boulangerie, par M. PARMENTIER. — *Paris, Impr. Didot, 1786, in-4°, pl.*

2373. — A short account of the cause of the disease in corn, called by farmers the blight, the mildew, and the rust [by Jos. BANKS]. — *London, Printed by W. Bulmer, 1805, in-4°, 16 p. et pl.*

2374. — Le maïs, ou blé de Turquie, apprécié sous tous ses rapports. Mémoire couronné, le 25 août 1784, par l'Académie royale des Sciences, Belles-Lettres et Arts de Bordeaux, par A. A. PARMENTIER,... Nouvelle édition... — *Paris, Impr. Imp., 1812, in-8°.*

2375. — Supplément au Mémoire de M. Parmentier sur le maïs (ou plutôt maïz), par M. le comte François de NEUFCHATEAU... — *Paris, Huzard, 1817, in-8°.*

2376. — Traité du maïs ou histoire naturelle et agricole de cette céréale, par M. Matthieu BONAFOUS,.. — *Paris, Huzard, 1833, in-8°, pl.*

2377. — Culture des plantes à grains farineux, ou céréales et plantes à cosses, formant la seconde partie des Préceptes d'agriculture pratique de J. N. SCHWERZ,... traduits sur la seconde édition, par P. R. de SCHAUENBURG,... — *Paris, Bouchard-Huzard, 1840, in-8°.*

2378. — Pratique des semailles à la volée, par M. PICHAT,... — *Paris, Bouchard-Huzard, 1845, in-8°.*

2379. — Des céréales en Italie sous les Romains, par L. A. Joseph MICHON. — *Paris, Durand, 1859, in-8°.*

2380. — Production et consommation du blé, par le Marquis de FRANCLIEU. — *Paris, Dentu, 1860, in-8°, 63 p.*

2381. — Bibliothèque du cultivateur. Culture et ensilage du maïs-fourrage et des autres fourrages verts, par E. LECOUTEUX,... — *Paris, Libr. agricole, 1875, in-12.*

d). Arboriculture.

2382. — Traité des bois et des différentes manières de les semer, planter, cultiver, exploiter, transporter et conserver, [par MASSÉ]. — *Paris, Hochereau, 1769, 2 vol. in-12.*

2383. — Essais d'agriculture en forme d'entretiens sur la nature et la progression des pépinières, des arbres étrangers, des arbres fruitiers, sur la vigne et les vendanges ; sur les labours des terres, semences et récoltes de grains et sur plusieurs autres discussions champêtres, par un Cultivateur à Vitry-sur-Seine, de la Société royale de Londres [Cl. Fr. de CALONNE]. — *Paris, l'auteur, 1779, in-12.*

2384. — Traité de l'aménagement et de la restauration des bois et forêts de la France. Ouvrage rédigé sur les manuscrits de feu M. de PERTHUIS,... par son fils,... — *Paris, Huzard, an XI-1803, in-8°.*

2385. — Instructions et modèles de procès-verbaux pour les gardes forestiers et les gardes pêche de l'empire, des communes et établissements publics et des particuliers. Sixième édition... suivie d'une méthode infaillible pour détruire les taupes dans les clairières des forêts, les pépinières et autres terrains. Quatorzième édition... par M. D***** [DRALET]. — *Toulouse, Manavit, 1810, in-12, tabl.*

L'art du taupier ou méthode infaillible pour détruire les taupes dans les clairières des forêts, les pépinières et tous autres terrains... par M. D***** [Dralet]. Quatorzième édition... — *Toulouse, Manavit, 1810, in-12, 45 p., pl.*

Traité de l'aménagement des bois et forêts appartenant à l'empire, aux communes, aux établissements publics et aux particuliers. Ouvrage terminé par un plan général de statistique forestière. Nouvelle édition... par M. Dralet,... Suivi de Recherches sur les chênes à glands doux. — *Paris, Arthus-Bertrand, 1812, in-12.*

2386. — Les forêts de la France, leurs rapports avec les climats, la température et l'ordre des saisons, avec la prospérité de l'agriculture et de l'industrie. Suivis de quelques considérations sur leur aliénation par le domaine, par le Baron Rougier de La Bergerie,... — *Paris, Bertrand, 1817, in-8°.*

2387. — Traité pratique de la culture des pins à grandes dimensions, de leur aménagement, de leur exploitation et des divers emplois de leur bois, par Louis Gervais Delamarre,... Seconde édition, augmentée d'un appendice sur les cèdres du Liban, les mélèzes et les sapins. — *Paris, Huzard, 1826, in-8°.*

2388. — Traité complet sur les pépinières, avec des instructions sur les terrains, pour les préparer, faire les semis de toutes les espèces, les marcottes, les boutures, mettre le plan en pépinière, le conduire, le greffer, élever les arbres, les diriger, les déplanter et les transplanter, de la manière la plus utile et la plus économique. Troisième édition augmentée d'un catalogue d'arbres, arbrisseaux et arbustes, tant indigènes qu'exotiques ; de leurs variétés... par Etienne Calvel,... — *Paris, Mathiot, 1831, 3 vol. in-12, port. et pl.*

2389. — Cours élémentaire théorique et pratique d'arboriculture, contenant l'étude des pépinières d'arbres et d'arbrisseaux forestiers, fruitiers et d'ornement ; celle des plantations d'alignement forestières et d'ornement ; la culture spéciale des arbres à fruits à cidre et de ceux à fruits de table ; précédé de quelques notions d'anatomie et de physiologie végétales... par M. A. Du Breuil,... — *Paris, Langlois et Leclercq, 1846, in-12, pl.*

2390. — Cours élémentaire théorique et pratique d'arboriculture, par M. A. Du Breuil,... Deuxième édition, augmentée de la sylviculture et de toutes les cultures du Midi. — *Paris, Masson, 1850-1851, 2 vol. in-12 pl. et tabl.*

2391. — Cours pratique et gratuit d'arboriculture... contenant les parties ou organes qui constituent un arbre fruitier, les connaissances relatives à leur choix, les soins à donner à leur plantation, la manière de les tailler et de les conduire, les semis et les différentes sortes de greffes à leur appliquer, par Louis Gaudry,... — *Paris, l'auteur, 1848, in-12, pl.*

2392. — Recherches sur l'emploi de divers amendements dans la culture des forêts, par M. Eugène Chevandier. Mémoire présenté à l'Académie des Sciences le 8 décembre 1851. — *Paris, Impr. Bouchard-Huzard, 1852, in-4°, tabl.*

2393. — De la question du reboisement et nouvel examen des circonstances climatologiques et des faits économiques qui se rattachent à l'existence des forêts, par A. Forest,... — *Paris, Guillaumin, 1852, in-8°.*

2394. — Traité de la taille des arbres fruitiers, suivi de la description des greffes employées dans leur culture, par J. A. Hardy,... Troisième édition. — *Paris, Dusacq, 1855, in-8°.*

2395. — Bibliothèque du jardinier. Pépinières, par Carrière,... — *Paris, Dusacq, s. d. [1855], in-12, pl.*

2396. — Mise en valeur des terres pauvres par le pin maritime... suivi d'un appendice sur les taupes, les marais des Landes et les vignes de Cap-Breton, par Amédée Boitel,... Deuxième édition... — *Paris, Masson, 1857, in-8°, fr. lith.*

2397. — Note sur les associations pastorales dans les Pyrénées, par A. Calvet,... — *Paris, Impr. Hennuyer, 1874, in-8°, 15 p.*

Extrait de la Revue des eaux en forêts, n°ˢ de juillet et d'août 1874.

2398. — Direction générale des forêts. Reboisement des montagnes (exécution des lois du 28 juillet 1860 et du 8 juin 1864). Compte-rendu des travaux de 1869 à 1874. — *Paris, Impr. Nat., 1876, in-4°.*

2399. — Ministère des Finances. Direction générale des forêts. Reboisement des montagnes. Rapport au Ministre des Finances (21 mars 1876). — *Paris, Impr. Nat., 1876, in-4°, 83 p.*

2400. — Chambre des Députés. Session ordinaire de 1877. Rapport fait au nom de la commission chargée d'examiner les projets de loi relatifs au reboisement et au gazonnement des montagnes, par M. ALICOT,... — *Tarbes, Impr. Lescamela, 1877, in-18, 66 p.*

2401. — Ministère de l'Agriculture et du Commerce. Administration des forêts. Statistique forestière. — *Paris, Impr. Nat., 1878, in-4° et atlas gr. in-f°.*

2402. — Étude sur les travaux de reboisement et de gazonnement des montagnes, par P. DEMONTZEY,... — *Paris, Impr. Nat., 1878, 2 vol. gr. in-4°, dont 1 de pl.*

2403. — Ministère de l'Agriculture et du Commerce. Administration des forêts. Statistique forestière par cantonnement. — *Paris, Imp. Nat., 1879, in-4°.*

2404. — Études sur la révision du code forestier. Les reboisements en France et en Algérie, par H. DOUMENJOU,... — *Paris, Baudry, 1883, in-12.*

2405. — Les forêts des Pyrénées, par E. de GORSSE,... Extrait de la Revue des eaux et forêts. — *Paris, Rothschild, 1894, in-8°, 27 p.*

c). Viticulture.

2406. — Mémoire sur la meilleure manière de faire et de gouverner les vins, soit pour l'usage, soit pour leur faire passer les mers... par M. l'abbé ROZIER,... — *Paris, Ruault, 1772, in-8°.*

2407. — Nouveau traité de la vigne avec la meilleure méthode de la cultiver. Où l'on a joint un Précis sur la manière de faire le vin, pour le rendre, dans tous les cantons, aussi agréable que le fin vin de Bourgogne et qui peut servir de suite aux ouvrages de MM. Bidet et Maupin, par M. BEGUILLET,... Troisième édition. — *Dijon, Bidault, 1773, in-12.*

2408. — Méthode de MAUPIN sur la manière de cultiver la vigne et l'art de faire le vin. Nouvelle édition... augmentée de deux Mémoires instructifs sur ce qui se pratique de plus intéressant dans les différents vignobles de la France, [par BUC'HOZ]. — *Paris, Delaplace, an VII, in-8°, pl.*

2409. — Traité théorique et pratique sur la culture de la vigne avec l'art de faire le vin, les eaux-de-vie, esprit de vin, vinaigres simples et composés, par le C^{en} CHAPTAL,... M. l'abbé ROZIER,... les C^{ens} PARMENTIER,... et DUSSIEUX,... — *Paris, Delalain, an IX-1801, 2 vol. in-8°, pl. et tabl.*

2410. — Exposé d'un moyen mis en pratique pour empêcher la vigne de couler et hâter la maturité du raisin, par M. LAMBRY,... Seconde édition. — *Paris, Huzard, mars 1818, in-8°, 32 p., pl.*

2411. — Opuscule sur la vinification, traitant des vices des méthodes usitées pour la fabrication des vins et des avantages du procédé de Mlle Elisabeth Gervais... suivi des lettres de M. le Comte François de NEUFCHATEAU et de M. le Comte CHAPTAL,... à Mlle Elisabeth Gervais, sur l'importance dudit procédé ; par Jⁿ Ant^e GERVAIS. — *Montpellier, Impr. Tournel, 1820, in-8°.*

L'art de faire, de gouverner et de guérir les vins, par François MANDEL,... — *Nancy, Impr. Hœner et Delahaye, s. d. [1804], in-8°, IV-74 p.*

Halle au blé de Nancy. Subsistances, boulangers, accapareurs, approvisionnements de réserve, par C. J. A. Mathieu de DOMBASLE. — *Toul, Carez, 1818, in-8°, 62 p.*

Précédé d'une lettre d'envoi de l'auteur au maire de Nancy.

Compte-rendu à la Société d'agriculture du département de la Seine d'une expérience tentée et des succès obtenus contre la morve et le farcin qui infectaient depuis dix-huit mois les chevaux du 23ᵉ régiment de Dragons, par M. Collaine,... suivi du Rapport de MM. Desplas, Huzard et Tessier,... — *Paris, Impr. Huzard, 1810, in-8°, 47 p.*

Essai sur la greffe de l'herbe des plantes et des arbres, par Monsieur le Baron de Tschudy,... — *Metz, Impr. Antoine, 1819, in-8°, 60 p., pl.*

Précis des expériences faites par ordre du roi à Trianon sur la cause de la corruption des blés et sur les moyens de la prévenir ; à la suite duquel est une Instruction propre à guider les laboureurs dans la manière dont ils doivent préparer le grain avant de le semer. [Par Tillet.] — *Paris, Impr. Royale, 1787, in-8°, 32 p.*

Mémoires sur les moyens d'empêcher le salpêtre de se former sur les murs et de remédier à la graisse des vins, par Mᵉ François Mandel,... — *Nancy, Impr. de Hissette, 1820, in-8°, 30 p.*

2412. — Topographie de tous les vignobles connus, contenant leur position géographique, l'indication du genre et de la qualité des produits de chaque crû, les lieux où se font les chargements et le principal commerce de vin, le nom et la capacité des tonneaux et des mesures en usage, les moyens de transport ordinairement employés, etc., précédée d'une Notice sur les vins des anciens et suivie d'une classification générale des vins. Deuxième édition... par A. Jullien,... — *Paris, l'auteur, 1822, in-8°, pl.*

2413. — Recherches théoriques et pratiques de la meilleure méthode pour faire fermenter économiquement le vin, le cidre et les autres liqueurs du même genre, par M. le baron P. M. S. Bigot de Morogues,... — *Paris, Impr. Huzard, 1825, in-8°, tabl.*

2414. — OEnologie française, ou statistique de tous les vignobles et de toutes les boissons vineuses et spiritueuses de la France, suivie de considérations générales sur la culture de la vigne, par M. Cavoleau,... — *Paris, Huzard, 1827, in-8°, tabl.*

2415. — Traité complet de vinification, ou guide des propriétaires, négociants, vignerons, etc. dans toutes les opérations qui sont relatives à la meilleure manière de traiter les vins, par H. MACHARD. — *Besançon, l'auteur, 1845, in-8°.*

2416. — Nouveau procédé pour la culture de la vigne, par PERSOZ,... — *Paris, Masson, 1849, in-8°, 32 p. et pl.*

2417. — Ampélographie universelle, ou traité des cépages les plus estimés dans tous les vignobles de quelque renom, par Alex. ODART,... 2ᵉ édition. — *Paris, Dusacq, 1849, in-8°.*

2418. — Ampélographie universelle, ou traité des cépages les plus estimés dans tous les vignobles de quelque renom, par le Cᵗᵉ ODART,... 5ᵉ édition. — *Paris, Libr. agricole, 1862, in-8°.*

2419. — Notice sur la maladie de la vigne et les altérations de divers végétaux. Signé : Victor CHATEL,... Paris, le 2 mai 1855. — *Sans titre ; Paris, Impr. Bouchard-Huzard, in-8°, 16 p.*

2420. — Manuel pour le soufrage des vignes malades. Emploi du soufre, ses effets, par M. H. MARÈS,... Troisième édition... augmentée d'un chapitre sur l'essai des soufres en poudre. — *Montpellier, [Impr. Dumas], mai 1857, in-12, pl.*

2421. — Les congrès de vignerons français, par M. GUILLORY aîné,... — *Paris, Libr. agricole, 1860, in-8°.*

2422. — Les vignes rouges et les vins rouges en Maine-et-Loire, par GUILLORY aîné,... — *Angers, Barassé, 1861, in-8°, pl.*

2423. — Manuel du vigneron, exposé des divers procédés de culture de la vigne et de la vinification dans les vignobles les plus renommés, d'où l'on a déduit, à l'aide d'une longue pratique, la méthode rationnelle, par le comte ODART. Troisième édition. — *Paris, Libr. agricole, 1861, in-12.*

2424. — Sur la viticulture du Sud-Ouest de la France. Rapport à Son Excellence M. Rouher,... par le Dʳ Jules GUYOT. — *Paris, Impr. Imp., 1862, gr. in-8°.*

2425. — Sur la viticulture de l'Est de la France. Rapport... par le Dʳ Jules GUYOT. — *Paris, Impr. Imp., 1863, gr. in-8°.*

2426. — Sur la viticulture du Nord-Est de la France. Rapport... par le Dr Jules Guyot. — *Paris, Impr. Imp., 1864, gr. in-8°.*

2427. — Sur la viticulture du centre Sud de la France. Rapport... par le Dr Jules Guyot. — *Paris, Impr. Imp., 1865, gr. in-8°.*

2428. — Sur la viticulture de l'Ouest de la France. Rapport... par le Dr Jules Guyot. — *Paris, Impr. Imp., 1866, gr. in-8°.*

2429. — Sur la viticulture et la vinification du canton d'Evian (Haute-Savoie). Rapport... par le Dr Jules Guyot. — *Paris, Impr. Imp., 1868, gr. in-8°, 55 p.*

2430. — Étude des vignobles de France, pour servir à l'enseignement mutuel de la viticulture et de la vinification françaises, par le Dr Jules Guyot. — *Paris, Impr. Imp., 1868, 2 vol. in-8°, carte.*

    Tome 1er. Régions du Sud-Est et du Sud-Ouest.
    Tome 2. Régions du centre Sud, de l'Est et de l'Ouest.
    Le tome 3 manque.

2431. — Instruction pratique pour le soufrage de la vigne et résultats d'observations nouvelles sur l'oïdium, le soufre et les mélanges sulfureux, par M. de La Vergne. Treizième édition. — *Paris, Libr. agricole, 1863, in-12, iv-82 p., pl.*

2432. — Maladie de la vigne, du cerisier, du noyer, du mûrier, du pêcher, du fraisier, du poirier, du pommier, de la pomme de terre. Signé : V^{or} Chatel,... Vire, 31 juillet 1864. — *Sans titre ; Caen, Impr. Poisson, in-8°, 12 p.*

2433. — La vigne, par E. A. Carrière. — *Paris, Libr. agricole, s. d. [1865], in-12.*

2434. — Études sur le vin, ses maladies, causes qui les provoquent, procédés nouveaux pour le conserver et pour le vieillir, par M. L. Pasteur,... — *Paris, Impr. Imp., 1866, in-8°, pl.*

2435. — La vigne en France et spécialement dans le Sud-Ouest. Extrait des conférences faites dans les Basses-Pyrénées, par M. Romuald Dejernon. — *Pau, Impr. Veronese, 1866, in-8°.*

2436. — La vigne en France et spécialement dans le Sud-Ouest. Extrait des conférences faites dans les Basses-Pyrénées, par M. Romuald Dejernon. — *Pau, Lafon, 1867, in-8°.*

2437. — Le vin, par A. de Vergnette-Lamotte,... — *Paris, Libr. agricole, s. d. [1867], in-12, pl.*

2438. — Étude sur les raisins, leurs produits et la vinification, par L. A. Le Canu,... — *Paris, Impr. Blot, 1868, in-8°, 31 p.*

2439. — Nouvelles études sur les raisins, leurs produits et la vinification, par L. R. Le Canu,... — *Paris, Libr. agricole, 1870, in-8°, 31 p.*

2440. — Calendrier du vigneron, par Guillory aîné. Deuxième édition. — *Angers, Impr. Barassé, 1868, in-12, pl.*

2441. — Les vins alimentaires considérés au point de vue hygiénique. Guide du consommateur, par Guillory aîné. — *Angers, Impr. Barassé, 1869, in-18.*

2442. — Le phylloxera (de 1854 à 1873). Résumé pratique et scientifique, par J. E. Planchon et J. Lichtenstein,... — *Montpellier, Coulet, 1873, in-8°, 40 p., pl.*

2443. — Rapport sur les mesures administratives à prendre pour préserver les territoires menacés par le phylloxera. Commissaires : MM. Dumas, Milne-Edwards, Duchartre, Blanchard, Pasteur, Thenard, Bouley, rapporteur. — *Paris, Gauthier-Villars, 1874, in-4°, 8 p.*

   Extrait du tome LXXVIII des Compte-rendus hebdomadaires des séances de l'Académie des Sciences.
   La couverture imprimée sert de titre.

2444. — Études sur la nouvelle maladie de la vigne dans le Sud-Est de la France, par M. Duclaux..., — *Paris, Impr. Nat., 1874, in-8°, in-54 p., cartes.*

   Extrait des Mémoires présentés par divers savants à l'Académie des Sciences.
   La couverture imprimée sert de titre.

2445. — Études sur la nouvelle maladie de la vigne, par M. Maxime Cornu,... — *Paris, Impr. Nat., 1874, in-4°, 46 p., pl.*

> Extrait des Mémoires présentés par divers savants à l'Académie des Sciences.
> La couverture imprimée sert de titre.

2446. — Mémoire sur la maladie de la vigne et sur son traitement par le procédé de la submersion, par M. Louis Faucon. — *Paris, Impr. Nat., 1874, in-4°, 91 p.*

> Extrait des Mémoires présentés par divers savants à l'Académie des Sciences.
> La couverture imprimée sert de titre.

2447. — Extrait des Comptes-rendus des séances de l'Académie des Sciences de l'Institut de France. (Séance du 12 octobre 1874.) Communication relative à la destruction du phylloxera, par M. Dumas,... Nouvelles expériences effectuées avec les sulfocarbonates alcalins, pour la destruction du phylloxera ; manière de les employer, par M. Mouillefert,... Recherches sur l'action du coaltar dans le traitement des vignes phylloxérées, par M. Balbiani,... — *Paris, Gauthier-Villars, 1874, in-4°, 14 p.*

> La couverture imprimée sert de titre.

2448. — Études sur les vignes d'origine américaine qui résistent au phylloxera, par M. A. Millardet,... — *Paris, Impr. Nat., 1876, in-4°, 48 p.*

> Extrait des Mémoires présentés par divers savants à l'Académie des Sciences.
> La couverture imprimée sert de titre.

2449. — Institut de France. Académie des Sciences. Mémoires sur le phylloxera présentés à l'Académie des Sciences en 1876, par M. Balbiani,... — *Paris, Gauthier-Villars, 1876, in-4°, 41 p.*

> Extraits des Comptes-rendus des séances de l'Académie des Sciences, t. LXXXII et LXXXIII, 1876.

2450. — Indications générales sur les vignobles des Charentes, par M. Maurice Girard,... — *Paris, Impr. Nat., 1876, in-4°, 83 p., cartes.*

> Extrait des Mémoires présentés par divers savants à l'Académie des Sciences.
> La couverture imprimée sert de titre.

2451. — Expériences faites à la station viticole de Cognac dans le but de trouver un procédé efficace pour combattre le phylloxera, par MM. Max. Cornu et Mouillefert,... — *Paris, Impr. Nat., 1876, in-4°*.

> Extrait des Mémoires présentés par divers savants à l'Académie des Sciences.
> La couverture imprimée sert de titre.

2452. — Études d'analyses comparatives sur la vigne saine et sur la vigne phylloxérée, par M. Boutin aîné,... — *Paris, Impr. Nat., 1877, in-4°, 20 p.*

> Extrait des Mémoires présentés par divers savants à l'Académie des Sciences.
> La couverture imprimée sert de titre.

2453. — Institut de France. Académie des Sciences. Observations sur le phylloxera et sur les parasitaires de la vigne, etc., par les délégués de l'Académie. — *Paris, Gauthier-Villars, 1881-1884, 4 fascicules in-4°, pl.*

2454. — Le phylloxera. Moyens proposés pour le combattre. État actuel de la question, par P. Mouillefert,... — *Paris, Masson, 1876, in-8°, pl.*

2455. — Ensayo sobre las variedades de la vid comun que vegetan en Andalucia, por Don Simon de Rojas Clemente y Rubio... — *Madrid, Impr. Perojo, 1879, in-f°, fr. lith. avec portr. et pl.*

2456. — Science viticole. Principaux documents pratiques sur la culture de la vigne dans la région du Sud-Ouest de la France, par Victorin Langlet,... Nérac, le 1ᵉʳ janvier 1880. — *[Pau, Impr. Vignancour], in-8°, 19 p. pl.*

2457. — Notes et observations sur les vignes américaines, par Maurice Lespiault,... — *Nérac, Durey, 1882, in-8°, 91 p., fr. lith.*

2458. — Coup d'œil rétrospectif sur la question vinicole. Documents divers sur l'impôt et les surtaxes, par M. Hippolyte Faure. Deuxième édition. — *Narbonne, Impr. Caillard, 1891, in-8°, 96 p.*

f). Cultures diverses.

2459. — Traité de la châtaigne, par M. PARMENTIER,... — *Bastia et Paris, Monory, 1780, in-8°.*

2460. — Traité sur la culture et les usages des pommes de terre, de la patate et du topinambour, par M. PARMENTIER... — *Paris, Barrois, 1789, in-8°.*

2461. — Avis aux cultivateurs sur la culture du tabac en France, publié par la Société royale d'agriculture. — *Paris, Impr. de la Feuille du Cultivateur, 1791, in-8°, 16 p.*

2462. — Du cotonnier et de sa culture, ou Traité sur les diverses espèces de cotonniers ; sur la possibilité et les moyens d'acclimater cet arbuste en France ; sur sa culture dans différents pays, principalement dans le Midi de l'Europe ; et sur les propriétés et les avantages économiques, industriels et commerciaux du coton. Par Charles Philibert de LASTEYRIE,... — *Paris, Bertrand, 1808, in-8°, pl.*

2463. — Culture des plantes fourragères, formant la troisième partie des Préceptes d'agriculture pratique de J. N. SCHWERZ,... traduits sur la seconde édition, par P. R. de SCHAUENBURG,... — *Paris, Bouchard-Huzard, 1842, in-8°.*

2464. — Culture des plantes économiques, oléagineuses, textiles et tinctoriales, formant la quatrième partie des Préceptes d'agriculture pratique de J. N. SCHWERZ,... revu par M. PABST. Traduit de l'allemand, par M. LAVERRIÈRE,... — *Paris, Bouchard-Huzard, 1847, in-8°, pl.*

2465. — Des moyens de développer la culture du lin en France, par Ch. GOMART,... — *Saint-Quentin, Impr. Moureau, 1852, in-8°, 24 p.*
   La couverture imprimée sert de titre.

2466. — Culture de l'ajonc, ou genêt épineux, ses usages, son application à la nourriture des bestiaux, par MM. WEDLAKE et de PORQUET, esq. — *Paris, Blandin, 1857, in-8°, 83 p.*

G. ANIMAUX DOMESTIQUES.

a). Zootechnie.

2467. — Amélioration des diverses races d'animaux domestiques, par M. Sauzeau (Alix). — *Paris, Impr. Guiraudet et Jouâust, 1846, in-8°, 30 p.*

2468. — Bibliothèque du cultivateur... Animaux domestiques, zootechnie générale, par Lefour,... 2ᵉ édition, suivie de Notions de vétérinaire usuelle, par Sanson,... — *Paris, Libr. agricole, 1862, in-12.*

2469. — Animaux domestiques. Zootechnie générale, par Lefour,... Quatrième édition. — *Paris, Libr. agricole, 1873, in-12.*

2470. — La maréchalerie, ou ferrure des animaux domestiques, par André Sanson,... — *Paris, Libr. agricole, 1868, in-12.*

b). Race chevaline. Haras. Courses.

**. — Pour les ouvrages concernant la race chevaline dans les Basses-Pyrénées.
 Voy. Division Histoire locale.

2471. — Newmarket. Collection d'onze planches lithographiques représentant la vue de Newmarket, et la vie du cheval de course, depuis l'instant où il est dans le haras jusqu'à celui de sa vente, figuré sous les formes des plus célèbres chevaux de course anglais en 1809 ; comprenant les principaux sites et points de vue de Newmarket ; les portraits de plusieurs amateurs de course et des plus fameux jockeys ; auxquels sont joints une notice sur Newmarket et un texte explicatif des planches, les actes du Parlement d'Angleterre relatifs aux courses, les règles des courses en général et les règles et ordonnances du Jockey-Club. Par A. Dubost,... — *Paris, l'auteur, Impr. de Smith, 1818, in-f°, obl. fr. lith. et pl.*

— 370 —

2472. — Essai sur les avantages que S. Exc. Mgr le Ministre de l'Intérieur offre à l'Alsace par sa circulaire du 20 mars 1820, où elle dit : La France doit être divisée en contrées qui font naitre les chevaux et en contrées qui doivent les élever. Par le Mis de ROYÈRE,... — *Strasbourg, Impr. Levrault, 1821, in-4°.*
Première partie seule parue.

2473. — L'éleveur de poulains et le parfait amateur de chevaux. Ouvrage dans lequel on indique les qualités nécessaires aux juments poulinières et aux étalons, les soins et la nourriture qui conviennent aux poulains, pendant et après l'allaitement, pour arriver, par de promptes améliorations, à des productions susceptibles de rivaliser avec tout ce que l'Angleterre peut avoir de meilleur en ce genre, par M. L. G. de PUIBUSQUE. (Extrait des Annales d'agriculture.) — *Paris, Impr. Huzard, 1834, in-8°, 32 p.*

2474. — Stud book français, registre des chevaux de pur sang nés ou importés en France, publié par ordre du Ministre des Travaux Publics, de l'Agriculture et du Commerce. — *Paris, Impr. Royale, [P. Dupont], 1838-1847, 4 vol. in-8°.*
Les tomes 1, 2, 3, 5 seuls.

2475. — Notice sur les haras impériaux d'Autriche, par M. Jules de CHAMPAGNY,... — *Paris, [Impr. Dupont], 1842, in-8°, 21 p.*
La couverture imprimée sert de titre.

2476. — Des remontes de l'armée et de leurs rapports avec l'agriculture, par le Mis de TORCY,... Deuxième édition augmentée d'un examen des documents et brochures récemment publiés sur cette question. — *Paris, les marchands de nouveautés, 10 avril 1842, in-8°, 91 p.*

2477. — Observations d'un ancien officier de cavalerie sur la brochure intitulée : Des remontes de l'armée, leurs rapports avec les haras ; par M. le Marquis OUDINOT,... Extrait du Journal des Haras, n° de mars 1842. — *Paris, Anselin et Laguionie, 1842, in-8°, 36 p.*

2478. — Les haras et les remontes, la guerre et les brochures, par Adolphe DITTMER. — *Paris, Mathias, 1842, in-8°, 50 p.*

2479. — Traité complet de l'élève du cheval en Bretagne. Statistique hippique de la circonscription du dépôt d'étalons de Langonnet, par Ephrem Houël,... — *Avranches, Tostain, 1842, in-8°.*

2480. — Du cheval en France, par Charle de Boigne. — *Paris, Bohaire, 1843, in-8°.*

2481. — Annales des haras et de l'agriculture publiées par une société d'éleveurs, de professeurs et d'anciens élèves de l'école royale des haras. — *Paris, [Impr. Guiraudet et Jouaust], 1845-1847, 3 vol. in-8°.*

> Les tomes 1 à 3 seuls. A partir du tome 2, le titre porte en outre : Recueil spécialement destiné à l'étude de l'amélioration des races et de l'économie du bétail.

2482. — La France chevaline. 2ᵉ partie. Études hippologiques, par Eugène Gayot,... — *Paris, Bouchard-Huzard, 1850, in-8°.*

> Le tome 1ᵉʳ seul.

2483. — Les chevaux du Sahara, par le général Daumas,... — *Paris, Chamerot, 1851, in-8°.*

2484. — Les chevaux du Sahara et les mœurs du désert, par le général E. Daumas,... Troisième édition... avec des commentaires, par l'émir Abd-el-Kader. — *Paris, Michel Lévy, 1855, in-12.*

2485. — L'art de dompter les chevaux, par J. S. Rarey le dompteur. Traduit et précédé d'une introduction, par F. de Guaita. Huitième édition. — *Paris, Dentu, 1858, in-18.*

2486. — Manuel du cultivateur à l'usage des fermes-écoles et des établissements d'instruction, par Lefour,... Animaux domestiques. IIᵉ volume comprenant l'élevage, l'entretien et l'utilisation du cheval, de l'âne et du mulet. — *Paris, Dusacq, s. d., in-12.*

> Choix des vaches laitières, ou description de tous les signes à l'aide desquels on peut apprécier les qualités lactifères des vaches, par J. H. Magne,... — *Paris, Comon, 1850, in-12, pl.*

2487. — Achat du cheval, ou choix raisonné des chevaux d'après leur conformation et leurs aptitudes, par Eug. Gayot. — *Paris, Libr. agricole, s. d. [1862], in-12.*

2488. — A B C des courses, par Canter. — *Paris, Libr. internationale, 1868, in-18.*

2489. — Dictionnaire du sport français. Courses, chevaux, entraînement, langue du turf, célébrités du turf, paris et parieurs, règlements, hippodromes, par Ned Pearson,... — *Paris, Lorenz, 1872, in-12.*

2490. — Ministère de l'Agriculture et du Commerce. Direction des haras. Conseil supérieur des haras. Séance du 15 décembre 1880. — *S. l. n. d. Impr. Nat., janvier 1881, in-4°, 26 p.*

Ministère de l'Agriculture. Conseil supérieur des haras. Séance du 7 [et du 9] juin 1882. — *S. l. n. d. Impr. Nat., juin 1882, in-4°, 48 p.*

Ministère de l'Agriculture. Direction des haras. Conseil supérieur des haras. Séance du 6 décembre 1882. — *S. l. n. d. Impr. Nat., janvier 1883, in-4°, 31 p.*

Ministère de l'Agriculture. Direction des haras. Conseil supérieur des haras. Procès-verbal de la séance du 23 décembre 1885. — *S. l. n. d. Impr. Nat., février 1886, in-4°, 9 p.*

Ministère de l'Agriculture. Conseil supérieur des haras. Séance du 9 juillet 1886. — *S. l. n. d. Impr. Nat., août 1886, in-4°, 40 p.*

2491. — Le cheval dans ses rapports avec l'économie rurale et les industries de transport, par E. Lavalard,... — *Paris, Didot, [1888-1893], 2 vol. in-8°.*

    Tome 1ᵉʳ. Alimentation. Écuries. Maréchalerie.
    Tome 2. Choix et achat. Utilisation du cheval. Situation actuelle de la production chevaline.

c). Bêtes à cornes. Troupeaux.

**. — Pour les ouvrages concernant les races bovine et ovine dans les Basses-Pyrénées.

    Voy. Division Histoire locale.

2492. — Observations et conseils pratiques sur l'engraissement des veaux, des vaches et des bœufs dans le canton de Genève. Mémoire couronné par la classe d'agriculture de la Société pour l'avancement des arts à Genève, séance publique et générale du 17 juin 1824, par J. C. Favre,... — *Genève, Paschoud, 1824, in-8°, 64 p.*

2493. — Manuel de l'éleveur de bêtes à cornes, par Félix Villeroy,... — *Paris, Libr. agricole, 1844, in-12.*

2494. — Manuel de l'éleveur de bêtes à cornes, par Félix Villeroy,... Sixième édition. — *Paris, Libr. agricole, 1873, in-12.*

2495. — De la race bovine courte corne améliorée, dite race de Durham en Angleterre, aux États-Unis d'Amérique et en France, par M. G. Lefebvre-Ste-Marie,... — *Paris, Impr. Nat., 1849, gr. in-8°.*

2496. — Traité des vaches laitières et de l'espèce bovine en général, par F. Guenon,... Troisième édition... — *Paris, Impr. Nat., 1851, in-8°, portr. et pl.*

2497. — Abrégé du traité des vaches laitières, par F. Guenon,... — *Paris, Impr. Nat., 1851, in-12, portr.*

2498. — Du bétail en ferme. Traité populaire extrait des œuvres de Jacques Bujault,... mis en ordre, par N. Basset. — *Paris, Goin, 1854, in-12.*

Du traitement des porcs aux différentes époques de l'année. Naissance, sevrage, élevage, engraissement, abatage. Extrait des meilleurs ouvrages anglais et traduit par J. A. G. [Jules Alexandre Grandvoinnet]. — *Paris, Goin, s. d. [1855], in-12.*

Guide de l'éleveur de poules, poulets, etc., par J. Allibert,... — *Paris, Goin, 1855, in-12.*

2499. — Le bétail gras et le concours d'animaux de boucherie, par Eug. Gayot,... — *Paris, Bouchard-Huzard, 1858, in-8°.*

2500. — Choix des vaches laitières, ou description de tous les signes à l'aide desquels on peut apprécier les qualités lactifères des vaches, par J. H. MAGNE,... Troisième édition... — *Paris, Libr. agricole, 1859, in-12, fr. lith.*

2501. — Traité de l'alimentation des bêtes bovines, d'après les données de la science et de la pratique, par le D'' Julius KÜHN,... Traduit de l'allemand sur la cinquième édition, par F. H. ROBLIN. — *Paris, Masson, 1873, in-8°.*

2502. — Manuel des fromageries ou introduction à l'industrie du lait. Écrit populaire, par R. SCHATZMANN,... Traduit de l'allemand par L. J. JOMINI et Th. ECKERFELD,... — *Aarau, Christen, 1875, in-8°, tabl.*

2503. — L'agriculture et l'élevage dans la République Argentine, d'après le recensement de la première quinzaine d'octobre de 1888, fait sous les auspices de la commission chargée des travaux de la section Argentine à l'exposition de Paris. Ouvrage publié sous la direction de F. LATZINA. — *Paris, Impr. Mouillot, 1889, gr. in-8°, cartes.*

2504. — Description agréable de la République Argentine. A travers les bergeries, par Estanislao S. ZEBALLOS. Traduit par Alfred BIRABEN. — *Paris, Impr. Mouillot, 1889, gr. in-8°, fr. lith.*

2505. — Des résidus industriels dans l'alimentation du bétail, par Ch. CORNEVIN,... — *Paris, Didot, 1892, in-8°.*

d). Animaux de basse-cour.

2506. — Discours économique non moins utile que récréatif, montrant comme de cinq cents livres pour une fois employées, l'on peut tirer par an quatre mille cinq cents livres de profit honnête, qui est le moyen de faire profier (sic) son argent. Par M. PRUDENT LE CHOYSELAT,... — *Rouen, Le Menestrier, 1612, in-12, 47 p.*

Notice analytique et bibliographique de l'ouvrage de Prudent Le Choyselat sur les avantages que l'on peut retirer des poules, par J. B. HUZARD. — *Paris, Impr. Huzard, mai 1830, in-8°, 24 p.*

2507. — Bibliothèque du cultivateur... Oiseaux de basse-cour et lapins, par Mme MILLET-ROBINET. 3e édition. — *Paris, Dusacq, s. d., in-12.*

2508. — La poule aux œufs d'or pour d'aucuns et la poule au pot pour tout le monde, au moyen d'un poulailler roulant, par GIOT aîné,... — *Paris, Libr. agricole, 1860, in-8°, 32 p.*

2509. — Le poulailler. Monographie des poules indigènes et exotiques; aménagements, croisements, élève, hygiène, maladies, etc. Texte et dessins, par Ch. JACQUE. Deuxième édition. — *Paris, Libr. agricole, 1861, in-12.*

2510. — Poules et œufs, par Eug. GAYOT. Deuxième édition. — *Paris, Libr. agricole, 1872, in-12.*

2511. — De l'établissement des porcheries, dispositions diverses, construction, par J. GRANDVOINNET,... — *Paris, Goin, 1856, in-12.*

2512. — Guide de l'apiculteur, par M. DEBEAUVOYS. — *Angers, Impr. Cosnier et Lachèse, 1846, in-12.*

2513. — Les abeilles, leurs mœurs, leur industrie, leur culture, par Victor RENDU,... — *Paris, Hachette, 1873, in-18.*

2514. — L'auxiliaire de l'apiculteur et de l'agriculteur, de l'éleveur et de l'horticulteur, du naturaliste, du colombophile. Directeur J. B. LERICHE. — *S. l. n. d. Amiens, Impr. Nouvelle, in-4°.*
Année 1890 seule. La couverture imprimée sert de titre.

c). Vers à soie. Mûriers.

2515. — Mémoire instructif sur les pépinières de mûriers blancs et les manufactures de vers à soie. Imprimé de l'ordre des États généraux de la province de Béarn. — *Pau, Impr. Desbaratz, 1745, pet. in-8°.*

2516. — L'art de cultiver les mûriers blancs, d'élever les vers à soie et de tirer la soie des cocons. [Par POMIER.] Seconde édition... — *Paris, Lottin, 1757, in-8°, pl.*

2517. — Recherches sur les maladies des vers à soie et les moyens de les prévenir. Suivies d'une instruction sur l'éducation de ces insectes... par P. H. NYSTEN,... — *Paris, Imp. Imp., 1808, in-8°.*

2518. — La science de la sétifère ou l'art de produire la soie avec avantage et sûreté, comprenant la morique, ou l'art de cultiver les mûriers ; la bigattique, ou l'art d'élever les vers à soie ; et la sétifice, ou l'art de tirer la soie des cocons et d'en composer toutes espèces et qualités de fil de soie. Ouvrage théorico-pratique composé en 1818, par le Docteur Antoine PITARO,... — *Perpignan, Lasserre, mai 1828, in-8°, port. et pl.*

2519. — L'art d'élever les vers à soie pour obtenir constamment d'une quantité donnée de feuilles de mûriers la plus grande quantité possible de cocons de première qualité, et de l'influence de cet art sur l'augmentation annuelle des richesses des particuliers et des nations. Ouvrage de M. le comte DANDOLO,... traduit de l'italien, par F. Philibert FONTANEILLES. Quatrième édition, revue, corrigée et augmentée de nouvelles notes du traducteur, des nouveaux procédés de M. Labarraque, pour purifier l'air des magnaneries... — *Paris, Bohaire, 1837, in-8°, portr. et pl.*

2520. — Résumé des principaux traités chinois sur la culture des mûriers et l'éducation des vers à soie, traduit par Stanislas JULIEN,... — *Paris, Impr. Royale, 1837, in-8°, pl.*

2521. — De la culture du mûrier, par MM. F. BOYER,... et G. de LABAUME,... — *Nîmes, Impr. Durand-Belle, 1845, in-8°, pl.*

2522. — Le ver à soie et la sériciculture, par A. de QUATREFAGES,... — *Paris, Hachette, 1866, in-32, 51 p.*

2523. — Rapport à S. E. M. le Ministre de l'Agriculture, du Commerce et des Travaux publics sur la mission confiée à M. Pasteur, en 1868, relativement à la maladie des vers à soie. Signé : L. PASTEUR. — *Paris, Impr. Imp., 1868, in-4°, 72 p., pl.*
La couverture imprimée sert de titre.

2524. — Les séricigènes sauvages de la Chine, par Albert A. FAUVEL,... — *Paris, Leroux, 1895, in-4°, pl.*

H. HORTICULTURE.

2525. — Instruction pour les jardins fruitiers et potagers, avec un traité des orangers, suivi de quelques réflexions sur l'agriculture, par feu Mʳ de La Quintinye,... — *Paris, Barbin, 1690, 2 vol. in-4°, pl.*

2526. — Instruction pour les jardins fruitiers et potagers, avec un traité des orangers, suivi de quelques réflexions sur l'agriculture. Par feu Mʳ de La Quintinye,... — *Paris, La Compagnie des Libraires, 1697, 2 vol. in-4°, portr. et pl.*

2527. — Instruction pour les jardins fruitiers et potagers, avec un traité des orangers, suivi de quelques réflexions sur l'agriculture. Par feu Mʳ de La Quintinye,... Nouvelle édition... augmentée d'une instruction pour la culture des fleurs. — *Paris, La Compagnie des Libraires, 1700, in-4°, portr. et pl.*

Le tome 1ᵉʳ seul.

2528. — Notice sur Jean de La Quintinye, son style et son caractère, par Louis Demouceaux. — *Versailles, Impr. Beau, 1872, in-18, 22 p.*

La couverture imprimée sert de titre.

2529. — Nouvelle instruction pour la culture des fleurs, contenant la manière de les cultiver et les ouvrages qu'il faut faire chaque mois de l'année, selon leurs différentes espèces ; avec un catalogue des fleurs les plus belles et les plus rares. — *Paris, par la Compagnie des Libraires, 1700, in-4°.*

2530. — Le jardinier solitaire, ou dialogues entre un curieux et un jardinier solitaire. Contenant la méthode de faire et de cultiver un jardin fruitier et potager et plusieurs expériences nouvelles. Avec des réflexions sur la culture des arbres. [Par Gentil, en religion Frère François, chartreux.] Cinquième édition... — *Paris, Rigaud, 1723, in-12, pl.*

2531. — Le jardinier solitaire, ou dialogues entre un curieux et un jardinier solitaire. Contenant la méthode de faire et de cultiver un jardin fruitier et potager et plusieurs expériences nouvelles. Avec des réflexions sur la culture des arbres. [Par Gentil, en religion Frère François, chartreux.] Neuvième édition... — *Paris, Rigaud, 1749, in-12, pl.*

2532. — Le jardinier solitaire, ou dialogues entre un curieux et un jardinier solitaire. Contenant la méthode de faire et de cultiver un jardin fruitier et potager et plusieurs expériences nouvelles. Avec des réflexions sur la culture des arbres. [Par Gentil, en religion Frère François, chartreux.] Huitième édition... — *Paris, Rigaud, 1759, in-12, pl.*

2533. — Le jardinier fleuriste ou la culture universelle des fleurs, arbres, arbustes, arbrisseaux servant à l'embellissement des jardins, contenant plusieurs parterres sur des dessins nouveaux, bosquets, boulingrins, salles, salons et autres ornements de jardin. Avec la manière de rechercher les eaux, de les conduire dans les jardins, et une instruction sur les bassins... par le sieur L. Liger. Nouvelle édition... — *Paris, Savoye, 1764, in-12, pl.*

2534. — Année champêtre, partie qui traite de ce qu'il convient de faire chaque mois dans le potager, [par le P. Jean Paul de Rome d'Ardenne, de l'Oratoire]. — *Paris, Vincent, 1769, 3 vol. in-12, pl.*

2535. — La pratique du jardinage, par M. l'abbé Roger Schabol, ouvrage rédigé après sa mort sur ses mémoires, par M. D*** [A. N. Dezallier d'Argenville]. Nouvelle édition... — *Lyon, Robert et Gauthier, 1797, 2 vol. in-12, fr. gr. et pl.*

2536. — Revue horticole. Résumé de tout ce qui paraît d'intéressant en jardinage, plantes nouvelles, nouveaux procédés de culture, perfectionnements des anciennes pratiques, invention de nouveaux outils, découvertes, annonces, analyses et extraits d'ouvrage d'horticulture français et étrangers, par MM. Poiteau et Vilmorin,... Decaisne,... Neumann, Pepin,... — *Paris, Libr. agricole, 1843-1882, 9 vol. in-12 et 30 vol. in-8°, pl.*

2537. — Cours d'horticulture, par A. POITEAU. — *Paris, Bouchard-Huzard, 1853, in-8°, pl.*
Le tome 2 seul.

2538. — Annales de pomologie belge et étrangère, publiées par la commission royale de pomologie instituée par S. M. le Roi des Belges. — *Bruxelles, Imp. Parent, 1853-1860, 8 vol. in-f°, pl.*

2539. — Guide pratique du jardinier multiplicateur, ou art de propager les végétaux par semis, boutures, greffes, etc., par E. A. CARRIÈRE,... — *Paris, Libr. agricole, s. d. [1856], in-12.*

2540. — Traité de la culture du camélia, par J. de JONGHE,... Deuxième édition. — *Paris, Goin, s. d. [1857], in-12, 84 p.*

Instruction sur le soufrage des vignes, par L. R. LE CANU,... — *Paris, Goin, 1861, in-12, 36 p.*

Instructions pratiques sur la taille des arbres fruitiers, contenant les principes à suivre pour leur plantation, leur culture, leur entretien, les greffes les plus en usage et les autres opérations complémentaires, dans leur plus simple expression, par J. LACHAUME,... — *Paris, Goin, 1855, in-12.*

Rosiers, violettes, pensées, primevères, auricules, balsamines, pétunias, pivoines, verveines ; espèces, variétés, culture, par MARX-LEPELLETIER. — *Paris, Libr. agricole, s. d. [1859], in-12.*

2541. — Les expériences d'un amateur, ou la taille des arbres simplifiée, suivies de conseils sur les pépinières, par F. LEFEVRE,... Deuxième édition... — *Paris, Goin, 1857, in-12, pl.*

2542. — Manuel pratique de culture maraîchère, par COURTOIS-GÉRARD,... Troisième édition. — *Paris, Lacroix et Baudry, 1858, in-12.*

2543. — La vie des fleurs et des fruits, par Eugène NOEL, avec une préface de P. J. STAHL. — *Paris, Michel Lévy, 1859, in-32.*

2544. — Culture des pelargonium, par THIBAULT,... — *Paris, Libr. agricole, s. d., in-12.*

2545. — Le Bon jardinier. Almanach horticole pour l'année 1860, contenant les principes généraux de culture ; l'indication, mois par mois, des travaux à faire dans les jardins ; la description, l'histoire et la culture de toutes les plantes potagères, céréales, fourragères, industrielles, des oignons et plantes à fleurs, des arbres fruitiers, des arbres ou arbustes utiles ou d'agrément, et des notions élémentaires de botanique horticole ; un vocabulaire des termes de jardinage et de botanique ; un jardin de plantes médicinales ; un tableau des végétaux groupés d'après la place qu'ils doivent occuper dans les parterres, bosquets, etc. Par VILMORIN,... POITEAU,... Louis VILMORIN,... BAILLY, Victor BORIE, NAUDIN,... NEUMANN et PÉPIN,... — *Paris, Libr. agr., 1860, in-12.*

2546. — Gravures de l'almanach du Bon jardinier, contenant : 1° Principes de botanique ; 2° Principes de jardinage ; manière de marcotter, greffer, disposer et former les arbres fruitiers ; 3° Construction et chauffage des serres ; 4° Composition et ornementation des jardins ; 5° Instruments et outils de jardinage ; 6° Hydroplasie. Par J. DECAISNE,... Vingtième édition. — *Paris, Libr. agricole, s. d. [1858], in-12.*

2547. — Légumes et fruits, par P. JOIGNEAUX. Première édition. — *Paris, Libr. agricole, [1860], in-12.*

2548. — Les poiriers les plus précieux parmi ceux qui peuvent être cultivés à haute tige, aux vergers et aux champs, avec les figures des fruits, au trait, par M. J. de LIRON D'AIROLES,... — *Nantes, Guéraud, 1862, in-8°, VI-65 p., pl.*

2549. — Bibliothèque des écoles rurales. Cours élémentaire d'horticulture, par F. BONCENNE,... Troisième édition. — *Paris, Libr. agricole, 1868, 2 vol. in-12.*

2550. — La culture maraîchère pour le Midi de la France, par A. DUMAS,... Deuxième édition. — *Paris, Libr. agr. [1868], in-12.*

2551. — La culture maraîchère pour le Midi et le centre de la France, par A. DUMAS,... Troisième édition. — *Grenoble, Impr. Prudhomme, [1869], in-12.*

2552. — L'horticulture française, ses progrès et ses conquêtes depuis 1789, par Ch. BALTET,... — *Paris, Masson, 1892, gr. in-8°, plan.*

SCIENCES MÉDICALES

16. MÉDECINE. CHIRURGIE. PHARMACIE. ART VÉTÉRINAIRE.

A. INTRODUCTION. HISTOIRE. ÉCRITS SUR LA MÉDECINE. DICTIONNAIRES. TRAITÉS PRÉPARATOIRES.

2553. — Universæ rei medicæ επιγραφή, seu enumeratio, compendio tractata, Jano CORNARIO Zviccaviensi autore. — *Basileæ, [Froben], 1529, in-4°.*

In divi Hippocratis laudem præfatio ante ejusdem Prognostica, per Janum CORNARIUM Zviccavien. habita. — *Basileæ, Froben], 1528, in-4°, 11 p.*

Leonardi PORTII, jurisconsulti Vicentini, de sestertio, talentis, pecuniis, ponderibus, mensuris, stipendiis militaribus antiquis, ac provinciarum, regum, populi romani Cæsarumque redditibus libri duo, in quibus complura loca scriptorum clariss. Plinii, Columellæ, Celsi, Livii, Juvenalis, tum acri judicio, tum exquisitiori doctrina castigantur, aperiuntur, illustrantur... — *S. l. n. d. Froben, in-4°, 66 p.*

2554. — Methodus seu ratio compendiaria perveniendi ad veram solidamque medicinam, mirifice ad Galeni libros recte intelligendos utilis, nunc recens in lucem ædita, Leonharto FUCHSIO,... authore. Ejusdem de usitata hujus temporis componendorum miscendorumque medicamentorum ratione libri III... — *Parisiis, Guillard, 1541, in-8°.*

Les dernières pages manquent.

2555. — Methodus seu ratio compendiaria cognoscendi veram solidamque medicinam ad Hippocratis et Galeni scripta recte intelligenda mire utilis... Leonharto FUCHSIO,... autore. Accesserunt huic de usitata hujus temporis componendorum miscendorumque medicamentorum ratione libri tres... eodem Leonharto Fuchsio, autore. — *Parisiis, Dupuys, 1550, in-8°.*

En mauvais état.

2556. — Explicatio locorum medicinæ, sine quorum intelligentia eam nemo recte exercere potest. Per D. Joan. Baptistam Montanum,... — *Parisiis, Bartholomæus, 1554, in-16.*

Explicatio eorum quæ pertinent tum ad qualitates simplicium medicamentorum, tum ad eorundem compositionem, a Vincentio Casali Brixiano excepta ex decretis Joannis Baptistæ Montani,... — *Parisiis, Bartholomæus, 1554, in-16.*

2557. — Lexicon medicum græco-latinum à Bartholomæo Castello Messanense inchoatum, nunc vero in commodum publicum opera et studio Adriani Ravesteini,... ex Hippocr. Galen. Avicenn. atque aliorum celeberrimorum medicorum monumentis... — *Tolosæ, Dupuy, 1669, in-12.*

2558. — Bartholomæi Castelli Lexicon medicum græco-latinum, ante a Jacobo Pancratio Brunone iterato editum, nunc denuo ab eodem et aliis plurimis... correctum. Editio nova... — *Genevæ, de Tournes, 1746, in-4°.*

2559. — D. Michaelis Alberti,... introductio in universam medicinam, tam theoreticam quam practicam, certis positionibus comprehensa, imprimis in usum auditorii sui edita, qua verus et sincerus nexus inter theoriam et praxin per præcipuas medicinæ systematicæ partes peculiari studio commonstratur et hoc ordine physiologia et pathologia medica præmittitur. — *Halæ-Magdeburgicæ, Orphanotropheus, 1718, in-4°.*

2560. — Dictionnaire universel de médecine, de chirurgie, de chimie, de botanique, d'anatomie, de pharmacie, d'histoire naturelle, etc., précédé d'un Discours historique sur l'origine et les progrès de la médecine. Traduit de l'anglais de M. James, par Mrs Diderot, Eidous et Toussaint. Revu, corrigé et augmenté par M. Julien Busson,... — *Paris, Briasson, 1746-1748, 6 vol. in-f°, pl.*

2561. — Hermanni Boerhaave,... methodus studii medici emaculata et accessionibus locupletata ab Alberto ab HALLER,... — *Amstelæ-dami, Wetstein, 1751, 2 vol. in-4°, fr. gr.*

2562. — Medicinæ compendium, in usum exercitationis domesticæ ; digestum a Joanne de GORTER,... — *Patavii, Manfrè, 1751, in-4°.*

2563. — Dictionnaire portatif de santé, dans lequel tout le monde peut prendre une connaissance suffisante de toutes les maladies, des différents signes qui les caractérisent chacune en particulier, des moyens les plus sûrs pour s'en préserver, ou des remèdes les plus efficaces pour se guérir, et enfin de toutes les instructions nécessaires pour être soi-même son propre médecin... Par M. L***,... et M. de B***,... [Charles Auguste VANDERMONDE.] Nouvelle édition. — *Paris, Vincent, 1761, 2 vol. in-12.*

2564. — Coup d'œil sur les révolutions et sur la réforme de la médecine, par P. J. G. CABANIS,... — *Paris, Crapart, Caille et Ravier, an XII-1804, in-8°.*

2565. — Dictionnaire de médecine et de chirurgie pratiques, par MM. Andral, Bégin, Blandin, Bouillaud, Bouvier, Cruveilhier, Cullerier, Devergie (Alph.), Dugès, Dupuytren, Foville, Guibourt, Jolly, Lallemand, Londe, Magendie, Ratier, Rayer, Roche, Sanson. — *Paris, Gabon, 1829-1836, 15 vol. in-8°.*

2566. — Dictionnaire de médecine ou répertoire général des sciences médicales, considérées sous le rapport théorique et pratique, par MM. Adelon, Béclard, Bérard, Biett, Blache, Breschet, Calmeil, Cazenave, Chomel, H. Cloquet, J. Cloquet, Coutanceau, Dalmas, Dance, Desormeaux, Dezeimeris, P. Dubois, Ferrus, Georget, Gerdy, Guersent, Itard, Lagneau, Landré-Beauvais, Marc, Marjolin, Murat, Ollivier, Orfila, Oudet, Pelletier, Raige-Delorme, Reynaud, Richard, Rochoux, Rostan, Roux, Rullier, Soubeiran, Trousseau, Velpeau, Villermé. Deuxième édition... — *Paris, Béchet, 1832-1846, 30 vol. in-8°.*

2567. — Dictionnaire encyclopédique des sciences médicales... Directeur : A. DECHAMBRE. — *Paris, Asselin, Masson, 1864-1889, 100 vol. in-8°.*

2568. — Introduction à l'étude de la médecine expérimentale, par M. Claude BERNARD,... — *Paris, Baillière, 1865, in-8°.*

2569. — Les médecins au temps de Molière. Mœurs, institutions, doctrines. Par Maurice RAYNAUD,... Nouvelle édition. — *Paris, Didier, 1866, in-12.*

**. — Rapport sur les progrès de la médecine en France, par MM. BÉCLARD et AXENFELD.

Voy. Division HISTOIRE.

2570. — Association médicale des Basses-Pyrénées. Rapport sur la question de la liberté de l'enseignement supérieur, par M. le Dr Valery MEUNIER (de Pau). — *Pau, Impr. Veronese, 1872, in-8°, 8 p.*

2571. — Réforme de l'enseignement de la médecine. Discours prononcé au Congrès médical de Lyon, le 24 septembre 1872, par U. TRÉLAT,... Liberté de l'enseignement et des études. Brevet et jury professionnels uniques. — *Lyon, Impr. Vingtrinier, 1873, in-8°, 15 p.*

2572. — Recherches sur l'histoire de la médecine, par Théophile BORDEU. Nouvelle réimpression, précédée d'une Notice historique sur l'auteur, par M. LEFEUVE... — *Paris, Masson, 1882, in-8°, portr.*

2573. — Histoire de la médecine. Gui Patin, doyen de la faculté de médecine de Paris, sa vie, son œuvre, sa thérapeutique (1601-1672), par Félix LARRIEU,... — *Paris, Picard, 1889, gr. in-8°, portr. et pl.*

**. — Droit médical, ou Code des médecins, docteurs, officiers de santé, sages-femmes, pharmaciens, vétérinaires, étudiants, etc., par MM. Alfred LECHOPIÉ et D^r Ch. FLOQUET.

Voy. Division JURISPRUDENCE.

B. TRAITÉS GÉNÉRAUX.

a). Auteurs anciens et leurs commentateurs.

2574. — Pauli Æginetæ præcepta salubria Guilielmo Copo Basileiensi interprete. — *Parisiis, Colinæus, 1527, in-4°, 46 ff. n. ch.*

**. — Pauli Æginetæ de crisi et diebus decretoriis eorumque signis, Thoma Linacro interprete.
   Voy. Division Théologie.

2575. — Pauli Æginetæ opus de re medica, nunc primum integrum latinitate donatum, per Joannem Guinterium,... — *Parisiis, Colinæus, 1532, 7 part. en 1 vol. in-f°.*

2576. — Pauli Æginetæ medici opera, a Joanne Guinterio,... conversa... Adjectæ sunt annotationes Jacobi Goupyli,... in aliquot singulorum librorum capita. — *Lugduni, Rouillius, 1551, in-8°.*

2577. — Claudii Galeni,... opus de usu partium corporis humani, magna cura ad exemplaris græci veritatem castigatum... Nicolao Regio Calabro interprete. — *Parisiis, Colinæus, 1528, in-4°.*

2578. — Galeni de curandi ratione per sanguinis missionem liber. Ejusdem de sanguifugis; revulsione; cucurbitula et scarificatione tractatulus. Theodorico Gaudano interprete. — *Parisiis, Wechel, 1529, in-8°, 40 ff.*

C. Gal. de renum affectus agnitione, vel de calculo liber. — *Parisiis, Kerver, 1535, in-8°, 23 ff. n. ch.*

De partu hominis et quæ circa ipsum accidunt, libellus D. Eucharii Rhodionis [Roeslin], medici. — *S. l. [Parisiis], Foucher, 1535, in-8°.*

2579. — ΓΑΛΗΝΟΥ περι κρασεων Βιβλια τρια. Του αυτου περι ανωμαλου δυσκρασιας. ΙΠΠΟΚΡΑΤΟΥΣ ορκος. — Galeni de temperamentis libri tres. Ejusdem de inæquali intemperie libellus. Cum his

HIPPOCRATIS juramentum. Adjecimus eorundem libellorum latinam quoque versionem... — *Basileæ, [Platterus], 1538, 2 part. en 1 vol. in-8°.*

2580. — Claudii GALENI Pergameni, de usu partium corporis humani libri XVII, universo hominum generi apprime necessarii, Nicolao REGIO Calabro interprete. Denuo exactiore cura ad græci exemplaris veritatem castigati, per Jacobum SYLVIUM medicum et Martinum GREGORIUM. Huc accessit ejusdem Jacobi SYLVII brevis Isagoge... — *Parisiis, Wechelus, 1538, in-f°.*

**. — ΓΑΛΗΝΟΥ περι διαφορας πυρετων Βιβλιον α.
Voy. Division BELLES-LETTRES.

2581. — Cl. GALENI,... de curatione per sanguinis missionem libellus, Leonharto FUCHSIO,... authore. — *Lugduni, Frellon, 1546, in-8°.*

Archangeli PICCOLHOMINI, Ferrariensis, in librum Galeni de humoribus, commentarii... — *Parisiis, Turrisianus, 1556, in-8°.*

2582. — Cl. GALENI varia opera, ac fragmenta, nunc primum inventa et latino sermone donata... — *Lugduni, Frellonius, 1550, in-f°.*

2583. — GALENI opera ex sexta Juntarum editione... — *Venetiis, Juntæ, 1586, 12 tom. en 6 vol. in-f°.*

Le dernier volume contient : Antonii Musæ BRASAVOLI,... index refertissimus in omnes Galeni libros...

**. — Q. Sereni SAMONICI de medecina præcepta saluberrima, per D. CÆSARIUM... emaculata.
Voy. Division BELLES-LETTRES.

2584. — ÆTII Amideni, quem alii Antiochenum vocant, medici clarissimi, libri XVI, in tres tomos divisi, quorum primus et ultimus Joan. Baptista MONTANO,... secundus Jano CORNARIO,... interpretibus latinitate donati sunt... — *Basileæ, Froben, 1535, 3 tom. en 1 vol. in-f°.*
Deux exemplaires.

2585. — Methodus medendi certa, clara et brevis, pleraque quæ ad medicinæ partes omnes, præcipue quæ ad chirurgiam requiruntur, libris III exponens. Cum instrumentis, ad omnes fere morbos utiliter, et γραφικως depictis. Autore ALBUCASE,... Ex pervetustis exemplaribus emendata et jam primum typis impressa... ROLANDI,... lib. IIII in quibus ordine et judicio singulari fideliter tradit rationem medendi morbis interiorum et exteriorum partium humani corporis. ROGERII liber breviter perstringens quidquid de omnium venarum phlebotomia scire bonum medicum oportet. CONSTANTINI Africani de humana natura lib. I. Item ejusdem de elephantia lib. I. Et de remediorum ex animalibus materia lib. I. Antonii GAZII quo medicamentorum genere purgationes fieri debeant lib. I. — *Basileæ, Henricus Petrus,* [1541], *pet. in-f°.*

Ex libris de Gul. Grangierius.

2586. — MELETII philosophi de natura structuraque hominis opus. POLEMONIS Atheniensis insignis philosophi naturæ signorum interpretationis. HIPPOCRATIS de hominis structura. DIOCLIS ad Antigonum regem de tuenda valetudine epistola. MELAMPI de nevis corporis tractatus. Omnia hæc non prius edita. Nicolao PETREIO Corcyræo interprete. — *Venetiis,* [*Gryphius*], *1552, in-4°.*

Julio tertio sanctissimo, THOMÆ philologi Ravenna de vita hominis ultra CXX annos protrahenda... — *Venetiis, 1553, in-4°.*

Les dernières pages manquent.

2587. — Aurelii Cor. CELSI de re medica libri VIII. Item Qu. SERENI liber de medicina. Qu. Rhemnii Fannii PALÆMONIS de pond. et mensuris liber. Omnia ex diversorum codicum diligentissima collatione castigata. — *Lugduni, Tornæsius, 1554, in-16.*

2588. — Aur. Corn. CELSI de medicina libri octo, cum notis integris Joannis CÆSARII, Roberti CONSTANTINI, Josephi SCALIGERI, Isaaci CASAUBONI, Joannis Baptistæ MORGAGNI. Ac locis parallelis cura et studio Th. J. ab ALMELOVEEN,... Accedunt J. RHODII vita C. Celsi, variæ lectiones... itemque loci aliquot HIPPOCRATIS et CELSI ab Henrico STEPHANO παραλληλως concinnati. Editio secunda... — *Basileæ, Thurneisen, 1748, pet. in-8°.*

2589. — CELSE. VITRUVE. CENSORIN. (Œuvres complètes) FRONTIN (des aqueducs de Rome) avec la traduction en français, publiés sous la direction de M. Nisard,... — *Paris, Didot, 1857, gr. in-8°.*

2590. — Του μεγαλου ΙΠΠΟΚΡΑΤΟΥΣ παντων των ιατρων κορυφαιου τα ευρισκομενα. Magni Hippocratis,... opera omnia quæ extant, in VIII sectiones ex Erotiani mente distributa. Nunc recens latina interpretatione et annotationibus illustrata, Anutio Foesio,... authore. Adjecta sunt ad VI sectionem Palladii scholia græca in lib. περι αγμων... — *Francofurti, Wecheli hæredes, 1595, 8 part. en 1 vol. in-f°.*

2591. — Hippocrates contractus, in quo magni Hippocratis,... opera omnia in brevem epitomen summa diligentia redacta habentur. Studio et opera Thomæ Burnet,... — *Venetiis, Savioni, 1733, in-4°.*

2592. — Las obras de Hippocrates mas selectas, con el texto griego y latino puesto en castellano e illustrado con las observaciones practicas de los antiguos y modernos... por el doctor Andres Piquer,... — *Madrid, Ibarra, 1757-1760, 3 vol. pet. in-4°.*

2593. — Œuvres complètes d'Hippocrate. Traduction nouvelle, avec le texte grec en regard, collationné sur les manuscrits et toutes les éditions, accompagnée d'une introduction, de commentaires médicaux, de variantes et de notes philologiques... par E. Littré. — *Paris, Baillière, 1839-1861, 10 vol. in-8°.*

2594. — Hippocratis aphorismi, id est selectæ maximèque ratæ sententiæ, interprete Guglielmo Plantio Cenomano. Galeni in eosdem commentarii septem, ab eodem Plantio latinè redditi et annotationibus illustrati. Ex secunda interpretis recognitione. — *Lugduni, Rouilly, 1561, in-32.*

2595. — Les aphorismes d'Hippocrate avec le commentaire de Galien sur le premier livre. Traduicts de grec en françois, par M. J. Breche... plus les aphorismes de J. Damascène,... Ensemble un épitomé sur les trois livres des tempéraments de Galien. — *Lyon, Huguetan, 1600, in-32.*

Les dernières pages manquent.

2596. — Hippocratis aphorismi græco-latini è regione... Adjecta sunt ejusdem Hippocratis Prognostica, et insigniores Cornelii Celsii sententiæ. — *Parisiis, Pigoreau, 1631, in-32, fr. gr.*

2597. — Les sept livres d'aphorismes du grand Hippocrate en latin et en français, enrichis de très beaux et très doctes discours en forme de paraphrases, et d'explications très judicieuses prises des anciens et nouveaux auteurs... Par M° Michel Le Long,... — *Paris, De La Coste, 1645, in-4°.*

2598. — ΙΙΙΙΟΚΡΑΤΟΥΣ αφορισμοι. Hippocratis aphorismi. Aphorismes d'Hippocrate, traduits sur le texte grec, d'après la collation des manuscrits de la bibliothèque impériale, avec une dissertation sur ces manuscrits et les variantes, par M. de Mercy,... — *Paris, Crochard, 1811, in-16.*

2599. — Nouvelle traduction des Aphorismes d'Hippocrate, conférés sur l'édition grecque publiée en 1811, où l'on trouve les variantes des manuscrits de la bibliothèque du roi ; et commentaires spécialement applicables à l'étude de la médecine pratique, dite clinique, par M. le chevalier de Mercy,... — *Paris, Egron, 1817-1829, 5 tom. en 3 vol. in-16.*

2600. — Prognostics et Prorrhétiques d'Hippocrate, traduits sur le texte grec, d'après la collation des manuscrits de la bibliothèque impériale, avec une dissertation sur ces manuscrits et les variantes, par M. de Mercy,... — *Paris, Crochard, 1813, in-16.*

Prognostics de Cos d'Hippocrate, traduits sur le texte grec, d'après la collation des manuscrits de la bibliothèque impériale, avec une dissertation sur ces manuscrits, des variantes, des notes explicatives... par M. de Mercy,... — *Paris, Impr. Eberhart, 1815, in-16.*

2601. — Épidémies d'Hippocrate. Premier et troisième livres des crises et des jours critiques. Traduits sur le texte grec, d'après la collation des manuscrits de la bibliothèque royale, avec une dissertation sur les manuscrits et les variantes ; une analyse des épidémies et des commentaires ; par M. le chevalier de Mercy,... — *Paris, Impr. Eberhart, 1815, in-16.*

2602. — Traités d'Hippocrate, du régime dans les maladies aiguës ; des airs, des eaux et des lieux, traduits sur le texte grec, d'après la collation des manuscrits de la bibliothèque du roi, avec une dissertation sur les manuscrits, les variantes et des observations analytiques sur la doctrine d'Hippocrate ; un mémoire sur la naissance des sectes dans les divers âges de la médecine... par M. le chevalier de Mercy,... — *Paris, Impr. Eberhart, 1818, in-16, portr. et carte.*

Traités d'Hippocrate, des préceptes de la décence du médecin, traduits en français et le texte en regard, revu et corrigé sur les manuscrits de la bibliothèque du roi, avec l'analyse de ces traités, par M. le chevalier de Mercy,... — *Paris, Impr. Eberhart, 1824, in-16.*

2603. — Traités d'Hippocrate, de la nature de l'homme, de l'ancienne médecine, des humeurs, de l'art médical, traduits en français et le texte en regard, revu et corrigé sur les manuscrits de la bibliothèque du roi, avec les variantes, les commentaires... par M. le chevalier de Mercy,... — *Paris, Impr. Eberhart, 1823, in-16, portr. et carte.*

Traités d'Hippocrate, du serment, de la loi de médecine, des maladies, des affections, traduits en français avec le texte en regard, revu et corrigé sur les manuscrits de la bibliothèque du roi, avec les variantes, les commentaires... par M. le chevalier de Mercy,... — *Paris, Eberhart, 1823, in-16.*

2604. — Traités de l'ostéologie, du cœur, des veines, de l'aliment, [d'Hippocrate], avec le texte grec en regard, conféré sur les manuscrits de la bibliothèque royale ; dans lequel Hippocrate se venge lui-même des suppositions d'ignorance des auteurs modernes, par M. le chevalier de Mercy,... — *Paris, Béchet, 1831, 2 tom. en 1 vol. in-16.*

Le second volume porte pour titre : Traités de la maladie sacrée, des vents ou des fluxions.

2605. — Traités d'Hippocrate, des plaies de tête, des fractures, du laboratoire du chirurgien ; traduits en français, avec le texte grec en regard, revu et corrigé sur les manuscrits de la bibliothèque royale, dans lesquels Hippocrate se venge lui-même des suppositions d'ignorance des auteurs modernes, par M. le chevalier de Mercy,... — *Paris, Béchet, 1832, 2 tom. en 1 vol. in-16.*

Le tome second porte pour titre : Traité d'Hippocrate des articles ou des luxations.

2606. — In libros Hippocratis et Galeni anatomicos Jacobi Sylvii,... Isagoges. — *In-32.*

Le titre manque.

De febribus commentarius ex libris aliquot Hippocratis et Galeni parte plurima selectus à Jacobo Sylvio,... denuò per Alexandrum Arnaudum diligentissimè castigatus. — *Basileæ, Derbilley, 1556, in-32.*

In Hippocratis elementa Jacobi Sylvii medici commentarius, denuò per Alexandrum Arnaudum diligentissimè castigatus. — *Basileæ, Derbilley, 1556, in-32, 64 p.*

De mensibus mulierum et hominis generatione Jacobi Sylvii,... commentarius. Denuò per Alexandrum Arnaudum diligentissimè castigatus. — *Basileæ, Derbilley, 1556, in-32.*

Jacobi Sylvii,... Commentarius in Claudii Galeni duos libros de differentiis febrium. — *Basileæ, 1556, in-32.*

Væsani cujusdam calumniarum in Hippocratis Galenique rem anatomicam depulsio, per Jacobum Sylvium,... denuò per Alexandrum Arnaudum diligentissimè castigata. — *Basileæ, Derbilley, 1556, in-32.*

2607. — Francisci Vallesii Covarrubiani,... in aphorismos et libellum de alimento Hippocratis commentaria. — *Compluti, Andr. ab Angulo, 1561, pet. in-8°.*

2608. — Francisci Vallesii Covarrubiani,... in libros Hippocratis de morbis popularibus commentaria... Editio secunda... — *Augustæ-Taurinorum, 1589, pet. in-8°.*

2609. — Joan. Baptistæ Montani,... expectatissimæ in primam et secundam partem Aphorismorum Hippocratis lectiones, summa cura collectæ : exactissimaque diligentia recognitæ, ad medicinæ studiosorum usum. — *Venetiis, Valgrisius, 1565, pet. in-8°.*

2610. — Hippocratis magni Coacæ prænotiones... interprete et enarratore Ludovico Dureto,... — *Lutetiæ-Parisiorum, Meturas, 1658, in-f°.*

    Aux armes de Nicolas Le Jay et du couvent des Minimes de Paris.

2611. — **Nova et vetus aphorismorum divi senis Hippocratis interpretatio juxta mentem veterum et recentiorum, in publica cathedra ingenuæ juventuti medicæ Pragensi explanata a Joanne Francisco Leone ab** Erlsfeldt,... — *Francofurti et Lipsiæ, Zieger, 1711, 1 tom. en 2 vol. in-4°.*

2612. — Garioponti ad totius corporis ægritudines remediorum πραξεων libri V. Ejusdem de febribus, atque earum symptomatis libri II. — *Basileæ, Henricus Petrus, 1631, in-4°.*

2613. — Œuvres d'Oribase, texte grec, en grande partie inédit... traduit pour la première fois en français, avec une introduction, des notes... par les docteurs Bussemaker et Daremberg. — *Paris, Impr. Nat., 1851-1876, 6 vol. in-8°.*

    Le titre du tome 6 porte en outre : Anciennes traductions latines de la Synopsis et des Euporistes, publiées d'après les manuscrits, par A. Molinier.

2614. — Œuvres de Rufus d'Éphèse, texte collationné sur les manuscrits, traduit pour la première fois en français, avec une introduction. Publication commencée par le Dr Ch. Daremberg, continuée et terminée par Ch. Emile Ruelle,... — *Paris, Impr. Nat., 1879, in-8°.*

b). Auteurs modernes.

2615. — Enarrationum medicinalium libri sex. Item Responsionum liber unus. Francisco Valleriola medico autore. — *Lugduni, Gryphius, 1554, in-f°.*

2616. — Loci medicinæ communes, tribus libris digesti. Quibus accessit appendix universa complectens ea, quæ ad totius operis integritatem deesse videbantur. Francisco VALLERIOLA medico autore... — *Lugduni, Le Fevre, 1589, in-8°.*

2617. — Jo. FERNELII, Ambiani, universa medicina, tribus et viginti libris absoluta... studio et diligentia Guil. PLANTII Cenomani postremum elimata... — *Lutetiæ-Parisiorum, Wechelus, 1567, 2 part. en 1 vol. in-f°.*

2618. — Joannis FERNELII,... universa medicina, ab ipso quidem authore ante obitum diligenter recognita... postea autem studio et diligentia Guliel. PLANTII Cenomani postremum elimata, et in librum therapeutices septimum doctissimis scholiis illustrata. Editio sexta. Cui accessit ejusdem FERNELII consiliorum liber... — *Lugduni, Soubron, 1597, in-8°.*

Joannis FERNELII,... consiliorum liber. Cui accesserunt responsa quædam clarorum medicorum Parisiensum. — *Lugduni, Soubron, 1597, in-8°.*

Joannis FERNELII,... de abditis rerum causis libri duo, postremo ab ipso authore recogniti... — *Lugduni, Soubron, 1597, in-8°.*

Joannis FERNELII,... Therapeutices universalis, seu medendi rationis libri septem... — *Lugduni, Soubron, 1597, in-8°.*

2619. — Joannis FERNELII,... universa medicina, ab ipso quidem authore ante obitum, diligenter recognita... postea autem studio et diligentia Guliel. PLANTII... postremum elimata... Editio octava... — *Lugduni, de Gabiano, 1605, pet. in-8°.*

Joannis FERNELII,... de abditis rerum causis libri duo... — *Lugduni, Cardon, 1604, in-8°.*

Joannis FERNELII,... therapeutices universalis, seu medendi rationis libri septem... — *Aurelianæ, de La Rovière, 1604, in-8°.*

Joannis FERNELII,... Consiliorum liber... — *Aurelianæ, de La Rovière, 1604, in-8°.*

2620. — Joann. FERNELII Ambiani, universa medicina, primum quidem studio et diligentia Guilielmi PLANTII,... elimata, nunc autem notis... Joann. et Othonis HEURNI... illustrata. Cui accedunt casus et observationes rariores quas... Otho Heurnius,... in diario practico annotavit... — *Trajecti ad Rhenum, Gilb. à Zijll et Theod. ab Ackersdijck, 1656, 2 part. en 1 vol. in-4°.*

2621. — Joan. FERNELII medicina. — *3 part. en 1 vol. in-8°.*

 Le titre manque ; comprend : Physiologia ; Therapeutices : De abditis rerum causis ; Consilia.

2622. — Gulielmi RONDELETII,... Methodus curandorum omnium morborum corporis humani, in tres libros distincta. Ejusdem De dignoscendis morbis. De febribus. De morbo italico. De internis et externis. De pharmacopolarum officina. De fucis... — *Lugduni, Lertout, 1601, in-8°.*

2623. — Gulielmi RONDELETII,... Methodus curandorum omnium morborum corporis humani; in tres libros distincta. Ejusdem de dignoscendis morbis, de febribus, de morbo italico, de internis et externis, de farmacopolarum officina, de fucis. Omnia nunc in lucem castigatius edita. — *Coloniæ-Allobrogum, Stoer, 1609, in-8°.*

2624. — Gulielmi RONDELETII,... opera omnia medica, nunc... studio et opera J. CROQUERI,... repurgata... Editio postrema... — *Genevæ, Chouet, 1620, in-8°.*

2625. — Aureoli Philippi Theophrasti BOMBAST ab HOHENHEIM, dicti PARACELSI, operum medico-chimicorum, sive Paradoxorum tomus genuinus primus [et seqq.]... recenter latine factus... — *Francofurti, 1603-1616, 5 tom. en 2 vol. in-4°.*

 Les tomes 1, 2, 3, 10 et 11 seuls. A la suite du tome XI, on trouve :

 Aureoli Philippi Theoph. BOMBAST ab HOHENHEIM, dicti PARACELSI, Bertheonea, sive chirurgia minor, cum tractatibus ejusdem, de apostematybus, syronibus et nodis ; De cutis apertionibus ; De vulnerum et ulcerum curis ; De vermibus, serpentibus, ac maculis a nativitate ortis... — *Francofurti, 1603, in-4°.*

2626. — Observationum medicarum tomus primus, auctore Johanne SCHENCKIO A GRAFENBERG. — *Francofurti ad Mœnum, Hoffmann, 1609, in-f°.*

 Le tome 1ᵉʳ seul sans titre.

2627. — Jacobi HOLLERII Stempani, De morbis internis liber, auctoris scholiis illustratus, et Ludovici DURETI, Segusiani, scholiis... auctus. Has Renatus CHARTERIUS,... publicavit. — *Parisiis, ex off. Plantiniana, Perier, 1611, in-4°.*

**. — Francisci PORTI medica decas; ejusdem authoris in singula librorum capita commentariis illustrata.

Voy. Division BELLES-LETTRES.

2628. — Observationum et curationum medicinalium, sive medicinæ theoricæ et practicæ libri XXVIII... Auctore Petro FORESTO,... — *Francofurti, Palthenius, 1614, 3 vol. in-f°.*

> Le titre du tome 2 manque. Le tome 3 porte pour titre : Observationum et curationum medicinalium, sive medicinæ theoricæ et practicæ liber XXIX.
>
> On trouve à la suite : Observationum et curationum medicinalium, sive medicinæ theoricæ et practicæ libri XXX, XXXI et XXXII... auctore Petro FORESTO. — *Francofurti, Palthenius, 1609, in-f°.*
>
> Observationum et curationum chirurgicarum libri quatuor posteriores, auctore Petro FORESTO. — *Francofurti, Palthenius, 1611, in-f°.*
>
> Observationum et curationum chirurgicarum libri quinque... authore Petro FORESTO,... quibus accesserunt ejusdem libri III de incerto ac fallaci urinarum indicio... — *Francofurti, Palthenius, 1610, in-f°.*

2629. — Épitomé des préceptes de médecine et chirurgie... par P. PIGRAY,... Troisième édition... — *Lyon, Rigaud, 1616, in-8°.*

2630. — Christophori a VEGA,... Opera omnia, nunc denuo publici juris facta, recens recensita... opera et labore Ludovici SERRANI,... — *Lugduni, Chard, 1626, in-f°.*

2631. — Institutionum medicinæ libri V, auctore Daniele SENNERTO,... Postrema editio... — *Wittebergæ, Schurerus, 1633, 2 vol. in-8°.*

> Le titre du tome 2 manque.

2632. — Danielis SENNERTI,... Epitome institutionum medicinæ. — *Lugduni, Ravaud, 1645, in-12.*

Danielis SENNERTI,... Epitome librorum de febribus. — *Lugduni, Ravaud, 1635, in-12.*

2633. — Jacobi SYLVII Ambiani,... opera medica, jam demum in sex partes digesta... Adjuncta est ejusdem vita et icon, opera et studio Renati MORÆI,... — *Genevæ, Chouet, 1635, in-f°.*

2634. — Francisci Deleboe SYLVII disputationum medicarum decas... — *In-f°.*

Le titre manque.

2635. — N. Abrahami FRAMBESARII,... scholæ medicæ multo quam antehac ampliores ac locupletiores, in quibus de medicinæ theoria et praxi acriter disputatur... Editio sexta... — *Parisiis, Jost, 1636, in-12.*

2636. — OEuvres de Mr Nicolas Abraham de la FRAMBOISIÈRE. — *In-f°.*

Le titre manque.

N. Abrahami FRAMBESARII,... scholæ medicæ... in quibus de medicinæ theoria et praxi acriter disputatur. Frambesarianorum operum tomus VII. — *S. l. n. d., in-f°.*

2637. — ZACUTI,... Operum tomus secundus, in quo praxis historiarum ubi morborum omnium internorum curatio ad principum medicorum mentem explicatur... Præmittitur Introitus medici ad praxin ; nec non Pharmacopæa elegantissima. Accessit Praxis medica admiranda, ab ipsomet auctore... locupletata... — *Lugduni, Huguetan, 1649, 2 tom. en 1 vol. in-f°.*

Le tome 2 seul.

2638. — Lazari RIVERII,... Praxeos medicæ libri septem posteriores. — *Lugduni, Huguetan, 1653, in-8°.*

2639. — Lazari RIVERII,... opera medica universa, quibus continentur : I. Institutionum medicarum libri quinque. II. Praxeos medicæ libri septemdecim. III. Observationum medicarum centuriæ quatuor. Quibus accedunt observationes variæ ab aliis communicatæ : itemque observationes infrequentium morborum... — *Lugduni, Cellier, 1663, 3 tom. en 1 vol. in-f°.*

2640. — Lazari RIVERII,... opera medica universa, quibus continentur : I. Institutionum medicarum libri quinque. II. Praxeos medica libri septemdecim. III. Observationum medicarum centuriæ quatuor. Quibus accedunt observationes variæ ab aliis communicatæ. Itemque observationes infrequentium morborum, ac denique ipsissima arcana Riverii plene revelata. Omnia non tantum ab ipsomet authore ultimo revisa... sed etiam a Johanne Daniele HORSTIO adornata, necnon a Joh. Jacobo DOEBELIO recensita. — *Lugduni, Huguetan, 1679, in-f°, portr.*

2641. — Lazari RIVERII,... Opera medica universa, quibus continentur : I. Institutionum medicarum libri quinque. II. Praxeos medicæ libri septemdecim. III. Observationum medicarum centuriæ quatuor... Omnia... a Joanne Daniele HORSTIO adornata, nec non a Joh. Jacobo DOEBELIO recensita... Editio novissima, cui præter Jacobi GRANDII in Riverii opera præfationem ; Joann. Daniel HORSTII, ad Joh. Otton, filium, admonitionem super eorum lectione... jam superadditus est præclariss. Ferd. Caroli WEINHARDI medicus officiosus... — *Genevæ, de Tournes, 1737, 2 tom. en 1 vol. in-f°.*

2642. — Joannis Baptistæ VAN HELMONT Ortus medicinæ, id est initia physicæ inaudita. — *Lugduni, Devenet, 1655, in-f°.*

Le titre et les premières pages manquent. Le privilège daté de 1653 est donné à Devenet de Lyon.

On trouve à la suite : Joannis Baptistæ VAN HELMONT,... Opuscula medica inaudita. I. De lithiasi. II. De febribus. III. De humoribus Galeni. IV. De peste. Editio quinta... — *Lugduni, Devenet, 1655, in-f°.*

2643. — Novæ methodi pro explanandis Hippocrate et Aristotele specimen, clarissimis scholæ Parisiensis medicis D. D. Marinus Curæus DE LA CHAMBRE,... — *Parisiis, Rocolet, 1655, in-4°.*

Nova ratio exponendi libros acroamaticos Aristotelis, per quam restitutis quas ex industria ille suppressit sententiis, tota illius mens clare patet... — *S. l. n. d., in-4°, 69 p.*

La physique d'Aristote mise en français. — *S. l. n. d., in-4°, 43 p.*

2644. — Novæ methodi pro explicandis Hippocrate et Aristotele specimen, authore Marino Curæo De La Chambre,... — *Parisiis, Martinus, 1668, in-12.*

2645. — Joannis Heurnii,... Opera omnia tam ad theoriam quam ad praxin medicam spectantia... juxta Otthonis Heurnii, auctoris filii,... recensionem... Postrema editio... — *Lugduni, Huguetan, 1658, 2 tom. en 1 vol. in-f°.*

2646. — Cl. viri D. Petri Michaelis de Heredia,... Operum medicinalium tomus primus [et sequentes]... — *Lugduni, Borde, 1665, 4 tom. en 2 vol. in-f°.*

2647. — Le cours de médecine en français, contenant le miroir de beauté et santé corporelle, par M. Louis Guyon, Dolois, sieur de la Nauche,... et la théorie avec un accomplissement de pratique, selon les principes tant dogmatiques que chimiques ; Avec une infinité d'observations, secrets et expériences... par M. Lazare Meyssonnier,... Septième et dernière édition... — *Lyon, Barbier, 1678, 2 tom. en 1 vol. in-4°, pl.*

A la suite du tome 2 on trouve : Traité des maladies vénéneuses... par Lazare Meyssonnier. — *Sans titre ; in-4°, 12 p.*

2648. — Mercurius compitalitius, sive index medico practicus per decisiones, cautiones, animadversiones, castigationes et observationes in singulis affectibus præter naturam et præsidiis medicis... veram et tutam medendi viam ostendens. Accessit appendix de medici munere. Opera Theophili Boneti D. M. — *Genevæ, Chouet, 1683, in-f°.*

2649. — Theophili Boneti,... Polyalthes, sive thesaurus medico-practicus, ex quibuslibet rei medicæ scriptoribus congestus, pathologiam veterem et novam exhibens, una cum remediis usu et experientia compertis. In quo viri excellentissimi Johannis Jonstoni syntagma explicatur. — *Genevæ, Chouet, 1693, 3 vol. in-f°.*

Les tomes 2 et 3 sont datés de 1692.

2650. — Joh. Dolæi,... Opera omnia exhibentia non modo encyclopædiam medicam dogmaticam, in qua affectus humani corporis interni, et encyclopediam chirurgicam rationalem, in qua eidem affectus externi... pertractantur... — *Venetiis, Hertz, 1695*, *3 tom. en 2 vol. in-f°.*

> Le tome 2 porte pour titre : Joh. Dolæi,... encyclopedia chirurgica rationalis.
>
> On trouve à la suite : Johannis Dolæi,... tractatus varii, id est : de theriaca cœlesti. Observationes rariores et curiosæ. Commercium epistolare cum Johanne Jacobo Waldschmidio. Accessit authoris vita a Christiano Francisco Paullini descripta. — *S. l. n. d., in-f°, 92 p.*

2651. — Thomæ Sydenham Med. D. observationes medicæ circa morborum acutorum historiam et curationem. — *In-8°.*

> Le titre manque ; un sous-titre est daté de 1695.

2652. — D. Michaelis Alberti,... Introductio in medicinam, qua juxta propositum semiologia, hygiene, materia medica et chirurgia, succinctis thesibus conscripta... — *Halæ-Magdeburgicæ, 1719, in-4°.*

2653. — D. Michaelis Alberti,... Introductio in medicinam practicam generalem, specialem et specialissimam, qua ordine congruo therapia medica, praxis universalis et praxis extemporanea affectuum inopinatorum, reservatorum ac tragicorum, thesibus perspicuis explicata, in usum officii sui academici exhibitur, cum additamento fundamentorum philosophiæ naturalis, usui medico accomodatæ et chymiæ. — *Halæ, 1721, 1 tom. en 2 vol. in-4°.*

2654. — Thomæ Willis,... Opera omnia ex nupera editione... restituta... — *Venetiis, Malachinus, 1720, in-f°, portr. et fig.*

> Le tome 1er seul.

2655. — Lucæ Tozzi medicinæ pars prior θεωρητικη curiosa quæque tum ex physiologicis, tum ex pathologicis deprompta ; et veterum recentiorumque medendi methodum complectens. Editio novissima... — *Venetiis, Pezzana, 1721, in-4°.*

> Lucæ Tozzi,... in Hippocratis aphorismos commentaria... — *Venetiis, Pezzana, 1721, 2 tom. en 1 vol. in-4°.*

2656. — Institutiones medicæ in usus annuæ exercitationis domesticos, digestæ ab Hermanno BOERHAAVE. Editio quarta... — *Parisiis, Cavelier, 1722, in-12.*

2657. — Hermanni BOERHAAVE,... prælectiones academicæ in proprias institutiones rei medicæ, edidit et notas addidit Albertus HALLER. Editio prima Veneta post secundam Gottingæ. — *Venetiis, Occhi, 1743-1745, 6 tom. en 4 vol. in-4°.*

2658. — Compendium medicinæ universæ, e scriptis probatissimorum auctorum, tam viventium quam mortuorum, puta Ettmulleri, Waldschmidii, Sennerti, Wedelii, Boerhavii, aliorumque singulari opera concinnatum institutiones, chymiam, pharmaciam et praxin medicam succincte tradens studiose emendatum... a Theodoro ZVINGERO,... — *Basileæ, Thurnisius, 1724, in-8°.*

2659. — Richardi MORTON,... Opera medica. Editio novissima... — *Venetiis, Savioni, 1733, in-4°.*

2660. — Enchiridion medicum theorico practicum, sive tractatus de morborum... Josephi JACKSON, nunc observationibus Mariani SEGUER auctum. — *In-8°.*

> Le titre et les premières pages sont rongées. Le permis d'imprimer est daté : Madrid, 16 mars 1734.

2661. — Michaelis ETTMULLERI,... Opera medica theorico practica, Mich. Ernestus ETTMULLERUS filius,... innumeras, quibus hactenus scatuerunt, mendas sustulit... Editio novissima quam pluribus commentationibus... illustravit Joh. Jacob MANGETUS,... — *Genevæ, de Tournes, 1736, 3 vol. in-f°.*

> Les tomes 2, 3, 4 seuls.

2662. — Archibaldi PITCARNII,... elementa medicinæ physico-mathematica, libris duobus, quorum prior theoriam, posterior praxim exhibet... Item ejusdem opuscula medica, quibus postremo adjectus est ratiociniorum mechanicorum in medicina usus vindicatus per Christianum STROM. — *Venetiis, Bortoli, 1740, in-4°.*

2663. — Georgii Ernesti STAHLII opusculum chymico-physico-medicum, seu schediasmatum a pluribus annis variis occasionibus in publicum emissorum, nunc quadantenus etiam auctorum et deficientibus passim exemplaribus in unum volumen jam collectorum, fasciculus publicæ luci redditus, præmissa, præfationis loco authoris, epistola ad Tit. Dn. Michaelem Alberti,... IIdam editionem hanc adcurantem. — *Halæ Magdeburgicæ, typis Orphanotrophei, 1740, in-4°, portr*.

2664. — Abrégé de toute la médecine pratique, où l'on trouve les sentiments des plus habiles médecins sur les maladies, sur leurs causes et sur leurs remèdes ; avec plusieurs observations importantes. Traduit de l'ouvrage de Mr J. Allen,... [par Devaux]. Nouvelle édition revue... par ***,... [Boudon]. — *Paris, Cavelier, 1741, 6 tom. en 7 vol. in-12, fr. gr*.

Les tomes 6 et 7 portent pour titre : Supplément de l'Abrégé de toute la médecine pratique...

2665. — Georgii Baglivi,... Opera omnia medico practica et anatomica. Editio accuratissima, cui præter dissertationes et alios tractatus præcedentibus editionibus adjunctos, item ejusdem Georgii Baglivi canones de medicina solidorum ; dissertationem de progressione terræmotus ; de systemate et usu motus solidorum in corpore animato ; de vegetatione lapidum et analogismo circulationis maris ad circulationem sanguinis : Accessit... nec non J. D. Santorini opuscula quatuor : de structura et motu fibræ ; de nutritione animali ; de hæmorrhoidibus, et de catameniis. — *Lugduni, Bruyset, 1745, in-4°, pl*.

2666. — Laurentii Heisteri compendium institutionum, sive fundamentorum medicinæ, cui adjecta est methodus de studio medico optime instituendo et absolvendo, una cum scriptoribus medicinæ studioso hodie maxime necessariis. Editio nova... — *Amstelædami, 1748, in-8°*.

2667. — Fundamenta medicinæ theoretico-practica, secundum celeberrimi D. D. Stahlii potissimum, aliorumque celebriorum medicorum placita conscripta et propria experientia confirmata, in forma tabularum universam theoriam medicam, praxin generalem et specialem omnium morborum internorum, cum signis...

continentium, exhibita a Georgio Philippo NENTER,... Editio
secunda. — *Venetiis, Baronchelli, 1753, in-f°*.

2668. — Friderici HOFFMANNI,... Operum omnium physico-medicorum
supplementum secundum, in tres partes distributum ; quibus
continentur opera varia quæ in magna operum collectione et
primo supplemento desiderantur. Editio secunda auctior. —
Genevæ, de Tournes, 1760, 3 tom. en 2 vol. in-f°.

2669. — Friderici HOFFMANNI,... Opera omnia physico medica, denuo
revisa, correcta et aucta... cum vita auctoris [auctore Joanne
Henrico SCHULZE,...]... — *Genevæ, de Tournes, 1761, 6 tom.
en 5 vol. in-f°, portr*.

2670. — Antonii de HAEN,... Vindiciæ difficultatum circa modernorum
systema de sensibilitate et irritabilitate humani corporis contra
Alberti V. Haller ad easdem difficultates apologiam. — *Viennæ
Austriæ, Krüchten, 1762, in-8°*.

2671. — Andreæ PIQUERII archiatri Institutiones medicæ ad usum
scholæ Valentinæ. — *Matriti, Ibarra, 1762, pet. in-4°*.

2672. — Gulielmi BALLONII,... opera omnia... studio et opera M. Jacobi
THEVART,... digesta ; denuo in lucem edita cum præfatione
Theodori TRONCHIN,... — *Genevæ, de Tournes, 1762, 4 vol. in-4°*.

2673. — Traité de médecine théorique et pratique, extrait des ouvrages
de M. de Bordeu, avec des remarques critiques, par M. MIN-
VIELLE,... — *Paris, Ruault, 1774, in-12*.

On y a joint une lettre d'envoi de M. Nogué à M. Hatoulet, alors
bibliothécaire de la Ville.

2674. — Œuvres complètes de BORDEU, précédées d'une Notice sur sa
vie et sur ses ouvrages, par M. le chevalier RICHERAND,... —
Paris, Caille et Ravier, 1818, 2 vol. in-8°.

2675. — Œuvres complètes de CABANIS,... accompagnées d'une Notice
sur sa vie et ses ouvrages. — *Paris, Bossange, 1823-1825,
5 vol. in-8°*.

Le tome 5 porte pour titre : Œuvres posthumes...

2676. — Œuvres du Docteur Jules Guérin,... — *Paris, [Impr. Martinet], 1880-1882, in-8° et atlas in-f°.*

Tome 1ᵉʳ livr. 1 à 4 seules parues.

2677. — Œuvres complètes de J. M. Charcot. — *Paris, bureaux du Progrès médical, 1892 et années suiv., 9 vol. in-8°, portr. et pl.*

Tomes 1-3. Leçons sur les maladies du système nerveux, recueillies et publiées par Bourneville [Babinski, Bernard, Féré, Guinon, P. Marie et Gilles de La Tourette].

Tome 4. Leçons sur les localisations dans les maladies du cerveau et de la moelle épinière, recueillies et publiées par Bourneville et E. Brissaud.

Tome 5. Maladies des poumons et du système vasculaire.

Tome 6. Leçons sur les maladies du foie et des reins, recueillies et publiées par Bourneville, Sevestre et Brissaud.

Tome 7. Maladies des vieillards. Goutte et rhumatisme.

Tome 8. Maladies infectieuses. Affections de la peau, kystes hydatiques, estomac et rate. Thérapeutique.

Tome 9. Hémorragie et ramollissement du cerveau. Métallothérapie et hypnotisme. Électrothérapie.

2678. — Leçons du mardi à la Salpêtrière; Professeur Charcot. Policlinique. 1887-1889. Notes de cours de MM. Blin, Charcot et H. Colin,... — *Paris, aux bureaux du Progrès médical, 1892, 2 vol. pet. in-4°.*

Le tome 1ᵉʳ porte : 2ᵉ édition. Le tome 2 est daté : 1889.

2679. — Hospice de la Salpêtrière. Clinique des maladies du système nerveux. M. le professeur Charcot. Leçons du professeur. Mémoires, notes et observations parus pendant les années 1889-90 et 1890-91 et publiés sous la direction de Georges Guinon,... avec la collaboration de MM. Gilles de La Tourette, Blocq, Huet, Parmentier, Souques, Hallion, J. B. Charcot et Meige,... — *Paris, aux bureaux du Progrès médical, 1892-1893, 2 vol. in-8°, pl.*

2680. — Traité de médecine, publié sous la direction de MM. Charcot,... Bouchard,... Brissaud,... par MM. Babinski, Ballet, P. Blocq, Boix, Brault, Brissaud, Chantemesse, Charrin, Chauffard, Courtois-Suffit, Dutil, Gilbert, Georges Guinon, L. Guinon, Hallion,

Lamy, Le Gendre, Marfan, Marie, Mathieu, Netter, Œttinger, André Petit, Richardière, Roger, Ruault, Souques, Thibierge, Thoinot, Fernand Widal. — *Paris, Masson, 1891-1894, 6 vol. gr. in-8°.*

C. ANATOMIE.

2681. — Andreæ Vesalii, Bruxellensis, de humani corporis fabrica lib. VII. — *Lugduni, Tornæsius, 1552, 2 vol. in-32.*

Le tome 1ᵉʳ est en 2 parties.

2682. — Adriani Spigelii,... De humani corporis fabrica libri decem, tabulis XCIIX æri incisis... exornati... opus posthumum Daniel Bucretius,... jussu authoris in lucem profert. — *Venetiis, 1627, in-f°, fr. gr.*

Julii Casserii,... tabulæ anatomicæ LXXIIX... Daniel Bucretius,... XX quæ deerant supplevit et omnium explicationes addidit. — *Venetiis, 1627, in-f°, fr. gr. et pl.*

Adriani Spigelii,... de formato fœtu liber singularis, æneis figuris exornatus. Epistolæ duæ anatomicæ. Tractatus de arthridite. Opera posthuma, studio liberalis Cremæ Tarvisini,... edita. — *Patavii, de Martinis, s. d., in-f°, pl.*

Aux armes du Cardinal de Richelieu.

2683. — L'anatomie française en forme d'abrégé, recueillie des meilleurs auteurs qui ont écrit de cette science. Par Maître Théophile Gelée,... Revue... en cette dernière édition par l'auteur. — *Rouen, Berthelin, 1635, pet. in-8°.*

2684. — L'anatomie française en forme d'abrégé, recueillie des meilleurs auteurs qui ont écrit de cette science. Par Maître Théophile Gelée,... Revue... en cette dernière édition par l'auteur. — *Lyon, La Rivière, 1665, pet. in-8°.*

2685. — Disquisitio anatomica de formato fœtu. Authore Gualtero Needham, M. D. — *Londini, Needham, 1667, pet. in-8°, pl.*

2686. — Joh. Jacobi Harderi,... Apiarium observationibus medicis centum ac physicis experimentis plurimis refertum... cum responsione ad invectivam Joh. Baptist. de Lampsweerde cap. XXIV hist. nat. molar. uteri... — *Basileæ, Richterus, 1687, in-4°, pl.*

2687. — L'anatomie du corps humain avec ses maladies, par le Sieur de Saint-Hilaire. Troisième édition... — *Paris, Couterot, 1698, 2 vol. in-8°, fr. gr.*

2688. — Theophili Boneti,... Sepulchretum, sive anatomia practica ex cadaveribus morbo denatis, proponens historias et observationes omnium humani corporis affectuum... Editio altera quam... auctiorem fecit Johannes Jacobus Mangetus,... — *Genevæ, Cramer et Perachon, 1700, 3 vol. in-f°.*

2689. — Exposition anatomique de la structure du corps humain, par Jacques Benigne Winslow,... — *Paris, Desprez, 1732, in-4°.*

2690. — L'anatomie d'Heister, avec des essais de physique sur les parties du corps humain. — *In-8°, pl.*
Le titre manque ; aux armes de Nicolas Judde.

2691. — Johannis Gottfried Zinn,... descriptio anatomica oculi humani, iconibus illustrata, nunc altera vice edita... ab Henr. Aug. Wrisberg,... — *Gœttingæ, Vandenhoeck, 1780, in-4°, pl.*

2692. — Anatomie philosophique et raisonnée, pour servir d'introduction à l'histoire naturelle, par le C^{en} Hauchecorne,... — *Paris, Delaplace, an IV, 2 tom. en 1 vol. in-8°.*

2693. — Recherches anatomiques sur la position des glandes et sur leur action, par Théoph. Bordeu. Nouvelle édition augmentée de réflexions destinées aux jeunes élèves qui liront cet ouvrage. — *Paris, Brosson, an VIII, in-12.*

2694. — Recherches anatomiques sur le siège et les causes des maladies, par J. B. Morgagni ; traduites du latin, par MM. A. Desormeaux,... et J. P. Destouet,... — *Paris, Caille et Ravier, 1820-1824, 10 vol. in-8°.*

2695. — System der vergleichenden Anatomie, von J. F. Meckel,... — *Halle, 1821-1833, 6 vol. in-8°.*

2696. — Manuel d'anatomie générale, descriptive et pathologique, par J. F. Meckel,... traduit de l'allemand et augmenté des faits nouveaux dont la science s'est enrichie jusqu'à ce jour, par A. J. L. Jourdan,... et G. Breschet,... — *Paris, Baillière, 1825, 3 vol. in-8°.*

2697. — Sur l'origine des qualités morales et des facultés intellectuelles de l'homme et sur les conditions de leur manifestation, par F. J. Gall. — *Paris, l'auteur, 1822, in-8°.*

Sur l'organe des qualités morales et des facultés intellectuelles et sur la pluralité des organes cérébraux, par F. J. Gall. — *Paris, l'auteur, 1822, in-8°.*

Influence du cerveau sur la forme du crâne, difficultés et moyens de déterminer les qualités et les facultés fondamentales, et de découvrir le siège de leurs organes. Exposition des qualités et des facultés fondamentales et de leur siège, ou organologie, par F. J. Gall. — *Paris, l'auteur, 1823, in-8°.*

Organologie ou exposition des instincts, des penchants, des sentiments et des talents, ou des qualités morales et des facultés intellectuelles fondamentales de l'homme et des animaux et du siège de leurs organes, par F. J. Gall. — *Paris, l'auteur, 1823, 2 vol. in-8°.*

Revue critique de quelques ouvrages anatomico-physiologiques et exposition d'une nouvelle philosophie des qualités morales et des facultés intellectuelles, par F. J. Gall. — *Paris, Baillière, 1825, in-8°.*

> Le faux titre de ces cinq ouvrages porte : Sur les fonctions du cerveau et sur celles de chacune de ses parties, avec des observations sur la possibilité de reconnaître les instincts, les penchants, les talents, ou les dispositions morales et intellectuelles des hommes et des animaux par la configuration de leur cerveau et de leur tête.

2698. — Manuel d'anatomie chirurgicale, ou description du corps humain, divisé en régions, avec des considérations sur l'influence que la structure, la forme et les rapports de nos organes exercent sur la fréquence, les symptômes et le mode de traitement des principales maladies chirurgicales, par H. M. EDWARDS,... — *Paris, Compere, 1827, in-18.*

2699. — Traité complet de l'anatomie de l'homme, comprenant la médecine opératoire, par le Docteur J. M. BOURGERY, avec planches lithographiées d'après nature, par N. H. JACOB. — *Paris, Delaunay, 1840-1868, 9 vol. in-f°, pl. col.*

> Tome 1er. Anatomie descriptive et physiologique. Appareil de relation. Organes de locomotion. Ostéologie. Syndesmologie.
> Tome 2. Anatomie descriptive... Myologie. Aponévrologie.
> Tome 3. Anatomie descriptive... Moelle épinière. Encéphale. Nerfs rachidiens et encéphaliques. Organes des sens. Larynx.
> Tome 4. Anatomie descriptive... Appareil de nutrition. Organes de la circulation et de la respiration, ou angeiologie. Cœur, poumons, artères, veines, lymphatiques.
> Tome 5. Anatomie descriptive... Organes de la digestion, de la dépuration urinaire et de la génération. Embryotomie.
> Tomes 6. 7. Iconographie d'anatomie chirurgicale et de médecine opératoire.
> Tome 8. Embryogénie. Anatomie philosophique et anatomie microscopique. Œufs, développement du fœtus. Ensemble du système nerveux dans le règne animal. Structure intime des tissus généraux, des appareils et des organes.
> Tome 9. Anatomie chirurgicale et médecine opératoire, avec traités complémentaires de sclérotomie, ophthalmologie, ténotomie, etc. Suppléments par M. le Docteur DUCHAUSSOY,... — *Paris, Morgand, 1867-1868.*

2700. — Anatomie et physiologie du système nerveux de l'homme et des animaux vertébrés ; ouvrage contenant des observations pathologiques relatives au système nerveux et des expériences sur les animaux des classes supérieures, par F. A. LONGET,... — *Paris, Fortin, Masson et Cie, 1842, 2 vol. in-8°, pl.*

2701. — Anatomie comparée. Recueil des planches de myologie dessinées par Georges CUVIER, ou exécutées sous ses yeux par M. Laurillard, publié... sous la direction de MM. LAURILLARD,... et MERCIER,... — *Paris, Dusacq, s. d. [1850], in-f°, pl.*

> Manquent les pl. 309, 310, 324 et 325 et le texte des pl. 261 à 340.

2702. — Programme du cours d'histologie professé à la Faculté de Médecine de Paris, par Ch. ROBIN,... Seconde édition... — *Paris, Baillière, 1870, in-8°.*

2703. — Traité d'anatomie descriptive, par J. CRUVEILHIER,... Cinquième édition, revue et corrigée avec la collaboration de MM. les docteurs Marc SÉE,... et CRUVEILHIER fils,... Deuxième tirage... — *Paris, Asselin, 1877, 3 vol. in-8°, pl.*

2704. — Précis d'anatomie à l'usage des artistes, par Mathias DUVAL,... Nouvelle édition. — *Paris, Quantin, s. d. [1881], pet. in-8°.*

2705. — Les organes de la parole et leur emploi pour la formation des sons du langage, par G. H. de MEYER,... Traduit de l'allemand et précédé d'une Introduction sur l'enseignement de la parole aux sourds-muets, par O. CLAVEAU,... — *Paris, Alcan, 1885, in-8°.*

2706. — Anatomie artistique. Description des formes extérieures du corps humain au repos et dans les principaux mouvements, par le Dr Paul RICHER,... — *Paris, Plon, 1890, 2 vol. gr. in-4°, pl.*

2707. — Anatomie du cerveau de l'homme. Morphologie des hémisphères cérébraux, ou cerveau proprement dit, par E. BRISSAUD,... — *Paris, Masson, 1893, in-8°, et atlas gr. in-4°.*

D. PHYSIOLOGIE.

a). Traités généraux et spéciaux.

2708. — Contenta hoc volumine : Problematum ARISTOTELIS sectiones duæ de quadraginta, Theodoro GAZA interprete. Problematum ALEXANDRI APHRODISIEI libri duo, eodem Theodoro interprete. — *Parisiis, Colinæus, 1524, in-f°.*

In hoc volumine hæc continentur : ARISTOTELIS de historia animalium libri IX. De partibus animalium et earum causis libri IIII. De generatione animalium libri V. Theodoro GAZA interprete. De communi animalium gressu liber I. De communi animalium motu liber I. Petro ALCYONIO interprete. — *Parisiis, Colinæus, 1524, 4 part. en 1 vol. in-f°.*

2709. — Jo. Baptistæ MONTANI,... de excrementis lib. II à Valentino LUBLINO Polono, in studiosorum communem utilitatem dati. Alter de fecibus, alter de urinis. Quibus accessit quæstio ejusdem : quomodo medicamentum æquale, vel inæquale dicatur. Tractatus etiam utilissimus, de morbo gallico. — *Parisiis, Gourbinus, 1555, in-32.*

Joannis Baptistæ MONTANI,... opusculum de uterinis affectibus maxime utile. — *Parisiis, Gourbinus, 1556, in-32.*

2710. — Thomæ FIENI pro sua de animatione fœtus tertia die opinione, apologia adversus Ant. Ponce Sanctacruz,... — *Lovanii, Hastenus, 1629, in-8°.*

2711. — Petri PETITI,... de motu animalium spontaneo liber unus ; in quo partim Aristotelis de hujus motus principio sententia illustratur, partim nova musculorum motus ratio indagatur. — *Parisiis, Cramoisy, 1660, in-8°.*

2712. — L'examen des esprits pour les sciences où sont montrées les différences d'esprits qui se trouvent parmi les hommes et à quelle sorte de science chacun est propre en particulier. Composé en espagnol par Jean HUARTE, médecin, et nouvellement traduit suivant la dernière impression d'Espagne, par M. d'ALIBRAY. Revu, corrigé et mis en meilleur ordre en cette dernière édition. — *Paris, de Sercy, 1675, 2 vol. in-12.*

2713. — Explication nouvelle et mécanique des actions animales. Où il est traité des fonctions de l'âme. Avec une méthode facile pour démontrer exactement toutes les parties du cerveau, sans couper sa propre substance. Et un discours sur sa formation, par M. DUNCAN,... — *Paris, d'Houry, 1678, in-12.*

2714. — Julii Cæsaris BARICELLI à Sancto Marco,... de hydronosa natura, sive de sudore humani corporis. — *In-4°.*

Le titre manque.

2715. — Conspectus physiologiæ medicæ et hygieines in forma tabularum repræsentatus et ad dogmata Stahliana potissimum adornatus, auctore D. Joanne JUNCKERO,... — *Halæ-Magdeburgicæ, 1735, in-4°.*

2716. — Elementa physiologiæ corporis humani, auctore Alberto V. HALLER,... — *Lausannæ, d'Arnay, 1760-1761, 2 vol. in-4°.*
Les tomes 2 et 3 seuls.

2717. — Alberti V. HALLER,... primæ lineæ physiologiæ in usum prælectionum academicarum, quarto auctæ et emendatæ. — *Lausannæ, Grasset, 1771, in-8°.*

2718. — Ricerche sulla natura e sugli usi del suco gastrico in medicina, e in chirurgia di Bassiano CARMINATI,... — *Milano, nell'imperial monistero di S. Ambrogio maggiore, 1785, gr. in-4°.*

2719. — Recherches physiologiques sur la vie et la mort, par Xavier BICHAT,... Cinquième édition revue... par F. MAGENDIE,... — *Paris, Béchet, 1829, in-8°.*

2720. — Quelques remarques sur la respiration. Thèse inaugurale présentée et publiquement soutenue, à la Faculté de Médecine de Montpellier, le 3 mai 1833, par Jean MESPEC, de Pau,... pour obtenir le grade de docteur en médecine. — *Montpellier, Impr. Martel, 1833, in-4°, 11 p.*

2721. — Tableau de l'amour conjugal. [Par Nicolas VENETTE.] 60° édition. — *Paris, Masson, s. d., 4 tom. en 2 vol. in-12, fr. et pl. gr.*

2722. — Physiologie élémentaire de l'homme, par J. L. BRACHET,... Deuxième édition... — *Paris, Germer-Baillière, 1855, 2 vol. in-8°, portr.*

2723. — Leçons de physiologie expérimentale appliquée à la médecine, faites au Collège de France par M. Claude BERNARD,... — *Paris, Baillière, 1855-1856, 2 vol. in-8°.*

2724. — Cours de médecine du Collège de France. Leçons sur les effets de substances toxiques et médicamenteuses, par M. Claude BERNARD,... — *Paris, Baillière, 1857, in-8°.*

2725. — Cours de médecine du Collège de France. Leçons sur la physiologie et la pathologie du système nerveux, par M. Claude BERNARD,... — *Paris, Baillière, 1858, 2 vol. in-8°.*

2726. — Cours de médecine du Collège de France. Leçons sur les propriétés physiologiques et les altérations pathologiques des liquides de l'organisme, par M. Claude BERNARD,... — *Paris, Baillière, 1859, 2 vol. in-8°.*

2727. — Cours de physiologie générale du Muséum d'histoire naturelle. Leçons sur les phénomènes de la vie communs aux animaux et aux végétaux, par Claude BERNARD,... — *Paris, Baillière, 1878, in-8°, pl.*

2728. — La science expérimentale par Claude BERNARD,... Progrès des sciences physiologiques. Problèmes de la physiologie générale. La vie, les théories anciennes et la science moderne. La chaleur animale, la sensibilité. Le curare, le cœur, le cerveau. Discours de réception à l'Académie française. — *Paris, Baillière, 1878, in-12.*

**. — Rapport sur les progrès et la marche de la physiologie générale en France, par M. Claude BERNARD.
    Voy. Division HISTOIRE.

2729. — Physiologie des mouvements démontrée à l'aide de l'expérimentation électrique et de l'observation clinique et applicable à l'étude des paralysies et des déformations, par le docteur G. B. DUCHENNE (de Boulogne). — *Paris, Baillière, 1867, in-8°.*

2730. — L'origine de la vie, par le docteur Georges PENNETIER... avec une préface, par le Dr F. A. POUCHET. — *Paris, Rothschild, 1868, in-18.*

2731. — Ipotesi immaginata per completare l'ordinamento funzionale de'nervi bianchi nelle organazioni animali superiori, letta il 1° dicembre 1872, nella regia accademia dei Lincei, da Socrate CADET,... — *Roma, Tip. delle belle arti, 1873, in-4°, 8 p.*

2732. — La biologie, par le docteur Charles LETOURNEAU. Deuxième édition. — *Paris, Reinwald, 1877, in-12.*

2733. — Les sens, par J. BERNSTEIN,... Deuxième édition. — *Paris, Germer-Baillière, 1877, in-8°.*

2734. — Le cerveau et ses fonctions, par J. LUYS,... Troisième édition. — *Paris, Germer-Baillière, 1878, in-8°.*

2735. — Les nerfs et les muscles, par J. ROSENTHAL,... — *Paris, Germer-Baillière, 1878, in-8°.*

2736. — Cours de physiologie d'après l'enseignement du professeur Küss, par le docteur Mathias DUVAL,... Quatrième édition. — *Paris, Baillière, 1879, in-12.*

2737. — La chaleur animale, par Ch. RICHET,... — *Paris, Alcan, 1889, in-8°.*

2738. — Les sensations internes, par H. BEAUNIS,... — *Paris, Alcan, 1889, in-8°.*

2739. — L'embryologie générale, par le Dr Louis ROULE,... — *Paris, Reinwald, 1893, in-12.*

2740. — Deux observations tératologiques portant sur des exemples remarquables de vices de conformation, l'un de l'utérus et du vagin, l'autre des organes génitaux urinaires, communiquées à la Société de biologie, par M. DEPAUL,... — *S. l. n. d. Paris, Impr. Thunot, [1853], in-8°, 16 p., pl.*

b). Rapports du physique et du moral. Physiognomonie. Phrénologie.

2741. — Observations sur la phrénologie, ou la connaissance de l'homme moral et intellectuel fondée sur les fonctions du système nerveux, par G. SPURZHEIM, M. D. — *Paris, Treuttel et Wurtz, 1818, in-8°, fr. et pl. gr.*

2742. — Cours de phrénologie, par F. J. V. BROUSSAIS,... — *Paris, Baillière, 1836, in-8°, fr. gr.*

2743. — Azaïs. De la phrénologie, du magnétisme et de la folie. Ouvrage dédié à la mémoire de Broussais. — *Paris, Desessart, 1839, 2 vol. in-8°.*

2744. — Lavater. La physiognomonie ou l'art de connaître les hommes d'après les traits de leur physionomie, leurs rapports avec les divers animaux, leurs penchants, etc. Traduction nouvelle par H. Bacharach,... précédée d'une Notice par F. Fertiault. — *Paris, Libr. française et étrangère, 1848, in-4°, pl.*

2745. — La physiognomonie et la phrénologie, ou connaissance de l'homme d'après les traits du visage et les reliefs du crâne. Examen critique des systèmes d'Aristote, de Porta, de La Chambre, de Camper, de Lavater, de Gall et de Spurzheim, par M. Isidore Bourdon,... avec un tableau phrénologique et les portraits interprétés de MM. Thiers, Guizot, Villèle, Lamartine, Espartero, Wellington et seize autres contemporains illustres. — *Paris, Gosselin, 1842, in-12, pl.*

2746. — Notions de phrénologie, par Julien Le Rousseau. — *Paris, Libr. phalanstérienne, 1847, in-8°, fr. gr.*

2747. — La phrénologie, son histoire, ses systèmes et sa condamnation, par M. Lélut,... — Deuxième édition. — *Paris, Delahaye, 1858, in-12.*
    Les planches manquent.

2748. — Réponse au livre de Cabanis sur les rapports du physique et du moral, par M. Ladevi-Roche,... — *Paris, Hachette, 1863, in-8°.*

2749. — Du sommeil et des états analogues considérés surtout au point de vue de l'action du moral sur le physique, par A. A. Liébault,... — *Paris, Masson, 1866, in-8°.*

2750. — L'expression des émotions chez l'homme et les animaux, par Charles Darwin,... Traduit de l'anglais par les docteurs Samuel Pozzi,... René Benoit,... Seconde édition. — *Paris, Reinwald, 1877, in-8°, pl.*

2751. — Pierre Gratiolet. De la physionomie et des mouvements d'expression. Suivi d'une Notice sur sa vie et ses travaux et de la nomenclature de ses ouvrages, par Louis GRANDEAU. Troisième édition. — *Paris, Hetzel, s. d., in-12, portr.*

2752. — La physionomie et l'expression des sentiments, par P. MANTEGAZZA,... — *Paris, Alcan, 1885, in-8°, pl.*

E. HYGIÈNE.

a). Hygiène générale et spéciale.

2753. — Mémoire sur le bureau de la santé de Marseille et sur les règles qu'on y observe. — *Paris, Desaint, 1771, in-4°, 50 p.*

2754. — Essai sur l'hygiène militaire des Antilles... par Alexandre MOREAU DE JONNÈS,... — *Paris, Impr. Migneret, 1817, in-8°, 83 p.*

2755. — Cours élémentaire d'hygiène, par L. ROSTAN,... 2ᵉ édition... — *Paris, Béchet, 1828, 2 vol. in-8°.*

2756. — Rapports généraux sur la salubrité publique, rédigés par les conseils ou les administrations établis en France et dans les autres parties de l'Europe. 2ᵉ partie officielle. Rapports généraux sur les travaux du conseil de salubrité de la ville de Paris et du département de la Seine, exécutés depuis l'année 1802 jusqu'à l'année 1826 inclusivement (25 ans)... par V. de MOLÉON,... — *Paris, Bachelier, 1828, in-8°.*

> Le tome 1ᵉʳ seul. Le faux titre porte : Collection des travaux sanitaires et hygiéniques projetés ou exécutés dans les divers états de l'Europe...

2757. — Annales d'hygiène publique et de médecine légale. — *Paris, Crochard, [J. B. Baillière], 1833 et années suiv., 104 vol. in-8°.*

> Les tomes 9, 10 (1833) ; 20, 2ᵉ p. (1838) ; 21 à 37 (1839-1847). La seconde partie du tome 36 manque. — 2ᵉ série, 1854-1878 ; 3ᵉ série, 1879-1895. — Continue à paraître.

Tables alphabétiques des cinquante volumes de la première série, 1829-1853 [et de la deuxième série, 1854-1878]. — *Paris, Baillière, 1855, 1880, 2 fasc. in-8°.*

2758. — Hygiène publique ou Mémoire sur les questions les plus importantes de l'hygiène appliquée aux professions et aux travaux d'utilité publique, par A. J. B. Parent Duchatelet,... Précédé d'une Notice historique sur la vie et les ouvrages de l'auteur, par Fr. Leuret. — *Paris, Baillière, 1836, 2 vol. in-8°, pl.*

2759. — Dictionnaire d'hygiène publique et de salubrité ou Répertoire de toutes les questions relatives à la santé publique considérées dans leurs rapports avec les subsistances, les épidémies, les professions, les établissements et institutions d'hygiène et de salubrité. Complété par le texte des lois, décrets, arrêtés, ordonnances et instructions qui s'y rattachent, par Ambroise Tardieu,... Deuxième édition... — *Paris, Baillière, 1862, 4 vol. in-8°.*

**. — Rapport sur les progrès de l'hygiène, par A. Bouchardat.
Voy. Division Histoire.

**. — Rapport sur les progrès de l'hygiène militaire, par M. Michel Lévy.
Voy. Division Histoire.

2760. — Rapport sur l'assainissement industriel et municipal en France, par M. Charles de Freycinet,... — *Paris, Dunod, 1866, in-8°.*

2761. — Principes de l'assainissement des villes, comprenant la description des principaux procédés employés dans les centres de population de l'Europe occidentale pour protéger la santé publique, par M. Charles de Freycinet,... — *Paris, Dunod, 1870, 1 vol. in-8° et atlas in-4°.*

2762. — Cimetières de Méry et de Wissous. Nouvelles observations présentées au Conseil municipal de Paris, en réponse aux Mémoires de MM. Alphand et Belgrand et au Rapport complé-

mentaire de M. Hérold, par MM. DEPAUL, A. LECLERC et F^d RIANT,... — *Paris, Impr. Pougin, juillet 1874, in-4°, 28 p., pl.*
La couverture imprimée sert de titre.

2763. — Handbuch der öffentlichen Gesundheitspflege. Im Auftrage des deutschen Vereins für öffentliche Gesundheitspflege, verfasst von Dr Friedrich SANDER,... — *Leipzig, Hirzel, 1877, in-8°.*

2764. — Revue d'hygiène et de police sanitaire. Rédacteur en chef : M. E. VALLIN,... — *Paris, Masson, 1879 et années suiv., 17 vol. in-8°.*
Années 1879-1895; continue à paraître.

2765. — Traité d'hygiène publique et privée, basée sur l'étiologie, par A. BOUCHARDAT,... — *Paris, Germer-Baillière, 1881, gr. in-8°.*

2766. — Traité des désinfectants et de la désinfection, par E. VALLIN,... — *Paris, Masson, 1882, in-8°.*

2767. — Société de médecine publique et d'hygiène professionnelle. L'étude et les progrès de l'hygiène en France de 1878 à 1882, par MM. H. NAPIAS,... A. J. MARTIN,... avec une préface de M. le professeur BROUARDEL,... Deuxième édition. — *Paris, Masson, 1883, in-8°.*

2768. — Académie de Médecine. Rapport annuel de la Commission permanente de l'hygiène de l'enfance... présenté à M. le Ministre de l'Intérieur... — *Paris, Masson, 1885-1894, 9 fasc. in-8°.*
N°s 10 et 18, par les docteurs Henri ROGER, MARJOLIN et de VILLIERS, pour les années 1883 et 1884.
N° 14, par M. le Dr de VILLIERS, pour l'année 1885.
N°s 17 et 18, par les docteurs VALLIN et de VILLIERS, pour l'année 1887.
N°s 21 et 22, par les docteurs VALLIN et de VILLIERS, pour l'année 1889.
N°s 23 et 24, par les docteurs CHARPENTIER et de VILLIERS, pour l'année 1890.
N°s 25 et 26, par le Dr CHARPENTIER, pour l'année 1891.
N°s 27 et 28, par le Dr CHARPENTIER, pour l'année 1892.
N°s 29 et 30, par le Dr CHARPENTIER, pour l'année 1893.
N°s 31 et 32, par le Dr CHARPENTIER, pour l'année 1894.

2769. — Chambre des Députés... Annexe au procès-verbal de la séance du 22 novembre 1886. Rapport fait au nom de la commission chargée d'examiner le projet de loi ayant pour objet l'utilisation agricole des eaux d'égout de Paris et l'assainissement de la Seine, par M. Bourneville, député. — *Paris, Impr. Quantin, 1887, in-4°.*

La couverture imprimée sert de titre.

**. — Législation sur les logements insalubres. Traité pratique, par Gustave Jourdan.

Voy. Division Jurisprudence.

**. — Rapport sur les progrès de l'hygiène navale, par M. Le Roy de Méricourt.

Voy. Division Histoire.

2770. — Encyclopédie d'hygiène et de médecine publique. Directeur : Dr Jules Rochard,... — *Paris, Lecrosnier et Babé, 1890 et ann. suiv., 7 vol. gr. in-8°, pl.*

En cours de publication :

Tome 1er. Hygiène générale. Introduction anthropologique, par M. de Quatrefages. Démographie, par M. J. Bertillon. Climatologie, par MM. Leroy de Méricourt et Eugène Rochard. Pathogénie, par M. Jules Rochard. Épidémiologie, par M. Léon Colin.

Tome 2. Hygiène générale. Épidémiologie, par M. Léon Colin. Épizooties, par MM. Nocard et Leclainche. Hygiène alimentaire. Aliments, par M. Gabriel Pouchet. Eaux potables, par M. A. Gautier. Boissons, par M. Riche. Théorie de l'alimentation, par M. Gabriel Pouchet.

Tome 3. Hygiène urbaine. Villes en général, par M. Arnould. Voies publiques, par M. Arnould. La ville souterraine, par M. Jules Rochard. Habitations, par MM. Léon Foucher et Richard. Établissements publics, par MM. Jules Rochard et Vallin.

Tome 4. Établissements publics, par MM. Jules Rochard et Vallin. Éclairage des villes, par M. Gariel. Hygiène rurale, par M. Gustave Drouineau.

Tome 5. Hygiène hospitalière et assistance publique, par M. Henri Napias.

Tome 6. Hygiène industrielle, par M. Layet.

Tome 7. Hygiène militaire, par M. Viry. Hygiène navale, par MM. Jules Rochard et Denis Bodet.

2771. — Les poisons de l'air. L'acide carbonique et l'oxide de carbone. Asphyxie et empoisonnement par les puits, le gaz de l'éclairage, le tabac à fumer, les poêles, les voitures chauffées, etc., par N. Gréhant,... — *Paris, Baillière, 1890, in-12.*

2772. — Société de médecine publique et d'hygiène professionnelle. L'hygiène des crèches, par M. le Dr Henri Napias,... Extrait de la Revue d'hygiène, 1891. — *Paris, Masson, 1891, in-8°, 48 p.*

2773. — Berlin au point de vue de l'hygiène et de la médecine, par le Dr Gillet de Grandmont,... — *Paris, Société des éditions scientifiques, 1891, gr. in-8°.*

2774. — Questions d'hygiène sociale, par le Dr Jules Rochard,... — *Paris, Hachette, 1891, in-12.*

2775. — Les égouts de Paris. Étude d'hygiène urbaine, par A. Gastinel,... — *Paris, Jouve, 1894, in-8°, 92 p., pl.*

2776. — Précis de prophylaxie pratique, par le Dr Marcel Delamare,... — *Paris, Carré, 1894, in-8°.*

b). Diététique, ou régime sanitaire de la vie. Aliments. Cosmétiques.

2777. — De literatorum et eorum qui magistratibus funguntur conservanda præservandaque valetudine, illorum præcipue qui in ætate consistentiæ, vel non longe ab ea sunt, compendium, cum ex probatioribus autoribus, tum ex ratione ac fideli experientia concinnatum. Autore Gulielmo Gratarolo,... — *Basileæ, [Henricus Petri, 1555], in-8°.*

Omnium academiarum et quarumdam illustrium scholarum totius Europæ, erectiones, fundationes et confirmationes, a pontificibus imperatoribusque romanis, regibus, reginis, episcopis, principibus, electoribus et ducibus, ac civitatibus imperii, secundum temporum seriem ac successionem. Adjecti sunt et præcipui earundem rectores, authores, instauratores, promotores, egregia ornamenta atque lumina. Authore M. Guolphgango Justo Francophordiano. — *S. l. [Francophorti, Eichorn], 1554, in-8°.*

De anno et mensibus commentarius, cui adjungitur fastorum liber, sive ἡμερολογιον, quo quidquid peculiariter apud Græcos, Hebræos, Romanos, aliasque exoticas nationes, memorabile quolibet die actum fuerit et observatum, compendio commonstratur, autore Hadriano JUNIO, medico. Item calendarius, in quo totius anni dies articulatim ad calculum vocati, atque idipsum latinis haud barbaris sententiis, cuilibet anni tempori congruis. — *Basileæ, [Henrichus Petri, 1553], in-8°.*

2778. — ISAACI Judæi, Salomonis Arabiæ regis adoptivi filii, de diætis universalibus et particularibus libri II ; hoc est, de victus salubris ratione et alimentorum facultatibus, quinque tractatus summopere utiles, in quibus non solum de ciborum varietate atque delectu generatim, sed etiam de quibuslibet herbarum, fructuum, leguminum, granorum, carnium, piscium liquorumque formis, naturis et facultatibus, quaque ratione in cibos quælibet sint adhibenda, clare et perspicue agitur. Liber... superiori seculo ex arabica lingua in latinam conversus, nunc vero opera D. Joannis POSTHII Germershemii sedulo castigatus et in lucem editus. — *Basileæ, [Henricpetrus, 1570], in-8°.*

2779. — La première et seconde partie des Erreurs populaires touchant la médecine et le régime de santé, par M. Laur. JOUBERT,... Avec plusieurs autres petits traités... — *Rouen, Du Petit Val, 1601, 2 tom. en 1 vol. pet. in-8°.*

Les dernières pages de la table manquent.

2780. — Schola Salernitana, hoc est de valetudine tuenda, opus nova methodo instructum, infinitis versibus auctum, commentariis VILLANOVANI, CURIONIS, CRELLII et COSTANSONI illustratum. Adjectæ sunt animadversiones novæ et copiosæ Renati MOREAU,... — *Parisiis, Blasius, 1625, pet. in-8°, pl.*

2781. — Traités nouveaux et curieux du café, du thé et du chocolate. Ouvrage également nécessaire aux médecins et à tous ceux qui aiment leur santé, par Philippe Sylvestre DUFOUR. Seconde édition. — *Lyon, Deville, 1688, in-12, fr. gr.*

2782. — Traité des aliments où l'on trouve, par ordre et séparément, la différence et le choix qu'on doit faire de chacun d'eux en particulier ; les bons et les mauvais effets qu'ils peuvent produire ; les principes en quoi ils abondent ; le temps, l'âge et le tempérament où ils conviennent... par M. Louis LEMERY,... Seconde édition... — *Paris, Witte, 1709, in-12.*

2783. — Traité des dispenses du carême, dans lequel on découvre la fausseté des prétextes qu'on apporte pour les obtenir, en faisant voir par la mécanique du corps les rapports naturels des aliments maigres avec la nature de l'homme ; et par l'histoire, par l'analyse et par l'observation, leur convenance avec la santé. [Par Philippe HECQUET.] — *Paris, Fournier, 1709, in-12.*

2784. — Le régime du carême considéré par rapport à la nature du corps et des aliments. En trois parties, où l'on examine le sentiment de ceux qui prétendent que les aliments maigres sont plus convenables à l'homme que la viande ; où l'on traite, à ce sujet, de la qualité et de l'usage des légumes, des herbages, des racines, des fruits, du poisson, etc. ; et où l'on éclaircit plusieurs questions touchant l'abstinence et le jeûne, suivant les principes de la physique et de la médecine, entre autres, si on doit défendre en carême l'usage de la macreuse et du tabac. Par Mᵉ Nicolas ANDRY,... — *Paris, Coignard, 1710, in-12.*

2785. — Avis au peuple sur sa santé, par M. TISSOT,... Nouvelle édition conforme à la seconde originale, à laquelle on a joint la traduction de la préface allemande de M. Hirzel et des notes, par M*** D. M. — *Lyon, Bruyset, 1764, 2 vol. in-12.*

2786. — De la sobriété et de ses avantages, ou le vrai moyen de se conserver dans une santé parfaite jusqu'à l'âge le plus avancé. Traduction nouvelle de LESSIUS et de CORNARO, avec des notes, par Mʳ D. L. B. [de LA BONODIÈRE]. — *Paris, Edme, 1772, in-12.*

Conseils et moyens faciles pour vivre longtemps dans une parfaite santé, avec la manière de corriger un mauvais tempérament ; de jouir d'une félicité parfaite jusqu'à un âge fort avancé, et de ne mourir que par la consommation de l'humide radical, usé par une extrême vieillesse. Traduit de l'italien de Louis Cornaro,... par Monsieur D*** [De Prémont]. — *Paris, Edme, 1772, in-12.*

2787. — Traité des erreurs populaires sur la santé, par Mr J. D. T. de Bienville,... — *Lahaye, Gosse, 1775, in-8°.*

2788. — L'art d'améliorer et perfectionner les générations humaines, [par Jacq. André Millot]. Seconde édition, augmentée d'articles si intéressants que cet ouvrage, originairement fait pour les jeunes femmes, devient nécessaire à tous les âges et aux différents sexes. — *Paris, Impr. Migneret, an XI ou 1803, 2 tom. en 1 vol. in-8°, pl.*

2789. — L'art de préparer, conserver et désinfecter les substances alimentaires, suivi de la construction de différents fourneaux économiques, par S. P. Fournier. Nouvelle édition, ornée de planches... mise en ordre, par L. Sébastien Lenormand,... — *Paris, Barba, s. d., in-8°, pl.*

2790. — Essai sur l'art de faire vivre l'homme sous l'eau et sur les divers travaux qu'il peut faire, même pour le service des bâtiments sous-marins et flottants, par le Dr Mulh,... — *Pau, Impr. Vignancour, 1836, in-8°, pl.*

2791. — Traité de la vieillesse hygiénique, médical et philosophique, ou recherches sur l'état physiologique, les facultés morales, les maladies de l'âge avancé, et sur les moyens les plus sûrs, les mieux expérimentés, de soutenir et de prolonger l'activité vitale à cette époque de l'existence, par le Docteur J. H. Reveillé-Parise,... — *Paris, Baillière, 1853, in-8°.*

2792. — Des substances alimentaires et des moyens de les améliorer, de les conserver et d'en reconnaître les altérations, par A. Payen,... Deuxième édition. — *Paris, Hachette, 1854, in-12.*

2793. — De la longévité humaine et de la quantité de vie sur le globe, par P. Flourens,... Deuxième édition. — *Paris, Garnier, 1855, in-12.*

2794. — Nouvelle doctrine philosophique sur les lois de la vie, de la conservation et de la santé, ou de la médecine éclairée, simplifiée, expliquée par les faits et mise désormais à la portée de tous, comme une déduction logique et démontrée de cette double et intéressante vérité : « Si le sang est l'aliment de la vie, le fluide électrique en est le vrai moteur. » Nouveaux principes expliquant, d'une manière aussi simple que naturelle, d'une part, la cause intime et si longtemps inconnue de la douleur, de l'irritation et de la fièvre ; de l'autre, celle non moins intéressante et non moins remarquable de l'action si salutaire des eaux minérales, surtout sulfureuses, dans le traitement de la plupart des maladies chroniques. Par le docteur COUDRET,... — *Paris, Rouvier, 1857, in-8°, pl.*

2795. — L'art de vivre longtemps, par le Dr L. NOIROT,... Quatrième édition. — *Paris, Dentu, 1868, in-32.*

2796. — L'âge de retour et la vieillesse. Conseils aux gens du monde, par le Docteur GUYÉTAND,... — *Paris, Brunet, 1870, in-12.*

2797. — Le secret de longue vie, ou l'art de prolonger ses jours jusqu'à cent ans, suivi d'un Appendice sur la taille humaine. Par un octogénaire,... — *Paris, Guillaumin, 1873, in-8°, portr. phot.*

La dédicace à M. Thiers est signée : M. C. [L. M. MOREAU-CHRISTOPHE]. Auteuil, 20 mars 1873.

2798. — Dictionnaire de la santé ou Répertoire d'hygiène pratique à l'usage des familles et des écoles, par le Dr J. B. FONSSAGRIVES,... — *Paris, Delagrave, 1876, gr. in-8°.*

2799. — Dictionnaire des altérations et falsifications des substances alimentaires, médicamenteuses et commerciales, avec l'indication des moyens de les reconnaître, par M. A. CHEVALLIER,... et M. Er. BAUDRIMONT,... Cinquième édition. — *Paris, Asselin, 1878, gr. in-8°.*

2800. — A. CHEVALLIER et Er. BAUDRIMONT. Dictionnaire des altérations et falsifications des substances alimentaires, médicamenteuses et commerciales, avec l'indication des moyens de les reconnaitre. Septième édition, par le Docteur L. Héret,... — *Paris, Asselin et Houzeau, 1893-1895, gr. in-8°*.

Tome 1ᵉʳ. En cours de publication.

2801. — Les trois intempérances de la table, de la boisson et des mœurs, prévenues et combattues au moyen d'une alimentation hygiénique, naturelle et économique, par Edouard Raoux,... Troisième édition... — *Lausanne, Payot, 1891, in-8°, 64 p., portr. et pl.*

2802. — L'abatage des animaux de boucherie. Étude comparée des diverses méthodes, par le Dʳ J. A. Dembo,... Précédé de lettres de MM. R. Virchow et W. Preyer. — *Paris, Alcan, 1894, in-8°*, xii-92 *p. et pl.*

La couverture imprimée sert de titre.

F. PATHOLOGIE.

a). Traités généraux. Médecine pratique. Clinique médicale.

2803. — Paraphrases in libros omneis Alexandri Tralliani, medici periodeuti, super singularum humani corporis partium, a summo vertice ad imam usque plantam, morborum ac febrium causis, signis, remediisque tum communibus, tum propriis, recens in lucem, quam castigatissime æditæ, Albano Torino,... autore. Dioclis Carystii, principis secundum Hipp. rationalis medici, de tuenda sanitate, ad Antigonum regem, libellus vere aureus, Albano Torino interprete. — *Basileæ, Henricus Petrus, 1541, in-f°.*

2804. — Clariss. viri Hieronymi Mercurialis Foroliviensis,... prælectiones Patavinæ de cognoscendis et curandis humani corporis affectibus; in quibus, præter alia, quæ ad praxim exercendam plurimum conferunt, et præter variam eruditionem, gravissimæ quoque theoriæ difficultates enodantur. Nuper inscio et tanquam mortuo authore editæ; nunc vero... eodem permittente... emendatæ et tertia parte auctæ, opera ac studio Guglielmi

Atbenii Bruxellensis. In hacque postrema editione summa cum diligentia expurgatæ. — *Venetiis, Juntæ, 1606, in-f°.*

2805. — Felicis Plateri,... praxeos medicæ opus, quinque libris adornatum... Tertia hac editione... emendatum a Felice Platero,... Fel. nep. Huic accessit ejusdem quæstionum medicarum paradoxarum et endoxarum centuria posthuma, opera primum Thomæ Plateri D. Felicis fratris edita, nunc ab eodem Nep. Th. fil. revisa et recusa. — *Basileæ, König, 1656, 4 tom. en 1 vol. in-4°.*

2806. — De corporum affectionibus, cum manifestis, tum occultis, libri duo, seu promotæ per experimenta philosophiæ specimen. Ubi non qualitates modo et vires corporum, sed et illustriora quæ nostra hac ætate variis in locis facta sunt experimenta, breviter et aperte explicantur. Autore J. B. Du Hamel,... — *Parisiis, Le Petit, 1670, in-12.*

2807. — Dissertationum pathologicarum pars quarta et postrema Antonio Menjotio scriptore. — *Parisiis, Cramoisy, 1677, in-4°.*
Ce tome seul.

2808. — Medicina septentrionalis collatitia, sive rei medicæ, nuperis annis a medicis anglis, germanis et danis emissæ, sylloge et syntaxis... Opera Theophili Boneti,... — *Genevæ, Chouet, 1686-1687, 2 vol. in-f°, pl.*

2809. — Epitome praxeos medicæ e,... Michaelis Ettmulleri,... et aliorum practicorum scriptis ac monumentis, experientia et ratione fundatis, studiose consarcinata... — *In-8°.*
Le titre manque.

2810. — Thesaurus medicinæ practicæ, ex præstantissimorum medicorum observationibus... collectus... Authore Thoma Burnet,... Editio novissima... — *Lugduni, Baritel, 1702, in-4°.*

2811. — Conspectus pathologiæ ad dogmata Stahliana præcipue adornatæ et semeiologiæ potissimum Hippocratico-Galenicæ, in forma tabularum repræsentatus, auctore D. Joanne Junckero,... — *Halæ-Magdeburgicæ, 1736, in-4°.*

2812. — Historia morborum qui annis MDCXCIX, MDCC, MDCCI, MDCCII Vratislaviæ grassati sunt a colleg. acad. Leopold. nat. cur. Vratislaviens. in lucem edita... Accedit appendicis loco : I Tractatus de experientia... II Observationes practicæ de hydrope pectoris, a cell. acad. Leopold. nat. cur. Vratisl. editæ. Præfatus est Albertus Haller,... — *Lausannæ et Genevæ, Bousquet, 1746, in-4°.*

2813. — Joannes de Gorter de perspiratione insensibili, editio prima italica, juxta postremam editionem Leydensem ab auctore multis in locis auctam et emendatam atque commentariis in omnes aphorismos staticos Sanctorii adornatam. — *Patavii, Manfré, 1748, in-4°, pl.*

2814. — Traité de l'origine des maladies et de l'usage de la poudre purgative, par M. Jean Ailhaud,... — *Avignon, Rousset, 1748, in-12.*

Le titre et les dernières pages en partie rongés.

2815. — Médecine universelle prouvée par le raisonnement, démontrée par l'expérience, ou précis du Traité de Messire Jean Ailhaud,... par Messire Jean Gaspard Ailhaud, son fils,... Nouvelle édition. — *Carpentras, Quenin, 1762, in-12.*

2816. — Antonii Störck,... Annus medicus primus [et secundus] quo sistuntur observationes circa morbos acutos et chronicos, adjiciunturque eorum curationes et quædam anatomicæ cadaverum sectiones. — *Lugduni-Batavorum, Van der Eyk, 1761, 2 tom. en 1 vol. in-8°.*

2817. — Nosologia methodica sistens morborum classes, genera et species, juxta Sydenhami mentem et botanicorum ordinem. Auctore Fr. Boissier de Sauvages,... — *Amstelodami, De Tournes, 1763, in-8°.*

Le tome 3, 1re part. seul.

2818. — Andreæ Piquern archiatri praxis medica ad usum scholæ Valentinæ. — *Matriti, Ibarra, 1764-1766, 2 vol. pet. in-4°.*

2819. — Danielis Wilhelmi Trilleri,... Clinotechnia medica antiquaria, sive de diversis ægrotorum lectis secundum ipsa varia morborum genera convenienter instruendis commentarius medico-criticus... — *Francofurti et Lipsiæ, Fleischerus, 1774, pet. in-4°.*

2820. — Recherches sur différents points de physiologie, de pathologie et de thérapeutique, pour servir de base à un cours de pathologie, par M. Fabre,... — *Paris, Barrois, 1783, in-8°.*

2821. — Maximiliani Stoll,... pars prima [et seq.] rationis medendi in nosocomio practico Vindobonensi. Nova editio... — *Parisiis, Duplain, 1787, 3 tom. en 1 vol. in-8°.*

Aphorismi de cognoscendis et curandis febribus, edidit Maximilianus Stoll. — *Parisiis, Croullebois, anno secundo Reipublicæ gallicæ... in-8°.*

2822. — Médecine pratique de Maximilien Stoll,.... Traduction nouvelle, à laquelle on a joint une dissertation du même auteur sur la matière médicale, l'Éloge de Stoll, par Vicq-d'Azyr... par P. A. O. Mahon,... — *Paris, Brosson, an IX, 3 vol. in-8°.*

2823. — Vues nouvelles sur la médecine pratique, ou résultat sommaire des recherches faites sur les maladies observées dans le département des Landes et dans quelques parties des départements voisins. Rapports entre ces maladies et la nature du sol, les qualités de l'atmosphère, l'action des météores, la constitution physique et morale des habitants de ces contrées. Ouvrage dans lequel les gens de l'art trouveront des instructions propres à diriger leur conduite auprès des malades, et les citoyens de toutes les classes apprendront à connaitre les principales causes des maux qui les affligent, les moyens faciles d'en prévenir ou d'en modifier les impressions, à se préserver surtout des coupables manœuvres de l'impéritie. Le tout précédé de la topographie médicale du chef-lieu du département des Landes, et suivi de quelques observations relatives à l'état de la médecine en France, avant la convocation des États généraux, à l'influence de la Révolution sur cette partie intéressante des sciences, aux moyens d'en perfectionner l'étude, d'en régulariser l'exercice par une loi dont on propose les bases. Par le C^{en} Dufau,... — *Mont-de-Marsan, Impr. Leclercq, IIIe année rép., in-8°*.

2824. — Recherches sur l'influence de l'air dans le développement, le caractère et le traitement des maladies ; ouvrage où l'on s'est proposé d'établir, sur les principes de physique et de chimie le plus généralement adoptés et sur les principes de la médecine d'observation, le rapport des constitutions atmosphériques avec les constitutions nosologiques, par M. Bouffey,... — *Paris, Croullebois, 1813, 2 part. en 1 vol. in-8°*.

2825. — La medicina curativa, o la purgacion dirigida contra la causa de las enfermedades reconocida y analisada en esta obra, por Leroy,... Octava edicion... traducida al castellano por R. Ferran,... — *S. l. n. d. Se vende en casa de Josef Vergez... en Bayona, in-12*.

2826. — Clinique médicale, ou choix d'observations recueillies à la clinique de M. Lerminier,... et publiées sous ses yeux, par G. Andral fils,... Quatrième partie. Maladies de l'abdomen. — *Paris, Gabon, 1827, in-8°*.

Ce tome seul.

2827. — Traité des maladies des enfants nouveau-nés et à la mamelle, fondé sur de nouvelles observations cliniques et d'anatomie pathologique faites à l'hôpital des enfants trouvés de Paris, dans le service de M. Baron, par C. Billard,... — *Paris, Baillière, 1828, in-8°*.

L'Atlas in-4° manque.

2828. — De la spécificité dans les maladies. Thèse pour le concours de pathologie médicale, à la Faculté de médecine de Paris, composée et soutenue par A. P. Requin,... — *Paris, Germer-Baillière, juin 1851, in-8°, 72 p*.

2829. — Abrégé de pathologie médico-chirurgicale, ou résumé analytique de médecine et de chirurgie, par M. E. Triquet,... — *Paris, Labé, 1852, 2 vol. in-8°*.

2830. — De la température du corps humain et de ses variations dans les diverses maladies, par P. LORAIN,... publication faite par les soins de P. BROUARDEL,... — *Paris, Impr. Nat., 1877, 2 vol. in-8°, portr. et pl.*

2831. — Étude comparée du médicament et de la série médicamenteuse. De la série sédative et excito-motrice. Le mal des montagnes (Étude de physiologie pathologique). Par le Dr BUBOUÉ,... — *Paris, Masson, 1881, in-8°.*

2832. — Estudios fundamentales de patologia medica. Nosotaxia. Sus procedimientos logicos, sus bases, su utilidad, por D. Felix ARAMENDIA Y BOLEA,... — *Zaragoza, Tipogr. de la Derecha, 1884, in-8°.*

2833. — L'homme criminel. Criminel-né. — Fou moral. — Épileptique. Étude anthropologique et médico-légale, par César LOMBROSO. Traduit sur la IVe édition italienne par MM. REGNIER et BOURNET, et précédé d'une préface du D^r Ch. LETOURNEAU. — *Paris, Alcan, 1887, in-8° et* Atlas. — *Turin, Bocca, 1888, gr. in-8°.*

2834. — L'homme de génie, par Cesare LOMBROSO. Traduit sur la VIe édition italienne par Fr. COLONNA D'ISTRIA,... et précédé d'une préface de M^r Ch. RICHET,... — *Paris, Alcan, 1889, in-8°, pl.*

2835. — Les virus, par le Dr S. ARLOING,... — *Paris, Alcan, 1891, in-8°.*

2836. — Les altérations de la personnalité, par Alfred BINET,... — *Paris, Alcan, 1892, in-8°.*

2837. — Traité de pathologie générale publiée par Ch. BOUCHARD,... secrétaire de la rédaction : G. H. ROGER,... — *Paris, Masson, 1895 et années suiv., 2 vol. gr. in-8°.*

En cours de publication :
Tome 1er. Collaborateurs : MM. D'ARSONVAL, BOURCY, CADIOT, Mathias DUVAL, LE GENDRE, LEJARS, LE NOIR, MARFAN, ROGER, VUILLEMIN.
Tome 2. Collaborateurs : MM. R. BLANCHARD, CHANTEMESSE, CHARRIN, GUIGNARD, HUGOUNENQ, A. LAVERAN, Gabriel ROUX, RUFFER.

b). **Systèmes modernes. Homéopathie.**

2838. — Leçons de médecine homéopathique, par le docteur Léon Simon. — *Paris, Baillière, 1835, in-8°.*

2839. — Traitement homéopathique des maladies de la peau, considérées sous le rapport de leur forme, des sensations qu'elles produisent et des parties qu'elles affectent, par le docteur Rückert. Précédé de notions générales et importantes sur la symptomatologie, le régime homéopathique... suivi du traitement homéopathique des maladies vénériennes, par le Dr Attomyr. Traduit de l'allemand, par Sarrazin. — *Paris, Baillière, 1838, in-18.*

2840. — Histoire de la doctrine médicale homéopathique. Son état actuel dans les principales contrées de l'Europe. Application pratique des principes et des moyens de cette doctrine au traitement des maladies, par Aug^{te} Rapou, de Lyon,... — *Paris, Baillière, 1847, 2 vol. in-8°.*

2841. — Manuel pour servir à l'étude critique de la médecine homéopathique, par le docteur Griesselich,... Traduit de l'allemand, par le docteur Schlesinger-Rahier. — *Paris, Baillière, 1849, in-12.*

2842. — Mémorial du médecin homéopathiste, ou Répertoire alphabétique de traitements et d'expériences homéopathiques, pour servir de guide dans l'application de l'homéopathie au lit du malade, par J. L. Haas. Traduit de l'allemand sur la dernière édition, par A. J. L. Jourdan. Deuxième édition... — *Paris, Baillière, 1850, in-18.*

2843. — Du traitement homéopathique des maladie de la peau et des lésions extérieures en général, par le docteur G. H. G. Jahr. — *Paris, Baillière, 1850, in-8°.*

2844. — Du traitement homéopathique des affections nerveuses et des maladies mentales, par le docteur G. H. G. Jahr. — *Paris, Baillière, 1854, in-12.*

2845. — Nouveau manuel de médecine homéopathique, par le docteur G. H. G. Jahr. Septième édition... — *Paris, Baillière, 1862, 4 vol. in-12.*

> Tomes 1-2. Première partie. Manuel de matière médicale, ou résumé des principaux effets des médicaments homéopathiques, avec indications des observations cliniques.
> Tomes 3-4. Seconde partie. Répertoire thérapeutique et symptomatologique, ou table alphabétique des principaux symptômes des médicaments homéopathiques, avec des avis cliniques.

2846. — Traité homéopathique des maladies aiguës et chroniques des enfants, par le docteur Alph. Teste,... — *Paris, Baillière, 1850, in-12.*

2847. — Thérapeutique homéopathique des maladies des enfants, par le docteur Fr. Hartmann, traduit de l'allemand avec notes, par M. Léon Simon fils,... — *Paris, Baillière, 1853, in-8°.*

2848. — Lettre sur le progrès en homéopathie adressée en réponse au docteur Audouit, par le docteur J. Perry. — *Paris, Baillière, 1855, in-8°, 32 p.*

> De la fièvre typhoïde et de son traitement homéopathique, par Aug. Rapou,... — *Paris, Baillière, 1851, in-8°.*
>
> Essai d'une thérapie homéopathique des fièvres intermittentes, publié par le Dr C. de Bonninghausen,... Traduit de l'allemand, par T. de Bachmeteff et T. Rapou,... — *Paris, Baillière, 1833, in-8°.*

2849. — De l'homéopathie et particulièrement de l'action des doses infinitésimales, par le Docteur A. Magnan. — *Paris, Baillière, 1855, in-8°.*

2850. — Études élémentaires d'homéopathie complétées par des applications pratiques... par le F. Alexis Espanet. — *Paris, Baillière, 1856, in-12.*

2851. — Exposition de la doctrine médicale homéopathique, ou organon de l'art de guérir, par S. Hahnemann. Traduit de l'allemand sur la dernière édition, par le docteur A. J. L. Jourdan. Quatrième édition augmentée de commentaires et précédée d'une Notice sur la vie, les travaux et la doctrine de l'auteur, par M. Léon Simon père,... — *Paris, Baillière, 1856, in-8°, portr.*

2852. — Médecine homéopathique domestique, par le docteur C. Héring. Quatrième édition française, traduite sur la sixième édition américaine... augmentée d'un grand nombre d'additions tirées de la XI° édition allemande et précédée d'indications générales d'hygiène et de prophylaxie des maladies héréditaires, par le docteur Léon Marchant. — *Paris, Baillière, 1860, in-12.*

2853. — De l'homéopathie. Encore une fois qu'est-ce que l'homéopathie ? Il faut en finir avec elle ! par le docteur A. Chargé,... — *Paris, Baillière, 1864, in-8°.*

G. SÉMÉIOLOGIE, OU TRAITÉS SUR LES SIGNES DES MALADIES.

2854. — Thomæ Fieni,... Simiotice, sive de signis medicis tractatus... — *Lugduni, Huguetan, 1664, in-4°.*

2855. — Le miroir des urines par lequel on voit et connaît les différents tempéraments, les humeurs dominantes, les sièges et les causes des maladies d'un chacun, suivant les longues expériences du sieur [Jean] Davach de La Rivière,... Seconde édition... — *Paris, de Luyne, 1700, in-12.*

2856. — Lapis Lydos Appollinis methodo segura, y la mas util, assi para conocer, como para curar las enfermedades agudas. Venerada de los antiguos aunque no practicada, por no advertida de los modernos. Y aora demonstrada con inumerales experiencias observadas por el zelo y deligente cuidado del doctor Francisco Solano de Luque,... — *Madrid, Impr. de Gonzalez, 1731, 2 part. en 1 vol. in-f°.*

2857. — Novæ raræque observationes circa variarum crisium prædictionem ex pulsu nullo habito respectu ad signa critica antiquorum, primum a Francisco Solano de Luque,... et a variis deinde-

aliis medicis factæ... Addita sunt monita quædam generalia de natura crisium... auctore Jacobo NIHELL,... ex anglico latine reddidit Wilhelmus NOORTWYK,... — *Venetiis, Bettinelli, 1748, pet. in-8°.*

2858. — Henrici Josephi REGÆ,... tractatus duo de urinis. Prior quæstio quodlibetica, an ulla scientiæ medicæ investigatione aut experimento quispiam possit ex sola urinarum inspectione morborum naturam ad medelam dignoscere. Alter, de urinis ut signo... — *Francofurti et Lipsiæ, 1761, pet. in-8°.*

2859. — Essai sur le pouls, par rapport aux affections des principaux organes, avec des figures qui représentent les caractères du pouls dans ces affections. Ouvrage augmenté d'un Abrégé de la doctrine et de la pratique de Solano, d'après les livres originaux et autres ouvrages espagnols, et d'une Dissertation sur la théorie du pouls, traduite du latin de M.ʳ FLEMING,... par M.ʳ Henri FOUQUET,... — *Montpellier, Martel, 1767, pet. in-8°, pl.*

Dissertation sur les découvertes de François Solano, concernant les modifications du pouls et les pronostics qu'on peut en tirer ; dans laquelle on explique ces phénomènes d'après les lois ordinaires de l'économie animale. Par M. Milcolomb FLEMING,... — *Londres, Bladon, 1753, pet. in-8°, viij-38-[vj] p.*

Ex libris A. J. Cipriaut.

2860. — Introduction to the science of the pulse, as applied to the practice of medicine, by Julius Rucco,... — *London, Burgess and Hill, 1827, 2 vol. gr. in-8°.*

2861. — Faculté de médecine de Paris. Concours public pour l'agrégation. Thèse sur la question suivante : Des bases du diagnostic ; présentée et soutenue le... juin 1838, par L. J. BEHIER, D. M. P. — *Paris, Impr. Rignoux, 1838, in-4°, 50 p.*

2862. — Traité des signes de la mort et des moyens de prévenir les enterrements prématurés, par E. BOUCHUT,... — *Paris, Baillière, 1849, in-12.*

2863. — Lettre à M. le rédacteur en chef de la France médicale sur la mort apparente, les conséquences réelles des inhumations précipitées, le temps pendant lequel peut persister l'aptitude à être rappelé à la vie, par Charles LONDE,... — *Paris, Baillière, 1854, in-8°, 31 p.*

H. SPÉCIALITÉS MÉDICALES.

a). Fièvres. Maladies inflammatoires.

2864. — Dissertatio de febribus, authore Philippo VERHEYEN,... — *Lovanii, Ægidius Denique, 1692, pet. in-8°.*

2865. — Aphorismes sur la connaissance et la curation des fièvres, publiés par Maxim. STOLL,... et traduits en français par P. A. O. MAHON,... — *Paris, Gabon, an IX (1801), in-8°.*

2866. — De l'impaludisme, par le Dr DUBOUÉ,... — *Paris, Coccoz, 1867, in-8°.*

2867. — Essai de critique médicale. Pau et ses environs au point de vue des affections paludéennes, par le Dr R. LAHILLONNE,... — *Paris, Germer-Baillière, décembre 1867, in-8°, 92 p., pl.*

2868. — Notions sommaires sur l'impaludisme, par le Dr DUBOUÉ de Pau. — *Pau, Impr. Veronese, 1872, in-8°, 39 p.*

2869. — De la physiologie pathologique de la fièvre typhoïde et des indications thérapeutiques qui en dérivent, par le Dr DUBOUÉ,... — *Paris, Delahaye, 1878, in-8°.*

2870. — Action comparée des bains et des douches dans l'impaludisme, par le Dr DEJEANNE,... (Extrait des Annales d'hydrologie médicale de Paris, t. XXIX.) — *Paris, Impr. Davy, 1884, in-8°, 11 p.*

2871. — Recherches microscopiques sur l'étiologie du paludisme, par M. le Docteur E. MAUREL,... — *Paris, Doin, 1887, in-8°.*

2872. — Méningite a frigore. Effet remarquable du tanin. Guérison, par le Dr LARDIER,... Note du Dr DUBOUÉ,... — *Rambervillers, Impr. Méjeat, s. d. [1887], in-8°, 12 p.*

b). Maladies épidémiques, contagieuses.

2873. — Petri Francisci PHRYGII,... Commentarii in historias epidemicas Hippocratis, in tres partes digesti... — *Lugduni, Huguetan, 1644, in-4°.*

2874. — Histoire médicale générale et particulière des maladies épidémiques, contagieuses et épizootiques qui ont régné en Europe depuis les temps les plus reculés jusqu'à nos jours, par J. A. F. OZANAM,... Seconde édition... — *Paris, Lyon, l'auteur, 1835, 4 tom. en 2 vol. in-8°.*

2875. — Les parasites et les maladies parasitaires chez l'homme, les animaux domestiques et les animaux sauvages avec lesquels ils peuvent être en contact, par P. MÉGNIN,... Insectes, arachnides, crustacés,... — *Paris, G. Masson, 1880, in-8°, et Atlas, in-8°.*

2876. — Les bactéries et leur rôle dans l'étiologie, l'anatomie et l'histologie pathologiques des maladies infectieuses, par A. V. CORNIL,... V. BABES,... Troisième édition refondue et augmentée contenant les méthodes spéciales de la bactériologie. — *Paris, Alcan, 1890, 2 vol. in-8°, pl.*

2877. — Celeberrimi atque acutissimi jureconsulti Do. Jo. Francisci de SANCTO NAZARIO [alias de RIPA] doctoris Papiensis, jura interpretantis in florenti achademia Avenionensi, ad cives Avenionenses de peste libri tres. — *S. l. n. d. Impressum... Avenioni per... Johannem de Channey, 1522, in-4°, goth.*

2878. — De la préservation de peste, par Benoit TEXTOR. — *In-8°.*
Le titre manque.

2879. — Instruttione sopra la peste di M. Michele MERCATI,... nella quale si contengono i piu eletti e approvati rimedii, con molti nuovi et potenti secreti cosi da preservarsi come da curarsi.

Aggiuntevi tre altre instruttioni sopra i veleni occultamente ministrati, podagra e paralisi... — *Roma, Accolto, 1576, in-4°.*

Regola da preservarsi in sanita in tempi di suspetto di peste... composta per Marco Antonio CIAPPI... — *Perugia, Petrucci, 1577, in-4°, 19 p. non ch. (en vers).*

2880. — La peste recognue et combatue avec les plus exquis et souverains remèdes empruntez de l'une et de l'autre médecine, par Jos. Du CHESNE, Sieur de LA VIOLETTE,... — *Paris, Morel, 1608, in-8°.*

La réformation des thériaques et antidotes opiatiques, par Jos. Du CHESNE, Sieur de LA VIOLETTE,... — *Paris, Morel, 1608, in-8°.*

2881. — Relation historique de tout ce qui s'est passé à Marseille pendant la dernière peste. Seconde édition... [Par J. B. BERTRAND.] — *Cologne, Marteau, 1723, in-12.*

2882. — Rapport présenté à Son Exc. le Ministre secrétaire d'Etat au département de l'Intérieur par la Commission médicale envoyée à Barcelone. 1re partie. Signé : BALLY, FRANÇOIS, PARISET. — *Paris, Impr. Roy., 1822, in-8°, 55 p.*

2883. — Relation des épidémies du choléra morbus observées en Hongrie, Moldavie, Gallicie et à Vienne en Autriche, dans les années 1831 et 1832 ; avec une histoire générale de cette maladie et son traitement préservatif et curatif ; avec des notes du professeur Broussais, par le docteur SOPHIANOPOULO,... — *Paris, Delaunay, 1832, in-8°.*

Le choléra morbus épidémique observé et traité selon la méthode physiologique, par F. J. V. BROUSSAIS,... — *Paris, Delaunay, 1832, in-8°.*

2884. — Traité sur la nature, le siège et le traitement du choléra, par M. J. F. SÉRÉE,... — *Pau, Impr. Vignancour, 1862, in-8°, 29 p.*

2885. — Nouvelles études sur le choléra asiatique. Le sulfure noir de mercure proposé pour préserver l'Italie de ce terrible fléau, par

M. le Docteur Socrate CADET,... Traduction du Comte Charles DES DORIDES. — *Rome, Impr. de l'Italie, 1873, in-8°, 40 p.*

2886. — Intorno l'efficacia particolarmente antecolerica del solfuro nero di mercurio, detto comunemente etiope minerale. Discorso dettato per l'xi° congresso degli scienziati italiani dal dott. Socrate CADET,... — *Roma, Tip. di G. Via, s. d. [1874], in-8°, 26 p.*

2887. — Étude de thérapeutique générale, à propos des indications à suivre dans la prophylaxie et le traitement du choléra asiatique, par le docteur DUBOUÉ,... Extrait du Bulletin général de thérapeutique, numéro du 3 octobre 1884. — *Paris, Doin, 1884, in-8°, 15 p.*

2888. — Le choléra d'après le Dr Don Jaime Ferran. La vaccination cholérique. Les délégations scientifiques en Espagne, par le Docteur DUHOURCAU,... — *Toulouse, Privat, s. d. [1885], in-8°, portr. et 1 pl.*

2889. — Des inoculations soi-disant cholériques comme traitement préventif du choléra, par le docteur DUBOUÉ,... Extrait du Bulletin général de thérapeutique, numéro du 15 juillet 1885. — *Paris, Doin, 1885, in-8°, 15 p.*

La couverture imprimée sert de titre.

2890. — Traitement prophylactique et curatif du choléra asiatique, par le Dr DUBOUÉ,... — *Paris, Masson, 1885, in-8°, iv-49 p.*

2891. — De l'emploi et de l'efficacité du tanin dans le traitement des inflammations des séreuses et des muqueuses et de quelques autres maladies où prédominent les desquamations épithéliales et en particulier du choléra asiatique, par le Dr DUBOUÉ,... — *Paris, Masson, 1886, in-8°, x-91 p.*

2892. — Extrait du Bulletin de l'Académie de médecine (séance du 26 décembre 1888). Des indications à suivre dans le traitement préventif et curatif du choléra asiatique. Résumé théorique et pratique, par le Dr DUBOUÉ,... — *Paris, Masson, 1889, in-8°, 67 p.*

2893. — Recueil des travaux du Comité consultatif d'hygiène publique de France et des actes officiels de l'administration sanitaire. Annexe aux tomes XIX et XX. Le choléra (Histoire d'une épidémie — Finistère 1885-1886), par Henri Monod,... — *Melun, Impr. administrative, 1892, in-8°, pl.*

2894. — L'inoculation préventive contre le choléra morbus asiatique, par J. Ferran, avec la collaboration des Drs A. Gimeno et I. Pauli, traduit par le Dr E. Dubourcau (de Cauterets). — *Paris, Société d'éditions scientifiques, 1893, in-8°, pl.*

c). Maladies aiguës, maladies chroniques, maladies séniles.

2895. — Nouveau traité du rhumatisme et des vapeurs où, après avoir expliqué la nature, les causes, les symptômes et les signes de ces maladies, l'on donne les remèdes propres et faciles pour les guérir. Par M. Dumoulin,... — *Paris, d'Houry, 1703, in-12.*

2896. — Observations intéressantes sur la cure de la goutte et du rhumatisme de Messieurs Frédéric Hoffmann, U*** et James,... — *Paris, Briasson, 1747, in-12.*

2897. — Pneumato-pathologia, seu tractatus de flatulentis humani corporis affectibus, autore Francisco de Paula Combalusier,... — *Parisiis, De Bure, 1747, in-12.*

2898. — D. Michaelis Alberti,... tractatus de hæmorrhoidibus, in quo schediasmata quædam celeberrimi dni,... Stahlii, veram hæmorrhoidum doctrinam exponentia, fundamenti loco præmittuntur, et totum negotium hæmorrhoidale diagnostice, prognostice, pathologice et practice... cum præfatione epistolica celeb. Stahlii ad authorem directa... commendatur. — *Halæ, 1722, 2 part. en 1 vol. in-4°.*

2899. — Traité théorique et pratique sur l'épuisement, pur et simple, de l'économie humaine et sur les maladies chroniques les plus répandues qui ont cette origine, par le docteur Sallenave,... — *S. l. [Bordeaux, Impr. Dupuy], 1855, in-8°.*

— 438 —

La fièvre considérée sous un nouveau point de vue; thèse présentée et soutenue à la Faculté de Paris en 1835, par L. P. SALLENAVE, pour obtenir le grade de docteur en médecine. — *Sans titre ; in-8°, 30 p.*

Réponse du docteur SALLENAVE de Bordeaux, à Monsieur Saurel de Montpellier, relativement à la critique de ce médecin journaliste sur le traité des maladies chroniques dues à l'épuisement. — *S. l. n. d. Bordeaux, Impr. Dupuy,* [1856], *in-8°, 14 p.*

2900. — Anémie des grandes villes et des gens du monde (cachexie urbaine), par le Dr Raoul LE ROY. — *Paris, Masson, 1869, in-8°.*
Les dix pages de la préface manquent.

2901. — Des anémies : 1° Physiologie pathologique — 2° traitement. Par le D^r Ch. LEJARD,... — *Paris, Impr. Lanier, 1888, in-12, 91 p., pl.*

2902. — Mode d'emploi des eaux minérales dans le traitement du rhumatisme chronique, par le Dr DUHOURCAU (de Cauterets),... Extrait d'un mémoire couronné par l'Académie de médecine de Paris (Prix Capuron 1888). Publié par la Revue des Pyrénées et de la France Méridionale (n° 2, 1889). — *Toulouse, Privat, 1889, in-8°, 31 p.*

d). Maladies de la peau ; maladies scrofuleuses, syphilitiques ; tumeurs, ulcères.

2903. — Nouvelle théorie sur la formation des dartres, des causes qui les produisent, et nouveau traitement curatif par un pansement journalier et raisonné qui provoque la sortie du vice dartreux, par M. Th. DAUSSE,... — *Paris, l'auteur, 1832, in-8°, 32 p.*

2904. — Abrégé pratique des maladies de la peau, par MM. Alphée CAZENAVE,... et H. E. SCHEDEL,... Ouvrage rédigé surtout d'après les documents puisés, à l'hôpital Saint-Louis, dans les leçons cliniques de Biett. Quatrième édition... — *Paris, Labé, 1847, in-8°, pl.*

2905. — Étiologie et prophylaxie de la pellagre. Communications adressées à S. E. le Ministre de l'Agriculture et du Commerce, par le Dr A. Costallat,... suivies de deux rapports au Comité consultatif d'hygiène et de salubrité, par M. le Docteur A. Tardieu, et du rapport fait à l'Académie des Sciences sur le concours du grand prix de la pellagre, par M. le Docteur Rayer. Seconde édition... — *Paris, Baillière, 1868, in-8°.*

2906. — Vexatissimum nostra ætate de insitione variolarum, vel admittenda, vel repudienda, argumentum, occasione quæstionum ab illustrissimo viro Antonio de Haën,... sibi propositarum, abjecto omni partium studio, curatius evolutum, et expensum a Balthazaro Ludovico Tralles,... Additur brevis disquisitio de usu missionis sanguinis, et opii in secunda variolarum febre. — *Vratislaviæ, Meyerus, 1765, in-8°.*

2907. — Traité de la vaccine et des éruptions varioleuses ou varioliformes. Ouvrage rédigé sur la demande du gouvernement, précédé d'un Rapport de l'Académie royale de médecine, par M. J. B. Bousquet,... — *Paris, Baillière, 1833, in-8°.*

2908. — Rapport présenté à S. Exc. M. le Ministre de l'Agriculture, du Commerce et des Travaux publics, par l'Académie impériale de médecine, sur les vaccinations pratiquées en France pendant l'année 1857. [M. Depaul rapporteur.] — *Paris, Impr. Imp., 1860, in-8°.*

2909. — Étude sur les vaccinations hâtives, par le Docteur Depaul,... lue à l'Académie de médecine (janvier 1862). — *Sans titre ; Paris, Impr. Brière, in-8°, 15 p.*

2910. — Nouvelles recherches sur la véritable origine du virus-vaccin, par M. le professeur Depaul,... — *Paris, Impr. Plon, 1863, in-8°, 46 p.*

2911. — De l'origine réelle du virus-vaccin. Réponse aux objections qui ont été faites à mes nouvelles recherches sur la véritable origine du virus-vaccin. Par le prof. Depaul,... — *Paris, Baillière, 1864, in-8°, 43 p.*

2912. — La syphilis vaccinale devant l'Académie impériale de médecine, par le professeur DEPAUL,... (décembre 1864, février et mars 1865). — *Paris, Baillière, 1865, in-8°, 87 p.*

2913. — Rapport sur les vaccinations pratiquées en France pendant l'année 1864, présenté à S. Exc. M. le Ministre de l'Agriculture, du Commerce et des Travaux publics, par l'Académie impériale de médecine. (M. DEPAUL, rapporteur.) — *Paris, Baillière, 1866, in-8°, 27 p.*
   La couverture imprimée sert de titre.

2914. — Académie impériale de médecine. Vaccination animale. Réponse de M. DEPAUL au discours de M. Bousquet. — *Paris, Baillière, 1866, in-8°, 18 p.*

2915. — Rapport à S. Exc. M. le Ministre de l'Agriculture, du Commerce et des Travaux publics sur des accidents graves, suite de la vaccination, qui se sont produits dans le département du Morbihan. Par M. le professeur DEPAUL,... — *Paris, Baillière, 1866, in-8°, 24 p.*
   La couverture imprimée sert de titre.

2916. — Sur la vaccination animale. Discours prononcé à l'Académie impériale de médecine dans la séance du 3 septembre 1867, par M. DEPAUL,... — *Paris, Baillière, 1867, in-8°, 78 p.*

2917. — Expériences faites à l'Académie impériale de médecine avec le cow-pox ou vaccin animal, depuis le 12 avril jusqu'à la fin de décembre de l'année 1866. Compte-rendu adressé à Son Exc. M. le Ministre de l'Agriculture, du Commerce et des Travaux publics, par M. DEPAUL,... — *Paris, Baillière, 1867, in-4°, 54 p., pl.*

2918. — Rapport présenté à S. Exc. M. le Ministre de l'Agriculture, du Commerce et des Travaux publics par l'Académie impériale de médecine sur les vaccinations pratiquées en France pendant l'année 1866. [M. le Dr DEPAUL rapporteur.] — *Paris, Impr. Imp., 1868, in-8°.*

2919. — Sur la vaccination animale. Discours prononcés à l'Académie impériale de médecine les 27 juillet, 3 et 10 août 1869, par M. DEPAUL,... — *Paris, Baillière, 1869, in-8°, 96 p.*

2920. — Sur la vaccination animale et la syphilis vaccinale. Discours prononcé à l'Académie impériale de médecine, le 2 novembre 1869, par M. DEPAUL,... — *Paris, Baillière, 1869, in-8°, 52 p.*

2921. — Dissertation sur les maladies vénériennes. Contenant une méthode de les guérir sans flux de bouche, sans risque et sans dépense. Avec deux dissertations, l'une sur la rage, l'autre sur la phthisie et la manière de les guérir radicalement, par Pierre DESAULT,... — *Bordeaux, Impr. Calamy, 1733, in-12.*

2922. — Traité des maladies syphilitiques, ou étude comparée de toutes les méthodes qui ont été mises en usage pour guérir les affections vénériennes, suivi de réflexions pratiques sur les dangers du mercure et sur l'insuffisance des anti-phlogistiques ; terminé par des considérations hygiéniques et morales sur la prostitution, par GIRAUDEAU DE SAINT GERVAIS,... — *Paris, Bohaire, 1838, in-8°, portr. et pl.*

2923. — Mémoire sur une manifestation de la syphilis congénitale consistant dans une altération spéciale des poumons, pour servir à l'histoire de la syphilis de la vie intra-utérine, lu à l'Académie de médecine le 29 avril 1851, par J. A. H. DEPAUL,... — *Paris, Baillière, 1853, in-4°, 21 p.*

2924. — Guérison radicale de la syphilis, par le docteur J. F. LARRIEU (de Montfort l'Amaury). — *Bourges, Impr. Tardy-Pigelet, 1894, in-8°, 20 p.*

2925. — Traité du goitre et du crétinisme, précédé d'un Discours sur l'influence de l'air humide sur l'entendement humain, par F. E. FODÉRÉ,... — *Paris, Bernard, Germinal an VIII, in-8°.*

2926. — Les crétins et les cagots des Pyrénées, par M. le docteur AUZOUY,... Extrait des Annales médico-psychologiques, 4ᵉ série, t. IX, janvier 1867. — *Paris, Impr. Martinet, 1867, in-8°, 31 p.*
La couverture imprimée sert de titre.

2927. — Des polypes et de leur traitement, par P. N. GERDY,... — *Paris, Béchet, 1833, in-8°.*

e). Maladies de la tête ; maladies nerveuses, mentales, morales ; rage.

2928. — Mémoire sur l'ophtalmie régnante en Egypte, par le C^{en} LARREY,... — *Au Kaire, Impr. Nat., an IX, in-4°, 17 p.*

2929. — Hygiène de la vue, ou conseils sur la conservation et l'amélioration des yeux, s'adressant à toutes les classes de la société et en particulier aux mères de famille, aux hommes d'État, aux gens de lettres et à toutes les personnes qui se livrent aux travaux de cabinet. Par le Docteur MAGNE,... — *Paris, Truchy, 1847, in-8°.*

2930. — De l'atrophie choroïdienne, par le Dr REMY,... — *Paris, Imp. Ponsot, 1875, in-8°, 60 p., pl.*

2931. — Des ophtalmies sympathiques. Thèse présentée au concours pour l'agrégation (section de chirurgie et d'accouchements), par Paul RECLUS,... — *Paris, Delahaye, 1878, in-8°.*

2932. — Handbuch der Ohrenheilkunde, von Dr W. KRAMER,... — *Berlin, Hirschwald, 1867, in-8°.*

2933. — Contribution à l'étude de l'encéphalocèle acquise. Thèse pour le doctorat en médecine présentée et soutenue par Lewis A. LEBEAU,... — *Paris, Delahaye, 1875, in-8°.*

2934. — Dissertation sur les vapeurs qui nous arrivent, par M.... V...., médecin à Morge. [J. VIRIDET.] — *Yverdon, Guenath, 1726, in-8°.*

2935. — Traité des affections vaporeuses des deux sexes... par M. POMME fils,... Seconde édition, revue, corrigée et augmentée de la Réponse aux objections de l'auteur des Mémoires de Trévoux, de celle de Mr BRUN,... aux Réflexions critiques d'un anonyme, à laquelle est jointe une Lettre sur l'abus des remèdes chauds, par M^r LE TELLIER,... — *Lyon, Duplain, 1765, pet. in-8°.*

2936. — De la nature du siège de la migraine (hémicranie), de la surdité accidentelle et leur traitement rationnel, par M. Maurice MÈNE,... Quatrième édition... — *Paris, l'auteur, 1840, in-8°.*

2937. — La médecine des passions, ou les passions considérées dans leurs rapports avec les maladies, les lois et la religion, par J. B. F. DESCURET,... Deuxième édition... — *Paris, Labé, 1844, in-8°.*

2938. — L'épilepsie et la rage chez l'homme et chez les animaux traitées suivant la méthode spécifique naturelle, à l'usage des médecins, pharmaciens et médecins vétérinaires, etc., par Antoine Emmanuel LAVILLE DE LA PLAGNE,... — *Bayonne, Impr. Lamaignère, 1864, in-12.*

2939. — Traité pratique de la folie névropathique (vulgo hystérique), par le docteur J. MOREAU (de Tours). — *Paris, Germer-Baillière, 1869, in-12.*

2940. — La pathologie de l'esprit, par Henry MAUDSLEY,... Traduit de l'anglais, par le Dr GERMONT,... — *Paris, Germer-Baillière, 1883, in-8°.*

2941. — Du nervosisme et des névropathies. Traitement thermal hydrothérapique à Capvern, par le Dr SANCERY,... — *Pau, Impr. Vignancour, 1883, in-8°,* xv-43 p.

2942. — L'homme et l'intelligence, fragments de physiologie et de psychologie, par Charles RICHET,... — *Paris, Alcan, 1884, in-8°.*

2943. — Étude scientifique sur le somnambulisme, sur les phénomènes qu'il présente et sur son action thérapeutique dans certaines maladies nerveuses, du rôle important qu'il joue dans l'épilepsie, dans l'hystérie et dans les névroses dites extraordinaires... par le Dr Prosper DESPINE,... — *Paris, Savy, 1880, in-8°.*

2944. — Neurypnologie. Traité du sommeil nerveux ou hypnotisme, par James BRAID. Traduit de l'anglais, par le Dr Jules SIMON,... avec préface de C. E. BROWN-SÉQUARD,... — *Paris, Delahaye et Lecrosnier, 1883, in-12.*

2945. — Le magnétisme animal. Étude critique et expérimentale sur l'hypnotisme, ou sommeil nerveux provoqué chez les sujets sains. (Léthargie, catalepsie, somnambulisme, suggestions, etc.). Par le Dr Fernand BOTTEY,... — *Paris, Plon, 1884, in-12, pl.*

2946. — De la suggestion dans l'état hypnotique et dans l'état de veille, par le Dr BERNHEIM,... — *Paris, Doin, 1884, in-8°.*

2947. — Les mystères de la science, par Louis FIGUIER. — *Paris, Libr. illustrée, s. d. [1887], 2 vol. in-4°, pl.*

> Tome 1er. Autrefois : Devins et thaumaturges dans l'antiquité. Les épidémies démoniaques du moyen âge et de la Renaissance. Les possessions diaboliques au xviie siècle. Les diables de Loudun. Les convulsionnaires jansénistes. Les prophètes protestants. La baguette divinatoire.
> Tome 2. Aujourd'hui : Les prodiges de Cagliostro. Le magnétisme animal. Les magnétiseurs mystiques. La fille électrique. Les escargots sympathiques. Les esprits frappeurs... Les tables tournantes et les médiums. Les spirites. L'hypnotisme.

2948. — Le somnambulisme provoqué. Études physiologiques et psychologiques, par H. BEAUNIS,... Deuxième édition... — *Paris, Baillière, 1887, in-12.*

2949. — De la suggestion et de ses applications à la thérapeutique, par le Dr BERNHEIM,... Troisième édition... — *Paris, Doin, 1891, in-12.*

2950. — Hypnotisme. Suggestion. Psychothérapie. Études nouvelles, par le Dr BERNHEIM,... — *Paris, Doin, 1891, in-8°.*

2951. — Recherches sur la rage, par M. ANDRY, lu à la Société royale de médecine. Nouvelle édition, augmentée dans quelques endroits et suivie du traitement fait à Senlis à quinze personnes mordues par un chien enragé. — *Paris, Didot, 1780, in-12.*

2952. — De la physiologie pathologique et du traitement rationnel de la rage. Suite d'études de pathogénie, par le Dr DUBOUÉ,... — *Paris, Delahaye, 1879, in-8°.*

2953. — Discussion sur la physiologie pathologique de la rage, par

MM. Bouley et Duboué (de Pau). — *Paris, Masson, 1882, in-8°, 30 p.*

La couverture imprimée sert de titre.

2954. — Des progrès accomplis sur la question de la rage et de la part qui en revient à la théorie nerveuse, par le Dr Duboué,... — *Paris, Masson, 1887, in-8°, 66 p.*

2955. — Observations sur la folie, ou sur les dérangements des fonctions morales et intellectuelles de l'homme, par G. Spurzheim,... — *Paris, Treuttel et Würtz, 1818, in-8°, pl.*

2956. — Des aliénés. Considérations : 1° sur l'état des maisons qui leur sont destinées, tant en France qu'en Angleterre, sur la nécessité d'en créer de nouvelles en France et sur le mode de construction à préférer pour ces maisons ; 2° sur le régime hygiénique et moral auquel ces malades doivent être soumis ; 3° sur quelques questions de médecine légale ou de législation relatives à leur état civil, par G. Ferrus,... — *Paris, Huzard, 1834, in-8°, pl.*

2957. — De l'irritation et de la folie. Ouvrage dans lequel les rapports du physique et du moral sont établis sur les bases de la médecine physiologique, par F. J. V. Broussais,... Deuxième édition... publiée par son fils Casimir Broussais,... — *Paris, Baillière, 1839, 2 vol. in-8°.*

2958. — Études cliniques sur certaines formes des maladies mentales, par Ed. Cazenave,... Extraits de l'Union médicale, de la Gazette des hôpitaux de Paris, et des Annales médico-psychologiques. — *Pau, Impr. Tonnet, 1852, in-8°, 31 p.*

2959. — Revue clinique de l'asile public d'aliénés de Maréville (division des hommes) en 1858 et 1859. Mémoire lu à la Société de médecine de Nancy, par M. le docteur Th. Auzouy,.. — *Nancy, Grimblot et Cie, 1860, in-8°, 40 p.*

La couverture imprimée sert de titre.

2960. — Conseil général de la Seine. Session ordinaire de 1871. Rapport présenté au nom de la 3ᵉ commission, par M. Depaul, sur le service des aliénés... — *Paris, Impr. de Mourgues, 1872, in-8°, 23 p.*

2961. — De la folie au point de vue philosophique, ou plus spécialement psychologique, étudiée chez le malade et chez l'homme en santé... par le Docteur Prosper Despine,... — *Paris, Savy, 1875, in-8°.*

2962. — Le crime et la folie, par H. Maudsley,... Troisième édition. — *Paris, Germer-Baillière, 1877, in-8°.*

f). Maladies de la poitrine, du cœur, du foie et des organes digestifs.

2963. — Exercitationes medicinales, ad omnes thoracis affectus, decem tractatibus absolutæ, autore Pierre Vasc du Chateau. — *In-4°.*
  Le titre et les dernières pages manquent ; le privilège est daté de 1616.

2964. — Recherches sur le tissu muqueux, ou l'organe cellulaire, et sur quelques maladies de la poitrine, par M. Théophile de Bordeu,... Nouvelle édition... — *Paris, Bastien, 1791, in-12.*

2965. — De l'auscultation médiate, ou traité du diagnostic des maladies des poumons et du cœur fondé principalement sur ce nouveau moyen d'exploration. Par R. T. H. Laennec,... — *Paris, Brosson et Chaudé, 1819, 2 vol. in-8°.*
  Le titre du tome 1ᵉʳ manque.

2966. — Quelques idées nouvelles sur les causes des maladies, principalement des chroniques et en particulier sur l'asthme et les remèdes y employés, par un asthmatique des Hautes-Pyrénées. [Marc, ancien notaire.] 2ᵉ édition augmentée. — *Pau, Impr. Veronese, 1845, in-8°, 52 p.*

2967. — De l'emphysème qui succède brusquement à la rupture de l'un des points des voies aériennes ; de son siège et de ses terminaisons, par M. Depaul,... — *S. l. n. d. Paris, Impr. Malteste, in-8°, 15 p.*

2968. — Balneologische Skizzen und Studien. II Ueber Tuberculose, von Dr F. Schaer,... — *Bremen, Schünemann, 1860, in-8°, 42 p.*

2969. — Études médicales. De la phthisie pulmonaire, par le docteur A. Bastings. — *Bruxelles, Impr. Guyot, 1863, in-8°.*

2970. — Guérison de la phthisie pulmonaire et moyens de prévenir cette maladie à l'aide d'un traitement nouveau, par le Dr Jules Boyer,... — *Paris, Delahaye, 1863, in-8°, vii-62 p.*

2971. — Des épanchements purulents de la poitrine traités par le drainage chirurgical, par Chassaignac,... — *Paris, Masson, 1872, in-8°, 74 p.*

2972. — La pleurésie purulente et son traitement, par E. Moutard-Martin,... — *Paris, Delahaye, 1872, in-8°.*

2973. — Études générales et pratiques sur la phthisie, par M. Pidoux,... — *Paris, Asselin, 1873, in-8°.*

2974. — De l'équitation dans les maladies de poitrine, par M. le docteur Cazenave de la Roche. — *Pau, Impr. Veronese, 1875, in-8°, 19 p.*

2975. — Étude sur la grippe. Thèse pour le doctorat en médecine présentée et soutenue par Joseph Nebout,... — *Paris, Delahaye, 1876, in-8°, 72 p.*

2976. — Du traitement de la pleurésie chronique par les eaux thermales sulfureuses de Cauterets, par le Docteur E. Dubourcau,... — *Paris, Delahaye, 1877, in-8°, 16 p.*

2977. — Étude sur la contagiosité de la phthisie pulmonaire, par le Dr de Musgrave-Clay. — *Paris, Delahaye, 1879, in-8°.*

2978. — De la pneumonie lobaire survenant dans le cours de la fièvre typhoïde, par E. Galissart de Marignac,... — *Paris, Delahaye, 1881, in-8°, pl.*

2979. — La tuberculose considérée au point de vue de la doctrine de l'infection, par Julius Cohnheim,... Traduit de l'allemand, sur une deuxième édition considérablement modifiée, par le Dʳ R. de MUSGRAVE-CLAY (de Pau). — *Paris, aux bureaux du Progrès médical, 1882, in-8°, 38 p.*

2980. — Naturaleza de la tisis pulmonar y su tratamiento por las aguas minerales. Memoria leida el 14 de abril de 1882 en el congreso medico internacional de Sevilla, por el Dʳ D. Marcelino CAZAUX,... — *Sevilla, Santigosa, 1882, in-8°, 30 p.*

2981. — De l'application du sphygmographe à l'étude de la bronchite, par le Dʳ LAHILLONNE,... — *Paris, Germer-Baillière, s. d. [1883], in-8°, 45 p.*

2982. — Étude sur la pleurésie à streptocoques, par le docteur A. VIGNALOU,... — *Paris, Steinheil, 1890, in-8°.*

2983. — Maladies des organes respiratoires. Méthodes d'exploration, signes physiques, par Léon FAISANS,... — *Paris, Gauthier-Villars, s. d. [1893], in-12.*

2984. — Traité des maladies du cœur. Étiologie et clinique, par le professeur G. SÉE. — *Paris, Lecrosnier et Babé, 1889-1893, 2 vol. in-8°.*

> Le tome 2 porte pour titre : Thérapeutique physiologique du cœur. Les deux volumes portent en outre : Médecine clinique, par le professeur G. SÉE et le docteur LABADIE-LAGRAVE,... tomes VII et VIII.

2985. — Du diagnostic anatomique des maladies du foie et de sa valeur au point de vue thérapeutique (Thèse de concours), par le docteur Maxime VERNOIS,... — *Paris, Baillière, 1844, in-8°, 84 p.*

2986. — Traité pratique des maladies de l'estomac, par T. BAYARD,... Seconde édition. — *Paris, Masson, 1872, in-8°, pl.*

2987. — Tratado de dolor colico, en que se contienen varias y distintas especies, con su apropiada curacion, acomodada a la mas racional practica. Su autor Don Francisco Garcia HERNANDEZ,... — *Madrid, Peralta, 1737, pet. in-4°.*

Nuevo discurso de la generacion de plantas, insectos, hombres y animales. Su autor D. Francisco Garcia HERNANDEZ,... — *Madrid, 1747, pet. in-4°,* [XIV]-*52 p.*

Discurso de la alma brutal, que establece no son los brutos puras maquinas naturales, sino que tienen alma realmente sensitiva. Su autor D. Francisco Garcia HERNANDEZ,... — *Madrid, 1750, pet. in-4°,* [XXX]-*48 p.*

Carta publica al oculto autor del manuescrito intitulado : Discurso contra el discurso de la alma brutal que ha sacado a luz Don Francisco Garcia HERNANDEZ,... — *Madrid, 1750, pet. in-4°, 14 p.*

2988. — T. TRONCHIN,... de colica pictonum. — *Genevæ, Cramer, 1757, in-8°.*

2989. — Des diarrhées chroniques et de leur traitement par les eaux de Plombières, par le Dr E. BOTTENTUIT,... — *Paris, Delahaye, 1873, in-8°.*

g). Climatologie médicale ; maladies particulières à certains climats, à certaines professions ; maladies accidentelles.

2990. — Études de géographie médicale, notamment sur la question de l'antagonisme pathologique, par J. Ch. M. BOUDIN,... — *Paris, Baillière, 1846, in-8°, 59 p.*
La couverture imprimée sert de titre.

2991. — La géographie médicale, par le Dr A. BORDIER,... — *Paris, Reinwald, 1884, in-12, pl.*

2992. — Influence de la pression de l'air sur la vie de l'homme. Climats d'altitude et climats de montagne, par D. JOURDANET,... — *Paris, Masson, 1875, 2 vol. gr. in-8°, pl. et cartes.*

2993. — The effect of climate on tuberculous disease, being (with additions) the Essay for which the Fiske fund prize was awarded to Edwin LEE,... With an appendix of corroborative observations and notices of several places of winter resort. — *London, Churchill, 1858, in-12.*

2994. — Mentone, the Riviera, Corsica, and Biarritz, as winter climates, by J. Henry BENNET,... Second edition. — *London, Churchill, 1862, in-12, fr. lith.*

2995. — Des climats sous le rapport hygiénique et médical. Guide pratique dans les régions du globe les plus propices à la guérison des maladies chroniques, par le Dr L. GIGOT-SUARD,... France, Suisse, Italie, Algérie, Egypte, Espagne, Portugal. — *Paris, Baillière, 1862, in-12, fr. lith.*

2996. — Du climat de l'Espagne sous le rapport médical, par Edouard CAZENAVE,... — *Paris, Plon, 1863, in-8°.*

2997. — Les villes d'hiver de la Méditerranée et les Alpes-Maritimes, par Elisée RECLUS. Itinéraire descriptif et historique... Hyères, Cannes, Nice, Monaco, Menton, San Remo. — *Paris, Hachette, 1864, in-12, cartes.*

2998. — Venise et son climat, par Edouard CAZENAVE,... — *Paris, Plon, 1865, in-8°, 58 p.*

2999. — The climate of the south of France, and its varieties most suitable for invalids ; with remarks on italian and other winter stations, by Charles Theodore WILLIAMS,... — *London, Churchill, 1867, in-12, fr. lith.*

**. — Pour la climatologie des Basses-Pyrénées.
   Voy. Division HISTOIRE LOCALE.

3000. — Note médicale sur Arcachon, par le Dr A. LABAT,... — *Nancy, Impr. Berger-Levrault, 1875, in-8°, 11 p.*
   Extrait de la Revue d'hydrologie médicale (n°s 3 et 4, 15 juin et 1er juillet 1875).

3001. — Trois mois d'hiver à Alger. Journal humoristique d'un médecin phthisique. Pau. Dax. Alger. Du choix d'une station hivernale, par le D^r X*** [GARRAU]. — *Paris, Masson, 1876, in-12.*

3002. — Histoire des maladies de l'armée des Pyrénées occidentales, par Jacques Terrier,... — *Pau, Impr. Sisos et Tonnet, an VIII, in-8°.*

3003. — Le mal de mer, sa nature et ses causes, moyens de le prévenir et de le soulager, emplois thérapeutiques qu'il peut recevoir dans le traitement de certaines maladies, par le Dr Charles Pellarin,... — *Paris, Masson, 1851, in-8°, 51 p.*

I. THÉRAPEUTIQUE. MATIÈRE MÉDICALE GÉNÉRALE ET SPÉCIALE.
EAUX MINÉRALES.

3004. — Morborum internorum prope omnium curatio brevi methodo comprehensa, ex Galeno præcipue, et Marco Gattinaria, per Jacobum Sylvium medicum selecta. — *Parisiis, Gazellus, 1545, in-8°.*

3005. — Opuscula illustrium medicorum de dosibus, seu de justa quantitate et proportione medicamentorum. Nunc recens fidelius et diligentius quam antea edita... — *Apud Joann. Mareschallum Lugdunensem, 1584, in-8°.*

> Renferme les auteurs suivants : Matthæi Curtii methodus dosandi. Benedicti Victorii Faventini, de dosibus medicinarum. Barthol. Montagnanæ, de compositione et dosi medicamentorum. Gentilis Fulginatis de proportionibus medicinarum. Tho. de Garbo, de reductione medicinarum ad actum. Alchindi, de gradibus medicinarum. Gul. Rondeletii de ponderibus, seu de justa quantitate et proportione medicamentorum. Petri Gorræi formulæ remediorum quibus medici vulgo utuntur.

3006. — Orthodoxe, ou de l'abus de l'antimoine, dialogue très nécessaire pour détromper ceux qui donnent ou prennent le vin et poudre émétique. Où il est prouvé par raisons tirées de l'ancienne et nouvelle médecine, ou chimie, que ces préparations ne peuvent ôter à l'antimoine ses qualités vénéneuses. Composé par Me Claude Germain,... — *Paris, Blaise, 1652, in-4°.*

3007. — Almæ medicorum Monspeliensium academiæ hoc primum specimen D. D. D. Antonius Sidobre,... — *Monspelii, Martel, 1694, in-12.*

<blockquote>
Un second titre porte : Dissertatio academica proposita ab,... Petro Chirac,... sub hac verborum serie : An passioni iliacæ globuli plumbei hydrargyro præferendi. Quam propugnabit Antonius Sidobre,... die mensis februarii ab octava ad merid. anno 1694, pro prima Apollinari laurea consequenda... — *S. l. n. d.*
</blockquote>

3008. — Observations sur la saignée du pied, et sur la purgation, au commencement de la petite vérole, des fièvres malignes et des grandes maladies. Preuves de décadence dans la pratique de médecine, confirmées par de justes raisons de doute contre l'inoculation. [Par Phil. Hecquet.]—*Paris, Cavelier, 1724, in-12.*

3009. — Traité des maladies les plus fréquentes et des remèdes propres à les guérir. Nouvelle édition, par M. Helvetius,... — *Paris, Le Mercier, 1727, 2 vol. in-12.*

3010. — Traité des maladies les plus fréquentes et des remèdes propres à les guérir. Nouvelle édition, par M. Helvetius,... — *Paris, Le Mercier, 1740, 2 vol. in-12.*

3011. — Les vertus médicinales de l'eau commune, ou recueil des meilleures pièces qui ont été écrites sur cette matière, [par Fréd. Hoffmann, Smith, J. Hancocke, Geoffroy, Hecquet, Noguez, Bern. Marie de Crescenzo. Traduit du latin, de l'anglais et de l'italien, par Noguez, Niceron, etc.]. Auxquelles on a joint la Dissertation de M. de Mairan sur la glace, et celle de M. Frédéric Hoffmann sur l'excellence des remèdes domestiques, traduite du latin. [Le tout recueilli et publié par Boudon.] Nouvelle édition... — *Paris, Cavelier, 1730, 2 vol. in-12.*

<blockquote>
Une partie du titre et des dernières pages du tome 2 manque.
</blockquote>

3012. — Le médecin et le chirurgien des pauvres, qui enseigne le moyen de guérir les maladies par des remèdes faciles à trouver dans le pays... par M. Dubé,... Dernière édition... — *Paris, Chippier, 1738, in-12.*

3013. — Traité de la matière médicale, ou de l'histoire des vertus, du choix et de l'usage des remèdes simples, par M. Geoffroy,...

Traduit en français par M***,... [Ant. Bergier.] — *Paris, Desaint et Saillant, 1743, 7 vol. in-12.*

3014. — Materies medica exhibens virium medicamentorum simplicium catalogos in tres libros divisa, quorum Primus, medicamenti vel operationis nomina. Secundus, titulos morborum. Tertius, partes corporis, humores et functiones complectitur. Auctore Davide de Gorter, Joan. fil.,... Editio prima italica. — *Patavii, Manfrè, 1755, in-4°.*

3015. — Jo. Frederici Cartheuser,... fundamenta materiæ medicæ tam generalis quam specialis in usum academicum conscripta. Editio prima Veneta. — *Venetiis, Deregni, 1755, in-4°.*

3016. — Antonii Störck,... libellus secundus quo confirmatur cicutam non solum usu interno tutissime exhiberi, sed et esse simul remedium valde utile in multis morbis, qui hucusque curatu impossibiles dicebantur. — *Vindobonæ, Trattner, 1761, in-8°.*

Antonii Störck,... supplementum necessarium de cicuta... — *Vindobonæ, Trattner, 1761, in-8°, 67 p. et 1 pl.*

Christophori Molinarii,... epistola ad cl. V. Antonium Störck,... qua mulieris a scirrho curatæ historia exponitur. — *Vindobonæ, Trattner, 1761, in-8°, 36 p. n. ch.*

3017. — Le conservateur du sang humain, ou la saignée démontrée toujours pernicieuse et souvent mortelle, par M. de Malon. — *Paris, Boudet, 1766, in-12.*

Essai sur l'usage et les effets de l'écorce du garou, vulgairement appelé sain bois, employée extérieurement contre des maladies rebelles et difficiles à guérir... par M. A. L***,... [J. Agathange Le Roy.] — *Paris, Didot, 1767, in-12.*

Mémoire sur l'état actuel de la pharmacie, par M. Le Camus,... Extrait des Journaux œconomiques des mois de janvier, février et mars 1765. — *Sans titre; in-12, 59 p.*

Lettre de M. Gaullard, médecin ordinaire du roi [pour servir d'éclaircissement à celle qu'il a insérée dans le Mercure du mois d'avril 1759 sur l'inoculation]. — *S. l. n. d., in-12, 21 p.*

Lettre sur un remède antivénérien dans lequel il n'entre point de mercure, à Monsieur Morand fils,... par M. Nicole,... — *Paris, Pankoucke, 1766, in-12, 68 p.*

3018. — Caroli Pisonis,... selectiorum observationum et consiliorum de prætervisis hactenus morbis affectibusque præter naturam, ab aqua seu serosa colluvie et diluvie ortis liber singularis... Cum præfatione Hermanni Boerhaave, quod novissima hac editione correctius... prodit. — *Amstelodami, de Tournes, 1768, in-4°.*

3019. — Recueil des mémoires instructifs sur l'usage des différents remèdes de M. Helvetius, qui se distribuent dans les provinces par ordre du Roi, en faveur des pauvres malades de la campagne. — *S. l. n. d., in-12.*

3020. — Traité de matière médicale, par C. J. A. Schwilgué,... — *Paris, Brosson, an XIII-1805, 2 vol. in-12.*

3021. — Réflexions sur la saignée, par J. B. C. Delivet,... — *Gênes, Impr. Gravier, 1810, in-8°.*

3022. — Bains à l'hydrofère... Expériences physiologiques et observations cliniques faites à l'hôpital Saint-Louis, par M. Hardy,... Lettre au corps médical, par M. Mathieu (de la Drôme). — *S. l. Impr. Lender, s. d., in-12, 84 p., pl.*

3023. — Bains à l'hydrofère... Résumé des principales observations recueillies sur 200 malades soumis aux soins de 54 médecins de Paris, par C. Tampier,... — *Paris, Impr. Lender, 1860, gr. in-8°, 52 p.*

3024. — De la valeur de l'arsenic dans le traitement de la phthisie pulmonaire. Mémoire lu à l'Académie impériale de Médecine dans la séance du 7 janvier 1868, par M. E. Moutard-Martin,... — *Paris, Typ. Hennuyer, 1868, in-8°, 24 p.*

3025. — La matière médicale chez les Chinois, par M. le Docteur J. Léon Soubeiran,... et M. Dabry de Thiersant,... Précédé d'un Rapport à l'Académie de Médecine de Paris, par M. le professeur Gubler. — *Paris, Masson, 1874, in-8°.*

3026. — Note sur l'emploi et les bons effets du tanin dans la pleurésie et notamment dans la pleurésie chronique purulente, par le Dʳ Duboué,... — *Paris, Masson, 1873, in-8°, 15 p.*

La couverture imprimée sert de titre.

3027. — Recherches sur les propriétés thérapeutiques du seigle ergoté. Action comparée de divers médicaments et en particulier de la quinine, de l'arsenic, de l'eau froide, du seigle ergoté et de la propylamine, par le Dʳ Duboué,... — *Paris, Coccoz, 1873, in-8°.*

3028. — De quelques principes fondamentaux de la thérapeutique. Applications pratiques. Recherches sur les propriétés thérapeutiques du sulfate de quinine, de l'eau froide, de l'arsenic, du seigle ergoté, du tanin et du permanganate de potasse. De la pathogénie, des lésions morbides et du traitement rationnel du choléra, par le Dʳ Duboué,... — *Paris, Delahaye, 1876, in-8°.*

3029. — Extrait du Bulletin de l'Académie de Médecine. Note sur le traitement de la fièvre typhoïde, par l'ergot de seigle, par le Dʳ Duboué,... — *Sans titre ; Paris, Impr. Motteroz, in-8°, 24 p.*

3030. — Des effets comparés de divers traitements de la fièvre typhoïde et de ceux produits en particulier par l'ergot de seigle de bonne qualité, par le Dʳ Duboué,... Mémoire faisant suite à une Note communiquée par l'auteur à l'Académie de Médecine et insérée dans le Bulletin des 5 et 12 septembre 1882. — *Paris, Masson, 1883, in-8°, vii-58 p.*

3031. — Des diverses méthodes de traitement de la phthisie pulmonaire, par le Dʳ Marcellin Cazaux,... Extrait du Bulletin de la Société de médecine pratique. Séance du 6 juin 1889. — *Paris, Doin, 1889, in-8°, 11 p.*

La couverture imprimée sert de titre.

3032. — Un livre utile. Manuel de médecine antiseptique. Applications de l'acide phénique et de ses composés, par le Dr Déclat. — *Paris, Doin, 1890, in-12.*

3033. — Valeur comparative des eaux minérales de la France et de l'Allemagne, par M. le Dr F. Garrigou,... — *Paris, Masson, 1871, in-8°, 15 p.*

3034. — Manuel ou vade mecum du baigneur ; ouvrage à la portée de tout le monde, contenant la manière de faire usage des eaux minérales en général et des thermales sulfureuses des Pyrénées en particulier, soit en boisson, bains, douches, vapeurs, injections, etc., avec les règles générales et particulières à observer avant, pendant et après leur emploi, et les règlements concernant la police sanitaire des bains, par M. J. B. Barrau,... — *Saint-Gaudens, Tajan, 1836, in-8°.*

3035. — Première lettre sur les sources minérales des Pyrénées adressée à M. O. Henry, par M. Boullay. — *Sans titre. Paris, Impr. Fain et Thunot, [1839], in-8°, 10 p.*

3036. — Étude médicale sur la station hivernale d'Amélie-les-Bains, suivie d'un Appendice historique et topographique de cette station et de ses environs, par le Dr Achille Bouyer,... Deuxième édition. — *Paris, Germer-Baillière, 1881, in-12.*

3037. — Recherches sur les propriétés physiques, chimiques et médicinales des eaux minérales de Bagnères-de-Bigorre, par Charl. Ganderax,... — *Paris, Gabon, 1827, in-8°, pl.*

3038. — Sur les eaux thermales et l'établissement de Bagnères-de-Luchon, par M. le Dr Fontan. Rapport fait à l'Académie royale de médecine, par MM. Patissier, Caventou et Boullay, rapporteur. — *Paris, Baillière, 1840, in-8°, 24 p.*

3039. — Lettres médico-topographiques à un ancien condisciple sur Capbern et ses eaux minérales, par J. P. Tailhade,... — *Toulouse, Impr. Paya, 1836, in-12.*

3040. — Traité sur l'eau médicinale et thermale de Capbern, canton de Lannemezan, arrondissement de Bagnères-de-Bigorre (Hautes-

Pyrénées) considérée sous le point de vue topographique, chimique et médical, par A. Latour, de Trie,... — *[S. l. Tarbes, Impr. Fouga], 1838, in-8°, 94 p.*

3041. — Aperçu sur les eaux minérales de Saint-Sauveur-les-Bains, en particulier sur la source de Hontalade, par J. M. Peyramale,... — *Paris, Impr. Lahure, 1854, in-12, 35 p.*

3042. — Quelques réflexions sur l'institution du traitement thermal à Vichy, par le Docteur Sénac,... — *Paris, Impr. Chaix, 1861, in-8°, 52 p.*

K. MÉDECINE LÉGALE.

3043. — Pauli Zacchiæ,... Quæstionum medico-legalium tomi tres. Editio nova à variis mendis purgata... cura Joan. Danielis Horstii,... — *Lugduni, Nanty, 1674, 3 tom. en 1 vol. in-f°.*

Les tomes 2 et 3 sont datés de 1673.

3044. — Pauli Zacchiæ,... Quæstiones medico-legales. Accedunt interpolationes et auctaria ex novis inventis et observationibus recentiorum auctorum, cura Joannis Danielis Horstii,... Editio secunda Veneta... — *Venetiis, Occhi, 1751, 3 tom. en 2 vol. in-f°.*

Le titre du tome 3 porte en outre : Tomus tertius quo continentur consilia et responsa LXXXV ad materias medico-legales pertinentia ; nec non decisiones S. Rotæ Romanæ ad prædictas materias spectantes, a cl. D. Lanfranco Zacchia collectæ.

3045. — Instruction sur les traitements des asphyxiés par le méphitisme ; des noyés ; des personnes qui ont été mordues par des animaux enragés ; des enfants qui paraissent morts en naissant, des personnes qui ont été empoisonnées ; de celles qui ont été réduites à l'état d'asphyxie par le froid, avec des observations sur les causes de ces accidents et sur les signes de la mort réelle pour la distinguer de celle qui n'est qu'apparente, par Antoine Portal,... — *Paris, Régent et Bernard, l'an IV..., in-12.*

3046. — Instruction sur le traitement des asphyxiés par les gaz méphitiques ; des noyés ; des enfants qui paraissent morts en naissant ; des personnes qui ont été réduites à l'état d'asphyxie par le froid et par le chaud ; de celles qui ont été mordues par des animaux enragés ; de celles qui ont été empoisonnées ; avec des observations sur les causes de ces accidents et sur les signes qui distinguent la mort réelle de celle qui n'est qu'apparente, par Antoine PORTAL,... Nouvelle édition... — *Paris, Impr. Imp., an XIII (1805), in-12.*

3047. — Secours à donner aux personnes empoisonnées ou asphyxiées ; suivis des moyens propres à reconnaitre les poisons et les vins frelatés et à distinguer la mort réelle de la mort apparente, par M. P. ORFILA,... — *Paris, l'auteur, 1818, in-12.*

3048. — Cours de médecine légale théorique et pratique ; suivi des lois d'exemption du service militaire pour causes d'infirmités, etc. Ouvrage utile non seulement aux médecins et aux chirurgiens, mais encore aux juges et aux jurisconsultes. Par J. J. BELLOC,... Troisième édition... — *Paris, Méquignon, 1819, in-8°.*

3049. — Traité des poisons, ou toxicologie appliquée à la médecine légale, à la physiologie et à la thérapeutique, par Ch. FLANDIN,... — *Paris, Bachelier, 1846, in-8°, pl.*

Le tome 1ᵉʳ seul.

3050. — De l'avortement provoqué, considéré au point de vue médical, théologique et médico-légal, par C. C. BRILLAUD-LAUJARDIÈRE, avocat. — *Paris, Durand, 1862, gr. in-8°.*

L. MÉLANGES. JOURNAUX DE MÉDECINE.

3051. — Controversiarum medicarum et philosophicarum libri decem. Autore Francisco VALLESIO, Covarruviano,... — *Compluti, Brocarius, 1556, in-f°.*

3052. — Francisci VALLESII,... Controversiarum medicarum et philosoplicarum libri decem. Quibus accessit libellus de locis manifeste pugnantibus apud Galenum, eodem VALLESIO authore. Editio postrema... — *Lugduni, Chard, 1625, in-4°.*

3053. — Jo. FERNELII Ambiani de abditis rerum causis libri duo, postremo ab ipso authore recogniti, compluribusque in locis aucti... Editio postrema. — *Parisiis, Wechelus, 1560, in-8°.*

Deux exemplaires.

3054. — Petri Andreæ MATTHIOLI Senensis medici, epistolarum medicinalium libri quinque. — *Lugduni, Farma, 1564, in-8°.*

3055. — Jo. FERNELII,... Consiliorum medicinalium liber. Ex ejus adversariis quadringentarum consultationum selectus. Hac quarta editione fidelius... editus... — *Taurini, Tarinus, 1589, pet. in-8°.*

3056. — Martini RULANDI,... Curationum empiricarum et historicarum centuria VII (et VIII, IX, X) edita studio et labore Martini RULANDI filii,... — *Basileæ, [Henric Petrus, 1595-1610], 4 tom. en 1 vol. in-32.*

A la suite de la centurie X et formant les pages 177-362, on trouve : De plebotomia morbisque per eam curandis, authore Mart. RULANDO P.,... — *Basileæ, [Henric Petrus, 1610.]*

3057. — Martini RULANDI,... Curationum empyricarum et historicarum, in certis locis et notis personis optime expertarum et rite probatarum, centuriæ decem. Quibus adjuncta de novo ejusdem authoris medicina practica. — *Rothomagi, Berthelin, 1650, in-8°.*

Medicina practica recens et nova, continens omnes totius humani corporis morbos... Authore Martino RULANDO,... — *Rothomagi, Berthelin, 1650, in-8°.*

Appendix de dosibus, seu justa quantitate ac proportione medicamentorum compositorum omnium quæ hodie officinis parata extant... per Martinum RULANDUM,... — *Rothomagi, Berthelin, 1650, in-8°.*

3058. — D. Hieron. MERCURIALIS,... Tractatus varii de re medica, a variis medicis olim ex ipsius ore excepti, nunc vero post ejus obitum, in gratiam studiosorum medicinæ evulgati. Horum primus de morbis muliebribus... Secundus, de puerorum morbis, cum TRALLIANI de lumbricis epistola... et de venenosis, ac venenis opusculo. Tertius, de peste, præsertim de Veneta et Patavina. Quartus demum, de morbis cutaneis... — *Lugduni, Pillehotte, 1618, 5 part. en 1 vol. in-4°.*

3059. — Alexandri MASSARIA,... disputationes duæ ; una de scopis mittendi sanguinem, altera de purgatione principio morborum. Tertio editæ... — *Lugduni, Durand, 1622, 2 tom. en 1 vol. in-4°.*

3060. — Nicolai TULPII Amstelredamensis Observationes medicæ. Editio nova, libro quarto auctior... — *Amstelredami, Elzevirius, 1672, in-8°, fr. gr. et portr.*

Medulla chymiæ variis experimentis aucta... authore Joh. Francisco VIGANI,... — *Londini, Faithorne, 1683, in-12, 71 p.*

3061. — Antonii de HEIDE, M. D. Experimenta circa sanguinis missionem, fibras motrices, urticam marinam, etc. Accedunt ejusdem autoris Observationes medicæ, nec non anatome mytuli. Editio nova. — *Amstelodami, Janssonii, 1686, pet. in-8°, pl.*

Ex libris Philip. Henr. Boecleri.

3062. — Francisci BAYLE,... Opuscula, quorum alia nunc primum in lucem prodeunt ; alia, quæ latino sermone scripta et typis mandata fuerunt, ab authore sunt emendata ; alia quæ primum ab autore scripta sunt gallico sermone, in latinum versa sunt... — *Tolosæ, Robert, 1701, in-4°.*

3063. — Le progrès de la médecine, contenant des recueils de tout ce qui s'observe de plus singulier dans cette science, avec des réflexions de théorie et de pratique et de nouvelles explications des principaux phénomènes de la nature. Pour les mois de janvier, février et mars 1709. [Par Claude BRUNET.] — *Paris, d'Houry, in-12.*

3064. — Archibaldi PITCARNII Scoti, opuscula medica quorum multa nunc primum prodeunt. Editio tertia, Edimburgensi auctior. — *Roterodami, Typis Fritsch et Böhm, 1714, in-4°.*

3065. — Consultationum medicarum centuria a variis doctissimis professoribus justa neotericorum placita exarata, cura et studio Cajetani ARMILLEI,... collecta. Addito corollario quarumdam dissertationum ad rem medicam facentium... — *Venetiis, Corona, 1744, pet. in-4°*.

3066. — Marcelli MALPIGHII et Jo. Mariæ LANCISII consultationum medicarum, nonnullarumque dissertationum collectio... Editio novissima. — *Venetiis, Corona, 1747, pet. in-4°* [VI]-*80 p*.

Consulti medici di Gio. Maria LANCISI,... ed alcune dissertazioni del medesimo attinenti alla medicina. — *Venezia, Corona, 1747, pet. in-4°*.

3067. — Joh. Zachariæ PLATNERI,... Opusculorum tomus primus [et secundus]. — *Lipsiæ, Weidmann, 1749, 2 tom. en 1 vol. in-4°*.

Le titre du tome 1er manque.

3068. — Joannis de GORTER,... Opuscula varia medico-theoretica... Editio prima italica. — *Patavii, Manfrè, 1751, in-4°, pl*.

Joannis de GORTER, Medicina dogmatica seu opuscula medico-pratica tres morbos particulares, delirium, vertiginem et tussim, aphoristice conscriptos... exhibentia. Quibus accedit oratio pro medico dogmatico, et in hac editione primum morbi epidemii descriptio et curatio. — *Patavii, Manfrè, 1751, in-4°*.

3069. — Pauli Gottlieb WERLHOFII,... tractatus varii, scilicet, cautiones medicæ, de variolis et anthracibus. Acta medica Edinburgensia. — *Venetiis, Basilius, 1759, in-8°*.

Disquisitio medica et philologica de variolis et anthracibus, ubi de utriusque affectus antiquitatibus, signis, differentiis, medelis disserit Paul. Gottlieb WERLHOF D. Accedit Rudolphi Augusti BEHRENS, D. dissertatio de affectionibus a comestis mytulis. — *Venetiis, Basilius, 1759, in-8°*.

Actorum medicorum Edinburgensium specimina duo, de medicamento alterante ex mercurio et de aurigine. Ex anglico sermone latino reddidit Paul. Gottlieb WERLHOF,... Accedit epistola ad,... Joan. Samuelem nob. dom. de Berger,... de iisdem argumentis et Camerariano auriginis remedio... — *Venetiis, Basilius, 1759, in-8°, 54 p.*

3070. — Mémoire qui a remporté le prix au jugement de l'Académie de Dijon, le 18 août 1776, sur la question proposée en ces termes : Déterminer quelles sont les maladies dans lesquelles la médecine agissante est préférable à l'expectante et celle-ci à l'agissante... par M. VOULLONNE,... — *Avignon, Niel, 1776, in-8°.*

Mémoire qui a remporté le prix au jugement de l'Académie de Dijon, en 1782, sur la question proposée en ces termes : Déterminer, avec plus de précision qu'on ne l'a fait jusqu'à présent, le caractère des fièvres intermittentes et indiquer, par des signes non équivoques, les circonstances dans lesquelles les fébrifuges peuvent être employés avec avantage et sans danger pour les malades, par M. VOULLONNE,... — *Avignon, Niel, 1782, in-8°.*

3071. — Études médicales, par G. LE THIÈRE,... Premiers secours contre le choléra et la grippe. Contre les empoisonnements et autres accidents. Effets physiologiques et thérapeutiques de quelques médicaments. Notes sur les eaux sulfureuses de Bagnères-de-Luchon. — *Paris, Baillière, 1869, in-8°.*

3072. — Conférences de l'Association philomatique de Bayonne. La machine humaine, par M. le docteur DELVAILLE,... — *Paris, Germer-Baillière, 1870, in-8°, 30 p.*

La couverture imprimée sert de titre.

3073. — Physique et philosophie médicales. Examen critique des travaux récents sur les applications des sciences physiques à la médecine, par M. le docteur DELVAILLE. Extrait de la Gazette médicale de Paris, année 1870. — *S. l. n. d. Paris, Impr. Cusset, in-8°, 34 p.*

3074. — Médecine et médecins, par E. LITTRÉ,... — *Paris, Didier, 1872, in-8°.*

3075. — Annuaire de l'Association générale de prévoyance et de secours mutuels des médecins de France, publié par le Conseil général de l'Association. — *Paris, Baillière, 1875-1878, 4 vol. in-12.*

15ᵉ, 16ᵉ, 17ᵉ et 18ᵉ années. Exercices 1874, 1875, 1876, 1877.

3076. — Compte-rendu d'une mission médicale au Guadarrama (Espagne) en 1862 et 1863, par le Dʳ Valery MEUNIER. — *Paris, Masson, s. d. [1894], in-8°, 37 p.*

3077. — Gazette médicale de Paris, dirigée par Jules GUÉRIN D. M. P. — *Paris, 1842 à 1852, 1859 à 1873, 1875 à 1879, 31 vol. in-4°.*

3078. — Journal de médecine et de chirurgie pratiques, à l'usage des médecins praticiens. — *Paris, Impr. Lahure, 1864-1871, 8 vol. in-8°.*

Les tomes 35 à 42 seuls de la 2ᵉ série.

3079. — Revue des sciences médicales en France et à l'étranger. Recueil trimestriel analytique, critique et bibliographique, dirigé par Georges HAYEM,... — *Paris, Masson, 1873 et années suiv., 46 vol. in-8°.*

Années 1873-1895. Continue à paraître.

M. CHIRURGIE.

a). Traités généraux. Mélanges.

3080. — Joannis TAGAULTII,... de chirurgica institutione libri quinque. His accessit sextus liber de materia chirurgica, authore Jacobo HOLLERIO,... — *Parisiis, Wechelus, 1543, in-f°.*

3081. — Leçons anatomiques et chirurgicales de feu Mᵉ Germain COURTIN,... dictées à ses écoliers, étudiants en chirurgie, depuis l'année mil cinq cent soixante-huit jusques à l'année mil cinq cent octante et sept, recueillies... par Estienne BINET,... — *Paris, Langlois, 1612, in-f°.*

3082. — La grande chirurgie de M. Guy de CHAULIAC,... composée l'an de grâce 1363, restituée par M. Laurens JOUBERT,... — *Tournon, Michel, 1619, in-8°.*

Annotations de M. Laurens JOUBERT sur toute la chirurgie de M. Guy de Chauliac, avec l'interprétation des langues dudit Guy (c'est-à-dire l'explication de ses termes les plus obscurs)... — *Tournon, Michel, 1619, in-8°.*

3083. — La grande chirurgie de Maître Guy de CHAULIAC,... traduite nouvellement en français... par Maître Simon MINGELOUSAULX,... Première édition. — *Bourdeaux, Millanges, s. d. [1672], 3 part. en 1 vol. in-8°.*

3084. — La grande chirurgie de Guy de CHAULIAC,... Composée en l'an 1363. Revue et collationnée sur les manuscrits et imprimés latins et français... avec des notes, une introduction sur le moyen âge, sur la vie et les œuvres de Guy de Chauliac, un glossaire... par E. NICAISE,... — *Paris, Alcan, 1890, gr. in-8°, fr., phot. et pl.*

3085. — Le Maître en chirurgie ou l'Abrégé complet de la chirurgie de Guy de Chauliac, par demandes et par réponses, en la manière qu'on interroge les aspirants à Saint-Cosme, par L. VERDUC,... Nouvelle édition, augmentée d'un dictionnaire étymologique des mots dérivés du grec qui sont en usage dans la chirurgie. — *Paris, d'Houry, 1735, in-12.*

3086. — Propos général des plaies et solutions de continuité, par Guy de CHAULIAC. Traduit par E. NICAISE,... — *Paris, Alcan, 1891, in-8°, 31 p.*

3087. — Méthodique introduction à la chirurgie de M. Jacques de MARQUE,... revue, corrigée et enrichie des doctes annotations de M. de MONTRŒIL,... et augmentée en cette dernière édition de plusieurs traités, savoir : de l'anatomie du corps humain ; des canons sur toute la chirurgie ; de l'état des verus [sic] de l'âme, composées par Monsieur de la FRAMBOISIÈRE,... ; d'un excellent abrégé des bandes et bandages ; et d'un nouveau paraphrase sur le serment d'Hippocrate. — *Rouen, Amiot, 1680, in-8°.*

L'anatomie du corps humain méthodiquement dressée en faveur des étudiants en médecine et chirurgie... par le sieur de la FRAMBOISIÈRE,... — *Rouen, Impr. Amiot, 1680, in-8°.*

Les canons requis pour apprendre à pratiquer méthodiquement la chirurgie... par le sieur de la FRAMBOISIÈRE,... — *Rouen, Impr. Amiot, 1680, in-8°, 60 p.*

Sommaire des bandes et bandages, par M. de MONTRŒIL,... — *S. l. n. d., in-8°, 24 p.*

L'état des vertus desquelles doit être ornée l'âme chrétienne pour vivre éternellement bienheureuse, par le sieur de la FRAMBOISIÈRE,... — *Rouen, Impr. Amiot, 1680, in-8°, 22 p.*

3088. — Conspectus chirurgiæ tam medicæ, methodo Stahliana conscriptæ, quam instrumentalis recentissimorum auctorum ductu collectæ... auctore D. Joanne JUNCKERO,... editio secunda... — *Halæ, 1731, in-4°.*

3089. — Joannis de GORTER,... chirurgia repurgata ab auctore recensita... Accessit materies medica chirurgiæ repurgatæ accomodata. Editio secunda italica accuratissima. — *Patavii, Manfrè, 1755, in-4°.*

3090. — Aphorismes de chirurgie d'Herman BOERHAAVE,... commentés par M. VAN SWIETEN. Nouvelle traduction du latin en français, avec des notes, par M. LOUIS. — *Paris, Cavelier, 1768, 6 vol. in-12.*

Le tome 6 porte la date de 1765.

3091. — Nouveaux éléments de médecine opératoire... par Alf. A. L. M. VELPEAU,... — *Paris, Baillière, 1832, 3 vol. in-8°, et Atlas in-4°.*

3092. — Clinique chirurgicale de l'hôpital de la Pitié, par J. LISFRANC. — *Paris, Béchet et Labé, novembre 1841-mai 1843, 3 vol. in-8°.*

3093. — Traité de pathologie externe et de médecine opératoire, avec des résumés d'anatomie des tissus et des régions, par Aug. VIDAL

30

(de Cassis),... Troisième édition... — *Paris, Baillière, 1851, 5 vol. in-8°.*

3094. — Traité élémentaire de pathologie chirurgicale, par Samuel Cooper,... Traduit sur la septième édition parue à Londres en 1840 et augmenté de notes, par E. Delamare,... — *Paris, Delahaye, 1855, in-8°.*

3095. — Mémoires de chirurgie, par le docteur J. Z. Amussat. — *Paris, Germer-Baillière, 1856, in-8°.*

    Titre général sous lequel sont réunis :

Biographie poitevine. Vie et travaux de J. Z. Amussat, par M. Edouard Gouriet,... seconde édition. — *Niort, Clouzot, 1874, in-8°, 16 p., portr.*

Remarques sur l'urèthre de l'homme et de la femme, [par J. Z. Amussat. Extrait des Archives générales de médecine, t. IV, 1re série, 1824]. — *S. l. n. d. [Evreux, Impr. Herissey], in-8°, 31 p.*

De la taille périnéale pratiquée avec le lithotome double d'Amussat, par le docteur A. Morpain. — *Paris, Impr. Hennuyer, 1868, in-8°, 11 p.*

Quelques considérations pratiques sur le broiement de la pierre en une seule séance, par J. Z. Amussat. — *Paris, Impr. Thunot, 1853, in-8°, 27 p.*

De la torsion des artères. — *S. l. n. d. [Evreux, Impr. Hérissey], in-8°, 11 p.*

Observation sur une opération de vagin artificiel pratiquée avec succès par un nouveau procédé, suivie de quelques réflexions sur les vices de conformation du vagin, par J. Z. Amussat, lue à l'Institut dans la séance du 2 novembre 1835. — *Sans titre ; Epernay, Impr. Warin-Thierry, in-8°, 32 p.*

Tumeur développée dans les parois de l'utérus. Opération pratiquée par M. Amussat, assisté de MM. Lucien Boyer, Filhos et Levaillant, et avec l'assentiment de MM. Récamier et Ribes. Observation recueillie par M. Troussel. Extrait de la Revue médicale, cahier d'août 1840. — *Paris, Impr. Béthune et Plon, 1840, in-8°, 31 p.*

Tumeur fibreuse interstitielle de l'utérus du volume d'un œuf d'autruche, extirpée avec succès par M. Amussat. Observation recueillie par M. le Dr Filhos. Extrait de la Revue médicale, cahier de décembre 1841. — *Paris, Impr. Béthune et Plon, 1841, in-8°, 31 p.*

Mémoire sur la rétroversion de la matrice dans l'état de grossesse, par J. Z. Amussat. — *Paris, Germer-Baillière, 1843, in-8°, 76 p.*

De la possibilité de redresser d'une manière permanente l'utérus en rétroversion, par la soudure du col à la partie postérieure et supérieure du vagin, par J. Z. Amussat. — *Paris, Impr. Hennuyer, 1851, in-8°, 16 p.*

Mémoire sur la destruction des hémorrhoïdes internes par la cautérisation circulaire de leur pédicule avec le caustique de potasse et de chaux (caustique solidifié de M. Filhos), par J. Z. Amussat. — *S. l. n. d. Paris, Impr. Fain et Thunot, in-8°, 50 p.*

Quelques considérations sur la réduction des hernies étranglées et en particulier sur le procédé de taxis de M. Amussat. Suivies d'observations à l'appui, par le D⁺ Vignolo,... Extrait de la Revue médicale, cahier de mars 1848. — *Paris, Impr. Bautruche, 1847, in-8°, 36 p.*

Loupe volumineuse du cuir chevelu. Cautérisation circulaire de la peau de la base de la tumeur au moyen d'une gouttière en plomb remplie de pâte de caustique de Vienne; ligature, guérison. Communication faite par le D⁺ J. Z. Amussat à l'Académie de Médecine de Paris dans la séance du 12 mars 1844. — *Sans titre; Evreux, Impr. Hérissey, in-8°, 12 p.*

Quelques réflexions sur la curabilité du cancer. — *Sans titre; in-8°, 14 p.*

Quelques considérations sur l'hygiène du peuple des campagnes, par J. Z. Amussat. Extrait de la Richesse du cultivateur. — *S. l. n. d. [Paris, Impr. Gratiot], in-8°, p. 251-267.*

Des irrigations continues dans les fractures comminutives des membres, par le Docteur Cahours. Extrait du Bulletin général de thérapeutique, n°˙ des 15 et 28 février 1867. — *Paris, Impr. Hennuyer, 1867, in-8°, 24 p.*

Coup d'œil sur les caustiques employés dans le traitement des maladies du col de l'utérus, et en particulier sur le caustique de Vienne solidifié, par M. le Docteur Filhos. Extrait de la Revue médicale, cahier d'août 1842. — *Paris, Impr. Moquet et Hauquelin, 1842, in-8°, 24 p.*

De la cautérisation du col de l'utérus avec le caustique solidifié de potasse et de chaux, par M. le D⁺ Filhos. Extrait de la Revue médicale, cahier de janvier 1847. — *Paris, Impr. Bautruche, 1847, in-8°, 61 p.*

Deux observations de polypes de l'utérus, opérés par un nouveau procédé (sercission), par Lucien A. H. Boyer. Extrait de la Revue médicale, cahier d'octobre 1846. — *Paris, Impr. Bautruche, 1846, in-8°, 40 p.*

Mémoire sur l'entérotomie du gros intestin, par J. Z. Amussat. — *Paris, Germer-Baillière, 1856, in-8°, 20 p.*

Relation de la maladie de Broussais, suivie de quelques réflexions pratiques sur les obstructions du rectum, par J. Z. Amussat. — *Epernay, Impr. Valentin-Legée, 1845, in-8°, 46 p.*

Mémoire sur la possibilité d'établir un anus artificiel dans la région lombaire sans pénétrer dans le péritoine, lu à l'Académie royale de Médecine le 1ᵉʳ octobre 1839, par J. Z. Amussat. — *Paris, Germer-Baillière, 1839, in-8°, 210 p.*

Deuxième mémoire sur la possibilité d'établir un anus artificiel dans les régions lombaires sans ouvrir le péritoine, par J. Z. Amussat. — *Sans titre ; Paris, Impr. Moquet et Hauquelin, in-8°, 60 p.*

Troisième mémoire sur la possibilité d'établir un anus artificiel dans la région lombaire gauche sans ouvrir le péritoine, chez les enfants imperforés, par J. Z. Amussat, lu à l'Académie royale des Sciences le 4 juillet 1842. — *Paris, Germer-Baillière, 1843, in-8°, 66 p.*

Occlusion du tube digestif depuis plus de quarante jours déterminée par une tumeur située dans la fosse iliaque gauche. Anus artificiel établi avec succès sur le colon lombaire droit sans ouvrir le péritoine. Cinquième opération pratiquée par M. Amussat. Observation recueillie par M. le Dʳ Vidal (de Poitiers) médecin du malade. — *Sans titre ; Evreux, Impr. Hérissey, in-8°, 16 p.*

Relation d'une opération d'entérotomie lombaire sans ouvrir le péritoine, pratiquée avec succès sur une femme âgée de cinquante-trois ans ; suivie de quelques considérations sur l'anatomie pathologique de l'intestin colon lombaire, lue à l'Académie royale des Sciences le 30 juillet 1844, par J. Z. Amussat. — *S. l. n. d. [Paris, Impr. Malteste], in-8°, 20 p.*

Entérotomie lombaire. Observation par J. Z. Amussat. — *Sans titre ; Paris, Impr. Hennuyer, in-8°, 6 p.*

3096. — Mémoires de chirurgie, par le docteur A. A. Amussat. — *Paris, Germer-Baillière, 1877, in-8°.*

Titre général sous lequel sont réunis :

De l'emploi de l'eau en chirurgie. — *Sans titre ; in-8°, 90 p.*

De la galvanocaustique chimique, par le docteur A. Amussat. — *Paris, Impr. Pougin, 1871, in-8°, 16 p.*

De l'emploi de la galvanocaustique dans le traitement de quelques affections des voies urinaires. Signé : A. Amussat fils. — *Sans titre ; Paris, Impr. Martinet, in-8°, 20 p.*

Sarcocèle encéphaloïde. Ablation au moyen de la galvanocaustique thermique. Cicatrisation, par M. le Docteur A. Morpain. — *Sans titre ; Paris, Impr. Martinet, in-8°, 7 p.*

De l'électricité comme agent de cautérisation dans le traitement des affections chirurgicales, [par le Dʳ Amussat fils]. — *S. l. n. d. [Paris, Impr. Malteste], in-8°, 8 p.*

Traitement des kystes séro-sanguins du cou par l'électricité. Signé : Dʳ A. Amussat fils. — *Sans titre ; Paris, Impr. Martinet, in-8°, 5 p.*

Des sondes à demeure et du conducteur en baleine, par le Docteur A. AMUSSAT. — *Sans titre ; Evreux, Impr. Hérissey, in-8°, 15 p.*

De la lithotripsie uréthrale, par M. le Docteur CAHOURS. — *Sans titre ; Paris, Impr. Martinet, in-8°, 7 p.*

Taille périnéale pratiquée sur un enfant avec le lithotome double d'Amussat, par M. le Dr TUCHMANN. — *Sans titre ; Paris, Impr. Martinet, in-8°, 6 p.*

Pierre enchatonnée extraite par la taille prérectale avec emploi du lithotome double d'Amussat. Signé : H. C. — *Sans titre ; Paris, Impr. Martinet, in-8°, 4 p.*

Irrigateur vésical. — *S. l. n. d. [Paris, Impr. Martinet], in-8°, 6 p.*

Extraction de deux corps étrangers retenus dans l'urèthre, [par le Dr Alph. AMUSSAT fils]. — *S. l. n. d. [Evreux, Impr. Hérissey], in-8°, 8 p.*

Issue spontanée de calculs vésicaux au devant du scrotum, [par le Dr A. AMUSSAT]. — *S. l. n. d. [Paris, Impr. Raçon], in-8°, 7 p.*

Extraction d'une sonde tombée dans la vessie, par le Docteur A. AMUSSAT. — *Sans titre ; Evreux, Impr. Hérissey, in-8°, 3 p.*

Lithoclaste à mouvements latéraux du Dr A. AMUSSAT. — *Sans titre ; Paris, Impr. Martinet, in-8°, 3 p.*

De l'emploi d'un réflecteur dans le traitement des affections de l'utérus, par le Docteur A. AMUSSAT. — *Paris, Impr. Martinet, in-8°, 8 p.*

De la cautérisation circulaire de la base des tumeurs hémorrhoïdales internes compliquées de procidence de la muqueuse du rectum, par le Dr Alphonse AMUSSAT fils. — *Paris, Germer-Baillière, 1854, in-8°, 39 p.*

De la cautérisation de l'épiploon dans l'opération de la hernie étranglée, par le Docteur CARTEAUX. — *Sans titre ; Evreux, Impr. Hérissey, in-8°, 7 p.*

De la cautérisation après les opérations, [par le Docteur A. AMUSSAT]. — *S. l. n. d. [Evreux, Impr. Hérissey], in-8°, 16 p.*

Chaîne porte caustique. — *Sans titre ; Paris, Impr. Martinet, in-8°, 3 p.*

Du traitement de la fistule à l'anus par la cautérisation linéaire, [par le Dr SCHWEITZER]. — *S. l. n. d. [Evreux, Impr. Hérissey], in-8°, 8 p.*

Considérations sur les polypes du rectum chez les enfants et chez les adultes. Signé : H. C. — *Sans titre ; Evreux, Impr. Hérissey, in-8°, 7 p.*

De la cautérisation des loupes. — *S. l. n. d., in-8°, 7 p.*

De la cautérisation linéaire des hémorrhoïdes avec le fer rouge, par le Docteur SCHWEITZER. — *Sans titre ; Evreux, Impr. Hérissey, in-8°, 15 p.*

Cautérisation linéaire des hémorrhoïdes avec le fer rouge. — *Sans titre; Paris, Impr. Martinet, in-8°, 4 p.*

Lithotripsie par écrasement avec le pignon en forme de T. — *Sans titre; Paris, Impr. Martinet, in-8°, 2 p.*

De l'emploi du caustique calcio-potassique du Docteur Filhos dans le traitement des affections de l'utérus, [par le Docteur A. Foucart]. — *S. l. n. d. [Evreux, Impr. Hérissey], in-8°, 12 p.*

Rétrécissements uréthraux. — *S. l. n. d., in-8°, 8 p.*

De l'hypospadias, [par le Dr A. Amussat]. — *S. l. n. d. [Evreux, Impr. Hérissey], in-8°, 7 p.*

Appareil protecteur des cicatrices. — *Sans titre; Paris, Impr. Martinet, in-8°, 2 p.*

Kyste hématique occupant le côté droit du cou depuis la clavicule jusqu'à l'angle de la mâchoire inférieure. — *Sans titre; Evreux, Imp. Hérissey, in-8°, 4 p.*

Sur les effets des petits cautères volants. — *S. l. n. d. [Evreux, Impr. Hérissey], in-8°, 8 p.*

Tumeurs diverses détruites à l'aide d'une pince à cuvettes agissant par écrasement et cautérisation simultanées. — *Sans titre; Paris, Impr. Martinet, in-8°, 3 p.*

De la cautérisation linéaire appliquée aux décollements cutanés et muqueux. — *Sans titre; Paris, Impr. Martinet, in-8°, 4 p.*

Fistules à l'anus. De l'injection iodée comme moyen de diagnostic. Incision de dedans en dehors, par le Dr A. Amussat. — *Sans titre; Evreux, Impr. Hérissey, in-8°, 2 p.*

**. — Rapport sur les progrès de la chirurgie, par MM. Denonvilliers, Nélaton, Velpeau, Félix Guyon, Léon Labbé.

Voy. Division Histoire.

3097. — Le docteur B. J. Lapeyrère. Notes d'un journaliste sur la médecine et la chirurgie contemporaines. I. Nos chirurgiens : MM. Péan, Ollier (de Lyon), A. Guérin, Amussat, Dolbeau, Jules Guérin, Maisonneuve, Chassaignac, Dieulafoy. — *Paris, Delahaye, 1875, in-12.*

3098. — Traité de chirurgie, publié sous la direction de MM. Simon Duplay,... Paul Reclus,... par MM. Berger, Broca, Delbet, Delens, Forgue, Gérard-Marchant, Hartmann, Heydenreich, Jalaguier, Kirmisson, Lagrange, Lejars, Michaux, Nélaton, Peyrot, Poncet, Potherat, Quénu, Ricard, Segond, Tuffier, Walther. — *Paris, Masson, 1890 et ann. suiv., 8 vol. gr. in-8°.*

3099. — Chirurgie de maître Henri de Mondeville, chirurgien de Philippe le Bel, roi de France, composée de 1306 à 1320. Traduction française, avec des notes, une introduction et une biographie... par E. Nicaise,... avec la collaboration du Dr Saint-Lager et de F. Chavannes. — *Paris, Alcan, 1893, gr. in-8°, fr. gr. et pl.*

b). Traités divers.

3100. — Mémoire sur l'étiologie générale des pieds-bots congénitaux; lu à l'Académie royale de Médecine le 11 décembre 1838, par le Docteur Jules Guérin,... — *Paris, au bureau de la Gazette médicale, [Impr. Malteste], 1838, in-8°, 40 p.*

Le faux titre porte, en outre : Quatrième mémoire sur les difformités du système osseux.

3101. — Recherches sur l'opération du strabisme. Mémoire présenté à l'Académie royale des Sciences, par Lucien A. H. Boyer,... — *Paris, Germer-Baillière, 1842, in-8°, pl.*

Recherches sur l'opération du strabisme. Deuxième mémoire, par Lucien A. H. Boyer,... — *Paris, Germer-Baillière, 1844, in-8°, pl.*

3102. — De quelques infirmités de la main droite qui s'opposent à ce que les malades puissent écrire, et du moyen de remédier à ces infirmités; travail présenté à l'Académie royale des Sciences de l'Institut dans sa séance du 7 juillet 1845, par J. J. Cazenave,... — *Paris, Baillière, 1846, in-8°, 37 p., pl.*

3103. — Faculté de Médecine de Paris. Concours pour l'agrégation (section de chirurgie) 1847. De l'emploi des caustiques dans les maladies chirurgicales. Thèse présentée et soutenue par M. J. A. H. Depaul,... — *Paris, Impr. Bautruche, 1847, in-4°, 126 p.*

3104. — Rapport adressé à Monsieur le délégué du Gouvernement provisoire sur les traitements orthopédiques de M. le Docteur Jules Guérin, à l'hôpital des enfants, pendant les années 1843, 1844 et 1845, par une Commission composée de MM. Blandin,

P. Dubois, Jobert, Louis, Rayer et Serres. Président : M. Orfila.
— *Paris, au bureau de la Gazette médicale, 1848, in-f°.*

3105. — De la compression élastique et de son emploi en médecine et en chirurgie, par Philippe BOURJEAURD,... — *Paris, [Impr. Thunot], 1857, in-8°, 46 p., pl.*

3106. — Des difformités congénitales et acquises des doigts et des moyens d'y remédier. Thèse présentée au concours pour l'agrégation (section de chirurgie) et soutenue à la Faculté de Médecine de Paris, le 28 mai 1869, par le Dr J. A. FORT. — *Paris, Delahaye, 1869, in-8°.*

3107. — Remarques et observations sur les fractures du crâne, sur la fracture indirecte du corps de la première vertèbre lombaire et sur la flexion permanente, par refoulement, de l'os radius chez l'adulte. Par F. S. J. PINGRENON,... Deuxième édition. — *Paris, Impr. Aubry, 1860, in-8°, 86 p.*

3108. — Traité expérimental et clinique de la régénération des os et de la production artificielle du tissu osseux, par L. OLLIER,... — *Paris, Masson, 1867, 2 vol. in-8°, pl.*

3109. — Des plaies par instruments piquants. Thèse pour le doctorat en médecine, présentée et soutenue par André LAURENS,... — — *Paris, Impr. Parent, 1872, in-8°, 71 p.*

3110. — De l'étranglement herniaire par les anneaux de l'épiploon, par MARCANO,... — *Paris, Duval, 1873, in-8°, 8 p.*
La couverture imprimée sert de titre.

3111. — Essai sur l'anévrysme artérioso-veineux par coup de feu. Thèse pour le doctorat en médecine présentée et soutenue le 21 avril 1875 par Georges HIARD,... — *Paris, Impr. Parent, 1875, in-8°, 32 p.*

3112. — Mémoires sur la galvano-caustique thermique, par le Docteur A. AMUSSAT fils. — *Paris, Germer-Baillière, 1876, in-8°.*

3113. — Des tumeurs congénitales de l'extrémité inférieure du tronc, par le professeur Depaul. Extrait des Archives de tocologie, année 1877. — *Paris, Delahaye, 1877, in-8°, 31 p.*

La couverture imprimée sert de titre.

3114. — Sur une maladie spéciale du système osseux développée, pendant la vie intra-utérine et qui est généralement décrite, à tort selon moi, sous le nom de rachitisme, par le Professeur Depaul. (Extrait des Archives de tocologie), année 1878. — *Paris, Delahaye, 1878, in-8°, 46 p.*

c). Maladies des organes génitaux et des voies urinaires.

3115. — Observations chirurgicales sur les maladies de l'urèthre traitées suivant une nouvelle méthode, par Jacques Daran,... Nouvelle édition. — *Paris, Debure, 1748, in-12, pl.*

3116. — Opération de sarcocèle, faite le 27 fructidor an V, au C^{en} Charles Delacroix,... par le C^{en} A. B. Imbert Delonnes,... publié par ordre du gouvernement. — *Paris, Impr. de la Rép., an VI, in-8°, 32 p.*

Les derniers feuillets sont rongés.

3117. — Nouveau traité des rétentions d'urine et des rétrécissements du canal de l'urèthre, des affections de la glande prostate, du catarrhe et de la paralysie de la vessie ; des accidents produits par les fausses routes, les dépôts et les fistules urinaires ; de l'incontinence d'urine ; de l'hématurie ou pissement de sang ; de la gravelle et des calculs vésicaux ; de la blennorrhagie et des engorgements des testicules. Traitement rationnel et méthodique des maladies syphilitiques et des rétrécissements et obstructions de l'urèthre, par la méthode du Dr Ducamp, perfectionnée par D. Dubouchet,... Troisième édition... — *Paris, Germer-Baillière, 1836, in-8°.*

La planche manque.

3118. — Lettre à l'Académie de Médecine. Examen du rapport sur la

question de la dissolution des calculs urinaires, par Leroy-d'Etiolles,... — *Paris, Baillière, 1839, in-8°, 71 p.*
La couverture imprimée sert de titre.

3119. — Essai sur la gravelle et la pierre considérées sous le rapport de leurs causes, de leurs effets et de leurs divers modes de traitement, par P. S. Ségalas,... Seconde édition. — *Paris, Baillière, 1839, in-8°.*
L'atlas in-f° manque.

3120. — Du traitement des déviations utérines par les pessaires intra utérins, rapport fait à l'Académie impériale de Médecine, par M. le Dr Depaul,... Extrait du Moniteur des hôpitaux. — *Paris, Impr. Remquet, 1854, in-8°, 80 p.*

3121. — Résumé de la discussion sur le traitement des déviations utérines par les redresseurs internes, lu à l'Académie dans les séances des 25 juillet et 1er août 1854, par le Dr Depaul,... Extrait du Moniteur des hôpitaux. — *Paris, Impr. Remquet, 1854, in-8°, 34 p.*

3122. — Observations présentées à l'Académie impériale de Médecine à l'occasion du Mémoire de M. Huguier intitulé : Sur les allongements hypertrophiques du col de l'utérus dans les affections improprement désignées sous les noms de descente, de précipitation de la matrice, et sur leur traitement par la résection ou l'amputation de la totalité du col utérin, suivant la variété de la maladie, par le Docteur Depaul,... — *Paris, Baillière, 1859, in-8°, 55 p.*

3123. — De la rétention d'urine chez l'enfant pendant la vie fœtale étudiée surtout comme cause de dystocie, par le Dr Depaul,... — *Paris, Masson, 1860, in-8°, 48 p.*

3124. — Études cliniques sur les rétrécissements de l'urèthre, sur la taille et sur les fistules vaginales, par Joseph Corradi,... — *Florence, Cammelli, 1870, in-8°, pl.*

3125. — Voies urinaires. Étude sur la divulsion des rétrécissements du canal de l'urèthre (Procédés de MM. Holt et Voillemier), par le Dr Léonce Loustau,... — *Paris, Delahaye, 1872, in-8°, 91 p., pl.*

3126. — De quelques accidents de l'atrésie congénitale du prépuce et de leur traitement, par Ch. Piussan,... — *Paris, Impr. Davy, 1884, in-8°, 59 p.*

3127. — Association française pour l'avancement des sciences. Congrès de Pau (21e session, septembre 1892). Observations de sept laparotomies, dont cinq ovariotomies, pratiquées à l'hôpital de Pau dans le courant de l'année 1891-92, par le Dr A. Pomier,... — *Pau, Impr. Garet, 1893, in-8°, 14 p.*

d). Obstétrique.

**. — De ortu infantium contra naturam, per sectionem Cæsaream, tractatio, autore Th. Raynaudo, S. J.

Voy. Division Théologie.

3128. — Thomæ Bartholini, de insolitis partus humani viis dissertatio nova. Accedunt Cl. V. Joannis Veslingi, equitis, de pullitie Ægyptiorum et aliæ ejusdem observationes anatomicæ et epistolæ medicæ posthumæ. — *Hafniæ, Haubold, 1664, pet. in-8°.*

Joannis Veslingi,... observationes anatomicæ et epistolæ medicæ ex schedis posthumis selectæ et editæ a Th. Bartholino. — *Hafniæ, Haubold, 1664, pet. in-8°.*

3129. — Des maladies des femmes grosses et accouchées. Avec la bonne et véritable méthode de les bien aider en leurs accouchements naturels et les moyens de remédier à tous ceux qui sont contre nature et aux indispositions des enfants nouveau-nés ; ensemble une très exacte description de toutes les parties de la femme qui sont destinées à la génération... composé par François Mauriceau,... — *Paris, Henault, 1668, in-4°, fr. gr.*

3130. — Observations sur la grossesse et l'accouchement des femmes et sur leurs maladies et celles des enfants nouveau-nés. En chacune desquelles les causes et les raisons des principaux événements sont décrites et expliquées. Par François MAURICEAU,... — *Paris, l'auteur, 1694, in-4°, port.*

3131. — Traité de la théorie et pratique des accouchements. Traduit de l'anglais de M. SMELLIE, D. M. par M. de PRÉVILLE, M. Auquel on a joint le secret de ROOENHUISEN dans l'art d'accoucher, trad. du hollandais. — *Paris, Delaguette, 1754, in-8°, pl.*

3132. — Obstétrique, ou cours élémentaire d'accouchements, sous forme de catéchisme, à l'usage des élèves sages-femmes, par J. MESPEC,... — *Pau, Impr. Vignancour, 1837, in-8°, pl.*

3133. — Traité pratique de l'art des accouchements, par CHAILLY (Honoré),... Deuxième édition... — *Paris, Baillière, 1845, in-8°.*

3134. — Traité théorique et pratique d'auscultation obstétricale, par J. A. H. DEPAUL,... — *Paris, Labé, 1847, in-8°.*

3135. — Auscultation obstétricale, par le Dr J. A. H. DEPAUL. — *Sans titre ; in-8°, pp. 301-340.*

Extrait du Dictionnaire encyclopédique des sciences médicales, publié sous la direction du Dr A. Dechambre, t. VII.

3136. — De l'influence de la saignée et d'un régime débilitant sur le développement de l'enfant pendant la vie intra-utérine. Utilité de cette méthode dans certains vices de conformation du bassin, par M. le Docteur DEPAUL,... — *Paris, Impr. Hennuyer, 1849, in-8°, 31 p.*

3137. — Sur les hémorrhagies qui se lient à l'insertion du placenta sur le segment inférieur de l'utérus. Rapport fait à l'Académie nationale de Médecine, le 13 juillet 1852, à l'occasion d'une observation de M. le Docteur Ch. Gérard, par le Docteur DEPAUL,... — *Paris, Baillière, 1852, in-8, 29 p.*

3138. — Convulsions des femmes enceintes. Rapport fait à l'Académie impériale de Médecine, le 3 janvier 1853, sur un travail de M. Mascarel, par M. DEPAUL,... — *Paris, Baillière, 1854, in-8°, 22 p.*

3139. — De la fièvre puerpérale. Discours prononcé à l'Académie impériale de Médecine, dans la séance du 2 mars 1858, par le Docteur Depaul,... — *Paris, Baillière, 1858, in-8°, 41 p.*

De la fièvre puerpérale. Deuxième discours prononcé à l'Académie impériale de Médecine, dans la séance du 15 juin 1858, par M. le Docteur Depaul,... — *Paris, Baillière, 1858, in-8°, 37 p.*

3140. — De l'oblitération complète du col de l'utérus chez la femme enceinte et de l'opération qu'elle réclame, par le Dr Depaul,... — *Paris, Impr. Noblet, 1860, in-8°, 47 p.*

3141. — De l'opération césarienne post mortem, à l'occasion d'une discussion soulevée sur ce sujet à l'Académie impériale de Médecine, par le Docteur Depaul,... — *Paris, Impr. Brière, 1861, in-8°, 46 p.*

3142. — Étude sur une forme insolite que peut prendre l'utérus pendant la grossesse et qui a été incomplètement décrite sous les noms de développement sacciforme de la paroi postérieure de l'utérus, de rétroversion partielle de cet organe, ou confondue avec la rétroversion utérine. Par le professeur Depaul. Extrait des Archives de tocologie (numéros de janvier 1876 et suivants). — *Paris, Delahaye, 1876, in-8°, 76 p.*

3143. — Mémoire sur l'inversion de l'utérus qui survient au moment de l'accouchement et en particulier à l'occasion de la délivrance, par le Professeur Depaul. Extrait des Archives de tocologie. — *Paris, Delahaye, 1879, in-8°, 19 p.*

La couverture imprimée sert de titre.

3144. — Inauguration de la nouvelle clinique d'accouchements de la Faculté, sous la présidence de M. Vulpian. Allocution de M. le doyen de la Faculté [Vulpian] et du Professeur Depaul. Extrait des Archives de tocologie. — *Paris, Delahaye et Lecrosnier, 1881, in-8°, 23 p., pl.*

3145. — Traité pratique des maladies des nouveau-nés, des enfants à la mamelle et de la seconde enfance, par E. Bouchut,... Quatrième édition... — *Paris, Baillière, 1862, in-8°.*

3146. — De l'action du sulfate de quinine sur l'utérus, par le Docteur Duboué,... (Extrait des Annales de gynécologie), numéro d'octobre 1874. — *Paris, Lauwereyns, 1874, in-8°, 15 p.*

3147. — Observation de grossesse extra-utérine. Gastrotomie. Guérison. Fistule intestinale au niveau de l'ombilic, par le Docteur Duboué,... Extrait des Annales de tocologie. (Numéros d'octobre et novembre 1874.) — *Paris, Delahaye, 1874, in-8°, 35 p.*

La couverture imprimée sert de titre.

3148. — Des bons effets du tanin dans un cas de vomissements incoercibles pendant la grossesse, par le D' Duboué,... Extrait des Archives de tocologie, année 1877. — *Paris, Delahaye, 1878, in-8°, 15 p.*

N. PHARMACIE ET PHARMACOPÉE. SECRETS DE MÉDECINE.

3149. — Antidotarium geminum generale et speciale a Joan. Jacobo Weckero,... ex opt. authorum tam veterum quam recentiorum scriptis fideliter congestum, et tandem methodice supra priores editiones, uberrime auctum... — *Basileæ, Waldkirch, 1595, in-4°.*

3150. — Osvaldi Crollii,... Basilica chymica continens philosophicam propria laborum experientia confirmatam descriptionem et usum remediorum chymicorum selectissimorum a lumine gratiæ et naturæ desumptorum... — *Genevæ, Celerius, 1624, in-8°.*

Osvaldi Crollii tractatus de signaturis internis rerum, seu de vera et viva anatomia majoris et minoris mundi. — *S. l. n. d., in-8°.*

3151. — Œuvres pharmaceutiques de M. François Ranchin,... à savoir : un traité général de la pharmacie ; ensemble un docte commentaire sur les quatre théorèmes et canons de Mesué. Avec deux excellents traités, l'un des simples médicaments purgatifs, et l'autre des venins... — *Lyon, Ravaud, 1624, in-8°.*

— 479 —

3152. — La pharmacopée des dogmatiques réformée et enrichie de plusieurs remèdes excellents choisis et tirés de l'art spagyrique. Avec un traité familier de l'exacte préparation spagyrique des médicaments pris d'entre les minéraux, animaux et végétaux ; et une brève réponse au livret de Jacques Aubert touchant la génération et les causes des métaux, par Joseph Du Chesne, sieur de La Violette,... Dernière édition... — *Rouen, Impr. Seigneuré, 1639, in-8°, portr.*

Traité familier de l'exacte préparation spagyrique des médicaments pris d'entre les minéraux, animaux et végétaux. Avec une brève réponse au livret de Jacques Aubert touchant la génération et les causes des métaux. Par Joseph Du Chesne, sieur de La Violette,... — *Rouen, Impr. Oursel, 1639, in-8°.*

Les dernières pages manquent.

3153. — Pharmacopée royale, galénique et chimique, par Moyse Charas,... Seconde édition... — *Paris, d'Houry, 1681, 2 vol. in-8°.*

3154. — Pharmacopée universelle contenant toutes les compositions de pharmacie qui sont en usage dans la médecine, tant en France que par toute l'Europe ; leurs vertus, leurs doses ; les manières d'opérer les plus simples et les meilleures. Avec un lexicon pharmaceutique, plusieurs remarques nouvelles et des raisonnements sur chaque opération. Par Nicolas Lemery,... Troisième édition... — *Paris, d'Houry, 1734, in-4°.*

3155. — Dictionnaire universel des drogues simples, contenant leurs noms, origine, choix, principes, vertus... par feu Monsieur Lemery,... Troisième édition. — *Paris, d'Houry, 1748, in-4°, pl.*

3156. — Jo. Friderici Cartheuseri,... pharmacologia theoretico-practica rationi et experientiæ superstructa, in qua medicamentorum officinalium usitatiorum præparatio, natura, modus operandi, vires atque usus medicus perspicue describuntur... — *Venetiis, Deregni, 1756, in-4°.*

Jo. Friderici Cartheuser,... elementa chymiæ dogmatico-experimentalis, in usum academicum conscripta. — *Venetiis, Deregni, 1756, in-4°, 100 p.*

Jo. Friderici Cartheuser,... tabulæ formularum medicarum præscriptioni inservientes. — *Venetiis, Deregni, 1756, in-4°, 71 p.*

3157. — Cours élémentaire d'histoire naturelle pharmaceutique ou description des matières simples que produisent les trois règnes de la nature et qui sont d'usage en pharmacie... par Simon Morellot,... — *Paris, Impr. Giguet, an VIII, 2 vol. in-8°.*

3158. — Pharmacopée à l'usage des hospices civils, des secours à domicile, des prisons et dépôts de mendicité, publiée par ordre du Ministre de l'intérieur. — *Paris, Impr. de la Rép., an XI (1803), in-8°.*

3159. — Manuel des pharmaciens et des droguistes, ou traité des caractères distinctifs, des altérations et sophistications des médicaments simples et composés. Traduit en français sur la dernière édition de l'ouvrage allemand de Ch. Ebermayer et approprié à la nouvelle pharmacopée française, par J. B. Kapeler,... et J. B. Caventou,... — *Paris, Brosson et Chaudé, 1821, 2 vol. in-8°.*

3160. — Code pharmaceutique, ou pharmacopée française, rédigé en latin par MM. Leroux, Vauquelin, Deyeux, Jussieu, Richard, Percy, Hallé, Henri, Vallée, Bouillon-Lagrange et Chéradame ; publié, conformément à l'ordonnance royale du 8 août 1816, par la Faculté de Médecine de Paris, et traduit par A. J. L. Jourdan,... Deuxième édition revue, corrigée et augmentée... par A. L. A. Fée,... — *Paris, Corby, 1826, in-8°.*

3161. — Mémoires sur la digitaline, par MM. Homolle et Quevenne. Rapports faits à l'Académie nationale de Médecine, le 8 janvier 1850 et le 4 février 1851. Commissaires : MM. Rayer, Soubeiran et Bouillaud rapporteur. — *Paris, Impr. Martinet, 1851, in-8°, 55 p.*

3162. — De l'administration de l'argent à l'intérieur considérée au point de vue pharmaceutique. Nouvelles formules, par F. Déniau,... — *Sans titre ; Paris, Impr. Thunot, in-8°, 12 p.*
Extrait du Journal de pharmacie et de chimie. Août 1865.

3163. — Contribucion al estudio de los extractos jarabes y aceites medicinales, por D. Ricardo Jose GORRIZ Y MUÑOZ,... — *Zaragoza, Impr. del hospicio provincial, 1885, in-8°, 56 p.*

3164. — Inventaire de la pharmacie de l'hôpital St-Nicolas de Metz (27 juin 1509), publié pour la première fois, par le Dʳ Paul DORVEAUX,... avec une préface de M. Lorédan LARCHEY. — *Paris, Welter, 1894, in-8°, 73 p.*

3165. — Recueil de curiosités rares et nouvelles des plus admirables effets de la nature et de l'art. Avec de beaux secrets galants, et la méthode pour la disposition et préparation de ce qui est utile et nécessaire pour la vie des hommes... Recherchées par le sieur D'HEMERY. — *Paris, Vendosme, 1676, in-12.*

3166. — Les admirables secrets d'Albert le Grand, contenant plusieurs traités sur la conception des femmes, des vertus des herbes, des pierres précieuses et des animaux. Augmentés d'un abrégé curieux de la physionomie et d'un préservatif contre la peste, les fièvres malignes, les poisons et l'infection de l'air... — *Lion, les héritiers de Beringos, 1729, in-12, pl.*

3167. — Admirables secrets du grand Albert, contenant plusieurs traités sur la conception des femmes, des vertus des herbes, des pierres précieuses et des animaux. Augmentés d'un abrégé curieux de la physionomie et d'un préservatif contre la peste, les fièvres malignes et l'infection de l'air... — *Nîmes, Gaude, 1818, in-18, pl.*

3168. — L'Albert moderne, ou nouveaux secrets éprouvés et licites, recueillis d'après les découvertes les plus récentes ; les uns ayant pour objet de remédier à un grand nombre d'accidents qui intéressent la santé ; les autres, quantité de choses utiles à savoir pour les différents besoins de la vie ; d'autres enfin, tout ce qui concerne le pur agrément, tant aux champs qu'à la ville... [Par Pons Aug. ALLETZ]. Seconde édition... — *Paris, Duchesne, 1769, in-12.*

3169. — L'Albert moderne, ou nouveaux secrets éprouvés et licites, recueillis d'après les découvertes les plus récentes, les uns ayant pour objet de remédier à un grand nombre d'accidents qui intéressent la santé ; les autres, quantité de choses utiles à savoir pour les différents besoins de la vie ; d'autres enfin pour tout ce qui concerne le pur agrément, tant aux champs qu'à la ville. [Par Pons Aug. Alletz]. Nouvelle édition... — *Paris, Duchesne, 1782, 2 vol. in-12.*

O. MÉDECINE VÉTÉRINAIRE. HIPPIATRIQUE.

3170. — Le parfait maréchal qui enseigne à connaître la beauté, la bonté et les défauts des chevaux, les signes et les causes des maladies, les moyens de les prévenir, leur guérison et le bon ou mauvais usage de la purgation et de la saignée ; la manière de les conserver dans les fatigues des voyages, de les nourrir et de les panser avec méthode ; la ferrure sur les dessins des fers qui rétabliront les méchants pieds et conserveront les bons. Ensemble un Traité du haras pour élever de beaux poulains et les préceptes pour bien emboucher les chevaux... Dernière édition, par le sieur de Solleysel, écuyer, sieur Du Clapier,... — *Paris, Clouzier, 1679, 2 tom. en 1 vol. in-4°, fr. gr.*

3171. — Le parfait mareschal, qui enseigne à connaître la beauté, la bonté et les défauts des chevaux, les signes et les causes des maladies, les moyens de les prévenir, leur guérison et le bon ou mauvais usage de la purgation et de la saignée. La manière de les conserver dans les voyages, de les nourrir et de les panser selon l'ordre. La ferrure sur les dessins des fers qui rétabliront les méchants pieds et conserveront les bons. Ensemble un Traité du haras, pour élever de beaux et de bons poulains et les préceptes pour emboucher les chevaux... Par le sieur de Solleysel,... Dernière édition... augmentée de divers remèdes et d'un abrégé de l'art de monter à cheval. — *Amsterdam, L'Honoré et Chatelain, 1723, 2 tom. en 1 vol. in-4°.*

Le titre du tome 1ᵉʳ manque.

3172. — Essai sur l'extérieur du cheval, par M. Morris,... — *Paris, Impr. Huzard, 1835, in-4°, 53 p., pl.*

**. — Consultation de M. Borgela contenant les procédés à suivre pour combattre l'épizootie qui règne aux environs de Bayonne, au pays de Labourt, en Navarre et Béarn.
Voy. Division Histoire locale.

3173. — Instruction sur la pleuro-pneumonie, ou péripneumonie contagieuse des bêtes bovines de la vallée de Bray (Seine-Inférieure), par O. de Lafond,... — *Paris, Impr. Dupont, 1840, in-8°, 46 p. et pl.*

3174. — Mémoires et observations pratiques de médecine vétérinaire... par B. Mousis,... — *Pau, Impr. Vignancour, 1841, in-8°.*

3175. — Hygiène vétérinaire appliquée. Étude de nos races d'animaux domestiques et des moyens de les améliorer, suivie des règles relatives à l'entretien, à la multiplication, à l'élevage du cheval, de l'âne, du mulet, du bœuf, du mouton, de la chèvre et du porc, par J. H. Magne,... Deuxième édition... — *Paris, Labé, 1857, 2 vol. in-8°.*

3176. — De la péripneumonie du bétail, par L. Olivier,... — *Bayonne, Impr. Lamaignère, 1866, in-12, 20 p.*

**. — Rapport sur les progrès de la médecine vétérinaire depuis vingt-cinq ans, par J. H. Magne.
Voy. Division Histoire.

3177. — Notions usuelles de médecine vétérinaire, par M. A. Sanson,... Quatrième édition. — *Paris, Libr. agricole, 1873, in-12.*

**. — La péripneumonie contagieuse dans les étables des Basses-Pyrénées, par H. de Mortillet.
Voy. Division Histoire locale.

SCIENCES MATHÉMATIQUES

17. GÉNÉRALITÉS.

A. HISTOIRE. DICTIONNAIRES. TRAITÉS ÉLÉMENTAIRES ET GÉNÉRAUX.

3178. — Histoire des mathématiques, dans laquelle on rend compte de leurs progrès depuis leur origine jusqu'à nos jours ; où l'on expose le tableau et le développement des principales découvertes dans toutes les parties des mathématiques, les contestations qui se sont élevées entre les mathématiciens et les principaux traits de la vie des plus célèbres. Nouvelle édition... par J. F. Montucla,... — *Paris, Agasse, an VII-an X (mai 1802), 4 vol. in-4°, portr. et pl.*

    Le titre des tomes 3 et 4 porte en outre : achevé et publié par Jérôme de La Lande.

3179. — Matériaux pour servir à l'histoire comparée des sciences mathématiques chez les Grecs et les Orientaux, par M. L. P. E. A. Sédillot,... — *Paris, Didot, 1845-1849, 2 vol. in-8°, pl.*

**. — Rapport historique sur les progrès des sciences mathématiques depuis 1789 et sur leur état actuel, rédigé par M. Delambre.
    Voy. Division Histoire.

3180. — Dictionnaire des mathématiques appliquées, comprenant les principales applications des mathématiques à l'architecture, à l'arithmétique commerciale, à l'arpentage, à l'artillerie, aux assurances, à la balistique, à la banque, à la charpente, aux chemins de fer, à la cinématique, à la construction navale, à la cosmographie, à la coupe des pierres, au dessin linéaire, aux établissements de prévoyance, à la fortification, à la géodésie, à la géographie, à la géométrie descriptive, à l'horlogerie, à l'hydrauliquc, à l'hydrostatique, aux machines, à la mécanique générale, à la mécanique des gaz, à la navigation, aux ombres, à la perspective, à la population, aux probabilités, aux questions de bourse, à la topographie, aux travaux publics, aux voies de communication, etc... par H. SONNET,... Deuxième édition. — *Paris, Hachette, 1874, gr. in-8°.*

B. MATHÉMATICIENS ANCIENS.

3181. — Contenta. EUCLIDIS Megarensis geometricorum elementorum libri XV. CAMPANI Galli Transalpini in eosdem commentariorum libri XV. THEONIS Alexandrini, Bartholomæo ZAMBERTO Veneto interprete, in tredecim priores commentariorum libri XIII. HYPSICLIS Alexandrini in duos posteriores, eodem Bartholomæo ZAMBERTO Veneto interprete, commentariorum libri II. Utcunque noster valuit labor, conciliata sunt hæc omnia, ad studiosorum non parvam (quam optamus) utilitatem ; id magnifico D. Francisco BRICONNETO postulante... — *Parisiis, Stephanus, [1516], in-f°.*

Textus de sphæra Joannis de SACROBOSCO... cum compositione annuli astronomici BONETI Latensis et geometria EUCLIDIS Megarensis. — *Parisiis, Colinæus, 1534, in-f°, 35 ff.*

A la marque du couvent et collège de Saint-Augustin de Paris.

3182. — ΕΥΚΛΕΙΔΟΥ στοιχειων Βιβλ. ΙΕ εκ των ΘΕΩΝΟΣ συνουσιων. Εις του αυτου και πρωτον εξηγηματων ΠΡΟΚΛΟΥ Βιβλ. Δ. Adjecta præfatiuncula in qua de disciplinis mathematicis nonnihil. [Auctore Sim. GRYNEO.] — *Basileæ, Hervagius, 1533, 2 part. en 1 vol. in-f°.*

3183. — EUCLIDIS,... elementorum geometricorum Lib. XV. Cum expositione THEONIS in priores XIII à Bartholomæo [ZAMBERTO] Veneto latinitate donata. CAMPANI in omnes, et HYPSICLIS Alexandrini in duos postremos. His adjecta sunt phænomena, catoptrica et optica, deinde protheoria MARINI et data. Postremum vero opusculum de levi et ponderoso, hactenus non visum, ejusdem autoris. — *Basileæ, Hervagius, 1537, in-f°.*

3184. — Euclidis elementa. — *In-f°.*

> Le titre et les dernières pages manquent. L'épitre de Ph. Melanchthon aux lecteurs est datée de Vittemberg, août 1537.

3185. — Euclidis elementorum libri XV, græce et latine quibus, cum ad omnem mathematicæ scientiæ partem, tum ad quamlibet geometriæ tractationem facilis comparatur aditus. — *Parisiis, de Marnef, 1573, in-8°.*

3186. — Euclidis,... elementa libri XV, ad germanam geometriæ intelligentiam... restituta. Adimpletis præter majorum spem, quæ hactenus deerant, solidorum regularium conferentiis ac inscriptionibus. Accessit decimus sextus liber, de solidorum regularium sibi invicem inscriptorum collationibus. Novissime collati sunt decimus septimus et decimus octavus, priori editione quodammodo polliciti, de componendorum, inscribendorum et conferendorum compositorum solidorum inventis, ordine et numero absoluti, authore D. Francisco Flussate Candalla... — *Lutetiæ, Du Puys, 1578, in-f°.*

3187. — Euclidis elementorum libri XV. Accessit XVI de solidorum regularium cujuslibet intra quodlibet comparatione... Nunc tertio editi... Auctore Christophoro Clavio,... e Societate Jesu. — *Coloniæ, Ciottus, 1591, 2 part. en 1 vol. in-f°, titre encadré.*

3188. — Les éléments de la géométrie d'Euclide Mégarien. Traduits et restitués à leur ancienne breveté selon l'ordre de Théon. Auxquels ont été ajoutés les quatorze et quinzième d'Ipsiclès Alexandrien. Seconde édition revue et augmentée par l'auteur [Denis Henrion]. — *Paris, Le Roy, 1613, in-4°.*

3189. — Euclidis elementorum libris ex priores... accommodavit Carolus Malapertius, Montensis, e Societate Jesu. Editio altera... — *Duaci, Bellerus, 1625, pet. in-12.*

3190. — Les quinze livres des Éléments d'Euclide, traduits de latin en français, par D. Henrion,... Quatrième édition... — *Paris, Impr. Dedin, 1631, in-8°*.

3191. — Les trois livres de porismes d'Euclide rétablis pour la première fois d'après la notice et les lemmes de Pappus, et conformément au sentiment de R. Simson, sur la forme des énoncés de ces propositions, par M. Chasles,... — *Paris, Mallet-Bachelier, 1860, in-8°*.

3192. — ΑΡΧΙΜΗΔΟΥΣ παντα σωζομενα. Archimedis opera quæ extant, novis demonstrationibus commentariisque illustrata, per Davidem Rivaltum a Flurantia,... — *Parisiis, Morellus, 1615, in-f°*.

C. Mathématiciens modernes dont les ouvrages se rapportent a plusieurs parties de la science.

3193. — Christophori Clavii Bambergensis, e Societate Jesu, Opera mathematica V tomis distributa, ab auctore nunc denuo correcta... — *Moguntiæ, Hierat, 1612, 5 tom. en 4 vol. in-f°, titre encadré*.

A la fin du tome 1ᵉʳ on trouve : Theodosii Tripolitæ sphæricorum libri III, a Christophoro Clavio,... perspicuis demonstrationibus et scholiis illustrati, et ab eodem secunda hac editione correcti et aucti. — *Moguntiæ, Hierat, 1611, in-f°*.

A la suite du tome 2 on trouve : Christophori Clavii,... Algebra. — *Moguntiæ, Hierat, 1612, in-f°*.

A la suite du tome 4 on trouve : Christophori Clavii,... horologiorum nova descriptio... — *Moguntiæ, Hierat, 1612, in-f°*.

A la suite du tome 5 on trouve : Novi calendarii romani apologia adversus Michaelem Mæstlinum,... auctore Christophoro Clavio,... — *Moguntiæ, Hierat, 1612, in-f°*. = Appendix ad novi calendarii romani apologiam continens : Josephi Scaligeri elenchum et castigationem calendarii Gregoriani à Christophoro Clavio castigatam. Responsionem ad convicia et calumnias ejusdem Josephi Scaligeri in calendarium Gregorianum, eodem auctore. Cui accessit refutatio cyclometriæ ejusdem Scaligeri. Confutationem calendarii Georgii Germanni, eodem auctore. Admonitionem Theodosii Rubei pro Christophoro Clavio adversus Francisci Vietæ expostulationem. Responsionem Laurentii CASTELLANI ad expostulationem Francisci Vietæ adversus Christophorum Clavium. — *Moguntiæ, Hierat, 1612, 4 part. en 1 vol. in-f°.*

3194. — Les questions théologiques, physiques, morales et mathématiques, où chacun trouvera du contentement ou de l'exercice, composées par L. P. M. [le P. Marin MERSENNE]. — *Paris, Guenon, 1634, in-12.*

Les mécaniques de GALILÉE,... avec plusieurs additions rares et nouvelles, utiles aux architectes, ingénieurs, fontainiers, philosophes et artisans. Traduites de l'italien par L. P. M. M. [le P. Marin MERSENNE]. — *Paris, Guenon, 1634, in-8°.*

Les préludes de l'harmonie universelle ou questions curieuses, utiles aux prédicateurs, aux théologiens, aux astrologues, aux médecins et aux philosophes. Composées par le P. M. M. [le P. Marin MERSENNE]. — *Paris, Guenon, 1634, in-8°.*

3195. — F. Marini MERSENNI,... cogitata physico mathematica, in quibus tam naturæ quam artis effectus admirandi certissimis demonstrationibus explicantur. — *Parisiis, Bertier, 1644, in-4°, 40 p.*

Hydraulica, pneumatica, arsque navigandi, harmonia theorica, practica et mechanica phænomena. Auctore M. MERSENNO, M. — *Parisiis, Bertier, 1644, in-4°.*

F. Marini MERSENNI, Minimi, tractatus mechanicus theoricus et practicus. — *Parisiis, Bertier, 1644, in-4°.*

F. Marini MERSENNI, Minimi, ballistica et acontismologia, in qua sagittarum, jaculorum et aliorum missilium jactus et robur arcuum explicantur. — *Parisiis, Bertier, 1644, in-4°.*

3196. — R. P. Claudii Francisci MILLIET DECHALES,... e Societate Jesu, cursus seu mundus mathematicus... — *Lugduni, Anisson, 1674, 3 vol. in-f°.*

Tomus primus complectens EUCLIDIS libros octo, arithmeticam, THEODOSII sphærica, trigonometriam, geometriam practicam, mechanicam, staticam, geographiam universalem, tractatum de magnete, architecturam civilem et artem tignariam.

Tomus secundus complectens tractatum de sectione lapidum, architecturam militarem, hydrostaticam, tractatum de fontibus et fluviis, tractatum de machinis hydraulicis, navigationem, opticam, perspectivam, catoptricam et dioptricam.

Tomus tertius complectens musicam, pyrotechniam, astrolabia, gnomonicam, astronomiam, kalendarium, astrologiam, algebram, indivisibilium methodum, aliasque.

3197. — R. P. Claudii Francisci MILLIET DECHALES,... e Societate Jesu, cursus seu mundus mathematicus... Editio altera... studio R. P. Amati VARCIN, ejusdem societatis. — *Lugduni, Anisson, 1690, 4 vol. in-f°.*

3198. — Œuvres du R. P. Ignace Gaston PARDIES, de la Compagnie de Jésus. Contenant : 1° Les éléments de géométrie ; 2° Un discours du mouvement local ; 3° La statique ou la science des forces mouvantes ; 4° Deux machines propres à faire les cadrans ; 5° Un discours de la connaissance des bêtes. — *Lyon, Bachelu, 1696, in-12.*

3199. — Œuvres de mathématiques, contenant les éléments de géométrie, un discours du mouvement local, la statique et deux machines propres à faire les cadrans, par le R. P. Ignace Gaston PARDIES, de la Compagnie de Jésus. Où l'on a joint le discours sur la connaissance des bêtes. Cinquième édition. — *Amsterdam, de Coup, 1725, in-12.*

Ce tome ne contient que les éléments de géométrie.

3200. — Analyse démontrée ou la méthode de résoudre les problèmes des mathématiques et d'apprendre facilement ces sciences... par un Père de l'Oratoire. [Charles REYNEAU.] — *Paris, Quillau, 1708, in-4°.*

Le tome 1er seul.

3201. — La science du calcul des grandeurs en général, ou les éléments des mathématiques, par l'auteur de l'Analyse démontrée [le P. C. R. REYNEAU,...] — *Paris, Quillau, 1714, in-4°.*

3202. — Philosophiæ naturalis principia mathematica. Auctore Isaaco NEWTONO,... Editio secunda... — *Cantabrigiæ, 1713, in-4°, pl.*

3203. — Œuvres de LAPLACE. — *Paris, Impr. Royale, 1843-1847, 7 vol. in-4°.*

3204. — Œuvres complètes de Laplace, publiées sous les auspices de l'Académie des Sciences, par MM. les Secrétaires perpétuels. — *Paris, Gauthier-Villars, 1878-1894, 10 vol. in-4°, portr.*

Le tome 7 est en deux parties.

3205. — Œuvres complètes de François Arago,... publiées d'après son ordre, sous la direction de M. J. A. Barral,... — *Paris, Gide et Baudry, 1854-1865, 13 vol. in-8°, portr.*

Tomes 1-3. Notices biographiques.
Tomes 4-8. Notices scientifiques.
Tome 9. Voyages scientifiques.
Tomes 10-11. Mémoires scientifiques.
Tome 12. Mélanges.
Tome 13. Tables.

3206. — Œuvres de Lagrange, publiées par les soins de M. J. A. Serret [et Gaston Darboux]. — *Paris, Gauthier-Villars, 1867-1892, 14 vol. in-4°, fac-simile.*

3207. — Takitechnie. Sciences de nombres, formes et poids assimilées par la takimétrie. Panorama de l'algèbre étendu au calcul des infiniments petits... Rédaction des conférences faites aux écoles techniques du gouvernement, par Edouard Lagout,... — *Paris, 1879, pet. in-8°, 72 p. lithogr.*

3208. — Takitechnie. Mathématiques élémentaires ou des arts assimilées par la takimétrie. Baccalauréat ès-sciences à livre ouvert. Résumé de conférences publiques et scolaires faites à l'exposition universelle de 1878. . par Edouard Lagout,... — *Paris, 1881, pet. in-8°.*

3209. — Œuvres complètes d'Augustin Cauchy publiées sous la direction scientifique de l'Académie des Sciences... — *Paris, Gauthier-Villars, 1882 et années suiv., in-4°.*

En cours de publication :
1re Série : Tomes 1, 4, 5, 6, 7, 8.
2e Série : Tomes 6, 7, 8, 9, 10.

3210. — Œuvres de Fourier publiées par les soins de M. Gaston Darboux, sous les auspices du Ministère de l'Instruction publique. — *Paris, Gauthier-Villars, 1888-1890, 2 vol. in-4°, portr.*

> Tome 1er. Théorie analytique de la chaleur.
> Tome 2. Mémoires publiés dans divers recueils.

3211. — Œuvres de FERMAT, publiées par les soins de MM. Paul TANNERY et Charles HENRY, sous les auspices du Ministère de l'Instruction publique. — *Paris, Gauthier-Villars, 1891 et années suiv., in-4°, portr. et fac-simile.*

> En cours d'impression.
> Tome 1er. Œuvres mathématiques diverses. Observations sur Diophante.
> Tome 2. Correspondance.

D. MÉLANGES.

3212. — Essais d'un apprenti philosophe, sur quelques anciens problèmes de physique, d'astronomie, de géométrie, de métaphysique et de morale, par HOURCASTREMÉ. — *Paris, Libr. économique, 1804, in-8°, portr. et pl.*

3213. — Journal polytechnique, ou Bulletin du travail fait à l'École centrale des travaux publics, publié par le Conseil d'instruction et administration de cette école. — *Paris, Impr. de la République, an III-1809, 13 cahiers en 12 vol. in-4°, pl.*

> Les cahiers 1, 2, 3, 5, 6, 7, 8, 10, 11, 12, 13, 14 et 15 seuls. Les cahiers 7-8 portent pour titre : Mécanique philosophique, ou analyse raisonnée des diverses parties de la science de l'équilibre et du mouvement. Par R. PRONY,... — *Paris, Impr. de la République, an VIII.*

3214. — Rapport sur la situation de l'École polytechnique présenté au Ministre de l'Intérieur par le Conseil de perfectionnement établi en exécution de la loi du 25 frimaire an VIII. — *Sans titre ; Paris, Impr. de la Rép., an IX, in-4°.*

3215. — Journal de mathématiques pures et appliquées, ou recueil mensuel de mémoires sur les diverses parties des mathématiques, publié par Joseph Liouville,... — *Paris, Bachelier, 1836-1841, 6 vol. in-4°, pl.*

> Les années 1836, 1837, 1838, 1839, janvier, février, mars seuls; 1840, avril à décembre; 1841.
> Le n° de mai 1838 manque.

**. — Annales scientifiques de l'École normale supérieure, publiées sous les auspices du Ministre de l'Instruction publique.

Voy. Division Histoire.

18. MATHÉMATIQUES PURES.

A. TRAITÉS GÉNÉRAUX.

3216. — Éléments des mathématiques, ou principes généraux de toutes les sciences qui ont les grandeurs pour objet. [Par le P. Jean Prestet.] Contenant une méthode courte et facile pour comparer ces grandeurs et pour découvrir leurs rapports par le moyen des caractères des nombres et des lettres de l'alphabet. Dans laquelle les choses sont démontrées selon l'ordre géométrique et l'analyse rendue beaucoup plus facile et traitée plus à fond que l'on n'a fait jusqu'ici. — *Paris, Pralard, 1675, in-4°, tabl.*

3217. — Nouveaux éléments des mathématiques ou principes généraux de toutes les sciences qui ont les grandeurs pour objet. Seconde édition... Par Jean Prestet,... — *Paris, Pralard, 1689, 2 vol. in-4°, pl.*

3218. — Dictionnaire mathématique, ou idée générale des mathématiques dans lequel sont contenus les termes de cette science, outre plusieurs termes des arts et des autres sciences, avec des raisonnements qui conduisent peu à peu l'esprit à une connaissance universelle des mathématiques. Par M. Ozanam,... — *Amsterdam, Huguetan, 1691, in-4°, fr. gr. et pl.*

3219. — L'arithmétique et la géométrie de l'officier contenant la théorie et la pratique de ces deux sciences appliquées aux différents emplois de l'homme de guerre, par M. Le Blond,... — *Paris, Jombert, 1748, 2 vol. in-8°, pl.*

3220. — Le guide des jeunes mathématiciens, sur les leçons de M. l'abbé de La Caille, par un Ami de l'auteur. [L'abbé Aimé Henri Paulian.] — *Avignon, Gérard, 1766, in-8°, pl.*

3221. — Abrégé des éléments de mathématiques, par M. Rivard,... Septième édition. — *Paris, Dessaint, 1767, 2 part. en 1 vol. in-8°, pl.*

3222. — Abrégé des éléments de mathématiques, par M. Rivard,... Septième édition. — *Paris, Saillant, 1771, 2 part. en 1 vol. in-8°, pl.*

3223. — Éléments de mathématiques, par M. l'abbé Delévieleuse,... — *Paris, Jombert, 1773, in-8°, pl.*

Ex libris de ? gravé par Lussaut.

**. — Nouveaux éléments d'arithmétique, d'algèbre et de géométrie. Voy. Division Belles-Lettres.

B. ARITHMÉTIQUE.

3224. — De arte supputandi libri quatuor Cutheberti Tonstalli. — *Parisiis, Stephanus, 1538, in-4°.*

Joannis Guidonis Villariensis,... de temporis, astrorum, annique partium integra atque absoluta animadversione libri duo. Primus, temporis investigationem atque electionem ; item astrorum in hæc inferiora vires et influxum describit. Secundus, anni observationes, pro variis temporum distinctionibus, variisque solis, ac lunæ cursibus, habendas esse ostendit. — *Parisiis, Bogardus, 1543, in-4°, 44 ff.*

Canones sicut brevissimi, ita etiam doctissimi, complectentes præcepta et observationes de mutatione auræ, clarissimi mathematici Joannis Verneri Norici. — *Norimbergæ, Montanus et Neuber, 1546, in-4°, 19 ff. n. ch.*

3225. — Arithmeticæ practicæ methodus facilis, per Gemmam Frisium,... jam recens ab ipso authore emendata... Huc accesserunt Jacobi Peletarii Cenomani annotationes : Ejusdem item de fractionibus astronomicis compendium : et de cognoscendis per memoriam calendis, idib. nonis, festis mobilibus, et loco solis et lunæ in zodiaco. Quibus demum ab eodem Peletario additæ sunt radicis utriusque demonstrationes. — *Parisiis, Cavellat, 1563, in-8°*.

3226. — Arithmetica practica, auctore Gemma Frisio. — *In-8°*.
Le titre manque.

3227. — Ludolphi a Ceulen surdorum arithmetica. — *In-4°*.
Le titre manque.

3228. — Arithmetica Jacobi Capreoli,... — *Parisiis, Blaisot, 1622, in-4°, 77 p.*

3229. — L'arithmétique de Jean Trenchant, départie en trois livres. Ensemble un petit discours des changes. Avec l'art de calculer aux jetons. Revue et augmentée, en cette dernière édition, tant de plusieurs règles et articles par l'auteur, que d'une table de poids de vingt-deux provinces correspondant l'une à l'autre. — *Lyon, Rigaud, 1631, in-8°, tabl.*

3230. — L'arithmétique en son jour, contenant l'explication très claire des quatre parties qui la composent. Avec un traité de fractions, nombres rompus, la règle de trois, directe, double, inverse, règle de compagnie simple et composée, règle d'alliages, de l'escompte, des échanges, de fausse position ; avec l'explication de la règle carrée, pour servir aux officiers de guerre ; une méthode courte pour tirer les intérêts des sommes et pour savoir à tant la livre combien le quintal et à tant le quintal combien la livre, fort succintement. Seconde édition... Composé par le Frère Arnaud François Capdeville,... — *Toulouse, Colomiez et Posuel, 1678, 2 tom. en 1 vol. in-4°.*

3231. — L'arithmétique en sa perfection, mise en pratique selon l'usage des financiers, banquiers et marchands. Contenant une ample et familière explication de ses principes, tant en nombres entiers

— 495 —

qu'en fractions. Avec un traité de géométrie pratique appliquée à l'arpentage et au toisé, tant des superficies que des corps solides. Et un abrégé d'algèbre... Huitième édition. Par F. Le Gendre,... — *Paris, Besoigne, 1682, in-4°.*

3232. — Leçons élémentaires d'arithmétique, ou principes d'analyse numérique, par M. Mauduit,... — *Paris, l'auteur, 1779, in-8°, pl.*

3233. — L'arithmétique méthodique et démontrée appliquée au commerce, à la banque et à la finance, avec un traité complet des changes étrangers et arbitrages opérés par la règle conjointe et plusieurs factures et comptes simulés des pays étrangers, par J. Cl. Ouvrier-Delile,... Quatrième édition... — *Paris, l'auteur, 1787, in-8°.*

3234. — Cours d'arithmétique à l'usage des écoles publiques, contenant les méthodes propres à résoudre facilement toutes les questions qu'on peut proposer sur les nombres entiers et fractionnaires, sur les nouveaux poids et mesures, sur la formation des puissances et l'extraction des racines, sur les rapports et proportions ; les règles de trois, de société, d'intérêt, d'escompte et de fausse position ; sur les progressions, les logarithmes et les compléments... Par le C^{en} Aug. Franç. Estarac,... — *Pau, Impr. Veronese, an XI, in-8°.*

3235. — Cours d'arithmétique, par M. Aug. Estarac. Nouvelle édition, presque entièrement refondue et augmentée d'un grand nombre de démonstrations nouvelles, de problèmes analysés et de questions à résoudre, par M. Aimé Souviron,... — *Bagnères, Dossun, 1836, in-8°.*

3236. — Essai sur la théorie des nombres, par A. M. Legendre,... Seconde édition. — *Paris, Courcier, 15 octobre 1808, in-4°.*

3237. — Nouvelle arithmétique, ou moyen d'opérer toute espèce de calculs par une simple addition de quelques parties aliquotes, sans jamais recourir à la multiplication, ni à la division ordinaires. Par Isaac Gomès,... — *Bayonne, Impr. Cluzeau, 1817, in-8°.*

Supplément à l'ouvrage intitulé : Nouvelle arithmétique… par I. Gomès,… — *Paris, Sétier, 1820, in-8°, 13 p.*

3238. — Arithmétique raisonnée. Cours normal divisé en huit parties, professé par Mr Beigbeder-Sarraude,… Première partie… — *Pau, Impr. Vignancour, 1833, in-8°, 52 p.*

3239. — Le calcul sans chiffres, ou nouvelle méthode de multiplication et de division, enseignant l'art d'obtenir avec promptitude le produit et le quotient, sans le secours de chiffres autres que ceux des deux termes de l'opération, inventée et exposée par L. J. Hülf. — *Paris, l'auteur, 1836, in-8°, 62 p.*

3240. — Les calculs d'intérêts réduits à l'addition, par Jules Thoyer,… Méthode approuvée par l'Académie des Sciences sur le rapport de M. A. Cauchy et adoptée par la Banque de France. — *Paris, Bachelier, 1841, in-8°, 48 p., tabl.*

3241. — Recueil de problèmes amusants et instructifs avec les démonstrations raisonnées et l'application des règles de l'arithmétique à leurs solutions, ou cours complet d'analyses arithmétiques ; ouvrage destiné à former le jugement des jeunes gens et les habituer à résoudre toutes sortes de questions, en employant seulement les quatre principales opérations de l'arithmétique. Sixième édition augmentée… d'une nouvelle théorie des équations numériques, par J. J. Grémilliet. — *Paris, Cotelle, 1843, 2 vol. in-8°.*

3242. — Description et usage de l'abaque ou compteur universel qui donne à vue les résultats de tous les calculs d'arithmétique, de géométrie, de mécanique pratique, etc. Par Léon Lalanne,… — *Paris, Dubochet, 1845, in-18 et tableau collé sur carton.*

3243. — Leçons d'arithmétique, par P. L. Cirodde,… Huitième édition. — *Paris, Hachette, 1848, in-8°.*

3244. — Leçons d'arithmétique, par P. L. Cirodde,… Dixième édition. — *Paris, Hachette, 1852, in-8°.*

3245. — Leçons nouvelles d'arithmétique, par Ch. Briot,... — *Paris, Dezobry, 1849, in-8°.*

3246. — Traité d'arithmétique, par Joseph Bertrand,... — *Paris, Hachette, 1849, in-8°.*

3247. — Solutions raisonnées des exercices proposés dans le Traité d'arithmétique de M. Joseph Bertrand,... par MM. Gros et Prouhet,... — *Paris, Hachette, 1850, in-8°, 96 p.*

3248. — Traité d'arithmétique commerciale, par P. Bacilly,... Deuxième édition. — *Paris, Impr. Aubry, 1874, in-8°.*

3249. — Manuel du capitaliste, ou comptes faits des intérêts à tous les taux, pour toutes sommes de 1 jusqu'à 366 jours... par Bonnet,... Nouvelle édition, augmentée d'une Notice sur l'intérêt, l'escompte, etc., par M. Joseph Garnier,... revue, pour les calculs, par M. X. Rymkiewicz,... — *Paris, Garnier, s. d. [1865], in-8°.*

3250. — Nouveau Manuel du capitaliste, ou comptes faits en 365 tableaux, à tous les taux et pris au 365e, à l'usage des détenteurs de deniers publics, notaires, banquiers, capitalistes, industriels, comptables, etc., de France et des pays d'union monétaire, par F. Lemaire,... — *Paris, Larose et Forcel, 1892, in-4°.*

C. Algèbre élémentaire.

3251. — Éléments d'algèbre, par M. Clairaut,... — *Paris, Durand, 1749, in-8°, pl.*

3252. — Éléments d'algèbre, par M. Clairaut,... Quatrième édition. — *Paris, Savoye, 1768, in-8°, pl.*

3253. — Traité d'algèbre et de la manière de l'appliquer, traduit de l'anglais de M. Maclaurin,... [par Le Cozic]. Avec des augmentations tirées des mathématiciens les plus célèbres. — *Paris, Jombert, 1753, in-4°, pl.*

3254. — Éléments d'algèbre à l'usage de l'École centrale des Quatre Nations, par S. F. Lacroix. Septième édition... — *Paris, Courcier, an 1808, in-8°.*

3255. — Complément des éléments d'algèbre à l'usage de l'École centrale des Quatre Nations, par S. F. Lacroix. Sixième édition... — *Paris, Bachelier, 1835, in-8°.*

3256. — Traité élémentaire d'algèbre, par Joseph Bertrand,... Ouvrage complété d'après le dernier programme officiel d'admission à l'École polytechnique. — *Paris, Hachette, 1851, in-8°.*

3257. — Algèbre et trigonométrie rédigées d'après le nouveau programme de l'enseignement scientifique des lycées, par M. Philippon,... — *Paris, Dezobry, 1856, in-12.*

3258. — François Viète, inventeur de l'algèbre moderne, 1540-1603. Notice sur sa vie et son œuvre, par Frédéric Ritter,... — *Paris, au dépôt de la Revue Occidentale, 1895, in-8°, fr.*

D. MÉTHODE DES FLUXIONS. CALCUL DIFFÉRENTIEL ET INTÉGRAL. ANALYSE TRANSCENDANTE.

3259. — Analyse des infiniments petits pour l'intelligence des lignes courbes, [par le Marquis de L'Hopital]. — *Paris, Impr. royale, 1696, in-4°, pl.*

3260. — Analyse des infiniments petits pour l'intelligence des lignes courbes, par Mr le Marquis de L'Hospital. Seconde édition. — *Paris, Montalant, 1715, in-4°, pl.*

3261. — Traité du calcul intégral pour servir de suite à l'Analyse des infiniments petits de M. le Marquis de L'Hopital, par M. de Bougainville le jeune. — *Paris, Guérin et Delatour, 1754, in-4°, pl.*
La première partie seule.

3262. — Commentaire sur l'Analyse des infiniments petits [de M. le

Marquis de L'Hopital], par M. Crouzas,... — *Paris, Montalant, 1721, in-4°, pl.*

3263. — Leçons élémentaires de calcul infinitésimal, pour servir de suite au livre de M. Mazéas et d'introduction aux sciences physico-mathématiques, par M. l'abbé Raymond Roux,... — *Paris, Brocas, 1784, in-8°, pl.*

3264. — Théorie des fonctions analytiques, contenant les principes du calcul différentiel, dégagés de toute considération d'infiniment petits ou d'évanouissants, de limites ou de fluxions, et réduits à l'analyse algébrique des quantités finies, par J. L. Lagrange,... — *Paris, Impr. de la République, prairial an V, in-4°.*

3265. — Théorie des fonctions analytiques, contenant les principes du calcul différentiel, dégagés de toute considération d'infiniment petits, d'évanouissants, de limites et de fluxions, et réduits à l'analyse algébrique des quantités finies, par J. L. Lagrange,... Nouvelle édition... — *Paris, Courcier, 1813, in-4°.*

3266. — Réflexions sur la métaphysique du calcul infinitésimal, par le citoyen Carnot,... — *Paris, Duprat, an V (1797), in-8°, 80 p.*

3267. — Réflexions sur la métaphysique du calcul infinitésimal, par Carnot,... Troisième édition. — *Paris, Bachelier, 1839, in-8°, pl.*

3268. — Traité du calcul différentiel et du calcul intégral, par S. F. Lacroix. Seconde édition... — *Paris, Courcier, 1810-1819, 3 vol. in-4°, pl.*

3269. — Éléments de calcul différentiel et de calcul intégral, par J. L. Boucharlat,... Seconde édition... — *Paris, Courcier, 1820, in-8°, pl.*

3270. — Éléments de calcul différentiel et de calcul intégral, par J. L. Boucharlat,... Cinquième édition. — *Paris, Bachelier, 1838, in-8°, pl.*

3271. — Nouvelle méthode pour la résolution des équations numériques d'un degré quelconque, revue, augmentée d'un appendice et suivie d'un aperçu concernant les suites syntagmatiques... par F^{rs} D^{ré} Budan de Boislaurent,... — *Paris, Dondey-Dupré, mai 1822, in-4°.*

3272. — Introduction à l'étude du calcul différentiel, ou exposition élémentaire des principes du calcul différentiel facilitée par l'emploi d'une notation nouvelle, par C. A. Sanson. — *Paris, Bachelier, 1839, in-8°, 76 p., pl.*

3273. — Traité des lignes du second ordre, par M. Anger de La Loriais,... — *Paris, Carilian-Gœury et Dalmont, 1845, 2 vol. in-8°.*
Le tome 2 comprend les planches.

3274. — Versuch die Differenzialrechnung auf andre als die bisherige Weise zu begründen. Eine mathematische Abhandlung, von H. Sloman D^r. — *Paris, Glaeser, 1856, in-8°.*

3275. — Commercium epistolicum J. Collins et aliorum de analysi promota, etc., ou correspondance de J. Collins et d'autres savants célèbres du xviie siècle relative à l'analyse supérieure, réimprimée sur l'édition originale de 1712, avec l'indication des variantes de l'édition de 1722, complétée par une collection de pièces justificatives et de documents, et publiée par J. B. Biot,... et F. Lefort,... — *Paris, Mallet-Bachelier, 1856, in-4°.*

3276. — The claim of Leibnitz to the invention of the differential calculus, by Dr H. Sloman. Translated from the german with considerable alterations and new addenda by the author. — *Cambridge, Macmillan, 1860, in-4°, fac-simile.*

**. — Rapport sur les progrès les plus récents de l'analyse mathématique, par J. Bertrand.
Voy. Division Histoire.

3277. — Introduction à l'art analytique, par François Viète, traduit par M. F. Ritter,... Extrait du Bullettino di bibliografia e di storia delle scienze matematiche e fisiche. Tomo I, luglio 1868. — *Rome, Impr. des sciences mathématiques et physiques, 1868, in-4°, 24 p.*

3278. — Première série de notes sur la logistique spécieuse, par François Viète, traduit par M. F. Ritter,... Extrait du Bullettino di bibliografia e di storia delle scienze matematiche e fisiche. Tomo I, agosto 1868. — *Rome, Impr. des sciences mathématiques et physiques, 1868, in-4°, 34 p.*

3279. — Théorie des fonctions de variables imaginaires, par M. Maximilien Marie,... — *Paris, Gauthier-Villars, 1874-1876, 3 vol. in-8°.*

> Tome 1ᵉʳ. Nouvelle géométrie analytique, ou extension des méthodes de la géométrie de Descartes, à l'étude des lieux qui peuvent être représentés par les solutions imaginaires des équations à deux et à trois variables.
> Tome 2. Applications de la méthode à la théorie générale des fonctions.
> Tome 3. Histoire de cet ouvrage.

3280. — Des annuités variables en fonction du temps, par le Dʳ H. Lecocq,... Travail renfermant des formules et calculs utiles à diverses sociétés... (Extrait du Journal des actuaires français, t. II et III, 1873, 1874.) — *Paris, Gauthier-Villars, 1874, in-8°, 54 p.*

> La couverture imprimée sert de titre.

3281. — Thèses présentées à la Faculté des Sciences de Paris pour obtenir le grade de docteur ès-sciences mathématiques, par M. A. Legoux,... 1ʳᵉ thèse : Étude analytique et géométrique d'une famille de courbes représentées par une équation différentielle du premier ordre. 2ᵉ thèse : Propositions données par la Faculté... — *Bordeaux, Impr. Gounouilhou, 1878, in-4°, 53 p.*

3282. — Éléments d'analyse à l'usage des conducteurs des ponts et chaussées aspirant au grade d'ingénieur, par J. P. Lacaze,... — *Paris, Dunod, 1878, in-8°, pl.*

3283. — Association française pour l'avancement des sciences. Congrès de Montpellier, 1879, M. F. Ritter. Quelques inventions mathématiques de F. Viète (extrait). — *Sans titre; Paris, Imp. Chaix, in-8°, 6 p.*

3284. — A propos d'une lettre de Fermat sur le fameux problème d'Adrien Romain résolu par F. Viète, par M. Frédéric RITTER,... Extrait du Bulletin des sciences mathématiques, 2ᵉ série, t. IV, 1880. — *Sans titre ; Paris, Impr. Gauthier-Villars, in-8°, 12 p.*

3285. — Traité élémentaire des quaternions, par P. G. TAIT,... Traduit sur la seconde édition anglaise, avec additions de l'auteur et notes du traducteur, par Gustave PLARR,... — *Paris, Gauthier-Villars, 1882-1884, 2 vol. in-8°.*

> Première partie : Applications géométriques.
> Seconde partie : Géométrie des courbes et des surfaces. Cinématique. Applications à la physique.

E. GÉOMÉTRIE. TRIGONOMÉTRIE. ARPENTAGE.

3286. — Caroli BOVILLI Samarobrini geometricum opus, duobus libris comprehensum. — *Lutetiæ, Vascosanus, 1557, in-8°.*

Elementale cosmographicum, quo totius et astronomiæ et geographiæ rudimenta, certissimis brevissimisque docentur apodixibus. Recens castigatum... Adjunximus huic libro cosmographiæ introductionem, cum quibusdam geometriæ ac astronomiæ principiis, ad eam rem necessariis. — *Parisiis, Cavellat, 1551, in-8°, 35 ff.*

Cosmographiæ introductio, cum quibusdam geometriæ ac astronomiæ principiis ad eam rem necessariis. — *Parisiis, Cavellat, 1551, in-8°, 38 ff.*

Antonii MIZALDI Monluciani, de mundi sphæra, seu cosmographia, libri tres, figuris et demonstrationibus illustrati... — *Lutetiæ, Cavellat, 1553, in-8°.*

Paschasii HAMELLII,... commentarius in Archimedis,... librum de numero arenæ multis locis per eundem Hamellium emendatum. — *Lutetiæ, Cavellat, 1557, in-8°, 48 ff.*

Nobilissimus et antiquissimus ludus Pythagoreus (qui Rythmomachia nominatur) in utilitatem et relaxationem studiosorum comparatus ad veram et facilem proprietatem et rationem numerorum assequendam, nunc tandem per Claudium BUXERIUM Delphinatem illustratus. — *Lutetiæ, Cavellat, 1556, in-8°, 52 ff.*

3287. — Propositions mathématiques de M. de LALEU, démontrées par J. PUJOS. — *Paris, Impr. Sevestre, 1638, in-f°, pl.*

3288. — Prima geometriæ elementa, ad usum academiæ mathematicæ collegii Claromontani Societatis Jesu Parisiis. [Auctore Petro BOURDIN, e Societate Jesu.] — *Parisiis, Billaine, 1639, in-12, pl.*

3289. — Geometria a Renato DESCARTES, anno 1637 gallice edita ; nunc autem cum notis Florimondi de BEAUNE,... in linguam latinam versa et commentariis illustrata, opera et studio Franscisci a SCHOOTEN,... — *Lugduni-Batavorum, Maire, 1649, in-4°.*

Aux armes du maréchal de Gramont.

3290. — Quadratura circuli et hyperbolæ segmentorum, ex dato eorum centro gravitatis, una cum inventione proportionis et centri gravitatis in proportionibus sphæræ plurimorumque periphericorum, nec non tetragonismo absoluto certæ cujusdam cylindri partis et aliorum, demonstrata atque ad calculum reducta adjumento libræ Archimedeæ et a materia divulsæ quam præsenti opere restaurat atque amplificat Antonius LALOVERA, Societatis Jesu. — *Tolosæ, Bosc, 1651, in-8°.*

3291. — Pratique de la géométrie sur le papier et sur le terrain, avec un nouvel ordre et une méthode particulière, [par Sébastien LE CLERC]. — *Paris, Jolly, 1669, in-12, fr. gr. et pl.*

3292. — Synopsis geometrica, cui accessere tria opuscula, nimirum, de linea sinuum et cycloide, de maximis et minimis, centuria. Et synopsis trigonometriæ planæ. Auctore Honorato FABRY, Soc. Jesu. — *Lugduni, Molin, 1669, in-12.*

3293. — La géométrie théorique et pratique qui contient : la géodésie, ou division des champs ; la longimétrie, ou mesure des longueurs, dans laquelle on enseigne à lever les plans et à connaître toutes sortes de distances tant accessibles qu'inaccessibles, en se servant du demi-cercle, ou de l'instrument universel ; la planimétrie, ou mesure des surfaces, et son application à l'arpentage ; et la stéréométrie, ou mesure des solides, avec son usage pour le toisé et pour la jauge ; tirée du cours de mathématiques de M. Ozanam,... — *Paris, Jombert, 1711, in-8°, pl.*

3294. — Éléments de géométrie de Monseigneur le duc de Bourgogne, [par Nicolas de Malezieu]. — *In-4°, pl.*

<blockquote>Le titre manque ; l'approbation est datée de 1721. On trouve à la suite :
Introduction à l'application de l'algèbre à la géométrie. — S. l. n. d., in-4°, 104 p.</blockquote>

3295. — La géométrie pratique de l'ingénieur ou l'art de mesurer... [par Clermont]. — *Strasbourg, Regnauld Doulssecker, 1723, in-4°, pl.*

**. — Éléments de la géométrie de l'infini, par Fontenelle.

Voy. Division Histoire.

3296. — Recherches sur les courbes à double courbure, [par A. C. Clairaut]. — *Paris, Nyon, 1731, in-4°, pl.*

3297. — Éléments de géométrie avec un abrégé d'arithmétique et d'algèbre, par M. Rivard. — *Paris, Jombert, 1732, in-4°, pl.*

3298. — Les éléments de géométrie ou de la mesure de l'étendue, qui comprennent les éléments d'Euclide ; les plus belles propositions d'Archimède touchant le cercle, la sphère, le cylindre et le cône, avec une idée de l'analyse et une introduction aux sections coniques. Par le R. P. Bernard Lamy,... Cinquième édition... — *Paris, Pralard, 1732, in-12.*

3299. — Introduction à l'analyse des lignes courbes algébriques, par Gabriel Cramer,... — *Genève, Cramer, 1750, in-4°, pl.*

3300. — Exercice sur la géométrie qui se fera dans la classe de mathématique du collège royal de La Flèche, le ... jour de ... à deux heures après midi. — *La Flèche, de La Fosse, s. d., in-4°, 41 p.*

3301. — Cours de mathématique. Seconde partie. Éléments de géométrie théorique et pratique, par M. Camus,... Troisième édition. — *Paris, Impr. Ballard, 1764, in-8°, pl.*

3302. — Les éléments d'Euclide, du R. P. Déchalles et de M. Ozanam,... démontrés d'une manière nouvelle et facile ; et augmentés d'un grand nombre de nouvelles propositions et de nouveaux usages ; et d'un traité complet des proportions arithmétiques et des proportions géométriques, par M. Audierne. Nouvelle édition... — *Paris, Jombert, 1778, in-12, pl.*

3303. — De la corrélation des figures de géométrie. Par L. N. M. Carnot,... — *Paris, Duprat, an IX-1801, in-8°, pl.*

3304. — Cours de mathématiques à l'usage de la marine et de l'artillerie, par Bézout. Troisième édition revue et augmentée, par F. Peyrard,... Seconde partie : Géométrie. Trigonométrie rectiligne et trigonométrie sphérique. — *Paris, Louis, 1803, in-8°, pl.*

3305. — Traité de géométrie descriptive, comprenant les applications de cette géométrie aux ombres, à la perspective et à la stéréotomie... Par M. Hachette,... Deuxième édition... — *Paris, Corby, 1828, in-4°, pl.*

3306. — Cours de géométrie élémentaire, par A. J. H. Vincent,... Troisième édition. — *Paris, Bachelier, 1831, in-8°, pl.*

3307. — Éléments de géométrie, avec des notes, par A. M. Legendre,... Douzième édition. — *Paris, Didot, 1836, in-8°, pl.*

3308. — Éléments de géométrie, par A. M. Legendre, avec additions et modifications, par M. A. Blanchet,... Troisième édition. — *Paris, Didot, 1856, in-8°.*

3309. — Théorèmes et problèmes de géométrie, suivis de la théorie des plans et des préliminaires de la géométrie descriptive... par le baron Reynaud,... Dixième édition, augmentée des problèmes de géométrie qui ont été proposés dans les concours des collèges royaux. — *Paris, Bachelier, 1838, in-8°, pl.*

3310. — Épures de l'école polytechnique. Topographie. Géométrie descriptive. Perspective et ombres. Coupe des pierres. Charpente. Éléments des machines. — *Sans titre ; in-f°*.

3311. — Leçons de géométrie analytique, comprenant la trigonométrie rectiligne et sphérique, les lignes et les surfaces des deux premiers ordres, par Lefebure de Fourcy,... Quatrième édition. — *Paris, Bachelier, 1840, in-8°, pl.*

3312. — Traité de géométrie descriptive, suivi de la méthode des plans cotés et de la théorie des engrenages cylindriques et coniques... par C. F. A. Leroy,... Seconde édition... — *Paris, Bachelier, 1842, 2 tom. en 1 vol. in-4°, pl.*

Le tome 2 contient les planches.

3313. — Problèmes de géométrie et de trigonométrie rectiligne et sphérique, avec les solutions, par M. Georges Ritt,... Deuxième édition. — *Paris, Hachette, 1842, in-8°, pl.*

3314. — Éléments de géométrie descriptive par MM. Lambert et Picqué,... — *Paris, Hachette, 1842, in-8°, 92 p., pl.*

3315. — Cours de géométrie descriptive renfermant les plans tangents, les intersections des surfaces, les propriétés des sections coniques, la théorie géométrique des ombres, la perspective linéaire, les projections stéréographiques, les échelles et les plans cotés, à l'usage des élèves de l'École spéciale militaire, par César Lambert,... et J. Picqué,... — *Paris, Hachette, 1843, in-8°, pl.*

3316. — Géométrie des courbes appliquées aux arts, par C. L. Bergery,... Seconde édition... — *Metz, Thiel, 1843, in-8°, pl.*

3317. — Éléments de géométrie, par E. Lionnet,... Deuxième édition... — *Paris, Dezobry, 1844, in-8°.*

Deux exemplaires.

3318. — Éléments de géométrie, par Eugène Catalan,... Deuxième tirage. — *Paris, Bachelier, 1847, in-8°, pl.*

3319. — Éléments de trigonométrie rectiligne et sphérique, par

DELISLE,... et GERONO,... Seconde édition... — *Paris, Bachelier, 1848, in-8°, pl.*

3320. — Notions élémentaires de trigonométrie rectiligne appliquées à l'art des levers, par A. BICHOT,... — *Paris, Lith. Lechalat, juillet 1849, in-f°, 69 p. et pl.*

3321. — Leçons nouvelles de trigonométrie, par MM. C. BRIOT,... et C. BOUQUET,... Deuxième édition... — *Paris, Dezobry, 1850, in-8°.*

3322. — Quadrature du cercle. Signé : MANDY. — *Sans titre; Lyon, Impr. Porte, 1860, in-18, 6 p.*

3323. — Construction nouvelle des sections coniques par la perspective d'un cercle, donnant de suite le centre, les diamètres conjugués, les axes de la courbe, par M. POUDRA,... (Extrait des Nouvelles annales de mathématiques, tome XIV.) — *Sans titre; Paris, Impr. Mallet-Bachelier, in-8°, 10 p.*

3324. — Introduction à la géométrie supérieure, par M. HOUSEL,... — *Paris, Gauthier-Villars, 1865, in-8°, pl.*

3325. — Géométrie descriptive populaire appliquée aux constructions graphiques en général, à l'architecture, au dessin de la perspective et à la détermination des ombres, par M. Auguste DU PEYRAT,... — *Paris, Bauchu, 1865, in-8°, 16 p., pl.*

**. — Rapport sur les progrès de la géométrie, par M. CHASLES.
    Voy. Division HISTOIRE.

3326. — A MM. les géomètres. Le cercle releveur, ou graphomètre-planchette-boussole-niveau. Proposition d'un nouvel instrument de géométrie réunissant tous les autres, par J. A. LOURAU,... — *Oloron-Ste-Marie, l'auteur [Pau, Impr. Vignancour], juin 1870, in-8°, 16 p., pl.*

3327. — Questions de géométrie. Méthodes et solutions, avec un exposé des principales théories et des notes sur les rapports entre l'algèbre et la géométrie... par M. DESBOVES,... — *Paris, Delagrave, 1870, in-8°, pl.*

3328. — Traité de géométrie analytique (sections coniques) contenant un exposé des méthodes les plus importantes de la géométrie et de l'algèbre modernes, par G. SALMON,... Ouvrage traduit de l'anglais sur la cinquième édition, par H. RESAL,... V. VAUCHERET,... — *Paris, Gauthier-Villars, 1870, in-8°*.

3329. — Éléments de géométrie, rédigés d'après les programmes de l'enseignement scientifique des lycées, suivis d'un complément à l'usage des élèves de mathématiques spéciales, par A. AMIOT,... Nouvelle édition... — *Paris, Delagrave, 1875, in-8°*.

3330. — Solutions raisonnées des problèmes énoncés dans les Éléments de géométrie de M. A. Amiot,... et précédées d'observations sur la résolution des problèmes de géométrie, par M. A. AMIOT et M. A. DESVIGNES,... Cinquième édition... — *Paris, Delagrave, 1873, in-8°, pl*.

3331. — Traité de trigonométrie, par J. A. SERRET,... Sixième édition. — *Paris, Gauthier-Villars, 1880, in-8°*.

3332. — Essai sur la géométrie de la règle et de l'équerre, par G. de LONGCHAMPS,... — *Paris, Delagrave, 1890, in-8°*.

3333. — Institut de France. Écrit posthume de DESCARTES. De solidorum elementis. Texte latin (original et revu) suivi d'une traduction française avec notes, par M. de JONQUIÈRES. (Mémoire présenté à l'Académie des Sciences dans sa séance du 31 mars 1890.) — *Paris, Impr. Didot, 1890, in-4°, 55 p*.

3334. — L'école des arpenteurs, où l'on enseigne toutes les pratiques de géométrie qui sont nécessaires à un arpenteur. On y a ajouté un abrégé de nivellement, avec les propriétés des eaux et les manières de les jauger ou mesurer. [Par Philippe de LA HIRE.] On y trouvera aussi une méthode fort courte pour faire des toisés, pour toiser la solidité des terres et jauger les tonneaux ; enfin l'on y rapporte les ordonnances des rois sur l'arpentage. Troisième édition. — *Paris, Montalant, 1728, in-12*.

3335. — Géodésie, ou traité de la figure de la terre et de ses parties, comprenant la topographie, l'arpentage, le nivellement ; la géomorphie terrestre et astronomique, la construction des cartes ; la navigation. Leçons données à la Faculté des Sciences de Paris, par L. B. Francœur,... — *Paris, Bachelier, 1835, in-8°, pl.*

3336. — Géodésie, ou traité de la figure de la terre et de ses parties ; comprenant la topographie, l'arpentage, le nivellement, la géomorphie terrestre et astronomique, la construction des cartes, la navigation, par L. B. Francœur,... Huitième édition augmentée de Notes sur la mesure des bases, par M. le Lt-Colonel Hossard,... et de deux Notes, l'une sur la méthode et les instruments d'observation employés dans les grandes opérations géodésiques ; l'autre sur la jonction géodésique et astronomique de l'Espagne avec l'Algérie, par M. le Colonel Perrier,... — *Paris, Gauthier-Villars, 1895, in-8°, pl.*

3337. — Traité de géodésie ou exposition des méthodes trigonométriques et astronomiques applicables à la mesure de la terre et à la construction du canevas des cartes topographiques. Par L. Puissant,... Troisième édition. — *Paris, Bachelier, 1842, 2 vol. in-4°, pl.*

3338. — Traité élémentaire de topographie et de lavis des plans... précédé de notions de géométrie... par M. Tripon,... — *Paris, Langlois et Leclercq, 1846, in-4° obl., pl.*

3339. — Traité de topographie, par F. Gaumet,... — *Paris, Lainé, s. d., gr. in-8°.*

3340. — Guide pratique de l'enseignement topographique dans les corps de troupe, au point de vue de la guerre, par Gaston de Gerault de Langalerie,... — *Paris, Jouvet, 1889, in-12.*

F. LOGARITHMES. TABLES D'USAGE EN MATHÉMATIQUES. INSTRUMENTS.

3341. — Mecometrie de l'eymant [l'aimant], c'est-à-dire la manière de mesurer les longitudes par le moyen de l'eymant ; par laquelle est enseigné un très certain moyen, auparavant inconnu, de trouver les longitudes géographiques de tous lieux, aussi facilement comme la latitude. Davantage y est montrée la déclinaison de la guideymant pour tous lieux... De l'invention de Guillaume de NAUTONNIER, sieur de Castelfranc en Languedoc... — *Imprimé à Venes chez l'auteur, 1603-1604, 5 part. en 1 vol. in-f°, titre gr. et pl.*

La mécographie de l'eymant, c'est-à-dire la description des longitudes trouvées par les observations des déclinaisons de l'eymant... De l'invention de Guillaume de NAUTONNIER, sieur de Castelfranc en Languedoc. — *S. l., 1603, in-f°, titre encadré.*

3342. — Tabulæ sinuum, tangentium et secantium, et logarithmi sinuum, tangentium et numerorum ab unitate ad 10.000. Cum methodo facillima, illarum ope, resolvendi omnia triangula rectilinea et sphærica et plurimas quæstiones astronomicas, ab A. ULACQ. Editio ultima... — *Lugduni, Thioly, 1670, pet. in-8°.*

3343. — Tabulæ sinuum, tangentium et secantium et logarithmi sinuum, tangentium et numerorum ab unitate ad 10.000. Cum methodo facillima, illarum ope, resolvendi omnia triangula rectilinea et sphærica, et plurimas quæstiones astronomicas, ab A. ULACQ. Editio ultima... — *Amstelædami, Boom, 1681, pet. in-8°.*

3344. — Tables trigonométriques décimales, ou table de logarithmes des sinus, sécantes et tangentes, suivant la division du quart de cercle en 100 degrés, du degré en 100 minutes et de la minute en 100 secondes; précédées de la table des logarithmes des nombres depuis dix mille jusqu'à cent mille et de plusieurs tables subsidiaires, calculées par Ch. BORDA, revues, augmentées et publiées par J. B. J. Delambre,... — *Paris, Impr. de la République, an IX, in-4°.*

3345. — Tables de logarithmes pour les nombres et pour les sinus, par J. de Lalande, disposées comme les Tables de F. Callet et augmentées de tables auxiliaires plus approchées et d'une instruction sur la disposition et l'usage des tables. Édition stéréotype revue par J. Dupuis, .. — *Paris, Hachette, 1856, in-18.*

3346. — Tables de logarithmes à sept décimales pour les nombres depuis 1 jusqu'à 108.000 et pour les fonctions trigonométriques de dix en dix secondes, par le Dr L. Schrön,... Précédées d'une introduction française, par J. Hoüel,... Sixième édition... — *Brunswick, Vieweg, 1866, in-4°.*

3347. — Petite table de logarithmes donnant des résultats suffisamment exacts des opérations qu'ont à faire les ouvriers, contre-maîtres, entrepreneurs, architectes, etc., à l'usage de l'enseignement élémentaire, par Joseph Vinot,... Quatrième édition. — *Paris, l'auteur, 1873, in-8°, 14 p.*

La couverture imprimée sert de titre.

G. POIDS ET MESURES.

3348. — Métrologie, ou traité des mesures, poids et monnaies des anciens peuples et des modernes. [Par A. J. P. Paucton.] — *Paris, Desaint, 1780, in-4°.*

3349. — Instruction sur le nouveau système des poids et mesures; contenant la nomenclature des nouveaux poids et des nouvelles mesures de toute espèce ; leurs rapports avec les poids et les mesures anciennes correspondantes, leurs valeurs respectives, et des méthodes simples et faciles de faire tous les calculs et toutes les comparaisons que peuvent exiger les besoins du commerce, etc. Rédigée par un professeur de l'École centrale [Estarac]... — *Paris, Impr. Daumon, s. d., pet. in-8°.*

3350. — Instruction sur les nouvelles mesures, publiée par ordre du Ministre de l'Intérieur, en exécution de l'arrêté des Consuls du 13 brumaire, an IX. [Par Estarac.] Réimprimé par ordre du général Serviez, préfet des Basses-Pyrénées. — *Pau, Impr. Sisos et Tonnet, an IX, in-8°, 90 p., tabl.*

Tables de comparaison entre les mesures anciennes et celles qui les remplacent dans le nouveau système métrique, avec leur explication et leur usage, [par Estarac]. Nouvelle édition, rendue conforme à la détermination définitive du mètre et du kilogramme, et à la nomenclature fixée par l'arrêté des Consuls du 13 brumaire an IX ; publiée par ordre du général Serviez,... — *Pau, Impr. Sisos et Tonnet, s. d., in-8°, 61 p.*

3351. — Manuel pratique et élémentaire des poids et mesures, des monnaies et du calcul décimal, contenant les tables et instructions les plus propres à étendre la connaissance du système métrique et des mesures usuelles... Treizième édition... par M. Tarbé des Sablons,... — *Paris, Roret, 1828, in-18.*

3352. — Dialogues sur le système métrique, par Touzis,... — *Pau, Impr. Vignancour, 1840, in-12, 23 p., pl.*

3353. — Instruction et exercices sur le système métrique, à l'usage des instituteurs des écoles primaires du département des Basses-Pyrénées et de tous les habitants de ce département qui, pour leur commerce, doivent faire usage des nouveaux poids et mesures ; suivis de la loi du 4 juillet 1837 et d'un tableau des mesures légales, par M. V.... [Viard, ingénieur en chef à Pau]. Deuxième édition. — *Pau, Impr. Veronese, 1843, in-18, 60 p.*

La couverture imprimée sert de titre.

3354. — Traité pratique et complet de tous les mesurages, métrages, jaugeages de tous les corps, appliqué aux arts, aux métiers, à l'industrie, aux constructions, aux travaux hydrauliques, aux nivellements pour construction de routes, de canaux, de chemins de fer, drainage, etc. ; enfin à la rédaction de projets de toute espèce de travaux du ressort de l'architecture, du génie civil et militaire ; terminé par une analyse et une série de prix de 916 articles avec détails sur la nature, la qualité, la façon et la mise en œuvre des matériaux... par E. SERGENT,... Quatrième édition... — *Paris, Lacroix, 1864, 2 vol. in-8° et atlas in-f°.*

3355. — Dissertation sur les systèmes des poids et mesures et de numération, suivie d'un appendice, par H. MAILLOT,... — *Châteauroux, Impr. Majesté, 1892, in-8°, 51 p.*

3356. — Costantino PITTEI. Dell'origine, diffusione e perfezionamento del sistema metrico decimale. — *Firenze, Tipog. Bonducciana, 1892, gr. in-8°, 32 p.*

19. MATHÉMATIQUES APPLIQUÉES.

A. CALCUL DES PROBABILITÉS.

3357. — Essai sur l'application de l'analyse à la probabilité des décisions rendues à la pluralité des voix, par M. le Marquis de CONDORCET,... — *Paris, Impr. roy., 1785, in-4°.*

3358. — Théorie analytique des probabilités, par M. le Comte LAPLACE,... — *Paris, Courcier, 1812, in-4°.*

3359. — Lettre à M. Outrequin banquier, sur les assurances qui ont pour base les probabilités de la durée de la vie humaine, par J. N. NICOLLET,... — *Paris, Renouard, 1818, in-8°, 61 p.*

3360. — Traité élémentaire du calcul des probabilités, par S. F. LACROIX. Troisième édition... — *Paris, Bachelier, 1833, in-8°, pl.*

3361. — Essai philosophique sur les probabilités, par M. le Marquis de LAPLACE,... Sixième édition. — *Paris, Bachelier, 1840, in-8°.*

B. MÉCANIQUE.

★★. — Justi Lipsi Poliorceticωn, sive de machinis, tormentis, telis, libri quinque ad historiarum lucem.
    Voy. Division BELLES-LETTRES.

3362. — Traités de mécanique, de l'équilibre des solides et des liqueurs, où l'on découvre les causes des effets de toutes les machines dont on mesure les forces d'une manière particulière. On y en propose aussi quelques nouvelles. Revus et corrigés par le R. P. Bernard LAMY,... — *Paris, Mariette, 1701, in-12, pl.*

3363. — Nouvelle mécanique ou statique dont le projet fut donné en 1687. Ouvrage posthume de M. VARIGNON,... [publié par de BEAUFORT et l'abbé CAMUS]. — *Paris, Jombert, 1725, 2 vol. in-4°, pl.*

3364. — Traité de mécanique, par S. D. POISSON,... — *Paris, Courcier, 1811, 2 vol. in-8°, pl.*

3365. — Mécanique analytique, par J. L. LAGRANGE,... Nouvelle édition... — *Paris, Courcier, 1811-1815, 2 vol. in-4°.*

3366. — Théorie de la résistance, de la torsion et de la flexion plane des solides dont les dimensions transversales sont petites relativement à leur longueur, par J. B. BELANGER,... Seconde édition... — *Paris, Mallet-Bachelier, 1862, in-8°, pl.*

★★. — Exposé de la situation de la mécanique appliquée, par MM. Ch. COMBES, Ed. PHILLIPS et Ed. COLLIGNON.
    Voy. Division HISTOIRE.

3367. — Der Elektromagnetismus, insbesondere als Triebkraft; sowie mehrere neue elektromagnetische Maschinen, Wagen und Locomotiven, von Dr J. F. ROLOFF,... — *Berlin, 1868, in-8°, pl.*

3368. — Introduction à la mécanique industrielle, physique ou expérimentale, par J. V. Poncelet. Troisième édition, publiée par M. X. Kretz,... — *Paris, Gauthier-Villars, 1870, in-8°, pl.*

3369. — Cours de mécanique appliquée aux constructions. Deuxième partie. Hydraulique, par M. Edouard Collignon,... — *Paris, Dunod, 1870, in-8°, pl.*

3370. — Éléments de mécanique, rédigés conformément au programme du plan d'études des lycées, par M. J. Vieille,... Troisième édition... — *Paris, Gauthier-Villars, 1875, in-8°.*

3371. — Réflexions sur la puissance motrice du feu et sur les machines propres à développer cette puissance, par S. Carnot,... — *Paris, Gauthier-Villars, 1878, in-4°, portr.*

3372. — Cours de résistance appliquée, par V. Contamin,... — *Paris, Dejey, 1878, in-8°.*

3373. — Mécanique appliquée. Résistance des voûtes et arcs métalliques employés dans la construction des ponts, par M. Gros de Perrodil,... — *Paris, Gauthier-Villars, 1879, in-8°, pl.*

3374. — Traité élémentaire de statique à l'usage des collèges de la marine, par M. Monge,... — *Paris, Musier, 1788, in-8°, pl.*

3375. — Traité élémentaire de statique à l'usage des écoles de la marine, par Gaspard Monge. Deuxième édition. — *Paris, Pougin, l'an III*°..., *in-8°, pl.*

3376. — Traité élémentaire de statique à l'usage des écoles de la marine, par G. Monge. Huitième édition... revue par M. Hachette,... et suivie d'une Note contenant une nouvelle démonstration du parallélogramme des forces, par M. Aug. Cauchy. — *Paris, Bachelier, 1846, in-8°, pl.*

3377. — Éléments de statique, par L. B. Francœur,... — *Paris, Klostermann, 1810, in-8°, pl.*

3378. — Traité élémentaire de statique, rédigé conformément aux programmes officiels des examens aux emplois de conducteur des ponts et chaussées et d'agent-voyer, par Léon VANDEVELDE,... — *Dunkerque, Impr. Jouglet, 1876, in-8°.*

3379. — Pompes sans cuirs. Descriptions, propriétés et figures gravées en taille douce des nouvelles pompes sans cuirs, de l'invention de M. DARLES DE LINIÈRE,... qui les a primitivement présentées pour le service de la marine, et successivement appropriées pour les incendies et tous autres usages. — *Paris, Impr. Boudet, 1768, in-4°, 92 p. et pl.*

3380. — Problème : diminuer des deux tiers la dépense de l'eau dans les machines mues par son choc, proposé et résolu par M° Marie Elzéar de VALERNOD,... — *Lyon, Impr. Chavance, 1773, in-4°, 17-6 p. et pl.*

3381. — Recueil des machines, instruments et appareils qui servent à l'économie rurale et industrielle, tels que charrues, semoirs, herses, moulins, tarares, machines à élever l'eau, presses à vis, presses hydrauliques, scieries, roues hydrauliques, machines à vapeur, etc., et dont les avantages sont consacrés par l'expérience. Publié avec les détails nécessaires à la construction, par LEBLANC,... — *Paris, Huzard, s. d. [1826 et ann. suiv.], 5 vol. in-f° obl., pl.*

Les couvertures imprimées servent de titre.

3382. — Mémoire sur les roues hydrauliques à aubes courbes mues par dessous, suivi d'expériences sur les effets mécaniques de ces roues, par M. PONCELET,... Nouvelle édition revue, corrigée et augmentée d'un second mémoire sur des expériences en grand relatives à la nouvelle roue, contenant une instruction pratique sur la manière de procéder à son établissement. — *Metz, Thiel, 1827, in-4°, pl.*

3383. — Traité élémentaire des machines, par M. HACHETTE,... Quatrième édition... — *Paris, Corby, 1828, in-4°, pl.*

3384. — Des machines et de leurs résultats, [par lord Henri BROUGHAM]. Traduit de l'anglais, par M. LHUILLIER DE L'ÉTANG,... — *Paris, Paulin, 1833, in-12.*

3385. — Traité théorique et pratique des moteurs, destiné à faire connaitre les moyens d'utiliser tous les moteurs connus, d'apprécier leur travail possible en toute circonstance et de les employer de la manière la plus avantageuse pour économiser le capital, le temps et la force ; suivi de l'application des moteurs aux machines, par G. COURTOIS,... — *Paris, Mathias, 1846, in-8°*.

Tome 1er. Première partie. Moteurs animés.

3386. — Le matériel des houillères en France et en Belgique. Description des appareils, machines et constructions employés pour exploiter la houille, par Amédée BURAT,... — *Paris, Noblet, 1861-1864, in-8°, et atlas in-f°*.

Supplément au matériel des houillères en France et en Belgique. Roulage souterrain. Extraction. Aérage. Épuisement des eaux. Transports et manutention au jour. Lavage des charbons menus et fabrication des agglomérés, par Amédée BURAT. — *Paris, Noblet et Baudry, 1865, in-8°, et atlas in-f°*.

3387. — Histoire de la machine à vapeur, par R. H. THURSTON,... revue, annotée et augmentée d'une introduction, par J. HIRSCH,... — *Paris, Germer-Baillière, 1880, 2 vol. in-8°, pl.*

3388. — Electrical influence machines. A full account of their historical development, and modern forms, with instructions for making them. By John GRAY,... — *London, Whittaker, 1890, in-16, pl.*

3389. — Architecture hydraulique, ou l'art de conduire, d'élever et de ménager les eaux pour les différents besoins de la vie, par M. BELIDOR,... — *Paris, Jombert, 1737-1753, 4 vol. in-4°, fr. gr. et pl.*

3390. — Nouvelles fontaines domestiques approuvées par l'Académie royale des sciences, [par Mr AMY, avocat]. — *Paris, Coignard, 1750, in-12.*

3391. — Nouvelle architecture hydraulique, contenant l'art d'élever l'eau au moyen de différentes machines, de construire dans ce fluide, de le diriger et généralement de l'appliquer, de diverses manières, aux besoins de la société, par M. de Prony,... — *Paris, Didot, 1790-1796, 2 vol. in-4°, pl.*

3392. — Mémoire pour servir d'introduction au devis général des ouvrages à exécuter pour la distribution des eaux du canal de l'Ourcq dans l'intérieur de Paris, par M. P. S. Girard,... — *Paris, Impr. Imp., 1812, in-4°, pl.*

Description générale des différents ouvrages à exécuter pour la distribution des eaux du canal de l'Ourcq dans l'intérieur de Paris, et devis détaillé de ces ouvrages, par M⁺ P. S. Girard,... — *Paris, Impr. Imp., 1812, in-4°, pl.*

3393. — De l'art du fontenier sondeur et des puits artésiens, ou mémoire sur les différentes espèces de terrains dans lesquels on doit rechercher des eaux souterraines, et sur les moyens qu'il faut employer pour ramener une partie de ces eaux à la surface du sol, à l'aide de la sonde du mineur ou du fontenier, par F. Garnier,... — *Paris, Impr. Huzard, 1822, in-4°, pl.*

3394. — Traité d'hydraulique, à l'usage des ingénieurs, par J. F. d'Aubuisson de Voisins,... — *Paris, Levrault, 1834, in-8°, pl.*

3395. — Expériences hydrauliques sur les lois de l'écoulement de l'eau à travers les orifices rectangulaires verticaux à grandes dimensions, exécutées à Metz, d'après les ordres de M. le Ministre de la Guerre, pendant les trois derniers mois de 1828, et pendant les années 1829, 1831 et 1834, par M. Lesbros,... Prix de mécanique de 1850. — *Paris, Impr. Nat., 1851, in-4°, pl.*

3396. — Rapport sur le service hydraulique présenté à Messieurs les préfets du Gers, des Hautes et Basses-Pyrénées, par M. Colomés de Juillan,... Session des conseils généraux, 1850... — *Bagnères-de-Bigorre, Impr. Dossun, mai 1851, in-4°, 40 p.*

3397. — Études sur l'eau en général et sur les eaux potables en particulier, par J. Ch. M. Boudin,... — *Paris, Baillière, 1854, in-8°, 52 p.*

3398. — La science des fontaines, ou moyen sûr et facile de créer partout des sources d'eau potable, par M. J. Dumas,... Deuxième édition... — *Paris, Lacroix-Comon, 1857, in-8°, pl.*

3399. — Hydraulique appliquée à l'agriculture, au drainage et aux distributions d'eau pour l'alimentation des villes, bourgs... Formules, tables et solutions numériques des principales questions relatives au mouvement de l'eau dans les tuyaux de conduite, précédées de diverses considérations sur les inondations, sur l'origine des sources et sur les moyens d'en créer de nouvelles, et suivies de l'exposé et de l'application des principes à observer dans l'art du drainage... par Jules Laffineur,... — *Paris, Dalmont et Dunod, s. d. [1860], in-12.*

3400. — Guide pratique de l'ingénieur agricole. Hydraulique, dessèchement, drainage, irrigations, etc. Suivi d'un appendice contenant les lois, décrets, règlements et instructions ministérielles qui régissent ces matières, par Jules Laffineur,... — *Paris, Lacroix, s. d. [1865], in-12, pl.*

3401. — Des conduites d'eau, de leur établissement et de leur entretien. Manuel théorique et pratique, avec tables et calculs, contenant tous les renseignements sur la pose, l'entretien et le choix des tuyaux de conduite, par Constant Zeller,... — *Paris, Morel, 1863, in-12, 89 p.*

3402. — Distribution d'eau de Dunkerque. Construction d'un réservoir en maçonnerie et d'un filtre, par M. Frédéric Pauwels,... — *Paris, l'auteur, 1871, in-f°, 18 p. et pl.*

3403. — École centrale des arts et manufactures. Notes du cours de constructions civiles. Distribution des eaux. Professeur, E. Muller. Année 1872. Détails pratiques sur la distribution des eaux. — *Sans titre ; Impr. de l'École centrale, in-f°, 71 p. lith. et pl.*

3404. — Les forages artésiens de la province de Constantine (Algérie). Résumé des travaux exécutés de 1856 à 1878, par M. Jus. — *Paris, Impr. Nat., 1878, in-8°, 97 p., carte.*

C. ASTRONOMIE.

a). Histoire.

3405. — Histoire de l'astronomie ancienne, par M. DELAMBRE,... — *Paris, Courcier, 1817, 2 vol. in-4°*.

3406. — Histoire de l'astronomie du moyen âge, par M. DELAMBRE,... — *Paris, Courcier, 1819, in-4°, pl.*

3407. — Histoire de l'astronomie moderne, par M. DELAMBRE,... — *Paris, Courcier, 1821, 2 vol. in-4°, pl.*

3408. — Histoire de l'astronomie au dix-huitième siècle, par M. DELAMBRE,... publiée par M. MATHIEU,... — *Paris, Bachelier, 1827, in-4°, portr. et pl.*

**. — Rapport sur les progrès de l'astronomie, par M. DELAUNAY.
Voy. Division HISTOIRE.

b). Astronomes anciens.

3409. — Julii FIRMICI astronomicorum libri octo... — Marci MANILII astronomicorum libri quinque. — ARATI phænomena GERMANICO CÆSARE interprete, cum commentariis et imaginibus. — ARATI ejusdem phænomenon fragmentum, Marco T. C. [CICERONE] interprete. — ARATI ejusdem phænomena Ruffo Festo AVIENIO paraphraste. — ARATI ejusdem phænomena græce. — THEONIS commentaria copiosissima in Arati phænomena græce. — PROCLI Diadochi sphæra græce. — PROCLI ejusdem sphæra, Thoma LINACRO Britanno interprete. — *S. l. n. d. Venetiis, cura et diligentia Aldi Ro. mense Octob. MID, in-f°, non ch.*

**. — ARATI phænomena græce cum interpretatione latina.
Voy. Division HISTOIRE.

3410. — Joannis de MONTE REGIO et Georgii PURBACHII Epitome in Cl. Ptolemæi magnam compositionem, continens propositiones et annotationes, quibus totum Almagestum... dilucida et brevi doctrina ita declaratur et exponitur... — *Basileæ, Henrichus Petrus, s. d., 1543, in-f°.*

Quadriparti. Ptolo. Que in hoc volumine continentur, hec sunt : Liber quadripartiti Ptolomei. Centiloquium ejusdem. Centiloquium Hermetis. Ejusdem de stellis beibeniis. Centiloquium Bethem. et de horis planetarum. Ejusdem de significatione triplicitatum ortus. Centum quinquaginta propositiones Almansoris. Zahel de interrogationibus. Ejusdem de electionibus. Ejusdem de temporum significationibus in judiciis. Messahallach de receptionibus planetarum. Ejusdem de interrogationibus. Epistola ejusdem cum duodecim capitulis. Ejusdem de revolutionibus annorum mundi. — *S. l. n. d. Venetiis, Scotus, 1519, in-f°, goth.*

**. — C. Julii Hygini poeticon astronomicon libri quatuor.

Voy. Division Histoire.

3411. — Uranologion, sive systema variorum authorum qui de sphæra, ac sideribus, eorumque motibus græce commentati sunt. Sunt autem horum libri : Gemini, Achillis Tatii Isagoge ad Arati phænomena ; Hipparchi libri tres ad Aratum ; Ptolemæi de apparentiis ; Theodori Gazæ de mensibus ; Maximi, Isaaci Argyri duplex ; S. Andreæ Cretensis computi. Omnia vel græce ac latine nunc primum edita, vel ante non edita. Cura et studio Dionysii Petavii Aurelianensis e Societate Jesu. Quod esse potest luculentissimum auctarium operis de doctrina temporum. Accesserunt variarum dissertationum libri octo... eodem authore. — *Lutetiæ-Parisiorum, Cramoisy, 1630, 2 part. en 1 vol. in-f°.*

Deux exemplaires.

c). **Astronomes modernes. Traités élémentaires et généraux. Mélanges.**

3412. — Pensées diverses écrites à un docteur de Sorbonne à l'occasion de la comète qui parut au mois de décembre 1680. Quatrième édition. [Par P. Bayle.] — *Rotterdam, Leers, 1704, 2 vol. in-12.*

3413. — Continuation des Pensées diverses écrites à un docteur de

Sorbonne, à l'occasion de la comète qui parut au mois de décembre 1680, ou Réponse à plusieurs difficultés que M^r *** a proposées à l'auteur. [Par P. BAYLE.] — *Rotterdam, Leers, 1705, 2 vol. in-12.*

3414. — Pensées diverses écrites à un docteur de Sorbonne, à l'occasion de la comète qui parut au mois de décembre 1680, par M. BAYLE. Cinquième édition.—*Amsterdam, Uytwerf, 1722, in-12.*

   Le tome 2 seul.

3415. — Éléments d'astronomie, par Mr CASSINI,... — *Paris, Impr. royale, 1740, in-4°, pl.*

   Deux exemplaires. Voy. également Division HISTOIRE.

3416. — Astronomie par Jérôme LE FRANÇAIS (LA LANDE),... [Michel Jean Jérôme LEFRANÇAIS DE LALANDE.] Troisième édition... — *Paris, Desaint, 1792, 3 vol. in-4°, pl.*

   On trouve à la fin du Tome 1er : Tables astronomiques calculées sur les observations les plus nouvelles, pour servir à la troisième édition de l'Astronomie. [Par DELAMBRE, LALANDE et MASSON.] — *Paris, Desaint, 1792, in-4°.*

3417. — Astronomie théorique et pratique, par M. DELAMBRE,... — *Paris, Courcier, 1814, 3 vol. in-4°, pl.*

3418. — Uranographie, ou traité élémentaire d'astronomie, à l'usage des personnes peu versées dans les mathématiques, des géographes, des marins, des ingénieurs, etc... par L. B. FRANCŒUR,... Troisième édition... — *Paris, Courcier, 1821, in-8°, pl.*

3419. — Lettres à Palmyre sur l'astronomie, par M. Charles LISKENNE. — *Paris, Brianchon, 1825, in-8°, fr. pl. et second titre gravé.*

3420. — Questions sur l'astronomie, suivies de la proposition d'un nouveau système... par J. P. ANQUETIL. — *Paris, l'auteur, 1833, in-8°, pl.*

3421. — Astronomie populaire de François ARAGO,... publiée d'après son ordre sous la direction de M. J. A. BARRAL,... Œuvre posthume. — *Paris, Gide et Baudry, 1854-1857, 4 vol. in-8°, pl.*

3422. — Annales de l'Observatoire impérial de Paris, publiées par U. J. Le Verrier, directeur de l'observatoire. — *Paris, Mallet-Bachelier, 1855-1866, 8 vol. in-4°, pl.*

3423. — Libros del saber de astronomia del rey D. Alfonso X de Castilla, copilados, anotados y comentados por Don Manuel Rico y Sinobas,... — *Madrid, Tipogr. de Aguado, 1863-1867, 5 vol. gr. in-f°, pl.*

3424. — Traité d'astronomie appliquée à la géographie et à la navigation, suivi de la géodésie pratique, par Emm. Liais,... — *Paris, Garnier, 1867, in-8°.*

3425. — L'astronomie moderne, par W. de Fonvielle. — *Paris, Germer-Baillière, 1868, in-12.*

3426. — Le petit astronome, par Violette Vinot. Troisième édition. — *Paris, [typ. Parent], 1873, in-18, 34 p.*

3427. — Camille Flammarion. Astronomie populaire. Description générale du ciel. — *Paris, Marpon et Flammarion, 1881, in-4°, pl.*

3428. — Camille Flammarion. Les étoiles et les curiosités du ciel. Description complète du ciel visible à l'œil nu et de tous les objets célestes faciles à observer. Supplément de l'Astronomie populaire. — *Paris, Marpon et Flammarion, 1882, in-4°, portr. et pl.*

3429. — L'astronomie. Revue d'astronomie populaire, de météorologie et de physique du globe exposant les progrès de la science pendant l'année, publiée par Camille Flammarion... — *Paris, Gauthier-Villars, 1882-1893, 12 vol. gr. in-8°, pl.*

3430. — Attraction et gravitation d'après Newton, par Mme Clémence Royer. Extrait de la Philosophie positive... — *Paris, [Versailles, Impr. Cerf], 1883, in-8°, 23 p.*

3431. — Traité d'astronomie pratique pour tous. Notions sur les observations sidérales, réglage et emploi des lunettes astronomiques ordinaires et équatoriales, instruments méridiens, théodolite, spectroscopes et appareils de photographie astrale et spectrale.

Méthodes d'observation avec exemples numériques à l'usage des amateurs d'astronomie, des explorateurs, des ingénieurs, des officiers de l'armée et des gens du monde... par Gélion Towne,... — *Paris, Bertaux, 1890, in-12, carte.*

d). Système du monde. Physique et mécanique céleste.

3432. — Theoricæ novæ planetarum Georgii Purbacchii, Germani, ab Erasmo Reinholdo Salveldensi pluribus figuris auctæ, et illustratæ scholiis, quibus studiosi præparentur, ac invitentur ad lectionem ipsius Ptolemæi. Inserta item methodica tractatio de illuminatione lunæ. — *Parisiis, Perier, 1555, pet. in-8°, pl.*

3433. — Theoricæ novæ planetarum Georgii Purbacchii, Germani, ab Erasmo Reinholdo Salveldensi pluribus figuris auctæ, et illustratæ scholiis, quibus studiosi præparentur, ac invitentur ad lectionem ipsius Ptolemæi. Recens editæ et auctæ novis scholiis in theoria solis ab ipso autore. Inserta item methodica tractatio de illuminatione lunæ. — *Parisiis, Perier, 1556, pet. in-8°, pl.*

3434. — Tychonis Brahe Dani, astronomiæ instauratæ progymnasmata. Quorum hæc prima pars de restitutione motuum solis et lunæ, stellarumque inerrantium tractat. Et præterea de admiranda nova stella anno 1572 exorta luculenter agit. — *Francofurti, Tampachius, 1610, in-4°.*

Aux armes des Minimes de Paris.

3435. — Almagestum novum astronomiam veterem novamque complectens, observationibus aliorum et propriis novisque theorematibus, problematibus ac tabulis promotam, in tres tomos distributam... auctore P. Joanne Baptista Ricciolo, Societatis Jesu,... — *Bononiæ, Typ. Benatii, 1651, 2 vol. in-f°, fr. gr. pl.*

Le tome 1ᵉʳ seul en 2 parties.

3436. — Joan. Bapt. Du Hamel Astronomia physica, seu de luce, natura et motibus corporum cælestium libri duo... Accessere Petri Petiti, observationes aliquot eclipsium solis et lunæ, cum dissertationibus de latitudine Lutetiæ, declinatione magnetis, nec non de novo systemate mundi quod anonymus dudum proposuit. — *Parisiis, Lamy, 1660, 2 part. en 1 vol. in-4°.*

3437. — Agones mathematici ad arcem Copernicani systematis expugnatam in collegio Claromontano Societatis Jesu. [Auctore Christ. Francisco de LAMOIGNON.] — *Parisiis, Vitré, 1663, in-4°, 29 p.*

Positiones mathematicæ de triplici sphæra armillari, terrestri, cœlesti, propugnabuntur in collegio Claromontano Societatis Jesu a Josepho LE MEILLEUR,... die trigesima mense junii MDCLXIII... — *Lutetiæ-Parisiorum, Typis Martini, s. d., in-4°, 16 p.*

Theses mathematicæ de optica, propugnabuntur a Jacobo CASSINI,... die veneris 10 mensis augusti MDCXCI... in collegio Mazarinæo. Problemata solvet frater ejus Joannes Baptista CASSINI,... die 2 septembris MDCXCI... in observatorio regio. Arbiter erit Petrus Varignon,... — *S. l. [Typ. Thiboust], 1691, in-4°, 95 p.*

Thèses de mathématiques sur l'algèbre, l'arithmétique, la trigonométrie rectiline et sphérique, la géométrie pratique, les fortifications, la marine et la science des forces mouvantes des liqueurs, qui seront soutenues par le sieur Estienne Louis RENOU, dans l'ancienne église des prêtres de l'Oratoire, le 7ᵉ jour de juillet... — *Angers, Impr. Hernault, 1694, in-4°, 8 p.*

Description du mouvement que doit faire dans le soleil une tache sur la fin de novembre 1676. — *Sans titre ; in-f°, 3 p. et 1 pl.*

Folium populi. Instrumentum hoc a Petro APIANO jam recens inventum et in figuram folii populi redactum per radios solis toto orbe horas communes ostendit, ex quibus horæ ab ortu et occasu solis, deinde etiam horæ Judeorum, quæ in sacrarum literarum lectione per utrumque Testamentum cognitu admodum sunt necessariæ, deprehendi facilime possint. — *Sans titre ; in-f°, 11 p. n. ch., fig. sur bois.*

3438. — Le système du monde ou le nombre, la mesure et le poids des cieux et des éléments selon l'Ecriture sainte... par César d'ARCONS. — *Bordeaux, Millanges, 1665, in-4°.*

3439. — Nouvelles pensées sur le système de M. Descartes, et la manière d'en déduire les orbites et les aphélies des planètes. Pièce qui a remporté le prix proposé par l'Académie royale des sciences pour l'année 1730. Par M. Jean BERNOULLI,... — *Paris, Jombert, 1730, in-4°, 44 p., pl.*

Discours sur les lois de la communication du mouvement, qui a mérité les éloges de l'Académie royale des sciences aux années 1724 et 1726... Par M. Jean BERNOULLI,... — *Paris, Jombert, 1727, in-4°, pl.*

Entretiens sur la cause de l'inclinaison des orbites des planètes. Où l'on répond à la question proposée par l'Académie royale des sciences pour le sujet du prix des années 1732 et 1734. Par M. BOUGUER,... Seconde édition, dans laquelle on a saisi l'occasion d'examiner quelle est l'étendue du mécanisme, ou des lois de physique. — *Paris, Jombert, 1748, in-4°, pl.*

3440. — Lettres sur la cosmographie où le système de Copernic est réfuté, le plan de l'univers exposé et expliqué physiquement, sur des principes dictés par les expériences et les observations des principales académies des sciences. — *La Haye, Gosse, 1745, in-4°, fr. gr. tabl. et pl.*

Le tome 1ᵉʳ seul.

3441. — Traité de mécanique céleste, par M. le Marquis de LAPLACE,... Seconde édition. — *Paris, Bachelier, 1829, 5 vol. in-4°.*

Le tome 4 est daté : an XIII-1805 ; le tome 5 : 1825.

3442. — Exposition du système du monde, par M. le Marquis de LAPLACE,... Sixième édition, dans laquelle on a rétabli les chapitres XII, XVII et XVIII qui avaient été supprimés dans la cinquième édition. — *Paris, Bachelier, 1836, 2 vol. in-8°.*

3443. — Physique céleste contenant le système du monde exposé d'après la distribution apparente des corps célestes déduite de la perspective et d'après la distribution réelle de ces corps déduite de l'astrogonie, par Pierre BÉRON. — *Paris, Gauthier-Villars, 1866, in-8°, pl.*

3444. — Nouveau système du monde ou les premières forces de la nature, par Eugène LAVAUX. Troisième édition... — *Paris, [Impr. Gauthier-Villars], 1876, in-8°, pl.*

3445. — Entretiens sur la pluralité des mondes, par FONTENELLE, mis au courant des progrès de la science par A. BOILLOT et augmentés d'Entretiens nouveaux. — *Paris, Germer-Baillière, s. d. [1879], in-18.*

3446. — Démonstrations pratiques élémentaires de cosmographie faites sans autre appareil qu'une bougie et deux globes, par J. BERNIS,... — *Pau, Impr. Garet, 1886, in-8°, pl.*

3447. — Le soleil. Exposé des principales découvertes modernes sur la structure de cet astre, son influence dans l'univers et ses relations avec les autres corps célestes, par le P. A. SECCHI,... — *Paris, Gauthier-Villars, 1870, in-8°, pl.*

3448. — Le soleil, par C. A. YOUNG,... — *Paris, Germer-Baillière, 1883, in-8°, fr. lith.*

3449. — La lune, par Amédée GUILLEMIN. — *Paris, Hachette, 1866, in-12, pl.*

3450. — Les étoiles. Essai d'astronomie sidérale, par le P. A. SECCHI,... — *Paris, Germer-Baillière, 1879, 2 vol. in-8°, pl.*

3451. — Recherches sur les météores et sur les lois qui les régissent, par M. COULVIER-GRAVIER. — *Paris, Mallet-Bachelier, 1859, in-8°, pl.*

e). **Observations. Tables astronomiques. Éphémérides. Atlas célestes.**

3452. — Cypriani LEOVITII, de Leonicia Bohemi, Ephemeridum opus. — *In-f°.*

Le titre manque.

Calculus ephemeridum LI annorum numeratus ad meridianum inclytæ urbis imperialis Augustæ Vindelicorum. Autore Cypriano LEOVITIO, a Leonicia Bohemo. — *S. l. n. d., in-f°.*

3453. — Ephemerides novæ et exactæ Martini EVERARTI Brugensis, ab anno incarnationis Domini 1590 ad annum 1610, ex novis tabulis Belgicis authoris supputatæ. Ad longitudinem 24° graduum, ad latitudinem 51,30 graduum. — *Lugduni-Batavorum, 1597, in-4°.*

3454. — Joannis BAYERI Uranometria. — *Augustæ-Vindelicorum, Mangus, 1603, in-f°, pl.*

Le titre manque.

3455. — Novæ cælestium orbium theoricæ, congruentes cum observationibus N. Copernici. Auctore Jo. Antonio MAGINO,... — *Moguntiaci, Albinus, 1608, in-8°.*

3456. — Joannis Antonii MAGINI Patavini Ephemeridum cœlestium motuum continuatio, ab anno Domini 1608 usque ad annum 1630, juxta Copernici observationes accuratissime supputatarum, ad longitudinem inclytæ Venetiarum urbis. Cum supplemento isagogicarum ephemeridum, in quibus habentur hæc : reductio facilis motus solis harum ephemeridum ad Tychonicam rationem, ac præterea de revolutionibus annuis, de introitu solis in singulorum signorum initiis, et de æquatione temporis ex ejusdem Tychonis fundamentis ; astrologicæ circa agriculturam et navigatoriam observationes et præcepta ; de mutatione aeris libellus... Editio secunda. — *Francoforti, Typis Richteri, 1610, in-4°, fr. gr.*

Supplementum ephemeridum ac tabularum secundorum mobilium Jo. Antonii MAGINI,... in quo habentur ratio et methodus perfacilis promptissime supputandi verum motum solis, lunæ et Martis, ex novis tabulis secundum Tychonicas observationes nunc primum accurate constructis... Compendium calculandarum eclipsium... De meridianorum differentia, cum responsione contra Origanum. — *Francofurti ad Mænum, Typis Richteri, 1615, in-4°.*

3457. — Annorum priorum 30, incipientium ab anno Christi 1595 et desinentium in annum 1624, ephemerides Brandenburgicæ cœlestium motuum et temporum ; summa diligentia in luminaribus calculo duplici Tychonico et Prutenico, in reliquis planetis Prutenico seu Copernicæo elaboratæ, a Davide ORIGANO Glacense

Germano,... et accommodatæ horizonti Francofurtano ad Viadrum... nec non calendario novo Gregoriano, veteri Juliano, cujus usus passim in compluribus Europæ, Asiæ et Africæ regnis viget : item Syrorum, Abissinorum ac Æthiopum, Judæorum, Ægyptiorum, Arabum, Turcarum, Indorum, et denique Persarum... — *Francofurti ad Viadrum, Eichorn, 1609, 2 vol. in-4°.*

<small>Le tome 2 porte pour titre : Annorum posteriorum 30, incipientium ab anno Christi 1625 et desinentium in annum 1654 ephemerides...</small>

3458. — Novæ motuum cœlestium ephemerides Brandenburgicæ annorum LX, incipientes ab anno 1595 et desinentes in annum 1655, calculo duplice luminarium, Thychonico et Copernicæo, reliquorum planetarum posteriore elaboratæ, et variis diversarum nationum calendariis accommodatæ, cum introductione hac pleniore, in qua chronologica, astronomica et astrologica ex fundamentis ipsis tractantur, autore Davide Origano Glacense Silesio,... — *Francofurti ad Viadrum, Eichorn, 1609, in-4°, titre encadré.*

3459. — Cœli et siderum in eo errantium observationes Hassiacæ, illustrissimi principis Wilhelmi Hassiæ Lantgravii auspiciis quondam institutæ. Et spicilegium biennale ex observationibus Bohemicis V. N. Tychonis Brahe. Nunc primum publicante Willebrordo Snellio, R. F. Quibus accesserunt Joannis Regiomontani et Bernardi Walteri observationes Noribergicæ. — *Lugduni-Batavorum, Colsterus, 1618, 2 part. en 1 vol. in-4°.*

3460. — Exactissimæ cœlestium motuum ephemerides ad longitudinem almæ urbis, et Tychonis Brahe hypotheses, ac deductas e cœlo accurate observationes ab anno 1641 ad annum 1700, auctore Andrea Argolo,... Præter stellarum fixarum catalogum, extat tabula ortus et occasus præcipuarum ad borealis poli elevationem a gr. uno ad sexaginta. Item supputatæ singulis diebus in meridie lunæ latitudines. — *Patavii, Typis Frambotti, 1648, 3 vol. in-4°, fr. gr.*

3461. — Andræ Argoli,... Ephemerides exactissimæ cœlestium motuum ad longitudinem almæ urbis, et Thychonis Brahe hypotheses, ac deductas e cœlo accurate observationes ab anno MDCXLI ad annum MDCC. Præter stellarum fixarum catalogum extat tabula ortus et occasus præcipuarum ad borealis poli elevationem a gradu 1 ad 60. Item supputatæ singulis diebus in meridie lunæ latitudines... — *Lugduni, Huguetan, 1659, 3 vol. in-4°, fr. gr.*

3462. — Tabulæ primi mobilis Andreæ Argoli. — *Patavii, typis Frambotti, 1644, 2 vol. in-4°, portr.*

Les titres des deux volumes manquent.

3463. — Exactissimæ secundorum mobilium tabulæ, juxta Tychonis Brahe et auctoris mixtas hypotheses, accuratas que e cœlo deductas, et ex tota Europa undique sumptas noviter observationes, auctore Andrea Argolo,... ad longitudinem gr. 38 min. 30 a Canariis insulis. — *Patavii, Typis Frambotti, 1650, in-4°.*

Andreæ Argoli,... Pandosion sphæricum, in quo singula in elementaribus regionibus, atque ætherea, mathematice pertractantur. Editio secunda... — *Patavii, Typis Frambotti, 1653, in-4°, pl.*

3464. — Astronomiæ reformatæ tomi duo, quorum prior observationes, hypotheses et fundamenta tabularum ; posterior præcepta pro usu tabularum astronomicarum et ipsas tabulas astronomicas CII continet... Auctore P. Joanne Baptista Ricciolo, Societatis Jesu Ferrariensi. — *Bononiæ, Typ. Benatii, 1665, 2 tom. en 1 vol. in-f°.*

3465. — Cartes du ciel réduites en quatre tables, contenant toutes les constellations, avec un catalogue des noms, grandeurs et positions des étoiles, corrigées et calculées par longitudes et latitudes pour l'an 1700. En latin, le français à côté, par le sieur Augustin Royer,... — *Paris, Coignard, 1679, in-12.*

3466. — Recueil d'observations faites en plusieurs voyages par ordre de Sa Majesté pour perfectionner l'astronomie et la géographie, avec divers traités astronomiques, par Messieurs de l'Académie royale des Sciences. — *Paris, Impr. royale, 1693, in-f°.*

Contient : De l'origine et du progrès de l'astronomie et de son usage dans la géographie et dans la navigation, par M. Cassini. — Sans titre ; *in-f°, 43 p.*

Observations astronomiques et physiques faites en l'île de Cayenne, par M. RICHER,... — *Paris, Impr. roy., 1679, in-f°, 71 p.*

Voyage d'Uranibourg ou observations astronomiques faites en Danemark, par M. PICARD,... — *Paris, Impr. roy., 1680, in-f°, 29 p., carte.*

Observations astronomiques faites en divers endroits du royaume, par M. PICARD. — *S. l. n. d., in-f°, pp. 31-46.*

Observations faites à Brest et à Nantes pendant l'année 1679, par Messieurs PICARD et de LA HIRE. — *S. l. n. d., in-f°, pp. 47-56.*

Observations faites à Bayonne, Bordeaux et Royan pendant l'année 1680, par Messieurs PICARD et de LA HIRE. — *S. l. n. d., in-f°, pp. 57-64.*

Observations astronomiques faites aux côtes septentrionales de France pendant l'année 1681, par Messieurs PICARD et de LA HIRE. — *S. l. n. d., in-f°, pp. 65-76.*

Observations faites en Provence et à Lyon sur la fin de l'année 1682, par M. de LA HIRE. — *S. l. n. d., in-f°, pp. 77-92 et carte.*

Observations astronomiques faites en divers endroits du royaume pendant l'année 1672, par M. CASSINI. — *S. l. n. d., in-f°, 20 p.*

Les éléments de l'astronomie vérifiés par M. CASSINI, par le rapport de ses tables aux observations de M. Richer faites en l'île de Cayenne, avec les observations de MM. VARIN, DES HAYES et de GLOS, faites en Afrique et en Amérique. — *Paris, Impr. roy., 1684, in-f°, 74 p.*

Découverte de la lumière céleste qui paraît dans le zodiaque, par M. CASSINI,... — *Paris, Impr. roy., 1685, in-f°, 68 p.*

Règles de l'astronomie indienne pour calculer les mouvements du soleil et de la lune expliquées et examinées par M. CASSINI,... — *S. l. n. d. Paris, Impr. roy., 1689, in-f°, 64 p.*

Les hypothèses et les tables des satellites de Jupiter réformées sur de nouvelles observations, par M. CASSINI. — *S. l. n. d. Paris, Impr. roy., 1693, in-f°, 52-106 p.*

**. — Tabulæ astronomicæ Ludovici magni jussu exaratæ, autore Philippo de LA HIRE.

Voy. Division HISTOIRE.

3467. — Tables astronomiques dressées et mises en lumière, par les ordres et par la magnificence de Louis le grand, dans lesquelles on donne les mouvements du soleil, de la lune et des autres planètes, déduits des seules observations et indépendamment d'aucune hypothèse ; la position des principales étoiles fixes, visibles sur notre horizon ; la méthode du calcul astronomique et le calcul des éclipses par la seule trigonométrie rectiligne, la description, la construction et l'usage des instruments de l'astronomie pratique moderne ; et plusieurs problèmes utiles d'astronomie et de géographie ; au méridien de l'observatoire royal de Paris, dans lequel les observations qui leur ont servi de fondement ont été faites. Par M. de La Hire,... Troisième édition, mise en français par l'auteur et publiée par M. G. — *Paris, Tilliard, 1755, in-4°, pl.*

3468. — Tables astronomiques du soleil, de la lune, des planètes, des étoiles fixes et des satellites de Jupiter et de Saturne ; avec l'explication et l'usage de ces mêmes tables. Par Mr Cassini,... — *Paris, Impr. royale, 1740, 2 part. en 1 vol. in-4°, pl.*

Deux exemplaires. Voy. également Division Histoire.

3469. — Connaissance des temps pour l'année 1710, au méridien de Paris, publiée par l'ordre de l'Académie royale des Sciences et calculée par M. Lieutaud,... — *Paris, Boudot, 1709, in-12, pl.*

3470. — Connaissance des temps à l'usage des astronomes et des navigateurs... publiée par le Bureau des longitudes. — *Paris, Imp. de la République, [Gauthier-Villars], floréal an V, mai 1797 — août 1892, 7 vol. in-8°.*

An VII, 1798-1799 ; an IX ; an XIII ; 1809 ; 1810 ; 1811. 1895.

3471. — Annuaire pour l'an... publié par le Bureau des longitudes. Avec des notices scientifiques. — *Paris, Gauthier-Villars, in-18, pl.*

Les années 1872, 1873, 1874, 1877, 1878, 1879, 1880, 1881, 1883 à 1896.

f). **Description et usage de la sphère et des instruments d'astronomie.**

3472. — Joannis de Sacrobusto de sphæra liber. Plurimis novis typis auctus et illustratus. Præmissa Philippi Melanchthonis doctiss. præfatione, qua utilitatem sphæricæ scientiæ, et christiano homini non negligendam probat. — *Parisiis, Tiletanus, 1543, pet. in-8°.*

Libellus Joannis de Sacrobusto, de anni ratione, seu ut vocatur vulgo, computus ecclesiasticus. Cum præfatione Philippi Melanchthonis. — *Parisiis, Tiletanus, 1543, pet. in-8°*.

3473. — Joan. de Sacrobusto de sphæra liber. — *In-8°*.
Le titre et les 49 prem. pages manquent.

Compendium in sphæram per Pierium Valerianum Bellunensem. — *Parisiis, Cavellat, 1550, pet. in-8°, 30 ff*.

Astrolabii declaratio ejusdemque usus mire jucundus... a Jacobo Kæbelio... edita. Cui accessit Isagogicon in astrologiam judiciariam. — *Parisiis, Tiletanus, 1545, pet. in-8°, 31 ff. n. ch*.

Libellus Joannis de Sacro Bosco de anni ratione, seu ut vocatur vulgo, Computus ecclesiasticus. Cum præfatione Philippi Melanchthonis. — *Parisiis, Cavellat, 1550, pet. in-8°*.

3474. — Gemmæ Frisii,... de astrolabo catholico liber quo latissime patentis instrumenti multiplex usus explicatur, et quidquid uspiam rerum mathematicarum tradi possit continetur... — *Antverpiæ, Steelsius, 1556, pet. in-8°, pl*.

3475. — Christophori Clavii Bambergensis ex Societate Jesu, in sphæram Joannis de Sacro Bosco commentarius. Nunc quarto ab ipso auctore recognitus... — *Lugduni, Gabiani, 1594, in-4°*.

3476. — Christophori Clavii Bamberg. ex Societate Jesu, in sphæram Joannis de Sacro Bosco commentarius. Editio postrema... Accessit geometrica atque uberrima de crepusculis tractatio. — *Lugduni, Rigaud, 1618, in-4°*.

3477. — Traité des globes et de leur usage, traduit du latin de Robert Hues, et augmenté de plusieurs notes et opérations du compas de proportion, par D. Henrion,... — *Paris, Pacard, 1618, in-8°*.

3478. — Traité de la sphère du monde, divisé en quatre livres, auquel est ajouté le cinquième de l'usage d'icelle. Par le sieur Boulenger,... Troisième édition... — *Paris, Le Brun, 1648, in-8°*.

3479. — L'usage des globes céleste et terrestre et des sphères suivant les différents systèmes du monde. Précédé d'un traité de cosmo-

— 534 —

graphie... Cinquième édition... par le sieur Bion,... — *Paris, Brunet, 1728, in-8°, pl.*

3480. — Traité de la sphère, par M. Rivard,... Quatrième édition... — *Paris, Desaint, 1768, in-8°, pl.*

Traité du calendrier, par M. Rivard,... Nouvelle édition... — *Paris, Desaint, 1768, in-8°,* iv-*84 p., tabl.*

3481. — Traité de la sphère et du calendrier, par M. Rivard,... Sixième édition, revue et augmentée par Jérôme de La Lande,... — *Paris, Librairie économique, an XIII-1804, in-8°.*

g). Mesures déduites de la grandeur de la terre.

**. — La méridienne de l'observatoire royal de Paris vérifiée dans toute l'étendue du royaume, par M. Cassini de Thury, avec des observations d'histoire naturelle faites dans les provinces traversées par la méridienne, par M. Le Monnier.

Voy. Division Histoire.

**. — La figure de la terre déterminée par les observations de M. Bouguer et de La Condamine.

Voy. Division Histoire.

**. — Mesure des trois premiers degrés du méridien dans l'hémisphère austral, tirée des observations de MM. de l'Académie royale des Sciences, par M. de La Condamine.

Voy. Division Histoire.

**. — Journal du voyage fait par ordre du roi à l'équateur, servant d'introduction historique à la mesure des trois premiers degrés du méridien, par M. de La Condamine.

Voy. Division Histoire.

**. — Journal du voyage de M. le Marquis de Courtanvaux sur la frégate l'Aurore, pour essayer par ordre de l'Académie plusieurs instruments relatifs à la longitude, mis en ordre par M. Pingré.

Voy. Division Histoire.

3482. — Documents diplomatiques sur la conférence du mètre. — *Paris, Impr. Nat., 1875, in-f°.*

3483. — Les drames de la science. La mesure du mètre. Dangers et aventures des savants qui l'ont déterminée, par W. de Fonvielle. — *Paris, Hachette, 1886, in-12.*

h). Traités sur le calendrier. Gnomonique. Horlogerie.

3484. — Romanum calendarium compendiose expositum. Accessit corollarium de romano martyrologio. Authore Petro Gassendo,... — *Parisiis, Dupuis, 1654, in-4°.*

Notitia ecclesiæ Diniensis. Authore Petro Gassendo,... Accessit concilium Avenionense, anni MCCCXXVI, ex manuscripto codice statutorum ejusdem ecclesiæ. — *Parisiis, Dupuis, 1654, 2 part. en 1 vol. in-4°.*

3485. — Explication du calendrier romain, recueillie du grand livre Novæ rationis restituendi kalendarii romani. Avec les méthodes pour savoir, même sans table, par la seule arithmétique, l'indiction romaine, le cycle solaire, la lettre dominicale, le nombre d'or, la lettre du cycle épactal, l'épacte annuelle, la lettre du martyrologe, les fêtes mobiles de chaque année. Ensemble quelques tables astronomiques des plus aisées... pour trouver facilement les jours des équinoxes, solstices, novilunes et plenilunes, selon la diversité des méridionaux. Par M. Pierre Dupont,... — *Tolose, Boude, 1659, in-4°.*

3486. — Gregoriana correctio illustrata, ampliata et a conviciis vindicata. Ubi omnia sæcula tam a creatione præterita, quam ad sæculi consummationem futura, gregoriana norma moderantur... Auctore R. P. Melitone,... — *Coloniæ, sumptibus Societatis; Tolosæ, Henault, 1743, in-4°.*

Apologia correctionis Gregorianæ operisque a R. P. Melitone,... editi, adversus Jacobum Bettazzium,... — *S. l. [Coloniæ, sumptibus Societatis; Tolosæ, Henault], 1745, in-4°, 70 p.*

3487. — La gnomonique universelle, ou la science de tracer les cadrans solaires sur toutes sortes de surfaces tant stables que mobiles... [Par l'abbé Claude RICHER.] — *Paris, Jombert, 1701, in-8°, pl.*

3488. — Méthode nouvelle et générale pour tracer facilement des cadrans solaires sur toutes les surfaces planes, en situation quelconque, sans calcul, ni embarras d'instruments, par un seul problème géométrique... Principes et usage du comput et de l'art de vérifier les dates, par M. de LA PRISE,... — *Caen, Le Baron, 1781, in-8°, fr. gr. et pl.*

3489. — Histoire de la mesure du temps par les horloges, par Ferdinand BERTHOUD,... — *Paris, Impr. de la République, an X (1802 v. s.), 2 tom. en 1 vol. in-4° et atlas in-4° obl.*

D. OPTIQUE. PERSPECTIVE.

3490. — R. D. Francisci MAUROLYCI,... theoremata de lumine et umbra, ad perspectivam et radiorum incidentiam facientia. Diaphanorum partes, seu libri tres : in quorum primo, de perspicuis corporibus ; in secundo, de iride ; in tertio, de organi visualis structura et conspiciliorum formis agitur. Problemata ad perspectivam et iridem pertinentia. His accesserunt Christophori CLAVII, e Societate Jesu, notæ... — *Lugduni, Vincentius, 1613, in-4°, 94 p.*

Supplementi Francisci Vietæ ac geometriæ totius instauratio. Authore A. S. L. [A. SANCTINIO Lucensi.] — *Parisiis, Des Hayes, 1644, in-4°, 71 p.*

Diverses méthodes universelles et nouvelles, en tout ou en partie pour faire des perspectives. Avec la liberté de mettre la distance, pour éloignée qu'elle puisse être, en quel lieu on voudra, sur l'horizon du tableau ou champ de l'ouvrage, et même sans aucun point que celui de l'œil. Le tout avec une très grande justesse, promptitude et facilité. Tirées pour la plupart du contenu du livre de la Perspective pratique. Ce qui servira de plus de réponse aux deux affiches du sieur Desargues contre ladite perspective pratique. — *Paris, Tavernier, 1642, in-4°,* [XI]-*10 p. et pl.*

Perspectiva tribus libris succinctis denuo correcta et figuris illustrata, per Pascasium Hamellium,... — *Lutetiæ, Gourbinus, 1556, in-4°, 43 ff.*

Catalogus veteres affixarum longitudines ac latitudines conferens cum novis. Imaginum cœlestium prospectiva duplex. Altera rara, ex polis mundi, in duobus hemisphæriis, æquinoctialibus, per tabulas ascensionum rectarum et declinationum. Altera nova ex mundi centro, in diversis planis globum cœlestem tangentibus, per tabulas particulares. Utraque cœlo et accuratioribus Tychonis observationibus quam simillima. Christophori Grienbergeri,... e Societate Jesu, calculo ac delineatione elaborata. — *Romæ, Zannettus, 1612, in-4°, 88 p., pl.*

Algèbre tant vulgaire que spécieuse, par Alzias Barruel,... — *Paris, Sara, 1646, in-1°.*

Problemata duo nobilissima, quorum nec analysin geometricam videntur tenuisse Joannes Regiomontanus et Petrus Nonius ; nec demonstrationem satis accuratam repræsentasse Franciscus Vieta et Marinus Ghetaldus, nunc demum a Clemente Cyriaco diligentius elaborata et novis analyseon formis exculta... — *Parisiis, Le Clerc, 1616, in-4°, 50 p.*

Borbonia sidera, id est planetæ qui solis limina circum volitant motu proprio ac regulari, falso hactenus ab helioscopis maculæ solis nuncupati. Ex novis observationibus Joannis Tarde,... — *Parisiis, Gesselin, 1621, in-4°, 87 p.*

Au chiffre des Minimes de Paris.

3491. — R. P. Joannis Francisci Niceronis,... thaumaturgus opticus, seu admiranda optices, per radium directum ; catoptrices, per reflexum e politis corporibus... dioptrices, per refractum in diaphanis... Pars prima... — *Lutetiæ-Parisiorum, Langlois, 1646, in-f°, fr. gr. et pl.*

3492. — Traité d'optique sur les réflexions, réfractions, inflexions et les couleurs de la lumière, par Monsieur le chevalier Newton, traduit par M. Coste, sur la seconde édition anglaise... Seconde édition française... — *Paris, Montalant, 1722, in-4°, pl.*

3493. — Examen du système de Monsieur Newton, sur la lumière et les couleurs, par M. J. Alethophile. [Franç. Guil. Quériau.] Nouvelle édition. — *Euphronople, Saphenodore, 1764, in-12.*
Deux exemplaires.

3494. — Seconde partie de la perspective pratique qui donne une grande facilité à trouver les apparences de tous les corps solides, tant réguliers qu'irréguliers, penchés, renversés, inclinés et déclinés comme l'on voudra, soit qu'ils posent sur terre, ou qu'ils soient suspendus en l'air, par un Religieux de la Compagnie de Jésus, [le Père Jean du Breuil]. — *Paris, Langlois, 1647, in-4°, fr. gr. et pl.*
Cette partie seule ; l'ouvrage doit avoir 3 vol.

3495. — Cours élémentaire de perspective à l'usage des dames... par C. Farcy. — *Paris, Impr. Bobée, 1823, in-8°, pl.*

3496. — Manuel de perspective du dessinateur et du peintre, contenant les éléments de géométrie indispensables au tracé de la perspective, la perspective linéaire et aérienne et l'étude du dessin et de la peinture spécialement appliquée au paysage, par A. D. Vergnaud,... — *Paris, Roret, 1825, in-18, pl.*

3497. — Traité de perspective simplifiée (linéaire)... par Madame Adèle Le Breton, née Le Breton,... — *Paris, l'auteur, 1828, 2 vol. in-4°, dont 1 de pl.*

3498. — Les règles de la perspective pratique, mise à la portée de toutes les intelligences et indispensable pour l'étude du dessin en général... par Thénot,... — *Paris, l'auteur, 1839, in-8°, 55 p., pl.*

3499. — Nouvelle théorie simplifiée de la perspective, contenant : une introduction historique — les principes de géométrie appliquée au dessin — le tracé des tableaux d'histoire, d'intérieur, de paysage, de marine — la théorie des ombres — la décoration des plafonds et des notions sur la perspective des théâtres... par David Sutter,... — *Paris, Tardieu, 1859, in-f°, pl.*

3500. — Théorie pratique de la perspective. Étude à l'usage des artistes peintres, par V. PELLEGRIN,... — *Paris, Libr. centrale d'architecture, 1870, in-12, 36 p., pl.*

3501. — Leçons de perspective, par PÉQUÉGNOT. — *Paris, l'auteur, 1872, gr. in-4°, 56 p. et 1 vol. in-f° de pl.*

E. MARINE.

3502. — L'art de naviguer de M. Pierre de MEDINE Espagnol ; contenant toutes les règles, secrets et enseignements nécessaires à la bonne navigation. Traduit de castillan en français, avec augmentation... par Nicolas de NICOLAI,... Revu nouvellement et corrigé par ledit S. de NICOLAI... — *Lyon, Rouillé, 1576, in-4°, carte.*

3503. — Hydrographie, contenant la théorie et la pratique de toutes les parties de la navigation. Composé par le Père Georges FOURNIER, de la Compagnie de Jésus. Seconde édition... Plus la navigation du roi d'Ecosse, Jacques cinquième du nom, autour de son royaume et îles Hébrides et Orchades, sous la conduite d'Alexandre Lindsay,... — *Paris, Du Puis, 1667, in-f°.*

3504. — Recherches historiques sur l'origine et les progrès de la construction des navires des anciens, par M. SAVERIEN,... — *Paris, Chaubert, 1747, in-4°, 35 p.*

3505. — Essai sur la construction navale des peuples extra-européens, ou collection des navires et pirogues construits par les habitants de l'Asie, de la Malaisie, du grand Océan et de l'Amérique, dessinés et mesurés par M. PARIS,... pendant les voyages autour du monde de l'Astrolabe, la Favorite et l'Artémise. — *Paris, Bertrand, s. d. [1841], 2 vol. in-f°, dont 1 d'atlas.*

3506. — La marine, arsenaux, navires, équipages, navigation, atterrages, combats, par M. Eugène PACINI,... — *Paris, Curmer, 1844, in-4°, fr. lith. et pl.*

3507. — Disertacion sobre la historia de la nautica y de las ciencias matematicas que han contribuido a sus progresos entre los españoles. Obra postuma del excmo S⁺ D. Martin Fernandez NAVARRETE... — *Madrid, Impr. de Calero, 1846, pet. in-4°.*

3508. — Glossaire nautique. Répertoire polyglotte des termes de marine anciens et modernes, par A. JAL,... — *Paris, Didot, 1848, 1 tom. en 2 vol. in-4°.*

3509. — Dictionnaire de marine à voiles et à vapeur, par MM. le baron de BONNEFOUX et PARIS,... — *Paris, Bertrand, s. d. [1848], 2 vol. gr. in-8°, pl.*

3510. — Essais sur la marine française. 1839-1852. L'escadre de la Méditerranée. Note sur l'état naval des forces de la France. [Par le prince de JOINVILLE.] — *Paris, Amyot, 1853, in-12.*

3511. — Le langage des marins. Recherches historiques et critiques sur le vocabulaire maritime. Expressions figurées en usage parmi les marins. Recueil de locutions techniques et pittoresques, suivi d'un index méthodique, par G. de LA LANDELLE,... — *Paris, Dentu, 1859, in-8°.*

3512. — Essai sur les navires à rangs de rames des anciens, par P. GLOTIN,... — *Bordeaux, Impr. Degreteau, 1862, in-8°, 69 p., pl.*

3513. — Annuaire de la marine et des colonies. 1863. — *Paris, Impr. Impér., 1863, in-8°.*

3514. — Croisières de l'Alabama et du Sumter, livre de bord et journal particulier du commandant R. SEMMES,... et des autres officiers de son état-major. — *Paris, Dentu, 1864, in-12, pl.*

3515. — Notice sur la construction et l'emploi des canons et des flèches porte-amarres, par Gustave DELVIGNE,... — *Paris, Bertrand, 1869, in-8°, 24 p.*
La couverture imprimée sert de titre.

3516. — La troisième exploration scientifique du « Bibb », steamer des

États-Unis dans le « Gulf-stream », par MM. de Folin et Périer. — *Bordeaux, Impr. Gounouilhou, 1870, in-8°, 24 p.*

3517. — Les arsenaux de la marine. Organisation administrative, par M. Gougeard,... — *Paris, Berger-Levrault, 1882, in-8°.*

3518. — Louis Tillier et Paul Bonnetain. Histoire d'un paquebot. — *Paris, Quantin, s. d. [1887], in-4°, pl.*

3519. — Une page d'archéologie navale. Les caboteurs et pêcheurs de la côte de Tunisie. Pêche des éponges, par P. A. Hennique,... — *Paris, Gauthier-Villars, 1888, in-8°, pl.*

3520. — Notice historique sur les divers modes de transport par mer, par G. Trogneux,... — *Paris, Plon, 1889, gr. in-8°.*

F. ART MILITAIRE.

a). Histoire.

3521. — Esquisses historiques des différents corps qui composent l'armée française, par Joachim Ambert,... Dessiné par Charles Aubry,... — *Saumur, Degouy, 1835, in-f°, pl.*

3522. — Historia mutationum rei militaris Romanorum, inde ab interitu Reipublicæ usque ad Constantinum magnum, libri tres. Scripsit Christianus Conradus Ludovicus Lange,... — *Gottingæ, Vandenhoeck et Ruprecht, 1846, in-4°, 101 p., tabl.*

3523. — Les légions d'Auguste, par Ch. Robert,... — *Sans titre; Paris, Impr. Donnaud, in-8°, 14 p.*

Extrait du Bulletin de l'Académie des Inscriptions et Belles-Lettres du mois de mars et avril 1868.

3524. — De la création et de l'emploi de la force armée, dédié à la garde nationale et à l'armée, par Gustave Delvigne,... — *Paris, Corréard, 1848, in-18.*

3525. — Considérations sur l'art militaire antique et sur l'utilité de son étude, par Ed. De La Barre Duparcq,... — *Paris, Corréard, 1849, in-8°, 84 p.*

3526. — L'empereur et la garde impériale, par Charlet. Avec un précis historique sur la garde et une notice sur les officiers généraux et supérieurs qui en ont fait partie, par M. Adrien Pascal. — *Paris, Perrotin, 1853, gr. in-f°, pl.*

3527. — L'armée et la garde nationale, par le Baron C. Poisson,... 1789-1792. [1792-1793.] — *Paris, Durand, 1858-1859, 2 vol. in-8°.*

3528. — Essai historique sur les institutions militaires, ou la formation, l'organisation et l'administration des armées en France, depuis les temps les plus reculés jusqu'en 1789, par L. M. M. Chassignet,... — *Paris, Rozier, 1869, in-8°.*

3529. — Histoire de l'artillerie française, par le général Susane. Deuxième édition. — *Paris, Hetzel, 1874, in-12.*

3530. — Histoire de la cavalerie française, par le général Susane. — *Paris, Hetzel, 1874, 3 vol. in-12.*

3531. — Histoire de l'infanterie française, par le général Susane. — *Paris, Dumaine, 1876, 5 vol. in-12.*

3532. — Fastes de l'armée française. Abrégé de l'histoire du 18e régiment d'infanterie. — *Pau, Impr. Veronese, 1878, in-8°, 11 p.*

3533. — Historique du 18e régiment d'infanterie de ligne, par le Lieutenant Labouche, d'après les archives du Ministère de la Guerre, celles du corps et de nombreux ouvrages militaires. Premier régiment d'Auvergne. Régiment de Gatinais. Régiment de Royal Auvergne. 18e régiment d'infanterie. 18e demi-brigade de bataille. 18e demi-brigade de ligne. 18e régiment d'infanterie de ligne. Légion du Gers. Légion des Landes. 18e régiment d'infanterie de ligne. 1600-1890. — *Pau, Impr. Garet, 1891, in-8°, pl. et 1 tabl.*

3534. — Les transformations de l'armée française. Essais d'histoire et de critique sur l'état militaire de la France, par le Général Thoumas. — *Paris, Berger-Levrault, 1887, 2 vol. in-8°*.

3535. — Charles d'Ariste. Histoire d'un bataillon de la garde mobile [le 3e bataillon des mobiles des Basses-Pyrénées], 1870-1871. — *Paris, Impr. Léautey, 1892, in-8°, 77 p.*

b). Traités généraux.

3536. — Du maniement et conduite de l'art et faicts militaires, auquel par brief conference et exemples tirez des histoires tant anciennes que modernes se voit à l'œil, par les entreprises et succès des affaires passées, comme il fault entreprendre et faire la guerre... Faict en italien par M. Bernardin Rocque,... et mis en françois par Françoys de Belle-Forest,... — *Paris, Chesneau, 1571, in-4°*.

Le titre et les dernières pages en mauvais état.

3537. — Flavi Vegeti,... de re militari libri quatuor, post omnes omnium editiones... correcti a Godescalco Stewechio,... Accesserunt Sex. Juli Frontini stratagematon libri quatuor; Ælianus de instruendis aciebus; Modestus, de vocabulis rei militaris; Castrametatio Romanorum ex historiis Polybii. Accessit seorsum ejusdem G. Stewechi in Fl. Vegetium commentarius. Adjuncta ejusdem G. Stewichi et Francisci Modii in Jul. Frontinum conjectanea et notæ. — *Lugduni-Batavorum, ex officina Plantiniana, Raphelengius, 1592, in-8°, pl.*

Godescalci Stewechii commentarius ad Flavi Vegeti Renati de re militari libros. Accesserunt ejusdem G. Stewechii et Francisci Modii,... in Julium Frontinum conjectanea et notæ. — *Lugduni-Batavorum, ex officina Plantiniana, Raphelengius, 1592, in-8°.*

3538. — Institutions militaires de Végèce, [traduites par Claude Guillaume Bourdon de Sigrais]. — *Paris, Prault, 1743, in-12.*

Ex libris de Casimir Pignatelli d'Egmond.

**. — Traité sur l'art de la guerre, par Macchiavel.

Voy. Division Histoire.

3539. — Les arts de l'homme d'épée, ou le dictionnaire du gentilhomme… par le sieur GUILLET. Seconde édition… — *Paris, Clouzier, 1683, 2 vol. in-12, pl.*

Les 2ᵉ et 3ᵉ parties seules. Aux armes de ?

3540. — Dictionnaire militaire, ou recueil alphabétique de tous les termes propres à l'art de la guerre, sur ce qui regarde la tactique, le génie, l'artillerie, la subsistance des troupes et la marine. On y a joint l'explication des travaux qui servent à la construction, à l'attaque et à la défense des places ; et des détails historiques sur l'origine et la nature des différentes espèces, tant d'offices militaires anciens et modernes, que des armes qui ont été en usage dans les différents temps de la monarchie… Seconde édition… Par M. A. D. L. C. [Aubert de LA CHESNAYE DES BOIS.] — *Paris, Gissey, 1745, 2 vol. in-12.*

3541. — Le petit dictionnaire du temps, pour l'intelligence des nouvelles de la guerre, contenant par ordre alphabétique la description des contrées où la guerre se fait présentement, celle des villes et places fortes qui s'y trouvent, le détail de leurs situations et fortifications, les noms des souverains qui les possèdent, avec un recueil des principaux termes de la guerre, de la fortification, de la marine et de la géographie. Seconde édition… augmentée : 1° De la description des contrées et villes qui peuvent être le théâtre des guerres de la France ; 2° Des événements des différentes guerres qui se sont faites depuis la mort de Louis XIII jusqu'à présent… par M. L'ADMIRAL. — *Paris, Lottin et Butard, 1747, in-12, pl.*

3542. — Art de la guerre par principes et par règles. Ouvrage de M. le Maréchal de PUYSÉGUR, mis au jour par M. le Marquis de PUYSÉGUR, son fils,… — *Paris, Jombert, 1748, 2 vol. in-f°, titres et pl. gravées.*

3543. — Les rêveries, ou Mémoires sur l'art de la guerre de MAURICE, comte de SAXE, duc de Courlande,… par M. de BONNEVILLE,… — *La Haye, Gosse, 1756, 2 vol. pet. in-8°, pl.*

3544. — Nouveau cours de mathématique à l'usage de l'artillerie et du génie, où l'on applique les parties les plus utiles de cette science à la théorie et à la pratique de différents sujets qui peuvent avoir rapport à la guerre. Nouvelle édition... par M. BELIDOR,... — *Paris, Jombert, 1757, in-4°, pl.*

3545. — Les amusements militaires ; ouvrage également agréable et instructif servant d'introduction aux sciences qui forment les guerriers, par M. DUPAIN,... — *Paris, Desprez, 1757, in-12, pl.*

3546. — Mémoires de MONTECUCULI,... divisés en trois livres. I. De l'art militaire en général. II. De la guerre contre le Turc. III. Relation de la campagne de 1664. Nouvelle édition... — *Amsterdam, Weststein, 1760, 2 vol. in-12, portr.*

Ex libris de F. de La Rochefoucault, marquis de Bayers.

3547. — L'esprit du chevalier FOLARD tiré de ses commentaires sur l'histoire de Polybe, pour l'usage d'un officier. De main de maître. [Par FRÉDÉRIC II, roi de Prusse.] — *Leipsig, 1761, in-8°, pl.*

3548. — École militaire, ouvrage composé par ordre du gouvernement. [Par l'abbé Thomas Guillaume François RAYNAL.] — *Paris, Durand, 1762, 3 vol. in-12.*

3549. — Éléments de l'art militaire ancien et moderne, par M. CUGNOT,... — *Paris, Vincent, 1766, in-12, pl.*

Le tome 1er seul.

3550. — Institutions militaires de l'empereur LÉON le philosophe, traduites en français, avec des notes et des observations, suivies d'une Dissertation sur le feu grégeois et d'un Traité sur les machines de jet des anciens, par M. JOLY DE MAIZEROY. — *Paris, Jombert, 1771, 2 vol. in-8°, pl.*

3551. — Programmes des cours révolutionnaires sur l'art militaire, l'administration militaire, la santé des troupes et les moyens de la conserver, faits aux élèves de l'école de Mars, depuis le 5 fructidor jusqu'au 13 vendémiaire, an troisième de la République... — *Paris, Impr. du Comité de Salut public, an 3... in-4°.*

3552. — Traité théorique et pratique des opérations secondaires de la guerre... par A. LALLEMAND,... — *Paris, Treuttel et Würtz, 1824, 2 vol. in-8°.*

3553. — Force et faiblesse militaires de la France. Essai sur la question générale de la défense des états et sur la guerre défensive, en prenant pour exemples les frontières actuelles et l'armée de France, par H. J. PAIXHANS,... — *Paris, Bachelier, janvier 1830, in-8°.*

3554. — L'art de la guerre. Conversation chez la Ctesse d'Albany, par Paul Louis COURIER. Suivie d'un opuscule anonyme publié à Berlin et qui paraît avoir servi de modèle à cet écrit célèbre. Préface par Louis LACOUR. — *Paris, Libr. des bibliophiles, 1871, in-18, 82 p.*

> La page 65 est occupée par le titre suivant : Homère plus gentil qu'Annibal... — *Berlin, Wever, 1763.*

3555. — Manuel pratique militaire des chemins de fer, par M. Elie ISSALÈNE,... — *Paris, Gauthier-Villars, 1873, in-12.*

3556. — Manuel complet à l'usage des candidats au grade d'officier d'infanterie dans l'armée territoriale, dans la réserve de l'armée active, et répondant aux examens du volontariat d'un an, rédigé d'après le programme officiel du 26 juin 1874... par Alphonse TURLIN,... — *Paris, Dumaine, 1874, in-12, tabl. et cartes.*

c). Administration. Mélanges.

3557. — Règlement que le Roi veut être observé pour la subsistance de ses armées tant en quartier d'hiver que campagne. — *Paris, Rocolet, 1638, in-4°, 87 p.*

3558. — La France guerrière, ou moyens assurés pour trouver aisément et avec très grande facilité autant et plus de gens de guerre que le roi n'en désirera soudoyer et entretenir, sans augmentation de solde, ni d'appointements. Aux ministres de l'État, par Jean DOÜET, escuyer, Sr de Romp-croissant. — *Paris, Impr. Brunet, 1643, in-4°.*

**. — Code militaire ou compilation des ordonnances des rois de France concernant les gens de guerre, par M. de Briquet.

Voy. Division Jurisprudence.

3559. — Ordonnance du roi concernant l'infanterie française, du 26 avril 1775. — *Versailles, Impr. du roi, 1775, in-f°, 24 p.*

Ordonnance du roi concernant le régiment royal italien, du 26 avril 1775. — *Sans titre; Versailles, Impr. du roi, 1775, in-f°, 19 p.*

Ordonnance du roi concernant les régiments d'infanterie allemande d'Alsace et de Bouillon, du 26 avril 1775. — *Sans titre; Versailles, Impr. du roi, 1775, in-f°, 6 p.*

Ordonnance du roi concernant les régiments d'infanterie irlandaise, du 26 avril 1775. — *Sans titre; Versailles, Impr. du roi, 1775, in-f°, 21 p.*

Ordonnance du roi concernant le régiment royal corse, du 26 avril 1775. — *Sans titre; Versailles, Impr. du roi, 1775, in-f°, 16 p.*

Ordonnance du roi pour mettre la légion corse sur le pied des autres légions françaises, sous le nom de légion du Dauphiné, du 26 avril 1775. — *Sans titre; Versailles, Impr. du roi, 1775, in-f°, 16 p.*

3560. — Ordonnance du roi concernant les déserteurs, du 25 mars 1776. — *Sans titre; Paris, Impr. roy., 1776, in-f°, 6 p.*

Ordonnance du roi concernant la constitution et administration de l'Hôtel royal des Invalides, les officiers, bas-officiers et soldats pensionnés. Du 17 juin 1776. — *Sans titre; Paris, Impr. roy., in-f°, 23 p.*

Ordonnance du roi concernant le régiment des carabiniers de Monsieur, du 13 février 1776. — *Sans titre; Paris, Impr. roy., 1776, in-f°, 14 p.*

Ordonnance du roi portant règlement sur les gouvernements généraux des provinces, gouvernements particuliers, lieutenances de roi ou commandements, majorités, aides et sous-aides majorités des villes, places et châteaux; et qui, en déterminant différentes classes, affecte particulièrement chacune d'elles aux différents grades militaires, du 18 mars 1776. — *Sans titre; Paris, Impr. roy., 1776, in-f°, 43 p.*

Ordonnance du roi pour faire continuer la fourniture du pain de munition aux troupes de Sa Majesté qui seront dans l'étendue de son royaume et île de Corse, et pour fixer à vingt-quatre deniers par ration la retenue du pain de munition qui leur sera fourni, du 22 mars 1776. — *Sans titre; Paris, Impr. roy., 1776, in-f°, 2 p.*

Ordonnance du roi concernant les dragons, du 25 mars 1776. — *Sans titre; Paris, Impr. roy., 1776, in-f°, 16 p.*

Ordonnance du roi sur le rang des régiments de dragons entre eux et l'incorporation des légions, du 7 mai 1776. — *Sans titre; Paris, Impr. roy., 1776, in-f°, 6 p.*

Ordonnance du roi portant création d'un régiment d'infanterie irlandaise, du 14 mai 1776. — *Sans titre; Paris, Impr. roy., 1776, in-f°, 6 p.*

**. — Première suite du code militaire, ou recueil des décrets relatifs aux troupes de ligne rendus par la Convention nationale.

Voy. Division JURISPRUDENCE.

3561. — De l'approvisionnement des armées au XIX° siècle, par le général de brigade ROGUET. — *Paris, Dumaine, 1848, in-8°.*

3562. — Aux officiers de l'armée française, anciens Saint-Cyriens. Le simple bon sens d'un démocrate, ou observations générales sur la guerre d'Orient et sur le système militaire de l'Europe, dit système de la paix armée, par Prosper DU MONT,... — *Perpignan, Impr. Alzine, 1860, in-8°.*

3563. — L'armée organisée comme elle l'était en France, à quoi a-t-elle servi? Signé : C. J. A. M° de NEUFORGE. — *Sans titre; Metz, Impr. Réau, s. d., in-8°, 22 p.*

3564. — Ministère de l'Intérieur. Rapport sur les dépenses de la mobilisation des gardes nationales, présenté à Monsieur de Fourtou,...

par M. Henry Durangel,... avec la collaboration de M. Boulan,... — *Paris, Impr. Nat., 1877, gr. in-4°.*

3565. — L'armée française en 1879, par un officier en retraite [le général Trochu]. Sixième édition. — *Paris, Hetzel, s. d. [1879], in-12.*

3566. — L'administration militaire dans les temps modernes, par Adolphe Gauldrée-Boilleau,... — *Paris, Dumaine, 1879, in-8°.*

3567. — Histoire des milices provinciales (1688-1791). Le tirage au sort sous l'ancien régime, par Jacques Gebelin,... — *Paris, Hachette, 1882, in-8°.*

3568. — L'exagération des charges militaires et les prix de revient, par Emile Delivet. — *Havre, Impr. du Journal du Havre, 1890, in-12.*

**. — La nouvelle législation du recrutement de l'armée. Analyse des lois et règlements en vigueur au 1er avril 1891, par François Roussel.

Voy. Division Jurisprudence.

**. — Essai sur l'application de la loi du 15 juillet 1889 sur le recrutement de l'armée, par J. P. V. Simon.

Voy. Division Jurisprudence.

3569. — Des réquisitions militaires. Étude d'administration militaire, au point de vue du droit des gens et du droit public français, par Georges Ferrand,... — *Paris, Baudoin, 1892, in-8°.*

d). Tactique, stratégie, manœuvres.

3570. — Brev tractat de artilleria recopilat de diversos autors, y treballat per Francesch Barra,... — *Barcelona, Mathevat, 1642, in-4°.*

3571. — Mémoires d'artillerie, recueillis par le Sr Surirey de Saint-Remy,... — *Paris, Anisson, 1697, 2 vol. in-4°, fr. gr. et pl.*

— 550 —

3572. — Ordonnance du roi pour régler le service dans les places et dans les quartiers, du 1er mars 1768. — *Paris, Impr. roy., 1768, in-f°.*

3573. — Instruction que le roi a fait expédier pour régler provisoirement l'exercice de ses troupes d'infanterie, du 11 juin 1774. — *Versailles, Impr. du roi, 1774, in-f°, pl.*

3574. — Instruction que le roi a fait expédier pour régler provisoirement l'exercice de ses troupes d'infanterie, du 30 mai 1775. — *Versailles, Impr. du roi, 1775, in-f°, pl.*

3575. — Ordonnance du roi pour régler l'exercice de ses troupes d'infanterie, du 1er juin 1776. — *Paris, Impr. roy., 1776, in-f° et atlas in-f°.*

3576. — Manuel du jeune officier ou Essai sur la théorie militaire, par le Comte de BACON. — *Paris, Jombert, 1782, in-8°.*

Réflexions sur les préjugés militaires, par M. le Marquis de BREZÉ,... — *Turin, Reycends, 1779, in-8°, pl.*

3577. — L'officier d'infanterie en campagne. Fortification, petite guerre, par le général de division Cte ROGUET,... Deuxième édition. — *Paris, Dumaine, 1869, in-8°.*

3578. — Le combat à pied de la cavalerie au moyen âge, par M. de LA CHAUVELAYS,... — *Paris, Plon, 1885, in-8°, 59 p.*

3579. — Origines de la tactique française. Les batailles d'autrefois, par HARDY DE PERINI,... Avec une préface de M. Alfred MEZIÈRES,... — *Paris, Plon, 1888, 2 vol. gr. in-8°.*

c). **Génie militaire ; fortifications ; armes offensives.**

3580. — L'architecture militaire ou la fortification nouvelle, augmentée et enrichie de forteresses régulières, irrégulières et de dehors, le tout à la pratique moderne, par Adam FRITACH,... — *Leide, Elzevier, 1635, petit in-f°, titre et pl. gr.*

3581. — Speculum artis muniendi lucidissimum, Das ist hell-leuchtender Fortifications Spiegel, in welchem der eigentliche Ursprung des Festungs-baues, und desselben rechtmätzige Defension, so auff der Cortinen und Faussebray bestehet, klärlich zusehen, und noch mehr durch unterschiedliche Festungs-abrisse bekräfftiget wird ; Itzo aus den mathematischen Fundamenten ausgearbeitet, und an Tag gegeben von Christophoro HEER,... — *Leipzig, 1694, in-4°, pl.*

3582. — Éléments de fortification, de l'attaque et de la défense des places, contenant les systèmes des auteurs les plus célèbres ; neuf systèmes de l'auteur, l'analyse et la comparaison de tous ces systèmes ; la fortification irrégulière et celle de campagne ; les changements qui peuvent contribuer à la perfection des ouvrages extérieurs ; le calcul des mines ; la poussée des terres et des voûtes ; l'art de camper et de retrancher une armée, deux nouvelles méthodes de conduire les travaux d'un siège ; un traité abrégé du lavis ; un dictionnaire des termes de fortification, de guerre et d'artillerie, etc., par M. TRINCANO,... — *Paris, Musier, 1768, in-8°, pl.*

De la bibliothèque de Pichegru, d'après une note manuscrite.

3583. — Cahier classique sur le cours de construction, à l'usage des élèves de l'école royale de l'artillerie et du génie, par J. F. SOLEIROL,... Seconde édition. — *Metz, Impr. Antoine, mai 1820, in-8°, pl.*

3584. — Traité de la défense des places, par le maréchal de VAUBAN. Nouvelle édition, augmentée des agenda du maréchal sur l'attaque et la défense, et de ses notes critiques sur le discours de Deshoulières relatif à la défense ; publiée... par M. le baron de VALAZÉ,... — *Paris, Anselin, 1829, in-8°, et atlas in-f°.*

3585. — Traité des sièges et de l'attaque des places, par le maréchal de VAUBAN. Nouvelle édition entièrement conforme au manuscrit présenté par l'auteur au duc de Bourgogne ; publiée... par M. AUGOYAT,... — *Paris, Anselin, 1829, in-8° et atlas in-f°.*

3586. — Aide mémoire de mécanique pratique, à l'usage des officiers d'artillerie et des ingénieurs civils et militaires, contenant les principales règles et formules pratiques relatives au jaugeage et au mouvement des eaux, à l'écoulement des gaz, à la force des cours d'eau, à l'effet utile et à l'établissement des roues hydrauliques et des machines à vapeur, aux volants, aux communications du mouvement, à la détermination des dimensions à donner aux principales pièces des machines, et les résultats de l'expérience sur l'effet utile des moteurs et des machines employées aux épuisements, à différentes fabrications. Deuxième édition, augmentée de résultats nouveaux d'expériences sur les turbines, des règles à employer pour calculer la flexion des diverses pièces de support, la poussée des voûtes, leurs dimensions... par Arthur Morin,... — *Metz, Thiel, 1838, in-8°.*

3587. — Aide mémoire portatif à l'usage des officiers du génie, publié... par J. Laisné,... Deuxième édition... — *Paris, Anselin et Gaultier-Laguionie, 1840, in-12, pl.*

3588. — Sur la fortification de Paris, par le général Pelet,... — *Paris, Impr. Bourgogne et Martinet, 1841, in-8°, 90 p., carte.*

3589. — Hygini Gromatici liber de munitionibus castrorum. Textum ex codicibus constituit, prolegomena, commentarium, tabulas duas, indicem adjecit Chr. Conr. Lud. Lange,... — *Gottingæ, Vandenhoeck et Ruprecht, 1848, in-8°, pl.*

3590. — Mémoire sur la fortification polygonale construite en Allemagne depuis 1815, par A. Mangin,... — *Paris, Dumaine, 1851, in-8°, pl.*

3591. — Essai sur le système défensif des Romains dans le pays Eduen, par J. G. Bulliot,... — *Autun, Dejussieu, 1856, in-8°, cartes.*

3592. — Mémoire sur la fortification, par M. Mordret,... — *Péronne, Impr. Quentin, 1857, in-f°, 12 p. et pl.*

3593. — Principes de fortification, par le général Noizet,... — *Paris, Dumaine, 1859, 2 vol. in-8°.*

3594. — De la fortification depuis Vauban, ou examen des principales innovations qui s'y sont introduites depuis la mort de ce grand homme, par le général de division Prévost de Vernois. — *Paris, Dumaine, 1861, 2 vol. in-8° et atlas in-f°.*

3595. — Mémoire en réponse à l'ouvrage de M. le général de division Prévost de Vernois, ayant pour titre : De la fortification depuis Vauban, par le général de division Noizet. — *Paris, Dumaine 1862, in-8°.*

3596. — Mémoire sur les anciennes constructions militaires connues sous le nom de forts vitrifiés, par F^d Prévost,... — *Saumur, Impr. Godet, 1863, in-12, 47 p.*

3597. — Mémorial de l'officier du génie, ou Recueil de mémoires, expériences, observations et procédés généraux propres à perfectionner la fortification et les constructions militaires, rédigé par les soins du comité des fortifications. — *Paris, Gauthier-Villars, 1864-1876, 9 vol. in-8°, pl.*

Les n°° 17 à 25.

3598. — La fortification déduite de son histoire, par le général J. Tripier. — *Paris, Dumaine, 1866, in-8°, pl.*

3599. — L'armement des cours d'eau, du rôle qu'aurait pu jouer une flotille cuirassée pendant les derniers mois de l'année 1870, par le Marquis L. de Folin,... — *Bayonne, Impr. Lamaignère, 1871, in-8°, 17 p.*

3600. — Écoles régimentaires du génie. Instruction pratique. École de fortification de campagne. Approbation ministérielle du 21 juin 1875. — *Paris, Impr. Claye, 1877, in-12.*

3601. — La défense des états et les camps retranchés, par le général A. Brialmont,... — *Paris, Germer-Baillière, 1876, in-8°, pl.*

3602. — Eugène Ténot. Les nouvelles défenses de la France. Paris et ses fortifications, 1870-1880. Deuxième édition. — *Bordeaux, Impr. Gounouilhou, 1880, in-8°, plan.*

3603. — Eugène Ténot. Les nouvelles défenses de la France. La frontière, 1870-1882. — *Paris, Germer-Baillière, 1882, in-8°, carte.*

3604. — Traité de l'artillerie ou des armes et machines en usage à la guerre depuis l'invention de la poudre, par M. LE BLOND,... — *Paris, Jombert, 1743, in-8°, pl.*

3605. — Considérations sur les effets souterrains de la poudre, par F. Théodore GOSSELIN, .. — *Metz, Warion, 1857, in-18, pl.*

3606. — Extrait du Moniteur universel du 21 mai 1862. De la balistique chez les anciens, par M. A. J. H. VINCENT,... — *Paris, Impr. Panckoucke, 1862, in-12, 8 p.*

La couverture imprimée sert de titre.

3607. — Cours de tir. Études théoriques et pratiques sur les armes portatives (à l'usage de MM. les officiers qui n'ont pu suivre les cours de l'école normale de tir de Vincennes). Développement des leçons professées à l'école navale, par M. CAVELIER DE CUVERVILLE,... — *Paris, Dumaine, 1864, in-8°, pl.*

3608. — HÉRON d'Alexandrie. La chirobaliste. Restitution et traduction, par A. J. H. VINCENT,... — *Paris, Impr. Lainé et Havard, 1866, in-8°, 64 p., pl.*

3609. — Examen de l'écrit intitulé : La chirobaliste d'Héron d'Alexandrie, traduite du grec, etc. Signé : A. J. H. V. [VINCENT.] — *Paris, Mallet-Bachelier, 1862, in-8°, 32 p.*

3610. — Étude historique sur les armes et armures depuis l'établissement des Franks jusqu'à l'avènement de Louis XIV, par A. PICHON DU GRAVIER,... Première partie. — *Strasbourg, autogr. Longini, s. d., in-f°, 71 p. et pl.*

La couverture imprimée sert de titre.

f). Histoire des opérations militaires.

(Voir également les Divisions HISTOIRE *et* HISTOIRE LOCALE.*)*

3611. — Les expéditions de César en Grande Bretagne, par M. F. de SAULCY,... — *Paris, Didier, 1860, in-8°, 42 p.*

3612. — Campagne de J. César contre les Bellovaques étudiée sur le terrain, par M. Peigné-Delacourt,... — *Beauvais, Impr. Desjardins, 1862, in-8°, 15 p., cartes.*

La couverture imprimée sert de titre.

3613. — Étude sur les expéditions de J. César dans les Carnutes, par M. de Monvel. — *Orléans, Impr. Puget, 1863, in-8°, cartes.*

Extrait des Mémoires de la Société d'agriculture, Sciences, Belles-Lettres et Arts d'Orléans, tome VII.

3614. — Histoire militaire de Flandre depuis l'année 1690, jusqu'en 1694, inclusivement... qui comprend le détail des marches, campements, batailles, sièges et mouvements des armées du roi et de celles des alliés pendant ces cinq campagnes... par le chevalier de Beaurain,... — *Paris, Beaurain, 1755, 5 part. en 2 vol. in-f°, pl.*

3615. — Histoire des quatre dernières campagnes du maréchal de Turenne, en 1672, 1673, 1674 et 1675... par M. le chevalier de Beaurain,... La partie historique de cet ouvrage est rédigée par M. le Comte de Grimoard. — *Paris, Beaurain, 1782, in-f°.*

Les cartes manquent.

3616. — Les guerres sous Louis XV, par le comte Pajol. — *Paris, Didot, 1881-1891, 7 vol. in-8°, port.*

3617. — Victoires, conquêtes, désastres, revers et guerres civiles des Français de 1792 à 1815, par une société de militaires et de gens de lettres. [Par le général Beauvais.] — *Paris, Panckoucke, 1817-1821, 26 vol. in-8°, cartes.*

Les tomes 1, 3 à 27.

3618. — Histoire critique et militaire des guerres de la Révolution, rédigée sur de nouveaux documents et augmentée d'un grand nombre de cartes et plans, par le lieutenant général Jomini... Nouvelle édition. — *Bruxelles, Petit, 1842, 4 vol. in-4°, tabl. et atlas in-f°.*

3619. — Mémoires de Massena rédigés d'après les documents qu'il a laissés et sur ceux du dépôt de la guerre et du dépôt des fortifications, par le général KOCH. — *Paris, Paulin et Lechevalier, 1848-1850, 7 vol. in-8° et atlas in-f°.*

3620. — Mémoires du maréchal général SOULT, duc de Dalmatie, publiés par son fils. Première partie. Histoire des guerres de la Révolution. — *Paris, Amyot, 1854, 3 vol. in-8°, et 2 cartes dans un étui à part.*

3621. — Mémoires et correspondance politique et militaire du prince Eugène [de BEAUHARNAIS, duc de Leuchtenberg], publiés, annotés et mis en ordre par A. DU CASSE,... — *Paris, Michel Lévy, 1858-1860, 10 vol. in-8°.*

3622. — Mémoires militaires du lieutenant général Comte ROGUET (François),... — *Paris, Dumaine, 1862-1865, 4 vol. in-8°.*

3623. — Souvenirs d'histoire contemporaine. Épisodes militaires et politiques, par le baron Paul de BOURGOING,... — *Paris, Dentu, 1864, in-8°.*

3624. — Souvenirs militaires de 1804 à 1814, par M. le Duc de FEZENSAC,... Troisième édition. — *Paris, Dumaine, 1869, in-12.*

3625. — Expédition de l'Escaut. Enquête, pièces et documents relatifs aux affaires de l'Escaut, communiqués aux deux chambres du Parlement d'Angleterre. — *Paris, Impr. Agasse, 1810, in-8°.*

3626. — Mémoire sur la dernière guerre entre la France et l'Espagne dans les Pyrénées occidentales, par le citoyen B*** [BEAULAC]. — *Paris, Treuttel et Wurtz, an X, 1801, in-8°, carte.*

3627. — Mémoire sur la campagne de l'armée française dite des Pyrénées en 1813 et 1814, par J^{ph} PELLOT,... — *Bayonne, Gosse, 1818, in-8°.*

3628. — Journaux des sièges entrepris par les alliés en Espagne pendant les années 1811 et 1812 ; suivis de deux discours sur l'organisation des armées anglaises, et sur les moyens de la perfectionner ; avec notes, par M. John T. JONES,... traduit de l'anglais, par M. G. [GOSSELIN.] — *Paris, Ancelin et Pochard, 1821, in-8°, pl.*

3629. — Relation de la deuxième défense de la place de Badajoz, en 1812, par les troupes françaises de l'armée du Midi en Espagne contre l'armée anglo-portugaise, par le colonel du génie LAMARE,... — *Bayonne, Gosse, Impr. Duhart-Fauvet, 1821, in-4°, 32 p., pl.*

La couverture imprimée sert de titre.

3630. — Siège du fort de Monzon en Aragon, du 27 septembre 1813 au 14 février 1814. — *Montpellier, Impr. Jullien, 1823, in-4°, 26 p. et pl.*

3631. — Histoire de la guerre dans la péninsule et dans le midi de la France depuis l'année 1807 jusqu'à l'année 1814; publiée à Londres par W. F. P. NAPIER,... Traduction revue, corrigée et enrichie de notes, par M. le lieutenant général Cte Mathieu DUMAS,... [et continuée par M. A. FOLTZ,...] — *Paris, Treuttel et Wurtz, 1828-1844, 13 vol. in-8°.*

3632. — Sièges de Saragosse. Histoire et peinture des événements qui ont eu lieu dans cette ville ouverte pendant les deux sièges qu'elle a soutenus en 1808 et 1809. Les matériaux de cette description ont été recueillis sur les lieux pendant le second siège. Les récits des Espagnols ont été vérifiés, et ce travail a été complété au moyen des pièces officielles réunies dans l'ouvrage de J. Belmas, par le général Baron LEJEUNE. — *Paris, Didot, 1840, in-8°, carte.*

3633. — Campagnes de 1810 en Portugal, 11, 12, 13, Espagne, 14, France, 1815, Belgique, ou Souvenirs militaires, par J. B. LEMONNIER-DELAFOSSE,... — *Havre, Impr. Lemale, 1850, in-8°.*

3634. — Journal du lieutenant WOODBERRY. Campagnes de Portugal et d'Espagne, de France, de Belgique et de France (1813-1815). Traduit de l'anglais, par Georges HÉLIE. — *Paris, Plon, 1896, in-12, fac-similé.*

3635. — Précis des opérations des armées du Rhin et du Jura, en 1815; suivi du siège d'Huningue et de l'insurrection de Strasbourg, dirigée par le sergent Dalouzi, plus connu sous le nom de général Garnison, [par A. BULOS]. Deuxième édition. — *Paris, Baudouin, 1819, in-12, fr. gr.*

3636. — Campagnes des Russes dans la Turquie d'Europe en 1828 et 1829. Traduit de l'allemand du colonel Baron de MOLTKE, par A. DEMMLER,... — *Paris, Dumaine, 1854, 2 tom. en 1 vol. in-8° et atlas in-f°.*

3637. — Revue des journaux militaires étrangers. Mémorial des officiers du génie espagnols. Cet article renferme l'examen de plusieurs questions relatives au siège de la citadelle d'Anvers en 1832. Signé : A. LAUSSEDAT. — *S. l. n. d. Paris, Impr. Martinet, in-8°, 23 p.*

> Extrait du Spectateur militaire. Juin 1850. La couverture imprimé sert de titre.

3638. — Sur l'expédition et le siège de Constantine en 1837. Marches, travaux, détails de l'assaut. Extrait du Spectateur militaire. — *Paris, [Impr. Bourgogne et Martinet], février 1838, in-8°, 44 p., pl.*

3639. — Guerre de l'indépendance italienne en 1848 et en 1849, par le général ULLOA. — *Paris, Hachette, 1859, 2 vol. in-8°, pl.*

> Tome 1er. Événements antérieurs à la guerre. Campagnes du Piémont et guerre dans la Vénétie.
> Tome 2. Affaires de Toscane et de Sicile. Guerre de Rome. Blocus et siège de Venise.

3640. — Campagnes d'Italie de 1848 et 1849, par le général SCHOENHALS,... Ouvrage traduit sur la septième édition allemande, par Théophile GAUTIER fils. — *Paris, Poulet-Malassis, 1859, in-12, carte.*

3641. — Cinq mois au camp devant Sébastopol, par le baron de BAZANCOURT,... — *Paris, Amyot, 1855, in-12.*

3642. — Précis historique des opérations militaires en Orient de mars 1854 à septembre 1855, par A. DU CASSE,... — *Paris, Dentu, 1856, in-8°, pl.*

3643. — Siège de Sébastopol. Journal des opérations du génie, publié... par le général NIEL. — *Paris, Dumaine, 1858, in-4° et atlas in-f°.*

3644. — L'expédition de Crimée. La marine française dans la Mer Noire et la Baltique ; chroniques maritimes de la guerre d'Orient, par le Baron de BAZANCOURT,... — *Paris, Amyot, [1858], 2 vol. in-8°, portr.*

3645. — L'expédition de Crimée. L'armée française à Gallipoli, Varna et Sébastopol ; chroniques militaires de la guerre d'Orient ; par le Baron de BAZANCOURT,... — *Paris, Amyot, [1860], 2 vol. in-8°, portr.*

3646. — Histoire de la guerre de Crimée, par Camille ROUSSET,... Deuxième édition. — *Paris, Hachette, 1878, 2 vol. in-8° et atlas in-8°.*

3647. — Souvenirs de la guerre de Crimée, 1854-1856, par le général FAY,... Deuxième édition. — *Paris, Berger-Levrault, 1889, in-8°, cartes et pl.*

3648. — La campagne d'Italie de 1859. Chroniques de la guerre, par le Baron de BAZANCOURT,... Troisième édition. — *Paris, Amyot, 1862, 2 vol. in-8°, carte.*

3649. — Journal du siège de Gaëte, par Charles GARNIER. Deuxième édition. — *Paris, Dentu, 1861, in-18, avec 2 phot.*

3650. — Journal de la campagne de Chine. 1859-1860-1861, par Charles de MUTRÉCY. Précédé d'une préface de Jules NORIAC. — *Paris, Libr. nouvelle, 1861, 2 vol. in-8°.*

3651. — Les expéditions de Chine et de Cochinchine d'après les documents officiels, par le Baron de BAZANCOURT. — *Paris, Amyot, 1861-1862, 2 vol. in-8°.*

3652. — Expédition de Chine, par Paul VARIN. — *Paris, Michel Lévy, 1862, gr. in-8°, carte.*

3653. — Journal d'un interprète en Chine, par le Comte d'HÉRISSON. Vingt-troisième édition. — *Paris, Ollendorff, 1886, in-12.*

3654. — Puissance militaire des États-Unis d'Amérique d'après la guerre de la sécession, 1861-1865, par F. P. Vigo Roussillon,... — *Paris, Dumaine, 1866, in-8°, pl.*

3655. — Histoire de la guerre civile en Amérique, par M. le Comte de Paris. — *Paris, Calmann-Lévy, 1876 et années suiv., 7 vol. in-8° et atlas in-f°.*

En cours de publication.

3656. — La guerre franco-allemande de 1870-71. Rédigée par la section historique du grand état-major prussien. Traduction par E. Costa de Serda,... — *Paris, Dumaine, 1872-1882, 2 parties en 20 liv. in-8°, cartes.*

3657. — Bataille de Coulmiers, 9 novembre 1870, par Auguste Boucher,... — *Orléans, Herluison, 1871, in-12, 78 p., carte.*

3658. — Bataille de Loigny, avec les combats de Villepion et de Poupry, par Auguste Boucher,... — *Orléans, Herluison, 1871, in-12, 96 p., carte.*

3659. — Campagne de 1870-1871. La première armée de la Loire, par le général d'Aurelle de Paladines. — *Paris, Plon, 1872, in-8°, cartes.*

3660. — Campagne de 1870-1871. La deuxième armée de la Loire, par le général Chanzy. Deuxième édition. — *Paris, Plon, 1871, in-8°.*

3661. — Note historique sur la conservation des ponts d'Orléans en 1870, par le général de Marsilly. — *Auxerre, Impr. Perriquet, 1872, in-8°, 16 p.*

3662. — L'armée du Rhin depuis le 12 août jusqu'au 29 octobre 1870, par le maréchal Bazaine. — *Paris, Plon, 1872, in-8°, cartes.*

3663. — La mission suisse à Strasbourg pendant le bombardement en septembre 1870, par Charles Staehling,... — *Strasbourg, Impr. Heitz, 1874, in-8°, fr. phot.*

3664. — La campagne de l'Est (1870-1871), par P. Poullet,... — *Paris, Germer-Baillière, 1879, in-8°, cartes.*

3665. — Guerre de 1870. Bazeilles-Sedan, par le général Lebrun. Sixième édition. — *Paris, Dentu, 1884, in-8°, cartes.*

3666. — Journal d'un officier de l'armée du Rhin, par le général Fay. Cinquième édition... — *Paris, Berger-Levrault, 1889, in-8°, carte.*

3667. — Souvenirs du général Jarras, chef d'état-major général de l'armée du Rhin (1870), publiés par Madame Jarras. — *Paris, Plon, 1892, in-8°, carte.*

3668. — Mémoires du Maréchal H. de Moltke. La guerre de 1870, par le Maréchal Comte de Moltke,... Édition française, par E. Jaeglé,... Dixième édition. — *Paris, Le Soudier, 1891, in-8°, carte.*

3669. — Arthur Chuquet. La guerre 1870-71. — *Paris, Chailley, 1895, in-8°.*

3670. — Histoire de la guerre du Pacifique, 1879-1880, par Diego Barros Arana. — *Paris, Dumaine, 1881-1882, 2 vol. in-8°, cartes.*

G. GÉNIE. PONTS ET CHAUSSÉES. CHEMINS DE FER. CANAUX.

3671. — La science des ingénieurs dans la conduite des travaux de fortification et d'architecture civile, dédiée au roi, par Mr Belidor,... — *Paris, Jombert, 1729, 6 part. en 1 vol. in-4°, fr. et pl. gr.*

3672. — Essai sur la théorie des torrents et des rivières, contenant les moyens les plus simples d'en empêcher les ravages, d'en rétrécir le lit et d'y faciliter la navigation, le halage et la flottaison. Accompagné d'une discussion sur la navigation intérieure de la France; et terminé par le projet de rendre Paris port maritime, en faisant remonter à la voile, par la Seine, les navires qui s'arrêtent à Rouen. Par le citoyen Fabre,... — *Paris, Bidault, an VII-1797, in-4°, pl.*

3673. — Mémoire sur les surfaces d'équilibre des fluides imparfaits, tels que les sables, les terres, etc. ; par M. le chevalier ALLENT,... — *Paris, Impr. Huzard, mai 1817, in-8°, 36 p.*

3674. — Recherches expérimentales sur les chaux de construction, les bétons et les mortiers ordinaires, par L. J. VICAT,... — *Paris, Goujon, 1818, in-4°, tabl.*

3675. — Recueil de 245 dessins ou feuilles de textes relatifs à l'art de l'ingénieur, extraits de la première collection terminée en 1820 et lithographiés à l'école royale des ponts et chaussées, 1826. — *S. l. n. d., in-f°.*

3676. — Nouvelle collection de 530 dessins ou feuilles de textes relatifs à l'art de l'ingénieur et lithographiés à l'école royale des ponts et chaussées sous la direction de Mr Brisson de 1821 à 1825. — *S. l. n. d., 2 vol. in-f°.*

3677. — Recueil de tables à l'usage des ingénieurs, par R. GÉNIEYS,... — *Paris, Carilian-Gœury, 1835, in-8°.*

3678. — Manuels Roret. Nouveau manuel complet des ponts et chaussées, par J. de GAYFFIER,... Première partie : Routes et chemins. Troisième édition... — *Paris, Roret, 1850, in-18, pl.* — Seconde partie : Ponts, aqueducs, etc. Nouvelle édition. — *Paris, Roret, 1845, in-18, 6 pl.*

3679. — École centrale des arts et manufactures. 1852-1853. Cours d'architecture. Opérations sur le terrain. — Construction des ponts. — Cours de navigation, année scolaire, 1847-1848. — *4 part. en 2 vol. in-f°, lith. et 1 vol. d'atlas.*

3680. — Étude sur la stabilité des voûtes, par M. Jules CARVALLO,... (Extrait des Annales des Ponts et chaussées, 1853.) — *Paris, Carilian-Gœury et Dalmont, 1853, in-8°, pl. et tabl.*

3681. — Annales des conducteurs des ponts et chaussées. Recueil de mémoires, documents et actes officiels concernant le service des conducteurs des ponts et chaussées. Première partie : Travaux d'art, mémoires et documents. — Deuxième partie :

Lois, décrets, règlements, arrêtés. — *Paris, Dupont, 1857-1871, 13 vol. in-8°, pl.*

3682. — Annales des ponts et chaussées. Mémoires et documents relatifs à l'art des constructions et au service de l'ingénieur ; lois, décrets, arrêtés et autres actes concernant l'administration des ponts et chaussées. Mémoires et documents. — *Paris, Dunod, 1867, 1880-1887, 26 vol. in-8°, pl.*

3683. — Manuel aide-mémoire du constructeur de travaux publics et de machines, comprenant le formulaire et les données d'expérience de la construction, par Emile Witu,... Deuxième édition. — *Paris, Mallet-Bachelier, 1861, in-12.*

3684. — Théorie élémentaire des poutres droites. Ponts métalliques, ponts américains, combles, par M. Ed. Collignon,... — *Paris, Dunod, 1865, in-8°.*

3685. — Cours pratique de construction, rédigé conformément au paragraphe cinq du programme officiel des connaissances pratiques exigées pour devenir ingénieur. Terrassements. Ouvrages d'art. Conduite des travaux. Matériel. Fondations. Dragage. Mortiers et bétons. Maçonnerie. Bois. Métaux. Peinture. Jaugeage des eaux. Règlement des usines... par L. Prud'homme,... — *Paris, Baudry, 1870, 2 vol. in-8°.*

3686. — Traité de consolidation des talus, routes, canaux et chemins de fer, contenant des explications fort étendues sur les causes des éboulements, la description des procédés de consolidation, le prix de revient pour 296,000 mètres carrés de talus, et une analyse des systèmes les plus connus, avec un examen des principes, par M. R. Bruère,... — *Paris, Baudry, 1873, in-12 et atlas in-8°.*

3687. — Mémoire sur les inondations (avec figures), par F. Chapelle. Extrait des Annales de la Société d'agriculture... du département de la Loire. — *Paris, Jauchène, s. d. [1875], in-8°, 16 p., pl.*

La couverture imprimée sert de titre.

3688. — Cours de constructions professé à l'école d'application de l'artillerie et du génie de 1838 à 1842, par P. ARDANT,... Première partie : Leçons préparatoires au lever et au projet de bâtiment, revue et annotée par J. CURIE,... — *Paris, Gauthier-Villars, 1876, 2 vol. in-4°, dont 1 d'atlas.*

3689. — Traité de la construction des ponts et viaducs en pierre, en charpente et en métal, pour routes, canaux et chemins de fer, avec un appendice pour la construction des souterrains, par M. R. MORANDIÈRE,... — *Paris, Dunod, 1879-1888, 1 tom. en 2 vol. gr. in-4° et atlas in-f°.*

3690. — Commentaire des clauses et conditions générales imposées aux entrepreneurs des travaux des ponts et chaussées, par CHATIGNIER. Huitième édition... augmentée du cahier des marchés des travaux du service du génie, par Charles BARRY,... — *Paris, Marchal et Billard, 1879, in-12.*

3691. — Ministère des Travaux publics. Direction des cartes, plans et archives et de la statistique graphique. Album de statistique graphique. — *Paris, Impr. Nat., 1880-1890, 8 vol. in-4°, cartes.*
Années 1880, 1881, 1882, 1883, 1884, 1885, 1888, 1889.

3692. — Traité pratique des ponceaux, ponts et viaducs en maçonnerie et des aqueducs en maçonnerie et en tuyaux, par Adolphe CHARPENTIER,... Seconde édition... — *Paris, Dupont, s. d., in-8° et atlas in-4°.*

3693. — Traité pratique de la résistance des matériaux, ou résumé de divers renseignements et connaissances pratiques sur la résistance des fers et des bois, et sur leur emploi dans les constructions de planchers, de poitrails, de combles, de points métalliques, etc. Première partie : 1° Résistance à la flexion des fers à I et des bois avec applications aux planchers en fer et en bois. 2° Résistance à la compression des pierres, des briques, des bois employés comme piliers, supports isolés, poteaux carrés, rectangulaires ou circulaires, colonnes en bois, etc. ; du fer et de la fonte employés comme colonnes et poitrails... par E.

Sergent,... Troisième édition... — *Paris, l'auteur, 1881, in-8° et atlas in-f°.*

3694. — Les travaux publics chez les anciens et chez les modernes. Leur transformation par suite de la création des chemins de fer. Le viaduc du val Saint-Léger, près de Saint-Germain en Laye. Les chemins de fer. Origine. Historique. Régime français. Régime étranger. Résultats comparatifs. Parallèle entre les travaux anciens et ceux de notre temps. Les œuvres modernes. Par Edouard Marc,... — *Paris, Chaix, 1884, in-8°, fr. lith.*

3695. — Ministère des Travaux publics. Ports maritimes de la France. Notice sur le port du Vieux Boucau, par M. Daguenet,... — *Paris, Impr. Nat., 1887, gr. in-4°, 3 p. et 1 carte.*

3696. — Ministère des Travaux publics. Ports maritimes de la France. Notice sur le port de Capbreton, par M. Daguenet,... — *Paris, Impr. Nat., 1887, gr. in-4°, 22 p. et 1 carte.*

3697. — Essais sur l'amélioration des travaux publics. (Études dédiées aux ingénieurs de France.) [Par Jules Dubuisson d'Auxerre.] — *Nevers, Impr. Bégat, 1889-1891, 2 vol. in-18.*

3698. — Histoire et description des voies de communication aux États-Unis et des travaux d'art qui en dépendent, par Michel Chevalier. — *Paris, Gosselin, 1840-1841, 2 vol. in-4° et atlas in-f°.*

Avec un fascicule séparé contenant la table analytique des matières.

3699. — Chemin de fer entre l'Angleterre et la France, au détroit de la Manche. Exposé à l'Empereur. Comité scientifique international. Commission de surveillance, de souscription et d'études. Signé : Vérard de Sainte-Anne. Paris, le 4 mai 1869. — *S. l. n. d. Paris, Impr. Poitevin, in-4°, 16 p., pl.*

3700. — La mécanique moderne. Les voies ferrées, par L. Baclé,... L'histoire. La route métallique. Le moteur mécanique. Les trains en marche. Les chemins de fer dans les montagnes. Les voies ferrées dans les villes. — *Paris, Masson, 1882, gr. in-8°, pl.*

3701. — Les chemins de fer, par P. LEFÈVRE,... G. CERBELAUD,... — *Paris, Quantin, s. d., in-8°, pl.*

3702. — Chemin de fer de Cauterets à La Raillère, système Abt et Neveu. Résumé des dossiers présentés à l'appui des demandes d'enquête et de concession, dressé par les ingénieurs Abt et Neveu, présenté par le comité fondateur. — *S. l. n. d. [Paris, Impr. Dubreuil], in-f°, 26 p., pl.*

3703. — Histoire du canal de Languedoc, rédigée sur les pièces authentiques conservées à la bibliothèque impériale et aux archives du canal, par les descendants de Pierre Paul Riquet de Bonrepos. [Par J. Jacq. FAGET de BAURE.] — *Paris, Deterville, an XIII-1805, in-8°, fr. gr. et pl.*

> Ouvrage donné à la Bibliothèque par les enfants de l'auteur qui ont inscrit son nom sur le faux-titre.

3704. — Description du plan incliné souterrain, exécuté par Francis Egerton, duc de Bridgewater, entre le bief supérieur et le bief inférieur de son canal souterrain, dans ses mines de charbon de terre de Walkden-Moor, dans le Lancashire, par le très honorable François Henri ÉGERTON. — *Paris, Imp. Chaignieau, 1812, in-8°, 47 p., pl.*

3705. — Étude sur le service hydraulique et sur les mesures administratives concernant les cours d'eau non navigables ni flottables, par M. G. de PASSY,... — *Paris, Dunod, 1868, in-8°.*

3706. — Le canal de Panama transformé en lac intérieur. Nouveau projet proposé par G. SAUTEREAU,... et réalisable pour quatre cents millions de francs. Nouvelle édition... — *Paris, [Impr. Quantin], s. d., in-8°, pl.*

3707. — Rapport à M. le Ministre de l'Instruction publique sur la mission des Chotts. Études relatives au projet de mer intérieure, par le capitaine ROUDAIRE. Extrait des Archives des missions scientifiques et littéraires. Troisième série. Tome quatrième. — *Paris, Impr. Nat., 1877, in-8°, carte.*

3708. — Institut national de France. Académie des sciences. Extrait des comptes-rendus des séances de l'Académie des sciences, tome LXXXIV, séances des 7, 21 et 28 mai 1877. Rapports sur les travaux géodésiques et topographiques exécutés en Algérie par M. Roudaire, et sur un projet de mer intérieure à exécuter au sud de l'Algérie et de la Tunisie, présenté par M. Roudaire. (Commissaires : MM. Dumas, Daubrée, Jurien de La Gravière, Pâris ; Yvon Villarceau et Favé, rapporteurs.) — *S. l. n. d. Paris, Gauthier-Villars, in-4°, 22 p.*

La couverture imprimée sert de titre.

3709. — Ministère des affaires étrangères. Commission supérieure pour l'examen du projet de mer intérieure dans le sud de l'Algérie et de la Tunisie, présenté par M. le commandant Roudaire. 1882. — *Paris, Impr. Nat., 1882, gr. in-4°, carte.*

20. APPENDICE AUX SCIENCES.

A. PHILOSOPHIE OCCULTE : MAGIE. DÉMONS ET SORTILÈGES.

**. — Joan. Reuchlini de arte cabalistica libri tres.

Voy. Division Théologie.

3710. — Apomasaris apotelesmata, sive de significatis et eventis insomniorum, ex Indorum, Persarum Ægyptiorumque disciplina. Depromptus ex Jo. Sambuci V. C. bibliotheca liber, Jo. Leunclaio interprete. — *Francofurti, Wechelus, 1577, in-8°.*

3711. — Malleus maleficarum, ex plurimis auctoribus coacervatus, ac in duos tomos distinctus... [auctore Jacobo Sprengero]. — *Lugduni, Landry, 1595, in-8°.*

Le tome 1er seul.

3712. — Malleus maleficarum, ex plurimis auctoribus coacervatus, ac in duos tomos distinctus... [auctore Jacobo SPRENGERO]. — *Lugduni, Landry, 1596, in-8°.*

3713. — Malleus maleficarum, maleficas et earum hæresin framea conterens. Ex variis auctoribus compilatus... [auctore Jacobo SPRENGERO]. — *Lugduni, Landry, 1620, 3 tom. en 2 vol. in-8°.*

> Le tome 2 est en deux parties. Le tome 3 porte pour titre : Praxis exorcistarum, sive flagellum et fustis dæmonum R. P. F. Hieronymi MENGI,... — *Lugduni, Landry, 1620.*
>
> On trouve à la suite : Praxis exorcistarum, sive fustis dæmonum, adjurationes formidabiles et potentissimas ad malignos spiritus effugandos de oppressis corporibus humanis, ex sacra Apocalypsis fonte, variisque sanctorum patrum auctoritatibus haustas, complectens. Auctore R. P. F. Hieron. MENGO,... — *Lugduni, Landry, 1620, in-8°.*
>
> Fuga Satanæ. Exorcismus ex sacrarum litterarum fontibus, pioque sacros. ecclesiæ instituto exhaustus. Authore Petro Antonio STAMPA,... — *Lugduni, Landry, 1618, in-8°.*

3714. — Disquisitionum magicarum libri sex... Auctore Martino DELRIO, Societa. Jesu presbytero,... — *Lugduni, Pillehotte, 1604, 3 tom. en 1 vol. in-4°, titre gr.*

3715. — Dæmoniaci cum locis infestis et terriculamentis nocturnis. Id est libri tres, quibus spirituum homines obsidentium atque infestantium genera, conditiones et quas adferunt molestiæ molestiarumque causæ atque modi explicantur : rationes quoque ostenduntur, quibus ab eorundem molestiis contingit liberari. Auctore Petro THYRÆO, Novesiano, Societatis Jesu,... — *Coloniæ-Agrippinæ, Cholinus, 1604, 2 part. en 1 vol. in-4°.*

3716. — Fuga Satanæ. Exorcismus ex sacrarum litterarum fontibus, pioque sacros. ecclesiæ instituto exhaustus, autore Petro Antonio STAMPA,... — *Lugduni, Landry, 1612, in-8°.*

3717. — Tableau de l'inconstance des mauvais anges et démons, où il est amplement traité des sorciers et de la sorcellerie. Livre très utile et nécessaire, non seulement aux juges, mais à tous ceux qui vivent sous les lois chrétiennes. Avec un Discours contenant la procédure faite par les inquisitions d'Espagne et de Navarre à

53 magiciens, apostats, juifs et sorciers, en la ville de Logroñe, en Castille, le 9 novembre 1610; en laquelle on voit combien l'exercice de la justice en France est plus juridiquement traité et avec de plus belles formes qu'en tous autres empires, républiques et états. Par Pierre de Lancre,... — *Paris, Buon, 1612, in-4°.*

3718. — Flagellum dæmonum, exorcismos terribiles, potentissimos et efficaces, remediaque probatissima, ac doctrinam singularem ad malignos spiritus expellendos, facturasque et maleficia fuganda de obsessis corporibus, complectens; cum suis benedictionibus et omnibus requisitis ad eorum expulsionem. Item Fustis dæmonum, cum novis exorcismis... Autore R. P. F. Hieronymo Mengo,... Quibus noviter accessit insignis tractatus qui Fuga Satanæ inscribitur, autore Petro Antonio Stampa,... — *Lugduni, Landry, 1614, in-8°.*

3719. — Fustis dæmonum adjurationes formidabiles et potentissimas ad malignos spiritus effugandos de oppressis corporibus humanis, ex sacræ Apocalypsis fonte, variisque sanctorum patrum auctoritatibus haustas complectens. Auctore R. P. F. Hieronymo Mengo,... — *Lugduni, Landry, 1615, in-8°.*

Le titre porte : Tomus tertius.

3720. — Petri Bungi Bergomatis, numerorum mysteria, ex abditis plurimarum disciplinarum fontibus hausta. Opus maximarum rerum doctrina et copia refertum. In quo mirus imprimis, idemque perpetuus arithmeticæ Pythagoricæ cum divinæ paginæ numeris consensus multiplici ratione probatur. Postrema hac editione ab auctore ipso... auctum... — *Lutetiæ-Parisiorum, Sonnius, 1618, 2 part. en 1 vol. in-4°.*

3721. — La magie naturelle, divisée en quatre livres, par Jean-Baptiste Porta, contenant les secrets et miracles de nature, et nouvellement l'Introduction à la belle magie, par Lazare Meyssonnier,... — *Lyon, Valfray, 1650, in-12.*

Introduction à la belle magie, surnaturelle, naturelle et artificielle, par Lazare Meyssonnier,... — *Lyon, 1650, in-12,* 24-6-[xviii] p.

3722. — Enchiridion Leonis Papæ serenessimo imperatori Carolo magno in munus pretiosum datum, nuperrime mendis omnibus purgatum. — *Romæ, 1660, in-18, pl.*

Les véritables clavicules de Salomon. — *A Memphis, chez Alibeck, s. d., in-18, 90 p., pl.*

Les œuvres magiques de Henri Corneille Agrippa, par Pierre d'Aban, latin et français, avec des secrets occultes. — *Liège, 1788, in-18, pl.*

3723. — Le Comte de Gabalis ou entretiens sur les sciences secrètes, [par l'abbé de Montfaucon de Villars]. Renouvelé et augmenté d'une lettre sur ce sujet. — *Paris, Barbin, s. d. [1670], in-12.*

3724. — Apologie pour les grands hommes soupçonnés de magie, par G. Naudé, Parisien. Dernière édition... — *Amsterdam, Bernard, 1712, in-12, fr. gr.*

Aux armes du duc de Penthièvre.

3725. — Histoire du diable, [par Daniel de Foé], traduite de l'anglais. — *Amsterdam, aux dépens de la Compagnie, 1730, 2 vol. in-12, fr. gr.*

3726. — Histoire critique des pratiques superstitieuses qui ont séduit les peuples et embarrassé les savants. Avec la méthode et les principes pour discerner les effets naturels d'avec ceux qui ne le sont pas, par le R. P. Pierre Le Brun,... Seconde édition augmentée [par l'abbé Bellon]. — *Paris, Delaulne, 1732, 3 vol. in-12, fr. gr. et pl.*

3727. — Traité sur les apparitions des esprits et sur les vampires, ou les revenants de Hongrie, de Moravie, etc., par le R. P. Dom Augustin Calmet,... Nouvelle édition... — *Paris, Debure, 1751, 2 vol. in-12.*

3728. — Traité historique et dogmatique sur les apparitions, les visions et les révélations particulières. Avec des observations sur les dissertations du R. P. Dom Calmet,... sur les apparitions et les revenants, par M. l'abbé Lenglet-Dufresnoy. — *Avignon et Paris, Leloup, 1751, 2 vol. in-12.*

3729. — Dictionnaire mytho-hermétique, dans lequel on trouve les allégories fabuleuses des poëtes, les métaphores, les énigmes et les termes barbares des philosophes hermétiques expliqués, par Dom Antoine Joseph Pernety,... — *Paris, Delalain, 1787, pet. in-8°*.

3730. — La démonologie ou histoire des démons et des sorciers, par Walter Scott, traduite sur le texte anglais, par M. Albert Montémont,... — *Paris, Armand-Aubrée, 1832, in-8°*.

3731. — Pneumatologie. Des esprits et de leurs manifestations fluidiques. Mémoire adressé à l'Académie par J*. E. de Mirville. Troisième édition comprenant : 1° Un avant-propos en forme de lettre, par le T. R. P. Ventura,... 2° Une lettre adressée à l'auteur par M. le D*r* Coze,... 3° Une lettre de M. F. de Saulcy,... — *Paris, Vrayet de Surcy, 1854, in-8°*.

3732. — Recherches sur le dernier sorcier et la dernière école de magie, par J. B. Millet St-Pierre. Extrait des publications de la Société Havraise d'études diverses, 1857-58. — *Havre, Impr. Lepelletier, 1859, in-8°, 55 p*.

Notice biographique sur Alliette, dit Etteila, et ses ouvrages.

3733. — Histoire du merveilleux dans les temps modernes, par Louis Figuier. Deuxième édition. — *Paris, Hachette, 1860-1861, 4 vol. in-12*.

Tome 1*er*. Introduction. Les diables de Loudun. Les convulsionnaires jansénistes.
Tome 2. Les prophètes protestants. La baguette divinatoire.
Tome 3. Le magnétisme animal.
Tome 4. Les tables tournantes. Les médiums et les esprits.

3734. — Dictionnaire infernal. Répertoire universel des êtres, des personnages, des livres, des faits et des choses qui tiennent aux esprits, aux démons, aux sorciers, au commerce de l'enfer, aux divinations, aux maléfices, à la cabale et aux autres sciences occultes, aux prodiges, aux impostures, aux superstitions diverses et aux pronostics, aux faits actuels du spiritisme, et généralement à toutes les fausses croyances merveilleuses, surprenantes, mystérieuses et surnaturelles ; par J. COLLIN DE PLANCY. Sixième édition... — *Paris, Plon, 1863, gr. in-8°, fr. lith.*

3735. — La magie et l'astrologie dans l'antiquité et au moyen âge, ou étude sur les superstitions païennes qui se sont perpétuées jusqu'à nos jours, par L. F. Alfred MAURY. Troisième édition. — *Paris, Didier, 1864, in-12.*

3736. — Chiromancie nouvelle, en rapport avec la phrénologie et la physiognomonie. Les mystères de la main révélés et expliqués. Art de connaître la vie, le caractère, les aptitudes et la destinée de chacun, d'après la seule inspection des mains, par Ad. DES-BARROLLES. Huitième édition... — *Paris, Libr. du Petit Journal, s. d., in-12.*

3737. — Les sciences occultes en Asie. La magie chez les Chaldéens et les origines Accadiennes, par François LENORMANT. — *Paris, Maisonneuve, 1874, in-8°.*

3738. — Choses de l'autre monde, par Eugène NUS. — *Paris, Dentu, [1880], in-12.*

3739. — Les sciences et les arts occultes au XVIe siècle. Corneille Agrippa, sa vie et ses œuvres, par M. Aug. PROST. — *Paris, Champion, 1881-1882, 2 vol. in-8°, port.*

3740. — La science des philosophes et l'art des thaumaturges dans l'antiquité, par Albert de ROCHAS,... — *Paris, G. Masson, 1882, gr. in-8°, pl.*

3741. — Procès-verbal fait pour délivrer une fille possédée par le malin esprit à Louviers, publié d'après le manuscrit original et inédit de la Bibliothèque Nationale, par Armand BÉNET,... précédé d'une introduction, par B. de MORAY. — *Paris, Delahaye et Lecrosnier, 1883, in-8°.*

3742. — Histoires, disputes et discours des illusions et impostures des diables, des magiciens infâmes, sorcières et empoisonneurs : des ensorcelés et démoniaques et de la guérison d'iceux : Item de la punition que méritent les magiciens, les empoisonneurs et les sorcières. Le tout compris en six livres, par Jean WIER,... Deux dialogues touchant le pouvoir des sorcières et de la punition qu'elles méritent, par Thomas ERASTUS,... — *Paris, Delahaye et Lecrosnier, 1885, 2 vol. in-8°, portr.*

3743. — Sœur Jeanne des Anges, supérieure des Ursulines de Loudun (XVIIe siècle). Autobiographie d'une hystérique possédée, d'après le manuscrit inédit de la bibliothèque de Tours, annoté et publié par les docteur Gabriel LEGUE et GILLES DE LA TOURETTE. Préface de M. le professeur CHARCOT,... — *Paris, Delahaye et Lecrosnier, 1886, in-8°, fac-simile.*

3744. — La possession de Jeanne Fery, religieuse professe du couvent des sœurs noires de la ville de Mons (1584). — *Paris, Delahaye et Lecrosnier, 1886, in-8°.*

3745. — Procès criminel de la dernière sorcière brûlée à Genève le 6 avril 1652, publié d'après des documents inédits et originaux conservés aux archives de Genève (n° 3465), par le Dr LADAME,... — *Paris, Delahaye et Lecrosnier, 1888, in-8°, XII-52 p.*

3746. — Le sabbat des sorciers, par BOURNEVILLE et E. TEINTURIER. 2e édition. — *Paris, Lecrosnier et Babé, 1890, in-8°, 38 p. et 1 pl.*

3747. — Du surnaturel, par le Cte Agénor de GASPARIN. — *Paris, Calmann Lévy, 1892, 2 vol. in-12.*

B. ALCHIMIE.

3748. — Vera ac perfecta descriptio qua ratione ex vini fecibus bonum plurimumque tartarum sit extrahendum. In gratiam dulcissimæ patriæ publici juris facta per inventorem Joh. Rudolphum GLAUBERUM. — *Amstelodami, Janssonius, 1655, in-8°, 28 p.*

On trouve à la suite :
Tractatus de natura salium, sive dilucida descriptio, perfecta explanatione declarans naturam, proprietates et usus salium vulgo

notorum, ut et alius cujusdam, admodum mirabilis et hactenus mundo ignoti salis, cujus adjumento omnia vegetabilia, animalia et mineralia, sine ponderum suorum diminutione et formarum mutatione in dura et incombustibilia corpora transmutari possunt. Cum demonstratione firmissima, quod sal (post Deum et solem) unicum sit principium, solaque origo... cunctarum rerum... Item tractatulus parvus et compendiosus de salium, metallorum et planetarum signatura... editus opera et studio Rudolphi GLAUBERI. — *Amsterodami, Janssonius, 1659, in-8°.*

Tractatus de signatura salium, metallorum et planetarum... opusculum conscriptum et in lucem editum a Joanne Rudolpho GLAUBERO. — *Amstelodami, Janssonius, 1659, in-8°, 44 p.*

Johannis Rudolphi GLAUBERI arca thesauris opulenta, sive appendix generalis omnium librorum hactenus editorum... — *Amstelædami, Janssonius, 1660-1661, 2 tom. in-8°.*

Johannis Rudolphi GLAUBERI apologia contra mendaces Christophori Farnneri calumnias... — *Amstelodami, 1655, in-8°, 94 p.*

Libellus dialogorum, sive colloquia nonnullorum hermeticæ medicinæ ac tincturæ universalis, studiosorum in gratiam eorum qui hermeticam philosophiam amplectuntur, conscripta et edita studio et labore Joh. Rudolphi GLAUBERI. — *Amstelodami, Jansonnius, 1663, in-8°, 91 p.*

3749. — Aurea catena Homeri, das ist eine Beschreibung von dem ursprungder Natur und naturlichen Dinge, wie und woraus sie gebohren und gezeuget, auch wie sie erhalten und wiederum in ihr uranfangliches Wesen zerstoret werden... Neue Auflage.— *Leipzig, Walther, 1738, in-8°.*

3750. — Les origines de l'alchimie, par M. BERTHELOT,... — *Paris, Steinheil, 1885, in-8°, portr. et pl.*

3751. — Collection des anciens alchimistes grecs publiée sous les auspices du Ministère de l'Instruction Publique, par M. BERTHELOT,... avec la collaboration de M. Ch. Em. RUELLE,... — *Paris, Steinheil, 1887-1888, 3 vol. in-4°.*

    Première livraison : Introduction... Indications générales. Traités démocritains (DÉMOCRITE. SYNÉSIUS. OLYMPIODORE)...
    Seconde livraison : Œuvres de ZOZIME.
    Troisième livraison : Les vieux auteurs, les traités techniques et les commentateurs.
    Quatrième livraison : Tables.

3752. — L'alchimie et les alchimistes. Essai historique et critique sur la philosophie hermétique, par Louis FIGUIER. Troisième édition. — *Paris, Hachette, 1860, in-12.*

C. ASTROLOGIE. DIVINATION.

3753. — Tractatus astrologicus de genethliacorum thematum judiciis pro singulis nati accidentibus, ex vetustis et optimis quibusque auctoribus, industria Henrici RANZOVII,... collectus. — *Francofurti, Wechelus, 1593, in-8°.*

3754. — Commentarius de præcipuis divinationum generibus, in quo a prophetiis, authoritate divina traditis, et a physicis conjecturis, discernuntur artes et imposturæ diabolicæ, atque observationes natæ ex superstitione, et cum hac conjunctæ ; et monstrantur fontes ac causæ physicarum prædictionum, diabolicæ vero ac superstitiosæ confutatæ damnantur... recognitus ultimo et auctus ab authore ipso Gasparo PEUCERO D. — *Francofurti, Wechelus, 1593, in-8°.*

3755. — Defensio bonorum astrologorum de astrologia judiciaria, adversus calumniatores : ... per Franciscum JUNCTINUM,... Francisci JUNCTINI,... tractatus judicandi hominum nativitates. — *In-4°.*

Le titre manque.

3756. — Cl. SALMASII de annis climactericis et antiqua astrologia diatribæ. — *Lugd. Batavor. Elzevir, 1648, in-8°.*

3757. — La concordance des prophéties de Nostradamus avec l'histoire depuis Henri II jusqu'à Louis le Grand. La vie et l'apologie de cet auteur. Ensemble quelques essais d'explications sur plusieurs de ses autres prédictions, tant sur le présent que sur l'avenir, par M. GUYNAUD,... — *Paris, Morel, 1693, in-12.*

3758. — Les prophéties de M. Michel NOSTRADAMUS, divisées en dix centuries. Nouvelle édition, imprimée d'après la copie de la première édition faite sous les yeux de César Nostradame, son fils, en 1568. — *Avignon, Garrigan, 1791, in-12.*

3759. — Histoire de la divination dans l'antiquité, par A. Bouché-Leclercq,... — *Paris, Leroux, 1879-1882, 4 vol. in-8°.*
>Tome 1er. Introduction. Divination hellénique. Méthodes.
>Tome 2. Les sacerdoces divinatoires. Devins, chresmologues, sibylles. Oracles des Dieux.
>Tome 3. Oracles des Dieux (suite). Oracles des héros et des morts. Oracles exotiques hellénisés.
>Tome 4. Divination italique (étrusque, latine, romaine). Index.

21. ARTS.

A. MNÉMONIQUE.

**. — Pratique de la mémoire artificielle, par le P. Buffier.
>Voy. Division Histoire.

B. ÉCRITURE.

3760. — Joan. Baptistæ Portæ Neapol. de furtivis litterarum notis. — *In-f°.*
>Le titre et les dernières pages manquent. C'est l'édition en cinq livres : *Naples, 1606.*

3761. — Système universel et complet de sténographie, ou manière abrégée d'écrire applicable à tous les idiomes et fondée sur des principes si simples et si faciles à saisir qu'on peut connaître en un jour les éléments de cet art et se mettre en état dans très peu de temps de suivre la parole d'un orateur. Inventé par Samuel Taylor,... et adapté à la langue française par Théodore Pierre Bertin,... Troisième édition... et suivie d'un index d'adversaria, ou de répertoire littéraire plus avantageux que celui de Locke, avec lequel il est comparé. — *Paris, Impr. Didot, l'an IV... in-8°, titre gr. et pl.*

3762. — Sistema universale e completo di stenografia, o sia maniera di scrivere in compendio applicabile a tutti al'idiomi, fondato sopra semplici e facili principi, i cui elementi possono apprendersi in un'ora, ed essere in pochissimo tempo in grado di seguire la parola di un oratore. Inventato da Samuel Taylor,... adattato alla lingua italiana da Emilio Amanti... — *Parigi, Dien, 1809, in-8°, titre gr. et pl.*

3763. — Calligraphie commerciale par Verharne de Dunkerque. Deuxième édition... augmentée de plusieurs documents commerciaux et d'un supplément sur l'art d'enseigner tous les genres d'écritures en peu de temps d'après l'action des organes... — *Paris, Renard, s. d., in-f°, 32 p. n. ch. et 35 pl.*

La couverture imprimée sert de titre.

3764. — Écritures anglaises d'après les meilleurs maîtres de Londres, gravées par d'Avignon. — *Paris, Basset, s. d., in-f°, 20 pl.*

3765. — Alphabet cursif, par M. Auguste Du Peyrat,... Extrait du Congrès scientifique de France, 28° session, t. V. — *Bordeaux, Coderc, Degréteau et Poujol, 1864, in-8°, 11 p.*

La couverture imprimée sert de titre.

3766. — Manuels-Roret. Nouveau manuel complet de typographie contenant les principes théoriques et pratiques de cet art, par A. Frey,... Nouvelle édition revue... par M. E. Bouchez,... — *Paris, Roret, 1856, 2 vol. in-18, pl.*

3767. — Notions de typographie à l'usage des écoles professionnelles ; précédées d'un Avant-propos sur l'origine de l'imprimerie, par E. Desormes,... — *Paris, École Gutenberg, 1888, in-8°.*

22. BEAUX-ARTS.

A. INTRODUCTION. HISTOIRE. DICTIONNAIRES. PHILOSOPHIE DES BEAUX-ARTS.

3768. — Des principes de l'architecture, de la sculpture, de la peinture et des autres arts qui en dépendent. Avec un dictionnaire des termes propres à chacun de ces arts. [Par André Félibien, sieur des Avaux et de Javercy.] Seconde édition. — *Paris, Coignard, 1690, in-4°, pl.*

Aux armes du duc de Penthièvre.

3769. — Cabinet des singularités d'architecture, peinture, sculpture et gravure, ou introduction à la connaissance des plus beaux arts, figurés sous les tableaux, les statues et les estampes... par Florent Le Comte,... — *Paris, Le Clerc, 1699, 2 vol. in-12, fr. gr.*

3770. — Histoire de l'art par les monuments depuis sa décadence au ive siècle jusqu'à son renouvellement au xvie, par J. B. L. G. Seroux d'Agincourt. — *Paris, Treuttel et Würtz, 1823, 6 vol. in-f°.*

3771. — Les arts au moyen âge, en ce qui concerne principalement le palais romain de Paris, l'hôtel de Cluny, issu de ses ruines et les objets d'art de la collection classée dans cet hôtel, par A^{dre} Du Sommerard. — *Paris, Techener, 1838-1846, 5 vol. in-8° et 6 vol. in-f°, pl.*

3772. — Dictionnaire des Beaux-Arts, par A. L. Millin,... — *Paris, Barba, 1838, 3 vol. in-8°.*

3773. — Theophili presbyteri et monachi libri III, seu diversarum artium schedula, opera et studio Caroli de L'Escalopier. Théophile, prêtre et moine, Essai sur divers arts, publié par le Cte Charles de L'Escalopier,... et précédé d'une introduction, par J. Marie Guichard. — *Paris, Toulouse, 1843, in-4°.*

3774. — Dictionnaire iconographique des monuments de l'antiquité chrétienne et du moyen âge, depuis le Bas empire jusqu'à la fin du seizième siècle, indiquant l'état de l'art et de la civilisation à ces diverses époques, par L. J. GUENEBAULT. — *Paris, Leleux, 1843-1845, 2 vol. in-8°.*

3775. — Manuel de l'histoire de l'art chez les anciens, par le Cte de CLARAC,... — *Paris, Renouard, 1847-1849, 3 vol. in-16.*

> Première partie. Avant-propos. Description des musées de sculpture antique et moderne du Louvre.
> Deuxième partie. Catalogue chronologique des artistes, écrivains et personnages célèbres, généalogie des Ptolémée, les familles romaines.
> Troisième partie. Catalogue des artistes de l'antiquité, jusqu'à la fin du vi^e siècle de notre ère, avec les statues, mosaïques, pierres gravées, vases peints, etc., portant les noms des artistes et les musées et collections particulières qui les possèdent.

3776. — Abecedario de P. J. MARIETTE et autres notes inédites de cet amateur sur les arts et les artistes. Ouvrage publié d'après les manuscrits autographes conservés au cabinet des estampes de la Bibliothèque impériale et annoté par MM. Ph. de CHENNEVIÈRES et A. de MONTAIGLON. — *Paris, Dumoulin, 1851-1860, 6 vol. in-8°.*

3777. — Archives de l'art français. Recueil de documents inédits relatifs à l'histoire des arts en France, publié sous la direction de Ph. de CHENNEVIÈRES [continué sous la direction de M. Anatole de MONTAIGLON,...] — *Paris, Dumoulin, 1851-1860, 6 vol. in-8°, portr.*

3778. — Archives de l'art français. Recueil de documents inédits relatifs à l'histoire des arts en France, publié sous la direction de M. Anatole de MONTAIGLON. Deuxième série. — *Paris, Tross, 1861-1862, 2 vol. in-8°.*

3779. — Nouvelles archives de l'art français. Recueil de documents inédits publiés par la Société de l'histoire de l'art français. — *Paris, Baur, 1872-1885, 12 vol. in-8°.*

> Les trois derniers volumes portent en outre sur le titre : Scellés et inventaires d'artistes, publiés par Jules GUIFFREY.

3780. — Bulletin de la Société de l'histoire de l'art français. 1875-1878. — *Paris, Baur, 1878, 4 tom. en 1 vol. in-8°.*

3781. — Société de l'histoire de l'art français. Revue de l'art français ancien et moderne... — *Paris, Charavay, 1884-1895, 12 vol. in-8°.*
En cours de publication.

3782. — Études sur les Beaux-Arts en général, par M. Guizot. — *Paris, Didier, 1852, in-8°.*
De l'état des Beaux-Arts en France et du Salon de 1810. Essai sur les limites qui séparent et les liens qui unissent les Beaux-Arts. Description des tableaux d'histoire gravés dans le Musée royal publié par Henri Laurent.

3783. — Mémoires pour servir à l'histoire de l'Académie royale de peinture et de sculpture depuis 1648 jusqu'en 1664, [par Henri Testelin], publiés pour la première fois par M. Anatole de Montaiglon,... — *Paris, Jannet, 1853, 2 vol. in-16.*

3784. — Mémoires inédits sur la vie et les ouvrages des membres de l'Académie royale de peinture et de sculpture, publiés d'après les manuscrits conservés à l'École impériale des Beaux-Arts, par MM. L. Dussieux, E. Soulié, Ph. de Chennevières, Paul Mantz, A. de Montaiglon, sous les auspices de M. le Ministre de l'Intérieur. — *Paris, Dumoulin, 1854, 2 vol. in-8°.*
Exemplaire ayant, outre le titre primitif, les nouveaux titres et les tables publiés en 1887.

3785. — Procès-verbaux de l'Académie royale de peinture et de sculpture, 1648-1793, publiés pour la Société de l'histoire de l'art français, d'après les registres originaux conservés à l'École des Beaux-Arts, par M. Anatole de Montaiglon. — *Paris, Baur, 1875-1892, 10 vol. in-8°.*

3786. — Études sur les beaux-arts depuis leur origine jusqu'à nos jours, par F. B. de Mercey. — *Paris, Bertrand, 1855, 3 vol. in-8°.*

3787. — Les beaux-arts en Europe, 1855, par Théophile Gautier. Première série. — *Paris, Michel-Lévy, 1855, in-12.*

3788. — Histoire de l'art en France. Recueil raisonné et annoté de tout ce qui a été écrit et imprimé sur la peinture, la sculpture, l'architecture et la gravure françaises depuis leur origine jusqu'à nos jours, par Poussin, Félibien, Mignard, De Piles, Winkelmann, le comte de Caylus, Diderot, Papillon, Hagedorn, Prudhon, David, Wattelet, Reynolds, Greuze, Mariette, Grimm, Fréron, Chardin, Delecluse, Vitet, F. de Mercey, P. Mantz, G. Planche, Arsène Houssaye, J. Janin, E. Delacroix, Théophile Gautier, Pradier, Cte de Nieuwerkerke, Amaury Duval, Cte Clément de Ris, A. de Montaiglon, Henri Lehmann, D. Stern, P. Malitourne, L. Peisse, C. Blanc, P. de Chennevières, C. Lenormand, etc. Première série. — *Paris, Sartorius, [1856], in-8°.*

3789. — Les artistes français à l'étranger. Recherches sur leurs travaux et sur leur influence en Europe, précédées d'un Essai sur les origines et le développement des arts en France, par L. Dussieux,... — *Paris, Gide et Baudry, 1856, gr. in-8°.*

3790. — Les artistes français à l'étranger, par L. Dussieux... Troisième édition. — *Paris, Lecoffre, 1876, gr. in-8°.*

3791. — Curiosités de l'histoire des Arts, par P. L. Jacob, bibliophile. [P. Lacroix.] — *Paris, Delahays, 1858, in-16.*

Notice sur le parchemin et le papier. Recherches sur les cartes à jouer. Origines de l'imprimerie. La reliure depuis l'antiquité jusqu'au dix-septième siècle. Histoire de l'orfèvrerie française. Les instruments de musique au moyen âge.

3792. — Dictionnaire de l'Académie des Beaux-Arts. — *Paris, Didot, 1858 et années suiv., 5 vol. in-4°, pl.*

En cours de publication.

3793. — Beaux-Arts et voyages, par Charles Lenormant. Précédés d'une lettre de M. Guizot. — *Paris, Michel-Lévy, 1861, 2 vol. in-8°.*

3794. — De l'art chrétien, par A. F. Rio. Nouvelle édition... — *Paris, Hachette, 1861-1867, 4 vol. in-8°.*

3795. — Épilogue à l'art chrétien, par A. F. Rio. — *Paris, Hachette, 1872, 2 vol. in-8°.*

— 582 —

3796. — Réorganisation de l'École impériale des Beaux-Arts. Documents officiels extraits du *Moniteur Universel*. — *Paris, Morel, 1864, in-8°, 61 p.*

3797. — Études sur l'histoire de l'art, par L. VITET,... — *Paris, Michel-Lévy, 1864, 4 vol. in-12.*

>Première série : Antiquité. Grèce, Rome, Bas-Empire.
>Deuxième série : Moyen âge.
>Troisième série : Temps modernes. La peinture en Italie, en France et aux Pays-Bas.
>Quatrième série : Temps modernes. Arts divers. Musique religieuse, musique dramatique.

3798. — Esthétique générale et appliquée, contenant les règles de la composition dans les arts plastiques, par M. David SUTTER. — *Paris, Impr. Imp., 1865, gr. in-4°, portr. et pl.*

3799. — LESSING. Laocoon, ou des limites de la peinture et de la poésie. [Texte et] traduction française, par A. COURTIN. — *Paris, Hachette, 1866, in-12.*

3800. — De la condition des artistes dans l'antiquité grecque. Thèse présentée à la Faculté des lettres de Paris, par H. BAZIN,... — *Nice, Impr. Gauthier, 1866, in-8°.*

3801. — Philosophie de l'art dans les Pays-Bas, par H. TAINE. Leçons professées à l'École des Beaux-Arts. — *Paris, Germer-Baillière, 1869, in-12.*

3802. — Philosophie de l'art en Grèce, par H. TAINE. Leçons professées à l'École des Beaux-Arts. — *Paris, Germer-Baillière, 1869, in-12.*

3803. — Philosophie de l'art, par H. TAINE. Leçons professées à l'École des Beaux-Arts. Deuxième édition. — *Paris, Germer-Baillière, 1872, in-12.*

3804. — De l'idéal dans l'art, par H. TAINE,... Leçons professées à l'École des Beaux-Arts. Deuxième édition. — *Paris, Germer Baillière, 1879, in-12.*

3805. — Philosophie de l'art en Italie, par H. Taine,... Leçons professées à l'École des Beaux-Arts. Troisième édition. — *Paris, Germer-Baillière, 1880, in-12.*

3806. — Histoire de l'art grec avant Périclès, par M. Beulé,... Deuxième édition. — *Paris, Didier, 1870, in-12.*

3807. — Histoire des Beaux-Arts. Art antique, architecture, sculpture, peinture, art domestique, par René Ménard. Avec un Appendice sur la musique chez les anciens, par G. Bertrand. Seconde édition. — *Paris, [1870], in-12.*

3808. — René Ménard. Histoire des Beaux-Arts. Art antique. Moyen âge. Art moderne. Architecture, sculpture, peinture, art domestique. — *Paris, Delagrave, 1882, 3 vol. in-12.*

3809. — Considérations sur les musées de province, par M. Ch. Le Cœur. — *Pau, Impr. Vignancour, 1872, in-8°, 45 p.*

3810. — L'Académie de France à Rome. Correspondance inédite de ses directeurs, précédée d'une Étude historique, par A. Lecoy de La Marche,... — *Paris, Didier, 1874, in-8°.*

3811. — Correspondance des directeurs de l'Académie de France à Rome avec les surintendants des bâtiments, publiée d'après les manuscrits des Archives nationales, par M. Anatole de Montaiglon, sous le patronage de la Direction des Beaux-Arts. — *Paris, Charavay, 1887 et années suiv., 4 vol. in-8°.*
   En cours de publication. Tomes 1, 2, 3, 5.

3812. — L'art dans la parure et dans le vêtement, par M. Charles Blanc,... — *Paris, Loones, 1875, in-8°, pl.*
   Deux exemplaires.

3813. — Études sur les arts au moyen âge, par Prosper Mérimée,... — *Paris, Michel-Lévy, 1875, in-12.*

3814. — Hegel. Esthétique. Traduction française. Deuxième édition, par Ch. Bénard,... — *Paris, Germer-Baillière, 1875, 2 vol. in-8°.*

— 384 —

3815. — L'esthétique, par Eugène VÉRON,... Origine des arts. Le goût et le génie. Définition de l'art et de l'esthétique. Le style. L'architecture. La sculpture. La peinture. La danse. La musique. La poésie. — *Paris, Reinwald, 1878, in-12.*

3816. — Principes scientifiques des Beaux-Arts. Essais et fragments de théorie, par E. BRÜCKE,... Suivis de l'Optique et la peinture, par H. HELMHOLTZ,... — *Paris, Germer-Baillière, 1878, in-8°.*

3817. — Les arts à la cour des Papes pendant le xve et le xvie siècle. Recueil de documents inédits tirés des archives et des bibliothèques romaines, par M. Eugène MÜNTZ,... — *Paris, Thorin, 1878-1882, 3 vol. in-8°, pl.*

    1re partie. Martin V - Pie II, 1417-1464.
    2e partie. Paul II, 1464-1471.
    3e partie, 1re section. Sixte IV - Léon X, 1471-1521.
    Bibliothèque des écoles françaises d'Athènes et de Rome, fascicules 4, 9, 28.

3818. — Les éléments de l'art arabe. Le trait des entrelacs, par J. BOURGOIN,... — *Paris, Didot, 1879, gr. in-8°, 47 p. et 190 - x pl.*

3819. — Précis de l'art arabe et matériaux pour servir à l'histoire, à la théorie et à la technique des arts de l'Orient musulman, par J. BOURGOIN. — *Paris, Leroux, 1892, in-4°, pl.*

3820. — Mémoires inédits de Charles Nicolas COCHIN sur le Comte de Caylus, Bouchardon, les Slodtz, publiés d'après le manuscrit autographe, avec introduction, notes et appendice, par M. Charles HENRY. — *Paris, Baur, 1880, in-8°.*

3821. — L'art du xviiie siècle, par Edmond et Jules de GONCOURT. — *Paris, Charpentier, 1881-1882, 3 vol. in-12.*

    Première série : Watteau. Chardin. La Tour. Boucher.
    Deuxième série : Greuze. Les Saint-Aubin. Gravelot. Cochin.
    Troisième série : Eisen. Moreau. Debucourt. Fragonard. Prudhon.

3822. — Etienne PARROCEL. L'art dans le Midi. Célébrités marseillaises. Marseille et ses édifices. Architectes et ingénieurs du xixe siècle. — *Marseille, Impr. Chatagnier, 1881-1884, 4 vol. in-12.*

3823. — Etienne Parrocel. L'art dans le Midi. Des origines et du mouvement artistique et littéraire jusqu'au xix⁰ siècle. Deuxième édition. — *Marseille, Impr. Chatagnier, 1884, in-12.*

3824. — Histoire documentaire de l'Académie de peinture et de sculpture de Marseille, par M. Etienne Parrocel,... — *Paris, Impr. Nat., 1889-1890, 2 vol. in-8°.*

3825. — Les beaux-arts en Provence. Revue générale au point de vue documentaire des incidents et des faits se rattachant à l'instruction publique, au mouvement littéraire, scientifique et aux beaux-arts pendant l'époque révolutionnaire, pour faire suite à l'Histoire documentaire de l'académie de peinture et de sculpture de Marseille, par Etienne Parrocel,... — *Paris, Impr. Plon, 1889, in-8°.*

3826. — Georges Lafenestre. Maîtres anciens. Études d'histoire et d'art. Sculpture italienne. Peinture milanaise. — Bernardino Luini. — Van Dyck. — Dessins de maîtres anciens. — Collections de Chantilly. — Les deuils de l'art. — Le Salon de Paris. — *Paris, Loones, 1882, in-8°.*

3827. — Les Précurseurs de la Renaissance, par Eugène Müntz,... — *Paris, Rouam, 1882, in-4°.*

3828. — Les collections des Médicis au xv⁰ siècle. Le musée. — La bibliothèque. — Le mobilier. (Appendice aux Précurseurs de la Renaissance), par Eugène Müntz. — *Paris, Rouam, 1888, in-4°.*

3829. — La Renaissance en Italie et en France à l'époque de Charles VIII. Ouvrage publié sous la direction et avec le concours de M. Paul d'Albert de Luynes et de Chevreuse, duc de Chaulnes, par M. Eugène Müntz. — *Paris, Didot, 1885, in-4°, pl.*

3830. — Histoire de l'art pendant la Renaissance, par Eugène Müntz,... — *Paris, Hachette, 1889-1895, 3 vol. in-4°, pl.*

    I. Italie. Les primitifs.
    II. Italie. L'âge d'or.
    III. Italie. La fin de la Renaissance. Michel-Ange. Le Corrège. Les Vénitiens.

**. — Histoire de l'art dans l'antiquité, par G. Perrot et Ch. Chipiez. Voy. Division Histoire.

3831. — Œuvres de Sully-Prudhomme,... Prose (1883). L'expression dans les Beaux-Arts. Application de la psychologie à l'étude de l'artiste et des Beaux-Arts. — *Paris, Lemerre, 1883, in-8°.*

3832. — Essai sur le génie dans l'art, par Gabriel Séailles,... — *Paris, Germer-Baillière, 1883, in-8°.*

3833. — L'art byzantin, par C. Bayet,... Nouvelle édition. — *Paris, Quantin, [1883], pet. in-8°.*

3834. — Henry Houssaye. L'art français depuis dix ans. Deuxième édition. — *Paris, Didier, 1883, in-12.*

3835. — Lexique des termes d'art, par Jules Adeline. — *Paris, Quantin, [1884], pet. in-8°.*

3836. — Traité de l'administration des Beaux-Arts. Historique. Législation. Jurisprudence. Écoles. Musées. Expositions. Monuments. Manufactures. Théâtres, par MM. Paul Dupré,... et Gustave Ollendorff,... — *Paris, Dupont, 1885, 2 vol. in-8°.*

3837. — Théorie des arts au xixe siècle. Charles Blanc et son œuvre. Critique, histoire et théorie des arts du dessin. Architecture. Sculpture. Peinture. Ornement. Par Tullo Massarani,... avec une Introduction par Eugène Guillaume,... — *Paris, Rothschild, 1885, in-12, portr.*

3838. — Précis de l'histoire de l'art, par C. Bayet,... — *Paris, Quantin, [1886], pet. in-8°.*

3839. — L'art japonais, par Louis Gonse. — *Paris, Quantin, [1886], pet. in-8°.*

3840. — Documents et extraits divers concernant l'histoire de l'art dans la Flandre, l'Artois et le Hainaut avant le xve siècle, par M. le chanoine Debaisnes,... — *Lille, Impr. Danel, 1886, 2 vol. gr. in-4°.*

3841. — Histoire de l'art dans la Flandre, l'Artois et le Hainaut avant le xvᵉ siècle, par M. le chanoine DEHAISNES,... — *Lille, Quarré, 1886, gr. in-4°, pl.*

3842. — Rapport adressé au Ministre de l'Instruction publique et des Beaux-Arts, par M. SAGLIO,... sur l'organisation des musées en Allemagne. — *Paris, Impr. des journaux officiels, 1886, in-4°, 46 p.*

3843. — Rapport au Ministre de l'Instruction publique sur l'organisation de l'enseignement de l'art dans les universités allemandes, par M. Frédéric MONTARGIS,... — *Paris, Impr. des journaux officiels, 1887, in-12, 32 p.*

Extrait du *Journal Officiel* du 7 février 1887.

3844. — J. Comyns CARR. L'art en France. Musées et écoles des Beaux-Arts des départements. Traduction de l'anglais, revue par l'auteur, complétée par des renseignements statistiques et précédée d'une préface, par Jules COMTE,... — *Paris, Rouam, 1887, in-12.*

3845. — L'art chinois, par M. PALÉOLOGUE,... — *Paris, Quantin, [1887], pet. in-8°.*

3846. — La critique scientifique, par Emile HENNEQUIN. — *Paris, Perrin, 1888, in-12.*

3847. — Études d'art antique et moderne, par Eugène GUILLAUME,... — *Paris, Perrin, 1888, in-8°.*

3848. — L'art au point de vue sociologique, par M. GUYAU. Deuxième édition. — *Paris, Alcan, 1889, in-8°.*

3849. — Gaston COUGNY,... L'art antique. Choix de lectures sur l'histoire de l'art, l'esthétique et l'archéologie, accompagné de notes explicatives, historiques et bibliographiques, conforme aux derniers programmes de l'enseignement secondaire classique et de l'enseignement secondaire moderne. — *Paris, Didot, 1892-1893, 2 vol. pet. in-8°.*

Première partie : Egypte. Chaldée. Assyrie. Perse. Asie mineure. Phénicie. Deuxième partie : La Grèce. Rome.

3850. — Gaston Cougny,... L'art au moyen âge. Origines de l'art chrétien. L'art byzantin. L'art musulman. L'art roman. L'art gothique. Choix de lectures sur l'histoire de l'art, l'esthétique et l'archéologie, accompagné de notes explicatives, historiques et bibliographiques, conforme aux derniers programmes de l'enseignement secondaire classique et de l'enseignement secondaire moderne. — *Paris, Didot, 1894, pet. in-8°.*

3851. — L'art arabe, par Al. GAYET. — *Paris, Quantin, [1893], pet. in-8°.*

3852. — Études d'art et d'histoire. L'art français au temps de Richelieu et de Mazarin, par Henri LEMONNIER,... — *Paris, Hachette, 1893, in-12.*

3853. — L'art indo-chinois, par Albert de POUVOURVILLE (MATGIOI). — *Paris, May et Motteroz, [1894], pet. in-8°.*

3854. — L'art persan, par Al. GAYET. — *Paris, May et Motteroz, [1895], pet. in-8°.*

**. — Vies des peintres, sculpteurs et architectes, par Giorgio VASARI.
Voy. Division HISTOIRE.

3855. — Artistes anciens et modernes, par Charles CLÉMENT. — *Paris, Didier, 1876, in-12.*

**. — État civil d'artistes français, billets d'enterrement et de décès, depuis 1823 jusqu'à nos jours, publiés par Hubert LAVIGNE.
Voy. Division HISTOIRE.

3856. — Dictionnaire général des artistes de l'école française depuis l'origine des arts du dessin jusqu'à nos jours. Architectes, peintres, sculpteurs, graveurs et lithographes. Ouvrage commencé par Emile BELLIER de LA CHAVIGNERIE, continué par Louis AUVRAY,... — *Paris, Loones, 1882-1885, 2 vol. gr. in-8°.*

**. — État civil des peintres et sculpteurs de l'Académie royale. Billets d'enterrements de 1648 à 1713, publié par Octave FIDIÈRE.
Voy. Division HISTOIRE.

3857. — Artistes français des xviie et xviiie siècles (1681-1787). Extraits des comptes des États de Bretagne, réunis et annotés par le Marquis de GRANGES de SURGÈRES. — *Paris, Charavay, 1893, in-8°*.

**. — Les grands artistes contemporains. Aubry-Lecomte, par Auguste GALIMARD.

Voy. Division HISTOIRE.

3858. — Jacob de Barbari et Albert Durer. La vie et l'œuvre du maître au caducée, ses élèves, Durer, Titien, Marc-Antoine, Mabuse, Marguerite d'Autriche. Catalogue et prix de ses quarante-trois gravures, par le comte A. E. de CANDITTO. Appendice, par A. W. FRANÇOIS Dr. — *Bruxelles, Van Trigt, s. d., in-8°, 137 p.*

3859. — La vie et l'œuvre de Jean Bologne, par Abel DESJARDINS,... d'après les manuscrits inédits recueillis par M. Foucques de Vagnonville. — *Paris, Quantin, 1883, in-f°, portr. et pl.*

3860. — Jules BRETON,... La vie d'un artiste. Art et nature. — *Paris, Lemerre, 1890, in-12.*

3861. — Benvenuto Cellini, orfèvre, médailleur, sculpteur. Recherches sur sa vie, sur son œuvre et sur les pièces qui lui sont attribuées, par Eugène PLON. — *Paris, Plon, 1883, gr. in-4°, pl.*

Benvenuto Cellini. Nouvel Appendice aux Recherches sur son œuvre et sur les pièces qui lui sont attribuées, par Eugène PLON. — *Paris, Plon, 1884, gr. in-4°, 35 p., pl.*

3862. — Étude sur Jean Cousin, suivie de Notices sur Jean Leclerc et Pierre Woeiriot, par Ambroise Firmin DIDOT, orné d'un portrait inédit de Jean Cousin, de la reproduction photographique des cinq portraits peints par lui et du portrait de P. Woeiriot. — *Paris, Didot, 1872, in-8°.*

3863. — Recueil des œuvres choisies de Jean COUSIN, peinture, sculpture, vitraux, miniatures, gravures à l'eau forte et sur bois reproduites en fac-similé par MM. Adam et St. Pilinski, Aug. Racinet, Lemaire, Durand et Dujardin (quarante et une planches dont quatre en couleurs) et publiées avec une introduction, par Ambroise Firmin Didot,... — *Paris, Didot, 1873, in-f°.*

**. — La famille de Jean Cousin, par Jules Guiffrey.
Voy. Division Histoire.

**. — Honoré Daumier, l'homme et l'œuvre, par Arsène Alexandre.
Voy. Division Histoire.

3864. — Louis David, son école et son temps. Souvenirs, par M. E. J. Delécluze. — *Paris, Didier, 1855, in-12.*

3865. — Le peintre Louis David, 1748-1825. Souvenirs et documents inédits, par J. L. Jules David, son petit-fils. — *Paris, Havard, 1880, gr. in-4°, portr. et fac-simile.*

**. — Eugène Deveria d'après des documents originaux, par Alone [Mlle Sophie Peyre].
Voy. Division Histoire.

**. — Eugène Deveria et son journal inédit, par Paul Lafond.
Voy. Division Histoire.

3866. — Paulin-Guérin, par Paul Lafond. — *Paris, Impr. Plon, 1895, in-8, 24 p., portr., pl.*

3867. — Éloge de Lancret, peintre du roi, par Ballot de Sovot, accompagné de diverses notes sur Lancret, de pièces inédites et du catalogue de ses tableaux et de ses estampes, réunis et publiés par J. J. Guiffrey. — *Paris, Baur, [1874], in-8°, 85 p., fr. gr.*
La couverture imprimée sert de titre.

3868. — Charles Le Brun et les arts sous Louis XIV. Le premier peintre, sa vie, son œuvre, ses écrits, ses contemporains, son influence, d'après le manuscrit de Nivelon et de nombreuses pièces inédites, par M. Henry Jouin,... — *Paris, Impr. Nat., 1889, gr. in-4°, portr.*

3869. — Alexis Loir, peintre du roi,... Marianne Loir, par Paul Lafond,... — *Paris, Impr. Plon, 1892, in-8, 15 p., portr.*

3870. — H. Gomot. Marilhat et son œuvre. — *Clermont-Ferrand, Impr. Mont-Louis, 1884, pet. in-8°.*

**. — Jean Louis Ernest Meissonier. Lyon, 1815. Paris, 1891.
    Voy. Division Histoire.

3871. — Les peintres et les dessinateurs de la mer. Armand et Léon Paris. Texte par MM. le vice-amiral Paris et L. de Veyran... — *Paris, Belhatte et Thomas, 1889, gr. in-4°, pl.*

**. — Le Poussin, sa vie et son œuvre, suivie d'une Notice sur la vie et les ouvrages de Philippe de Champagne et de Champagne le neveu, par H. Bouchitté.
    Voy. Division Histoire.

3872. — Les historiens et les critiques de Raphaël, 1483-1883. Essai bibliographique pour servir d'appendice à l'ouvrage de Passavant, avec un choix de documents inédits ou peu connus, par M. Eugène Müntz,... — *Paris, Rouam, 1883, in-8°.*

**. — Henri Regnault, par Henri Baillière.
    Voy. Division Histoire.

3873. — L'œuvre de Rembrandt reproduit par la photographie, décrit et commenté par M. Charles Blanc,... — *Paris, Gide et Baudry, 1853, 2 vol. in-f°, pl.*

3874. — L'œuvre complet de Rembrandt, décrit et commenté par M. Charles Blanc,... Catalogue raisonné de toutes les eaux-fortes du maître et de ses peintures... — *Paris, Gide, 1859-1861, 2 vol. in-8°, portr.*
    Les livraisons 1 et 3 seules.

**. — Léopold Robert, sa vie, ses œuvres, par F. Feuillet de Conches.
    Voy. Division Histoire.

3875. — Rubens et l'école d'Anvers, par Alfred Michiels. Quatrième édition. — *Paris, Loones, 1877, in-12.*

3876. — Thorvaldsen, sa vie et son œuvre, par Eugène Plon,... — Deuxième édition. — *Paris, Plon, 1874, in-12, portr.*

3877. — La vie et l'œuvre du Titien, par Georges LAFENESTRE. — *Paris, Quantin,* [*1886*], *in-f°, portr. et pl.*

**. — Funérailles du baron Henry de Triqueti, statuaire.
Voy. Division HISTOIRE.

**. — Joseph, Carle et Horace Vernet, par Amédée DURANDE.
Voy. Division HISTOIRE.

3878. — Les artistes célèbres. [Antiquité. Moyen âge. Renaissance. Temps modernes. Biographies et notices critiques publiées sous la direction de M. Paul LEROI.] — *Paris, Libr. de l'Art, 1886-1894, 49 vol. gr. in-8°.*

Les Audran, par Georges DUPLESSIS. — *87 p.*
L. A. Barye, par Arsène ALEXANDRE.
Abraham Bosse, par Antony VALABRÈGUE.
François Boucher, par André MICHEL.
Les Boulle, par Henri HAVARD. — *94 p.*
Les Brueghel, par Emile MICHEL.
Jacques Callot, par Marius VACHON. — *72 p.*
Antonio Canal, dit le Canaletto, par Adrien MOUREAU. — *portr. et pl.*
Benvenuto Cellini, par Emile MOLINIER. — *96 p., portr. et pl.*
Philippe et Jean Baptiste de Champaigne, par A. GAZIER. — *portr.*
Charlet, par F. LHOMME.
Les Clouet et Corneille de Lyon, par Henri BOUCHOT. — *66 p.*
Corot, par L. ROGER-MILÈS. — *87 p.*
Decamps, par Charles CLÉMENT. — *96 p.*
Eugène Delacroix, par Eugène VÉRON.
Philibert de L'Orme, par Marius VACHON. — *66 p., pl.*
Donatello, par Eugène MÜNTZ.
Gérard Edelinck, par le V¹ᵉ Henri DELABORDE. — *96 p.*
Fortuny, par Charles YRIARTE. — *47 p.*
Fragonard, par Félix NAQUET. — *79 p.*
Gavarni, par Eugène FORGUES. — *71 p.*
J. B. Greuze, par Ch. NORMAND. — *pl.*
Le baron Gros, par G. DARGENTY. — *86 p.*
Hobbema et les paysagistes de son temps en Hollande, par Emile MICHEL. — *54 p.*
Jean Lamour, serrurier du roi Stanislas à Nancy, par Charles COURNAULT. — *32 p.*
La Tour, par CHAMPFLEURY.
Les Moreau, par Adrien MOUREAU. — *portr. et pl.*

Bernard Palissy, par Philippe Burty. — *60 p.*

Phidias, par Maxime Collignon.

Fra Bartolommeo della Porta et Mariotto Albertinelli, par Gustave Gruyer.

Prud'hon, par Pierre Gauthiez. — *63 p.*

Henri Regnault, par Roger Marx.

Rembrandt, par Emile Michel.

Joshua Reynolds, par Ernest Chesneau. — *76 p.*

Ligier Richier, statuaire lorrain du xvie siècle, par Charles Cournault. — *56 p.*

François Rude, par Alexis Bertrand.

Jacob Van Ruysdael et les paysagistes de l'école de Harlem, par Emile Michel. — *92 p.*

Les Saint-Aubin, par Adrien Moureau. — *pl.*

Gérard Terburg (Ter Borch) et sa famille, par Emile Michel. — *72 p.*

Constant Troyon, par A. Hustin. — *87 p., portr. et pl.*

Turner, par Philip Gilbert Hamerton. — *96 p.*

Les Van de Velde, par Emile Michel. — *pl.*

Michiel Van Mierevelt et son gendre [Willem Jacobsz Delff], par Henri Havard. — *portr.*

Bernard Van Orley, par Alphonse Wauters. — *portr.*

Les frères Van Ostade, par Marguerite Van de Wiele. — *portr.*

Velazquez, par Paul Lefort.

Paul Véronèse, par Charles Yriarte. — *80 p., pl.*

Madame Vigée Le Brun, par Charles Pillet. — *55 p.*

Antoine Watteau, par G. Dargenty. — *pl.*

B. ARTS DU DESSIN.

a). Méthodes de dessin.

3879. — Cours de dessin industriel à l'usage des écoles élémentaires et des ouvriers. Par Normand fils,... Douliot,... Krafft,... — *Paris, Normand, 1833, in-8° et atlas in-4° obl.*

3880. — Le dessin linéaire des demoiselles, avec les applications à l'ornement et à la composition, à la broderie, au dessin des schalls, aux fleurs et au paysage... par M. Lamotte,... — *Paris, Hachette, 1835, in-8° et atlas in-f°.*

3881. — Le dessin linéaire des demoiselles contenant les applications à l'ornement et à la composition, à la broderie, au dessin des châles, aux fleurs et au paysage... par M. LAMOTTE,... Troisième édition. — *Paris, Hachette, 1849, in-f°*.

L'Atlas seul.

3882. — Cours méthodique de dessin linéaire et de géométrie usuelle applicable à tous les modes d'enseignement, par M. L. LAMOTTE,... — *Paris, Hachette, s. d., in-f°*.

3883. — Cours méthodique de dessin linéaire et de géométrie usuelle applicable à tous les modes d'enseignement, par M. LAMOTTE,... — *Paris, Hachette, 1843-1849, 2 vol. in-f°*.

3884. — Principes du dessin des Beaux-Arts pour sa plus utile application, par Edmond TUDOT,... — *Paris, Carilian-Gœury, 1839, in-18, pl.*

3885. — Le dessin sans maître. Méthode pour apprendre à dessiner de mémoire, par Mme Marie Elisabeth CAVÉ... — *Paris, Susse, 1850, 2 tom. en 1 vol. pet. in-8° et atlas in-f°*.

3886. — Cours progressif de paysage, composé et dessiné par divers artistes et Eug. CICÉRI, lithographié par Eugène CICÉRI. — *Sans titre ; Paris, Goupil, 1857, in-f°, pl.*

3887. — Réponse à M. Vitet à propos de l'enseignement des arts du dessin, par VIOLLET-LE-DUC,... — *Paris, Morel, 1864, in-8°, 48 p.*

3888. — Grammaire des arts du dessin. Architecture, sculpture, peinture. Jardins, gravure en pierres fines, gravure en médailles, gravure en taille douce, eau-forte, manière noire, aqua-tinte, gravure en bois, camaïeu, gravure en couleurs, lithographie, par M. Charles BLANC,... — *Paris, Renouard, 1867, gr. in-8°, pl.*

3889. — Grammaire élémentaire du dessin. Ouvrage destiné à l'enseignement méthodique et progressif du dessin appliqué aux arts, par L. CERNESSON. Nouvelle édition. — *Paris, Ducher, 1881, gr. in-4° et atlas gr. in-4°*.

— 595 —

3890. — Le dessin et l'art de voir. Conférence faite à l'École normale de Lescar, par M. André GORSE. — *Pau, Impr. Garet, 1881, in-8°, 15 p.*

3891. — La lithographie, par Henri BOUCHOT,... — *Paris, May et Motteroz, [1895], pet. in-8°.*

b). Peinture.

Histoire de la Peinture et des Peintres.

**. — Entretiens sur les vies et sur les ouvrages des plus excellents peintres anciens et modernes, par André FÉLIBIEN.
    Voy. Division HISTOIRE.

3892. — Histoire des peintres de toutes les écoles, par M. Charles BLANC. — *Paris, Renouard, 1863-1876, 14 vol. in-f°.*
    École allemande, par MM. Ch. BLANC, Paul MANTZ, Auguste DEMMIN. — *1 vol.*
    École anglaise, par M. W. BÜRGER. — *1 vol.*
    École espagnole, par MM. Ch. BLANC, W. BÜRGER, Paul MANTZ, L. VIARDOT et Paul LEFORT. — *1 vol.*
    École flamande, par MM. Ch. BLANC, Paul MANTZ, Alfred MICHIELS, Théophile SILVESTRE et Alphonse WAUTERS. — *1 vol.*
    École française, par M. Ch. BLANC. — *3 vol.*
    École hollandaise, par M. Ch. BLANC. — *2 vol.*
    École bolonaise, par M. Ch. BLANC. — *1 vol.*
    École florentine, par MM. Ch. BLANC et Paul MANTZ. — *1 vol.*
    École milanaise, lombarde, ferraraise, génoise et napolitaine, par MM. Ch. BLANC, Marius CHAUMELIN et G. LAFENESTRE. — *1 vol.*
    École ombrienne et romaine, par M. Ch. BLANC. — *1 vol.*
    École vénitienne, par M. Ch. BLANC. — *1 vol.*
    Un deuxième exemplaire comprenant seulement les écoles anglaise, espagnole, flamande, française, hollandaise, ombrienne et romaine, vénitienne. — *10 vol.*

3893. — La peinture antique, par Paul GIRARD,... — *Paris, May et Motteroz, [1892], pet. in-8°.*

3894. — La peinture anglaise, par Ernest CHESNEAU. — *Paris, Quantin, [1882], pet. in-8°.*

**. — Dictionnaire des peintres espagnols, par F. Quilliet.
　　　Voy. Division Histoire.

3895. — La peinture espagnole, par Paul Lefort. — *Paris, Quantin, [1893], pet. in-8°.*

**. — Vie des peintres flamands et hollandais, par Descamps, réunie à celle des peintres italiens et français, par d'Argenville.
　　　Voy. Division Histoire.

3896. — Guide des amateurs de tableaux pour les écoles allemande, flamande et hollandaise, par M. Gault de Saint-Germain,... Nouvelle édition. — *Paris, Renouard, 1841, 2 vol. in-8°.*

3897. — Histoire de la peinture flamande et hollandaise, par Alfred Michiels. — *Bruxelles, Vandale, [Paris, Renouard], 1845-1848, 4 vol. in-8°.*

　　Histoire de la peinture flamande et hollandaise, par Alfred Michiels. Complément. — *Bruxelles, 1849, in-8°, 46 p.*

3898. — Histoire de la peinture flamande et hollandaise, par Alfred Michiels. — *Paris, Renouard, 1847-1848, 4 vol. in-8°.*

　　Histoire de la peinture flamande et hollandaise, par Alfred Michiels. Complément. — *Bruxelles, 1849, in-8°, 48 p.*

3899. — Histoire de la peinture flamande et hollandaise, par Arsène Houssaye. Deuxième édition. — *Paris, Sartorius, 1848, 2 vol. in-8°.*

3900. — Histoire de la peinture hollandaise, par Henri Havard. — *Paris, Quantin, 1882, pet. in-8°.*

3901. — La peinture flamande, par A. J. Wauters. — *Paris, Quantin, [1883], pet. in-8°.*

**. — Recherches sur la vie et les ouvrages de quelques peintres provinciaux de l'ancienne France, par F. de Pointel.
　　　Voy. Division Histoire.

3902. — L'école française de peinture (1789-1830), par Paul Marmottan. Ouvrage dressant la classification complète des peintres connus et méconnus de paysage, de genre, d'histoire et de portrait appartenant à cette première période de l'art moderne et donnant des appréciations sur plus de trois cents maitres. — *Paris, Laurens,* [1886], *in-12.*

3903. — Peintres français contemporains, par Charles Bigot. — *Paris, Hachette, 1888, in-12.*

3904. — Histoire de la peinture en Italie depuis la renaissance des beaux-arts jusques vers la fin du xviiie siècle, par l'abbé Lanzi ; traduite de l'italien, sur la troisième édition, par Mme Armande Dieudé. — *Paris, 1824, 5 vol. in-8°.*

3905. — Histoire de la peinture en Italie, par de Stendhal (Henry Beyle). Seule édition complète, entièrement revue et corrigée. — *Paris, Michel Lévy, 1860, in-12.*

3906. — La peinture italienne, par Georges Lafenestre. — *Paris, Quantin,* [1885], *pet. in-8°.*

I. Depuis les origines jusqu'à la fin du xve siècle.

Traités théoriques.

3907. — Traité complet de la peinture, par M. Paillot de Montabert. — *Paris, Delion, 1829-51, 9 vol. in-8° et 1 vol. in-4° de pl.*

3908. — De la lumière et de la couleur chez les grands maitres anciens. Démontré et développé par J. D. Regnier. — *Paris, Renouard, 1865, in-8°.*

3909. — Discursos practicables del nobilisimo arte de la pintura, sus rudimentos, medios y fines que enseña la experiencia, con los ejemplares de obras insignes de artifices ilustres, por Jusepe Martinez,... Publícala la real Academia de San Fernando, con notas, la vida del autor y una reseña historica de la pintura en la corona de Aragon, por... Don Valentin Carderera y Solano. — *Madrid, Impr. de Tello, 1866, in-8°, portr.*

3910. — Traité élémentaire de peinture en céramique, par Louis CELLIÈRE (N. C.) Quatrième édition revue et augmentée. — *Paris, l'auteur, 1883, in-12.*

**. — Traité de la peinture sur verre, par Alex. LENOIR.
   Voy. Division HISTOIRE.

3911. — Les vitraux, par Olivier MERSON. — *Paris, May et Motteroz,* [*1895*], *pet. in-8°.*

Galeries et Cabinets. Musées, Expositions.

3912. — Les galeries publiques de l'Europe, par M. J. G. D. ARMENGAUD,... Rome. — *Paris, Impr. Lahure, 1857, in-f°.*

3913. — Les trésors de l'art, par M. J. G. D. ARMENGAUD,... — *Paris, Impr. Lahure, 1859, in-f°.*

3914. — Cabinet de M. Paignon Dijonval. État détaillé et raisonné des dessins et estampes dont il est composé ; le tout gouverné par peintres classés par écoles et rangés à leurs dates... Rédigé par M. BÉNARD,... par les soins et aux frais de M. MOREL DE VINDÉ,... — *Paris, Impr. Huzard, 1810, in-4°.*

3915. — Le Musée royal publié par Henri LAURENT,... ou Recueil de gravures d'après les plus beaux tableaux, statues et bas-reliefs de la collection royale. Avec description des sujets, notices littéraires et discours sur les arts. — *Paris, Didot, 1816-1818, 2 vol. gr. in-f°, pl.*
   Deux exemplaires.

3916. — Musée français. Recueil des plus beaux tableaux, statues et bas-reliefs qui existaient au Louvre avant 1815, avec l'explication des sujets et des discours historiques sur la peinture, la sculpture et la gravure, par DUCHESNE ainé. — *Paris, Galignani,* [*1829-1830*], *4 vol. gr. in-f°, pl.*
   École française, *1 vol.*
   École allemande, *1 vol.*
   École italienne, *1 vol.* — Statues, *1 vol.*

— 599 —

3917. — Travaux d'Hercule composés par N. Poussin pour la décoration de la grande galerie du Louvre. Seconde partie publiée par E. Gatteaux d'après les dessins qui font partie de son cabinet gravés par A. Gelée. — *S. l., 1850, in-f° obl., pl.*

3918. — Le musée national du Louvre, par Georges Lafenestre,... et Eugène Richtenberger. — *Paris, May et Motteroz, [1893], in-16, pl.*

3919. — Guide de l'École nationale des Beaux-Arts, par Eugène Müntz,... — *Paris, Quantin, s. d., pet. in-8°.*

3920. — Galerie de la reine dite de Diane à Fontainebleau, peinte par Ambroise Dubois en MDC sous le règne de Henri IV, publiée par E. Gatteaux et V. Baltard d'après les dessins de L. P. Baltard et de C. Percier. — *Paris, 1858, in-f°, pl.*

3921. — Explication des tableaux de la galerie de Versailles et de ses deux salons. [Par Pierre Rainssant.] — *Versailles, Impr. Muguet, 1687, in-4°.*

3922. — Versailles. Galeries historiques dédiées à S. M. la reine des Français, par Ch. Gavard. [Texte, par Jules Janin.] — *Paris, Gavard, 1838 et ann. suiv., 15 vol. in-f° de pl. et 1 vol. in-f° de texte.*

3923. — Galeries historiques du palais de Versailles. [Texte, par Jules Janin.]—*Paris, Imp. Royale, 1839-1846, 8 tom. en 9 vol. in-8°.*
Le tome 10 manque.

3924. — Serie di ritratti degli eccellenti pittori dipinti di propria mano, che esistono nell' imperial galleria di Firenze, colle vite in compendio de' medesimi, descritte da Francesco Moücke.—*Firenze, nella stamperia Moückiana, 1754-1762, 4 vol. in-f°.*
Le titre du tome 1er manque ; aucun de ces volumes ne paraît complet ; le tome 1er se termine à la page 262 ; le 2e à la page 276 ; le 3e à la page 215 ; le 4e à la page 146 ; chacune de ces pages offre au bas une réclame qui annoncerait une suite.

3925. — Tableaux, statues, bas-reliefs et camées de la galerie de

Florence et du palais Pitti, dessinés par Wicar, peintre, et gravés sous la direction de C. L. Masquelier,... avec les explications, par Mongez,... — *Paris, Didot, 1852-1856, 4 vol. in-f°, pl.*

3926. — Die vorzüglichsten Gemälde der koniglichen Gallerie zu Dresden, in photographischen Abbildungen, nach den Originalen herausgegeben von Franz Hanfstängs,... — *S. l. 1860, in-f°, pl.*

3927. — Les musées de province. Histoire et description, par L. Clément de Ris,... Seconde édition. — *Paris, Renouard, 1872, in-12.*

3928. — Notice des tableaux exposés dans les galeries du Muséum Calvet, à Avignon, publiée... par Aug. Deloye,... — *Avignon, Impr. Seguin, 1879, in-8°.*

Notice des statues, bustes, bas-reliefs et autres ouvrages de sculpture de la Renaissance et des temps modernes exposés dans les galeries du Muséum Calvet, à Avignon, publiée... par Aug. Deloye,... — *Avignon, Impr. Seguin, 1881, in-8°.*

3929. — Notice des objets d'art exposés au musée de Dijon. — *Dijon, Lamarche, 1860, in-12.*

3930. — Notice des tableaux et objets d'art conservés au musée de la ville de Draguignan. — *Draguignan, Impr. Latil, 1876, in-8°, 38 p.*

3931. — Les musées d'Espagne. Guide et memento de l'artiste et du voyageur, suivi de notices biographiques sur les principaux peintres de l'Espagne, par Louis Viardot. Troisième édition. — *Paris, Hachette, 1860, in-12.*

3932. — Catalogo provisional historial y razonado del museo nacional de pinturas, formado de orden del Excmo Sr Ministro de Fomento, Marquès de La Vega de Armijo, por D. Gregorio Cruzada Villa Amil,... — *Madrid, Impr. de Galiano, 1865, pet. in-8°.*

3933. — Exposition des Beaux-Arts. Salon de 1857, [1863, 1866, 1868, 1869], par Louis Auvray,... — *Paris, au bureau de l'Europe artiste, 1857-1869, 1 vol. in-12 et 4 vol. in-8°.*

3934. — Les expositions de Paris (Salon de 1857). Cinquante planches gravées et lithographiées par MM. Bracquemond, Ch. Carey, A. de Curzon, Daubigny, Ed. Frère, Ch. Geoffroy, H. Guesnu, Ed. Hédouin, F. Lefman, Eugène Le Roux, A. Masson, Metzmacher, Mouilleron, Célestin Nanteuil, J. Veyrassat, etc., d'après MM. Baudry, Bouguereau, G. R. Boulanger, Ch. Chaplin, Courbet, A. de Curzon, Daubigny, Fortin, Français, Edouard Frère, Théodore Frère, Fromentin, Gendron, Giraud, Glaize, Guillemin, Hamon, Hébert, Ed. Hédouin, Jadin, Juglar, Knaus, Landelle, Adolphe Leleux, Armand Leleux, Charles Marchal, Maréchal (de Metz), F. de Mercey, A. Millet, J. F. Millet, Picou, Plassan, Ph. Rousseau, J. Stevens, de Tournemine, H. Vetter, J. Veyrassat, Adolphe Yvon. Texte par M. Théophile Gautier. — *Paris, 1859, in-f°, pl.*

3935. — CASTAGNARY. Salons (1857-1870) [1879]. Avec une préface de Eugène SPULLER,... — *Paris, Charpentier, 1892, 2 vol. in-12, portr.*

3936. — Exposition des Beaux-Arts, ouverte à Montauban, dans les salles de l'hôtel de ville, le 4 mai 1862. — *Montauban, Impr. Forestié, 1862, in-12.*

3937. — Exposition universelle de 1878. Coup d'œil général sur l'exposition historique de l'art ancien (Palais du Trocadéro), par A. R. de LIESVILLE,... — *Paris, Champion, 1879, pet. in-8°.*

3938. — Le livre d'or du salon de peinture et de sculpture. Catalogue descriptif des œuvres récompensées et des principales œuvres hors concours, rédigé par Georges LAFENESTRE,... — *Paris, libr. des bibliophiles, 1879-1891, 13 vol. in-4°, pl.*

3939. — La vérité sur le Salon. — *Paris, Dentu, 1886, in-16.*

c). Gravure.

Traités généraux.

3940. — Manuel de l'amateur d'estampes contenant : 1° un dictionnaire des graveurs de toutes les nations... 2° un répertoire des estampes dont les auteurs ne sont connus que par des marques figurées. 3° un dictionnaire des monogrammes des graveurs. 4° une table des peintres, sculpteurs, architectes, dessinateurs... 5° une table méthodique des estampes décrites... Et précédé de considérations sur l'histoire de la gravure, ses divers procédés, le choix des estampes et la manière de les conserver, par M. Ch. Le Blanc,... — *Paris, Jannet, 1854-1889, 1 vol. in-8°.*

3941. — Manuel de l'amateur d'estampes, par M. Eugène Dutuit. Ouvrage contenant : 1° un aperçu sur les plus anciennes gravures, sur les estampes en manière criblée, sur les livres xylographiques, sur les estampes coloriées, sur les cartes à jouer, sur quelques livres à figures du xv° siècle, sur les danses des morts, sur les livres d'heures ; un nouveau catalogue de livres de broderie et un essai sur les nielles ou gravures d'orfèvres. 2° Les écoles italienne, allemande, flamande et hollandaise, française et anglaise... — *Paris, A. Lévy, 1881-1888, 6 vol. gr. in-8°, portr. et pl.*

> Volumes seuls parus : Tome 1ᵉʳ en 2 parties. Introduction. Tome 4, 5, 6. Écoles flamande et hollandaise. Planches xylographiques.

3942. — Dictionnaire des marques et monogrammes de graveurs, par Georges Duplessis,... et Henri Bouchot,... — *Paris, Rouam, 1886-1887, 3 vol. in-16.*

3943. — La gravure à l'eau-forte. Essai historique, par Raoul de Saint-Arroman. Comment je devins graveur à l'eau-forte, par le Comte Lepic. — *Paris, Cadart, 1876, in-8°, portr.*

3944. — Les procédés de la gravure, par Alfred de Lostalot,... — *Paris, Quantin, [1882], pet. in-8°, pl.*

3945. — La gravure. Précis élémentaire de ses origines, de ses procédés et de son histoire, par le Vte Henri DELABORDE,... — *Paris, Quantin, [1882], pet. in-8°.*

3946. — La gravure en Italie avant Marc-Antoine (1452-1505), par le Vte Henri DELABORDE,... — *Paris, Rouam, [1883], gr. in-4°, pl.*

3947. — La gravure en pierres fines, camées et intailles, par Ernest BABELON,... — *Paris, May et Motteroz, [1894], pet. in-8°.*

Recueils. Portraits, Costumes, Vues.

3948. — Recueil factice composé de gravures des écoles italienne, flamande, hollandaise, de gravures modernes, lithographies, portraits, dessins d'architecture, etc. — *Sans titre; 12 vol. gr. in-f°.*

3949. — Recueil d'études de chevaux, dessinées par C^le VERNET. — *Sans titre; [Paris, Delpech], in-f°, obl.*

3950. — Galerie de Saint-Bruno, fondateur de l'ordre des Chartreux, peinte par E. LE SUEUR, dessinée, gravée, présentée et dédiée à Son Altesse Royale Madame, duchesse d'Angoulême, par A. VILLEREY. — *Paris, Villerey, 1816, gr. in-8°, 46-22 p., portr. et pl., titre gr.*

<small>Exemplaire sur grand papier, épreuves avant la lettre. On y a joint une seconde suite d'épreuves en premier état.</small>

3951. — Le socialisme. Nouvelle danse des morts, composée et dessinée par Alfred RETHEL, lithographiée par A. Collette. — *Paris, Goupil, [1848], in-f° obl., 8 pl.*

3952. — Le Salon. Collection de gravures d'après MM. Muller, Troyon, R. Fleury, Delacroix, Couture, Hédouin, Diaz, R. Bonheur, Bonvin, etc., par MM. Hédouin, Chaplin, Leguay, Geoffroy, Carey, Masson, Jules Laurens, etc. — *Sans titre; Paris, Sartorius, s. d., in-f°, pl.*

<small>Les livraisons 1-11; planches 1-44.</small>

3953. — L'Album. Recueil de photographies des chefs-d'œuvre de l'art contemporain, publié par Louis MARTINET. [Notices par Th. GAUTIER, P. de SAINT-VICTOR, Frédéric HENRIET, etc.] — *Paris, Durand, 1860, 2 vol. in-4°, pl.*

3954. — Catalogue des planches gravées composant le fonds de la chalcographie et dont les épreuves se vendent dans cet établissement au musée impérial du Louvre. — *Paris, Impr. de Mourgues, 1860, in-8°.*

Supplément au catalogue des planches gravées composant le fonds de la chalcographie... — *Paris, Impr. de Mourgues, 1867, in-8°.*

3955. — Gravures sur bois tirées des livres français du xv° siècle. Sujets religieux. Démons. Êtres imaginaires. Mœurs et costumes. Imprimerie. Grant danse macabre des hommes et des femmes. Lettres ornées. Écussons. Chiffres. Marques inédites. — *Paris, Labitte, 1868, in-4°, pl.*

3956. — Inventaire de la collection d'estampes relatives à l'histoire de France léguée en 1863 à la Bibliothèque nationale par M. Michel Hennin, rédigé par M. Georges DUPLESSIS,... — *Paris, 1877-1884, 5 vol. gr. in-8°.*

**. — Portraits des personnages français les plus illustres du xvi° siècle. Recueil publié par P. G. J. NIEL.
Voy. Division HISTOIRE.

3957. — Portraits inédits d'artistes français. Texte par Ph. de CHENNEVIÈRES, lithographies et gravures, par Frédéric Legrip. — *Paris, [1868], in-f°, pl.*

3958. — Les graveurs de portraits en France. Catalogue raisonné de la collection de portraits de l'école française appartenant à Ambroise Firmin Didot. Ouvrage posthume. Essai de classifications spéciales, avec des notes bibliographiques et historiques, par M. ALKAN aîné,... — *Paris, Impr. Martinet, 1879, in-8°, 39 p., portr.*

3959. — Les portraits aux crayons des xvi⁰ et xvii⁰ siècles conservés à la Bibliothèque nationale (1525-1646). Notice, catalogue et appendice, par Henri Bouchot,... — *Paris, Oudin, 1884, in-8°, portr.*

3960. — Costumes des xiii⁰, xiv⁰ et xv⁰ siècles, extraits des monuments les plus authentiques de peinture et de sculpture, avec un texte historique et descriptif, par Camille Bonnard. Première édition française. — *Paris, Treuttel et Würtz, 1829-1830, 2 vol. in-4°, pl.*

**. — Costumes historiques de la France, par le bibliophile Jacob.
> Voy. Division Histoire.

**. — Le costume historique, par A. Racinet.
> Voy. Division Histoire.

**. — Choix de vues pittoresques, châteaux, monuments et lieux célèbres recueillis dans le département de la Gironde, par C. Thienon.
> Voy. Division Histoire.

3961. — Vues prises dans les Pyrénées françaises, accompagnées d'un texte descriptif, par E. Frossard,... et J. Jourdan,... — *Paris, Treuttel et Würtz, 1829, in-f°, pl.*

3962. — Souvenirs des Pyrénées, par J. Jacottet, ou choix des sites les plus pittoresques des établissements thermaux et des environs. — *Paris, Gihaut, [1836], 2 part. en 1 vol. in-f°, obl.*

3963. — Recueil de vues de Venise, Pavie, Milan, Vérone, Padoue, Turin et Gênes. — *Sans titre ; 62 pl. phot., gr. in-f°.*

d). Tapisserie.

**. — Recherches historiques sur les anciennes tapisseries d'Arras, par M. l'abbé Proyart.
> Voy. Division Histoire.

3964. — Histoire générale de la tapisserie. Texte par MM. J. Guiffrey,

E. Muntz et Al. Pinchard. Illustrations exécutées sous la direction de M. Léon Vidal. — *Paris, 1878-1884, 3 parties en 25 livraisons, in-f°, pl.*

3965. — Note sur une tapisserie représentant Godefroy de Bouillon et sur les représentations des preux et des preuses au quinzième siècle, par M. J. Guiffrey,... — *Paris, 1880, in-8°, 14 p.*

> Extrait des Mémoires de la Société nationale des antiquaires de France, tome XL.

3966. — La stromatourgie de Pierre Dupont. Documents relatifs à la fabrication des tapis de Turquie en France au xvii° siècle, publiés par Alfred Darcel,... et Jules Guiffrey,... — *Paris, Charavay, 1882, in-8°.*

3967. — La tapisserie, par Eugène Müntz,... — *Paris, Quantin,* [*1882*], *pet. in-8°.*

3968. — Les origines de la tapisserie de haute et basse lice à Paris, par Jules Guiffrey,... — *Paris, 1882, in-8°, 22 p.*

> Extrait des Mémoires de la Société de l'histoire de Paris, tome VIII.

3969. — Destruction des plus belles tentures du mobilier de la couronne en 1797. Signé : J. J. Guiffrey. — *Sans titre; Nogent-le-Rotrou, Impr. Daupeley-Gouverneur, in-8°, 34 p.*

> Extrait des Mémoires de la Société de l'histoire de Paris et de l'Ile de France, t. XIV, 1887.

3970. — Société centrale des architectes. Conférence du 28 avril 1887. La tapisserie en France et ses applications à la décoration des appartements, par M. Jules Guiffrey,... — *S. l. n. d., Paris, Impr. Chaix, in-8°, 24 p.*

3971. — Les tapisseries coptes, par M. Gerspach,... — *Paris, Quantin, 1890, in-4°, pl.*

3972. — La manufacture nationale des Gobelins, par E. Gerspach,... — *Paris, Delagrave, 1892, in-8°, pl.*

3973. — Tapisseries de l'église Saint-Vincent de Rouen, par Paul LAFOND. — *Paris, Impr. Plon, 1894, in-8°, 40 p., pl.*

c). Photographie.

3974. — La photographie moderne. Pratique et applications, par Albert LONDE,... — *Paris, Masson, 1888, gr. in-8°, pl.*

3975. — Traité des excursions photographiques, par MM. FLEURY-HERMAGIS et ROSSIGNOL. — *Paris, Rongier, 1889, in-12.*

3976. — Optique photographique. Notions nécessaires aux photographes amateurs. Étude de l'objectif ; applications, par A. SORET,... — *Paris, Gauthier-Villars, 1891, in-12.*

3977. — A. FISCH. La photographie au charbon et ses applications à la décoration du verre, de la porcelaine, du métal, du bois, de l'ivoire, des tissus, etc., ainsi que la production de portraits simili-camaïeux, de photographies lumineuses, de diapositifs, d'épreuves stéréoscopiques, de lithophanies, de filigranes, etc. Suivie des procédés au bitume de Judée, du photocalque indélébile en noir et en couleurs, et de divers autres procédés pour la reproduction des dessins. — *Paris, Mendel, [1893], in-12, pl.*

C. SCULPTURE.

3978. — Statues et bustes antiques des maisons royales. Première partie. [Avec les explications, par FÉLIBIEN.] — *Paris, Impr. roy., 1679, in-f°, pl.*

> Cette partie seule de la collection connue sous le nom de Cabinet du roi.

3979. — Recherches sur l'art statuaire considéré chez les anciens et chez les modernes, ou Mémoire sur cette question proposée par l'Institut national de France : quelles ont été les causes de la perfection de la sculpture antique, et quels seraient les moyens d'y atteindre. [Par T. B. EMERIC-DAVID.] Ouvrage couronné par l'Institut national, le 15 vendémiaire an IX. — *Paris, Nyon, an XIII-1805, in-8°.*

**. — Description des monuments de sculpture réunis au Musée des monuments français, par Alex. Lenoir.
Voy. Division Histoire.

**. — Musée de sculpture antique et moderne, par le Cte F. de Clarac.
Voy. Division Histoire.

3980. — Visites faites dans les ateliers de sculpture et autres industries tant à Rome qu'à Florence, en 1841, par M. Lejeune,... — *Pau, Impr. Vignancour, 1861, in-8°, 19 p.*

3981. — La sculpture antique, par Pierre Paris,... — *Paris, Quantin, [1889], pet. in-8°.*

3982. — Histoire de la sculpture grecque, par Maxime Collignon,... — *Paris, Didot, 1892, in-4°, pl.*
En cours de publication.
Tome 1er. — Les origines. Les primitifs. L'archaïsme avancé. L'époque des grands maîtres du cinquième siècle.

3983. — La sculpture sur pierre en Chine au temps des deux dynasties Han, par Edouard Chavannes. — *Paris, Leroux, 1893, in-4°, pl.*

D. ARCHITECTURE.

a). Histoire. Dictionnaires.

**. — Recueil historique de la vie et des ouvrages des plus célèbres architectes, par M. Félibien.
Voy. Division Histoire.

3984. — Manuel de l'histoire générale de l'architecture chez tous les peuples et particulièrement de l'architecture en France au moyen âge, par Daniel Ramée. — *Paris, Paulin, 1843, 2 vol. in-12.*
Tome 1er : Antiquité. — Tome 2 : Moyen âge.

3985. — Histoire générale de l'architecture, par Daniel RAMÉE,... — *Paris, Amyot, 1860-1862, 2 vol. in-8°, fr.*

3986. — Dictionnaire raisonné de l'architecture française du xi° au xvi° siècle, par M. VIOLLET LE DUC,... — *Paris, Bance, 1854-1868, 10 vol. in-8°, portr.*

Henri SABINE. Table analytique et synthétique du Dictionnaire raisonné de l'architecture française du xi° au xvi° siècle, par Viollet le Duc, avec table alphabétique des noms de lieux par départements, pour la France, et par contrées, pour l'étranger. — *Paris, Libr. des imprimeries réunies, 1889, in-8°.*

3987. — Le xix° siècle finira-t-il par avoir un style d'architecture qui lui soit propre ? Solution pratique par la théorie harmonique des proportions et par un concours universel sur la composition des premiers éléments architectoniques, par M. Aug. DU PEYRAT,... — *Paris, Derache, 1864, in-8°.*

3988. — Notes sur les architectes grecs de la Grande Grèce, par M. AURÈS,... — *Sans titre ; Impr. Imp., 1866, in-8°, 25 p.*

3989. — Fragments d'architecture. Egypte, Grèce, Rome, Moyen âge, Renaissance, Age moderne, etc. Avec notices descriptives, par Pierre CHABAT,... — *Paris, Morel, 1868, in-f°, pl.*

3990. — Mémoires pour servir à l'histoire des maisons royalles et bastimens de France, par André FÉLIBIEN, sieur des AVAUX. Publiés pour la première fois d'après le manuscrit de la Bibliothèque nationale [par A. de MONTAIGLON]. — *Paris, Baur, 1874, in-8°.*

3991. — Esquisse d'une histoire de l'architecture classique, par Ernest VINET,... — *Paris, Lévy, 1875, in-8°, 33 p.*

3992. — Histoire de l'habitation humaine depuis les temps préhistoriques jusqu'à nos jours. Texte et dessins par VIOLLET LE DUC. — *Paris, Hetzel, [1875], in-8°, pl.*

3993. — Dictionnaire raisonné d'architecture et des sciences et arts qui s'y rattachent, par Ernest Bosc. — *Paris, Didot, 1877-1880, 4 vol. gr. in-8°, pl.*

3994. — Société de l'histoire de l'art français. Les comptes des bâtiments du roi (1528-1571), suivis de documents inédits sur les châteaux royaux et les Beaux-Arts au xvie siècle, recueillis et mis en ordre par le Marquis Léon de LABORDE. — *Paris, Baur, 1877-1880, 2 vol. in-8°.*

**. — Comptes des bâtiments du roi sous le règne de Louis XIV, publiés par M. J. GUIFFREY.

Voy. Division HISTOIRE.

3995. — La Renaissance en France, par Léon PALUSTRE. Dessins et gravure sous la direction de Eugène Sadoux. — *Paris, Quantin, 1879-1885, 3 vol. in-f°, pl.*

**. — Nouveau dictionnaire biographique et critique des architectes français, par Ch. BAUCHAL.

Voy. Division HISTOIRE.

3996. — L'architecture grecque, par V. LALOUX,... — *Paris, Quantin, [1888], pet. in-8°.*

3997. — Histoire des styles d'architecture dans tous les pays, depuis les temps les plus anciens jusqu'à nos jours, par E. BARBEROT,... — *Paris, Baudry, 1891, 2 vol. gr. in-8°.*

3998. — L'architecture gothique, par Edouard CORROYER,... — *Paris, Quantin, [1891], pet. in-8°.*

3999. — L'architecture de la Renaissance, par Léon PALUSTRE. — *Paris, May et Motteroz, [1892], pet. in-8°.*

4000. — Théorie des proportions en architecture d'après l'analyse des monuments, par P. FAURÉ,... Première étude. La Grèce et ses colonies ; les temples, les propylées, les portiques, etc. Les deux vrais modules grecs et les rapports simples. — *Paris, Daly, 1893, in-4°, 12 p., pl.*

4001. — Rapport au Ministre de l'Instruction publique et des Beaux-Arts sur l'exercice de la profession d'architecte en Italie, par M. Achille HERMANT,... — *Paris, Delarue, 1892, gr. in-8°, 21 p.*

b). Traités théoriques. Stéréotomie.

4002. — Le premier tome de l'architecture de Philibert DE L'ORME,... — *Paris, Morel, 1568, in-f°, titre encadré et pl.*

4003. — Abrégé des dix livres d'architecture de VITRUVE, [par Claude PERRAULT]. — *Paris, Coignard, 1674, in-12, pl.*

4004. — Les dix livres d'architecture de VITRUVE, corrigés et traduits nouvellement en français... Seconde édition... augmentée par M. PERRAULT,... — *Paris, Coignard, 1684, gr. in-f°.*

4005. — Les dix livres d'architecture de VITRUVE, avec les notes de PERRAULT. Nouvelle édition... par E. TARDIEU et A. COUSSIN fils,... — *Paris, Libr. centrale d'architecture, [1859], 2 vol. in-4°.*

4006. — Encore un mémoire à propos des scamilli impares de Vitruve, par M. AURÈS,... — *Paris, Morel, 1865, in-8°, 20 p., pl.*

4007. — Architecture moderne, ou l'art de bien bâtir pour toutes sortes de personnes, tant pour les maisons des particuliers que pour les palais. Contenant cinq traités : 1° De la construction et de l'emploi des matériaux. 2° De la distribution de toutes sortes de places. 3° De la manière de faire les devis. 4° Du toisé des bâtiments selon la coutume de Paris. 5° Des us et coutumes concernant les bâtiments et rapports des jurés experts. [Par Charles Etienne BRISEUX.] — *Paris, Jombert, 1728, 5 part. en 1 vol. in-4°, fr. gr. et pl.*

Le tome 1ᵉʳ seul.

4008. — La bonne et unique méthode de faire les toits des bâtiments, par COINTERAUX, approuvée par l'Institut. Avec ces toits, l'on se préserve d'incendie, et s'il était furieux, on en retarde au moins l'effet ; avec ces toits, l'on ne craindra plus les orages, les tempêtes ; l'on n'étayera plus les maisons pour supporter les neiges amoncelées, l'on convertira à volonté les greniers en chambres, etc. — *Paris, Cointeraux, 1806, in-8°, 32 p., pl.*

4009. — Expériences qui font connaître que, suivant la manière dont la même chaux vive a été éteinte, elle est plus ou moins propre à former des bétons ou mortiers solides ; procédés pour obtenir un stuc ou marbre artificiel préférable aux autres, ainsi qu'un badigeon inaltérable, etc. Extrait de mémoires lus dans les séances de la première classe de l'Institut, dans l'année 1809, par B. G. Sage,... — *Paris, Impr. Agasse, décembre 1809, in-8°, 29 p.*

4010. — Le Vignole de poche, ou mémorial des artistes, des propriétaires et des ouvriers, contenant les règles des cinq ordres d'architecture, dessiné et gravé par Thierry fils,... — *Paris, Audot, 1823, in-16, tabl. et pl.*

4011. — Dictionnaire du constructeur, ou vocabulaire des maçons, charpentiers, serruriers, couvreurs, menuisiers, marbriers, fumistes, peintres, etc., renfermant les termes d'architecture civile et hydraulique, l'analyse des lois de voirie, des bâtiments et de desséchement, par L. T. Pernot,... — *Paris, Baudouin, 1829, in-32, pl.*

4012. — Traité élémentaire de la coupe des pierres, ou art du trait. Ouvrage dans lequel on enseigne à tracer et à tailler : 1° les portes ou voûtes simples ; 2° les arrière-voussures ; 3° les niches ; 4° les trompes ; 5° les demi-berceaux suspendus ; 6° les joints d'aplomb ; 7° les arcs de cloître ; 8° les lunettes ; 9° les voûtes d'arête ; 10° les berceaux tournants ; 11° les voûtes de four ; 12° les pendentifs ; 13° les escaliers à jour ; 14° les vis Saint-Gilles ; 15° les arches biaises. On y trouve encore : la manière de tracer les anses de panier à trois centres et celle de tracer l'ellipse ; la méthode de tracer les voûtes d'ogive ; celle de trouver le rapport des piédroits avec les voûtes surbaissées, plein ceintre et surhaussées ; celle de tracer avec la règle et le compas les arches à onze centres, dans deux suppositions différentes... par M. Simonin,... mis au jour par M. Delagardette,... — *Paris, Jean, 1840, in-f°, 51 p., pl.*

4013. — Traité de stéréotomie, comprenant les applications de la géométrie descriptive à la théorie des ombres, la perspective linéaire, la gnomonique, la coupe des pierres et la charpente... par C. F. A. LEROY,... — *Paris, Bachelier, 1844, 1 vol. in-4° de texte et 1 vol. in-f° de pl.*

4014. — Manuels Roret. Nouveau manuel complet d'architecture, ou traité de l'art de bâtir, comprenant les principes généraux de cet art, la géométrie appliquée, l'analyse des matériaux employés dans la construction, les lois des bâtiments, les prix courants des travaux, etc., par M. TOUSSAINT,... Nouvelle édition... — *Paris, Roret, 1845, 2 vol. in-18, pl.*

4015. — Traité théorique et pratique de l'art de bâtir, par Jean RONDELET,... — *Paris, Didot, 1862, 5 vol. in-4° et atlas in-f°.*

4016. — Traité théorique et pratique de l'art de bâtir de Jean RONDELET,... Supplément, par G. Abel BLOUET,... — *Paris, Didot, 1860, 1 vol. in-4° et atlas in-f°.*

Tome 1er du texte seul.

4017. — L'architecture et la construction pratiques mises à la portée des gens du monde, des élèves et de tous ceux qui veulent faire bâtir, par Daniel RAMÉE,... Cinquième édition... — *Paris, Didot, 1885, in-12.*

4018. — Cours de construction professé à l'École des Beaux-Arts, par E. BRUNE,... Première partie. Résistance des matériaux, publiée avec le concours de M. A. FLAMANT,... — *Paris, [Imp. Lahure], 1888, in-8°.*

c). Monuments.

4019. — Basilicæ S. Mariæ majoris de urbe, a Liberio Papa I usque ad Paulum V. pont. max., descriptio et delineatio. Auctore abbate Paulo de ANGELIS. Lib. XII. — *Romæ, Typ. Zannetti, 1621, in-f°, titre gr. et pl.*

4020. — Restauration des thermes d'Antonin Caracalla à Rome, présentée en 1826 et dédiée en 1827 à l'Académie des Beaux-Arts de l'Institut royal de France, par G. Abel BLOUET,... — *Paris, Didot, 1828, gr. in-f°, pl.*

4021. — Architecture arabe, ou monuments du Kaire mesurés et dessinés de 1818 à 1825, par Pascal COSTE. — *Paris, Didot, 1839, gr. in-f°, pl.*

4022. — Notice sur les peintures de l'église de Saint-Savin, par M. P. MÉRIMÉE. — *Paris, Impr. roy., 1845, in-f°, pl.*
Collection de documents inédits sur l'histoire de France.

4023. — Monographie de l'église Notre-Dame de Noyon, par M. L. VITET,... Plans, coupes, élévations et détails, par Daniel RAMÉE. — *Paris, Impr. roy., 1845, in-4°, et atlas in-f°.*
Collection de documents inédits sur l'histoire de France.

4024. — Le Parthénon, documents pour servir à une restauration, réunis et publiés par L. de LABORDE. — *Paris, Leleux, 1848, gr. in-f°, pl.*
Les livraisons 1-6 seules publiées.

4025. — Au Parthénon, par L. de RONCHAUD. I. Les prétendues Parques du fronton oriental. II. La décoration intérieure de la Cella. — *Paris, Leroux, 1886, in-18, fr. lith.*

4026. — Ministère de l'Instruction publique, des Beaux-Arts et des Cultes. Direction des Beaux-Arts. Le Parthénon. Études faites au cours de deux missions en Grèce (1894-1895), par Lucien MAGNE,... — *Paris, Impr. nationale, 1895, in-4°, pl.*

**. — Comptes de dépenses de la construction du château de Gaillon, publiés par A. DEVILLE.
Voy. Division HISTOIRE.

4027. — Encyclopédie d'architecture. Journal mensuel publié sous la direction de Victor CALLIAT [et Adolphe LANCE]. — *Paris, Bance, 1851-1862, 12 vol. in-f°, pl.*
Encyclopédie d'architecture. Revue mensuelle des travaux

publics et particuliers. Deuxième série publiée sous la direction d'un comité d'architectes et d'ingénieurs. — *Paris, Morel, 1872-1892, 23 vol. in-f°, pl.*

4028. — Architecture monastique, par M. Albert Lenoir,... — *Paris, Impr. Nat., 1852-1856, 2 vol. in-4°.*

Collection de documents inédits sur l'histoire de France.

4029. — Architecture civile et domestique au moyen âge et à la renaissance, dessinée et décrite par Aymar Verdier,... et par le Dr F. Cattois. — *Paris, Didron, 1855-1857, 2 vol. in-4°, pl.*

4030. — Études d'architecture chrétienne, par M. A. Garnaud,... — *Paris, Gide et Baudry, 1857, in-f°, pl.*

4031. — L'architecture privée au xixe siècle sous Napoléon III. Nouvelles maisons de Paris et des environs, par M. César Daly,... — *Paris, Morel, 1864-1872, 6 vol. in-f°, pl.*

Première série :
Tome 1er. Hôtels privés.
Tome 2. Maisons à loyer.
Tome 3. Villas suburbaines.

Deuxième série :
Tome 1er. Décorations extérieures et intérieures des établissements de commerce et des habitations avec leurs dépendances diverses de ville et de campagne.
Tome 2. Villas, chalets, jardins et leurs dépendances diverses.
Tome 3. Décorations intérieures des établissements de commerce et des habitations de ville et de campagne.

4032. — Gazette des architectes et du bâtiment. Revue bi-mensuelle publiée sous la direction de MM. E. Viollet le Duc fils et A. de Baudot,... — *Paris, Morel, 3 vol. in-4°, pl.*

5e année, 1867 ; 6e année, 1868-1869 ; 7e année, 1869-1871.

4033. — Gazette des architectes et du bâtiment. Études sur l'exposition universelle de 1867 à Paris. Étude générale du palais au point de vue de la disposition et de la structure, [par M. Lawrence Chapron]. Matières premières, [par M. Démanest]. Industries qui dépendent du bâtiment, [par M. Viollet le Duc fils]. Peinture, [par M. Borromée]. Génie civil, [par M. Lawrence Chapron]. Mobilier et orfèvrerie, [par M. Dutuoit]. Architecture, [par M. A. de Baudot]. Enseignement, [par M. Léon Chateau]. Bibliographie, [par M. Félix Favre]. — *Paris, Morel, s. d., in-4°.*

4034. — Collégiale de Saint-Quentin. Renseignements pour servir à l'histoire de cette église, comprenant : 1° une recherche sur la patrie et les travaux de Vilard d'Honnecourt ; 2° un mémoire sur des découvertes archéologiques faites dans le sous-sol du chœur ; 3° un rapport à M. le Maire de la ville de Saint-Quentin sur les conditions actuelles de stabilité de ce monument, par Pierre Bénard,... — *Paris, Libr. centrale d'architecture, 1867, pet. in-8°, 44 p., pl.*

4035. — Églises de bourgs et villages, par A. de Baudot,... — *Paris, Morel, 1867, 2 vol. gr. in-4°, pl.*

4036. — Palais, châteaux, hôtels et maisons de France, du xve au xviiie siècle, par Claude Sauvageot,... — *Paris, Morel, 1867, 4 vol. gr. in-4°.*

4037. — Monographie de la cathédrale de Chartres. Explication des planches, par M. Paul Durand,... — *Paris, Impr. nat., 1881, in-4°, et atlas gr. in-f°.*

L'Atlas porte la date de 1867.
Collection de documents inédits sur l'histoire de France.

4038. — Monographie de l'église de la Sainte-Trinité, construite par la ville de Paris, M. Th. Ballu architecte. — *Paris, Dupuis, 1868, in-f°, pl.*

4039. — Les constructions en bois. Motifs de décoration et d'ornement, par Louis Degen,... — *Paris, Morel, 1869, in-f°, pl.*

Supplément aux constructions en bois, par Louis Degen,... — *Paris, Morel, 1872, in-f°, pl.*

4040. — Les constructions en briques, par Louis Degen,... — *Paris, Morel, 1870, in-f°, pl.*

4041. — Architecture communale. Hôtels de ville, mairies, maisons d'école, salles d'asile, presbytères, halles et marchés, abattoirs, lavoirs, fontaines, etc., par M. Félix NARJOUX,... — *Paris, Morel, 1870, 2 vol. pet. in-f°, pl.*

4042. — Architecture romane du Midi de la France, dessinée, mesurée et décrite par Henry REVOIL,... — *Paris, Morel, 1873, 3 vol. in-f°, pl.*

**. — L'architecture romane, par Edouard CORROYER.
Voy. Division HISTOIRE.

4043. — Monographie des palais et constructions diverses de l'exposition universelle de 1878 exécutées par l'administration. Publiée sous les auspices du Ministère de l'Agriculture et du Commerce. — *Paris, Ducher, 1882, 2 vol. gr. in-f°, pl.*

4044. — Les églises monolithes de la ville de Lalibéla (Abyssinie), par Achille RAFFRAY,... — *Paris, Morel, 1882, in-f°, 14 p. et 20 pl.*

4045. — L'architecture normande aux XIe et XIIe siècles en Normandie et en Angleterre, par V. RUPRICH-ROBERT,... — *Paris, Motteroz, [1889], 2 vol. in-4°, pl.*

4046. — Exposition universelle de 1889. Le palais des machines (architecte : M. F. Dutert). Notice sur l'édifice et sur la marche des travaux, par Eugène HÉNARD,... — *Paris, May et Motteroz, 1891, gr. in-4°, 61 p.*

4047. — Monographie de la restauration du château de Saint-Germain-en-Laye, d'après les projets et les détails d'exécution tracés par feu Eugène MILLET,... [publiée par P. SELMERSHEIM]. — *Paris, Silvestre, s. d., in-f°, pl.*

**. — Restaurations des monuments antiques par les architectes pensionnaires de l'Académie de France à Rome.
Voy. Division HISTOIRE.

d). Art décoratif.

4048. — Album de l'ornemaniste. Recueil composé de fragments d'ornements dans tous les genres et dans tous les styles, publié par Emile LECONTE. — *Paris, Leconte, 1836, in-f°, pl.*

> Cet ouvrage, gravé sur les croquis et sous la direction de M. Aimé CHENAVARD, fait suite au nouveau recueil de décorations intérieures du même auteur.

4049. — Mélanges d'ornements divers, publiés par Emile LECONTE. Recueil destiné aux peintres décorateurs et aux fabriques dans tous les genres, composé, dessiné et gravé en partie dans le genre des nielles, par Charles Ernest CLERGET, d'après Raphael, Le Primatice, Albert Durer, Aldegraver, Ducerceau, Théodore de Bry, Virgilius Solis, Daniel Mignot, etc., et dans tous les genres et dans tous les styles. Première partie. — *Paris, Leconte, 1838, in-f°, pl.*

4050. — Recueil d'estampes relatives à l'ornementation des appartements aux XVIe, XVIIe et XVIIIe siècles, publiées sous la direction et avec un texte explicatif, par M. H. DESTAILLEUR,... gravées en fac-simile, par MM. R. Pfnor, Carresse et Riester, d'après les compositions de Ducerceau, Lepautre, Bernain, Daniel Marot, Meissonnier, La Londe, [E. Delaune, René Boyvin, Cotelle, Boulle, Oppenord, Forty]. — *Paris, Rapilly, 1863-1871, 2 vol. in-f°, pl.*

4051. — Architecture, décoration et ameublement, époque Louis XVI, dessinés et gravés d'après des motifs choisis dans les palais impériaux, le mobilier de la couronne, les monuments publics et les habitations privées, avec texte descriptif, par M. Rodolphe PFNOR,... — *Paris, Morel, 1865, in-f°, pl.*

4052. — L'art des jardins. Traité général de la composition des parcs et jardins, par Edouard ANDRÉ,... — *Paris, Masson, 1879, gr. in-8°, pl.*

4053. — Grammaire élémentaire de l'ornement pour servir à l'histoire, à la théorie et à la pratique des arts et à l'enseignement, par J. BOURGOIN,... — *Paris, Delagrave, 1880, in-8°.*

4054. — De la décoration appliquée aux édifices, par Eug. Emm. VIOLLET-LE-DUC. — *Paris, Ballue, 1880, in-f°, 15 p.*

4055. — La mosaïque, par GERSPACH. — *Paris, Quantin, [1882], pet. in-8°.*

4056. — Grammaire des arts décoratifs. Décoration intérieure de la maison, par M. Charles BLANC,... — *Paris, Loones, 1882, gr. in-8°, pl.*

4057. — L'art dans la maison. (Grammaire de l'ameublement), par Henry HAVARD. Nouvelle édition. — *Paris, Rouveyre, 1884, gr. in-4°, pl.*

4058. — La composition décorative. Texte et dessins, par Henri MAYEUX,... — *Paris, Quantin, [1885], pet. in-8°.*

4059. — Inventaire général du mobilier de la couronne sous Louis XIV (1663-1715), publié pour la première fois sous les auspices de la Société d'encouragement pour la propagation des livres d'art, par Jules GUIFFREY. — *Paris, Rouam, 1885-1886, 2 vol. gr. in-8°.*

4060. — Dictionnaire des arts décoratifs à l'usage des artisans, des artistes, des amateurs et des écoles, par Paul ROUAIX... — *Paris, Libr. illustrée, 1885, in-4°, pl.*

4061. — Les styles, 700 gravures classées par époques. Notices par Paul ROUAIX. — *Paris, Rouam, [1885], in-f°.*

**. — Le meuble, par Alfr. de CHAMPEAUX.
   Voy. Division HISTOIRE.

4062. — Dictionnaire de l'ameublement et de la décoration depuis le XIII° siècle jusqu'à nos jours, par Henry HAVARD. — *Paris, Quantin, 1887-1890, 4 vol. in-4°, pl.*

4063. — Enseignement de l'art décoratif, comprenant son histoire générale, l'étude des caractéristiques des époques, ses procédés industriels et la théorie de la composition décorative, par L. Charvet,... — *Paris, Motteroz, 1888, in-4°.*

**. — Le mobilier des siècles passés. Étude du mobilier à l'exposition de l'Union centrale des arts décoratifs, par Henry Penon.
Voy. Division Histoire.

4064. — Arsène Alexandre. Histoire de l'art décoratif du xvi° siècle à nos jours. Préface de Roger Marx. — *Paris, Laurens, [1891], in-f°, pl.*

4065. — Les styles français, par Lechevallier-Chevignard,... — *Paris, Quantin, [1892], pet. in-8°.*

4066. — Une famille d'ébénistes français. Les Jacob. Le mobilier de Louis XV à Louis-Philippe, par Paul Lafond. — *Paris, Impr. Plon, 1894, in-8°, 35 p.*

E. MÉLANGES D'OBJETS D'ART ET CURIOSITÉS.

4067. — Le trésor de la curiosité, tiré des catalogues de vente de tableaux, dessins, estampes, livres, marbres, bronzes, ivoires, terres cuites, vitraux, médailles, armes, porcelaines, meubles, émaux, laques et autres objets d'art, avec diverses notes et notices historiques et biographiques, par M. Charles Blanc,... et précédé d'une lettre à l'auteur sur la curiosité et les curieux, [par Adolphe Thibaudeau]. — *Paris, Renouard, 1857-1858, 2 vol. in-8°.*

4068. — Les collectionneurs de l'ancienne Rome. Notes d'un amateur. [Edmond Bonnaffé]. — *Paris, Aubry, 1867, pet. in-8°.*

4069. — Le cabinet de M. Thiers, par M. Charles Blanc,... — *Paris, Renouard, 1871, in-8°, 78 p.*

4070. — Livre journal de Lazare Duvaux, marchand bijoutier ordinaire du roy, 1748-1758. Précédé d'une étude sur le goût et sur le commerce des objets d'art au milieu du xviii° siècle, [par Louis

Courajod]. — *Paris, pour la Société des bibliophiles françois, 1873, 2 vol. in-8°, fr. gr.*

4071. — L'Art. Revue hebdomadaire illustrée. — *Paris, Libr. de l'Art, 1875-1894, 58 vol. in-f°, pl.*

4072. — Courrier de l'Art. Chronique hebdomadaire des ateliers, des musées, des expositions, des ventes publiques, des concours, des théâtres, etc. — *Paris, Libr. de l'Art, 1881-1890, 9 vol. in-4°.*

4073. — Alexandre Lenoir, son journal et le musée des monuments français, par Louis Courajod. — *Paris, Champion, 1878-1887, 3 vol. in-8°.*

4074. — Connaissances nécessaires à un amateur d'objets d'art et de curiosité, par Ancel Oppenheim,... — *Paris, Rouveyre, 1879, in-8°.*

4075. — Les manuscrits de Léonard de Vinci publiés en fac-simile phototypiques, avec transcriptions littérales, traductions françaises, avant-propos et tables méthodiques, par M. Charles Ravaisson-Mollien. — *Paris, Quantin, 1881-1891, 6 vol. gr. in-f°.*

4076. — L'art pendant la guerre de 1870-1871. Marius Vachon. Strasbourg. Les musées, les bibliothèques et la cathédrale. Inventaire des œuvres d'art détruites. — *Paris, Quantin, 1882, gr. in-8°.*

4077. — Les amateurs de l'ancienne France. Le surintendant Foucquet, par Edmond Bonnaffé. — *Paris, Rouam, 1882, gr. in-4°, pl.*

4078. — Edmond Bonnaffé. Recherches sur les collections de Richelieu. *Paris, Plon, 1883, in-8°, pl.*

4079. — Les collections de Verrès, par Armand Gasté,... — *Caen, Impr. Le Blanc-Hardel, 1883, in-16, 64 p.*

4080. — Ernest Bosc,... Dictionnaire de l'art, de la curiosité et du bibelot. — *Paris, Didot, 1883, gr. in-8°.*

4081. — Vade mecum du collectionneur, par Jos. Leroux, M. D. Montréal. Collector's Vade mecum by Jos. Leroux, M. D. Montréal, 1885. — *Montréal, Beauchemin et Valois, in-8°.*

4082. — Le livre des collectionneurs, par Alph. Maze-Sencier,... Les ébénistes. Les ciseleurs bronziers. Les tabatières. La dinanderie. L'horlogerie. La céramique. Les peintres en miniature. Les sculpteurs en ivoire. Les terres cuites. Les modeleurs en cire. Bayard, de Nancy. Bonzanigo et son école. Les jarretières. Les boutons d'habit. Les boîtes à mouche. Les éventails. Les autographes. Les timbres-postes, etc., etc. — *Paris, Loones, 1885, gr. in-8°.*

4083. — Le Cicerone. Guide de l'art antique et de l'art moderne en Italie, par J. Burckhardt,... Traduit par Auguste Gérard,... sur la cinquième édition, revue et complétée par le docteur Wilhelm Bode,... — *Paris, Didot, 1885-1892, 2 vol. in-12, pl.*

    Première partie : Art ancien.
    Seconde partie : Art moderne.

4084. — Le Cicerone. Guide de l'art antique et de l'art moderne en Italie, par J. Burckhardt,... Traduit par Auguste Gérard,... sur la cinquième édition, revue et complétée par le docteur Wilhelm Bode,... — *Paris, Didot, 1892-1894, 2 vol. pet. in-8°, plans.*

    Première partie : Art ancien.
    Seconde partie : Art moderne.

4085. — Ris-Paquot. Dictionnaire encyclopédique des marques et monogrammes, chiffres, lettres initiales, signes figuratifs, etc,... concernant les aquafortistes ; architectes ; armuriers ; bibliophiles ; célébrités littéraires ; céramistes ; ciseleurs ; damasquineurs ; dessinateurs ; dinandiers ; ébénistes ; émailleurs ; fabricants de papier ; fondeurs ; graveurs sur bois, cuivre, pierres fines, métaux ; horlogers ; huchiers ; imprimeurs ; libraires ; maîtres des monnaies ; miniaturistes ; modeleurs ; nielleurs ; numismatique ; ordres de chevaleries ; orfèvres ; peintres ; potiers d'étain ; relieurs ; sculpteurs sur bois, pierre, ivoire, albâtre, nacre, etc. ; tapissiers ; tisserands ; tourneurs ; etc. — *Paris, Laurens, [1893], 2 vol. in-4°, portr.*

4086. — Inventaires de Jean, duc de Berry (1401-1416), publiés et annotés par Jules Guiffrey,... — *Paris, Leroux, 1894-1896, 2 vol. in-8°, portr.*

4087. — Emile Molinier. Le trésor de la cathédrale de Coire. — *Paris, Libr. centrale des Beaux-Arts, 1895, in-f°, pl.*

4088. — Recherches sur l'orfèvrerie en Espagne, au moyen âge et à la Renaissance. Documents inédits tirés des archives espagnoles, par le baron Ch. Davillier. — *Paris, Quantin, 1879, in-4°, pl.*

4089. — Chefs d'œuvre d'orfèvrerie ayant figuré à l'exposition de Budapest, décrits par MM. Charles Pulszki, Eugène Radisicz et Emile Molinier, et reproduits par l'eau-forte, la chromolithographie et l'héliogravure. — *Paris, Libr. centrale des Beaux-Arts, [1886], 2 vol. in-f°, pl.*

4090. — Études sur l'orfèvrerie française au xviii° siècle. Les Germain, orfèvres-sculpteurs du roi, par Germain Bapst. — *Paris, Rouam, s. d. [1887], in-8°, fr. et pl.*

4091. — Histoire des joyaux de la couronne de France, d'après des documents inédits, par Germain Bapst. — *Paris, Hachette, 1889, gr. in-8°, pl.*

4092. — Ministère de l'Instruction publique et des Beaux-Arts. Direction des Beaux-Arts. Bureau de l'enseignement. Commission d'enquête sur la situation des ouvriers et des industries d'art, instituée par décret en date du 24 décembre 1881. — *Paris, Impr. Quantin, 1884, in-4°.*

4093. — Ministère de l'Instruction publique, des Beaux-Arts et des Cultes. Rapports à M. Edmond Turquet, Sous-Secrétaire d'État, sur les musées et les écoles d'art industriel et sur la situation des industries artistiques en Allemagne, Autriche-Hongrie, Italie et Russie, par M. Marius Vachon. — *Paris, Imp. Quantin, 1885, in-4°.*

La couverture imprimée sert de titre.

4094. — Rapports à M. Edmond Turquet, Sous-Secrétaire d'État, sur les musées et les écoles d'art industriel et sur la situation des industries artistiques en Suisse et Prusse Rhénane, par M. Marius Vachon. Missions de 1886, février-mars. — *Paris, Quantin, 1886, in-4°.*

4095. — Rapports à M. le Ministre de l'Instruction publique et des Beaux-Arts sur les musées et les écoles d'art industriel et sur la situation des industries artistiques en Belgique et Hollande, par M. Marius Vachon. Missions de 1888, février-mars. — *Paris, Impr. Quantin, 1888, in-4°.*

4096. — Rapport à M. le Ministre de l'Instruction publique et des Beaux-Arts sur les musées et les écoles d'art industriel et sur la situation des industries artistiques en Danemark, Suède et Norwège, par M. Marius Vachon. Missions de juin-juillet 1888. — *Paris, Quantin, 1889, in-4°, 86 p.*

4097. — Ministère de l'Instruction publique et des Beaux-Arts. Rapport sur les musées et les écoles d'art industriel en Angleterre, par M. Marius Vachon. Mission de 1889, juin-juillet. — *Paris, Impr. Nat., 1890, in-4°.*

4098. — Rapport relatif à l'enseignement en Autriche des arts appliqués à l'industrie, adressé au Ministre de l'Instruction publique et des Beaux-Arts, par M. E. Saglio,... — *Paris, Impr. Nat., 1890, in-4°, 26 p.*

F. MUSIQUE.

a). Histoire de la musique et des musiciens. Critique musicale.

4099. — Histoire de la musique et de ses effets, depuis son origine jusqu'à présent, et en quoi consiste sa beauté. [Par Pierre Bonnet.] — *Amsterdam, Roger, [1725], 4 tom. en 2 vol. in-12.*

4100. — Mémoires ou essais sur la musique, par le citoyen Grétry,... — *Paris, Impr. de la République, pluviose an V, 3 vol. in-8°.*

4101. — Distribution des prix aux élèves du Conservatoire de musique, pour le cours d'étude de l'an VIII. — *Paris, Impr. de la République, nivose an IX, in-8°, 18 p.*

4102. — Histoire du Conservatoire impérial de musique et de déclamation, suivie de documents recueillis et mis en ordre par M. Lassabatbie,... — *Paris, Michel Lévy, 1860, in-12.*

4103. — Le conservatoire de musique de Paris et la commission du Ministère des Beaux-Arts en 1870, par Charles Delprat,... — *Paris, Impr. Morris, 1872, in-8°, 36 p.*

4104. — Observations relatives aux concours de violon du conservatoire de musique, par Pierre Marie François de Sales Baillot,... Œuvre posthume (1835). — *Paris, Didot, 1872, gr. in-8°, 36 p. et 1 tabl.*

4105. — Le musée du conservatoire national de musique. Catalogue descriptif et raisonné par Gustave Chouquet,... Nouvelle édition. — *Paris, Didot, 1884, in-12, pl.*

Le musée du conservatoire national de musique. 1er supplément au Catalogue de 1884, par Léon Pillaut,... — *Paris, Fischbacher, 1894, in-12, xiv-89 p.*

★★. — Notice sur la vie et les ouvrages de Nicolas Piccinni, par P. L. Ginguené.

Voy. Division Histoire.

4106. — Histoire générale de la musique et de la danse, par J. Adrien de La Fage. — *Paris, Comptoir des imprimeurs unis, 1844, 2 vol. in-8° et album in-4°.*

4107. — Critique et littérature musicales, par P. Scudo. Palestrina, Scarlatti, Porpora, Piccinni, Cimarosa, Paisiello, Rossini, Donizetti, Bach, Handel, Haydn, Mozart, Beethoven, Weber. Lulli, Rameau, Gluck, Spontini, Meyerbeer, Monsigni, Grétry, Méhul, Hérold. — *Paris, Amyot, 1850, in-8°.*

4108. — A Monsieur Ingres. Haydn, Mozart, Beethoven. Étude sur le quatuor, par Eug. Sauzay,... — *Paris, l'auteur, 1861, in-8°.*

4109. — Souvenirs d'un musicien, par Adolphe Adam,... Précédés de notes biographiques écrites par lui-même. Nouvelle édition. — *Paris, Michel Lévy, 1868, in-12.*

**. — Diccionario biografico-bibliografico de efemerides de musicos españoles escrito por Baltazar Saldoni.
   Voy. Division Histoire.

4110. — Fantaisies critiques sur l'art musical, par W. Fulbert. [Aug. Larriu.] — *Oloron, Impr. Marque, s. d. [1872], in-18.*

**. — Le centenaire de Boieldieu. Anecdotes et souvenirs recueillis par Henry de Thannberg.
   Voy. Division Histoire.

4111. — Emile Coyon. Annuaire musical et orphéonique de France, publié par MM. Emile Coyon et Bettinger. — *Paris, Aureau, 1875-1878, 3 vol. in-12.*
   1ʳᵉ, 2ᵉ, 3ᵉ et 4ᵉ années.

4112. — Histoire de l'instrumentation depuis le seizième siècle jusqu'à nos jours, par H. Lavoix fils,... — *Paris, Didot, 1878, in-8°.*

**. — Biographie des musiciens et bibliographie de la musique, par P. J. Fétis.
   Voy. Division Histoire.

4113. — Histoire de la musique, par H. Lavoix fils,... — *Paris, Quantin, [1884], pet. in-8°.*

4114. — Adolphe Jullien. Paris dilettante au commencement du siècle. — *Paris, Didot, 1884, pet. in-8°, pl.*

**. — Richard Wagner, sa vie et ses œuvres, par Adolphe Jullien.
   Voy. Division Histoire.

**. — Hector Berlioz, sa vie et ses œuvres, par Adolphe Jullien.
   Voy. Division Histoire.

4115. — Camille Bellaigue. L'année musicale. — *Paris, Delagrave, 1889-1892, 4 vol. in-12.*

4116. — Arthur Coquard. La musique en France depuis Rameau. — *Paris, Calmann Lévy, 1891, in-12.*

— 627 —

4117. — La musique française, par H. Lavoix fils,... — *Paris, May et Motteroz, [1891], pet. in-8°.*

**. — Vie d'un compositeur moderne, Louis Niedermeyer, par Louis Alfred Niedermeyer.
Voy. Division Histoire.

4118. — Les rapports de la musique et de la poésie considérées au point de vue de l'expression, par Jules Combarieu,... — *Paris, Alcan, 1894, in-8°.*

4119. — Histoire de la musique allemande, par Albert Soubies. — *Paris, May et Motteroz, [1896], pet. in-8°.*

b). **Traités théoriques. Dictionnaires.**

4120. — Traité de l'harmonie réduite à ses principes naturels... par Monsieur Rameau... — *Paris, Ballard, 1722, in-4°.*

**. — Dictionnaire de musique, par J. J. Rousseau.
Voy. Division Belles-Lettres.

4121. — Méthode élémentaire de composition, avec des exemples très nombreux et très étendus pour apprendre de soi-même à composer toute espèce de musique, par J. Georg. Albrechtsberger,... Traduit de l'allemand... par M. A. Choron,... — *Paris, Courcier, 1814, 2 vol. in-8°.*

4122. — Cours d'harmonie, par Ph. de Geslin,... — *Paris, l'auteur, 1826, in-8°, pl.*

4123. — Aperçu sur la possibilité d'établir une notation représentant, d'une manière à la fois exacte et suffisamment abréviative, les successions harmoniques, par Anatole Loquin,... — *Bordeaux, Féret, décembre 1871, in-8°, 10 p.*

4124. — Esthétique musicale. Résumé élémentaire de la technie harmonique et complément de cette technie, suivi de l'exposé de la loi de l'enchaînement dans la mélodie, dans l'harmonie et dans leur concours, par le comte Camille Durutte, d'Ypres,... — *Paris, Gauthier-Villars, 1876, in-8°.*

4125. — Le son et la musique, par P. Blaserna,... suivis des Causes physiologiques de l'harmonie musicale, par H. Helmholtz,... — *Paris, Germer-Baillière, 1877, in-8°.*

4126. — Petite encyclopédie musicale, par Alexandre Bisson et Th. de Lajarte. — *Paris, Hennuyer, 1881-1884, 2 vol. pet. in-8°, port.*

 Tome 1er. Traité de musique.
 Tome 2. Histoire générale de la musique, par Alex. Bisson, et biographie des compositeurs, virtuoses, etc., par Georges Baudoüin.

4127. — Dictionnaire de musique de Hugo Riemann,... Traduit d'après la quatrième édition, revu et augmenté par Georges Humbert,... — *Paris, Perrin, 1896, in-8°.*

 En cours de publication.

c). Chant.

4128. — Méthode de vocalisation... par Auguste Panseron,... — *Paris, l'auteur, s. d., in-f°.*

4129. — Dictionnaire liturgique, historique et théorique de plain-chant et de musique d'église au moyen âge et dans les temps modernes, par M. J. d'Ortigue. — *Paris, Potier, 1854, gr. in-8°.*

4130. — Études sur la musique grecque, le plain-chant et la tonalité moderne, par Alix Tiron. — *Paris, Impr. Imp., 1866, gr. in-8°.*

4131. — Essai sur la composition chorale, par A. Elwart,... — *Paris, Escudier, 1867, gr. in-8°, 68 p. et mus.*

4132. — L'art du chant et l'école actuelle, par Charles Delprat. — *Pau, Impr. Veronese, 1869, in-12.*

4133. — Principes élémentaires de l'art musical. Enseignement rationnel de la musique. Première partie. Théorie rationnelle de la musique. Tonalité, ou constitution du ton. Principes de la méthode, par Paul Roy. — *Paris, Simon, 1874, gr. in-8°.* — Idem. Seconde partie. Cours de musique vocale divisé en trois lettres. Lettre A. — *Paris, Simon, 1877, gr. in-8°.*

4134. — Études sur la musique ecclésiastique grecque. Mission musicale en Grèce et en Orient. Janvier-mai 1875, par L. A. BOURGAULT-DUCOUDRAY. — *Paris, Hachette, 1877, gr. in-8°.*

4135. — Le chant, ses principes et son histoire, par Théophile LEMAIRE et Henri LAVOIX fils. — *Paris, Heugel, 1881, gr. in-8°, pl.*

4136. — Le congrès européen d'Arezzo pour l'étude et l'amélioration du chant liturgique. Compte-rendu non officiel suivi d'un appendice bibliographique, par Ch. Emile RUELLE,... — *Paris, Didot, 1884, gr. in-8°, 48 p.*

4137. — Manuel élémentaire de musique, rédigé conformément au programme officiel du 23 juillet 1883 et annoncé par l'Inspection académique dans le Bulletin de mars 1884, par Henri PARAVEL. — *S. l. 1884, in-12, 34 p.*

4138. — Cours complet d'enseignement primaire. Chant. Cours élémentaire. [Cours moyen et supérieur]... par M. Auguste MERCADIER,... — *Paris, Dupont, 1884-1885, 2 vol. in-8°.*

4139. — Les chants de l'église latine. Restitution de la mesure et du rythme selon la méthode naturelle, par Emile BURNOUF,... — *Paris, Lecoffre, 1887, in-8°.*

4140. — Paléographie musicale. Fac-similés phototypiques des principaux manuscrits de chant grégorien, ambrosien, mozarabe, gallican publiés par les Bénédictins de l'abbaye de Solesmes. — *Solesmes, Impr. Saint-Pierre, 1889-1895, 5 vol. in-4°, pl.*
Continue à paraître.

d). Compositions musicales.

4141. — L'Europe galante, ballet, par CAMPRA. — *In-4° oblong.*
Le titre et les dernières pages manquent.

— 630 —

4142. — Idoménée, tragédie, par M. Campra. — *In-4° oblong.*
Le titre manque.

4143. — Recueil de douze sonates à II et III parties avec la basse chiffrée, par Monsieur Rebel,... Basse pour le clavecin. — *S. l., 1712, in-f°, 34 p.*

4144. — Nouvelle retraite française, suivie de deux morceaux faciles et à effet pour guitare seule... composés par Colin fils,... — *Paris, Lahanier, s. d., in-f°, 5 p.*

4145. — Recueil de divers morceaux de musique manuscrits. — *3 portefeuilles.*

4146. — Récréation musicale pour la guitare, contenant valses, contredanses, savoyardes et marches... par Sisteron. — *Paris, [gravé par Mme Horloski], s. d., in-f°, 10 p.*

4147. — Divertissement pour la guitare... par Sisteron. — *Paris, s. d., in-f°, 9 p.*

4148. — Messe solennelle offerte aux gardes nationales de France et à l'armée, par Amédée Thomassin... — *Paris, à la bibliothèque de musique, s. d., in-f°.*

4149. — Collection complète pour piano des œuvres de J. S. Bach. Édition... corrigée et doigtée par C. Czerny... — *[Paris], Launer, 10 vol. in-f°.*

4150. — Album de Mlle L. Puget. Paroles de Mr Gustave Lemoine. 1842. — *Paris, Meissonnier, in-4°, titre gr. et pl., 24 ff. n. ch.*

4151. — Cantiques de St-Sulpice arrangés à trois voix, par H. M. Berton,... — *Paris, Bobœuf, s. d., in-8°, musique autographiée.*

4152. — Chants de la Sainte-Chapelle, tirés de manuscrits du xiiie siècle, traduits et mis en parties avec accompagnements d'orgue, par Félix Clément,... Avec une introduction, par Didron aîné,... — *Paris, Didron, [1849], in-4°, 57 p. n. ch., fr. gr. et pl.*

4153. — Le chant de guerre pour l'armée du Rhin ou la Marseillaise. Paroles et musique de la Marseillaise. Son histoire. Contestations à propos de son auteur. Imitations et parodies de ce chant national français, par Le Roy de Sainte-Croix. — *Strasbourg, Hagemann, 1880, gr. in-8°, pl.*

4154. — Trente mélodies populaires de Basse-Bretagne, recueillies et harmonisées par L. A. Bourgault-Ducoudray, avec une traduction française en vers adaptée à la musique, par Fr. Coppée. — *Paris, Bruxelles, Lemoine, novembre 1885, in-4°.*

4155. — Das Leben für den Czar, Grosse Oper in 5 Akten. Text von Baron Rosen, Musik von M. J. Glinka. — *St-Petersburg, Stellowski, 1881, 2 vol. in-4°.*

23. ARTS MÉCANIQUES ET MÉTIERS.

A. DICTIONNAIRES. TRAITÉS GÉNÉRAUX. MÉLANGES.

4156. — Annales de l'industrie nationale et étrangère, ou Mercure technologique ; recueil de mémoires sur les arts et métiers, les manufactures, le commerce, l'industrie, l'agriculture, etc. Renfermant la description des produits de l'industrie française, exposés au Louvre en 1819... par L. S. Le Normand,... et J. G. V. de Moléon,... — *Paris, Bachelier, 1820-1821, 4 tom. en 2 vol. in-8°, pl.*

4157. — Annales de l'industrie nationale et étrangère, ou Mercure technologique ; recueil de mémoires sur les arts et métiers, les manufactures, le commerce, l'industrie, l'agriculture, etc. Renfermant la description des musées des produits de l'industrie française... par L. Séb. Le Normand,... et J. G. V. de Moléon,... — *Paris, Bachelier, 1820-1827, 24 tom. en 12 vol. in-8°, pl.*
Le tome 24 renferme la Table générale des matières.

4158. — Annales de l'industrie manufacturière, agricole et commerciale, de la salubrité publique et des Beaux-Arts. Répertoire général des brevets d'invention. Recueil de mémoires sur les manufactures, les arts et les métiers ; les travaux des sociétés d'agriculture et autres ; le commerce français et étranger ; les travaux du conseil de salubrité, les hôpitaux, les prisons, l'économie publique ou domestique... par J. G. V. de MOLÉON,... — *Paris, Bachelier, 1827-1828, 8 tom. en 4 vol. in-8°, pl.*

Le tome 8 commence à la page 121.

**. — Règlements sur les arts et métiers de Paris, rédigés au XIIIe siècle et connus sous le nom de Livre des métiers d'Etienne BOILEAU, publiés par G. B. DEPPING.

Voy. Division HISTOIRE.

4159. — Histoire des anciennes corporations d'arts et métiers et des confréries religieuses de la capitale de la Normandie, par Ch. OUIN-LACROIX,... Armoiries et jetons dessinés par G. Drouin. — *Rouen, Impr. Lecointe, 1850, in-8°, pl.*

4160. — The art journal. Illustrated catalogue. The industry of all nations, 1851. — *London, in-4°, fr. gr.*

4161. — Les grandes usines de France. Tableau de l'industrie française au XIXe siècle, par TURGAN,... — *Paris, Libr. Nouvelle, 1860-1882, 15 vol. in-8°.*

4162. — L'industrie humaine, par Frédéric PASSY. — *Paris, Hachette, 1868, in-18, 52 p.*

Conférences populaires faites à l'asile impérial de Vincennes...

4163. — Les merveilles de la science ou description populaire des inventions modernes, par Louis FIGUIER. — *Paris, Furne, [1867-1869], 4 vol. in-4°, portr.*

Tome 1er. Machine à vapeur. Bateaux à vapeur. Locomotive et chemins de fer. Locomobiles. Machine électrique. Paratonnerres. Pile de Volta. Electro-magnétisme.

Tome 2. Télégraphie aérienne, électrique et sous-marine. Câble transatlantique. Galvanoplastie. Dorure et argenture électro-chimiques. Aérostats. Éthérisation.

Tome 3. Photographie. Stéréoscopes. Poudres de guerre. Artillerie ancienne et moderne. Armes à feu portatives. Bâtiments cuirassés. Drainage. Pisciculture.

Tome 4. Éclairage. Chauffage. Ventilation. Phares. Puits artésiens. Cloche à plongeur. Moteur à gaz. Aluminium. Planète Neptune.

4164. — Les merveilles de la science ou description des inventions scientifiques depuis 1870, par Louis FIGUIER. Supplément. — *Paris, Jouvet, [1889-1890], 2 vol. in-4°.*

Tome 1er. Machine à vapeur. Bateaux à vapeur. Locomotive et chemins de fer. Locomobiles. Paratonnerre. Pile de Volta. Electromagnétisme et machines à courant d'induction. Moteur électrique. Galvanoplastie et dépôts électro-chimiques. Télégraphe aérien (télégraphie optique et télégraphie pneumatique). Télégraphe électrique. Télégraphie sous-marine et câble atlantique. Aérostats.

Tome 2. Photographie. Poudres de guerre. Artillerie moderne. Armes à feu portatives. Bâtiments cuirassés. Art de l'éclairage. Chauffage. Moteur à gaz. Phares. Le phonographe.

4165. — Les merveilles de l'industrie ou description des principales industries modernes, par Louis FIGUIER. — *Paris, Furne, [1873-1877], 4 vol. in-4°.*

Tome 1er. Industries chimiques : Le verre et le cristal. Les poteries, les faïences et les porcelaines. Le savon. Les soudes et les potasses. Le sel. Le soufre et l'acide sulfurique.

Tome 2. Industries chimiques : Le sucre. Le papier. Les papiers peints. Les cuirs et les peaux. Le caoutchouc et la gutta-percha. La teinture.

Tome 3. Industries chimiques : L'eau. Les boissons gazeuses. Le blanchiment et le blanchissage. Le phosphore et les allumettes chimiques. Le froid artificiel. L'asphalte et le bitume.

Tome 4. Industries agricoles et alimentaires : Pain et farines. Fécules et pâtes alimentaires. Lait, beurre et fromage. Vin. Cidre. Bière. Alcool et distillation. Vinaigre. Huiles. Conserves alimentaires. Café et thé.

4166. — Les nouvelles conquêtes de la science, par Louis FIGUIER. — *Paris, Marpon et Flammarion, [1883-1885], 4 vol. in-4°, portr. et pl.*

Tome 1er. L'électricité.
Tome 2. Grands tunnels et railways métropolitains.
Tome 3. Les voies ferrées dans les deux mondes.
Tome 4. Isthmes et canaux.

(*)

— 634 —

4167. — Dictionnaire des arts et manufactures et de l'agriculture formant un traité complet de technologie, par M. Ch. LABOULAYE,... et MM. Alcan, Barral, E. Baude, Berthelot,... J. Boulanger, Bréguet, E. Cheysson,... Debette,... Dehérain,... Dubied, E. Belmen, L. Faucher,... Grouvelle, Hanriot,... Hausser,... Hervé-Mangon,... Knab,... Lissajoux, Lodin,... Mallet, Raffalovich, Rouget de Lisle,... Salvetat,... Sanson,... Schutzenberger,... Septième édition. — *Paris, 1891, 5 vol. in-4°.*

B. INDUSTRIES MANUFACTURIÈRES. MÉTIERS DIVERS.

4168. — Nouveau procédé de la fabrication de l'acier et du métal homogène. Brevets Pierre Martin. Signé : Emile MARTIN. — *Paris, Impr. Lainé et Havard, 1867, in-8°, XVI-71 p.*

4169. — Mémoire sur les allumettes chimiques adressé à la commission des prix Montyon pour les arts insalubres (Académie des sciences), par COIGNET frères et Cie. — *S. l. n. d. Paris, Impr. Jousset, [1859], in-4°, 39 p.*
  La couverture imprimée sert de titre.

4170. — L'art dans l'armurerie, par Alexandre GUEYTON,... — *S. l. n. d. [1850], in-f°, pl.*

4171. — Manuels Roret. Nouveau manuel complet du boulanger, du négociant en grains, du meunier et du constructeur de moulins, embrassant toutes les découvertes et les perfectionnements qui se rattachent à la fabrication du pain, à la construction des moulins et à la connaissance des céréales et des légumineuses, par M. JULIA DE FONTENELLE,... et P. M. N. BENOIT,... Nouvelle édition... par M. F. MALEPEYRE. — *Paris, Roret, 1856, 2 vol. in-18, pl.*

4172. — Broderie et dentelle, par Ernest LEFÉBURE,... — *Paris, Quantin, [1887], pet. in-8°.*

4173. — Description de l'art de fabriquer les canons, faite en exécution de l'arrêté du Comité de salut public, du 18 pluviose de l'an II... par Gaspard MONGE... — *Paris, Impr. du Comité de salut public, an II..., in-4°, pl.*

4174. — Manuels Roret. Nouveau manuel complet du charpentier, ou traité simplifié de cet art, suivi d'un petit traité de géométrie descriptive renfermant la solution des problèmes dont on fait le plus fréquemment usage, par MM. BISTON et HANUS. Avec une introduction et un Appendice, par C. BOUTEREAU,... Nouvelle édition... — *Paris, Roret, 1861, in-18, pl.*

4175. — Instruction sur l'art de séparer le cuivre du métal des cloches, publiée par ordre du Comité de salut public. — *S. l. Impr. du Comité de salut public, l'an 2°... in-4°, 18-3 p.*

Supplément à l'instruction sur l'art de séparer le cuivre du métal des cloches, publiée par ordre du Comité de salut public. Signé : PELLETIER, DARCET. Paris, le 22 ventose, an II. — *S. l. n. d., in-4°, 9 p., pl.*

4176. — Manuels Roret. Nouveau manuel complet du mécanicien-fontainier, contenant la conduite et la distribution de l'eau, la mesure de l'eau à la jauge et par les compteurs, la filtration des eaux, la fabrication des robinets de tous systèmes, des fontaines, bornes-fontaines, bouches d'eau, jets d'eau et garde robes, par MM. BISTON, JANVIER et MALEPEYRE. Nouvelle édition... par M. A. ROMAIN,... — *Paris, Roret, 1882, in-18, pl.*

4177. — Manuel du fabricant de papiers, ou de l'art de la papeterie, suivi de l'art du fabricant de cartons et de l'art du formaire, par L. Séb. LE NORMAND,... — *Paris, Roret, 1833-1834, 2 vol. in-18 et atlas in-8°.*

4178. — Application de la racine de luzerne à la pâte de papier, par CAMINADE fils aîné, à Orléans... — *Orléans, [Impr. Chenu], 1866, in-8°, 48 p.*

Cette brochure est imprimée sur du papier de racine de luzerne.

4179. — L'art du peintre, doreur, vernisseur et du fabricant de couleurs ; ouvrage nécessaire aux amateurs, aux propriétaires... et aux artistes... par M. Watin,... Septième édition... — *Paris, Belin, 1815, in-8°*.

4180. — Traité de la peinture en bâtiment et du décor, par E. A. Ducompex,... — *Paris, Ducher, 1878, in-8°, pl.*

4181. — Traité théorique et pratique de l'art du relieur, contenant la brochure dans ses rapports avec la reliure, le cartonnage, la reliure en tous genres, l'emboîtage, la dorure sur cuir et sur tissus, à la main et au balancier, la dorure et l'ornementation des tranches, la marbrure, le lavage, le nettoyage, l'encollage et la réparation des livres et estampes, accompagné d'une notice sur le cuir ciselé et buriné, par Em. Bosquet,... — *Paris, Baudry, 1890, in-8°, pl.*

4182. — Barêmes ou devis de travaux de reliure établis au moyen de 48 tableaux, divisés en 28 formats chacun, indiquant les prix de revient, tant en main-d'œuvre qu'en fournitures, de 54 genres de reliure et emboîtages divers, soit plus de 1200 devis. Précédés d'une notice, accompagné d'un tableau de réductions sur les travaux en nombre, d'un projet de prix-courant et d'une feuille in-plano soleil donnant les tracés et dimensions de tous les formats, par Em. Bosquet,... — *Paris, l'auteur, 1892, gr. in-4°, pl.*

4183. — Recueil des pièces instructives publiées par la compagnie sanitaire contre le rouissage actuel des chanvres et des lins, pour leur préparation complète à sec, par la nouvelle broie mécanique rurale de M. Laforest et pour la confection du papier avec la chènevotte non rouie, sans l'addition d'aucune autre substance. — *Paris, Bachelier, 1824, in-8°*.

4184. — Les industries de la soie. Sériciculture, filature, moulinage, tissage, teinture, histoire et statistique, par E. Pariset. — *Lyon, Impr. Pitrat, 1890, in-8°, pl.*

4185. — L'art du tourneur mécanicien, par M. Hulot père,... — *Paris, 1775, in-f°, pl.*

<small>Première partie, première section seule parue ; fait partie des Descriptions des arts et métiers faites ou approuvées par MM. de l'Académie des sciences.</small>

C. ART CÉRAMIQUE. VERRERIE. ÉMAUX.

4186. — Études céramiques. Recherche des principes du beau dans l'architecture, l'art céramique et la forme en général. Théorie de la coloration des reliefs, par J. ZIEGLER. — *Paris, Mathias, 1850, in-8° et atlas in-f°*.

4187. — Notes sur la céramique, faïences et porcelaines, par M. TOURNAL,... Extrait de la Revue de Toulouse. Livraison de novembre. — *Toulouse, Impr. Chauvin, 1862, in-8°, 23 p*.

4188. — Discours admirable de l'art de terre, de son utilité, des esmaux et du feu, par M. Bernard PALISSY, inventeur des rustiques figulines du roy et de la royne sa mère. — *Genève, Impr. Fick, 1863, in-18, 44 p*.

4189. — Recherches sur la céramique, suivies de marques et monogrammes des différentes fabriques, par M. Jules GRESLOU,... — *Chartres, Impr. Garnier, 1863, pet. in-8°*.

4190. — Les merveilles de la céramique, ou l'art de façonner et décorer les vases en terre cuite, faïence, grès et porcelaine depuis les temps antiques jusqu'à nos jours, par A. JACQUEMART,... — *Paris, Hachette, 1866, in-12, pl*.

Première partie. Orient.

4191. — Les merveilles de la céramique, ou l'art de façonner et décorer les vases en terre cuite, faïence, grès, et porcelaine, depuis les temps antiques jusqu'à nos jours, par A. JACQUEMART,... Troisième édition. — *Paris, Hachette, 1874-1879, 3 vol. in-12, pl*.

Tome 1er. Orient.
Tome 2. Occident : Antiquité, moyen âge et Renaissance.
Tome 3. Occident : Temps modernes.

4192. — Histoire des faïences patriotiques sous la Révolution, par CHAMPFLEURY. Deuxième édition. — *Paris, Dentu, 1867, in-12, pl*.

4193. — Histoire des faïences patriotiques sous la Révolution, par Champfleury. Troisième édition... — *Paris, Dentu, 1875, in-12, pl.*

4194. — Histoire de la céramique. Étude descriptive et raisonnée des poteries de tous les temps et de tous les peuples, par Albert Jacquemart,... — *Paris, Hachette, 1873, gr. in-8°, pl.*

4195. — Guide de l'amateur de faïences et porcelaines, terres cuites, poteries de toute espèce, émaux sur métaux, peinture sur lave, verres, cristaux, vitraux, pierres précieuses et dents artificielles, mosaïques et peintures sur cristal de roche, par Auguste Demmin. Quatrième édition... — *Paris, Renouard, 1873, 3 vol. in-12, portr.*

4196. — Dictionnaire des marques et monogrammes des faïences, poteries, grès, terre de pipe, terre cuite, porcelaines, etc., anciennes et modernes, contenant en outre les noms des principaux peintres, décorateurs, modeleurs, tourneurs, etc., et environ 600 marques de potiers romains, plus de 6,000 marques, monogrammes et noms, par Ris-Paquot,... 5° édition. — *Paris, Simon, 1880, in-8°.*

4197. — La faïence, par Théodore Deck,... — *Paris, Quantin, [1887], pet. in-8°.*

4198. — La porcelaine tendre de Sèvres, par Edouard Garnier... — *Paris, Quantin, [1889-1891], in-f°, pl.*

4199. — Documents sur les anciennes faïenceries françaises et la manufacture de Sèvres, par Gerspach,... — *Paris, Laurens, 1891, in-8°.*

4200. — La faïence de Samadet, par M. Picot,... — *Pau, Ribaut, 1892, in-8°, 7 p.*

4201. — La porcelaine, par Georges Vogt,... — *Paris, Quantin, [1893], pet. in-8°.*

4202. — Dictionnaire de la céramique. Faïences-grès-poteries, par Edouard Garnier,... — *Paris, Libr. de l'Art, [1894], in-8°, pl.*

4203. — Ernest Grandidier. La céramique chinoise. Porcelaine orientale : date de sa découverte. Explication des sujets de décor. Les usages divers. Classification. — *Paris, Didot, 1894, gr. in-4°, pl.*

4204. — L'art de la verrerie, par Gerspach,... — *Paris, Quantin, [1885], pet. in-8°.*

4205. — Dictionnaire des émailleurs depuis le moyen âge jusqu'à la fin du xviii° siècle. Ouvrage accompagné de 67 marques et monogrammes, par Emile Molinier,... — *Paris, Rouam, 1885, in-16.*

4206. — Histoire de la verrerie et de l'émaillerie, par Edouard Garnier,... — *Tours, Mame, 1886, gr. in-8°, pl.*

4207. — L'art de l'émail de Limoges ancien et moderne. Traité pratique et scientifique, par Alfred Meyer,... — *Paris, l'auteur, 1895, in-12, pl.*

D. ART CULINAIRE.

4208. — Les soupers de la cour ou l'art de travailler toutes sortes d'aliments pour servir les meilleures tables, suivant les quatre saisons, [par Menon]. — *Paris, Guillyn, 1755, 4 vol. in-12.*
  Ex libris du président Le Rebours.

4209. — La science du maître d'hôtel, confiseur, à l'usage des officiers, avec des observations sur la connaissance et les propriétés des fruits... [par Menon]. Suite du maître d'hôtel cuisinier. Nouvelle édition... — *Paris, la Compagnie des libraires associés, 1768, in-12, pl.*

4210. — Arte de reposteria, en que se contiene todo genero de hacer dulces secos, y en liquido, vizcochos, turrones, natas ; bebidas heladas de todos generos, rosolis, mistelas, etc. Con una breve instruccion para conocer las frutas, y servirlas crudas ; y diez mesas con su explicacion. Su autor Juan de la Mata,... — *Madrid, Impr. de Herrera, 1786, in-4°.*

4211. — Physiologie du goût, ou méditations de gastronomie transcendante. Ouvrage théorique, historique et à l'ordre du jour, dédié aux gastronomes parisiens, par Brillat-Savarin. Avec une Notice sur l'auteur. Édition accompagnée des ouvrages suivants : Traité des excitants modernes, par H. de Balzac. Anecdotes et fragments d'histoire culinaire, par des amateurs. Pensées et préceptes recueillis par un philosophe. Recettes et formules, par un cordon bleu. La Gastronomie, poème par Berchoux. L'art de diner en ville, poème par Colnet. — *Paris, Charpentier, 1858, in-12.*

4212. — La cuisinière poétique, par M. Charles Monselet, avec le concours de MM. Méry, A. Dumas, Th. de Banville, Th. Gautier, Em. Deschamps, C. Caraguel, A. Barthet, Emile Solié, Xavier Aubryet, Aur. Scholl, Charles Bataille, etc. — *Paris, Michel Lévy, [1859], in-24.*

24. EXERCICES GYMNASTIQUES.

A. LUTTE. ESCRIME. ÉQUITATION. NATATION. DANSE.

4213. — Préceptes principaux que les bons cavalerisses doivent exactement observer en leurs escoles, tant pour bien dresser les chevaux aux exercices de la guerre et de la carrière, que pour les bien emboucher : composez par le sieur de La Broüe et divisez en trois livres : dont le premier traite de l'ordre général et plus facile des susdits exercices et de la propreté du cavalier ; le second des modernes et plus justes proportions de tous les plus beaux airs et maneges ; le troisiesme des qualitez de toutes les parties de la bouche du cheval, ensemble des divers effects de plusieurs brides différentes... — *La Rochelle, Haultin, 1593-1594, 3 tom. en 1 vol. in-f°.*

4214. — École de cavalerie, contenant la connaissance, l'instruction et la conservation du cheval, par M. de La Guérinière,... — *Paris, Huart et Moreau, 1751, in-f°, fr. gr. et pl.*
Aux armes de ?

4215. — Éléments de cavalerie, troisième partie, contenant l'ostéologie du cheval, ses maladies, leurs remèdes, avec les opérations qui se pratiquent sur cet animal, par M. de LA GUÉRINIÈRE,... Nouvelle édition. — *Paris, par la Compagnie des libraires, 1768, in-12.*

> Ce tome seul.

4216. — Applications de la gymnastique à la guérison de quelques maladies, avec des observations sur l'enseignement actuel de la gymnastique, par Napoléon LAISNÉ,... — *Paris, Leclerc, 1865, in-8°.*

4217. — Applications de la gymnastique à la guérison de quelques maladies, avec des observations sur l'enseignement actuel de la gymnastique, par Napoléon LAISNÉ,... Deuxième édition. — *Paris, P. Bernheim, 1880, in-8°.*

4218. — Gymnastique pratique contenant la description des exercices, la construction et le prix des machines. Ouvrage destiné aux familles, aux établissements d'éducation, aux corps militaires, par Napoléon LAISNÉ,... Précédé d'une préface par BARTHÉLEMY SAINT-HILAIRE,... — *Paris, Hachette, 1879, in-8°, pl.*

4219. — Ministère de l'Instruction publique. Manuel de gymnastique, à l'usage des écoles primaires et secondaires de filles et des écoles normales primaires d'institutrices. — *Paris, Impr. Nationale, 1882, in-18.*

4220. — Physiologie des exercices du corps, par le Dr Fernand LAGRANGE. — *Paris, Alcan, 1888, in-8°.*

4221. — Courses au taureau et principes de tauromachie, par G. de FRÉZALS. Extrait de la Revue britannique, numéro de septembre 1889. — *Paris, Bureaux de la Revue britannique, 1889, in-8°, 44 p.*

4222. — Les courses de taureaux en Espagne et en France. Étude ethnographique et historique illustrée, par deux Aquitains [E. DUFOURCET et G. CAMIADE]. — *Dax, Imp. Labèque, 1891, in-8°, 89 p. et pl.*

B. CHASSES ET PÊCHES.

4223. — La fauconnerie de Charles d'Arcussia de Capre, seigneur d'Esparron, de Pallières et du Revest en Provence, divisée en dix parties... avec les portraits au naturel de tous les oiseaux. — *Rouen, Vaultier, 1643, in-4°, pl.*

La fauconnerie du roi, avec la conférence des fauconniers, par Charles d'Arcussia de Capre,... — *Rouen, Vaultier, 1643, in-4°, 51 p.*

Discours de chasse, où sont représentés les vols faits en une assemblée de fauconniers. Plus il est parlé des oiseaux qui passent et repassent la mer annuellement, de ceux qui résident en leur pays, de leur naturel et nourriture et quels ils sont, chacun nommé par ordre, par Charles d'Arcussia de Capre,... — *Rouen, Vaultier, 1644, in-4°, pp. 55-107.*

Lettres de Philoierax à Philofalco, où sont contenues les maladies des oiseaux et les remèdes pour les guérir. [Par Ch. d'Arcussia de Capre.] — *Rouen, Vaultier, 1644, in-4°, pp. 109-173.*

4224. — Poetæ latini rei venaticæ scriptores et bucolici antiqui, videlicet Gratii Falisci, atque M. Aurelii Olympii Nemesiani Cynegeticon, Halieuticon et de aucupio, cum notis integris Casp. Barthii, Jani Vlitii, Th. Johnson, Ed. Brucei. Accedunt M. Langii dispunctio notarum Jani Vlitii et Caji libellus de canibus britannicis. Itidem Bucolica M. Aurelii Olympii Nemesiani et Calpurnii, cum notis integris Roberti Titii, Hug. Martelli, Casp. Barthii, Jani Vlitii, et commentario Diomedis Guidalotti et B. [Jodoci Badii] Ascensii. Quibus nunc primum accedunt Gerardi Kempheri observationes in tres priores Calpurnii eclogas. — *Lugduni-Batavorum et Hagæ-Comitum, Langerak, 1768, 2 part. en 1 vol. in-4°, fr. gr.*

4225. — Méthodes sûres et faciles pour détruire les animaux nuisibles tels que les loups, les renards, les loutres, les fouines, les belettes, les loirs, les rats, les souris, les musaraignes, les taupes, les crapauds, les vipères, etc. Servant de supplément à l'Histoire des insectes nuisibles... [par P. J. Buc'hoz]. — *Paris, La Porte, 1782, in-12.*

4226. — Traité de vénerie, par M. d'YAUVILLE,... — *Paris, Impr. roy., 1788, in-4°.*

4227. — Traité de la chasse de XÉNOPHON, traduit en français d'après deux manuscrits collationnés pour la première fois, et accompagné de notes critiques et de dissertations sur le pardalis, le panther et autres animaux ; faisant suite aux éditions de Buffon, imprimées par Déterville et Saugrain, par J. B. GAIL,... — *Paris, l'auteur, an IX (1801), in-18.*

4228. — La chasse de GASTON PHŒBUS, comte de Foix, envoyée par lui à Messire Philippe de France, duc de Bourgogne, collationnée sur un manuscrit ayant appartenu à Jean 1er de Foix, avec des notes et la vie de Gaston Phœbus, par Joseph LAVALLÉE... — *Paris, 1854, in-8°.*

4229. — Les Halieutiques, poème en cinq chants sur la pêche maritime, par OPPIEN de Cilicie. Les Cynégétiques, poème en quatre chants sur la chasse des quadrupèdes, par OPPIEN de Syrie. Traduction entièrement nouvelle, avec une préface et des notes, par E. J. BOURQUIN,... — *Coulommiers, Impr. Ponsot et Brodard, 1877, in-8°.*

C. JEUX DIVERS.

4230. — Le grand trictrac, ou méthode facile pour apprendre sans maître, la marche, les termes, les règles et une grande partie des finesses de ce jeu... [par l'abbé SOUMILLE]. — *Avignon, Girard et Seguin, 1738, in-8°.*

4231. — Le grand trictrac, ou méthode facile pour apprendre sans maître, la marche, les termes, les règles et une grande partie des finesses de ce jeu. Seconde édition... par M. l'abbé S***,... [SOUMILLE.] — *Avignon, Giroud, 1756, in-12.*

4232. — Académie universelle des jeux, contenant les règles des jeux de cartes permis, celles du billard, du mail, du trictrac, du revertier, etc. Avec des instructions faciles pour apprendre à les bien jouer. Nouvelle édition augmentée du jeu des échecs, par Philidor [André Danican], du jeu de whist, par Edmond Hoyle, traduit de l'anglais, du jeu de tré-sette, du jeu de domino, etc. — *Amsterdam, Changuion, 1789, 3 vol. in-12, pl.*

4233. — The boy's own book. A complete encyclopedia of all the diversions, athletic, scientific and recreative of boyhood and youth. Second edition. — *London, Vizetelly, Branston and C°, 1828, in-16.*

4234. — Manuel des jeux de calcul et de hasard, ou nouvelle académie des jeux... précédé des règles générales communes à tous les jeux et suivi d'un vocabulaire de tous les termes usités dans les jeux, par M. Lebrun,... Seconde édition. — *Paris, Roret, 1832, in-18.*

4235. — Les quarante préceptes du jeu de whist en distiques rimés français et anglais suivis de commentaires, par John Brunton,... Deuxième édition. — *Paris, Hachette, 1866, in-18.*

4236. — Association française pour l'avancement des sciences... Congrès de Marseille, 20ᵉ session, 1891. Le problème du cavalier aux échecs, par M. le Général Parmentier. — *Paris, [Impr. Chaix], s. d., in-8°, 24 p. et pl.*

Association française pour l'avancement des sciences... Congrès de Pau, 21ᵉ session, 1892. Le problème du cavalier aux échecs. Complément à l'étude présentée au Congrès de Marseille (1891), par M. le Général Parmentier,... — *Paris, [Impr. Chaix], s. d., in-8°, 6 p. et pl.*

4237. — Le golf en Angleterre. Les golf-clubs de France, par F. W. Mariassy. Deuxième édition illustrée. — *S. l. [Cannes, Impr. Robaudy], 1895, in-12, 90 p., portr. et pl.*

TABLE ALPHABÉTIQUE

DES NOMS D'AUTEURS

ET DES OUVRAGES ANONYMES

Les chiffres précédés d'un p. indiquent les pages où figurent, pour mémoire, des ouvrages appartenant à d'autres Divisions du Catalogue.

A

ABAN (P. d'). *Trad.* Corn. Agrippa, Œuvres, 3722.
ABBADIE (Jacq.). Art de se connaitre, 604, 605.
ABD-EL-KADER. *Annot.* Daumas, Chevaux du Sahara, 2484.
ABÉLARD. Ouvrages inédits, 154. — Opera, 155.
ABOUT (E.). A. B. C. du travailleur, 991.
ABRA DE RACONIS (C. F.). Philosophiæ tractatio, 187-190.
Abrégé de l'hist. du 18e rég. d'infanterie, 3532.
Abrégé des Géoponiques, 2119.
ABU ZACARIA. Voy. IBN AL AWAM.
ACCIAIOLUS (Don.). *Comment.* Aristotelis ethica, 544.

ACHILLES TATIUS. Isagoge ad Arati phænomena, 3411.
Actorum medic. Edinburg. specimina, 3069.
ADAM (Ad.). Souvenirs d'un musicien, 4109.
ADDISON (Jos.). Le spectateur, 637, 639.
Adèle et Théodore, 727.
ADELINE (J.). Lexique des termes d'art, 3835.
ADHÉMAR (J.). Révolutions de la mer, 1726.
Admirables secrets d'Albert le Grand, 3166, 3167.
ÆGYNETUS (P.). *Voy.* PAULUS.
ÆLIANUS. *Voy.* ÉLIEN.
AETIUS. Opera, 2584.

AGASSIZ (L.). De l'espèce en zoologie, 1909.
Agones mathematicæ, 3437.
AGRICOLA (Georg.). De re metallica, 1770.
AGRICOLA (Rod.). Enarrationes, 92.
Agriculture de l'Écosse, 2275.
Agriculture de la Rép. Argentine, 2503.
Agriculture française, 2240.
Agriculture (L') ou les Géorgiques françaises, 2183.
AGRIPPA (H. Corn.). Œuvres, 3722.
Agronome (L'), 2070.
AIKIN (J.). Réflexions sur les hôpitaux, 1062.
AILHAUD (J.). Traité de l'origine des maladies, 2814.
AILHAUD (J. G.). Médecine universelle, 2815.
AJASSON DE GRANDSAGNE (J. B. F. E.). Edit. Plinii historia naturalis, 1612.
ALAMANNIUS (Cosm.). Summa philosophiæ, 175.
Albert (L') moderne, 3168, 3169.
ALBERTI (Mich.). Introductio in medicinam, 2559, 2652, 2653. — Tractatus de hæmorrhoïdibus, 2898.
ALBRECHTSBERGER (J. G.). Méthode de composition, 4121.
ALBUCASIS. Methodus medendi, 2585.
Album de l'ornemaniste, 4048.
Album de statistique graphique, 3691.
Album internat. des villes d'eaux, 1733.
ALCHINDUS. De gradibus medicinarum, 3005.
ALCINOUS. De doctrina Platonis, 68. — Introd. ad Platonis dogmata, 68, 105.
ALCYONIUS (P.). Trad. Aristotelis de animalium motu, 2708.
ALDROVANDUS (Ul.). De piscibus, 2030.
ALDUS. De duobus dierum generibus, 2098, 2100-2102.
ALEMBERT (J. LEROND d'). Réflexions sur la philosophie, 253.
ALÉTHOPHILE (J.). Examen du système de Newton, 3493.

ALEXANDRE (Ars.). Barye, 3878. — Daumier, p. 590. — Hist. de l'art décoratif, 4064.
ALEXANDRE (C.). Edit. Plinii historia naturalis, 1612.
ALEXANDRE d'Aphrodisée. Solutiones, 1601. — Problemata, 2708.
ALEXANDRE de Tralles. De lumbricis, 3058.
ALFONSO X. De astronomia, 3423.
ALGLAVE (Em.). La lumière électrique, 1466.
ALIBRAY (Le sieur d'). Voy. VION.
ALICOT. Rapport sur le reboisement, 2400.
ALISSAN DE CHAZET. Des mœurs, 891. — Vie de M. de Montyon, 891.
ALKAN aîné. Les graveurs de portraits, 3958.
ALLAIN (L'abbé). L'instruction prim. avant la Révolution, 819.
ALLARD. Recueil des lois sur les écoles normales, 781.
ALLEN (J.). Abrégé de la médecine, 2664.
ALLENT (Le chev.). Mém. sur les surfaces d'équilibre, 3673.
ALLETZ (Pons Aug.). L'agronome, 2070. — L'Albert moderne, 3168, 3169.
ALLIBERT (J.). Guide de l'éleveur de poules, 2498.
ALLIONI (Ch.). Auctarium ad floram Pedemontanam, 1872.
ALMANSOR. Propositiones, 3410.
ALMEIDA (J. Ch. d'). Cours de physique, 1400, 1401. — Edit. Journal de physique, 1493.
ALMELOVEEN (Th. J. ab). Edit. Celsi medicina, 2588.
ALONE. Eug. Deveria, p. 590.
ALSTEDIUS (Joh. H.). Edit. Clavis artis Lullianæ, 153.
ALTHUSIUS (Joh.). Politica, 868, 869. — De necessitate scholarum, 869.
AMANTI (Em.). Stenografia, 3762.

AMBERT (Joach.). Esquisses hist. de l'armée française, 3521.
AMÉ. Les tarifs de douanes, 1255, 1256.
AMELOT DE LA HOUSSAIE. Morale de Tacite, 541.
AMERBACH (Vitus). De anima, 466.
Ami (L') des hommes, 1033.
AMIEL (Isid.). Rép. à M. Dupanloup, 741.
AMIOT (A.). Géométrie, 3329, 3330.
AMPÈRE (A. M.). Philosophie des sciences, 7. — Philosophie des Ampère, 303. — Phénomènes électro-dynamiques, 1494.
AMPÈRE (J. J.). Philosophie des Ampère, 303.
AMUSSAT (Le Dr A.). Cautérisation après les opérations, 3096. — Cautérisation des hémorrhoïdes, 3096. — De l'électricité comme agent de cautérisation, 3096. — Emploi de la galvano-caustique, 3096. — Emploi d'un réflecteur, 3096. — Extraction de corps étrangers de l'urètre, 3096. — Extraction d'une sonde, 3096. — Fistules, 3096. — La galvanocaustique chimique, 3096. — L'hypospadias, 3096. — Issue spontanée de calculs, 3096. — Lithoclaste, 3096. — Mémoires de chirurgie, 3096. — Mémoires sur la galvanocaustique, 3112. — Sondes à demeure, 3096. — Traitement des kystes, 3096.
AMUSSAT (Le Dr J. Z.). Anus artificiel, 3095. — Broiement de la pierre, 3095. — Destruction des hémorrhoïdes, 3095. — Entérotomie, 3095. — Hygiène du peuple, 3095. — Loupe du cuir chevelu, 3095. — Maladie de Broussais, 3095. — Mémoires de chirurgie, 3095. — Redressement de l'utérus, 3095. — Remarques sur l'urètre, 3095. — Rétroversion de la matrice, 3095. — Vagin artificiel, 3095.
AMY, avocat. Fontaines domestiques, 3390.

AMYOT (Jacq.). Trad. Plutarque, Œuvres, 128-130. 132, 567.
Analyse de la philosophie de Bacon, 182.
Analyse des infiniments petits, 3259.
Analyse des ouvrages de Rousseau, 269.
Analyse (L') démontrée, 3200.
ANCELON. La végétation dans les terrains salifères, 2292.
ANDRAL fils (G.). Clinique médicale, 2826.
ANDRÉ (le P.). Correspondance, 456.
ANDRÉ (Ed.). Art des jardins, 4052.
ANDRÉ (F.). Trad. Johnston, Catéchisme de chimie, 1553.
ANDRÉ (H.). Nos maîtres, 747.
ANDREAS Carolostadius. Conclusiones, 328. — Defensio adversus monomachiam Eckii, 328. — De impii justificatione, 328.
ANDREAS Cretensis. Computi, 3411.
ANDRONICUS Rhodius. Ethicorum paraphrasis, 548. — De animi affectionibus, 548.
ANDRY (Ch. L. F.). Recherches sur la rage, 2931.
ANDRY (Nic.). Régime du carême, 2784.
Anecdotes physiques et morales, 1482.
ANGELIS (Paul de). Basilicæ S. Mariæ maj. descriptio, 4019.
ANGELIUS (Nic.). Edit. Libri de re rustica, 2098.
ANGER DE LA LORIAIS. Lignes du second ordre, 3273.
Annales d'hygiène, 2757.
Annales de chimie, 1500.
Annales de l'école des sciences politiques, 957.
Annales de l'obs. du Mont-Blanc, 1454.
Annales de l'observ. de Paris, 3422.
Annales de pomologie, 2538.
Annales de statistique, 1314.
Annales des conducteurs des Ponts et Chaussées, 3681.
Annales des haras, 2481.
Annales des Ponts et Chaussées, 3682.

Annales des sciences naturelles, 1584-1586.
Annales du commerce extérieur, 1239.
Annales européennes de physique, 1644.
Annales scientif. de l'école normale, p. 220, p. 492.
Année (L') champêtre, 2534.
Annexes au projet de loi sur l'instr. primaire, 837.
Annuaire de l'association des médecins, 3075.
Annuaire de la marine, 3513.
Annuaire de l'instr. publique, 776.
Annuaire du bureau des longitudes, 3471.
Annuaire météorologique, 1430-1434.
ANQUETIL (J. P.). Questions sur l'astronomie, 3420.
ANSART (F.). *Edit*. Plinii historia naturalis, 1612.
ANTHOINE (E.). Rapports, 812.
Anthropologie (L'), 1967.
Antimagnétisme (L'), 1457.
ANTONIUS Genuensis. Elementa metaphysicæ, 416.
APIANUS (P.). Folium populi, 3437.
APOMAZAR. Apotelesmata, 3710.
Appel au public sur le magnétisme, 1459.
Application du système d'emprisonnement individuel, 1113.
Application de la loi sur la libération conditionnelle, 1129.
APULÉE. Sententiæ, 1601.
AQUINO (Ch. d'). Nomenclator agriculturæ, 2068.
ARAGO (Fr.). Astronomie, 3421. — OEuvres, 3205.
ARAMENDIA y BOLEA (Félix). Estudios de patologia, 2832.
ARATUS. Phænomena, 3409.
ARCÈRE (Le P. L. Et.). L'agriculture chez les Romains, 2071.
ARCET (J. d'). Discours sur l'état des Pyrénées, 1708. — Instruction sur l'art de séparer le cuivre, 4175.

ARCHAMBAULT (P. J.). Dict. des analyses chimiques, 1534.
ARCHIAC (Le Vte A. d'). Progrès de la géologie, 1658. — Paléontologie de la France, p. 295.
ARCHIMÈDE. Opera, 3192.
Architecture (L') moderne, 4007.
Archives de l'art français, 3777, 3778.
Archives de l'Hôtel-Dieu, 1089.
Archives du Muséum, 1641.
ARÇONS (César d'). Système du monde, 3438.
ARCUSSIA (Ch. d'). Discours de chasse, 4223. — Fauconnerie, 4223. — Lettres, 4223.
ARDANT (P.). Cours de constructions, 3688.
ARDENNE (Le P. J. P. de Rome d'). Année champêtre, 2534.
ARGENS (Le Mis d'). Examen des Remarques de d'Olivet, 6. — Philosophie du bon sens, 6.
ARGENVILLE (Ant. J. DEZALLIER d'). Vies des peintres, p. 596.
ARGOLI (Andr.). Ephemerides, 3460, 3461. — Pandosion sphæricum, 3463. — Tabulæ, 3462, 3463.
ARGYROPOLO (Joan.). *Trad*. Aristotelis de anima, 1367, 1368. — *Trad*. Aristotelis de cœlo, 1367, 1368. — *Trad*. Aristotelis ethica, 544. — *Trad*. Aristotelis Peri Hermenias, 439.
ARGYROPYLO. Voy. ARGYROPOLO.
ARGYRE (Isaac). Opera, 3411.
ARISTE (Ch. d'). Histoire d'un bataillon de la garde mobile, 3535.
ARISTOTE. Opera, 69-78. — Organum, 80, 216, 336, 337. — Categoriæ, 133, 333-335. — Logica, 333, 334, 338. — De interpretatione, 133, 333-335, 439. — Analytica, 133, 160, 333-335. — De demonstratione, 333, 334. — Topica, 133, 333-335. — Metaphysique, 421. — Ethica, 420, 543-547. — Politique, 860, 861. — Physica, 1334, 1335,

2643. — De cœlo, 81, 82. — De mundo, 80-82. — De la génération, 80. — Meteorologica, 80-82. — Parva naturalia, 79, 81, 82, 439. — De ortu et interitu, 79, 81, 82. — De natura, 80-82. — De sensu, 80. — Hist. des animaux, 1941, 1943, 1944, 2708. — Des parties des animaux, 1945. — De la génération des animaux, 1946. — De animalium motu, 2708. — De animo, 79-82. — Problemata, 1601, 1602, 2708. — De secretiore parte divinæ sapientiæ, 83. — De reprehensionibus fallacibus, 133, 333, 334. — De reip. bene administrandæ ratione, 859. — Sententiæ, 1601.

Arloing (Le D' S.). Les virus, 2835.

Armagnac (L.). Bourses de l'enseign. primaire sup., 842.

Armée (L') française en 1879, 3565.

Armengaud (J. G. D.). Rome, 3912. — Trésors de l'art, 3913.

Armengol y Cornet (P.). Verdades a la clase obrera, 1007. — A las islas Marianas, 1109.

Armilleus (Caj.). Consultationes medicæ, 3065.

Arnaud (A.). Av. propos. Chevreul, Recherches sur les corps gras, 1543.

Arnaud (Alex.). Edit. Sylvii de mensibus mulierum, 2606. — Edit. Comment. Sylvii in Hippocratis elementa, 2606. — Edit. Comment. Sylvii de febribus, 2606. — Edit. Sylvii depulsio calumniarum in Hippocratem, 2606.

Arnaud (H.). Terrain crétacé du S. O., 1693.

Arnaud de Villeneuve. *Voy.* Villanovanus.

Arnaudtizon (Marc). Exploration dans les mers du S., 1244.

Arnauld (Ant.). Logique, 387-392.

Arnould. Encyclopédie d'hygiène, 2770.

Arnoult. *Voy.* Gatien-Arnoult.

Arréat (Luc.). Questions sociales, 1024.

Arriaga (Rod. de). Cursus philosophicus, 193.

Arrien. Entretiens d'Épictète, 558, 560.

Arsonval (d'). Pathologie, 2837.

Art (L'), 4071.

Art (The) journal, 4160.

Art d'améliorer les générations, 2788.

Art de cultiver les mûriers, 2516.

Art du taupier, 2385.

Artium cursus, 348, 349.

Ascensius. *Voy.* Jod. Badius.

Athenius (Gugl.) *Edit.* Mercurialis prælectiones Patavinæ, 2804.

Attomyr (Le D'). Traitement des maladies vénériennes, 2839.

Auberius (Cl.). *Trad.* Theophrasti characteres, 546.

Aubert (R.). Les conférences pédagogiques, 842.

Aubuisson de Voisins (J. F. d'). Géognosie, 1649. — Hydraulique, 3394.

Audierne. Éléments d'Euclide, 3302.

Audouin. Zoologie, 1384.

Auffray (Jules). Monopole universitaire, 828.

Augoyat. *Edit.* Vauban, Traité des sièges, 3585.

Aurea catena Homeri, 3749.

Aurelle de Paladines (Le G^{al} d'). L'armée de la Loire, 3659.

Aurès (A.). Les architectes grecs, 3988. — Les scamilli impares, 4006.

Autran (J.). La vie rurale, 2199.

Auvray (L.). Dict. des artistes français, 3856. — Exposition des Beaux-Arts, 3933.

Auxiliaire (L') de l'apiculteur, 2514.

Auzouy (Le D^r Th.). Les crétins des Pyrénées, 2926. — Revue de l'asile de Maréville, 2959.

Avaux (Des). *Voy.* Félibien.

Avène (Le B^{on} d'). Le propriétaire agriculteur, 2298.

Avenel (Le Vte G. d'). Hist. de la propriété, 960.

AVERSA a Sanseverino (Raph.). Logica, 383. — Philosophia, 197.
AVIENUS (R. Festus). Arati phænomena, 3409.
AVIGNON (d'). Écritures anglaises, 3764.
Avis aux agriculteurs, 2461.
AXENFELD. Progrès de la médecine, p. 384.

AYMA (L.) Des conférences, 740.
AYMARD (Maur.). Irrigations, 2361.
AYRAULT (E.). *Annot.* Bujault, Œuvres, 2173.
AZAÏS (H.). Des compensations, 272. — Phrénologie, 2743. — Système universel, 271.
AZAM. *Préf.* Tissié, Les rêves, 526.

B

BABBAGE (Ch.). Science des manufactures, 1238.
BABEAU (Alb.). La vie rurale, 2218.
BABELON (Ern.). La gravure en pierres fines, 3947.
BABES (V.). Les bactéries, 2876.
BABIN (Aug.). Guide de la sagesse, 929.
BABINSKI. *Edit.* Charcot, Œuvres, 2677.
BACH (J. S.). Œuvres, 4149.
BACHARACH (H.). *Trad.* Lavater, La physiognomonie, 2744.
BACHMETEFF (T. de). *Trad.* Bonninghausen, Thérapie des fièvres, 2848.
BACILLY (P.). Arithmétique, 3248.
BACLÉ (L.). Les voies ferrées, 3700.
BACON (Fr.). De dignitate scientiarum, 1, 2. — Œuvres, 179-181.
BACON (Le Cte de). Manuel de l'officier, 3576.
Bacon, 185.
BADIUS ASCENSIUS (Jod.). *Annot.* Nemesiani bucolica, 4224.
BAGEHOT (W.). Lois du développement des nations, 990.
BAGLIVI (Georg.). Opera medica, 2665.
BAGUENAULT DE PUCHESSE. L'immortalité, 498.
BAHIA (B.). Electrotecnica, 1469.
BAILLIÈRE (H.). H. Regnault, p. 591.
BAILLON (H.). Dict. de botanique, 1813. — Hist. des plantes, 1850.
BAILLOT (P. M. Fr. de Sales). Concours de violon, 4104.
BAILLY DE MERLIEUX (C.). Bon jardinier,

2545. — *Dir.* Maison rustique, 2152, 2154.
BAIN (Al.). Logique, 406. — Les sens et l'intelligence, 459. — L'esprit et le corps, 460. — Science de l'éducation, 757.
BAKER (Th.). Incertitude des sciences, 5.
BALARD. Mystères des pompes funèbres, 1315.
BALBIANI. Action du coaltar, 2447. — Mém. sur le philloxera, 2449.
BALBISKY. *Trad.* Pensées de Marc-Aurèle, 564.
BALFOREUS (R.). Comment. in Aristotelis topica, 347. — Prolegomena in Aristotelis topica, 347. — *Trad.* Cleomedis meteora, 1374.
BALGUERIE (Raoul). Question des docks, 1247.
BALLARD (J. G.). Essai sur Barèges, 1747.
BALLOIS (L. J. P.). Annales de statistique, 1314.
BALLONIUS (Gul.). Opera, 2672.
BALLOT DE SOVOT. Éloge de Lancret, 3867.
BALLU (Th.). Monographie de l'église de la Trinité, 4038.
BALLY. Rapport de la commission envoyée à Barcelone, 2882.
BALTARD (V.). Galerie de Fontainebleau, 3920.
BALTET (Ch.). Horticulture française, 2552.

BALZAC (H. de). Traité des excitants, 4211.
BALZAC (J. L. GUEZ de). Socrate chrétien, 592.
BANIÈRES (J.). Traité de la lumière, 1414.
BANKS (Jos.). Cause of the disease in corn, 2373.
Banque de France. Assemblée des actionnaires, 1266.
BANQUERI (José). *Trad.* Abu Zacaria, Libro de agricultura, 2178.
BAPST (Germ.). Les Germain, 4090. — Hist. des joyaux de la couronne, 4091.
BARBAY (P.). Introductio in Aristot. philosophiam, 91. — Comment. in Aristot. logicam, 351-353. — Comment. in Aristot. metaphysicam, 441. — Comment. in Aristot. moralem, 553-555. — Comment. in Aristot. physicam, 1369-1372.
BARBEROT (E.). Styles d'architecture, 3997.
BARBEY D'AUREVILLY (J.). Prophètes du passé, 892.
BARBIER (Edm.). *Trad.* Darwin, Voyage d'un naturaliste, 1633. — *Trad.* Darwin, Plantes insectivores, 1897. — *Trad.* Darwin, Origine des espèces, 1912. — *Trad.* Darwin, Variation des animaux, 1921. — *Trad.* Darwin, Descendance de l'homme, 1987. — *Trad.* Lubbock, Insectes et fleurs sauvages, 1831.
BARBIER DE MEYNARD (C.). *Trad.* Zamakhschari, Les colliers d'or, 645.
BARDOL (Mlle A.). L'enseignement prim. en Angleterre, 821.
BARICELLI a Sancto Marco (J. C.). De sudore, 2714.
BARNI (J.). Moralistes français, 626. — La morale dans la démocratie, 855.
BARON (A.). Questions sociales, 1024.
BARON D'HÉNOUVILLE (Th.). *Edit.* Lemery, Cours de chimie, 1515.

BARRA (Franc.). Brev tractat de artilleria, 3570.
BARRAL (J. A.). Géographie botanique, 1848. — M. de Gasparin, 2171. — Influence de l'atmosphère sur la végétation, 2294. — *Dir.* Journal d'agriculture, 2238, 2239. — *Edit.* Arago, Astronomie populaire, 3421.
BARRAL (L'abbé P.). Principes sur le gouvernement, 913.
BARRANDE (J.). Réseau pyrénéen, 1296.
BARRANDON (A.). Flore de Montpellier, 1865.
BARRAU (J. B.). Manuel du baigneur, 3034.
BARRAU (J. F.). Nécessité de renouveler les évaluations du cadastre, 1222. — Observ. contre le projet de conservation du cadastre, 1222. — Pétitions sur le cadastre, 1222.
BARRAU (Th. H.). Notions sur l'agriculture, 2092.
BARROS ARANA (Diégo). Guerre du Pacifique, 3670.
BARRUEL (Alzias). Algèbre, 3490.
BARRY (Ch.). Cahier des marchés du génie, 3690.
BARTHE (Marcel). Du crédit foncier, 1269.
BARTHÉLEMY (A.). Dosage de l'acide carbonique, 1537. — Recherches sur les lépidoptères, 2039.
BARTHÉLEMY SAINT-HILAIRE (J.). Étude sur Bacon, 3. — Rapport, 3. — La philosophie dans ses rapports avec les sciences, 65. — A la démocratie, 1006. — *Edit.* Philosophie des deux Ampère, 303. — *Trad.* Aristote, Logique, 338. — *Trad.* Aristote, Métaphysique, 421. — *Trad.* Aristote, Physique, 1335. — *Trad.* Aristote, Problèmes, 1602. — *Trad.* Aristote, Hist. des animaux, 1944. — *Trad.* Aristote, Traité des parties des animaux, 1945. — *Trad.* Aristote, Génération des animaux, 1946. — *Trad.*

Pensées de Marc Aurèle, 565. — *Préf.* Laisné, Gymnastique, 4218.

BARTHÈS, Seig. de MARMORIÈRES. Mém. d'agriculture, 2180.

BARTHIUS (Casp.). *Annot.* Poetæ latini rei venaticæ scriptores, 4224.

BARTHOLINUS (Casp.). Enchiridion metaphysicum, 169-172.

BARTHOLINUS (Th.). De insolitis partus humani viis, 3128. — *Edit.* Veslingi observationes anatomicæ, 3128.

BARZANALLANA (Jose Garcia). La liga aduanera iberica, 1263.

BASSET (N.). Amendements et engrais, 2369. — *Edit.* Bujault, Du bétail en ferme, 2498.

BASTIAN (H. Charlton). Le cerveau, 1934.

BASTIAT (Fr.). Cobden et la ligue, 997. — Œuvres, 1000. — Ce qu'on voit, 1002.

BASTINGS (Le Dr A.). La phtisie pulmonaire, 2969.

BAUCHAL (Ch.). Dict. des architectes, p. 610.

BAUCLAIR (P. L. de). Anticontrat social, 889.

BAUDEAU (L'abbé Nic.). Introd. à la philosophie économique, 706.

BAUDET-LAFARGE (J. A.). Agriculture du Puy-de-Dôme, 2264.

BAUDIN. Bassin houiller de Brassac, 1789.

BAUDOIN (J.). *Trad.* Œuvres de Bacon, 179, 180.

BAUDOT (A. de). Études sur l'exposition, 4033. — Églises de bourgs et villages, 4035. — *Dir.* Gazette des architectes, 4032.

BAUDOUIN (G.). Biographie des compositeurs, 4126.

BAUDOUIN. Rapports d'inspection, 812.

BAUDRILLARD (J. J.). Dict. de la culture des arbres, 2072.

BAUDRILLART (Alf.). *Edit.* Baudrillart, Populations agricoles, 1049.

BAUDRILLART (H.). La famille et l'éducation, 748. — De l'enseignement moyen, 789. — Rapports de l'économie politique et de la morale, 994. — Populations agricoles, 1049. — Hist. du luxe, 1192.

BAUDRIMONT (A.). Préparation des fumiers, 2332.

BAUDRIMONT (E.). Dict. des altérations des substances alimentaires, 2799, 2800.

BAUDUER (J.). Philosophiæ clavis, 230, 231.

BAUSSET-ROQUEFORT (de). Devoirs, droits, 998.

BAUTAIN (L'abbé L.). L'esprit humain, 489.

BAUTIER (Al.). Tableau de la flore parisienne, 1869.

BAYARD (T.). Maladies de l'estomac, 2986.

BAYERUS (J.). Uranometria, 3454.

BAYET (C.). L'art byzantin, 3833. — Précis de l'hist. de l'art, 3838.

BAYLE (Fr.). Institutiones physicæ, 1378. — Opuscula, 3062.

BAYLE (P.). Pensées diverses, 3412-3414.

BAZAINE (Le M[al]). L'armée du Rhin, 3662.

BAZANCOURT (Le B[on] de). Cinq mois devant Sébastopol, 3641. — Expédition de Crimée, 3644, 3645. — Campagne d'Italie, 3648. — Expédition de Chine, 3651.

BAZIN (H.). Condition des artistes en Grèce, 3800.

BEATTIE (J.). Essay on the nature of truth, 454.

BEAUCHAMP (A. de). Recueil des lois sur l'enseignement supérieur, p. 122. — *Edit.* Projets de lois sur la médecine, 833.

BEAUFORT (de). *Edit.* Varignon, Nouv. mécanique, 3363.

BEAUHARNAIS (Le Prince Eug. de). Mémoires, 3621.

BEAULAC. Mém. sur la dernière guerre, 3626.

Beaumont (Elie de). Explication de la carte géolog., 1671. — Progrès de la stratigraphie, p. 248.

Beaune (Flor. de). *Annot.* Descartes, Geometria, 3289.

Beaunis (H.). Les sensations internes, 2738. — Le somnambulisme provoqué, 2948.

Beaurain (Le Ch^r de). Hist. militaire de Flandre, 3614. — Hist. des campagnes de Turenne, 3615.

Beaussire (Em.). La liberté dans l'ordre intellectuel, 945.

Beauties (The) of the Spectator, 638.

Beauvais (Le G^{al} Ch. Th.). Victoires et conquêtes, 3617.

Béclard. Progrès de la médecine, p. 384.

Becquerel (A. C.). Traité de physique, 1396. — Physique terrestre, 1429. — Des climats, 1436. — Traité de l'électricité, 1461. — Éléments d'électrochimie, 1463. — Action du sel, 2293. — Engrais inorganiques, 3215.

Becquerel (Edm.). Physique terrestre, 1429.

Bécus (Ed.). Math. de Dombasle, 2170.

Beguillet. Traité de la vigne, 2407.

Behier (L. J.). Bases du diagnostic, 2861.

Behrens (Rud. Aug.). De affectionibus a comestis mytulis, 3069.

Behrens (Th. H.). Encyclopédie chimique, 1527.

Beigbeder-Sarraude. Arithmétique, 3238.

Belanger (J. B.). Théorie de la résistance, 3366.

Belidor (Bern. Forest de). Architecture hydraulique, 3389. — Cours de mathématique, 3544. — Science des ingénieurs, 3671.

Bellaigue (Cam.). Année musicale, 4115.

Belle-Forest (Fr. de). *Trad.* Rocque, Maniement de l'art militaire, 3536.

Bellegarde (L'abbé de). Réflexions sur le ridicule, 663.

Bellemare (A. G.). Société du prince impérial, 1273. — Le crédit foncier, p. 184.

Bellepierre de Neuve Église (L. J.). Boussole agronomique, 2069.

Bellier de La Chavignerie (Em.). Dict. des artistes, 3856.

Bellin (A. G.). Souhaits d'un bonhomme, 623.

Belloc (J. J.). Médecine légale, 3048.

Bellon (L'abbé). *Edit.* Le Brun, Hist. des pratiques superstitieuses, 3726.

Belot (Em.). *Trad.* Zeller, Philosophie des Grecs, 40.

Beltremieux (Ed.). Faune de la Charente-Inf., 1951, 1952.

Belugoux. Table de la Revue philosophique, 38.

Bénard. Cabinet de Paignon-Dijonval, 3914.

Bénard (Ch.). *Trad.* Hegel, Esthétique, 3814.

Bénard (P.). Collégiale de St-Quentin, 4034.

Benet (Arm.). *Edit.* Procès-verbal pour délivrer une fille possédée, 3741.

Bénévent (Hier. de). Paraphrase sur la Politique d'Aristote, 862.

Benius (Paul.). In Platonis Timæum decades, 117.

Bennet (J. H.). Mentone, 1437, 2994.

Benoit (P. M. N.). Manuel du boulanger, 4171.

Benoit (René). *Trad.* Darwin, L'expression des émotions, 2750.

Bentham (Georg.). Plantes des Pyrénées, 1855.

Bentham (Jér.). Déontologie, 643. — Tactique des assemblées, 918.

Berchoux. La gastronomie, 4211.

Bères (Em.). Malaise industriel, 1237.

Berger (B.). Conférences pédagogiques, 798.

Berger (Nic.). *Trad.* Baker, Traité de l'incertitude des sciences, 5.
Bergery (C. L.). Géométrie des courbes, 3316.
Bergier (Ant.). *Trad.* Geoffroy, Traité de la matière médicale, 3013.
Berigny (A.). Annuaire météorologique, 1430-1433.
Berkeley (J.). *Edit.* Cooke, Les champignons, 1889.
Berland d'Halouvry. *Trad.* Vanière, Prædium rusticum, 2134.
Bernard. *Edit.* Œuvres de Charcot, 2677.
Bernard (Claude). Introd. à la médecine expérimentale, 2568. — Leçons de physiologie, 2723. — Effets des substances toxiques, 2724. — Physiologie du système nerveux, 2725. — Propriétés des liquides de l'organisme, 2726. — Phénomènes de la vie, 2727. — Science expérimentale, 2728. — Progrès de la physiologie, p. 411.
Bernard (P.). Hist. naturelle, 1619.
Bernard (Th.). Amélioration du sort des pauvres, 1062.
Bernardus (J. Bapt.). Seminarium philosophiæ, 166.
Bernheim (Le D^r). De la suggestion, 2946, 2949. — Hypnotisme, 2950.
Bernis (J.). Démonstrations de cosmographie, 3446.
Bernoulli (J.). Lois de la communication du mouvement, 3439. — Pensées sur le système de Descartes, 3439.
Bernstein (J.). Les sens, 2733.
Beroaldus (Ph.). *Comment.* Ciceronis Tuscul. quæstiones, 96. — *Annot.* Columellæ de re rustica, 2100-2102. — *Annot.* Hortus Collumellæ, 2103.
Béron (P.). Physique céleste, 3443.
Berriat Saint Prix (Jacq.). Antiquités d'Uriage, 2304. — Notice sur les div. contrées de l'Isère, 2304. — Mémoire sur les engrais, 2304.

Bersot (Ern.). Philosophie de Voltaire, 289. — Libre philosophie, 304. — Essai sur la providence, 457. — Études et pensées, 698.
Bert (Paul). L'instruction dans une démocratie, 806. — Loi sur l'enseignement prim. 806, 826. — Zoologie, 1933.
Bertheau (Ch.). L'ouvrier, 1029.
Berthelot (Marc.). Synthèse chimique, 1505. — Lavoisier, 1511. — La chimie au moyen âge, 1512. — Chimie organique, 1525. — Mécanique chimique, 1542. — Science et philosophie, 1597. — Origines de l'alchimie, 3750. — Collection des alchimistes, 3751.
Berthier (P.). Chimie agricole, 1559.
Berthoud (Ferd.). Mesure du temps, 3489.
Bertillon (Alph.). Anthropometrical descriptions, 1118. — Les races sauvages, 1989.
Bertillon (J.). Encyclopédie d'hygiène, 2770.
Bertin (Em.). *Edit.* Passy, Leçons d'économie politique, 976.
Bertin (G.). Manuel du fabricant d'engrais, 2310.
Bertin (P. Aug.). Progrès de la thermodynamique, p. 208.
Bertin (Th. P.). Sténographie, 3764.
Berton (H. M.). Cantiques de St Sulpice, 4151.
Bertrand (Alex.). Révolutions du globe, 1654.
Bertrand (Alexis). Psychologie de l'effort, 465. — Fr. Rude, 3878. — *Trad.* — Sully, Le pessimisme, 316.
Bertrand (D.). L'inspection de l'enseignement primaire, 842.
Bertrand (G.). Musique des anciens, 3807.
Bertrand (Jos.). Arithmétique, 3246. — Algèbre, 3256. — Progrès de l'analyse mathém., p. 500.

BERTRAND (J. B.). Relation de la peste de Marseille, 2881.
BERZELIUS (J. J.). Théorie des proportions chimiques, 1501. — Traité de chimie, 1520.
BESNIER (H.). Edit. Liger, Maison rustique, 2132.
BETHEM. Centiloquium, 3410.
BETTINGER. Annuaire musical, 4111.
BETULEIUS (X.). Comment. in Ciceronis paradoxa, 100. — Comment. in Ciceronis de natura deorum, 100.
BEUDANT (F. S.). Cours des sciences physiques, 1393. — Voyage en Hongrie, 1782. — Traité de minéralogie, 1783. — Cours de minéralogie, 1784.
BEULÉ (Ern.). Hist. de l'art grec, 3806.
BEURHUSIUS (Frid.). Quæstiones in P. Rami dialecticam, 355.
BEURIER (A.). Le musée pédagogique, 842. — La presse pédagogique, 842.
BEYLE (Henri). Voy. STENDHAL.
BEZOUT. Géométrie, 3304.
BIART (Luc.). Les Aztèques, 1993.
Bibliographie agronomique, 2074.
Bibliothèque anthropologique, 1999-2012.
Bibliothèque des enfants, 728.
Bibliothèque physico-économique, 2185.
BICHAT (X.). Recherches sur la vie et la mort, 2719.
BICHOT (A.). Trigonométrie, 3320.
BIDART. Les parents éducateurs, 770.
BIENVILLE (J. D. T. de). Erreurs populaires sur la santé, 2787.
BIGOT (Ch.). Peintres français, 3903.
BIGOT DE MOROGUES (Le Bon P. M. S.). Recherches sur le vin, 2413. — Moyens d'améliorer l'agriculture, 2266.
BILLARD (C.). Maladies des enfants, 2827.
BINAU. Edit. Dumas, Leçons sur la philosophie chimique, 1502.
BINET (Alfr.). Magnétisme animal, 1468. — Altérations de la personnalité, 2836.

BINET (Et.). Edit. Courtin, Leçons anatomiques, 3081.
BION (Nic.). Usage des globes, 3479.
BIOT (Ed.). Colonies des Chinois, 2286.
BIOT (J. B.). Edit. Collins, Correspondance, 3275.
BIRABEN (Alfr.). Trad. Zeballos, Description de la Rép. Argentine, 2504.
BIRDWOOD (Le Dr G. C. M.). Exposition de 1878. Indes, 1173.
BISSON (Alex.). Encyclopédie musicale, 4126.
BISTON. Manuel du charpentier, 4174. — Manuel du fontainier, 4176.
BIXIO (Le Dr Alex.). Dir. Maison rustique, 2153, 2154. — Dir. Journal d'agriculture, 2238.
BIZET (L. Ch.). Commerce de la boucherie, 1054.
BLANC (Ch.). L'art dans la parure, 3812. — L'œuvre de Rembrandt, 3873, 3874. — Grammaire des arts du dessin, 3888. — Hist. des peintres, 3892. — Grammaire des arts décoratifs, 4056. — Trésor de la curiosité, 4067. — Cabinet de M. Thiers, 4069.
BLANCHARD (R.). Pathologie, 2837.
BLANCHET (A.). Géométrie, 3308.
BLANCO-HERRERO (Mig.). De la beneficencia, 1077.
BLANDIN. Aperçu de la bienfaisance, 1073. — Aperçu du système pénitentiaire, 1101. — Encore les caisses de retraites, 1101. — Misère et charité à Rome, 1101. — Observ. sur le système pénitentiaire, p. 157. — Rapports, 1101.
BLANDRATA (Georg.). De origine Guelphorum, 328.
BLASERNA (P.). Le son et la musique, 4125.
BLASIUS a Conceptione. Metaphysica, 414, 438.
BLAVET (J. L.). Trad. Smith, Rech. sur la richesse des nations, 965.

Blin. *Réd.* Charcot, Leçons du mardi, 2678.
Block (Maur.). Dict. de la politique, 857.
— Progrès de la science économique, 958. — L'Europe politique, 1031.
Blondel (J. Ed.). La question sociale, 1026.
Blondellus (D.). De formula regnante Christo, 938. — De jure plebis, 940.
Blondin (Le D^r Th.). Argelès-Gazost, 1736.
Blosseville (Le Mis de). Hist. de la colonisation pénale, 1102.
Blouet (G. Abel). Art de bâtir, 4016. — Thermes de Caracalla, 4020.
Bobierre (Ad.). L'atmosphère, 2295. — Technologie des engrais, 2313. — Le noir animal, 2319. — Achat des engrais, 2336.
Bode (Le Dr W.). *Edit.* Burckhardt, Le Cicerone, 4083, 4084.
Bodenstein (Andr.). *Voy.* Andreas Carolostadius.
Bodet (D.). Encyclopédie d'hygiène, 2770.
Bodin (Jean). Universæ naturæ theatrum, 443. — De republica, 884-886. — Apologie, 885.
Bodin (J.). Lectures agricoles, 2087. — La culture, 2166. — Conseils aux jeunes filles, 2205. — Éléments d'agriculture, 2249, 2250.
Boèce. Opera, 92. — Consolations, p. 15. — Sententiæ, 1601. — *Trad.* Aristotelis analytica, 335. — *Trad.* Aristotelis Topica, 335. — *Trad.* Aristotelis Peri hermenias, 335. — *Trad.* Aristotelis categoriæ, 335.
Boerhaave (Herm.). Methodus studii medici, 2564. — Institutiones medicæ, 2656. — Prælectiones, 2657. — Aphorismes de chirurgie, 3090. — *Préf.* Pisonis observationes, 3018.
Boigne (Ch. de). Du cheval, 2480.

Boileau (Et.). Livre des métiers, p. 632.
Boillot (A.). *Edit.* Fontenelle, Entretiens, 3445.
Boissier (Gast.). Étude sur Varron, 2114.
Boissier de Sauvages (Fr.). Nosologia, 2817.
Boitard. Instruments d'agriculture, 2342.
Boitel (Am.). Mise en valeur des terres pauvres, 2396.
Bolaño (Juan de Hevia). Laberinto, 1230. — Curia filipica, 1231.
Bolzani (Valer.). *Voy.* Valerianus.
Bombast ab Hohenheim (Ph. Th.). *Voy.* Paracelse.
Bon (Le) jardinier, 2345.
Bon (Le) sens, 265.
Bon (Le) sens du curé Meslier, 266.
Bonafous (Math.). Culture des mûriers, 2155. — Agriculture de la Suisse, 2282. — Traité du maïs, 2376.
Bonald (Le Vte de). De l'opposition, 890.
Bonaparte (Roland). Variations des glaciers, 1717.
Boncenne (F.). Cours d'horticulture, 2549.
Boncerf (L'abbé). Le vrai philosophe, 260.
Bonetus (Th.). Mercurius compitalitius, 2648. — Polyalthes, 2649. — Sepulchretum, 2688. — Medicina septentrionalis, 2808.
Bonetus Latensis. Compositio annuli astronomici, 3181.
Bonniface. L'inspection de l'enseignement primaire, 842.
Bonjean (Le président). Du cadastre, 2209.
Bonnafé (Edm.). Collectionneurs de l'ancienne Rome, 4068. — Foucquet, 4077. — Collections de Richelieu, 4078.
Bonnard (Cam.). Costumes, 3960.
Bonnefoux (Le B^{on} de). Dict. de marine, 3509.

— 657 —

Bonnemère (E.). Les paysans, 1036.
Bonnet (Cas.). Manuel du capitaliste, 3249.
Bonnet (Ch.). Usage des feuilles, 1820.
Bonnet (Le Dr). Manuel d'agriculture, 2270.
Bonnet (P.). Hist. de la musique, 4099.
Bonnetain (Joanny). De l'humanité, 1064.
Bonnetain (P.). Hist. d'un paquebot, 3518.
Bonneville (Zach. de Pazzy de). *Édit.* Maurice de Saxe, Rêveries, 3543.
Bonninghausen (Le Dr C. de). Thérapie des fièvres, 2848.
Borda (Ch.). Tables trigonométriques, 3344.
Bordeu (Ant. de). Observ. sur Cauterets, 1759.
Bordeu (Franç.). Observ. sur Barèges, 1746. — Observ. sur Cauterets, 1759.
Bordeu (Théoph.). Observ. sur Cauterets, 1759. — Hist. de la médecine, 2572. — Œuvres, 2674. — Recherches sur les glandes, 2693. — Recherches sur le tissu muqueux, 2964.
Bordier (Le Dr A.). Pathologie, 2008. — Géographie médicale, 2991.
Borgela. Consultation, p. 483.
Borie (Vict.). Travaux des champs, 2163. — Agriculture au coin du feu, 2165. — Agriculture et liberté, 2208. — Bon jardinier, 2545.
Born (Le Bon Ign. de). Voyage minéralogique, 1773.
Borromée. Études sur l'exposition, 4033.
Bory de Saint Vincent. Voyage souterrain, 1705. — Voyage autour du monde, p. 280. — Expédition de Morée, p. 281.
Bosc. Culture des arbres, 2072. — Encyclopédie méthodique, 2072.
Bosc (Ern.). Dict. d'architecture, 3993. — Dict. de l'art, 4080.

Bosquet (Em.). Art du relieur, 4181. — Barêmes de reliures, 4182.
Bosson (A.). Études sur les Géorgiques, 2117.
Bottentuit (Le Dr E.). Diarrhées chroniques, 2989.
Bottey (Le Dr Fern.). Le magnétisme, 2945.
Bouchard (Ch.). Traité de médecine, 2680. — Traité de pathologie, 2837.
Bouchard (Louis). Disposition des fumières, 2328.
Bouchardat (A.). Recherches sur la végétation, 2291. — Traité d'hygiène, 2765. — Progrès de l'hygiène, p. 415.
Boucharlat (J. L.). Calcul différentiel, 3269, 3270.
Bouché-Leclercq (A.). Hist. de la divination, 3759.
Boucher (Aug.). Bataille de Coulmiers, 3657. — Bataille de Loigny, 3658.
Bouchez (E.). *Édit.* Frey, Manuel de typographie, 3766.
Bouchitté (H.). Le Poussin, p. 591.
Bouchot (H.). Les Clouet, 3878. — La lithographie, 3891. — Dict. des marques de graveurs, 3942. — Les portraits au crayon, 3959.
Bouchut (E.). Signes de la mort, 2862. — Maladies des nouveaux-nés, 3145.
Boudin (J. Ch. M.). Géographie médicale, 2990. — Études sur l'eau, 3397.
Boudon. *Édit.* Allen, Abrégé de la médecine, 2664. — *Édit.* Vertus de l'eau, 3011.
Bouffey. Influence de l'air dans les maladies, 2824.
Bougainville (L. Ant.). Traité du calcul intégral, 3261.
Bougeant (Le P. G. H.). Observ. sur la physique, 1331.
Bouguer (P.). Inclinaison de l'orbite des planètes, 3439. — Figure de la terre, p. 534.
Bouhier (J.). *Trad.* Cicéron, Tusculanes, 98.

— 658 —

Bouillaud. Rapport sur la digitaline, 3161.
Bouillet (N.). Dict. des sciences, 8. — Trad. Plotin, Ennéades, 123.
Bouillier (Franc.). La conscience en psychologie, 501. — La vraie conscience, 502. — Du plaisir et de la douleur, 503. — Études de psychologie, 504, 505. — Questions de morale, 700.
Bouillon-Lagrange. Code pharmaceutique, 3160.
Boulan. Dépenses de mobilisation, 3564.
Boulanger (N. A.). Dissertation sur Elie, 914. — Origine du despotisme, 914.
Boulanger. Bassin houiller de Decize, 1787.
Boulard (J.). Lumière électrique, 1466.
Boulay de la Meurthe (H.). Organisation de la boucherie, 1054.
Boule. L'anthropologie, 1967.
Boulenger. Traité de la sphère, 3478.
Bouley. Mesures contre le philloxera, 2443. — Physiologie de la rage, 2953.
Boullay. Sources minérales des Pyrénées, 3035. — Rapport sur les eaux de Luchon, 3038.
Bouniceau-Gesmon. La domesticité, 1009. — L'esprit de réforme, 1010.
Bouquet (C.). Trigonométrie, 3321.
Bourcy. Pathologie, 2837.
Bourdeau (L.). Théorie des sciences, 11. — Problème de la mort, 324. — Conquête du monde végétal, 1837. — Conquête du monde animal, 1913.
Bourdin (P.). Geometria, 3288.
Bourdon (Isid.). Physiognomonie, 2745.
Bourdon de Sigrais (Cl. G.). Trad. Végèce, Institutions militaires, 3538.
Boureau-Deslandes (A. F.). Hist. de la philosophie, 15. — Recueil de traités de physique, 1638.
Bourgault-Ducoudray (L. A.). Études sur la musique grecque, 4134. — Mélodies de la Bretagne, 4154.

Bourgeois (L.). Encyclopédie chimique, 1527.
Bourgery (Le D' J. M.). Anatomie de l'homme, 2699.
Bourgoin (Edme). Encyclopédie chimique, 1527.
Bourgoin (J.). Éléments de l'art arabe, 3818. — Précis de l'art arabe, 3819. — Grammaire de l'ornement, 4053.
Bourgoing (Le Bon P. de). Souvenirs, 3623.
Bourjeaurd (Ph.). La compression élastique, 3105.
Bournet. Trad. Lombroso, L'homme criminel, 2833.
Bourneville (Le D'). Utilisation des eaux d'égout, 2769. — Le sabbat des sorciers, 3746. — Édit. Charcot, OEuvres, 2677.
Bourquin (E. J.). Trad. Oppien, Cynégétiques, 4229. — Trad. Oppien, Halieutiques, 4229.
Bousquet (J. B.). Traité de la vaccine, 2907.
Boussingault (J. B.). Agronomie, 2167. — Économie rurale, 2290. — La fosse à fumiers, 2323.
Boussole agronomique, 2069.
Boutan (A.). Physique, 1400, 1401. — Encyclopédie chimique, 1527.
Boutelou (Cl.). Édit. Abu Zacaria, Libro de agricultura, 2178.
Boutelou (Est.). Introd. Abu Zacaria, Libro de agricultura, 2178.
Boutereau (C.). Manuel du charpentier, 4174.
Boutin aîné. Études sur la vigne, 2452.
Boutin. Évaluation des propriétés bâties, 1220.
Boutmy (E.). Développement de la constitution en Angleterre, 898.
Boutron-Charlard (A. F.). Manuel des eaux minérales, 1725.
Boutroux (Em.). Trad. Zeller, Philosophie des Grecs, 40.

Bouty. Physique, 1402.
Bouyer (Le D⁽ʳ⁾ Ach.). Amélie-les-Bains, 3036.
Bovadilla (Castillo de). Politica, 888.
Bovillus (Car.). Geometricum opus, 3286.
Bowring (John). Edit. Bentham, Déontologie, 643.
Boyer (F.). Culture du mûrier, 2321.
Boyer (Le D⁽ʳ⁾ J.). Guérison de la phtisie, 2970.
Boyer (Luc. A. H.). Polypes de l'utérus, 3095. — Opération du strabisme, 3101.
Boyle (Rob.). Opera, 1403. — Apparatus ad hist. sanguinis, 1403. — Chymista scepticus, 1403. — Cogitationes de stylo S. Scripturæ, 1403. — De amore seraphico, 1403. — De remediorum concordia, 1403. — Defensio doctr. de elatere aeris, 1403. — Exercitationes, 1403. — Experimenta de coloribus, 1403. — Introductio ad hist. qualitatum, 1403. — Nova experimenta physica, 1403. — Nova experimenta pneumatica, 1403. — Observ. de salsedine maris, 1403. — Origo formarum, 1403. — Paradoxa hydrostatica, 1403. — Specimen de gemmarum origine, 1403. — Suspiciones de qualitatibus aeris, 1403. — Tentamen porologicum, 1403. — Tentamina physiologica, 1403. — Tractatus, 1403. — Tractatus de ipsa natura, 1403.
Boy's (The) own book, 4233.
Brachet (J. L.). Physiologie, 2722.
Braid (James). Neurypnologie, 2944.
Brasavola (Ant. M.). Index in Galeni opera, 2583.
Brassart (P. J.). Irrigations, 2359.
Brassicanus (Alex.). Edit. Nemesiani opera, 328. — Edit. Calpurnii opera, 328.
Bréal (Mich.). Conférences, 798. — Les langues vivantes, 842.
Brèche (J.). Trad. Hippocrate, Aphorismes, 2595. — Trad. Galien, Comment. sur Hippocrate, 2595.
Brémontier (N. T.). Mémoires sur les dunes, 2348.
Breschet (G.). Trad. Meckel, Anatomie, 2696.
Bresson (G.). Encyclopédie chimique, 1527.
Bresson (Jacq.). Hist. financière, 1197. — Des fonds publics, 1198.
Breton (Jules). Vie d'un artiste, 3860.
Breucq (Le D⁽ʳ⁾ A.). Guide hygiénique, 846.
Breuil (Le P. J. du). Perspective, 3490, 3494.
Brezé (Le M⁽ⁱˢ⁾ de). Réflexions sur les préjugés, 3376.
Brialmont (Le G⁽ᵃˡ⁾ A.). Défense des états, 3601.
Brièle (L.). Edit. Archives de l'Hôtel Dieu, 1089.
Bright (Tim.). Annot. Scribonii physica, 1326.
Brillat-Savarin. Physiologie du goût, 4211.
Brillaud-Laujardière (C. C.). De l'avortement, 3050.
Brillouin. Annot. Thomson, Conférences, 1497.
Briot (Ch.). Arithmétique, 3245. — Trigonométrie, 3321.
Briquet (de). Code militaire, p. 547.
Briseux (Ch. Et.). Architecture moderne, 4007.
Brissaud (E.). Anatomie du cerveau, 2707. — Dir. Traité de médecine, 2680. — Edit. Charcot, Œuvres, 2677.
Brisse (Le B⁽ᵒⁿ⁾). Album de l'exposition, 1153.
Brisson (Math. J.). Éléments physico-chimiques, 1392. — Ornithologie, 2019.
Broca (Paul). Mémoires d'anthropologie, 1975. — Préf. Topinard, L'anthropologie, 1983.

BROCHANT DE VILLIERS (A. J. M.). Rapport, 1782. — *Trad.* La Bêche. Manuel géologique, 1653.

BROCHARD (Vict.). Sceptiques grecs, 53. — De l'erreur, 463. — Responsabilité morale, 627.

BRONCHORST (Jean). *Voy.* NOVIOMAGUS.

BRONGNIART (Ad.). Botanique, 1584, 1586. — Progrès de la botanique, p. 272. — Voyage autour du monde, p. 280. — Expédition de Morée, p. 281.

BRONGNIART (Alex.). Tableau des terrains, 1650. — Distribution des espèces minérales, 1657.

BROUARD (E). Conférences, 798. — Rapports, 812.

BROUARDEL (P.). *Edit.* Lorain, Température du corps, 2830. — *Préf.* Napias, L'étude de l'hygiène, 2767.

BROUGHAM (H.). Des machines, 3384.

BROUSSAIS (Cas.). *Edit.* Broussais, De l'irritation, 2957.

BROUSSAIS (F. J. V.). Phrénologie, 2742. — Le choléra, 2883. — De l'irritation, 2957.

BROWN-SÉQUARD (C. E.). *Préf.* Braid, Neurypnologie, 2944.

BRUCEUS (Ed.). *Annot.* Poetæ latini rei venaticæ, 4224.

BRUCIOLI (Ant.). Dialogi, 633.

BRUCKE (Le Dr Ern.). Les couleurs, 1408. — Principes des B. Arts, 3816.

BRUCOURT (Le Ch^{er} de). Éducation de la noblesse, 713, 714.

BRUÈRE (R.). Consolidation des talus, 3686.

BRUEYRE (L.). Éducation des enfants, 842.

BRUGUIÈRE (L.). Agriculture contemporaine, 2177.

BRUN (J. And.). Organisation sociale, 996.

BRUN. Réponse sur les vapeurs, 2935.

BRUNE (E.). Cours de construction, 4018.

BRUNEL. Associations amicales, 842.

BRUNET (Cl.). Progrès de la médecine, 3063.

BRUNO (J. Pancr.). *Edit.* Castelli lexicon, 2558.

BRUNTON (John). Préceptes du whist, 4235.

BRUZEN DE LA MARTINIÈRE. *Edit.* Oxenstirn, Pensées, 640.

BRYAS (Le Mis Ch. de). Art de déssécher, 2356.

BÜCHNER (L.). Force et matière, 302. — Conférences, 1593. — Vie psychique des bêtes, 1932. — L'homme selon la science, 1977.

BUCHON (J. A. C.). Notice sur Bacon, 181. — Notice sur Montaigne, 589. — *Disc. prélim.* Stewart, Hist. des sciences métaphysiques, 16. — *Edit.* Choix de moralistes, 531.

BUC'HOZ (P. J.). Vallerius Lotharingiæ, 1771. — Manuel tinctorial, 1890. — Amusements, 2020. — Mém. sur les vignobles, 2408. — Méthode pour détruire les animaux, 4225.

BUCRETIUS (Dan.). *Edit.* Spigelii de corporis fabrica, 2682. — *Edit.* Casserii tabulæ anatomicæ, 2682.

BUDAN DE BOISLAURENT (Fr. D.). Résolution des équations, 3271.

BUDDEUS (J. Fr.). De cultura ingenii, 724.

BUDÉ (Guill.). *Trad.* Aristotelis de mundo, 81, 82.

BUDGEL. Le Spectateur, 637.

BUFFIER (Le P. Cl.). Examen des préjugés, 56. — Métaphysique, 56. — Mémoire artificielle, p. 576.

BUFFON. Hist. naturelle, 1614-1619. — Œuvres, 1620.

BUISSON (F.). Exposition de Vienne, 793. — Exposition de Philadelphie, 796. — Conférences, 798. — *Direct.* Dict. de pédagogie, 761. — *Edit.* Devoirs d'écoliers américains, 795.

Bujault (Jacq.). Œuvres, 2173. — Guide des comices, 2221. — Amendements, 2369. — Du bétail, 2498.
Bulletin admin. du Ministère de l'Instr. Publ., 803.
Bulletin de l'adm. pénitentiaire, 1117.
Bulletin de la Soc. botanique, 1860.
Bulletin de la Soc. d'économie politique, 980.
Bulletin de la Soc. de l'hist. de l'art, 3780.
Bulletin d'hist. naturelle, 1645.
Bulliot (J. G.). Système défensif des Romains, 3591.
Bulos (A.). Opérations des armées du Rhin, 3635. — Trad. Davy, Art de préparer les terres, 2306.
Bungus (P.). Numerorum mysteria, 3720.
Burat (Am.). Géognosie, 1649. — Matériel des houillères, 3386.
Burckhardt (J.). Le Cicerone, 4083, 4084.
Burdeau (A.). Questions sociales, 1024. — Trad. Spencer, Essais de morale, 306. — Trad. Schopenhauer, Le monde comme volonté, 315.
Burger (J.). Cours d'agriculture, 2155.
Burger (W.). Hist. des peintres, 3892.
Burgersdyk (Fr.). Institutiones metaphysicæ, 413.
Burmeister (H.). Hist. de la création, 1594.
Burnet (Th.). Hippocrates contractus, 2591. — Thesaurus medicinæ, 2810.
Burnouf (Em.). Chants de l'église latine, 4139.
Burserus (Joach.). Introd. ad scientiam naturalem, 200.
Burty (Ph.). Bernard Palissy, 3878.
Bussemaker (Le Dr). Trad. Oribase, Œuvres, 2613.
Busson (Jul.). Edit. James, Dictionnaire de médecine, 2560.
Butenval. Restauration des sources Pierra, 1742.
Butot le jeune. Cours de morale, 612.
Buxerius (Cl.). Ludus Pythagoreus, 3286.
Byron. Le Spectateur, 637.

C

Caballero (Ferm.). Fomento de la poblacion rural, 1041.
Cabanis (P. J. G.). Révolutions de la médecine, 2564. — Œuvres, 2675.
Cabannes (J. P.). Strada, 325.
Cabaret-Dupaty. Trad. Palladius, Économie rurale, 2111.
Cabot (Vinc.). Politiques, 870.
Cacheux (E.). État du patronage, 842.
Cadet (Ern.). Caisses des écoles, 842.
Cadet (Socr.). Ipotesi, 2731. — Études sur le choléra, 2885. — Efficacia del solfuro di mercurio, 2886.
Cadiot. Pathologie, 2837.
Cæsarius (Joan.). Dialectica, 329. — Annot. Celsi de medicina, 2588. — Edit. Samonici de medicina, p. 386.
Caffarelli (Ch. A.). Abrégé des Géoponiques, 2119.
Cahours (Le Dr). Irrigations dans les fractures, 3095. — Lithotripsie, 3096.
Caisses d'assurances, 1095.
Cajetanus. Voy. Th. de Vio.
Cajus (Joan.). De canibus britannicis, 4224.
Calliat (Vict.). Dir. Encyclopédie d'architecture, 4027.
Calmet (Le R. P. Aug.). Apparitions des esprits, 3727.
Calonne (Ch. Al.). Réponse à Necker, 1196.
Calonne (Cl. Fr. de). Essais d'agriculture, 2383.

42.

CALPURNIUS. Opera, 328. — Bucolica, 4224.
CALVEL (Et.). Traité des pépinières, 2388.
CALVET (A.). Associations pastorales, 2397.
CAMBACÉRÈS (J. de). Application des acides gras à l'éclairage, 1570.
CAMBRAY (de). Maisons de convalescence, 1071. — Service des enfants trouvés, 1072.
CAMENA D'ALMEIDA (P.). Les Pyrénées, 1719.
CAMERS (Joan.). Pliniani indices, 1603.
CAMIADE (G.). Courses de taureaux, 4222.
CAMIER. Institutiones philosophicæ, 261, 262.
CAMINADE fils aîné. Application de la racine de luzerne, 4178.
CAMPAN (Mme). Conversations d'une mère, 733.
CAMPANO (J.). Comment. in Euclidis elementa, 3181, 3183.
CAMPOMANES (El conde de). Cartas, 1011.
CAMPRA. Europe galante, 4141. — Idoménée, 4142.
CAMUS (Arm. G.). Hist. des animaux, 1942.
CAMUS (L'abbé Ch. Et. L.). Géométrie, 3301. — Edit. Varignon, Mécanique, 3363.
CAMUS (Cypr.). Opuscule sur Cauterets, 1751. — Réflex. sur Cauterets, 1752.
CANALEJAS Y CASAS (Jose). Notice sur le chemin de fer, 1308.
CANDITTO (Le C^{tr} A. E. de). Jacob de Barbari, 3858.
CANDOLLE (Alph. de). Origine des plantes cultivées, 1816. — Nomenclature botanique, 1826. — Prodromus, 1842. — Monographiæ phanerogamarum, 1843.
CANDOLLE (Aug. Pyr.). Regni vegetabilis systema, 1841. — Prodromus, 1842. — Synopsis plantarum, 1854. — Flore française, 1852.

CANDOLLE (Cas. de). Monographiæ phanerogamarum, 1843.
CANO (Melch.). Victoria de si mismo, 687.
CANTACUZÈNE (J. A.). Trad. Schopenhauer, De la quadruple racine, 314.
CANTER. A. B. C. des courses, 2488.
CANTERUS (Gul.). Trad. Fragmenta Pythagoreorum, 543, 546.
CANTOCLARUS (Car.). Trad. Juliani opera, 104. — Trad. Juliani Cæsares, 104.
CAP (P. Ant.). Annot. Palissy, Œuvres, 2141.
CAPDEVILLE (Le Frère A. Fr.). Arithmétique, 3230.
CAPELLA (Galeazzo). Anthropologia, 952.
CAPREOLUS (Jac.). Arithmetica, 3228.
Capvern et ses eaux minérales, 1750.
CARACCIOLI (Le Mis L. A.). Conversation avec soi-même, 606. — Jouissance de soi-même, 607, 608. — Grandeur d'âme, 671. — Langage de la raison, 672. — L'univers énigmatique, 682. — De la gaieté, 683. — Cri de la vérité, 686.
CARALP (J.). Les Pyrénées centrales, 1697.
CARDAN (Hier.). De subtilitate, 1320-1322. — De rerum varietate, 1323, 1324.
CARDERERA Y SOLANO (Val.). La pintura en Aragon, 3909.
CAREZ (L.). Terrains du N. de l'Espagne, 1686.
CARMINATI (Bass.). Natura del suco gastrico, 2718.
CARNOT (L. N. M.). Métaphysique du calcul infinitésimal, 3266, 3267. — Corrélation des figures de géométrie, 3303.
CARNOT (S.). Puissance motrice du feu, 3371.
CARO (E.). Le pessimisme, 49. — Philosophie de Gœthe, 50. - Matérialisme, 310. — Littré et le positivisme, 317.

— Philosophie et philosophes, 322.
— L'idée de Dieu, 462. — Problèmes de morale, 628. — Études morales, 696, 697.
CARPENTARIUS (Jac.). *Annot.* Aristotelis libri de secretiore parte sapientiæ, 83.
CARR (J. Comyns). L'art en France, 3844.
CARRASCO (Doña Conc. Arenal de Garcia). La beneficencia, 1074. — Las colonias penales, 1107.
CARRÉ (I.). Certificat d'études primaires, 842. — Enseignement de la lecture, 842.
CARRERAS Y GONZALEZ (Mar.). La España y la Inglaterra agricolas, 1157.
CARRIÈRE (E. A.). Pépinières, 2395. — La vigne, 2433. — Guide du jardinier, 2539.
CARTAILHAC (Em.). Matériaux pour l'hist. de l'homme, 1966. — Anthropologie, 1967.
Carte botanique, 1840.
Carte géologique, 1672.
CARTEAUX (Le D^r). Cautérisation de l'épiploon, 3096.
CARTHEUSER (Jo. Fréd.). Fundamenta materiæ medicæ, 3015. — Tabulæ formularum, 3156. — Elementa chymiæ, 3156. — Pharmacologia, 3156.
CARUEL (Teod.). Flora toscana, 1873.
CARVALLO (J.). Stabilité des voûtes, 3680.
CASALI (Vinc.). Explicatio locorum, 2536.
CASAUBON (Is.). *Edit.* Theophrasti notationes morum, 569, 570. — *Annot.* Celsi de medicina, 2588.
CASIMIR de Toulouse (Le R. P.). Atomi peripateticæ, 229.
CASSERIUS (Jul.). Tabulæ anatomicæ, 2682.
CASSINI (Jacq.). Éléments d'astronomie, 3415. — Theses mathematicæ, 3437. — Tables astronomiques, 3468.
CASSINI (J. Dom.). Origine de l'astronomie, 3466. — Observations, 3466. — Éléments de l'astronomie, 3466. — Découverte de la lumière zodiacale, 3466. — Règles de l'astronomie indienne, 3466. — Hypothèses des satellites de Jupiter, 3466.
CASSINI DE THURY (Cés. Fr.). Méridienne de l'observatoire, p. 534.
CASTAGNARY. Salons, 3935.
CASTEL (Le R. P. L.). Physique de Newton, 1333.
CASTELLANE (C^{sse} de). Éducation du M^{al} de Castellane, 754.
CASTELLANUS (Laur.). Responsio ad expostulationem Vietæ, 3193.
CASTELLI (Barth.). Lexicon, 2557, 2558.
CASTELOT (E.). *Trad.* Spencer, Morale des différents peuples, 647. — *Trad.* Spencer, Rôle moral de la bienfaisance, 1099.
CASTETBERT (R. Fr.). Eaux minérales, 1723.
CASTIGLIONE (Bald.). El cortegiano, 952.
CASTILLON (G. Fr. de). *Trad.* Valence, Comment. sur Cicéron, 99.
CATALAN (Eug.). Géométrie, 3318.
Catalogue des planches de la chalcographie, 3954.
Catéchisme d'agriculture, 2164.
CATON. De re rustica, 219, 2098-2101. — Économie rurale, 2115.
CATTOIS (Le Dr F.). Architecture, 4029.
CAUCHY (Aug.). Œuvres, 3209. — Parallélogramme des forces, 3376.
CAUMONT. Lectures courantes, 751, 752.
CAUMONT (Georg.). Jugements d'un mourant, 695.
CAVALCANUS (Hort.). De brachio regio, 934. — De æquitate, 934. — De testibus, 934.
CAVÉ (Mme M. Elis.). Dessin sans maître, 3885.
CAVELIER DE CUVERVILLE. Cours de tir, 3607.
CAVELLUS (Hug.). *Edit.* Scoti quæstiones super libris Aristot. de anima, 436.

Caventou (J. B.). *Trad.* Ebermayer, Manuel des pharmaciens, 3159.
Cavoleau (J. A.). Œnologie, 2414.
Cazalis de Fondouce (P.). Matériaux pour l'hist. de l'homme, 1966.
Cazaux (Le Dr Marc.). Naturaleza de la tisis, 2980. — Traitements de la phthisie, 3031.
Cazeaux (P. Eur.). Rôle des femmes dans l'agriculture, 2211.
Cazelles (E.). *Trad.* Spencer, Premiers principes, 305. — *Trad.* Spencer, Principes de sociologie, 1016. — *Trad.* Spencer, Principes de biologie, 1624. — *Trad.* Bain, Les sens et l'intelligence, 459.
Cazenave (Alphée). Maladies de la peau, 2904.
Cazenave (Le D^r Ed.). Études sur les maladies mentales, 2958. — L'équitation dans les maladies de poitrine, 2974. — Climat de l'Espagne, 2996. — Venise et son climat, 2998.
Cazenave (J. J.). Infirmités de la main droite, 3102.
Cazenave de La Roche. *Voy.* Cazenave (Le D^r Ed.).
Cazes. Monographie du chardonneret, 2028.
Cellière (L.). Peinture en céramique, 3910.
Celse. De re medica, 2587, 2588. — Œuvres, 2589. — Sententiæ, 2596.
Censorin. Œuvres, 2589.
Censure de la Faculté contre l'Emile, 718.
Centenaire de la fondation du Muséum, 1643.
Cerbelaud (G.). Chemins de fer, 3701.
Cernesson (L.). Grammaire du dessin, 3889.
Ceulen (Lud. a). Surdorum arithmetica, 3227.
Chabat (P.). Fragments d'architecture, 3989.

Chailley (Jos.). *Edit.* Dict. d'économie politique, 959.
Chailly (H.). Art des accouchements, 3133.
Chalain (L.). Exposition d'Amsterdam, 1179.
Chalcidius. Comment. in Timæum, 66, 114.
Chalvet (Math. de). *Trad.* Sénèque, Œuvres, 140.
Chambre de commerce de Boulogne-sur-Mer, 1245.
Chambrelent. Landes de Gascogne, 2353.
Champagne (J. Fr.). *Trad.* Aristote, Politique, 861.
Champagny (J. de). Haras d'Autriche, 2475.
Champeaux (Alfr. de). Le meuble, p. 619.
Champfleury. Les chats, 2015. — La Tour, 3878. — Hist. des faïences patriotiques, 4192, 4193.
Champollion-Figeac (J. Jos.). Notice sur diverses contrées de l'Isère, 2304.
Chantemesse. Pathologie, 2837.
Chanterenes. Éducation d'un prince, 935.
Chantre (E.). Matériaux pour l'hist. de l'homme, 1966.
Chanvot de Beauchêne (E. P.). Maximes, 614.
Chanzy (Le G^{al}). Armée de la Loire, 3660.
Chapelle (F.). Mémoire sur les inondations, 3687.
Chaplain-Duparc. Sépulture de troglodytes, 1978.
Chapron (Lawr.). Études sur l'exposition, 4033.
Chaptal (Le Cte J. A. Cl.). Chimie, 1547. — Culture de la vigne, 2409. — Vinification, 2411.
Chaptal (O.). Manuel d'agriculture, 2161.

Charcot (J. M.). Œuvres, 2677. — Leçons du mardi, 2678. — Maladies du système nerveux, 2679. — *Dir.* Traité de médecine, 2680. — *Préf.* Sœur Anne des Anges, 3743.

Chargé (Le D' A.). De l'homéopathie, 2853.

Charlet (N. T.). L'empereur et la garde, 3526.

Charma (A.). Le P. André, 456.

Charmasson de Puylaval (A.). Eaux de Saint-Sauveur, 1767.

Charpentier (Ad.). Traité des ponts, 3692.

Charpentier (J. de). Constitution des Pyrénées, 1710.

Charpentier (Le D'). Hygiène de l'enfance, 2768.

Charpentier (P.). Encyclopédie chimique, 1527.

Charras (M.). Pharmacopée, 3153.

Charrin. Pathologie, 2837.

Charron (P.). De la sagesse, 531, 580, 581. — Discours chrétien, 580.

Chartier (R.). *Edit.* Hollerii de morbis internis, 2627.

Charton (Ed.). Le tableau de Cébès, p. 91.

Charvet (L.). Enseignement de l'art décoratif, 4063.

Chasles (Mich.). *Edit.* Euclide, Porismes, 3191. — Progrès de la géométrie, p. 507.

Chassaignac. Épanchements purulents, 2971.

Chassanæus (Barth.). Catalogus gloriæ mundi, p. 137.

Chassignet (L. M. M.). Institutions militaires, 3528.

Chassiotis (G.). Instruct. publique, 817.

Chastaing. Encyclopédie chimique, 1527.

Chastellux (Fr. J. de). Félicité publique, 963.

Chateau (L.). Études sur l'exposition, 4033.

Chatel (V.). Maladie de la vigne, 2419, 2432.

Chatignier. Clauses imposées aux entrepreneurs, 3690.

Chaubard. Expédition de Morée, p. 281.

Chauliac (Guy de). Chirurgie, 3082-3084. — Propos des plaies, 3086.

Chaumelin (Mar.). Hist. des peintres, 3892.

Chauvin (L.). Éducation de l'instituteur, 768.

Chavannes (Ed.). Sculpture en Chine, 3983.

Chavannes (F.). *Edit.* Mondeville, Chirurgie, 3099.

Chemin (O.). La houille, 1804.

Chemin de fer de Cauterets, 3702.

Chemins de fer d'Agen à Tarbes, 1303.

Chenavard (Aimé). Album de l'ornemaniste, 4048.

Chennevières (Ph. de). Portraits d'artistes, 3957. — *Edit.* Mariette, Abecedario, 3776. — *Dir.* Archives de l'art français, 3777. — *Edit.* Mémoires sur les membres de l'Académie, 3784.

Chéradame. Code pharmaceutique, 3160.

Chesneau (Ern.). Joshua Reynolds, 3878. — Peinture anglaise, 3894.

Chevalet (Em.). Questions sociales, 1024.

Chevalier (E.). Voyage, p. 206, p. 254.

Chevalier (Mich.). Économie politique, 973. — Rapport sur l'exposition, 1158, 1160. — Voies de communication, 3698.

Chevallier (A.). Art de préparer les chlorures, 1533. — Dict. des altérations, 2799, 2800.

Chevallier (Em.). Assistance dans les campagnes, 1088. — Les salaires, 1191.

Chevandier (Eug.). Recherches sur les amendements, 2392.

Chèvremont (Alex.). Mouvements du sol, 1681.

Chevreul (E.). Méthode à posteriori, 9. — Loi du contraste des couleurs, 1410. — Recherches sur les corps gras, 1543. — Edit. Guillory, Le M¹ˢ de Turbilly, 2203.

Cheysson (E.). Habitations ouvrières, 1022.

Chipiez (Ch.). Hist. de l'art, p. 586.

Chomel (N.). Dict. économique, 2067.

Chomel (P. J. B.). Hist. des plantes, 1846.

Choron. (A.). Trad. Albrechtsberger, Méthode de composition, 4121.

Chouquet (Gust.). Musée du Conservatoire, 4105.

Chrestien de Lihus fils. Principes d'agriculture, 2148.

Chuquet (Arth.). La guerre 1870, 3669.

Ciappi (M. Ant.). Regola da preservarsi, 2879.

Ciceri (Eug.). Cours de paysage, 3886.

Cicéron. Académiques, 99. — De amicitia, 94-96. — Nature des Dieux, 97. — De officiis, 94, 96. — Opera, p. 16. — Paradoxa, 94, 96. — De senectute, 94-96. — Somnium Scipionis, 93, 94, 96. — Tusculanes, 96, 98. — Trad. Arati fragmentum, 3409.

Cirodde (P. L.). Arithmétique, 3243, 3244.

Clairaut (A. C.). Algèbre, 3251, 3252. — Recherches sur les courbes, 3296.

Clamorgan, Sgr de Saane (J. de). Chasse du loup, 2122.

Clapmarius (Arn.). De arcanis rerum publicarum, 908.

Clarac (Le C¹ᵉ F. de). Hist. de l'art, 3775. — Musée de sculpture, p. 608.

Clarens (J. P.). Strada, 325.

Claret de La Tourette (A. L.). Démonstrations de botanique, 1807.

Clarke (C. B.). Monographiæ phanerogamarum, 1843.

Clarke (Sam.). Œuvres, 286.

Claus (Le D¹ C.). Zoologie, 1910.

Clauserus (Conr.). Ciceronis analysis, p. 17.

Clausius (R.). Mechanische Wärmetheorie, 1487.

Claveau (O.). Enseignement de la parole, 2705. — Trad. Meyer, Organes de la parole, 2705.

Clavius (Christ.). Algebra, 3193. — Horologiorum descriptio, 3193. — Apologia calendarii romani, 3193. — Opera, 3193. — Comment. in sphæram J. de Sacro Bosco, 3475, 3476. — Edit. Euclidis elementa, 3187. — Annot. Theodosii Tripol. sphærica, 3193. — Annot. Maurolyci theoremata, 3490.

Clef des Caractères de La Bruyère, 572.

Clément (Ch.). Artistes anciens et modernes, 3855. — Decamps, 3878.

Clément (F.). Chants de la sainte Chapelle, 4152.

Clément (P.). Edit. Guillory, Le M¹ˢ de Turbilly, 2203.

Clément Mullet (J. J.). Trad. Ibn-Al-Awam, Livre de l'agriculture, 2175.

Clément de Ris (L.). Musées de province, 3927.

Clément Simon (G.). La démocratie, 944.

Cléomède. Meteora, 1374.

Clerc. Organisation des écoles normales, 842.

Clerget (Ch. Ern.). Mélanges d'ornement, 4049.

Clericus (J.). Opera, 250.

Clermont. Géométrie de l'ingénieur, 3295.

Clerselier (Cl.). Trad. Descartes, Réponses, 444.

Cleve. Encyclopédie chimique, 1527.

Clicthoveus (Jud.). Scholia in Aristotelem, 1336.

Climent (Joach.) Comment. in Aristotelem, 89.

Cocheris (H.). Dir. Revue pédagogique, 756.

Cochery (Ad.). Rapport sur les postes, 1317.
Cochin. Manuel des salles d'asile, 780.
Cochin (Ch. N.). Mémoires, 3820.
Code des prisons, 1112.
Code pénitentiaire, 1112.
Code pharmaceutique, 3160.
Codigos postal y telegrafico, 1319.
Cogniaux (Alfr.). Monographiæ phanerogamarum, 1843.
Cohnheim (Jul.). La tuberculose, 2979.
Coignet. Mémoire sur les allumettes, 4169.
Cointeraux. Méthode de faire les toits, 4008.
Colebrooke (H. T.). Philosophie des Indous, 19.
Colerus. Vie de Spinoza, 233.
Colin (H.). Réd. Charcot, Leçons du mardi, 2678.
Colin (L.). Encyclopédie d'hygiène, 2770.
Colin fils. Retraite, 4144.
Collaine. Expérience contre la morve, 2411.
Collection des anciens alchimistes, 3751.
Collectionneurs de l'ancienne Rome, 4068.
Collegii Complutensis disputationes in Aristotelis de generatione, 350, 1366. — Dialecticam, 350. — De anima, 437, 438. — Physica, 350, 1363-1365. — Voy. Artium Cursus.
Collegium Conimbricense. Voy. Commentarii, Disputationes.
Collegno (H. de). Terrains diluviens des Pyrénées, 1683. — Trad. La Bèche, Recherches sur la géologie, 1651. — Trad. La Bèche, Art d'observer, 1651. — Trad. La Bèche, Coupes et vues, 1652.
Collignon. Essai de bien public, 2347.
Collignon (Ed.). Théorie des poutres, 3684. — Mécanique, 3369. — Situation de la mécanique, p. 514.
Collignon (Max.). Phidias, 3878. — Hist. de la sculpture, 3982.
Collin de Plancy (J.). Dict. infernal, 3734.
Collins (F. Howard). Philosophie de H. Spencer, 307.
Collins (J.). Commercium epistolicum, 3275.
Collomb. Note sur le pays basque, 1685.
Colmeiro (Mig.). La botanica, 1811. — Catalogo de plantas, 1871.
Colnet. Art de dîner en ville, 4211.
Colomès de Juillan. Chemins de fer des Pyrénées, 1289. — Rapport, 3396.
Colonna d'Istria (Fr.). Trad. Lombroso, L'homme de génie, 2834.
Colson (Alb.). Encyclopédie chimique, 1527.
Columelle. De re rustica, 2098-2100, 2102, 2104, 2105, 2109, 2215. — De arboribus, 2098, 2100. — Hortus, 2103.
Combalusier (Fr. de P.). Pneumatopathologia, 2897.
Combarieu (J.). Rapports de la musique et de la poésie, 4118.
Combauld, B^{on} d'Auteuil (Ch. de). Hist. des ministres d'État, 947.
Combes (An.). Proverbes agricoles, 2246.
Combes (Ch.). Situation de la mécanique, p. 514.
Comes rusticus, 2130.
Commelinus (Joan.). Horti medici Amstel. descriptio, 1881.
Commentaire sur la Méthode, 211.
Commentarii collegii Conimbricensis in Aristotelis dialecticam, 344-346. — De cælo, 343, 430, 1345-1348. — Meteora, 343, 430, 1345-1348. — Parva naturalia, 345, 430, 1345-1348. — De anima, 429-432, 1345. — De generatione, 432, 1349-1352. — Physica, 1353-1356.
Commines de Marsilly (L. J. A. de). Recherches sur les lois de la matière, 1492.

Commission d'enquête sur les ouvriers d'art, 4092.
Commission de l'hygiène scolaire, 824.
Commission supérieure du projet Roudaire, 3709.
Compagnie des chemins de fer du Midi, 1300.
Comparaison de Platon et d'Aristote, 55.
COMPAYRÉ (G.). Psychologie, 529. — Hist. des doctrines de l'éducation, 758. — Hist. de la pédagogie, 763. — Études sur l'enseignement, 771. — L'évolution de l'enfant, 774. — Trad. Huxley, Hume, 258. — Trad. Bain, Logique, 406.
Comptes de dépenses du château de Gaillon, p. 614.
Comptes des bâtiments du roi, 3994, p. 610.
Comte (Le) de Gabalis, 3723.
COMTE (Aug.). Philosophie positive, 312.
COMTE (J.). Trad. Comyns Carr, L'art en France, 3844.
Concours d'animaux de boucherie, 2223.
Concours d'animaux reproducteurs, 2226, 2228, 2229, 2231, 2232.
Concours général d'animaux reproducteurs, 2230.
Concours régional agricole, 2227.
Concours régionaux d'animaux reproducteurs, 2225.
CONDILLAC. Logique, p. 63.
CONDORCET (Le M" de). Application de l'analyse à la probabilité des décisions, 3357. — Édit. Euler, Lettres à une princesse, 1484.
CONDORCET (La M¹ᵉ de). Trad. Smith, Théorie des sentiments moraux, 641.
CONDUCHÉ (Ern.). Concours régional de Toulouse, 2224.
Conférence monétaire internat¹ᵉ, 1229.
Conférences agricoles d'Agen, 2237.
Conférences du Trocadéro, 1177.
Conférences faites à la gare Saint-Jean, 1591.

Conférences pédagogiques, 798.
Conferencias agricolas, 2281.
Congrès du Trocadéro, 1178.
Congrès internat. d'hydrologie, 1449.
Congrès pédagogique, 823.
Congrès pénitenciaire, 1132, 1133.
Connaissance des temps, 3470.
CONRADUS (Seb.). Trad. Platonis dialogi, 110.
Conseil général de l'agriculture, 1243.
Conseil supérieur des haras, 2490.
Conseils généraux de l'agriculture, 1240-1242.
CONSIDÉRANT (Vict.). Théorie de l'éducation, 734.
Considérations sur l'esprit, 611.
Considérations sur les polypes, 3096.
CONSTANCIO (F. S.). Trad. Ricardo, Principes de l'économie politique, 969.
CONSTANS (J. A. E.). Rapport, 1092.
CONSTANT (Benj.). OEuvres politiques, 881. — Cours de politique, 923.
CONSTANTIN CÉSAR. Agriculture, 2106, 2107.
CONSTANTINUS Africanus, De elephantia, 2585. — De humana natura, 2585. — De remediorum materia, 2585.
CONSTANTINUS (Rob.). Annot. Celsi de medicina, 2588.
CONTAMIN (V.). Cours de résistance, 3372.
Continuation des pensées diverses, 3413.
Conversations d'une mère, 733.
COOKE (C.). Les champignons, 1889.
COOPER (Sam.). Pathologie chirurgicale, 3094.
COPPÉE (Fr.). Trad. Bourgault Ducoudray, Mélodies de la Bretagne, 4154.
COPUS (Gul.). Trad. P. Æginetæ præcepta, 2574.
COQUAND (Arthur). La musique en France, 4116.
COQUELIN (Ch.). Dict. d'économie politique, 955.

CORDEMOY (Gér. de). Discernement du corps et de l'âme, 476.
CORDIER (J.). Agriculture de la Flandre, 2267.
CORNARIUS (Jan.). Rei medicæ enumeratio, 2553. — Hippocratis laus, 2553. — *Edit.* Plutarchi moralia, 124. — *Trad.* Constantini Cæs. de agricultura, 2106. — *Trad.* Aetii opera, 2584.
CORNARO (L.). Conseils pour vivre longtemps, 2786.
CORNET (A.). Enseignement du chant, 842.
CORNEVIN (Ch.). Des résidus industriels, 2505.
CORNIL (A. V.). Les bactéries, 2876.
CORNU (Max.). Maladie de la vigne, 2445. — Expériences faites à Cognac, 2431. — *Préf.* Sagot, Manuel des cultures tropicales, 2287.
Corps d'observations de la Société d'agriculture de Bretagne, 2248.
CORRADI (Jos.). Rétrécissement de l'urètre, 3124.
CORRE (Le Dr A.). Ethnographie criminelle, 1998.
Correspondance des directeurs de l'Académie, 3811.
CORROYER (Ed.). Architecture gothique, 3998. — Architecture romane, p. 617.
Cosmographiæ introductio, 3286.
Cosmos (Le), 1599.
COSSERAT (L.). *Trad.* Darwin, Récifs de corail, 2065.
COSSON (E.). Flora Atlantica, 1879, 1880.
COSTA DE SERDA (E.). *Trad.* La guerre franco-allemande, 3656.
COSTALLAT (Le Dr A.). Étiologie de la pellagre, 2905.
COSTANSONUS. *Comment.* Schola Salernitana, 2780.
COSTE (Ad.). Questions sociales, 1024.
COSTE (Mic.). Travail manuel à l'école, 852.

COSTE (Pasc.). Architecture arabe, 4021.
COSTE (P.). *Annot.* Montaigne, Essais, 586, 587. — *Annot.* La Boétie, servitude volontaire, 621. — *Trad.* Locke, Éducation des enfants, 716. — *Trad.* Newton, Traité d'optique, 3492.
COTEREAU (Cl.). *Trad.* Columelle, Des choses rustiques, 2104.
COTTEAU (G.). Description d'échinodermes, 1685. — Paléontologie, 1959.
COTTINET (Edm.). Colonies de vacances, 842.
COUBERTIN (P. de). Éducation en Angleterre, 839.
COUDRET (Le D^r). Les lois de la vie, 2794.
COUGNY (Gast.). L'art antique, 3849. — L'art au moyen âge, 3850.
COULIER (Ph. J.). Positions géonomiques, 1648.
COULVIER-GRAVIER. Recherches sur les météores, 3451.
COURAJOD (L.). Le goût des objets d'art, 4070. — Alex. Lenoir, 4073.
COURBET (E.). *Edit.* Montaigne, Essais, 590.
COURBEVILLE (Le P. Fr. de). *Trad.* Gracian, Le héros, 636.
COURCELLE-SENEUIL. *Trad.* Stuart Mill, Principes d'économie politique, 975.
COURDAVEAUX (V.). *Trad.* Entretiens d'Epictète, 560.
COURIER (P. L.). Art de la guerre, 3554.
COURNAULT (Ch.). Jean Lamour, 3878. — Ligier Richier, 3878.
Courrier de l'art, 4072.
Cours complet d'agriculture, 2144.
Cours de morale, 612.
Courses (Les) de taureaux, 4222.
COURTIN (A.). *Trad.* Lessing, Laocoon, 3799.
COURTIN (Ant. de). Traité de la jalousie, 661. — Traité de la paresse, 670. — Traité de la civilité, 711.
COURTIN (Germ.). Leçons anatomiques, 3081.

Courtois fils (Alph.). Opérations de bourse, 1204.
Courtois (C.). Traité des moteurs, 3385.
Courtois-Gérard. Culture maraîchère, 2542.
Cousin (J.). Œuvres, 3863.
Cousin (V.). Introd. à l'hist. de la philosophie, 21. — Cours de l'hist. de la philosophie, 21-23, 25-27. — Philosophie du 18° siècle, 22. — Du vrai, du beau, du bien, 24. — Fragments philosophiques, 156. — Philosophie populaire, 290. — *Edit.* Procli opera, 135. — *Edit.* Abélard, Œuvres, 154, 155. — *Edit.* Descartes, Œuvres, 208. — *Edit.* Maine de Biran, Rapports du physique et du moral, 487. — *Trad.* Platon, Œuvres, 115.
Coussin fils (A.). *Edit.* Vitruve, Architecture, 4005.
Coutan (N. Ch.). L'homme considéré en lui-même, 479.
Coutance. *Préf.* Darwin, Différentes formes de fleurs, 1829.
Couturier (Em.). Congrès pédagogiques, 842.
Coyecque (Ern.). Notice sur les archives de l'Hôtel-Dieu, 1089.
Coyon (Em.). Annuaire musical, 4111.
Coze (Le D^r). Lettre sur les esprits, 3731.
Cramer (Gabr.). Analyse des lignes courbes, 3299.
Cratès. Traité d'alchimie, 1512.
Credner. Géologie, 1663.
Crellius (Fort.). Isagoge logica, 371.
Crellius (Jac.). *Comment.* Schola Salernitana, 2780.
Crema (Liber.). *Edit.* Spigelii opera, 2682.
Crescentiensis (P.). De agricultura, 2121.

Crescenzi. *Voy.* Crescentiensis.
Crescenzo (Bern. M. de). Vertus de l'eau, 3011.
Creuzer (Frid.). *Edit.* Plotini Enneades, 122.
Cri (Le) de la vérité, 686.
Crinitus (P.). De honesta disciplina, p. 100.
Crollius (Osv.). De signaturis rerum, 3150. — Basilica chimica, 3150.
Croquerus (J.). *Edit.* Rondelet, Opera medica, 2624.
Crosse (H.). Mission au Mexique, p. 308.
Crousaz (J. P. de). Logique, 394, 395. — Comment. sur l'analyse des infiniments petits, 3262.
Crud (Le Bon E. V. B.). Agriculture, 2156. — *Trad.* Thaer, Principes d'agriculture, 2149.
Crussard (J. C.). Principes d'agriculture, 2174.
Cruveilhier (J.). Anatomie, 2703.
Cugnot (N. Jos.). Art militaire, 3549.
Cumenge (E.). Encyclopédie chimique, 1527.
Curie. Encyclopédie chimique, 1527.
Curie (J.). *Annot.* Ardant, Cours de construction, 3688.
Curio (J.). *Comment.* Schola Salernitana, 2780.
Curtius (Math.). Methodus dosandi, 3005.
Cuvier (G.). Anatomie comparée, 2701. — Éloge de Lacépède, 1623. — Progrès des sciences naturelles, p. 236. — Révolutions du globe, 1904. — Le règne animal, 1906. — Recherches sur les ossements fossiles, 1958. — *Edit.* Plini historia naturalis, 1612.
Cyriacus (Cl.). Problemata, 3490.
Czerny (C.). *Edit.* Bach, Œuvres, 4149.

D

DABRY DE THIERSANT. Matière médicale, 3025.
DAGOUMER (Guil.). Philosophia, 249.
DAGUENET. Notice sur le Vieux-Boucau, 3695. — Notice sur Capbreton, 3696.
DALECHAMPS (Jacq.). Hist. des plantes, 1845. — *Edit*. Plinii historia mundi, 1607.
DALIMIER (Jul.). *Trad*. Schacht, Le microscope, 1418.
DALLY (Le Lt C^{el} A.). Enseignement de la gymnastique, 842.
DALSÈME (J.). Enseignement de l'arithmétique, 842.
DALY (Cés.). Architecture privée, 4031.
DAMASCÈNE (Jean). Aphorismes, 2595.
DAMASCIUS. Premiers principes, 101, 102. — Dubitationes, 101.
DAMBOURNEY (L. A.). Procédés de teinture, 1545.
DAMIRON (Ph.). Hist. de la philosophie, 18. — Cours de philosophie, 281.
DANA (J. D.). Manuel du géologue, 1665.
DANDINI (Hier.). De corpore animato, 433.
DANDOLO (Le Cte). Art d'élever les vers à soie, 2519.
DANGUIN (X.). Dernier mot de la philosophie, 313.
DANICAN (A.). Académie des jeux, 4232.
DANIEL (Le P. Gabr.). Voyage du monde, 472, 473.
DANTON (F.). *Edit*. Cousin, Hist. de la philosophie, 27.
DARAN (Jacq.). Maladies de l'urètre, 3115.
DARBOUX (Gast.). *Edit*. Lagrange, Œuvres, 3206. — *Edit*. Fourier, Œuvres, 3210.
DARCEL (Alfr.). *Edit*. Dupont, Stromatourgie, 3966.

DARCET (J.). Instruction sur l'art de séparer le cuivre, 4175. — *Voy*. ARCET.
DAREMBERG (Le D^r). *Trad*. Oribase, Œuvres, 2613. — *Edit*. Rufus d'Ephèse, Œuvres, 2614.
DARESTE DE LA CHAVANNE (C.). Hist. des classes agricoles, 1040.
DARGENTY (G.). Le Baron Gros, 3878. — Watteau, 3878.
DARLES DE LINIÈRE. Pompes sans cuirs, 3379.
DARONDEAU. Voyage autour du monde, p. 206.
DARWIN (Ch.). Vie et correspondance, 1625. — Voyage d'un naturaliste, 1633. — Fécondation croisée, 1828. — Différentes formes de fleurs, 1829. — Faculté motrice dans les plantes, 1830. — Fécondation des orchidées, 1895. — Mouvements des plantes grimpantes, 1896. — Plantes insectivores, 1897. — Origine des espèces, 1912. — Variation des animaux, 1921. — Essai sur l'instinct, 1923. — Descendance de l'homme, 1987. — Rôle des vers de terre, 2060. — Récifs de corail, 2065. — Expression des émotions, 2750.
DARWIN fils (Fr.). Faculté motrice dans les plantes, 1830. — *Edit*. Darwin, Vie et correspondance, 1625.
DASSIER (A.). Champignons comestibles, 1884.
DAUBENTON. Description du cabinet du roi, 1614.
DAUBRÉE (A.). Études de géologie, 1664. — Régions invisibles du globe, 1667. — Progrès de la géologie, p. 248.
DAUMAS (Le G^{al}). Chevaux du Sahara, 2483, 2484.
DAUMON. Projet d'assurance, 1094.

Dausse (Th.). Formation des dartres, 2903.
Davach de La Rivière (J.). Miroir des urines, 2855.
David (L'abbé Arm.). Oiseaux de la Chine, 2026.
David (J. L.). Le peintre David, 3865.
Davillier (Le B⁰ⁿ Ch.). Recherches sur l'orfèvrerie, 4088.
Davy (Humphry). Art de préparer les terres, 2306.
De origine Guelphorum, 328.
Debeauvoys. Guide de l'apiculteur, 2512.
Debonnaire (L'abbé). Leçons de la sagesse, 681.
Debrit (Marc). Edit. Maine de Biran, Œuvres, 294.
Decaisne (J.). Annales des sciences naturelles, 1586. — Herbarii Timorensis descriptio, 1876. — Dir. Revue horticole, 2536. — Dir. Bon jardinier, 2546.
Dechambre (A.). Dir. Dict. des sciences médicales, 2567.
Deck (Th.). La faïence, 4197.
Déclat (Le Dʳ). Médecine opératoire, 3032.
Defodon (Ch.). Promenade à l'exposition scolaire, 783. — Expositions scolaires, 842.
Degen (L.). Constructions en bois, 4039. — Constructions en briques, 4040.
Dehaisnes (L'abbé C.). Hist. de l'art en Flandre, 3840, 3841.
Deherain (P. P.). Encyclopédie chimique, 1527. — Chimie horticole, 1560.
Déjean. Traité de la distillation, 1530.
Dejeanne (Le Dʳ). Aperçu sur Bagnères-de-Bigorre, 1743. — Bibliographie de Bagnères, 1745. — Action des bains dans l'impaludisme, 2870. — Edit. Descaunets, Quelques lignes à Vandermonde, 1744.

Dejernon (R.). Instruction et liberté, 743. — Le crédit en France, 1201. — Octroi et vinage, 1224. — La vigne, 2435, 2436.
De La Barre-Duparcq (Ed.). Art militaire antique, 3525.
Delabergerie (J. B. R.). Histoire de l'agriculture, 2075.
Delaborde (Le Vᵗᵉ Henri). Edelinck, 3878. — La gravure, 3945, 3946.
De La Caze (L.). Mélanges de physique, 684.
De La Chambre. Voy. La Chambre.
De La Croix. Edit. Euler, Lettres à une princesse, 1484.
Delafosse (G.). Hist. naturelle, 1588. — Progrès de la minéralogie, p. 267. — Edit. Plinii historia naturalis, 1612.
Delagardette. Edit. Simonin, Traité de la coupe des pierres, 4012.
Delahaye (Vict.). Exposition d'Amsterdam, 1180.
Delalain (P.). Librairie scolaire, 842.
Delamare (E.). Trad. Cooper, Pathologie chirurgicale, 3094.
Delamare (Le Dʳ M.). Précis de prophylaxie, 2776.
Delamarre (L. Gerv.). Culture des pins, 2387.
Delambre (J. B. J.). Progrès des mathématiques, p. 484. — Hist. de l'astronomie, 3405-3408. — Tables astronomiques, 3416. — Astronomie, 3417. — Edit. Borda, Tables trigonométriques, 3344.
Delaunay (Ch. Eug.). Progrès de l'astronomie, p. 520.
Delaurier (Em.). Opinion de Lamartine, 930. — Théorie de philosophie naturelle, 1508.
Delaval (Edw. Hussey). Recherches expérimentales, 1544.
Del Boe (Fr.). Voy. Sylvius.
Delbœuf (J.). Essai de logique, 402.
Delécluze (E. J.). David, 3864.

Delévieleuze (L'abbé). Mathématiques, 3223.
Deleyre (Alex.). Philosophie de Bacon, 182.
Délibération du Conseil municipal de Mont-de-Marsan, 1290.
Delille (L'abbé Jacq.). *Trad.* Virgile, Géorgiques, 2116.
Delisle (A.). Trigonométrie, 3319.
Delivet (Em.). Exagération des charges militaires, 3568.
Delivet (J. B. C.). Réflexions sur la saignée, 3021.
Delmas (Le Dr P.). *Edit.* Titres médicaux de Dax, 1762.
Delorme (Philib.). Architecture, 4002.
Deloye (Aug.). Notice du musée Calvet, 3928.
Delprat (Ch.). Le conservatoire de musique, 4103. — L'art du chant, 4132.
Delrio (Mart.). Disquisitiones magicæ, 3714.
Delvaille (Le Dr C.). Lectures courantes, 751, 752. — Guide de l'instituteur, 846. — Mystères d'un bouquet, 1812. — Machine humaine, 3072. — Physique médicale, 3073.
Delvigne (Gust.). Notice sur les canons porte amarres, 3515. — Création de la force armée, 3524.
Démanest. Études sur l'exposition, 4033.
Dembo (Le Dr J. A.). Abatage des animaux de boucherie, 2802.
Demmin (Aug.). Hist. des peintres, 3892. — Guide de l'amateur de faïences, 4195.
Demmler (A.). *Trad.* de Moltke, Campagnes des Russes, 3636.
Démocrite. Questions naturelles, 3751.
Demogeot (J.). Enseignement secondaire en Angleterre, 784.
Démonstrations de botanique, 1807.
Démontzey (P.). Étude sur le reboisement, 2402.
Démosthène. Olynthiaques, 420.

Demouceaux (L.). Notice sur La Quintinye, 2528.
Déniau (F.). Administration de l'argent, 3162.
Denis (J.). Hist. des idées morales, 533, 534.
Denonvilliers (Le D^r Ch.). Progrès de la chirurgie, p. 470.
Denys de Montfort. *Voy.* Montfort.
Depasse (Hect.). Transformations sociales, 906.
Depaul (Le Dr J. A. H.). Observ. tératologiques, 2740. — Observ. sur les cimetières de Méry, 2762. — Rapport sur les vaccinations, 2908, 2913, 2918. — Vaccinations hâtives, 2909. — Origine du vaccin, 2910, 2911. — Syphilis vaccinale, 2912. — Vaccination animale, 2914, 2916, 2919. — Accidents suite de la vaccination, 2915. — Expériences faites avec le cow-pox, 2917. — Vaccination et syphilis, 2920. — Syphilis congénital, 2923. — Rapport sur les aliénés, 2960. — De l'emphysème, 2967. — Emploi des caustiques, 3103. — Tumeurs congénitales du tronc, 3113. — Sur le rachitisme, 3114. — Déviations utérines, 3120, 3121. — Allongement du col de l'utérus, 3122. — Rétention d'urine chez l'enfant, 3123. — Auscultation obstétricale, 3134, 3135. — Influence de la saignée, 3136. — Hémorrhagies, 3137. — Convulsions des femmes enceintes, 3138. — La fièvre puerpérale, 3139. — Oblitération du col de l'utérus, 3140. — Opération césarienne, 3141. — Forme insolite de l'utérus, 3142. — Inversion de l'utérus, 3143. — Discours, 3144.
Depping (G. B.). *Edit.* Boileau, Livre des métiers, p. 632.
Depradt (D.). État de la culture, 2288.
Derbès (A.). *Préf.* Roux, Catalogue des plantes de Provence, 1867.

— 674 —

Desaguliers (Le D' J. T.). Physique, 1387.
Desains (P.). Progrès de la théorie de la chaleur, p. 208.
Desallier d'Argenville (Ant. J.). Conchyliologie, 2042.
Desault (P.). Maladies vénériennes, 2921.
Desbarrolles (Ad.). Mystères de la main, 3736.
Desboves (A. H.). Géométrie, 3327.
Descamps (J. B.). Vie des peintres flamands, p. 596.
Descartes (R.). Discours de la méthode, 205. — Principia philosophiæ, 206, 207. — Specimina philosophiæ, 206. — Œuvres, 208-210. — Méditations, 444, 445. — L'homme, 470, 471. — Formation du fœtus, 470. — Le monde, 471. — Passions de l'âme, 660. — Geometria, 3289. — De solidorum elementis, 3333.
Descaunets (P.). Quelques lignes adressées à Vandermonde, 1744.
Deschamps (L.). Hist. de la question coloniale, 1287.
Description du cabinet du roi, 1614.
Description du mouvement d'une tache du soleil, 3437.
Descuret (J. B. F.). Médecine des passions, 2937.
Des Dorides (Le Cte Ch.). Trad. Cadet, Études sur le choléra, 2885.
Desfontaines (L.). Edit. Plinii historia naturalis, 1612.
Desfontaines (R.). Carte botanique, 1840.
Des Hayes. Observ. astronomiques, 3466.
Deshayes (G. P.). Hist. des mollusques, 2044. — Coquilles fossiles, 2048. — Coquilles caractéristiques, 2049. — Edit. de Lamarck, Hist. des animaux sans vertèbres, 2035.
Desjardins (Ab.). Vie de J. Bologne, 3859.

Desjardins (Alb.). Les sentiments moraux, 340.
Desjardins (Arth.). La liberté politique, 905.
Deslandes (Fr.). Poetæ rusticantis otium, 2179.
Deslongchamps. Paléontologie, 1959.
Desmarest (A. G.). Edit. Lacépède, Hist. naturelle, 1623.
Des Moulins (Ch.). Fossiles recueillis à Cazeneuve, 1960.
Des Moulins (J.). Trad. Dalechamps, Hist. des plantes, 1845.
Desormeaux (A.). Trad. Morgagni, Recherches sur le siège des maladies, 2694.
Desormes (E.). Notions de typographie, 3767.
Despine (Le Dr Prosp.). Somnambulisme, 2943. — De la folie, 2961.
Desplaces (L. B.). Préservatif contre l'agronomie, 2181.
Desplas (J. B.). Expérience contre la morve, 2411.
Despois (E.). Edit. Abælardi opera, 155.
Despretz (C.). Physique, 1394.
Destailleurs (H.). Ornementation des appartements, 4050.
Destouet (J. P.). Trad. Morgagni, Recherches sur le siège des maladies, 2694.
Destremx de Saint-Christol (L.). Agriculture, 2259.
Destutt-Tracy (A. L. C.). Éléments d'idéologie, 270.
Desvignes (A.). Géométrie, 3330.
Devals aîné. Habitations troglodytiques, 1973.
Devaux (J.). Trad. Allen, Abrégé de la médecine, 2664.
Deville (A.). Examen d'un passage de Pline, 2113. — Edit. Comptes de la construction du château de Gaillon, p. 614.

DEVILLE (L.). Note sur une espèce d'Iberis, 1892.
DEYEUX (Nic.). Code pharmaceutique, 3160.
DEZALLIER D'ARGENVILLE (A. J.). *Voy.* ARGENVILLE et DESALLIER.
DEZALLIER D'ARGENVILLE (A. N.). *Réd.* Schabol, Pratique du jardinage, 2535.
Dialogues sur le commerce des blés, 1050.
DICKSON (Adam). Agriculture des anciens, 2118.
Dictamenes de los cuerpos colegisladores, 1309.
Dictionnaire de l'Acad. des Beaux-Arts, 3792.
Dictionnaire de médecine, 2565, 2566.
Dictionnaire de pédagogie, 761.
Dictionnaire des finances, 1208.
Dictionnaire des sciences anthropologiques, 1992.
Dictionnaire des sciences naturelles, 1583.
Dictionnaire des sciences philosophiques, 29, 30.
Dictionnaire encyclopédique des sciences médicales, 2567.
Dictionnaire militaire, 3540.
Dictionnaire portatif de santé, 2563.
Dictionnaire univ. d'histoire naturelle, 1587.
DIDEROT. *Trad.* James, Dict. de médecine, 2560.
DIDOT (Ambr. Firmin). Étude sur Jean Cousin, 3862. — *Édit.* Cousin, OEuvres, 3863.
DIDRON aîné. *Préf.* Clément, Chants de la sainte Chapelle, 4152.
DIETRICH (Le B⁰ⁿ de). Description des gîtes de minerai, 1776.
DIEUDÉ (M™ Arm.). *Trad.* Lanzi, Hist. de la peinture, 3904.
DILLON (M™ᵉ). Rapport sur les salles d'asile, 816.

DIOCLÈS. De tuenda valetudine, 2586, 2803.
DIOGÈNE LAERCE. Vita Platonis, 111. — De philosophorum vitis, p. 17.
DIOSCORIDE (Ped.). De medicinali materia, 1901.
Discernement (Le) du corps et de l'esprit, 476.
Discours de la méthode, 205.
Discours philos. sur l'homme, 483.
Disputatio Eccii et Lutheri, 328.
Disputationes Conimbricencis cursus in Aristotelis ethica, 345, 429, 1345-1348.
Dissertation sur Élie, 914.
Dissertation sur les vapeurs, 2934.
Distribution des prix au Conservatoire, 4101.
DITTE. Encyclopédie chimique, 1527.
DITTMER (Ad.). Les haras et les remontes, 2478.
Diverses méthodes pour les perspectives, 3490.
DJĀBER. Traité, 1512.
DOASSANS (E.). Étude sur le thalictrum, 1898.
Doctrine (La) des mœurs, 654.
Documents sur la conférence du mètre, 3482.
Documents relatifs aux écoles normales, 831.
Documents sur le commerce extérieur, 1239.
DOEBELIUS (J. J.). *Édit.* Riverii opera medica, 2640, 2641.
DOLÆUS (J.). Opera, 2650.
DOLLFUS (A.). Voyage au Guatemala, p. 254.
DOLLO (L.). *Trad.* Tyndall, Les microbes, 2062.
DOMINICUS de Flandria. Quæstiones in libr. Aristotelis de anima, 1367, 1368.
DONIOL (H.). Hist. des classes rurales, 1044.
DONNAT (L.). Politique expérimentale, 858.

Dorion (Cl. A.). État politique des puissances, 1236.
Dormoy (Em.). Topographie du bassin de Valenciennes, 1795.
Dorveaux (Le Dr P.). *Edit*. Inventaire de la pharmacie, 3164.
Doüet, St de Romp-croissant (J.). La France guerrière, 3558.
Douliot (J. P.). Cours de dessin industriel, 3879.
Doumenjou (H.). Les reboisements, 2404.
Doumet (N.). Ichthyologie, 2031.
Dounamus (Georg.). Comment. in Rami dialecticam, 356.
Doutes d'un provincial, 1458.
Dralet. Description des Pyrénées, 1709. — Aménagement des bois, 2385. — Art du taupier, 2385. — Instructions pour les gardes forestiers, 2385.
Drapiez (A.). Guide de minéralogie, 1800.
Dreyfus (F. Cam.). Évolution des mondes, 1028.
Dreyfus-Brisac (Edm.). L'éducation nouvelle, 762. — L'enseignement obligatoire, 842.
Drouhet (Le Dr C.). Eaux de Cauterets, 1753.
Drouineau (Gust.). Encyclopédie d'hygiène, 2770.
Drouot. Notice sur Bourbonne, 1748. — Gites de houille de Forges, 1790.
Droz (Jos.). Philosophie morale, 530.
Dubalen (P. E.). Oiseaux des Landes, 2025.
Dubé. Médecin des pauvres, 3012.
Dübner (Fr.). *Edit*. Scholia græca in Platonem, 116. — *Edit*. Prisciani solutiones, 122. — *Edit*. Theophrasti characteres, 573. — *Edit*. Maxime de Tyr, Dissertationes, 573.
Dubocq. Constitution géologique des Zibàn, 1698.
Du Bois. *Trad*. Cicéron, De la vieillesse, 95.

Dubois (Fr.). *Voy*. Sylvius.
Du Bois (L.). *Trad*. Columelle, Économie rurale, 2105.
Dubost (A.). Newmarket, 2471.
Du Boucher (H.). Age de la pierre polie, 1981.
Dubouchet (D.). Traité des rétentions d'urine, 3147.
Duboué (Le Dr H.). Étude du médicament, 2831. — De l'impaludisme, 2866. — Notions sur l'impaludisme, 2868. — Physiologie de la fièvre typhoïde, 2869. — Méningite a frigore, 2872. — Étude de thérapeutique, 2887. — Les inoculations cholériques, 2889. — Traitement du choléra, 2890. — Emploi du tanin dans le choléra, 2891. — Indications dans le traitement du choléra, 2892. — Physiologie de la rage, 2952. — Discussion sur la physiologie de la rage, 2953. — Progrès sur la question de la rage, 2954. — Emploi du tanin dans la pleurésie, 3026. — Propriétés du seigle ergoté, 3027. — Principes de la thérapeutique, 3028. — Traitement de la fièvre typhoïde, 3029. — Divers traitements de la fièvre typhoïde, 3030. — Action du sulfate de quinine, 3146. — Grossesse extra-utérine, 3147. — Vomissements incoercibles de la grossesse, 3148.
Dubreuil. Encyclopédie chimique, 1527.
Du Breuil (A.). Cours d'agriculture, 2085. — Cours d'arboriculture, 2389, 2390.
Dubreuil-Chambardel. Résultats obtenus à Marolles, 2350.
Dubuisson (J.). Amélioration des travaux publics, 3697.
Du Casse (A.). Opérations militaires en Orient, 3642. — *Edit*. Mémoires du prince Eugène, 3621.
Duchartre (P.). Botanique, 1814. — Progrès de la botanique, p. 272.

Du Chatelet (La M¹ˢᵉ). Institutions de physique, 1332.
Duchaussoy (Le Dʳ). Anatomie, 2699.
Duchenne (Le Dʳ G. B.). Physiologie des mouvements, 2729.
Duchesne aîné (J.). Musée français, 3916.
Duchesne (Nic. Forest). *Voy.* Forest.
Du Chesne, Sʳ de La Violette (Jos.). Réformation des thériaques, 2880. — La peste reconnue, 2880. — Préparation des médicaments, 3152. — Pharmacopée, 3152.
Duclaux. Encyclopédie chimique, 1527. — Maladie de la vigne, 2444.
Duclos. Considérations sur les mœurs, 332.
Ducoin. Des engrais, 2311.
Ducompex (E. A.). Peinture en bâtiment, 4180.
Dufau (Ant.). Vues nouvelles sur la médecine, 2823.
Dufau (P. A.). Méthode d'observation, 834.
Du Fossé (Nic.). *Trad.* Ventura, Trésor politique, 867.
Dufour (L.). Relation de voyages, 1705. — Souvenirs, 1711.
Dufour (Ph.-Sylv.). Traités du café, 2781.
Dufourcet (E.). Courses de taureaux, 4222.
Dufrénoy (A.). Carte géologique, 1671. — Position des mines de fer, 1785. — Minéralogie, 1791.
Duguet (L'abbé J. J.). Institution d'un prince, 936, 937.
Du Hamel (J. B.). De consensu veteris et novæ philosophiæ, 249. — De corpore animato, 475. — De meteoris, 1635. — De corporum affectionibus, 2806. — Astronomia, 3436.
Duhamel du Monceau (H. L.). Culture des terres, 2135, 2136. — Remarques sur le sainfoin, 2365. — Conservation des grains, 2371.

Duhan (Laur.). Philosophus, 240-245.
Duhourcau (Le Dʳ E.). L'air des montagnes, 1447. — La sulfurométrie appliquée à Cauterets, 1755. — Cauterets, source du Rocher, 1757. — Cauterets, ses eaux minérales, 1758. — Le choléra, 2888. — Traitement du rhumatisme, 2902. — Traitement de la pleurésie, 2976. — *Edit.* Bordeu, Observations sur Cauterets, 1759. — *Trad.* Ferran, Inoculation contre le choléra, 2894.
Dulac (L'abbé Jos.). Mélanges botaniques, 1861.
Dumas (A.). Culture maraîchère, 2550, 2551.
Dumas (J.). Science des fontaines, 3398.
Dumas (J. B.). Philosophie chimique, 1502. — Traité de chimie, 1566. — Destruction du phylloxera, 2447.
Dumas (Le Gᵃˡ Cᵗᵉ Math.). *Trad.* Napier, Hist. de la guerre, 3631.
Dumas (Ph.). *Trad.* Xénophon, Économique, 705.
Du Mesnil (A.). Congrès de Bruxelles, 804.
Dumesnil (Georg.). Pédagogie révolutionnaire, 832.
Du Mesnil-Marigny. Catéchisme de l'économie politique, 988.
Du Moncel (Le Vᵗᵉ Th.). Le tonnerre et les éclairs, 1439. — Applications de l'électricité, 1464.
Dumont (Ars.). Dépopulation et civilisation, 2011.
Dumont (Et.). *Edit.* Bentham, Tactique des assemblées, 918.
Dumont (L.). Théorie de la sensibilité, 515.
Dumont (Pr.). Le vrai bon sens, 927. — Aux officiers de l'armée, 3562.
Dumont d'Urville (J.). Voyage de l'Astrolabe, p. 210. — Voyage autour du monde, p. 280.
Dumoulin. Traité du rhumatisme, 2895.

43.

Duncan (Dan.). Explication des actions, 2713.
Duncan (Marc). Institutiones logicæ, 384.
Duns Scot (J.). Quæstiones, 436.
Dupaigne (A.). Conférences, 798.
Dupain de Montesson. Amusements militaires, 3545.
Dupanloup (F. A. Ph.). L'éducation en Prusse, 787.
Du Petit Thouars (Ab.). Voyage autour du monde, p. 206, p. 280, p. 292.
Du Peyrat (Aug.). Ferme école de Beyrie, 2257. — L'agriculture à la Réunion, 2273. — Géométrie, 3325. — Alphabet cursif, 3765. — Le 19ᵉ siècle aura-t-il une architecture, 3987.
Dupin (A. M. J. J.). Discours sur le luxe, 1057.
Dupin (Le Bᵒⁿ Ch.). Produits de l'industrie, 1140. — Rapport, 1237.
Du Pinet, Sgʳ de Noroy (Ant.). Trad. Pline, Histoire du monde, 1606, 1609-1611. — Trad. Matthiolus, Comment. sur Dioscoride, 1902, 1903.
Duplay (Sim.). Traité de chirurgie, 3098.
Dupleix (Sc.). Philosophie, 186. — Ethique, 186, 412. — Métaphysique, 186, 412. — La curiosité naturelle, 412.
Duplessis (G. Gratet). Les Audran, 3878. — Dict. des marques de graveurs, 3942. — Inventaire de la collection Hennin, 3956.
Duplessis (P. A. Gratet). Edit. La Rochefoucauld, Réflexions, 594.
Dupont (P.). Stromatourgie, 3966.
Dupont (P.). Explication du calendrier, 3485.
Duportal (H.). Age de l'ours, 1972.
Du Pouey (Ch.). Enseignement civique, 808.
Dupré (A.). Encyclopédie chimique, 1527.

Dupré (P.). Administration des B.-Arts, 3836.
Dupuis (A.). Règne végétal, 1848.
Dupuis (J.). Edit. Lalande, Tables de logarithmes, 3345.
Dupuis de la Serra. Lettres de change, 1232.
Dupuit (J.). Liberté commerciale, 1246.
Dupuy (Adr.). L'État et l'Université, 848.
Dupuy (P.). La géographie dans l'enseignement, 842.
Dupuy Demportes. Trad. Hale, Le gentilhomme cultivateur, 2137.
Duquesnay. Encyclopédie chimique, 1527.
Duquesnoy (Adr.). Edit. Recueil de mémoires sur les établissements d'humanité, 1062.
Durand (Dav.). Trad. Cicéron, Académiques, 99.
Durand (P.). Monographie de la cathédrale de Chartres, 4037.
Durand-Claye (A.). Hydraulique, 2364.
Durande (Am.). Les Vernet, p. 592.
Durangel (H.). Dépenses de la mobilisation, 3564.
Duretus (Lud.). Trad. Hippocratis Coacæ prænotiones, 2610. — Comment. Hollerii de morbis internis, 2627.
Durey de Morsan (J. M.). Testament du Caˡ Alberoni, 911, 912.
Durius (Firm.). Trad. Aristotelis analytica, 333, 334.
Durutte (Le Cᵗᵉ C.). Esthétique musicale, 4124.
Du Sommerard (Alex.). Arts au moyen âge, 3771.
Dussard (H.). Trad. Stuart Mill, Principes d'économie politique, 975.
Dussieux (L.). Culture de la vigne, 2409.
Dussieux (L.). Artistes français à l'étranger, 3789, 3790. — Edit. Mémoires sur les membres de l'Académie, 3784.

— 679 —

Dutens (L.). *Edit.* Leibnitz, Opera, 263.
Duthoit. Études sur l'exposition, 4033.
Dutuit (Eug.). Manuel de l'amateur d'estampes, 3941.
Duval (Am.). *Edit.* Charron, De la sagesse, 581.
Du Val (Guil.). Comment. in Aristotelem, 77. — Phytologia, 1819.
Duval (J.). Les colonies, p. 185.
Duval (Mathias). Le Darwinisme, 2000. — Anatomie, 2704. — Physiologie, 2736. — Pathologie, 2837.
Duval (Rub.). *Trad.* L'Alchimie syriaque, 1512.
Duvaux (Laz.). Livre journal, 4070.
Duvinage (H.). Architecture rurale, 2343.
Dvitiya Durmanas. Souhaits d'un bonhomme, 623.

E

Ebermayer (Ch.). Manuel des pharmaciens, 3159.
Eckerfeld (Th.). *Trad.* Schatzmann, Manuel des fromageries, 2302.
École centrale. Cours d'architecture, 3679.
École des arpenteurs, 3334.
École militaire, 3548.
Écoles régimentaires du génie, 3600.
Économiste français, 956.
Édits sur les mines, 1769.
Éducation chrétienne, 712.
Éducation du M^{al} de Castellane, 754.
Éducation d'un prince, 935.
Edwards (H. M.). Manuel d'anatomie, 2698.
Egerton (Fr. H.). Description du plan incliné, 3704.
Egger (E.). La tradition dans l'enseignement, 829.
Emous (M. Ant.). *Trad.* James, Dict. de médecine, 2560.
Elementale cosmographicum, 3286.
Éléments de géométrie, 3294.
Éléments de métaphysique, 415.
Éléments des mathématiques, 3216.
El Habib. Traité, 1512.
Elichmannus (Joh.). *Comment.* Aurea carmina Pythagoræ, 561.
Elien (Cl.). De natura animalium, 1938-1940.
Elien (Cl.). De instruendis aciebus, 3537.
Elwart (A.). Essai sur la composition, 4431.
Emeric-David (T. B.). Classement des sculpteurs grecs, 1612. — Recherches sur l'art statuaire, 3979.
Emploi de l'eau en chirurgie, 3096.
Encyclopédie d'architecture, 4027.
Encyclopédie chimique, 1527.
Encyclopédie d'hygiène, 2770.
Encyclopédie méthodique, 2073.
Encyclopédie pratique de l'agriculteur, 2088.
Enfantin (P.). Correspondance, 876.
Engler. Monographiæ phanerogamarum, 1843.
Enquête agricole, 2245.
Enquête relative à diverses prohibitions, 1253.
Enquête sur la circulation monétaire, 1226.
Enquête sur la question monétaire, 1227.
Enquête sur l'état de l'agriculture, 2243.
Enquête sur le traité de commerce, 1257-1260.
Enquête sur les conditions de l'habitation, 961.
Enquête sur les tabacs, 1215.
Enquêtes relatives à l'enseignement supérieur, 833.

— 680 —

Enseignement (L') supérieur devant le Sénat, 785.
Entretiens de Phocylide, 601.
ÉPICTÈTE. Enchiridion, 557, 559, 573, 659. — Entretiens, 560. — Dissertationes, 573.
ÉPICURE. Placita, 103.
Épures de l'école polytechnique, 3310.
Équilibre (De l') social, 895.
ÉRASME (Des.). Lingua, 566. — De contemptu mundi, p. 96. — *Edit.* Aristotelis opera, 69. — *Annot.* Ciceronis officia, 94. — *Trad.* Plutarque, De vitiosa verecundia, 566.
ERASTUS (Th.). Dialogues, 3742.
ERLSFELDT (J. Fr. L. ab.). Aphorismorum Hippocratis interpretatio, 2611.
ESCOURROU-LAPUJADE (J.-E.). Spiritualisme, 327.
ESMÉNARD DU MAZET (C.). De la valeur, 970.
ESPAIGNOL-LAFAGETTE (J. N.). Chemin de fer de Cette à Bordeaux, 1294.
ESPANET (Al.). Études d'homéopathie, 2850.
ESPINAS (Alfr.). La philosophie expérimentale, 48. — Des sociétés animales, 1012. — *Trad.* H. Spencer, Principes de psychologie, 514.
Esprit (De l'), 480-482.
Esprit de M. Caraccioli, 686.
Essai de bien public, 2347.
Essai sur la minéralogie des Pyrénées, 1774.
Essai sur la nature champêtre, 2190.
Essai sur l'écorce du garou, 3017.
Essai sur l'éducation de la noblesse, 713, 714.
Essai sur le despotisme, 941.
Essai sur une méthode d'emploi du temps, 731.
Essais d'agriculture, 2383.
Essais sur l'amélioration des travaux publics, 3697.
Essais sur la marine, 3510.

ESSLINGER. *Trad.* Berzélius, Traité de chimie, 1520.
ESTAINTOT (Le Cte d'). Notions de physique, 1399.
ESTARAC (A. Fr.). Arithmétique, 3234, 3235. — Instruction sur les poids et mesures, 3349, 3350. — Tables de comparaison, 3350.
ESTIENNE (Ch.). L'agriculture, 2122, 2123.
Estudio sobre la exposicion vinicola, 2236.
État général des unions, 1061.
ETCHEGOYEN (Mart.). De l'unité, 280.
ETTMULLERUS (Mich.). Opera, 2661. — Epitome praxeos medicæ, 2809.
Études convenables aux demoiselles, 715.
Études sur l'exposition de 1867, 4033.
EUCLIDE. Elementa, 3181-3190, 3196. — Porismes, 3191.
EULER (L.). Lettres, 1484.
EUSTACHIUS a Sancto Paulo. Summa philosophiæ, 176-178.
EVERAERTS (Mart.). Ephemerides, 3453.
EVERARTUS. *Voy.* EVERAERTS.
EWALD (J. L.). Conseils maternels, 2193.
Examen de l'écrit : La chirobaliste, 3609.
Examen des systèmes de Rousseau, 269.
Examen des tarifs de douane, 1262.
Examen du fatalisme, 453.
Exercice sur la géométrie, 3300.
Expédition de l'Escaut, 3625.
Expériences sur les houilles d'engrais, 2300.
EXPILLY (Ch.). La traite au Brésil, 1042.
Explication des tableaux de Versailles, 3924.
Exposicion nacional vinicola, 2235.
Exposition de 1851, 1144.
Exposition de 1855, 1145-1147, 1152.
Exposition de 1867, 1159, 1160.
Exposition de 1878, 1166-1172, 1174.
Exposition de 1889, 1184.

Exposition de Paris, 1164.
Exposition de Vienne, 1162, 1163.
Exposition des B.-Arts à Montauban, 3936.
Exposition des produits de l'industrie, 1141-1143.
Exposition rétrospective des moyens de répression, 1121.

Expositions de l'État au Champ de Mars, 1188.
Expositions de Paris, 3934.
Extraits des rapports d'inspection, 810.
Eydous. Voyage autour du monde, p. 292.

F

Fabas (J.). Observ. sur Saint-Sauveur, 1765. — Observ. sur l'état des Pyrénées, 1766.
Fabas (X. B.). *Édit.* Fabas, Observ. sur l'état des Pyrénées, 1766.
Faber (Nic.). Annotationes ad Senecæ opera, 147.
Faber (P. J.). Hydrographum spagyricum, 1722.
Fabre (J. Ant.). Essai sur les torrents, 3672.
Fabre (Jos.). Histoire de la philosophie, 39.
Fabre (P.). Recherches de physiologie, 2820.
Fabri (Hon.). Physica, 1330. — Tractatus, 1636, 1637. — Synopsis geometrica, 3292.
Fabri Stapulensis, (J.). Paraphrasis in Aristotelis physica, 1336. — Paraphrases naturalis philosophiæ, 1337.
Faget de Baure (J. Jacq.). Histoire du canal du Languedoc, 3703.
Faisans (Le Dr L.). Maladies des organes respiratoires, 2983.
Falloux (Le Cte A. F. P. de). *Préf.* Louis XVI, Réflexions sur mes entretiens, 622. — Dix ans d'agriculture, 2172.
Falsan (A.). La période glaciaire, 1668.
Fancy (C.). Perspective, 3495.
Fargues (H.). *Trad.* May, Hist. de la démocratie, 928.

Fauché. Expédition de Morée, p. 281.
Faucher (L.). Réforme des prisons, 1100.
Faucon (L.). Maladie de la vigne, 2446.
Faujas de Saint Fond (Barth.). Expériences de Montgolfier, 1473. — *Édit.* Palissy, Œuvres, 2140.
Faure (F.). Budgets contemporains, 1211.
Faure (Hipp.). Archives des hospices de Narbonne, 1066-1068. — Notes sur les archives des hospices, 1069. — Œuvres hospitalières, 1070. — La question vinicole, 2458.
Fauré (P.). Théorie des proportions, 4000.
Fauvel (Alb. A.). Séricigènes de la Chine, 2524.
Fauvelle (Le D^r). La physico-chimie, 1593.
Favanne de Montcervelle. *Édit.* Desallier d'Argenville, Conchyliologie, 2042.
Favé (Le G^{al}). Rapport sur le projet Roudaire, 3708.
Favre (F.). Études sur l'exposition, 4033.
Favre (Mme Jules). Morale d'Aristote, 557.
Favre (J. C.). Engraissement des veaux, 2492.
Favrot (C.). Physique, 1395.
Fay (Le G^{al}). Souvenirs de la guerre de

Crimée, 3647. — Journal d'un officier de l'armée du Rhin, 3666.

FAYE (H.). *Trad.* Humboldt, Cosmos, 1622.

FÉDÉ (R.). *Edit.* Descartes, Méditations, 445.

FÉE (A. L. A.). Flore de Virgile, p. 281. — Instinct des animaux, 1919. — *Edit.* Code pharmaceutique, 3160.

FÉLIBIEN S' des Avaux (A.). Principes de l'architecture, 3768. — Statues et bustes antiques, 3978. — Vie des architectes, p. 608. — Mémoires pour l'hist. des maisons royales, 3990. — Entretiens sur les vies des peintres, p. 595.

Félicité (De la) publique, 963.

FÉRÉ (Ch.). Magnétisme animal, 1468. — *Edit.* Charcot, Œuvres, 2677.

FERMAT (P. de). Œuvres, 3211.

Fermes écoles (Les), 2213.

FERNANDEZ Y GONZALEZ (Mod.). La hacienda de nuestros abuelos, 985.

FERNEL (J.). Medicina, 2617-2621. — Consilia, 2618, 2619, 3055. — Therapeutices, 2618, 2619. — De abditis rerum causis, 2618, 2619, 3053.

FERRAN (J.). Inoculation contre le choléra, 2894.

FERRAN (R.). *Trad.* Leroy, Medicina curativa, 2825.

FERRAND (G.). Écoles supérieures, 842. — Réquisitions militaires, 3369.

FERRAZ. Étude sur la philosophie, 41. — Histoire de la philosophie, 42-44.

FERRUS (G.). Des aliénés, 2956.

FERRY. Paléontologie, 1959.

FERTÉ (H.). *Trad.* Programme des études de la Société de Jésus, 709.

FERTIAULT (F.). Notice sur Lavater, 2744.

FERUSSAC (Le Bon J. B. L. DAUDEBARD de). Hist. des mollusques, 2044, 2045. — Hist. des céphalopodes, 2046.

FÉTIS (P. J.). Biographie des musiciens, p. 626.

FEUILLET DE CONCHES (F.). Léop. Robert, p. 591.

FÉVRIER (Le P. J.). Immortalité de l'âme, 468.

FEZENSAC (R. E. Ph. J. de MONTESQUIOU, duc de). Souvenirs militaires, 3624.

FICHEUR (E.). Description de la Kabylie, 1703.

FICHTE (J. Th.). XI° discours à la nation allemande, 745.

FICINO (Mars.). *Trad.* Platonis opera, 108-111, 113. — *Trad.* Plotini Enneades, 120-122.

FIDIÈRE (Oct.). État civil des peintres, p. 588.

FIENUS (Th.). Apologia, 2710. — Simiotice, 2854.

FIGUIER (L.). Mystères de la science, 2947. — Hist. du merveilleux, 3733. — L'alchimie, 3752. — Merveilles de la science, 4163, 4164. — Merveilles de l'industrie, 4165. — Nouv. conquêtes de la science, 4166.

FILHOL (Ed.). Eaux minérales des Pyrénées, 1734. — Eaux de Bagnères, 1740.

FILHOS (Le D^r). Tumeur de l'utérus, 3095. — Cautérisation du col de l'utérus, 3095. — Coup d'œil sur les caustiques, 3095.

FIRMICUS (Jul.). Astronomica, 3409.

FISCH (A.). Photographie au charbon, 3977.

FISCHER (P.). Expéditions du Travailleur, 2058. — Mission au Mexique, p. 308.

FLAMANT (A.). Cours de construction, 4018.

FLAMICHON. Théorie de la terre, 1646.

FLAMMARION (Cam.). Astronomie populaire, 3427. — Les étoiles, 3428. — *Dir.* L'Astronomie, 3429.

FLANDIN (Ch.). Traité des poisons, 3049.

FLEMMING (Milcolomb). Dissertation sur le pouls, 2859.

FLEURY (Jul.). *Voy.* CHAMPFLEURY.

FLEURY-HERMAGIS. Excursions photographiques, 3975.
FLOQUET (Le D' Ch.). Droit médical, p. 384.
FLOURENS (P.). Instinct des animaux, 1918. — Système nerveux des animaux, 1926. — Longévité humaine, 2793.
FLUSSATIS CANDALLA. Voy. FOIX CANDALLE.
FOCILLON (Ad.). Dir. Revue de zoologie, 1907.
FODÉRÉ (F. E.). Traité du goitre, 2925.
FOÉ (Dan. de). Hist. du diable, 3725.
FOESIUS (An.) Trad. Hippocratis opera, 2590.
FOIX-CANDALLE (Fr.). Trad. Mercurii Trismegisti Pimandras, 106, 107. — Edit. Euclidis elementa, 3186.
FOLARD (Le Ch' J. Ch. de). Esprit, 3547.
FOLIN (Le M¹ˢ L. de). Les méléagrinicoles, 2053. — Le genre Meioceras, 2054. — Monographie des Cœcidæ, 2055. — Classification des Chemnitzidæ, 2056. — Exploration du Bibb, 3516. — Armement des cours d'eau, 3599.
FOLTZ (A.). Trad. Napier, Guerre dans la Péninsule, 3631.
FONCIN (P.). L'alliance française, 842.
FONSECA (P. a). Institutiones dialecticæ, 357-365, 425. — Comment. in Aristotelis metaphysicam, 425-428.
FONSSAGRIVES (Le D' J. B.). Dict. de la santé, 2798.
FONTALARD (J.F.). Trad. Valerius, Principes d'agriculture, 2187.
FONTAN (J. P. A.). Recherches sur les eaux minérales, 1731.
FONTANEILLES (F. Ph.). Trad. Dandolo. Art d'élever les vers à soie, 2519.
FONTENELLE (Bern. LE BOUYER de). Pluralité des mondes, 3445. — Géométrie de l'infini, p. 504.
FONVIELLE (W. de). Astronomie, 3425. — Drames de la science, 3483.

FORCRAND (R. de). Encyclopédie chimique, 1527.
FOREST (A.). Question du reboisement, 2393.
FOREST-DUCHESNE (Nic.). Dissertationes, 1478.
FORESTUS (P.). Observationes, 2628.
FORGES (Le C'ᵉ de). Intérêts de la patrie, 686.
FORGUE (L. Ch.). Le mal de l'époque, 880.
FORGUES (Eug.). Gavarni, 3878.
FORMEY (J. H. S.). Mélanges, 58.
FORT (Le D' J. A.). Difformités des doigts, 3106.
FOUCART (Le D'). Emploi du caustique, 3096.
FOUCHER (L.). Encyclopédie d'hygiène, 2770.
FOUGEROUX DE BONDAROY. Encyclopédie méthodique, 2072.
FOUILLÉE (Alfr.). Hist. de la philosophie, 45. — Philosophie de Platon, 118, 119. — Philosophie de Socrate, 149. — Avenir de la métaphysique, 419. — Liberté et déterminisme, 458. — Évolutionisme des idées forces, 528. — Critique des systèmes de morale, 538. — Science sociale, 1015. — La propriété sociale, 1018.
FOUQUÉ (F.). Tremblements de terre, 1451. — Santorin, 1707.
FOUQUET (G.). Fumiers, 2329.
FOUQUET (H.). Essai sur le pouls, 2859.
FOURCROY (A. F.). Philosophie chimique, 1499.
FOURÈS (R.). Sténographie, 842.
FOURIER (J. B. J.). OEuvres, 3210.
FOURNENC (J.). Philosophiæ synopsis, 202.
FOURNIER (Le P. G.). Hydrographie, 3503.
FOURNIER (S. P.). Substances alimentaires, 2789.
FOVILLE (Alfr. de). Enquête sur l'habitation, 961.

Foyot (L.). Dict. des finances, 1208.
Fragment de l'Examen du Prince, 953.
Fragmenta philosophorum græcorum, 66.
FRAMBESARIUS. *Voy.* FRAMBOISIÈRE.
FRAMBOISIÈRE (N. Abr. de la). Scholæ medicæ, 2635, 2636. — Œuvres, 2636. — Anatomie, 3087. — Canons de la chirurgie, 3087. — Vertus de l'âme chrétienne, 3087.
FRANCK (Ad.). La Kabbale, 54. — Essais de critique, 319. — *Dir.* Dict. des sciences philosophiques, 29, 30.
FRANCLIEU (Le Mis de). Production du blé, 2380.
FRANCŒUR (L. B.). Géodésie, 3335, 3336. — Statique, 3377. — Uranographie, 3418.
FRANÇOIS (A. W.). Jacob de Barbari, 3858.
FRANÇOIS (Le Frère). Jardinier solitaire, 2530-2532.
FRANÇOIS. Rapport, 2882.
FRASSEN (P. Cl.). Philosophia, 225, 226.
FRÉBAULT (Le Dr A.). Système atomique, 1510.
FRÉDÉRIC II.Esprit du chev.Folard,3547.
FREMY (E.). Chimie, 1522, 1523. — *Dir.* Encyclopédie chimique, 1527.
FRÈRE-ORBAN (H. J. W.). La révision en Belgique, 904.
FRESNEL (Aug.). Œuvres, 1491.
FRESNEL (L.). *Edit.* Fresnel, Œuvres, 1491.
FREY (A.). Manuel de typographie, 3766.
FREY DES LANDRES (J. R.). *Trad.* Hirzel, Socrate rustique, 2184.

FREYCINET (Ch. de). Assainissement industriel, 2760. — Principes de l'assainissement, 2761.
FREYCINET (L. de). Voyage autour du monde, p. 210.
FREZALS (G.de).Coursesau taurcau,4221.
FRIEDEL (C.). Théorie atomique, 1495. — *Edit.* Wurtz, Dict. de chimie, 1504.
FRIGILLANUS (Math.). Argumentum, 81, 82.
FRISI (P.). De gravitate corporum,1415.
FRITACH (A.). Architecture militaire, 3580.
FROMENTEL (Le D^r Ed. de). Paléontologie, 1959.
FRONTIN. Aqueducs de Rome, 2589. — Stratagemata, 3537.
FROSSARD (Ch. L.). Note sur une grotte, 1974.
FROSSARD (Em.). Guide du géologue, 1684. — Voyage géologique, 1692. — Tableau des Pyrénées, 1712. — Note sur une grotte, 1974. — Vues des Pyrénées, 3961.
FRUGERET (Cl.). *Comment.* Aristotelis logica, 333.
FUCHS (Edm.). Encyclopédie chimique, 1527.
FUCHS (K.). Les volcans, 1716.
FUCHSIUS (L.). De medicamentorum ratione, 2554, 2555. — Methodus, 2554, 2555. — *Trad.* Galeni de sanguinis missione, 2581.
FULBERT (W.). Fantaisies, 4110.
Funérailles du Bon de Triqueti, p. 592.

G

GACON-DUFOUR (Mme). Économie rurale, 2147.
GADEAU DE KERVILLE (H.). Les animaux lumineux, 1936.

GAIL (J. B.). *Trad.* Xénophon, Traité de la chasse, 4227.
Galeries hist. de Versailles, 3923.
GALIANI (L'abbé Ferd.). Dialogues, 1030.

GALIEN (Cl.). De usu partium corporis humani, 2577, 2580. — De renum affectus agnitione, 2578. — De curandi ratione, 2578, 2581. — De temperamentis, 2579. — Opera, 2582, 2583. — Comment. in aphorismos Hippocratis, 2594, 2595. — De differentiis febrium, p. 386.
GALILÉE. Mécaniques, 3194.
GALIMARD (Aug.). Aubry Lecomte, p. 589.
GALISSART DE MARIGNAC (E.). Pneumonie lobaire, 2978.
GALL (F. J.). Fonctions du cerveau, 2697. — Origine des qualités morales, 2697. — Organe des qualités morales, 2697. — Influence du cerveau, 2697. — Organologie, 2697. — Revue de quelques ouvrages, 2697.
GALLIARD (L.). Orphelinat de l'enseignement, 842.
GALLUTIUS (Tarq.). Comment. in Aristotelem, 549.
GALLUZZI. Voy. GALLUTIUS.
GALUSKY (Ch.). Trad. Humboldt, Cosmos, 1622.
GANDERAX (Ch.). Recherches sur les eaux de Bagnères, 3037.
GANILH (Ch.). Économie politique, 968.
GARBO (Th. de). De reductione medicinarum, 3005.
GARELLA (Nap.). Bassin houiller de Graissessac, 1786.
GARIEL (Ch. M.). Encyclopédie d'hygiène, 2770.
GARIOPONTUS. Remediorum praxis, 2612.
GARNAUD (A.). Études d'architecture, 4030.
GARNIER (Ad.). Psychologie et phrénologie comparées, 445. — La morale dans l'antiquité, 535. — Edit. Cousin, Du vrai, du beau, du bien, 24.
GARNIER (Ch.). Siège de Gaete, 3649.
GARNIER (Ed.). Porcelaine de Sèvres, 4198. — Dict. de la céramique, 4202. — Hist. de la verrerie, 4206.

GARNIER (F.). Art du fontenier, 3393.
GARNIER (J. J.). Éducation civile, 725.
GARNIER (Jos.). Économie politique, 978. — Traité des finances, 1217. — Notice sur l'intérêt, 3249.
GARNIER (Le Dr). Encyclopédie chimique, 1527.
GARNOT. Voyage autour du monde, p. 292.
GARRAU (Le Dr). Trois mois d'hiver à Alger, 3001.
GARRIGOU (Le Dr F.). Alluvions quaternaires, 1687. — Géologie d'Ax, 1688. — Caverne du Mas-d'Azil, 1689. — Époque glaciaire à Tarascon, 1690. — Niveau des cavernes, 1691. — Théorie des eaux sulfureuses, 1737. — Cauterets, 1757. — Ophites des Pyrénées, 1797. — Ossements cassés, 1961, 1971. — Crânes de Lombrives, 1966. — Age de la pierre polie, 1968. — Age du bronze, 1969. — Age du renne, 1970. — L'anthropophagie, 1971. — Age de l'ours, 1972. — Valeur des eaux minérales, 3033.
GASPARIN (Le Cte A. E. P. de). Cours d'agriculture, 2171. — Guide des propriétaires, 2197, 2202.
GASPARIN (Le Cte Ag.). Le bonheur, 692. — Liberté morale, 693. — Pensées de liberté, 694. — Du surnaturel, 3747.
GASSENDI (P.). Exercitationes adversus Aristotelem, 88. — Animadversiones in Diog. Laertium, 103. — De vita Epicuri, 562. — Romanum calendarium, 3484. — Notitia ecclesiæ Diniensis, 3484.
GASSION (Jac.). Analysis politica, 883.
GASTÉ (Arm.). Collections de Verrès, 4079.
GASTINEL (A.). Égouts de Paris, 2775.
GASTON PHÉBUS. La chasse, 4228.
GATIEN-ARNOULT (Ad. F.). Hist. de la philosophie, 20. — Cours de philosophie, 60. — Hist. de la littérature, 60.
GATTEAUX (E.). Galerie de Fontaine-

bleau, 3920. — *Edit.* Poussin, Travaux d'Hercule, 3917.

GAUDANUS (Th.). *Trad.* Galien, De curandi ratione, 2578.

GAUDICHAUD (Ch.). Voyage autour du monde, p. 280.

GAUDIN. Encyclopédie chimique, 1527.

GAUDRY (L.). Arboriculture, 2391.

GAUFRÈS (J.). Claude Baduel, 805.

GAULDRÉE-BOILLEAU (Ad.). Administration militaire, 3566.

GAULLARD. Lettre sur l'inoculation, 3017.

GAULT DE SAINT GERMAIN. Guide des amateurs, 3896.

GAULTIER (L'abbé J. B.). Pope convaincu d'impiété, 1482.

GAUME (Mgr J. Jos.). Où en sommes-nous, 879.

GAUMET (F.). Topographie, 3339.

GAUTERON (Mme). *Trad.* Ewald, Conseils maternels, 2193.

GAUTHIEZ (P.). Prud'hon, 3878.

GAUTIER (A.). Encyclopédie d'hygiène, 2770.

GAUTIER (H.). Bibliothèque des philosophes, 14.

GAUTIER (Th.). Beaux-Arts en Europe, 3787. — L'Album, 3953.

GAUTIER fils (Th.). *Trad.* Schoenhals, Campagnes d'Italie, 3640.

GAVARD (Ch.). Galeries de Versailles, 3922.

GAYET (Al.). Art arabe, 3851. — Art persan, 3854.

GAYFFIER (Eug. de). Herbier forestier, 1894.

GAYFFIER (J. de). Manuel des ponts et chaussées, 3678.

GAYOT (Eug.). France chevaline, 2482. — Achat du cheval, 2487. — Le bétail gras, 2499. — Poules et œufs, 2510. — *Edit.* Encyclopédie de l'agriculture, 2088.

GAZA (Th.). De mensibus, 3411. — *Trad.* Aristotelis Problemata, 2708. — *Trad.* Aristotelis Historia animalium, 2708. — *Trad.* Alexandri Aphrodisici problemata, 2708. — *Trad.* Ciceronis de senectute, 93.

Gazette des architectes, 4032.

Gazette médicale, 3077.

GAZIER (A.). Ph. de Champaigne, 3878.

GAZIUS (Ant.). De medicamentorum genere, 2585.

GEBELIN (Jacq.) Hist. des milices, 3567.

GELÉE (Th.). Anatomie, 2683.

GEMINUS. Opera, 3411.

GEMMA Frisius. Arithmetica, 3225, 3226. — De astrolabo, 3474.

GENIEYS (R.). Recueil de tables, 3677.

GENLIS (Mme de). Adèle et Théodore, 727.

GENOUDE (A. Eug.). *Edit.* Malebranche, OEuvres, 450.

GENTIL. Le jardinier solitaire, 2530-2532.

GENTILIS Fulginas. De proportionibus medicinarum, 3005.

GEOFFROY (Et. Fr.). Vertus de l'eau, 3011. — Matière médicale, 3013.

GEOFFROY (Et. L.). Hist. des insectes, 2037.

GEOFFROY SAINT HILAIRE (Et.). Philosophie zoologique, 1917.

GEOFFROY SAINT HILAIRE (Is.) Domestication des animaux, 1905. — Catalogue du Muséum, 1956. — Anomalies de l'organisation, 2066.

Géométrie de l'ingénieur, 3295.

GEORGES (F.). Semailles en ligne, 2369.

GEORGES de Trébizonde. *Voy.* TRAPEZUNTIUS.

GEORGIUS Alexandrinus. Voces de re rustica, 2100-2102.

GERANDO (Le Bon J. M. de). Systèmes de philosophie, 33. — De la bienfaisance, 1063.

GÉRARD (Aug.). *Trad.* Burckhardt. Le Cicerone, 4083, 4084.

GÉRARD (Fr.). Règne végétal, 1848.

GÉRARD (P.). *Trad.* Sully, Le pessimisme, 316.
GERAULT DE LANGALERIE (G. de). Enseignement topographique, 3340.
GERDIL (Le P. H. S.) Immatérialité de l'âme, 478. — Discours sur l'homme, 483.
GERDY (P. N.). Des polypes, 2927.
GERHARDT (Ch.). Chimie, 1521. — *Edit.* Liebig, Traité de chimie, 1519. — *Trad.* Liebig, Chimie organique, 1548-1550. — *Trad.* Liebig, Lettres sur la chimie, 1551, 1552.
GERMAIN (Cl.). Orthodoxe, 3006.
GERMAIN, de Saint Pierre (E.). Guide du botaniste, 1810.
GERMANICUS Cæsar. *Trad.* Arati phænomena, 3409.
GERMONT (Le D'). *Trad.* Maudsley, Pathologie de l'esprit, 2940.
GERONO (C. Chr.). Trigonométrie, 3349.
GERSPACH (E.). Tapisseries coptes, 3971. — Les Gobelins, 3972. — La mosaïque, 4055. — Anciennes faïenceries, 4199. — Art de la verrerie, 4204.
GERVAIS (J. A.). La vinification, 2411.
GERVAIS (P.). Zoologie, 1950.
GERVAISE. Conjuration contre Descartes, 473.
GESLIN (Ph. de). Cours d'harmonie, 4122.
GESNERUS (Conr.). Historia animalium, 1947. — *Trad.* Elien, De natura animalium, 1939.
GESNERUS (J. Math.). *Edit.* Scriptores rei rusticæ, 2109.
GIEBEL. *Edit.* Burmeister, Histoire de la création, 1594.
GIGOT. Institutiones philosophicæ, 261, 262.
GIGOT-SUARD (Le D' L.). Eaux de Cauterets, 1754. — Des climats, 2995.
GILARDIN (Alph.). Systèmes de psychologie, 525.
GILBERT (D. L.). *Edit.* La Rochefoucauld, OEuvres, 596.

GILBERT (Fr. Hil.). Prairies artificielles, 2366.
GILBERT (Guill.). De magnete, 1455.
GILIBERT (J. Emm.). *Edit.* Rozier, Démonstrations de botanique, 1807.
GILLES DE LA TOURETTE. *Edit.* Charcot, OEuvres, 2677. — *Edit.* Sœur Jeanne des Anges, 3743.
GILLET DE GRANDMONT (Le D'). Berlin, 2773.
GIMENO (Le D' A.). Inoculation contre le choléra, 2894.
GINGUENÉ (P. L.). Notice sur Piccinni, p. 625.
GIOT aîné. La poule, 2508.
GIRARD (A. Ch.). Les engrais, 2338.
GIRARD (Ch.). Encyclopédie chimique, 1527.
GIRARD (J.). La chambre noire, 1420.
GIRARD (Maur.). Conférences, 798. — Vignobles des Charentes, 2450.
GIRARD (P.). Peinture antique, 3893.
GIRARD (P. S.). Distribution des eaux de l'Ourcq, 3392.
GIRARDIN (J.). Chimie, 1568. — Agriculture, 2085. — Des fumiers, 2312.
GIRAUD (Ch.). Économie rurale, 2253. — Études ornithologiques, 2253. — *Edit.* Rei agrariæ scriptores, 2110.
GIRAUD-SOULAVIE (L'abbé). Hist. naturelle, 1626.
GIRAUDEAU de Saint Gervais (Le D' J.). Maladies syphilitiques, 2922.
GLAIZE (P.). *Edit.* Passy, Leçons d'économie politique, 976.
GLAREANUS (H. Lor.). De ratione syllabarum, 331. — *Edit.* Boetii arithmetica, 92.
GLAUBER (Joh. Rud.). Vera ac perfecta descriptio, 3748. — De natura salium, 3748. — De signatura salium, 3748. — Arca thesauris opulenta, 3748. — Apologia, 3748. — Libellus dialogorum, 3748.

GLINKA (M. J.). Das Leben für den Czar, 4155.
GLOS (de). Observ. astronomiques, 3466.
GLOTIN (P.). Navires des anciens, 3512.
GLUCK. Album de l'exposition, 1189.
Gnomonique universelle, 3487.
GOBAT. Exposition de 1889, 849.
GOBET. *Edit.* Palissy, Œuvres, 2140.
GOBINEAU (Le Cte de). Inégalité des races humaines, 1991.
GOCLENIUS (Rod.). Lexicon philosophicum, 13. — Physica, 1327.
GODARD (L'abbé L.). Principes de 89, 877.
GODEFROY (D.). Loci communes, 142.
GODEFROY (J.). Économie rurale, 2279.
GODEFROY (L.). Encyclopédie chimique, 1527.
GŒPP (Ed.). Bibliothèques scolaires, 842.
GOESIUS (W.). *Edit.* Rei agrariæ auctores, 2108.
GOLEFER (de). *Trad.* Bacon, Dignité des sciences, 2.
GOMART (Ch.). Culture du lin, 2465.
GOMBERVILLE (Mar. LE ROY de). Doctrine des mœurs, 654.
GOMES (Is.). Arithmétique, 3237.
GOMOT (H.). Marilhat, 3870.
GONCOURT (Edm. de). L'art du 18e siècle, 3821.
GONCOURT (J. de). L'art du 18e siècle, 3821.
GONSE (L.). Art japonais, 3839.
GONTIER (P.). *Voy.* GUINTERIUS.
GORDON (Le Dr Rich.). *Trad.* Darwin, Mouvements des plantes, 1896.
GORGES (Ed.). Revue de l'exposition, 1151.
GORGES (J. M.). La dette publique, 1209.
GORRÆUS (P.). Formulæ remediorum, 3005.
GORRIZ Y MUÑOZ (Ric. J.). Los extractos jarabes, 3163.

GORSE (A.). Le dessin et l'art de voir, 3890.
GORSSE (E. de). Forêts des Pyrénées, 2405.
GORTER (Dav. de). Materies medica, 3014.
GORTER (J. de). Medicinæ compendium, 2562. — De perspiratione, 2813. — Medicina dogmatica, 3068. — Opuscula, 3068. — Chirurgia, 3089.
GOSSELIN. *Trad.* Jones, Journaux des sièges, 3628.
GOSSELIN (F. Th.). Effets de la poudre, 3605.
GOSSIN (L.). Réunion territoriale, 2194. — Agriculture française, 2242. — Manuel d'agriculture, 2269.
GOTHOFREDUS. *Voy.* GODEFROY.
GOUBAREFF (Dém.). Rénovation sociale, 875. — Le socialisme, 1023.
GOURDAULT (J.). *Edit.* La Rochefoucauld, Œuvres, 596.
GOUDIN (P. F. Ant.). Philosophia, 227, 228.
GOUGEARD (Aug.). Arsenaux de la marine, 3517.
GOUJET (L'abbé C. P.). Vie de A. de Courtin, 670.
GOULHOT DE SAINT GERMAIN (de). La prostitution, 1057.
GOUPYL (Jac.). *Annot.* Pauli Ægynetæ opera, 2576.
GOURCY (Le Cte Conr. de). Voyage agricole, 2241.
GOURDON (Maur.). Note sur le lias, 1696.
GOUREAU (Le C^{el}). Recherches sur les insectes, p. 306.
GOURIET (Ed.). Vie d'Amussat, 3095.
GOUSSIER (L. Jacq.). Physique, 1405.
Gouvernement (Du) des mœurs, 610.
GRACIAN (Balt.). L'homme détrompé, 635. — Le héros, 636.
GRAMONT (Le Cte Arn. de). Action de l'aldéhyde, 1575. — Spectre du soufre, 1669. — Spectres de minéraux, 1669. — Spectres du sélénium, 1669.

— Lias de la H¹⁰-Garonne, 1696. — Expériences de double réfraction, 1801. — Production de la boracite, 1802, 1803. — Analyse spectrale des minéraux, 1805.

Grand (Le) trictrac, 4230, 4231.

GRANDEAU (L.). Stations agronomiques, 2210. — Études agronomiques, 2219. — Notice sur Gratiolet, 2751.

Grandeur (La) d'âme, 671.

GRANDIDIER (Ern.). Céramique chinoise, 4203.

GRANDVOINNET (J. Alex.). Récoltes dérobées, 2369. — Établissement des porcheries, 2511. — *Trad.* Du traitement des porcs, 2498.

GRANGES DE RANCY (Edm. de). Comptabilité agricole, 2196.

GRANGES DE SURGÈRES (Le M¹ˢ de). Artistes français, 3857.

GRANIÉ (F.). Crédit foncier rural, 1274.

GRATAROLI (Gul.). De literatorum valetudine, 2777.

GRATET DUPLESSIS. *Voy.* DUPLESSIS.

GRATIOLET (P.). De la physionomie, 2751.

GRATIUS FALISCUS. Cynegeticon, 4224.

GRATRY (A.). Connaissance de Dieu, 292. — Logique, 400.

GRAVESANDE (G. J.' S.). Physices elementa, 1483.

Gravures sur bois du xvᵉ siècle, 3955.

GRAY (John). Electrical machines, 3388.

GRÉARD (Oct.). Morale de Plutarque, 568. — Éducation des femmes, 765. — Éducation et instruction, 766. — Enseignement à Paris, 797. — Législation de l'enseignement, 847.

GREFF (Mich.). L'école et la ferme, 2201.

GRÉGOIRE (Gasp.). Théorie des couleurs, 1407.

GREGORIUS (Mart.). *Edit.* Galeni de usu partium corporis, 2580.

GREGORIUS (Petr.) De republica, 887.

GRÉHANT (N.). Poisons de l'air, 2771.

GREMILLIET (J. J.). Problèmes, 3241.

GRENAILLE, Sʳ de Chateaunières (de). *Trad.* Pétrarque, Le sage résolu, 678, 679.

GRESLOU (J.). Recherches sur la céramique, 4189.

GRÉTRY (A. E. M.). Mémoires sur la musique, 4100.

GRIENBERGER (Chr.). Catalogus, 3490.

GRIESSELICH (Le Dʳ). Manuel homéopathique, 2841.

GRIFFET DE LA BAUME (A. G.). *Trad.* Recueil de mémoires, 1062.

GRIMAUX (Ed.). Introduction à la chimie, 1507.

GRIMOARD (Le Cᵗᵉ Ph. H.). Histoire de Turenne, 3615.

GRISEBACH (A.). Végétation du globe, 1827.

Gros. Exercices d'arithmétique, 3247.

GROS-CLAUDE (A.). *Trad.* Buchner, Force et matière, 302.

GROS DE BESPLAS (L'abbé). Causes du bonheur, 915.

GROS DE PERRODIL. Résistance des voûtes, 3373.

GROTIUS (Hugo). De imperio circa sacra, 940.

GROUCHIUS (Nic.). *Edit.* Aristotelis de natura, 81, 82. — *Edit.* Aristotelis de ortu et interitu, 81, 82. — *Edit.* Aristotelis de animo, 81, 82. — *Edit.* Aristotelis parva naturalia, 81, 82. — *Edit.* Aristotelis meteorologica, 82. — *Edit.* Aristotelis de cælo, 82. — *Trad.* Aristotelis de demonstratione, 333, 334. — *Trad.* Aristotelis de reprehensionibus sophistarum, 333, 334.

GROUCHY (Mᵐᵉ S. de). *Voy.* CONDORCET.

GROUSSEAU (G. de). Manuel des comices, 2234.

GROVE. Le Spectateur, 637.

GROZELLIER (Le P. Nic.). Observ. sur la physique, 1331.

Gruchius (Nic.). *Voy.* Grouchius.
Grubier (Ch.). Exposition d'Amsterdam, 1179.
Gruner (L.). Encyclopédie chimique, 1527. — Dédoublement de l'oxide de carbone, 1538.
Gruterus (Jan.). Animadv. in Senecæ opera, 137, 147. — *Édit.* Senecæ opera, 136, 142. — *Édit.* Publii Syri sententiæ, 142.
Gruyer (Gust.). Bart. della Porta, 3878.
Grynæus (Sim.). *Édit.* Platonis opera, 108, 109. — *Préf.* Euclidis elementa, 3182.
Guadet (J.). Notice sur Azaïs, 272.
Guaita (F. de). *Introd.* Rarey, Art de dompter les chevaux, 2485.
Gubler (Le D' Ad.). Matière médicale des Chinois, 3025.
Guenebault (L. J.). Dict. iconographique, 3774.
Guenon (F.). Vaches laitières, 2496, 2497.
Guénot (L'abbé). *Trad.* Schlegel, Philosophie de la vie, 282.
Guérard (B. E. Ch.). Capitulaire de villis, 2198.
Guérin (Le D' J.). OEuvres, 2676. — Étiologie des pieds bots, 3100. — *Dir.* Gazette médicale, 3077.
Guérin-Méneville (F. E.). Revue de zoologie, 1907.
Guerre (La) franco-allemande, 3656.
Guers (J. Ant.). Telliamed, 1639.
Gueymard (Em.). Analyses chimiques, 1535.
Gueyton (Al.). L'art dans l'armurerie, 4170.
Guichard (J. Mar.). *Introd.* Théophile, Essai, 3773.
Guidalotti (Diom.). Comment. in Nemesianum, 4224.
Guide des écoles primaires, 778, 779.
Guide des mathématiciens, 3220.

Guidon (Joan.). De temporis animadversione, 3224.
Guiffrey (J. J.). Hist. de la tapisserie, 3964. — Note sur une tapisserie, 3965. — Origines de la tapisserie, 3968. — Destruction des tentures, 3969. — Tapisserie en France, 3970. — Famille de Jean Cousin, p. 590. — *Édit.* Scellés d'artistes, 3779. — *Édit.* Ballot de Sovot, Éloge de Lancret, 3867. — *Édit.* Dupont, Stromatourgie, 3966. — *Édit.* Comptes des bâtiments, p. 610. — *Édit.* Inventaire du mobilier, 4059. — *Édit.* Inventaires de Jean, duc de Berry, 4086.
Guignard. Pathologie, 2837.
Guignet (Ch. Er.). Encyclopédie chimique, 1527.
Guillard (Ach.). Statistique humaine, 1038.
Guillaume (Eug.). Enseignement du dessin, 842. — Études d'art, 3847. — *Introd.* Massarani, Théorie des arts, 3837.
Guillaume (J.). *Édit.* Procès-verbaux du comité d'instruction, 844, 845.
Guillaumin (Urb. Gilb.). Dict. de l'économie politique, 955.
Guillemin (Am.). La lune, 3449.
Guillemin (Aug.). Assurances agricoles, 2214.
Guillemin (J. A.). Annales des sciences naturelles, 1584.
Guillet. Arts de l'homme d'épée, 3539.
Guillon (E.). Lakanal, 820.
Guillory aîné. Canal de Monsieur, 1312. — M. de Turbilly, 2203. — Mélanges d'agriculture, 2215. — Congrès de vignerons, 2421. — Vignes rouges, 2422. — Calendrier du vigneron, 2440. — Vins alimentaires, 2441.
Guinon (Georg.). *Édit.* Charcot, OEuvres, 2677. — *Édit.* Charcot, Maladies du système nerveux, 2679.

Guinterius (Joan.). *Trad.* Pauli Ægynetæ de re medica, 2575, 2576.
Guittet (F.). Chimie agricole, 1565.
Guizot (F.). Méditations, 690. — Gouvernement de la France, 917. — Démocratie en France, 920. — Études sur les B.-Arts, 3782. — Lettre, 3793.
Guntz. Encyclopédie chimique, 1527.
Guyau (M. J.). Irréligion de l'avenir, 326. — Morale d'Épicure, 563. — Éducation et hérédité, 631. — Morale sans obligation, 632. — L'art au point de vue sociologique, 3848.
Guyétand (Le D'). L'âge de retour, 2796.
Guynaud. Concordance des prophéties, 3757.
Guyon (F.). Progrès de la chirurgie, p. 470.
Guyon (L.). Cours de médecine, 2647.
Guyot (Le D' J.). Viticulture, 2424-2429. — Étude des vignobles, 2430.
Guyot (Yves). Principes de 89, 882. — Science économique, 992. — Suppression des octrois, 1225.
Gyllius (P.). De nominibus piscium, 1938. — *Trad.* Élien, De natura animalium, 1938, 1939.

H

Haas (J. L.). Mémorial du médecin, 2842.
Hachette (J. L. N.). Géométrie, 3305. — Traité des machines, 3383. — *Edit.* Monge, Statique, 3376.
Hackel (Ed.). Monographiæ phanerogamarum, 1843.
Haeckel (Ern.). Psychologie, 519. — Anthropogénie, 1982. — Règne des protistes, 2061.
Haeghens (J.). Annuaire météorologique, 1430-1433.
Haen (Ant. de). Vindiciæ, 2670.
Hahn (Gottf.). *Trad.* Bennet, Mentone, 1437.
Hahnemann (S.). Doctrine homéopathique, 2851.
Hale (Th.). Économie rustique, 1034. — Gentilhomme cultivateur, 2137.
Hallé (J. N.). Code pharmaceutique, 3160.
Haller (Alb. v.). Physiologia, 2716, 2717. — *Edit.* Boerhaave, Methodus studii medici, 2561. — *Edit.* Boerhaave, Prælectiones, 2657. - *Préf.* Historia morborum, 2812.
Hamel (E.). Dissertation sur Hésiode, 2120.
Hamellius (Pasch.). Comment. in Archimedem, 3286. — Perspectiva, 3490.
Hamerton (Ph. Gilb.). Turner, 3878.
Hamy (E. T.). Notice sur M. de Quatrefages, 1600. — Musée d'ethnographie, 1996. — *Dir.* L'anthropologie, 1967.
Hancocke (J.). Vertus de l'eau, 3011.
Hanfstangs (Fr.). Die Gemälde der Gallerie zu Dresden, 3926.
Hanriot (Ch.). *Dir.* Revue pédagogique, 756.
Hanus (P. A.). Manuel du charpentier, 4174.
Harder (J. J.). Apiarium, 2686.
Hardouin (Le P. J.). *Comment.* Plinii historia naturalis, 1612.
Hardy (J. A.). Taille des arbres, 2394.
Hardy de Perini. Tactique, 3579.
Hartmann (Ed. de). Philosophie de l'inconscient, 516.
Hartmann (Le D' Fr.). Thérapeutique, 2847.
Hartmann (R.). Peuples de l'Afrique, 1986. — Singes anthropoïdes, 2018.
Hartsen (F. A.). Logique, 404. — Esthétique, 404. — Psychologie, 507.

HAUCHECORNE. Anatomie philosophique, 2692.
HAURÉAU (B.). Philosophie scolastique, 36.
HAVARD (H.). Imagerie scolaire, 842. — Les Boulle, 3878. — Mich. Van Mierevelt, 3878. — Hist. de la peinture, 3900. — Art dans la maison, 4057. — Dict. de l'ameublement, 4062.
HAYEM (G.). *Dir.* Revue des sciences médicales, 3079.
HAYEM (Jul.). Réformes dans les écoles, 825.
HECKEL (Le D^r Ed.). *Trad.* Darwin, Effets de fécondation croisée, 1828. — *Trad.* Darwin, Différentes formes de fleurs, 1829. — *Trad.* Darwin, Faculté motrice dans les plantes, 1830.
HECQUET (Ph.). Dispenses du carême, 2783. — Observ. sur la saignée, 3008. — Vertus de l'eau, 3011.
HEER (Christ.). Speculum artis muniendi, 3581.
HEEREBOORD (Adr.). Meletemata philosophica, 215.
HEEREN (A. H. L.). Ideen über die Politik, 1235.
HEGEL (G. G. F.). Philosophie de la nature, 296. — Philosophie de l'esprit, 297. — Philosophie de la religion, 298. — Logique, 405. — Esthétique, 3814.
HEGENDORPHINUS (Christ.). Methodus conscribendi epistolas, 331.
HEIDE (Ant. de). Experimenta, 3061.
HEINSIUS (Dan.). Notæ ad Maximum Tyrium, 105. — *Trad.* Maximi Tyrii dissertationes, 105. — *Trad.* Andronici Rhodii ethicorum paraphrasis, 548.
HEISTER (Laur.). Compendium medicinæ, 2666. — Anatomie, 2690.
HÉLIE (G.). *Trad.* Woodberry, Journal, 3634.
HÉLIODORE. De natura animalium, 1938.

HELMHOLTZ (H.). Les glaciers, 1423. — L'optique, 3816. — Causes de l'harmonie, 4125.
HELVETIUS (J. Ad.). Traité des maladies, 3009, 3010.
HELVETIUS (J. C. A.). De l'esprit, 480-482.
HEMERY. Recueil de curiosités, 3165.
HÉMON (F.). Les auteurs français dans l'enseignement, 842.
HÉNARD (Eug.). Le palais des machines, 4046.
HENNEBERT (L'abbé J. B.). Du plaisir, 685.
HENNEQUIN (Em.). Critique scientifique, 3846.
HENNIQUE (P. A.). Les caboteurs, 3519.
HENRI (N. Et.). Code pharmaceutique, 3160.
HENRIET (Fr.). L'Album, 3953.
HENRION (D.). *Edit.* Euclide, Géométrie, 3188, 3190. — *Trad.* Hues, Traité des globes, 3477.
HENRIQUE (L.). Les colonies, p. 186.
HENRIVAUX (J.). Encyclopédie chimique, 1527.
HENRY (Ch.). *Edit.* Fermat, Œuvres, 3211. — *Edit.* Cochin, Mémoires, 3820.
HÉRAULD (Did.). Fragment de l'Examen du Prince, 953.
HERBETTE (L.). Services pénitentiaires, 1115. — Address, 1118. — Questions intéressant les mineurs, 1128. — Travail des détenus, 1131. — Congrès de St-Pétersbourg, 1134.
HEREDIA (P. M. de). Opera, 2646.
HERESBACH (Conr.). Libri rei rusticæ, 2124.
HÉRET (Le Dr L.). *Edit.* Chevallier, Dict. des altérations, 2800.
HÉRICART DE THURY (Le Vte). Produits de l'industrie, 1138.
HÉRICÉ. Colonie du Sénégal, 1279.
HÉRINCQ (F.). Le règne végétal, 1848.
HÉRING (Le Dr C.). Médecine homéopathique, 2852.

Hérisson (Le Cte d'). Journal d'un interprète, 3653.
Hermant (Ach.). La profession d'architecte, 4001.
Hermes. Centiloquium, 3410.
Hernandez (Fr. Garcia). Tratado de dolor colico, 2987. — Discurso de la generacion, 2987. — Discurso de la alma, 2987. — Carta publica, 2987.
Hernandez y Fajarnes (Dr Ant.). Estudios criticos, 524.
Héron d'Alexandrie. La chirobaliste, 3608.
Héron de Villefosse (A. M.). Richesse minérale, 1780.
Héron de Villefosse (F.). Crédit foncier, 1271, 1272.
Herran (V.). Emprestitos de Honduras, 1210.
Hervas y Panduro (Lor.). Escuela de sordo-mudos, 775.
Hervé (G.). Anthropologie, 2002.
Hervey Saint Denys (Le Bon L. d'). Agriculture des Chinois, 2285.
Heurnius (Joan.). Opera, 2645. —Annot. Fernelii medicina, 2620.
Heurnius (Oth.). Annot. Fernelii medicina, 2620.
Heurtier. L'émigration, 1037.
Heusden. Le Spectateur, 637.
Heuzé (G.). France agricole, 2256. — Matières fertilisantes, 2321. — Formule des fumures, 2330, 2331. — Edit. Heuzé, Notions sur l'agriculture, 2092.
Heuzé (L.). Établissements de bienfaisance, 1065.
Heuzé (Th. H.). Notions sur l'agriculture, 2092.
Hiard (G.). Essai sur l'anévrisme, 3111.
Hipparque. Libri ad Aratum, 3411.
Hippeau (C.). L'instruction aux États-Unis, 786. — L'instruction en Allemagne, 788.

Hippocrate. Juramentum, 2579. — De hominis structura, 2586. — Loci, 2588. — Opera, 2590, 2592, 2593. — Aphorismes, 2594-2599. — Prognostica, 2596, 2600. — Prorrhétiques, 2600. — Épidémies, 2601. — Traités, 2602-2605. — Prænotiones, 2610.
Hirn (G. A.). Théorie de la chaleur, 1488, 1490.
Hirsch (J.). Edit. Thurston, Machine à vapeur, 3387.
Hirschigius (R. B.). Edit. Platonis opera, 116.
Hirtz. Préf. Lahillonne, Fontaines de Cauterets, 1756.
Hirzel (J. Gasp.). Socrate rustique, 2184.
Histoire critique de la philosophie, 15.
Histoire de l'art, 3788.
Histoire de la conjuration contre Descartes, 473.
Histoire de la musique, 4099.
Histoire des ministres d'état, 947.
Histoire du canal du Languedoc, 3703.
Histoire du diable, 3725.
Histoire naturelle, 1614.
Histoire naturelle des oiseaux, 1618.
Historia morborum, 2812.
Historique des entreprises météorologiques, 1438.
Hobbes (Th.). Opera, 223, 224.
Hoefer (Le Dr Ferd.). Chimie enseignée par la biographie, 1503. — Dict. d'agriculture, 2086. — Trad. Berzelius, Traité de chimie, 1520.
Hoeschelius (Dav.). Edit. Andronici Rhodii de animi affectionibus, 548.
Hoffmann (Fred.). Opera, 2668, 2669. — Cure de la goutte, 2896. — Remèdes domestiques, 3011. — Vertus de l'eau, 3011.
Holbach (Le B^{on} d'). Le bon sens, 265. — Bon sens du curé Meslier, 266. — Trad. Hobbes, Œuvres, 224. — Trad. Wallerius, L'agriculture, 2139.

44.

— 694 —

Hollerius (Jac.). De morbis internis, 2627. — De materia chirurgica, 3080.
Homère plus gentil qu'Annibal, 3554.
Homme (L') considéré en lui-même, 479.
Horstius (J. Dan.). *Annot.* Riverii opera, 2640, 2641. — *Edit.* Zacchiæ, quæstiones medico-legales, 3043.
Hossard (Le L¹ C⁰¹). Mesure des bases, 3336.
Houdas (O.). *Trad.* L'alchimie arabe, 1512.
Houel (Ephr.). Élève du cheval, 2479.
Houel (J.). *Introd.* Schrön, Tables de logarithmes, 3346.
Houiller (J.). *Voy.* Hollerius.
Hourcastremé (P.). Essais, 3212.
Housel (Ch. P.). Géométrie, 3324.
Houssay (Fréd.). Industries des animaux, 1914.
Houssaye (Ars.). Hist. de la peinture, 3899.
Houssaye (H.). L'art français, 3834.
Houtlet (W.). *Trad.* Dana, Manuel du géologue, 1665.
Hovelacque (A.). L'homme préhistorique, 1980. — Anthropologie, 2002. — Nègres de l'Afrique, 2007.
Howard (J.). Hist. des lazarets, 1062.
Hoyle (Edm.). Règles du whist, 4232.
Huarte (J.). Examen des esprits, 2712.
Hues (Rob.). Traité des globes, 3477.
Huet (P. Dan.). Censura philosophiæ, 238.
Huet de Froberville (J. B.). Agriculture en Sologne, 2265.

Hugounenq. Pathologie, 2837.
Hugues. Le Spectateur, 637.
Hülf (L. J.). Calcul sans chiffres, 3239.
Hulot père. Art du tourneur, 4185.
Humbert (G.). *Trad.* Riemann, Dict. de musique, 4127.
Humboldt (Alex. de). Cosmos, 1622. — Gisement des roches, 1647. — Rapport, 1782.
Hume (Dav.). Essais sur l'entendement, 254. - Hist. de la religion, 255. — Dissertation sur les passions, 256. — Essais de morale, 257.
Hunziker (J.). *Annot.* Platonis dialogi, 116.
Hunziker. Exposition de 1889, 849.
Hureau de Livry (Le P. Th.). *Trad.* Muratori, Traité sur le bonheur, 962.
Huret (Ch.). *Trad.* Dugald Stewart, Essais sur les systèmes de Locke, 484.
Hurtado de Mendoza (P.). Disputationes, 173, 174.
Hustin (A.). Troyon, 3878.
Hutten (Ulr. de). Epistola, 328.
Huxley (Th. H.). Hume, 258. — L'écrevisse, 2036.
Huzard (J. B.). Expérience contre la morve, 2411. — Notice sur Prudent Le Choyselat, 2506.
Hyginus (C. J.). Poeticon astronomicon, p. 521.
Hyginus Gromaticus. De munitionibus castrorum, 3589.
Hypsicles. Comment. in Euclidis elementa, 3181, 3183. — Géométrie, 3188.

I

Ibn-Al-Awam. Livre de l'agriculture, 2175, 2178.
Iglesias (Dʳ Ferm. Hernandez). La beneficencia en España, 1081.
Imbert Delonnes (A. B.). Opération de sarcocèle, 3116.

Index Aristotelis operum, 86.
Informe sobre la beneficencia, 1082.
Institutio philosophica, 246.
Institution d'un prince, 936, 937.
Institutiones philosophicæ, 259, 261, 262, 268.

Institutions de physique, 1332.
Instruction de Mgr le Dauphin, 710.
Instruction familière aux cultivateurs, 2302.
Instruction pour l'exercice des troupes, 3573, 3574.
Instruction sur la fabrication du salpêtre, 1532.
Instruction sur l'art de séparer le cuivre, 4175.
Instruction sur le système des poids et mesures, 3349.
Instruction sur le système métrique, 3353.
Instruction sur les nouvelles mesures, 3350.
Instructions pour les gardes forestiers, 2385.
Intérêt général de l'état, 1052.
Introduction à la connaissance de l'esprit humain, 477.
Introduction à l'application de l'algèbre, 3294.
Inventaire de la pharmacie de l'hôpital de Metz, 3164.
Inventaire du mobilier de la couronne, 4059.
Inventaires de Jean, duc de Berry, 4086.
IPSICLÈS. Voy. HYPSICLES.
Irrigateur vésical, 3096.
Irrigations (Des), 2357.
ISAAC Judæus. De diætis, 2778.
ISNARD (J.). Le bien-être, 1078.
ISOARD. Trad. Babbage, Science des manufactures, 1238.
ISSALÈNE (Elie). Manuel des chemins de fer, 3555.
ISSAURAT (C.). La pédagogie, 764.
IZARN (Jos.). Manuel du galvanisme, 1460. — Pierres tombées du ciel, 1779.
IZQUIERDO (Seb.). Pharus scientiarum, 216.

J

JACCARD (A.). Le pétrole, 1670.
JACKSON (Jos.). Enchiridion medicum, 2660.
JACOB (N. H.). Anatomie, 2699.
JACOB (Le Bibliophile). Voy. LACROIX (Paul).
JACOTTET (J.). Souvenir des Pyrénées, 3962.
JACOULET (E.). Notice sur les écoles normales, 842.
JACQMIN (Alb.). Chemins de fer, 1310.
JACQUE (Ch.). Le poulailler, 2509.
JAQUEMART (A.). Merveilles de la céramique, 4190, 4191. — Histoire de la céramique, 4194.
JACQUES (Am.). Manuel de philosophie, 62, 63. — Préf. Clarke, Œuvres, 286.
JACQUIN (Et.). Application de la rélégation, 1130.
JACQUOT (Aug.). Trad. Büchner, Conférence sur la théorie Darwinienne, 1593.
JACQUOT (E.). Description géol. du Gers, 1678. — Carte géol. du Gers, 1678. — Eaux minérales, 1735. — Études géol. sur le bassin de la Sarre, 1788.
JAEGLÉ (E.). Trad. de Moltke, Guerre de 1870, 3668.
JAHR (Le Dr G. H. G.). Maladies de la peau, 2843. — Affections nerveuses, 2844. — Manuel de médecine, 2845.
JAILLANT (J.). Statistiques des prisons, 1110.
JAL (A.). Glossaire nautique, 3508.
JALLABERT (J.). Expériences sur l'électricité, 1456.
JALLIFIER (R.). Conseil supérieur de l'Instruction publique, 842.
JAMES (Le Dr Constantin). Guide aux eaux minérales, 1728.

— 696 —

JAMES (Rob.). Dict. de médecine, 2560. — Observ. sur la goutte, 2896.
JAMET (Em.). Cours d'agriculture, 2159. — Notice sur les chaulages, 2159.
JAMIN (J.). Physique, 1402.
JANET (Paul). Philosophie contemporaine, 46. — Hist. de la philosophie, 52. — Philosophie de Lamennais, 285. — Cousin et son œuvre, 291. — Matérialisme, 309. — Causes finales, 461. — La morale, 629. — Hist. de la science politique, 856. — Philosophie de la Révolution, 896. — *Trad.* Spinoza, Dieu, l'homme et la béatitude, 517.
JANIN (Jules). Galeries de Versailles, 3922, 3923.
JANSEN (H. J.). *Trad.* Pfeiffer, Hist. du charbon de terre, 1778.
JANVIER. Manuel du mécanicien fontenier, 4176.
Jardinier (Le) solitaire, 2530-2532.
JARRAS (Le G^{al}). Souvenirs, 3667.
JAUBERT (Le Cte). Illustrationes plantarum orient., 1877.
JAUFFRET (P.). Fabrication des engrais, 2308.
JAVELLO (Chrysost.). Epitome in moralem Aristotelis, 551, 552.
JEAN. L'agriculture enseignée par la grammaire, 2089.
JEAN CHRYSOSTOME (S^t). De oratione, 68.
JEANNEL (Ch.). Petit Jean, 737.
JEUDY (R.). De l'éducation, 750.
JEVONS (W. Stanley). La monnaie, 1228.
JOANNES Papa XXI. Summulæ, 382.
JOANNIS. Encyclopédie chimique, 1527.
JOHNSON. *Annot.* Poetæ rei venaticæ, 4224.
JOHNSTON (James F. W.). Catéchisme de chimie, 1553.
JOIGNEAUX (P.). Chimie, 1558. — École d'agriculture, 2093. — Entretiens sur la vie des champs, 2095. — Causeries, 2176. — Traité des amendements, 2314.
— Les champs et les prés, 2370. — Légumes et fruits, 2547.
JOINVILLE (Le prince de). Essai sur la marine, 3510.
JOLY (A.). Encyclopédie chimique, 1527.
JOLY (H.). L'instinct, 506. — Le crime, 1039. — France criminelle, 1060.
JOLY (N.). L'homme avant les métaux, 1985.
JOLY DE MAIZEROY. Machines de jet, 3550. — Le feu grégeois, 3550. — *Trad.* Léon le philosophe, Institutions, 3550.
JOLYCLERC (N.). Phytologie, 1847. — *Edit.* Tournefort, Éléments de botanique, 1839.
JOMINI (Le Gal H.). Guerres de la Révolution, 3618.
JOMINI (L. J.). *Trad.* Schatzmann, Manuel des fromageries, 2502.
JONES (John T.). Journaux des sièges, 3628.
JONGHE (J. de). Culture du camélia, 2540.
JONQUIÈRES (de). *Trad.* Descartes, De solidorum elementis, 3333.
JONSTON (Joh.). Thaumatographia, 1949.
JOST (G.). Conférences pédagogiques, 798. — Examens de l'enseignement primaire, 842.
JOUBERT (J.). Agriculture en Australie, 2275.
JOUBERT (Laur.). Erreurs populaires, 2779. — *Trad.* Rondelet, Hist. des poissons, 2029. — *Annot.* Chauliac, Chirurgie, 3082.
JOUFFROY (Th.). Mélanges, 59. — *Edit.* Reid, Œuvres, 279. — *Trad.* Dugald Stewart, Esquisses de philosophie, 642.
JOUIN (H.). Exposition de Paris, 1165. — Ch. Le Brun, 3868.
Jouissance (La) de soi-même, 608.
JOULIN (Le Dr L.). *Edit.* Filhol, Rech. sur les eaux minérales, 1734.

— 697 —

Jourdain (Ch.). Budget de l'instruction publique, 782. — Progrès de l'instruction publique, p. 110. — *Edit.* Abélard, opera, 155.
Jourdan (A. J. L.). *Trad.* Meckel, Anatomie, 2696. — *Trad.* Haas, Mémorial du médecin, 2842. — *Trad.* Hahnemann. Exposition de la doctrine homéopathique, 2851. — *Edit.* Code pharmaceutique, 3160.
Jourdan (E.). Les sens chez les animaux, 1935.
Jourdan (G.). Logements insalubres, p. 417.
Jourdan (J.). Vues des Pyrénées, 3961.
Jourdanet (D.). Pression de l'air, 2992.
Jourdier (Aug.). Matériel agricole, 2344. — *Edit.* Masson-Four, Catéchisme d'agriculture, 2164.
Journal d'agriculture pratique, 2238.
Journal de l'agriculture, 2239.
Journal de mathématiques, 3215.
Journal de médecine, 3078.
Journal de physique, 1493.
Journal des mines, 1777.
Journal général de l'instruction publique, 802.
Journal polytechnique, 3213.
Julia de Fontenelle (J. S. E.). Manuel du boulanger, 4171.
Julien (Stan.). *Trad.* Traités sur la culture des mûriers, 2320.
Julien (L'empereur). Opera, 104. — De regno, 104. — Cæsares, 104. — Hymnus ad solem, 104.
Julius Obsequens. Prodigiorum liber, p. 310.
Jullien (Ad.). Paris dilettante, 4114. — R. Wagner, p. 626. — Berlioz, p. 626.
Jullien (André). Topographie des vignobles, 2412.
Juncker (Joan.). Physiologia, 2715. — Pathologia, 2811. — Chirurgia, 3088.
Junctinus (Fr.). Defensio astrologorum, 3755. — Tractatus judicandi nativitates, 3755.
Junius (Hadr.). De anno, 2777.
Jus (H.). Forages artésiens, 3404.
Jussieu (Adr. de). Botanique, 1808. — Code pharmaceutique, 3160.
Justus (Guolph.). Academiarum erectiones, 2777.

K

K'ang-Hsi (L'Empereur). Le saint édit, 652.
Kant (Emm.). Critique de la raison pure, 277. — Critique de la raison pratique, 278. — Logique, 398. — Mélanges de logique, 399. — Prolégomènes à toute métaphysique, 417. — Principes de la morale, 644.
Kapeler (J. B.). *Trad.* Ebermayer, Manuel des pharmaciens, 3159.
Keckermann (Barth.). Disputationes philosophicæ, 167. — Gymnasium logicum, 372-374. — Præcognitorum logicorum tractatus, 374. — Systema logicæ, 375, 376.— Disputationes, 576.
— Systema disciplinæ politicæ, 866. — Synopsis disciplinæ œconomicæ, 866. — Præcognitorum philosophorum libri, 1328. — Contemplatio gemina, 1328.
Keleti (Ch.). Agriculture en Hongrie, 2278.
Kelvin (Lord). Conférences, 1497.
Kempherus (Ger.). Observ. in Calpurnii eclogas, 4224.
Kergomard (Mme). Écoles maternelles, 842.
Kiggelarius (Fr.). *Annot.* Commelinus, Horti medici Amstel. descriptio, 1881.

KIRWAN (Rich.). Mémoire sur les engrais, 2305.
KOCH (Le G^{al}). Mémoires de Massena, 3619.
KOEBELIUS (Jac.). Astrolabii declaratio, 3473.
KOLB. Encyclopédie chimique, 1527.
KRAFFT. Dessin industriel, 3879.
KRAMER (Dr W.). Handbuch der Ohrenheilkunde, 2932.
KRANTZ (J. B.). Rapport sur l'exposition, 1176.

KRANTZOVIUS (Ir.). Traité sur le bonheur, 914.
KRETZ (X.). Edit. Poncelet, Introduction à la mécanique, 3369.
KRUNITZ. Établissements d'humanité, 1062.
KUHLMANN (Fr.). Expériences chimiques, 1554.
KÜHN (Le Dr Jul.). Alimentation des bêtes bovines, 2501.

L

LABADIE-LAGRAVE (Le D'). Médecine clinique, 2984.
LABAIG. Eaux de Bagnères, 1738.
LA BARRE (Le Pr.). Formulaire des esleuz, 1193.
LABAT (Le Dr A.). Note sur Arcachon, 3000.
LABAUME (G. de). Culture du mûrier, 2521.
LABBÉ (Le Dr L.). Progrès de la chirurgie, p. 470.
LA BÈCHE (H. T. de). Art d'observer, 1651. — Recherches sur la géologie, 1651. — Coupes et vues, 1652. — Manuel géologique, 1653.
LA BOÉTIE (Et. de). Servitude volontaire, 621.
LA BONODIÈRE (de). Trad. Lessius, De la sobriété, 2786.
LABORDE (L. de). Comptes des bâtiments du roi, 3994. — Le Parthénon, 4024.
LABOUCHE (Le Lieut.). Historique du 18e régiment d'infanterie, 3533.
LABOULAYE (Ch.). Dict. des arts, 4167. — Edit. Rohart, Fabrication des engrais, 2322.
LABOULAYE (Ed.). Vie d'H. Mann, 746. — Le parti libéral, 924. — Préf. Benj. Constant, Cours de politique, 923.

LABROUCHE (F.). Études agricoles, 2220.
LA BROUE (de). Préceptes des cavaliers, 4213.
LA BRUYÈRE (J. de). Caractères, 531, 532, 615-617, 619, 620. — Discours à l'Académie, 571, 572. — Œuvres, 618. — Trad. Théophraste, Caractères, 571, 572, 615-617.
LACAZE (J. P.). Analyse, 3282.
LA CAZE (L.). Dépenses départementales, 1218.
LACÉPÈDE. Hist. naturelle, 1623.
LA CHAMBRE (Mar. CUREAU de). Système de l'âme, 469. — Caractères des passions, 658. — La lumière, 1411. — Ratio exponendi libros Aristotelis, 2643. — Methodus explanandi Hippocratem, 2643, 2644.
LACHAUME (J.). Taille des arbres, 2540.
LA CHAUVELAYS (de). Combat de la cavalerie, 3578.
LACHELIER (J.). Fondement de l'induction, 403.
LA CHESNAYE DES BOIS (Fr. Al. AUBERT de). Dict. militaire, 3540.
LACOMBE (P.). La famille, 2005.
LACOME (Aug.). Cultivateur d'Armagnac, 2254.
LA CONDAMINE (Ch. M. de). Mesure du

méridien, p. 534. — Voyage à l'équateur, p. 534. — Figure de la terre, p. 534.
LACORDAIRE (L'abbé H.). Système de La Mennais, 284.
LACOUR (L.). Économie rurale, 2162. — *Préf.* Courier, Art de la guerre, 3554.
LACRETELLE aîné (P. L.). *Édit.* Saint John de Crèvecœur, Lettres d'un cultivateur, 2186.
LACROIX (Paul). Curiosités de l'hist. des arts, 3791. — Costumes historiques, p. 605.
LACROIX (S. F.). Algèbre, 3254, 3255. — Calcul différentiel, 3268. — Calcul des probabilités, 3360.
LADAME (Le D^r). *Édit.* Procès criminel, 3745.
LADEVI-ROCHE (P. J.). Réponse à Cabanis, 2748.
L'ADMIRAL. Dict. du temps, 3541.
LAENNEC (R. T. H.). Auscultation médiate, 2965.
LA FAGE (Adr. de). Hist. de la musique, 4106.
LAFENESTRE (G.). Maitres anciens, 3826. — Vie du Titien, 3877. — Hist. des peintres, 3892. — Peinture italienne, 3906. — Musée du Louvre, 3918. — Livre d'or du salon, 3938.
LAFFINEUR (J.). Hydraulique, 3399. — Guide de l'ingénieur, 3400.
LAFOND (O. de). Pleuropneumonie, 3173.
LAFOND (P.). Eug. Deveria, p. 590. — Paulin Guérin, 3866. — Al. Loir, 3869. — Tapisseries de St-Vincent, 3973. — Les Jacob, 4066.
LA FORGE (L. de). Remarques sur Descartes, 470, 471. — Esprit de l'homme, 474.
LA GIBONAIS (Arth. de). Maximes, 602.
LAGOUT (Ed.). Takitechnie, 3207, 3208.
LAGRANGE (Le Dr F.). Exercices du corps, 4220.
LAGRANGE (J. L.). Œuvres, 3206. —
Fonctions analytiques, 3264, 3265. — Mécanique, 3365.
LA GUÉRINIÈRE (Fr. ROBICHON de). École de cavalerie, 4214. — Éléments de cavalerie, 4215.
LAHARANNE (Ern.). L'orateur d'état, 951.
LAHILLONNE (Le Dr R.). Fontaines de Cauterets, 1756. — Essai de critique médicale, 2867. — Application du sphygmographe, 2981.
LA HIRE (Ph. de). École des arpenteurs, 3334. — Observations, 3466. — Tables astronomiques, 3467, p. 531.
LAISNÉ (J.). Aide mémoire, 3587.
LAISNÉ (N.). Application de la gymnastique, 4216, 4217. — Gymnastique, 4218.
LAJARTE (Th. de). Encyclopédie musicale, 4126.
LA LANDE (Jér. LE FRANÇAIS de). Hist. des mathématiques, 3178. — Tables de logarithmes, 3345. — Astronomie, 3416. — Tables astronomiques, 3416. — *Édit.* Rivard. Traité de la sphère, 3481.
LA LANDELLE (G. de). Langage des marins, 3511.
LALANNE (L.). Description de l'abaque, 3242.
LALEMANDET (Le P. J.). Cursus philosophicus, 203.
LALEU (de). Propositions mathématiques, 3287.
LALLEMAND (A.). Opérations de la guerre, 3552.
LALOUX (V.). Architecture grecque, 3996.
LALOVERA (Ant.). Quadratura circuli, 3290.
LAMARCK (J. B. P. A.). Synopsis plantarum, 1851. — Flore, 1852. — Hist. des animaux sans vertèbres, 2035.
LAMARE (Le Colonel). Défense de Badajoz, 2629.

Lambert (C.). Géométrie descriptive, 3314, 3315.
Lambert (L'abbé Ed.). Botanique, 1815. — Zoologie, 1911.
Lambert (M.). Constructions scolaires, 842.
Lambinus (Dion.). *Trad.* Aristotelis de moribus, 543. — *Trad.* Aristotelis ethica, 546. — *Trad.* Aristotelis de reip. ratione, 859. — *Trad.* Aristotelis politica, 860.
Lambling (Le D^r). Encyclopédie chimique, 1527.
Lambry. Exposé d'un moyen, 2410.
Lamennais (F.). Esquisse d'une philosophie, 283. — *Préf.* La Boétie, Servitude volontaire, 621.
Lamoignon (Chr. Fr. de). Agones mathematici, 3437.
Lamotte (L.). Dessin linéaire, 3880-3883.
La Motte Le Vayer (Fr. de). Instruction du dauphin, 710.
Lamy (Le P. Bern.). Géométrie, 3298. — Mécanique, 3362.
Lance (Ad.). *Dir.* Encyclopédie d'architecture, 4027.
Lancisi (J. Mar.). Consulti medici, 3066.
Lancre (P. de). Inconstance des démons, 3717.
Lanessan (J. L. de). Botanique, 1817. — Le sapin, 1834. — Expansion coloniale, p. 186.
Langage (Le) de la raison, 672.
Lange (Chr. C. L.). Hist. rei militaris Romanorum, 3522. — *Edit.* Hygini de munitionibus, 3589.
Lange (F. A.). Hist. du matérialisme, 311.
Langhis (Fl. de). Philosophia, 236.
Langius (M.). Dispunctio notarum Vlitii, 4224.
Langlet (V.). Science viticole, 2456.
Lanjalley (A.). *Edit.* Dict. des finances, 1208.

Lanzi (L'abbé L.). Histoire de la peinture, 3904.
Lapassade (J.). Le travail manuel, 852.
Lapeyrère (Le Dr B. J.). Notes d'un journaliste, 3097.
Laplace (Le Mis P. S. de). OEuvres, 3203, 3204. — Théorie des probabilités, 3358. — Essai sur les probabilités, 3361. — Mécanique céleste, 3441. — Système du monde, 3442.
Laplacette (J.). Traité de l'orgueil, 664.
La Pola (Jos. Menendez de). Breve refutation, 1008.
Lapparent (A. de). Géologie, 1666.
Laprade (V. de). Sentiment de la nature, 495, 496.
La Primaudaie (F. Elie de). Commerce de l'Algérie, 1280.
La Primaudaye (P. de). Académie française, 161-164. — Philosophie chrétienne, 163.
La Prise (R. Gerv. de). Méthode pour les cadrans solaires, 3488.
La Quintinye (J. de). Instruction pour les jardins, 2525-2527.
Larauza (Le Dr L.). Titres médicaux de Dax, 1762.
Larbalétrier (Alb.). Agriculture, 2097.
Larchey (Lor.). *Préf.* Inventaire de la pharmacie de l'hôpital de Metz, 3164.
Lardenois de Caumont (Mme). *Voy.* Caumont.
Lardier (Le D^r). Méningite a frigore, 2872.
La Rive (A. de). Arch. de l'électricité, 1462.
Laroche (Benj.). *Trad.* Bentham, Déontologie, 643.
La Rochefoucauld (Fr. duc de). Sentences et maximes, 531, 532, 593-595, 598. — OEuvres, 596. — Le premier texte, 597. — Portrait, 599.
La Rochefoucauld-Liancourt (F. A. F. de). *Trad.* Recueil de mémoires, 1062.

LAROMIGUIÈRE (P.). Leçons de philosophie, 275, 276.
LARREY (Le B⁰ⁿ Dom. J.). Mémoire sur l'ophtalmie, 2928.
LARRIEU (Le Dʳ F.). Gui Patin, 2573. — Guérison de la syphilis, 2924.
LARRIU (Aug.). Fantaisies, 4110.
LARTET (L.). Sépulture des troglodytes, 1978.
LA SALLE de l'ETANG (S. Ph.). Agriculture, 2138.
LASÈGUE (A.). Musée botanique, 1882.
LASSABATHIE. Hist. du Conservatoire, 4102.
LASSERRE (P.). La crise chrétienne, 323.
LASTEYRIE (Le Cᵗᵉ Ch. Ph. de). Machines, 2340. — Du cotonnier, 2462.
LASTRES Y JUIZ (Fr.). Colonizacion de las Marianas, 1108.
LATAPIE (J.). Théorie de la terre, 1646.
LATASTE (Fern.). Faune des vertébrés, 2016.
LATASTE (J. Fr.). Les réhabilitées, 1058.
LATERRADE (J. Fr.). Flore, 1862.
LATOUR (A.). L'eau de Capbern, 3040.
LATOUR DU MOULIN (C.). Lettres sur la constitution, 922.
LA TOUR DU PIN CHAMBLY (Le Vᵗᵉ de). Considérations politiques, 893.
LATZINA (F.). *Edit.* L'agriculture dans la République Argentine, 2503.
LAUNAY (F.). *Réd.* Durand Claye, Hydraulique, 2364.
LAUNOY (J.). De fortuna Aristotelis in Acad. Paris, 90.
LAURENÇON (C.). Agriculture, 2091.
LAURENS (André). Des plaies, 3109.
LAURENS (H.). De l'agriculture, 2317.
LAURENT (H.). Musée royal, 3915.
LAURENT (J. L. M.). Voyage autour du monde, p. 292.
LAURILLARD (C. L.). *Edit.* Cuvier, Anatomie, 2701.
LAUSSAT (Le Bᵒⁿ de). Question des subsistances, p. 130.

LAUSSEDAT (A.). Siège d'Anvers, 3637.
LAVALLARD (E.). Le cheval, 2491.
LAVALLÉE (J.). Vie de Gaston Phébus, 4228. — *Edit.* Gaston Phébus, La chasse, 4228.
LAVATER (J. Gasp.). La physiognomonie, 2744.
LAVAUX (Eug.). Système du monde, 3444.
LA VEGA DE ARMIJO (Le Mᶦˢ de). La huelga en los ferro-carriles, 1306.
LAVELEYE (Em. de). Gouvernement dans la démocratie, 933. — Agriculture belge, 2276.
LAVERAN (A.). Pathologie, 2837.
LAVERGNE (L. de). Agriculture et population, 1039. — Économie rurale de la France, 2244. — Économie rurale de l'Angleterre, 2274. — Soufrage de la vigne, 2431.
LAVERRIÈRE (J.). *Trad.* Schwerz, Culture des plantes économiques, 2464.
LAVIELLE (Le Dʳ Ch.). Guide du baigneur à Dax, 1763.
LAVIGNE (Hub.). État civil d'artistes, p. 588.
LAVILLE DE LA PLAGNE (A. Emm.). L'épilepsie et la rage, 2938.
LA VIOLETTE. *Voy.* DU CHESNE.
LAVOISIER (A. L.). Œuvres, 1484. — Chimie, 1516.
LAVOIX fils (H.). Hist. de l'instrumentation, 4112. — Hist. de la musique, 4113. — La musique française, 4117. — Le chant, 4135.
LAYET. Encyclopédie d'hygiène, 2770.
LE BAILLY. Bureaux de placement, 1098.
LEBASTEUR. Irrigations de l'Espagne, 2361.
LEBEAU (Le Dʳ Lewis A.). Étude de l'encéphalocèle, 2933.
LEBLANC. Recueil des machines, 3381.
LE BLANC (Ch.). Manuel de l'amateur d'estampes, 3940.

Le Blond (G.). Arithmétique, 3219. — Traité de l'artillerie, 3604.
Le Bossu (Le P. R.). Parallèle d'Aristote et de Descartes, 1373.
Le Boullenger (A. J.). Excursion en Chalosse, 1781.
Le Bourgeois (H.). Rapports, 812.
Le Breton (Mme Ad.). Perspective, 3497.
Lebrun. Manuel des jeux, 4234.
Lebrun (Le G^{al}). Guerre de 1870, 3665.
Le Brun (L. S. D.). Houilles d'engrais, 2300, 2301. — Instruction, 2302.
Le Brun (Le R. P. P.). Hist. des pratiques superstitieuses, 3726.
Le Camus (Ant.). État de la pharmacie, 3017.
Le Canu (L. R.). Géologie, 1660. — Études sur les raisins, 2438, 2439. — Instruction sur le soufrage, 2540.
Lechartier (E.). Dict. des assurances, 1097.
Lechevallier-Chevignard. Les styles, 4065.
Lechopié (Alfr.). Droit médical, p. 384.
Leclainche. Encyclopédie d'hygiène, 2770.
Leclerc (A.). Cimetière de Méry, 2762.
Leclerc (J. M. J.). Le drainage, 2355.
Le Clerc (J. V.). Edit. Montaigne, Essais, 588.
Le Clerc (Séb.). Géométrie, 3291.
Leclerc-Thouin (O.). Agriculture de l'O., 2251. — Edit. Thouin, Cours de culture, 2289.
Leclere (Le Dr C.). Eaux de Plombières, 1764.
Lecocq (Le Dr H.). Des annuités variables, 3280.
Lecoq (H.). Fécondation des végétaux, 1825.
Lecoq de Boisbaudran. Encyclopédie chimique, 1527.
Le Cœur (Ch.). Musées de province, 3809.

Le Comte (Florent). Singularités d'architecture, 3769.
Leconte (Em.). Edit. Album de l'ornemaniste, 4048. — Edit. Mélanges d'ornements, 4049.
Lecouteux (E.). Culture du maïs, 2381. — Dir. Journal d'agriculture, 2238.
Lecoy de La Marche (A.). L'Académie de France, 3810.
Le Cozic. Trad. Maclaurin, Traité d'algèbre, 3253.
Lee (Edwin). The effect of climate, 2993.
Lefébure (Ern.). Broderie, 4172.
Lefébure (L.). Économie rurale de l'Alsace, 2268.
Lefébure de Fourcy. Géométrie, 3311.
Lefebvre de Sainte-Marie (G.). Fermes écoles, 2213. — Race Durham, 2495.
Lefeuve (Ch.). Notice sur Bordeu, 2372.
Lefèvre (André). Philosophie, 47.
Lefèvre (F.). Expériences d'un amateur, 2541.
Lefèvre (H.). Comptabilité, 1268.
Lefèvre (L.). Encyclopédie chimique, 1527.
Lefèvre (P.). Chemins de fer, 3701.
Lefèvre d'Étaples. Voy. Fabri Stapulensis.
Lefort (F.). Edit. Collins, Correspondance, 3275.
Lefort (P.). Velazquez, 2878. — Hist. des peintres, 3892. — Peinture espagnole, 3895.
Lefour (P. A. A.). Comptabilité agricole, 2206. — Culture générale, 2297. — Zootechnie, 2468, 2469. — Élevage du cheval, 2486.
Le Français de Lalande. Voy. Lalande.
Legendre (A. M.). Théorie des nombres, 3236. — Géométrie, 3307, 3308.
Le Gendre (F.). Arithmétique, 3231.
Le Gendre (G. Ch.). Traité de l'opinion, 452.
Le Gendre. Pathologie, 2837.

Legouvé (Ern.). Nos filles et nos fils, 755.
Legoux (A.). Thèses, 3281.
Legrand (A.). *Trad.* Devoirs d'écoliers américains, 795.
Le Gros (L'abbé Ch. Fr.). Analyse des ouvrages de Rousseau, 269. — Examen des systèmes de Rousseau, 269.
Legue (Le D' Gabr.). *Édit.* Sœur Jeanne des Anges, 3743.
Leibnitz (G. G.). Opera, 263.
Leidié. Encyclopédie chimique, 1527.
Lejard (Le D' Ch.). Des anémies, 2901.
Lejars. Pathologie, 2837.
Lejeune (J. Ph.). Lectures sur la géologie, 1659, 1673. — Visites, 3980.
Lejeune (Le Gal Bon L. Fr.). Sièges de Saragosse, 3632.
Lelièvre (Cl. Hug.). Rapport, 1782.
Le Long (Mich.). *Trad.* Hippocrate, Aphorismes, 2597.
Lélut (L. Fr.). Phrénologie, 2747.
Lemaire (Ch.). Flore, 1883.
Lemaire (F.). Manuel du capitaliste, 3250.
Lemaire (Th.). Le chant, 4135.
Le Maitre de Claville (Ch. Fr. N.). Du vrai mérite, 669.
Le Maout (Emm.). Botanique, 1809.
Le Meilleur (Jos.). Positiones mathematicæ, 3437.
Le Mercier de La Rivière (P. F. J. H.). L'intérêt de l'État, 1052.
Lemery (L.). Traité des aliments, 2782.
Lemery (Nic.). Chimie, 1513, 1515. — Pharmacopée, 3154. — Dict. des drogues, 3155.
Lemmens. *Voy.* Lemnius.
Lemnius (Lev.). De miraculis, 1477.
Lemoine. Encyclopédie chimique, 1527.
Lemoine (G.). Album, 4130.
Lemonnier (H.). Enseignement de l'histoire, 842. — Études d'art, 3852.
Le Monnier (L. G.). L'aiguille aimantée, 1708. — Observ. d'hist. naturelle, p. 534.

Lemonnier (P.). Cursus philosophicus, 252.
Lemonnier-Delafosse (J. B.). Campagnes de Portugal, 3633.
Le Moyne (Le P.). Art de régner, 907.
Lenglet-Dufresnoy (L'abbé). Traité des apparitions, 3728.
Lenoir (Alb.). Architecture monastique, 4028.
Lenoir (Alex.). Peinture sur verre, p. 598. — Description des monuments, p. 608.
Le Noir. Pathologie, 2837.
Lenormand (L. Séb.). Annales de l'industrie, 4156, 4157. — Manuel du fabricant de papiers, 4177. — *Édit.* Fournier, Art de préparer les aliments, 2789.
Lenormant (Ch.). Beaux-Arts et voyages, 3793.
Lenormant (Fr.). Sciences occultes, 3737.
Lenval (Le B^{on} de). Pensées sur l'éducation, 699.
Léon (H.). La végétation orientale, 1835.
Léon (J.). Flore, 1859.
Léon le philosophe (L'empereur). Institutions, 3550.
Léon pape. Enchiridion, 3722.
Leonicenus (Nic.). *Trad.* Aristotelis parva naturalia, 439.
Leonicus. *Voy.* Leonicenus.
Leovitius (Cypr.). Ephemerides, 3452.
Le Pays de Bourjolly (Le G^{al}). Colonies agricoles, 2271.
Le Pelletier (Cl.). Comes rusticus, 2130.
Lepère (E. Ch. Ph.). Sociétés de secours mutuels, 1091.
Lepic (Le Cte). Comment je devins graveur, 3943.
Le Pileur d'Apligny. Morale des anciens, 609.
Le Play (F.). La réforme sociale, 1004.
Le Plessis. *Trad.* Aristote, Éthiques, 420.

Le Prince de Beaumont (Mme). Instructions pour les dames, 719. — Le Mentor, 720. — Magasin des enfants, 721. — Magasin des adolescentes, 722. — Magasin des pauvres, 723.

Le Rées (Fr.). Cursus philosophicus, 194.

Leriche (J. B.). *Dir.* Auxiliaire de l'apiculteur, 2514.

Le Ridant (P.). Institutiones philosophicæ, 239.

Leroi (P.). *Édit.* Les artistes célèbres, 3878.

Le Rousseau (J.). Organisation de la démocratie, 921. — Phrénologie, 2746.

Leroux (J. J.). Code pharmaceutique, 3160.

Leroux (Jos.). Vade mecum du collectionneur, 4081.

Le Roy (L'Abbé Chr.). Lettre sur l'éducation, 726.

Leroy (C. F. A.). Géométrie, 3312. — Stéréotomie, 4013.

Le Roy (J. Ag.). Écorce du garou, 3017.

Leroy (L.). Medicina, 2825.

Le Roy (Loys). *Trad.* Xénophon, Institution de Cyrus, 420. — *Trad.* Platon, le Phédon, 420. — *Trad.* Platon, le Timée, 420. — *Trad.* Démosthène, Olynthiaques, 420.

Le Roy (Le Dr R.). Anémie des villes, 2900.

Leroy-Beaulieu (P.). L'état moderne, 902. — Répartition des richesses, 993. — *Dir.* L'économiste français, 956.

Leroy d'Etiolles (J. J. J.) Dissolution des calculs, 3118.

Le Roy Mabille (Ev. II. J.). Lettres à Babinet, p. 249. — L'épiphytie actuelle, p. 333.

Leroy de Méricourt (A.). Encyclopédie d'hygiène, 2770. — Progrès de l'hygiène, p. 417.

Le Roy de Sainte Croix (Fr. N.). La Marseillaise, 4153.

Le Sage (Jos.). Livre des familles, 625.

Lesbros. Expériences hydrauliques, 3395.

L'Escalopier (Le Cte Ch. de). *Édit.* Théophile, Essais sur divers arts, 3773.

Lescuyer (F.). Les oiseaux, 2024.

Lespiault (M.). Vignes américaines, 2457.

Lespinasse (Ch. Alp. Hyac.). L'économie politique, 982. — Condition des classes agricoles, 1047, 2216.

Lessing (G. E.). Laocoon, 3799.

Lessius (Le R. P. Léon.). De la sobriété, 2786.

Lesson. (R. P.). Voyage autour du monde, p. 292.

Le Sueur (E.). Galerie de St-Bruno, 3950.

Le Tellier. Abus des remèdes, 2935.

Le Thière (G.). Études médicales, 3071.

Letourneau (Le D^r Ch.). La sociologie, 1014. — Évolution de la morale, 2001. — Évolution du mariage, 2004. — Évolution de la propriété, 2006. — Évolution politique, 2009. — Évolution juridique, 2012. — Biologie, 2732. — *Trad.* Büchner, Vie psychique des bêtes, 1932. — *Trad.* Büchner, L'homme selon la science, 1977. — *Trad.* Haeckel, Anthropogénie, 1982. — *Préf.* Lombroso, L'homme criminel, 2833.

Le Trosne (G. Fr.). L'intérêt social, 964. — L'ordre social, 964.

Lettre d'un professeur émérite, 726.

Lettres campagnardes, 2191.

Lettres de Philoierax, 4223.

Lettres d'un cultivateur, 2186.

Lettres philosophiques, 57.

Lettres sur la cosmographie, 3440.

Leunclavius (J.). *Trad.* Apomazaris apotelesmata, 3710.

LEURET (Fr.). Notice sur Parent-Duchatelet, 1056, 2758.
LEVAILLANT (Fr.). Hist. naturelle des promerops, 2027.
LEVASSEUR (E.). Conférences pédagogiques, 798. — Économie rurale, 983. — *Préf.* Chevallier, Les salaires au xix° siècle, 1191.
LEVEAUX (Alph.). Étude sur Montaigne, 591.
LÉVÊQUE (Ch.). Notice sur F. Papillon, 37. — Études de philosophie, 67. — Science du beau, 490. — *Edit.* Papillon, Hist. de la philosophie, 37.
LÉVÊQUE. *Trad.* Darwin, Rôle des vers de terre, 2060.
LEVERRIER (U. J.). *Dir.* Annales de l'observatoire, 3422.
LÉVY (Michel). Progrès de l'hygiène, p. 415.
LEYMERIE (A). Description des Pyrénées, 1695.
LEYSENNE (P.). Rapports, 812, 813. — Organisation de l'enseignement, 842. — L'enseignement en Algérie, 842.
LEZAY-MARNEZIA (Le M¹ˢ Cl. Fr. A.). La nature champêtre, 2190.
LHOMME (F.). Charlet, 3878.
L'HOPITAL (Le M¹ˢ de). Analyse des infiniments petits, 3259, 3260.
LHUILLIER DE L'ETANG. *Trad.* Brougham, Des machines, 3384.
LIAIS (Emm.). Astronomie, 3424.
LIARD (L.). Descartes, 213. — La science positive, 418. — L'enseignement supérieur, 841.
Libération conditionnelle des condamnés, 1124.
LICHTENBERGER (F.). Éducation morale, 842.
LICHTENSTEIN (J.). Entomologie, 2040. — Le phylloxera, 2442.
LIÉBAULT (A. A.). Du sommeil, 2749.
LIÉBAULT (J.). Agriculture et maison rustique, 2122, 2123.

LIEBIG (J.). Chimie, 1519, 1548, 1549. — Chimie appliquée, 1550. — Lettres sur la chimie, 1551, 1552. — Lettres sur l'agriculture, 2204.
LIÈS-BODART. Conférences, 798.
LIESVILLE (A. R. de). Coup d'œil sur l'exposition, 3937.
LIEUTAUD (Jacq.). Connaissance des temps, 3469.
LIGER (L.). Théâtre d'agriculture, 2131. — Maison rustique, 2132. — Le jardinier fleuriste, 2533.
LIGNAC (L'abbé J. A. LELARGE de). Métaphysique, 415.
LINACER (Th.). *Trad.* P. Ægynetæ de crisi, p. 385. — *Trad.* Procli sphæra, 3409.
LINDER. Procès-verbal, 1960.
LINNÉ (Ch.). Philosophia botanica, 1822. — Systema plantarum, 1838.
LINZE (Dom.). Philosophia, 221.
LIONNET (E.). Géométrie, 3317.
LIOUVILLE (J.). Journal de mathématiques, 3215.
LIPSE (Juste). Manuductio ad philosophiam, 148. — Physiologia, 148. — De constantia, p. 96. — Politica, 864, 865. — Poliorceticon, p. 514. — *Annot.* Senecæ opera, 139.
LIRON D'AIROLLES (J. de). Poiriers, 2548.
LISFRANC (J.). Clinique de la Pitié, 3092.
LISKENNE (Ch.). Lettres sur l'astronomie, 3419.
LIST (Fréd.). Économie politique, 974.
LITTRÉ (E.). Progrès du positivisme, 312. — Médecine et médecins, 3074. — *Dir.* Philosophie positive, 35. — *Trad.* Pline, Hist. naturelle, 1613. — *Trad.* Hippocrate, Œuvres, 2593.
LOBATO (Le Dʳ J. G.). Estudio sobre las aguas medicinales, 1768.
LOCARD (Arn.). Les huîtres, 2052.
LOCHMANS (Wolf.). *Edit.* Gilbert, Tractatus de magnete, 1455.

Locke (J.). Œuvres, 273. — De l'éducation, 716.
Logique (La), 387-392.
Loi sur l'organ. de l'enseignement, 834.
Loizillon (Mme M.). Rapport sur les salles d'asile, 814. — L'éducation aux États-Unis, 830.
Lombroso (C.). L'homme criminel, 2833. — L'homme de génie, 2834.
Lomet (A. F.). Mémoire sur les eaux minérales, 1724.
Londe (Alb.). Photographie, 3974.
Londe (Le D^r Ch.). La mort apparente, 2863.
Londet (L. A.). Préf. Bruguière, L'agriculture, 2177.
Longchamps (G. de). Géométrie, 3332.
Longet (F. A.). Anatomie, 2700.
Loquin (Anat.). Possibilité d'une notation, 4123.
Lorain (P.). Température du corps, 2830.
Loret (H.). Herbier, 1864. — Flore, 1865.
Loriol (P. de). Paléontologie, 1959.
Lormoy (de). Mémoire sur l'agriculture, 2191.
Lostalot (Alfr. de). Procédés de la gravure, 3944.
Louandre (Ch.). Préf. Benj. Constant, Œuvres, 881. — Annot. Monteil, Hist. agricole, 1048.
Louis (Ant.). Trad. Boerhaave, Aphorismes de chirurgie, 3090.

Louis XVI. Réflexions, 622.
Lourau (J. A.). Le cercle releveur, 3326.
Lourdoueix (H.). Edit. Malebranche, Œuvres, 450.
Lourmel (Le G^{al} de). Mise en valeur des landes, 2351.
Loustau (Le Dr L.). Rétrécissements de l'urètre, 3125.
Lubbock (J.). Bonheur de vivre, 702. — Les insectes et les fleurs, 1831. — Les sens et l'instinct, 1925. — Fourmis, abeilles et guêpes, 2041.
Lublinus (Val.). Edit. Montani de excrementis, 2709.
Lucas. Vie de Spinoza, 233.
Lucas (Ch.). Colonie du Val d'Yèvre, 1105, 1106.
Lucien. Mortuorum dialogi, 93. — Marini dialogi, 93. — Deorum dialogi, 93.
Lugol (P.). Chimie, 1528, 1529. — Trad. Thomson, Conférences, 1497.
Luguet (H.). La notion d'espace, 308.
Lulle (Raym.). Opera, 153.
Lurieu (de). Situation des hôpitaux, 1079.
Luther (Martin). De triplici justitia, 328.
Luynes (Ch. d'Albert, duc de). Trad. Descartes, Méditations, 444.
Luys (J.). Le cerveau, 2734.
Lyell (Ch.). Géologie, 1655, 1656.

M

Mabilleau (Léop.). L'instruction civique, 842.
Mac Farland (J.). Recherches sur les pauvres, 1062.
Machard (H.). Prairies artificielles, 2367. — Traité de vinification, 2415.
Machiavel (Nic.). Du prince, p. 134. — Art de la guerre, p. 343.

Machines (Des) et de leurs résultats, 3384.
Machuel (L.). L'enseignement en Tunisie, 842.
Mackintosh (J.). Histoire de la philosophie, 17.
Maclaurin (Col.). Algèbre, 3253.
Madden (J. P. A.). Expédition à Ténériffe, 1632.

MAGENDIE (F.). *Edit.* Bichat, Rech. sur la vie et la mort, 2719.

MAGINI (J. Ant.). Novæ cælestium orbium theoricæ, 3455. — Ephemerides, 3456.

MAGIRUS (Joan.). Physiologia, 168-172.

MAGNAN (Le Dr A.). De l'homéopathie, 2849.

MAGNE (J. H.). Vaches laitières, 2486, 2500. — Hygiène vétérinaire, 3175. — Progrès de la médecine vétérinaire, p. 483.

MAGNE (L.). Le Parthénon, 4026.

MAGNE (Le Dr P. A. Ch.). Hygiène de la vue, 2929.

MAHON (P. A. O.). *Trad.* Stoll, Médecine, 2822. — *Trad.* Stoll, Aphorismes sur les fièvres, 2865.

MAIGNAN (Le R. P. Emm.). Cursus philosophicus, 201.

MAILHAT (Raym.). Summa philosophiæ, 198, 199.

MAILLET (Ben. de). Telliamed, 1639.

MAILLOT (H.). Systèmes des poids et mesures, 3355.

MAINE DE BIRAN (F. P. G.). OEuvres, 294. — Rapports du physique et du moral, 487.

MAINTENON (Mme de). Entretiens sur l'éducation, p. 101.

MAIOLO (Sim.). Dies caniculares, 1475, 1476.

MAIRAN (J. J. DORTOUS de). Dissertation sur la glace, 3011.

Maison rustique, 2152-2154.

MAISTRE (Le Cte Jos. de). Lettres sur l'inquisition, 132, 567. — Philosophie de Bacon, 183, 184. — Soirées de Saint Pétersbourg, 873, 874. — *Trad.* Plutarque, Délais de la justice divine, 132, 567.

MAISTRE DE VILLENEUVETTE (J.). Influence des forêts, 1445.

MAJOR (G.). In Melanchtonis rhetorica tabulæ, 331. — In Erasmi de duplici copia tabulæ, 331.

MALAGUTI (F.). Chimie agricole, 1561-1564.

MALAPERT (Car.). *Edit.* Euclidis elementa, 3189.

MALCAZE (Em.). Les agitateurs, 894.

MALEBRANCHE (Le P. Nic.). Recherche de la vérité, 446-448. — Entretiens sur la métaphysique, 449. — OEuvres, 450.

MALEPEYRE (Ch. F.). Manuel du boulanger, 4171. — Manuel du fontainier, 4176. — *Edit.* Maison rustique, 2154.

MALEZIEU (Nic. de). Géométrie, 3294.

Malleus maleficarum, 3711-3713.

MALON (B.). Le socialisme, 1032.

MALON (de). Conservateur du sang, 3017.

MALPEYRE. *Voy.* MALEPEYRE.

MALPIGHI (Marc.). Consultationes, 3066.

MALTHUS (T. R.). Principe de population, 1035.

MANCEL (G.). Le P. André, 456.

MANDEL (Fr.). Mémoire sur le salpêtre, 2411. — Art de faire les vins, 2411.

MANDY. Le naturisme, 293. — Quadrature du cercle, 3322.

MANESCAU (J. A.). Notes sur les champignons, 1888.

MANGET (J. J.). *Annot.* Ettmulleri opera, 2661. — *Edit.* Boneti Sepulchretum, 2688.

MANGIN (A.). Fortification polygonale, 3590.

MANILIUS (Marcus). Astronomia, 3409.

MANN (Hor.). Importance de l'éducation, 746.

MANTEGAZZA (P.). La physionomie, 2752.

MANTZ (P.). Musées d'art scolaires, 842. — Hist. des peintres, 3892. — *Edit.* Mémoires sur la vie des peintres, 3784.

Manuel de gymnastique, 4219.

MANUEL PHILÉ. De animalibus, p. 291.

Marc. Causes des maladies, 2966.
Marc (Ed.). Les travaux publics, 3694.
Marc Aurèle. Pensées, 564, 565, 573.
Marcano. Étranglement herniaire, 3110.
Marchant (Le D' L.). Trad. Héring, Médecine homéopathique, 2852.
Marcile (Th.). Edit. Juliani Cæsaris hymnus, 104.
Marcus Græcus. Liber ignium, 1512.
Marès (H.). Manuel de soufrage, 2420.
Marescot (F. de). Edit. La Rochefoucauld, Œuvres, 597.
Marey (E. J.). Machine animale, 1930. — Vol des oiseaux, 1937.
Marfan. Pathologie, 2837.
Margarita philosophica, 151.
Margollé (Elie). Prévision du temps, 1441.
Margottet. Encyclopédie chimique, 1527.
Mariassy (F. W.). Le golf en Angleterre, 4237.
Marie (Max.). Théorie des fonctions de variables imaginaires, 3279.
Marie (P.). Edit. Charcot, Œuvres, 2677.
Marie Cardine (W.). Sociétés de secours mutuels, 842.
Marié-Davy (E. H.). Instructions, 1443.
Mariette (P. J.). Abecedario, 3776.
Marinus. Phænomena, 3183.
Marion (A. F.). Les cryptogames, 1832. — Les phanérogames, 1833.
Marion (H.). Locke, 274. — La solidarité morale, 520. — Leçons de psychologie, 521. — Leçons de morale, 537. — Mouvement des idées pédagogiques, 842. — L'éducation dans l'Université, 851.
Mariotte (Edm.). Nature des couleurs, 1406. — Traité de la percussion, 1412.
Mariotti (L.). Conférences, 794.
Marivetz (Le B^{on} Et. Cl. de). Physique, 1405.
Marjolin (Le Dr R.). Hygiène de l'enfance, 2768.

Marlones (Garcia de). El criticon, 634.
Marmorières. Voy. Barthès.
Marmottan (P.). École française de peinture, 3902.
Marqfoy (Gust.). La banque de France, 1264. — Tarifs de chemins de fer, 1302.
Marque (J. de). Introd. à la chirurgie, 3087.
Marseille et les chemins de fer, 1301.
Marsilly (Le G^{al} de). Conservation des ponts d'Orléans, 3661.
Martel (F.). Législation de l'enseignement, 842. — Écoles supérieures, 842. — Sociétés d'enseignement, 842.
Martellus (H.). Notæ in Nemesianum, 4224.
Martha (C.). Les moralistes, 542.
Martial (Garg.). Fragmenta, 2109.
Martin (A. J.). Progrès de l'hygiène, 2767.
Martin (Alfr.). Moyens de transport, 1313.
Martin (Em.). Fabrication de l'acier, 4168.
Martin (L. Aimé). Réfutation de La Rochefoucauld, 532. — Edit. La Rochefoucauld, Pensées, 595. — Edit. Descartes, Œuvres, 209.
Martin (L. Aug.). Esprit moral, 691.
Martin Saint Ange (G. J.). Appareil reproducteur des vertébrés, 1928.
Martinelli (J.). Du crédit foncier, 1270. — Agriculture, 2160.
Martinet (J. B. H.). Agriculture au Pérou, 2284.
Martinet (L.). Edit. L'Album, 3953.
Martinez (Jus.). Arte de la pintura, 3909.
Martinez y Reguera (Dr Leop.). Fauna de Sierra Morena, 1954.
Martinius (Petr.). Vita Juliani, 104. — Trad. Juliani imp. opera, 104.
Martins (Ch.). Annuaire météorologique, 1430-1433. — Du Spitzberg au

Sahara, p. 244. — *Annot.* Darwin, Plantes insectivores, 1897.
Martinus (A. Jac.). *Edit.* Aristotelis opera, 71.
Marx (Rog.). H. Regnault, 3878. — *Préf.* Alexandre, Hist. de l'art décoratif, 4064.
Marx-Lepelletier. Rosiers, 2540.
Mascardi (Aug.). Ethicæ prolusiones, 653. — De affectibus, 653.
Mascart (E.). Traité d'électricité, 1465.
Masquelier (C. L.). Tableaux de la galerie de Florence, 3925.
Massarani (Tullo). Théorie des arts, 3837.
Massaria (Alex.). Disputationes, 3059.
Massé (J.). Traité des bois, 2382.
Massé (Jules). Magasin de l'enfance, 735. — Magasin de la jeunesse, 736.
Massena, prince d'Essling. Mémoires, 3619.
Masson. Tables astronomiques, 3416.
Masson-Four (P. A.). Catéchisme d'agriculture, 2078, 2164.
Mata (Juan de la). Arte de reposteria, 4210.
Matériaux pour l'histoire de l'homme, 1966.
Mathieu (Ch. Léop.). Système de l'univers, 1394.
Mathieu (Cl. Louis). *Edit.* Delambre, Hist. de l'astronomie, 3408.
Mathieu de la Drôme (Ph. Ant.). Bains à l'hydrofère, 3022.
Mathieu de Dombasle (C. J. A.). Des intérêts du Midi, 1252. — Calendrier, 2080, 2081, 2168. — Œuvres, 2169. — Halle au blé de Nancy, 2411. — *Trad.* Thaer, Instruments d'agriculture, 2341.
Matrat (Mme M.). Salles d'asile, 815. — Écoles maternelles, 842.
Matrat (Paul). Questions sociales, 1024.
Matteucci (C.). Phénomènes électrophysiologiques, 1927.

Matthiole (P. A.). Commentaires sur Dioscoride, 1902, 1903. — Epistolæ, 3054.
Maubert de Gouvest (J. H.). *Edit.* Durey de Morsan, Testament d'Albéroni, 911.
Maudsley (H.). Pathologie de l'esprit, 2940. — Le crime et la folie, 2962.
Mauduit (A. R.). Arithmétique, 3232.
Maupas (E.). *Trad.* Burmeister, Hist. de la création, 1594.
Maupertuis (P. L. Moreau de). Anecdotes, 1482.
Maupin. Manuel des vignerons, 2191. — Questions, 2191. — Méthode de cultiver la vigne, 2408.
Maurel (Le Dr E.). Étiologie du paludisme, 2871.
Maurial (Lud.). Agriculture du Périgord, 2262.
Maurice (F. G.). Traité des engrais, 2305.
Maurice de Saxe. Rêveries, 3543.
Mauriceau (Fr.). Maladies des femmes, 3129. — Observ. sur la grossesse, 3130.
Maurolyco (Fr.). De lumine et umbra, 3490.
Maury (L. F. Alfred). Le sommeil et les rêves, 518. — La magie et l'astrologie, 3735.
Maussac (Ph. Jac.). *Edit.* Aristotelis historia de animalibus, 1941.
Maxime de Tyr. Dissertationes, 105, 573.
Maximes, réflexions et pensées, 614.
Maximus. Opera, 3411.
May (Th. Erskine). Hist. de la démocratie, 928.
Mayeux (H.). La composition décorative, 4058.
Maze (Hipp.). *Dir.* Revue des institutions de prévoyance, 1084.
Maze-Sencier (Alph.). Livre des collectionneurs, 4082.
Mazères. Mémoire sur l'impôt foncier, p. 175.
Mazure (Ad.). Études du Cartésianisme, 212.

Meckel (J. F.). Anatomie, 2695, 2696.
Medine (P. de). Art de naviguer, 3502.
Mégnin (P.). Les parasites, 2875.
Meissonier (Jean Louis Ernest), p. 591.
Meixmoron de Dombasle (Ch. de). *Edit.* Mathieu de Dombasle, Calendrier, 2081, 2168. — *Edit.* Mathieu de Dombasle, Œuvres, 2169.
Melampus. De nevis corporis, 2586.
Melanchthon (Ph.). Rhetorica, 328. — Dialectica, 330. — De anima, 466. — *Préf.* Sacrobusto, De anni ratione, 3472, 3473. — *Préf.* Sacrobusto, De sphæra, 3472.
Mélanges de physique et de morale, 684.
Mélanges d'histoire naturelle, 1427.
Meletius. De natura hominis, 2586.
Meliton (Le R. P. Fr.). Apologia correctionis Gregorianæ, 3486. — Gregoriana correctio, 3486.
Mellin. Analyse de la morale de Kant, 644.
Mémoire instructif sur les mûriers, 2515.
Mémoire pour servir de supplément, 1775.
Mémoire sur la dernière guerre, 3626.
Mémoire sur l'agriculture, 1034, 2191.
Mémoire sur l'application des acides gras, 1570.
Mémoire sur l'organisation des géomètres, 1222.
Mémoire sur le bureau de santé de Marseille, 2753.
Mémoire sur les défrichements, 2345.
Mémoires d'agriculture, 2187-2189.
Mémoires du Muséum, 1640.
Mémoires et documents scolaires, 842.
Mémoires inédits sur la vie des membres de l'Académie, 3784.
Mémoires pour l'histoire de l'Académie, 3783.
Mémorial de l'officier du génie, 3597.
Ménard (R.). Hist. des B. Arts, 3807, 3808.
Mendez (E.). Les remous atmosphériques, 1452.

Mène (Maur.). Nature de la migraine, 2936.
Mengus (Hier.). Praxis exorcistarum, 3713. — Flagellum dæmonum, 3718. — Fustis dæmonum, 3719.
Menier (Em. J.). Pulvérisation des engrais, 2337.
Menjot (Ant.). Dissertationes, 2807.
Mennechet (Mme). Magasin de l'enfance, 735.
Menon. Soupers de la cour, 4208. — Science du maître d'hôtel, 4209.
Mentel (Jac.). De typographiæ origine, 562.
Mercadier (Aug.). Cours de chant, 4138.
Mercati (Mich.). Instruttione sopra la peste, 2879.
Mercey (F. B. de). Études sur les Beaux Arts, 3786.
Mercier (Ed.). Influence du bien-être, 972.
Mercier (Le Dr E.). Monographie du genre Rubus, 1874.
Mercier. *Edit.* Cuvier, Anatomie comparée, 2701.
Mercure Trismegiste. Pimandre, 106, 107.
Mercurialis (Hier.). Prælectiones, 2804. — Tractatus varii, 3038.
Mercy (Le Ch^{er} Fr. Chr. Fl. de). *Trad.* Hippocrate, Œuvres, 2598-2605.
Merian (J. B.). *Trad.* Hume, Œuvres, 254-256.
Mérice (Ern.). Agriculture de l'Ecosse, 2275.
Mérimée (Pr.). Arts au moyen âge, 3813. — Peintures de St-Savin, 4022.
Mermet (C.). Histoire des mollusques, p. 308.
Mersenne (Le P. Mar.). Questions théologiques, 3194. — Préludes de l'harmonie, 3194. — Hydraulica, 3195. — Cogitata, 3195. — Tractatus mecha-

nicus, 3195. — Balistica, 3195. — *Trad.* Galilée, Les mécaniques, 3194.
MERSON (Ol.). Les vitraux, 3911.
MERTENS D'OSTIN (Le B⁰ⁿ). Utilité du drainage, 2354.
MERULA. *Voy.* GEORGIUS ALEXANDRINUS.
MESPEC (J.). Remarques sur la respiration, 2720. — Obstétrique, 3132.
MESSAHALLACH. De receptionibus planetarum, 3410.
Méthodes pour détruire les animaux nuisibles, 4225.
Métrologie ou traité des mesures, 3348.
METZNER (R.). Encyclopédie chimique, 1527.
MEULIEN (Mᵐᵉ Tullia). *Trad.* Lyell, Éléments de géologie, 1655. — *Trad.* Lyell, Principes de géologie, 1656.
MEUNIER (J.). Encyclopédie chimique, 1527.
MEUNIER (St.). Encyclopédie chimique, 1527.
MEUNIER (Le Dʳ Valery). Liberté de l'enseignement, 2570. — Mission au Guadarrama, 3076.
MEURSIUS (Joan.). *Edit.* Chalcidii in Timæum commentarius, 114.
MEYER (Alfr.). Art de l'émail, 4207.
MEYER (G. H. de). Organes de la parole, 2705.
MEYRAC (P.). Mémoire sur les eaux de Dax, 1761.
MEYSSONNIER (Laz.). Maladies vénéneuses, 2647. — Introd. à la magie, 3721.
MÉZIÈRES (Alfr.). *Préf.* Hardy de Perini, Origines de la tactique, 3579.
MÉZIÈRES (Mᵐᵉ Alfr.). *Voy.* CAUMONT.
MICHEL (André). Fr. Boucher, 3878.
MICHEL (Em.). Brueghel, 3878. — Hobbema, 3878. — Rembrandt, 3878. — Gér. Terburg, 3878. — Van de Velde, 3878. — Van Ruysdael, 3878.
MICHELET (J.). Nos fils, 744. — Le peuple, 942. — La montagne, 1714. — L'oiseau, 2022.

MICHIELS (Alfr.). Rubens, 3875. — Hist. des peintres, 3892. — Histoire de la peinture, 3897, 3898.
MICHON. Statistiques des prisons, 1110.
MICHON (L. A. J.). Des céréales en Italie, 2379.
MIDDLETON (J.). *Edit.* Young, The farmer's calendar, 2451.
MIGNERON. Rapport sur les produits de l'industrie, 1138.
MILHET (Arn.).Summa philosophiæ, 220.
MILLARDET (A.). Vignes américaines, 2448.
MILLET (Eug.). Restauration du château de Saint-Germain, 4047.
MILLET (P. A.). Agriculture de Maine-et-Loire, 2252.
MILLET ROBINET (Mᵐᵉ). Oiseaux de basse cour, 2307.
MILLET SAINT PIERRE (J. B.). Le dernier sorcier, 3732.
MILLIET DECHALES (Cl. Fr.). Cursus mathematicus, 3196, 3197.
MILLIN (A. L.). Hist. naturelle, 1582. — Dictionnaire des Beaux Arts, 3772.
MILLOT (Ch.). Manuel du colon, 2272.
MILLOT (J. André). Art d'améliorer les générations, 2788.
MILNE EDWARDS (H.). Zoologie, 1584, 1585. — Cours de zoologie, 1908. — Progrès de la zoologie, p. 287. — Production du sel, 2316. — *Edit.* Lamarck, Hist. des animaux, 2035.
MINGELOUSAULX (Sim.). *Trad.* G. de Chauliac, La grande chirurgie, 3083.
MINVIELLE. Traité de médecine, 2673.
MIRABEAU (H. G. Riquetti, Cᵗᵉ de). Essai sur le despotisme, 941.
MIRABEAU (V. Riquetti, Mⁱˢ de). L'ami des hommes, 1033. — Précis de l'organisation, 1034. — Théorie de l'impôt, 1214.
MIRANDA (J. Arias). Reseña de la beneficencia, 1076.

MIROUDOT (Dom J. B.). Prairies artificielles, 2365.
MIRVILLE (J. E. de). Pneumatologie, 3731.
Mise en pratique de la libération conditionnelle, 1122.
MIZAULD (Ant.). De mundi sphæra, 3286.
MODESTUS. De vocabulis rei militaris, 3537.
MODUS (Fr.). Conjectanea in Frontini stratagemata, 3537.
MOIGNO (L'abbé Fr. N. M.). *Trad.* Tyndall, Le son, 1421.
MOISSAN. Encyclopédie chimique, 1327.
MOITESSIER (A.). La photographie, 1419.
MOLÉON (J. G. V. de). Annales de l'industrie, 4156-4158. — Rapport sur la salubrité, 2756.
MOLINARIUS (Christ.). Epistola, 3016.
MOLINEUS (P.). Elementa logica, 377, 378.
MOLINIER (A.). *Edit.* Oribase, Œuvres, 2613.
MOLINIER (Em.). Benvenuto Cellini, 3878. — Le trésor de Coire, 4087. — Chefs-d'œuvre d'orfèvrerie, 4089. — Dict. des émailleurs, 4205.
MOLINIER (Et.). Politiques chrétiennes, 853.
MOLINOS (L.). Chemins de fer en Belgique, 1307.
MOLL (L.). *Edit.* Encyclopédie de l'agriculteur, 2088.
MOLTKE (H. de). Campagnes des Russes, 3636. — Guerre de 1870, 3668.
MONCRIF (Fr. Aug. PARADIS de). Lettre sur Terrasson, 253.
MONDEVILLE (H. de). Chirurgie, 3099.
MONESTIER (Bl.). La vraie philosophie, 267.
MONGE (Gasp.). Statique, 3374-3376. — Art de fabriquer les canons, 4173.
MONGEZ (Ant.). Tableaux de la galerie de Florence, 3925.

MONIEZ (R.). *Trad.* Credner, Traité de géologie, 1663.
MONNET (Ant. Gr.). *Trad.* de Born, Voyage en Hongrie, 1773.
MONOD (H.). Statistique des dépenses d'assistance, 1085. — Le choléra, 2893.
Monographie du chardonneret, 2028.
Monographie du palais de l'exposition, 4043.
MONSELET (Ch.). La cuisinière poétique, 4212.
MONTAGNANA (Barth.). De medicamentis, 3005.
MONTAGNE, Mis de PONCINS. Œuvre de l'agriculture, 2142.
MONTAIGLON (A. de). *Edit.* Mariette, Abecedario, 3776. — *Edit.* Testelin, Mémoires pour l'hist. de l'Académie, 3783. — *Edit.* Mémoires sur la vie des membres de l'Académie, 3784. — *Edit.* Procès-verbaux de l'Académie, 3785. — *Edit.* Correspondance des directeurs de l'Académie, 3811. — *Edit.* Félibien, Mémoires pour l'hist. des maisons royales, 3990. — *Dir.* Archives de l'art français, 3777, 3778.
MONTAIGNE (Mich.). Essais, 582-590. — Œuvres, 589.
MONTANUS (J. B.). Explicatio locorum medicinæ, 2556. — Lectiones in aphorismos Hippocratis, 2609. — De uterinis affectibus, 2709. — De excrementis, 2709. — *Trad.* Actii opera, 2584.
MONTARGIS (Fréd.). Enseignement de l'art en Allemagne, 3843.
MONTECUCULLI (Le Cte R. de). Mémoires, 3546.
MONTEIL (A. Al.). Hist. agricole de la France, 1048.
MONTEIRO (Ig.). Philosophia, 264, 397.
MONTÉMONT (Alb.). *Trad.* W. Scott, La démonologie, 3730.
MONTE REGIO (J. de). Epitome, 3410.

Montfaucon de Villars (L'abbé de). Le comte de Gabalis, 3723.
Montfort (P. Denys de). Conchyliologie, 2043.
Montluc (L. Adr. de). Assurances sur la vie, 1096.
Montrœil (de). Sommaire des bandes, 3087. — *Annot.* J. de Marque, Introduction à la chirurgie, 3087.
Mont Serrat (E. de). Voyage géologique, p. 254.
Montucci (H.). De l'enseignement en Angleterre, 784.
Montucla (J. F.). Hist. des mathématiques, 3178.
Montvert (de). Restauration des campagnes, 2191.
Monvel (de). Expéditions de César, 3613.
Moquin Tandon (A.). Tératologie végétale, 1823.
Moquin Tandon (G.). *Trad.* Claus, Traité de zoologie, 1910.
Moræus (R.). *Voy.* Moreau.
Moralistes français, 532.
Morand (J. Fr. Cl.). Art d'exploiter les mines, 1772.
Morandière (R.). Construction des ponts, 3689.
Moray (B. de). *Préf.* Procès-verbal pour délivrer une possédée, 3741.
Mordret (V.). Mémoire sur la fortification, 3592.
Moreau (Le D' J.). Folie névropathique, 2939.
Moreau (R.). Jac. Sylvii vita, 2633. — Schola Salernitana, 2780.
Moreau-Christophe (L. M.). Secret de longue vie, 2797.
Moreau de Jonnès (Al.). Statistique de l'agriculture, 2082. — Hygiène des Antilles, 2754.
Moreau de Maupertuis. *Voy.* Maupertuis.
Morel de Vindé (Ch. Gilb. V'° de). *Edit.* Bénard, Cabinet de M. Paignon Dijonval, 3914.

Morelles (Cosm.). *Edit.* S. Thomæ Aquinatis commentarii in Aristotelem, 440, 550, 863.
Morellet (L'abbé André). Réfutation des Dialogues, 1031.
Morellot (Sim.). Hist. naturelle, 3157.
Morellus (F.). Scholia ad lib. Senecæ de beneficiis, 142.
Morgagni (J. B.). *Annot.* Celsi de medicina, 2588. — Siège des maladies, 2694.
Morgan (J. de). Géologie de la Bohême, 1706.
Moride (Ed.). Technologie des engrais, 2313.
Morin (Arth.). Aide mémoire de mécanique, 3586.
Morogues. *Voy.* Bigot de Morogues.
Morpain (Le D' A.). Taille périnéale, 3095. — Sarcocèle, 3096.
Morris (Le G'' L. M.). Extérieur du cheval, 3172.
Morthier (P.). Flore de la Suisse, 1875.
Mortillet (G. de). Le préhistorique, 1990. — Origines de la chasse, 2010. — *Dir.* Matériaux pour l'histoire de l'homme, 1966.
Mortillet (H. de). La péripneumonie contagieuse, p. 483.
Morton (R.). Opera medica, 2639.
Morus (Th.). Du meilleur gouvernement, 916.
Mosellanus (P.). Tabulæ de schematibus, 331. — *Annot.* Vallæ de ratione argumentandi, 329.
Moser (G. H.). *Edit.* Plotini Enneades, 122.
Moücke (Fr.). Serie de ritratti, 3924.
Mouillefert (P.). Nouvelles expériences, 2447. — Expériences faites à Cognac, 2451. — Le phylloxera, 2454.
Mouillesaux. Appel au public, 1459.
Moulinié (J. J.). *Trad.* Vogt, Leçons sur l'homme, 1964.

Moureau (Adr.). Ant. Canal, 3878. — Les Moreau, 3878.—Saint Aubin, 3878.
Mourgues (Ern.). Les Pyrénées préhistoriques, 1715.
Mousis (B.). Mémoires, 3174.
Moutard Martin (E.). La pleurésie purulente, 2972. — L'arsenic dans la phtisie, 3024.
Moyens d'augmenter les revenus de l'État, 2191.
Mulh (Le D^r). Art de faire vivre l'homme sous l'eau, 2790.
Mullach (Fr. G. Aug.). Edit. Fragmenta philosophorum græcorum, 66.
Muller (E.). Distribution des eaux, 3403.
Muller (J.). Voy. Regiomontanus.
Muntz (A.). Encyclopédie chimique, 1527. — Les engrais, 2338.
Muntz (Eug.). Les arts à la cour des papes, 3817. — Précurseurs de la Renaissance, 3827. — Collections des Médicis, 3828. — La Renaissance en Italie, 3829. — Hist. de l'art, 3830. — Historiens de Raphael, 3872. — Donatello, 3878. — Guide de l'école des B. Arts, 3919. — Hist. de la tapisserie, 3964. — La tapisserie, 3967.
Muratori (L. Ant.). Le bonheur public, 962.
Muratori (J. Fr. Soli). Notice sur Muratori, 962.
Muret (M. Ant.). Annot. Senecæ opera, 136, 137.
Murmelius (Joan.). Commentaria in Boetium, 92. — Tabulæ, 331.
Murphy (P.). Forces de la gravitation, 1417.
Musée (Le) pédagogique, 836.
Muséum d'hist. naturelle, 1935, 1937.
Musgrave Clay (Le Dr R. de). Contagiosité de la phtisie, 2977. — Trad. Cohnheim, La tuberculose, 2979.
Musset Pathay (V. D. de). Bibliographie agronomique, 2074.
Mutrécy (Ch. de). Campagne de Chine, 3650.

N

Nabias (B. de). Centres nerveux des gastéropodes, 2037.
Nadaillac (Le Mis de). Existence de l'homme tertiaire, 1976. — Les premiers hommes, 1988.
Napias (Le Dr H.). Étude de l'hygiène, 2767. — Encyclopédie d'hygiène, 2770. — Hygiène des crèches, 2772.
Napier (W. F. P.). Guerre dans la Péninsule, 3631.
Napoléon (Le prince). Rapport sur l'exposition, 1154, 1155.
Naquet (F.). Fragonard, 3878.
Narjoux (F.). Architecture, 4041.
Naturalis philosophiæ paraphrases, 1337.
Nature (La), 1596.
Nature (De la), 1621.
Naudé (G.). Apologie, 3724.
Naudin. Le bon jardinier, 2545.
Nautonnier (Guil. de). Mécographie de l'aimant, 3341. — Mécométrie de l'aimant, 3341.
Navarrete (M. F.). Historia de la nautica, 3507.
Naville (Ern.). Edit. Maine de Biran, OEuvres, 294.
Nebout (Le Dr J.). Étude sur la grippe, 2975.
Necker (Jacq.). Importance des opinions religieuses, 688, 689. — Commerce des grains, 1053.
Needham (Gualt.). De formato fœtu, 2685.
Nélaton (Le Dr Aug.). Progrès de la chirurgie, p. 470.
Nemesianus (M. Aur. Ol.). Opera, 328. — Cynegeticon, 4224. — Bucolica, 4224.

NENTER (G. Ph.). Fundamenta medicinæ, 2667.

NEUFCHATEAU (Le Cte Fr. de). Mémoire sur le maïs, 2375. — La vinification, 2411.

NEUFORGE (C. A. J. M. de). L'armée, 3563.

NEUMANN. Revue horticole, 2536. — Le bon jardinier, 2545.

NEWTON (Is.). Philosophia naturalis, 3202. — Optique, 3492.

NEYMARCK (Alfr.). Aperçus financiers, 1202. — La rente, 1203. — Le cadastre, 1223.

NICAISE (E.). *Trad.* G. de Chauliac, Propos des plaies, 3086. — *Trad.* Mondeville, Chirurgie, 3099. — *Édit.* G. de Chauliac, Chirurgie, 3084.

NICERON (Le P. J. Fr.). Thaumaturgus opticus, 3491.

NICERON (Le P. J. P.). Vertus de l'eau, 3011.

NICOLAI (Nic. de). *Trad.* P. de Médine, Art de naviguer, 3502.

NICOLAS (Mich.). Essais, 295.

NICOLE (P.). Logique, 387-392. — Education d'un prince, 935.

NICOLE. Lettre sur un remède, 3017.

NICOLLE (L'abbé Ch.). Plan d'éducation, 780.

NICOLLET (J. N.). Lettre sur les assurances, 3359.

NIEDERMEYER (L. A.). Vie d'un compositeur, p. 627.

NIEL (P. G. J.). *Édit.* Portraits des personnages, p. 604.

NIEL (Le M^{al} Ad.). Siège de Sébastopol, 3643.

NIEREMBERG (J. Eus.). Filosofia, 1634.

NIHELL (J.). Observationes, 2857.

NISARD (Dés.). *Édit.* Senèque, OEuvres, 146. — *Édit.* Les agronomes latins, 2113.

NIVOIT. Encyclopédie chimique, 1527.

NOAILLES (Le Mis Emm. H. V. de). Un minimum de constitution, 926.

Noblesse (La) ramenée à ses principes, 954.

NOCARD. Encyclopédie d'hygiène, 2770.

NOEL (Eug.). Vie des fleurs, 2543.

NOEL (Fr.). *Trad.* Sinensis imperii libri classici, 650.

NOEL (Oct.). Hist. du commerce, 1249.

NOGUEZ (P.). Vertus de l'eau, 3011.

NOIROT (L.). *Trad.* Burger, Cours d'agriculture, 2155.

NOIROT (Le Dr L.). Art de vivre longtemps, 2795.

NOIZET (Le Gal F. J.). Fortification, 3593. — Mémoire sur la fortification, 3595.

NOLEN (D.). *Trad.* Hartmann, Philosophie de l'inconscient, 516. — *Introd.* Lange, Hist. du matérialisme, 311.

NOLLET (J. Ant.). Physique, 1380-1386. — Art des expériences, 1472.

NOLOT (Cl.). Traité des changes, 1232.

Nomination des instituteurs, 835.

NOORTWYK (W.). *Trad.* Nihell, Observationes, 2857.

NORIAC (J.). *Préf.* de Mutrécy, Campagne de Chine, 3650.

NORMAND fils. Cours de dessin, 3879.

NORMAND (Ch.). Greuze, 3878.

NOROY (DU PINET, S^{gr} de). *Voy.* DU PINET.

NOSTRADAMUS. Prophéties, 3758.

Note sur la libération conditionnelle, 1123.

Note sur l'organisation du travail, 1114.

Note sur les moyens de contrôler le service, 1125.

Notes sur diverses espèces de champignons, 1888.

Notes sur le travail des détenus, 1120.

Notice agricole, 2258.

Notice du musée de Dijon, 3929.

Notice du musée de Draguignan, 3930.

Notice sur la station d'Arcachon, 1953.

Notice sur la transportation, 1116.
Notice sur les avantages du chemin de fer, 1308.
NOULET (J. B.). Flore, 1856. — Hist. des mollusques, 1856. — Traité des champignons, 1884.
NOURRISSON (J. F.). Philosophies de la nature, 321. — La nature humaine, 492. — Spinoza, 493.
Nouveau cours d'agriculture, 2145.
Nouveau cours de chimie, 1514.
Nouveau dict. d'économie politique, 959.
Nouveau traité de civilité, 711.
Nouveaux élém. d'arithmétique, p. 493.
Nouvelle collection de dessins, 3676.

Nouvelle évaluation du revenu, 1219.
Nouvelle instruction pour la culture, 2329.
Nouvelles archives de l'art, 3779.
Nouvelles archives du muséum, 1642.
Nouvelles fontaines domestiques, 3390.
NOVICOW (J.). Gaspillages des sociétés, 995.
NOVIOMAGUS (Joan.). Annot. Trapezuntii de re dialectica, 329.
Novus candidatus philosophiæ, 393.
NUS (Eug.). Choses de l'autre monde, 3738.
NYSTEN (P. N.). Maladies des vers à soie, 2317.

O

Observations à recueillir, 1119.
Observations curieuses sur la physique, 1331.
Observations de la chambre de commerce, p. 175.
Observations faites dans les Pyrénées, 1627.
Observations sur la saignée, 3008.
Observations sur le phylloxera, 2433.
ODART (Le Cte Al.). Ampélographie, 2417, 2418. — Manuel du vigneron, 2423.
OEcolampadius (J.). De risu paschali, 328.
OEHLERT (D. P.). Géologie de la Mayenne, 1680. — Expéditions du Travailleur, 2058.
OGIER (J.). Encyclopédie chimique, 1527.
OLIVET (L'abbé J. THOULIER d'). Trad. Cicéron, De la nature des dieux, 97. — Trad. Cicéron, Tusculanes, 98.
OLIVIER (L.). Péripneumonie du bétail, 3176.
OLLÉ-LAPRUNE (L.). La certitude morale, 464. — Morale d'Aristote, 556.

OLLENDON (E. d'). Bibliographie de l'enseignement, 842.
OLLENDORFF (Gust.). Administration des B. Arts, 3836.
OLLIER (L.). Régénération des os, 3108.
OLYMPIODORE. Sur l'art sacré, 3751.
OMALIUS (F. d'). Trad. Stephens, Manuel de drainage, 2355.
OMALIUS D'HALLOY (J. J.). Des roches, 1357.
Opinion de la chambre de commerce, 1298.
OPPENHEIM (A.). Connaissances nécessaires à un amateur, 4074.
OPPIEN de Cilicie. Halieutiques, 4229. — De natura animalium, 1938.
OPPIEN de Syrie. Cynégétiques, 4229.
Opuscula illustrium medicorum de dosibus, 3005.
O'QUIN (P.). Taxe des voitures, 1216. — Chemins de fer, 1297.
ORBIGNY (Alc. d'). Cours de paléontologie, 1806. — Paléontologie française, 1959. — Hist. des céphalopodes, 2046.
ORBIGNY (Ch. d'). Dir. Dict. d'histoire naturelle, 1587.

Ordonnance du roi concernant le régiment corse, 3559. — Le régiment des carabiniers, 3560. — Le régiment italien, 3559. — Les dragons, 3560. — Les régiments allemands, 3559. — Les régiments irlandais, 3559. — L'infanterie, 3559. — La création d'un régiment irlandais, 3560. — Le gouvernement des provinces, 3560. — Pour la légion corse, 3559. — Le service des places, 3572. — L'exercice des troupes, 3575. — Sur le pain, 3560. — L'hôtel des Invalides, 3560. — Les déserteurs, 3560.

O'Reilly (R.). Essai sur le blanchiment, 1546.

Orfila (P.). Éléments de chimie, 1567. — Secours à donner, 3047.

Oribase. OEuvres, 2613.

Origanus (Dav.). Ephemerides, 3457, 3458.

Ortigue (J. d'). Dict. de plain-chant, 4129.

Orus Apollo. De hieroglyphicis notis, 328.

Osorius (Hier.). De gloria, 574. — De nobilitate, 574.

Ostanès. Traité, 1512.

Oudart (P.). Galerie des oiseaux, 2021.

Oudinot (Le M¹ˢ V.). Observ. sur les remontes, 2477.

Ouin-Lacroix (Ch.). Hist. des corporations, 4159.

Ourem (Le Bᵒⁿ d'). La représentation proportionnelle, 931. — Institutions de prévoyance, 1083.

Oustalet (E.). Oiseaux de la Chine, 2026.

Ouvrier-Delile (J. Cl.). Arithmétique, 3233.

Oviedo (Fr. de). Cursus philosophicus, 191.

Oxenstirn (Le Cᵗᵉ d'). Pensées, 640.

Ozanam (Jacq.). Dict. mathématique, 3218. — Géométrie, 3293.

Ozanam (J. A. F.). Hist. des maladies, 2874.

P

Pabst (A.). Encyclopédie chimique, 1527. — *Edit.* Schwerz, Culture des plantes, 2464.

Pacini (Eug.). La marine, 3506.

Pacius a Beriga (J.). Comment. in Aristotelis organum, 134, 336. — Comment. in Porphyrii isagogen, 134, 336. — *Edit.* Aristotelis organum, 336, 337. — *Edit.* Piccolominei comes politicus, 575.

Paillot de Montabert (J. N.). Traité de la peinture, 3907.

Paixhans (J. H.). Force et faiblesse de la France, 3553.

Pajol (Le Cᵗᵉ Ch. P. V.). Guerres sous Louis XV, 3616.

Palaa (G.). Dict. des chemins de fer, 1304.

Palæmon (Q. Rh. F.). De ponderibus, 2587.

Palæphatus. Opusculum, 328.

Palassou (Bern.). Mém. pour l'histoire naturelle des Pyrénées, 1628-1630. — Recherches sur les anciens camps, 1630. — Essai sur la minéralogie, 1774, 1775.

Paléographie musicale, 4140.

Paléologue. L'art chinois, 3845.

Palissy (Bernard). OEuvres, 2140, 2141. — Discours admirable, 4188.

Palladius. Scholia in Hippocratem, 2590.

Palladius (Rut. T. Æmil.). De re rustica, 2098-2101, 2109, 2111, 2115.

Palthenius (Zach.). *Annot.* Scribonii isagoge sphærica, 1326.

PALUN (Maur.). Plantes d'Avignon, 1866.
PALUSTRE (L.). La Renaissance, 3995.
— Architecture de la Renaissance, 3999.
PAMBRUN (Ar.). Manuel du baigneur, 1741.
PANCKOUKE (A. J.). Études des demoiselles, 715.
PANSERON (Aug.). Méthode de vocalisation, 4128.
PAPILLON (Fern.). Histoire de la philosophie, 37.
PARA DU PHANJAS (L'abbé). Théorie des êtres sensibles, 1389.
PARACELSE. Opera, 2625.
Parallèle d'Aristote et de Descartes, 1373.
PARAVEL (H.). Manuel de musique, 4137.
PARDIES (Le P. Ign. G.). Connaissance des bêtes, 451. — Statique, 1413. — Mouvement local, 1413. — OEuvres, 3198, 3199.
PAREDES (V. Santamaria de). Derecho de propiedad, 989.
PARENT-DUCHATELET (A. J. B.). De la prostitution, 1056. — Hygiène, 2758.
PARETO (R.). Irrigation, 2358.
PARIS (Le Cte de). Les associations ouvrières, 1190. — Guerre civile en Amérique, 3655.
PARIS (Le Vice Amiral Edm.). Construction navale, 3505. — Dict. de marine, 3509. — Peintres de la mer, 3871.
PARIS (Le C^{el}). Le feu à Paris, 1316.
PARIS (P.). La sculpture antique, 3981.
PARIS (P. A.). Trad. Dickson, Agriculture des anciens, 2118.
PARISET (E.). Industries de la soie, 4184.
PARISET (Le D^r Et.). Rapport, 2882.
PARISET (F.). Économie rurale, 2260.
PARISIS. Edit. Institutiones philosophicæ, 262.
PARISOT. État de la végétation, 2292.
PARMENTIER (A. A.). Mémoire sur les avantages, 2372. — Le maïs, 2374. — Culture de la vigne, 2409. — Traité de la châtaigne, 2459. — Culture des pommes de terre, 2460.
PARMENTIER (F.). Encyclopédie chimique, 1527.
PARMENTIER (Le G^{al}). Le cavalier aux échecs, 4236.
PAROZ (J.). Hist. de la pédagogie, 742.
PARROCEL (Et.). Art dans le midi, 3822, 3823. — Hist. de l'académie, 3824. — Les Beaux Arts en Provence, 3825.
PASCAL (Adr.). Précis sur la garde, 3526.
PASCAL (Bl.). Pensées, 531, 532.
PASCHALIUS (C.). Legatus, 946.
PASSY (Ant.). Description de la Seine-Inférieure, 1676.
PASSY (Fréd.). École de la liberté, 901. — Leçons d'économie politique, 976. — Les machines, 979. — L'économie politique dans l'enseignement, 984. — La véritable égalité, 986. — Importance des études économiques, 987. — Bastiat, 1003. — Principe de la population, 1045. — L'industrie, 4162.
PASSY (G. de). Service hydraulique, 3705.
PASSY (Jacq.). Minimums perceptibles des odeurs, 1426.
PASTEUR (L.). Études sur la bière, 1574. — Études sur le vin, 2434. — Maladie des vers à soie, 2523.
PATISSIER (Ph.). Manuel des eaux minérales, 1725.
PATRICIUS (Fr.). Discussiones, 87.
PAUCTON (A. J. P.). Métrologie, 3348.
PAULET (J. J.). Antimagnétisme, 1457.
PAULI (Le Dr I.). Inoculation contre le choléra, 2894.
PAULIAŃ (L'abbé A. H.). Guide des mathématiciens, 3220.
PAULIAN (L.). La hotte du chiffonnier, 1248. — La poste aux lettres, 1318.
PAULLINI (Ch. Fr.). Dolæi vita, 2630.
PAULUS ÆGYNETA. Præcepta salubria,

2574. — De re medica, 2575. — Opera, 2576. — De crisi, p. 385.
PAUNIER (L.). Encyclopédie chimique, 1527.
PAUTHIER (G.). *Trad.* Colebrooke, Philosophie des Indous, 19.
PAUWELS (Fréd.). Distribution d'eau, 3402.
PAYEN (A.). Rapport, 1139. — Traité de la distillation, 1531. — Chimie industrielle, 1569. — Substances alimentaires, 2792.
PAYER (J.). Botanique cryptogamique, 1886.
PEARCE. Le Spectateur, 637.
PEARSON (Ned). Dict. du sport, 2489.
PÉCAUT (F.). Études sur l'éducation, 760. — Mission en Italie, 807. — Rapports, 811.
PECHINEY. Encyclopédie chimique, 1527.
PECLET (E.). Traité de la chaleur, 1416.
PECQUET (Ant.). Pensées sur l'homme, 603.
PEERS (Le Bon E.). Fumiers couverts, 2324.
PEIGNÉ-DELACOURT (Ach.). Campagne de César, 3612.
PEISSE (L.). *Trad.* Dugald Stewart, Philosophie de l'esprit, 486.
PELET (Le Gal Bon J. J. G.). Fortification de Paris, 3588.
PELETARIUS (Jac.). *Annot.* Gemma, Arithmetica, 3225.
PELLARIN (Le D^r Ch.). Le mal de mer, 3003.
PELLAULT (H.). Art de s'enrichir, 2368.
PELLEGRIN (V.). Perspective, 3500.
PELLETIER (Bert.). Art de séparer le cuivre, 4175.
PELLOT (Jos.). Campagne des Pyrénées, 3627.
PELOUZE (Edm.). Éclairage au gaz, 1536.
PELOUZE (J.). Chimie, 1522, 1523.
PELTIER (Ath.). Formation des trombes, 1428.

PÈNE-SIEFERT (J.). Question tonkinoise, 1282.
PENNETIER (Le Dr G.). Origine de la vie, 2730.
PENON (H.). Le mobilier, p. 620.
Pensées diverses écrites à un docteur, 3412.
Pensées diverses sur l'homme, 603.
PEPIN. Revue horticole, 2336. — Le bon jardinier, 2545.
PÉQUÉGNOT. Perspective, 3501.
PEQUIGNOT (A.). Saline d'Arzew, 1704.
PERCHERON (A.). Bibliographie entomologique, 2038.
PERCY (Le Bon P. Fr.). Code pharmaceutique, 3160.
PEREIRA (B.). *Voy.* PERERIUS.
PEREIRE (Is.). Politique financière, 1207. — Constitution des banques, 1265. — Question des chemins de fer, 1305.
PERERIUS (Ben.). De rerum principiis, 1344.
PEREZ (Bern.). Éducation morale, 767. — Psychologie de l'enfant, 772, 773.
PÉRIER (L.). Exploration du Bibb, 3516.
PERIONIUS (Joach.). Observ. in Aristotelis opera, 79, 133. — *Trad.* Aristotelis opera, 79, 81, 82, 133, 332-334. — *Trad.* Porphyrii institutiones, 332.
PERNETY (Dom A. J.). Dict. mytho-hermétique, 3729.
PERNOT (L. T.). Dict. du constructeur, 4011.
PERON (A.). Description de l'Algérie, 1702.
PERRAULT (Cl.). Abrégé de Vitruve, 4003. — *Annot.* Vitruve, Architecture, 4004, 4005.
PERRAULT (P.). Physique, 1404.
PERRIER (Edm.). Philosophie zoologique, 1922. — Évolution mentale, 1924. — Expéditions du Travailleur, 2064. — *Préf.* de Quatrefages, Les émules de Darwin, 1600. — *Préf.* Darwin, Rôle des vers de terre, 2060.

PERRIER (Le C^{el}). Jonction géodésique de l'Espagne, 3336.
PERROT (G.). Histoire de l'art, p. 586.
PERRY (Le D' J.). Le progrès en homéopathie, 2848.
PERSOZ. Culture de la vigne, 2416.
Perspective (La) pratique, 3494.
PERTHUIS DE LAILLEVAULT (L. de). Constructions rurales, 2339. — Aménagement des bois, 2384.
PESNEAU (J. B.). Catalogue des plantes, 1863.
PETAU (Le P. Den.). Uranologion, 3411.
PETIT (G.). Constructions scolaires, 842.
PETIT (Guil.). Géologie départementale, 1674.
PETIT (P.). De motu animalium, 2711. — Observationes eclipsium, 3436.
PETIT DE LATOUR. Peine de mort, 1137.
PETIT THOUARS. *Voy.* DU PETIT THOUARS.
PÉTRARQUE (Fr.). De remediis utriusque fortunæ, 676, 677. — De contemptu mundi, 677. — Le sage résolu, 678, 679.
PETREIUS (Nic.). *Trad.* Meletii de natura hominis, 2586. — *Trad.* Polemonis naturæ signorum interpretatio, 2586. — *Trad.* Hippocratis de hominis structura, 2586. — *Trad.* Dioclis de tuenda valetudine, 2586. — *Trad.* Melampi de nevis corporis, 2586.
PETRUS A SANTO JOSEPH Fuliensis. Idea philosophiæ, 385, 578.
PETRUS DE ALVERNIA. Expositio in Parva naturalia Aristotelis, 439. — *Edit.* S. Thomæ comment. in Aristotelem, 1367, 1368.
PETRUS HISPANUS. Summulæ, 382.
PETRUS SANFLORANUS. Aristotelis thesaurus, 84, 85.
PETTIGREW (J. Bell). La locomotion, 1929. — L'aéronautique, 1929.
PEUCERUS (Casp.). De divinationum generibus, 3754.

PEUCHET (J.). Dict. de géographie, 1233. — Vocabulaire du commerce, 1234.
PEUT (Hipp.). La compagnie du Midi, 1311.
PEYRAMALE (J. M.). Eaux de St-Sauveur, 3041.
PEYRARD (F.). *Edit.* Bezout, Géométrie, 3304.
PEYRE (Mlle Sophie). Eug. Deveria, p. 590.
PEYRET (Al.). Visite aux colonies, 1285.
PEZENAS (Le R. P. Esprit). *Trad.* Desaguliers, Physique, 1387.
PEZZANI (André). Pluralité des existences de l'âme, 494.
PFEIFFER. Hist. du charbon de terre, 1778.
PFEIL. Cours d'agriculture, 2155.
PFNOR (Rod.). Architecture, 4051.
Pharmacopée à l'usage des hospices, 3158.
PHASIANINUS (Ph.). *Trad.* Palæphati opusculum, 328.
PHILÉ. *Voy.* MANUEL PHILÉ.
PHILIDOR. Académie des jeux, 4232.
PHILIPON DE LA MADELAINE (L.). Vues patriotiques, 730.
PHILIPPE. Flore des Pyrénées, 1857.
PHILIPPON. Algèbre, 3257.
PHILLIPPUS a Sanctissima Trinitate (Le R. P.). Summa, 195.
PHILLIPS (Ed.). Situation de la mécanique, p. 514.
PHILOLOGUS (Th.). *Voy.* RANGONUS.
Philosophie des deux Ampère, 303.
Philosophie (De la) platonicienne, 64.
Philosophie (La) positive, 35.
PHRYGIUS (P. Fr.). Comment. in Hippocratem, 2873.
PICARD (Alfr.). Rapport sur l'exposition, 1185-1187.
PICARD (J.). Observations, 3466. — Voyage, 3466.
PICAVET (F.). *Trad.* Kant, Critique de la raison pratique, 278.

— 721 —

Piccolomini (Al.). Institutione della vita, 703.
Piccolomini (Arch.). Comment. in Galenum, 2581.
Piccolomini (Fr.). De natura, 165. — De moribus, 575. — Comes politicus, 575.
Piccolos (N. S.). Édit. Aristote, Hist. des animaux, 1943.
Pichat (Ch.). Semailles à la volée, 2378.
Piche (Alb.). Synthèse des groupements sociaux, 899, 900. — Enseignement de la vie sociale, 1025. — Réforme pénitentiaire, 1103. — Adhérences de l'air, 1450.
Pichon du Gravier (A.). Étude sur les armes, 3610.
Picot (Cl.). Trad. Descartes, Principes de la philosophie, 207.
Picot (Ern.). Faïence de Samadet, 4200.
Picot (G.). Un devoir social, 1021.
Picot de Lapeyrouse (Le B^{on} Ph.). Plantes des Pyrénées, 1854.
Picqué (J.). Géométrie, 3314, 3315.
Pidoux (Le D^r). Études sur la phtisie, 2973.
Pieraggi (End.). Trad. Scrope, Formation des volcans, 1713.
Pierre enchatonnée, 3096.
Pierre (Ant.). Trad. Constantin César, Agriculture, 2107.
Pierre (J. I.). Chimie agricole, 1556, 1557. — Chaux, 2325. — Engrais de mer, 2326.
Pierre de Saint Flour. Voy. Petrus Sanfloranus.
Piernot (J.). Annot. Senecæ opera, 145.
Piette (Ed.). Paléontologie, 1959. — Vestiges néolithiques, 1979.
Pigray (P.). Préceptes de médecine, 2629.
Pihan Delaforest (Ang.). Édit. Plinii hist. naturalis, 1612.
Pillaut (L.). Musée du Conservatoire, 4105.
Pillet (Ch.). Mme Vigée Le Brun, 3878.

Pillet (J.). Enseignement du dessin, 842.
Pinaud (Aug.). Physique, 1398.
Pinchard (Al.). Hist. de la tapisserie, 3964.
Pinet (A.). Enseignement primaire, 2212.
Pingré (Al. G.). Réd. Courtanvaux, Journal, p. 534.
Pingrenon (F. S. J.). Fractures du crâne, 3107.
Piquer (And.). Institutiones, 2671. — Praxis, 2818. — Trad. Hippocrate, Obras, 2592.
Piry (A. Th.). Édit. K'ang-Hsi, Le saint édit, 652.
Pison (Car.). Observationes, 3018.
Pistoye (Alph. de). Irrigations, 2357.
Pitard (E.). Philosophie morale, 579.
Pitaro (Le Dr Ant.). Science de la sétifère, 2518.
Pitcairne (Arch.). Elementa medicinæ, 2662. — Opuscula, 3064.
Pittei (Cost.). Origine del sistema decimale, 3356.
Pitton de Tournefort (Jos.). Botanique, 1839.
Pius (Bapt.). Annot. Columellæ hortus, 2103.
Piussan (Le D^r Ch.). Atrésie du prépuce, 3126.
Plaisir (Du), 685.
Planat (P.). Construction des écoles, 818.
Planche (Aug.). Trad. Stirling, Découverte des mines d'or, 971.
Planchon (J. E.). Monographiæ phanerogamarum, 1843. — Le phylloxera, 2442.
Planté (G.). Recherches sur l'électricité, 1467.
Plantius (G.). Trad. Hippocratis aphorismi, 2594. — Trad. Galeni in Hippocratem commentarii, 2594. — Édit. Fernelii medicina, 2617-2620.

PLARR (Gust.). *Trad.* Tait, Traité des quaternions, 3285.
PLATERUS (F.). Praxis medica, 2805. — Quæstiones medicæ, 2805.
PLATERUS (Th.). *Edit.* Plateri quæstiones medicæ, 2805.
PLATINA (B.). De honesta voluptate, 566.
PLATNERUS (J. Zach.). Opuscula, 3067.
PLATON. Opera, 108-113, 115, 116. — Dialogi, 110. — Timée, 114, 420. — Phédon, 420.
PLÉE (F.). Types de plantes, 1853.
PLINE. Historia naturalis, 1603-1613, 1948.
PLON (Eug.). B. Cellini, 3861. — Thorvaldsen, 3876.
PLOTIN. Enneades, 120-123.
PLUQUET (L'abbé F. A. Adr.). Examen du fatalisme, 453. — De la sociabilité, 673.
PLUTARQUE. Opera moralia, 124-131. — Délais de la justice, 132, 567. — De vitiosa verecundia, 566.
Poème (Le) de Pope convaincu d'impiété, 1482.
Poetæ latini rei venaticæ, 4224.
Poetæ rusticantis literatum otium, 2179.
POINTEL (F. de). Recherches sur les peintres, p. 596.
POISSON (Le Bon C.). L'armée, 3527.
POISSON (Le R. P. N. J.). Comment. sur Descartes, 211.
POISSON (S. D.). Mécanique, 3364.
POITEAU (A.). Revue horticole, 2536. — Horticulture, 2537. — Bon jardinier, 2545.
POITRINEAU (F.). Écoles de hameaux, 842.
POLANUS A POLANSDORF (Am.). Logica, 370.
POLEMON. Naturæ signorum interpretatio, 2586.
POLIER DE SAINT GERMAIN (Ant. de). Gouvernement des mœurs, 610.
POLINIÈRE (P.). Expériences de physique, 1470, 1471.

POLITIANUS (Ang.). *Trad.* Epicteti enchiridion, 558, 559. — *Trad.* Alexandri Aphrodisei solutiones, 1601.
Politique (La) chrétienne, 600.
POLYBE. Castrametatio, 3537.
POMEL (A.). Carte géologique, 1701.
POMIER. Art de cultiver les mûriers, 2516.
POMIER (Le Dr A.). Laparotomies, 3127.
POMME fils (P.). Affections vaporeuses, 2935.
POMMEROL (B.). *Trad.* Lange, Histoire du matérialisme, 311.
POMMIER. Encyclopédie chimique, 1527.
POMPONIUS FORTUNATUS (Jul.). *Comment.* Hortus Columellæ, 2103.
PONCELET (J. V.). Mécanique, 3368. — Roues hydrauliques, 3382.
PONCINS (MONTAGNE, Mis de). *Voy.* MONTAGNE.
PONCIUS (Joan.). Philosophiæ cursus, 196.
POPE. Le spectateur, 637.
POPMA (Aus.). De instrumento fundi, 2109.
PORET (H.). *Trad.* Mackintosh, Hist. de la philosophie, 17.
PORPHYRE. Institutiones, 122, 133. — Théorie des intelligibles, 123. — De abstinentia, p. 22. — De natura animalium, 1938.
PORQUET (de). Culture de l'ajonc, 2466.
PORRETA (Gilb.). Comment. in libr. Boetii de trinitate, 92.
PORTA (J. B.). Phytognomonica, 1818. — Magie naturelle, 3721. — De fustivis litterarum notis, 3760.
PORTAL (Ant.). Traitement des asphyxiés, 3045, 3046.
PORTIUS (Leon.). De sestercio, 2553.
PORTUS (Fr.). Medica decas, p. 393.
Possession de Jeanne Fery, 3744.
POTTIER (R.). Age de la pierre polie, 1981.
POUCHET (Le Dr F. A.). L'univers, 1590. — *Préf.* Pennetier, Origine de la vie, 2730.

Pouchet (Gabr.). Encyclopédie d'hygiène, 2770.
Pouchet (Georg.). Laboratoire de Concarneau, 833.
Poudra (N. G.). Sections coniques, 3323.
Pouget. Eaux thermales du S. O., 1732.
Poullet (P.). Campagne de l'Est, 3664.
Poussin (N.). Travaux d'Hercule, 3917.
Pouvourville (Alb. de). L'art indochinois, 3853.
Pouyanne (J.). Carte géologique, 1701.
Pozzi (le Dr Sam.). Trad. Darwin, Expression des émotions, 2750.
Pradt (L'abbé D. Dufour de). État de la culture, 2288.
Prat (J. G.). Trad. Spinoza, Œuvres, 233-235.
Pratique de la géométrie, 3291.
Précis d'observations sur Barèges, 1746.
Précis de l'organisation, 1034.
Précis des expériences faites à Trianon, 2411.
Précis des opérations des armées du Rhin, 3635.
Préludes de l'harmonie, 3194.
Première introduction à la philosophie, 706.
Première suite du code militaire, p. 548.
Prémont (de). Trad. Cornaro, Conseils, 2786.
Préparation du congrès pénitentiaire, 1127.
Préservatif contre l'agronomie, 2184.
Prestet (Le P. J.). Éléments des mathématiques, 3216, 3217.
Préville (L. de). Trad. Smellie, Traité des accouchements, 3131.
Prévost (Const.). Formation, 1657.
Prévost (F.). Forts vitrifiés, 3596.
Prévost (G.). Trad. Malthus, Principe de population, 1035.
Prévost (P.). Trad. Dugald Stewart, Philosophie de l'esprit, 486. — Trad. Malthus, Principe de population, 1035.

Prévost Paradol (L. A.). Études sur les moralistes, 630. — La France nouvelle, 925. — Introd. Garnier, Morale dans l'antiquité, 535.
Prévost de Vernois (Le Gal). De la fortification, 3594.
Preyer (W.). Lettres, 2802.
Priem (Fern.). Évolution des formes animales, 1915.
Priezac (Dan. de). Discours, 872.
Prillieux. Enseignement de l'agriculture, 842.
Prima geometriæ elementa, 3288.
Primes (Les) d'honneur, 2233.
Principales merveilles de la nature, 1578.
Principes d'agriculture, 2148.
Principes de l'architecture, 3768.
Principes de logique, p. 62.
Principes de métaphysique, p. 65.
Principes (Les) de 89, 877.
Principes sur le gouvernement, 913.
Priscianus. Solutiones, 122.
Privat de Molières (Jos.). Physique, 1379.
Procès criminel de la dernière sorcière, 3745.
Procès-verbal fait pour délivrer une fille possédée, 3744.
Procès-verbaux de l'Académie, 3785.
Procès-verbaux du comité d'instruction publique, 844, 845.
Proclus. Institutiones, 122. — Opera, 135. — Sphæra, 3409.
Programme et règlement des études, 709.
Programmes des cours sur l'art militaire, 3331.
Progrès (Le) de la médecine, 3063.
Prony (Le Bon G. Cl. F. M. Riche de). Mécanique, 3213. — Architecture hydraulique, 3391.
Prost (Aug.). Corn. Agrippa, 3739.
Protin (P. O.). Les économistes, 1001.
Proudhon (P. J.). Spéculateur à la

bourse, 1199. — Réformes des chemins de fer, 1299.
PROUHET (E.). Arithmétique, 3247.
Proverbes et dictons agricoles, 2247.
PROYART (L'abbé L. B.). Tapisseries d'Arras, p. 605.
PRUDENT LE CHOYSELAT. Discours économique, 2506.
PRUD'HOMME (L.). Cours de construction, 3685.
PRUDHOMME (Sully). L'expression dans les Beaux Arts, 3831.
PRUNIER. Encyclopédie chimique, 1527.
PTOLÉMÉE. Liber quadripartitus, 3410. — De apparentiis, 3411.
PUAUX (Fr.). Instruction dans les colonies, 842.
PUBLIUS SYRUS. Sententiæ, 142.
PUGET (Loïsa). Album, 4150.

PUIBUSQUE (L. G. de). L'éleveur de poulains, 2473.
PUISSANT (L.). Géodésie, 3337.
PUJOS (J.). Propositions mathématiques, 3287.
PULSZKY (Ch.). Chefs-d'œuvre d'orfèvrerie, 4089.
PURBACH (G.). Epitome in Ptolemæum, 3410. — Theoricæ planetarum, 3432, 3433.
PURCHOTIUS (Edm.). Institutio philosophica, 246-248.
PUVIS (A.). Emploi de la chaux, 2307. — Moyens d'amender le sol, 2309.
PUYSÉGUR (J. Fr. de CHASTENET, M^{al} de). Art de la guerre, 3542.
PYTHAGORE. Aurea carmina, 561.
Pythagoreorum veterum fragmenta, 546, 860.

Q

QUÆRENGHI (Flav.). Institutiones, 577.
QUATREFAGES (A. de). Les émules de Darwin, 1600. — Darwin et ses précurseurs, 1916. — Unité de l'espèce humaine, 1962. — Progrès de l'anthropologie, p. 297. — Espèce humaine, 1984. — Introd. à l'étude des races humaines, 1995. — Le ver à soie, 2522. — Encyclopédie d'hygiène, 2770.
QUATREMÈRE-DIJONVAL (D. Bern.). Trad. Delaval, Recherches expérimentales, 1544.
Quelques idées nouvelles sur les maladies, 2966.
Quelques mots sur l'éducation, 787.

Quelques réflexions sur le cancer, 3095.
QUENARD (J. A.). Le fumier de ferme, 2318, 2369.
QUERIAU (Fr. G.). Examen du système de Newton, 3493.
QUESNAY (Fr.). L'ami des hommes, 1033.
Questionnaire sur l'exposition, 1156.
Questions intéressantes sur la population, 1034.
Questions sur différents genres d'obligations, 2191.
Questions (Les) théologiques, 3194.
QUET. De l'électricité, p. 215.
QUILLIET (F.). Dict. des peintres, p. 596.
QUINET (Edg.). La création, 1595.
QUINTAA (J.). La crise agricole, 2217.

R

Rabier (Elie). Philosophie, 320.
Radau (R.). Observatoires météorologiques, 1442.
Racinet (A.). Costume historique, p. 605.
Radisicz (Eug.). Chefs d'œuvre d'orfèvrerie, 4089.
Raffalovich (Arth.). Logement de l'ouvrier, 1027.
Raffray (Ach.). Églises de Lalibéla, 4044.
Rainssant (P.). Tableaux de Versailles, 3921.
Rambaud (A.). France coloniale, p. 186.
Rameau (J. Ph.). Traité de l'harmonie, 4120.
Ramée (Dan.). Hist. de l'architecture, 3984, 3985. — L'architecture et la construction, 4017. — Église de Noyon, 4023.
Ramond de Carbonnières (L. F. E.). Observ. faites dans les Pyrénées, 1627.
Ramus (P.). Dialectica, 354. — Rhetoricæ distinctiones, 1338. — De studiis philosophiæ, 1338.
Ranchin (Fr.). Œuvres, 3151.
Rangonus (Th.). Voy. Thomas Philologus.
Ranzovius (H.). Tractatus astrologicus, 3753.
Raoul (E.). Plantes de la Nouv. Zélande, 1878. — Edit. Sagot, Cultures tropicales, 2287.
Raoult (F. M.). Influence de l'acide carbonique, 1539.
Raoux (Ed.). Les trois intempérances, 2801.
Rapin (Le P. R.). Comparaison de Platon et d'Aristote, 55.
Rapine (Le R. P. Ch.). Epitome politicorum Aristotelis, 550. — Epitome S. Thomæ Aq. commentariorum in politica Aristotelis, 863.
Rapou (Aug.). Hist. de l'homéopathie, 2840. — De la fièvre typhoïde, 2848.
Rapou (T.). Trad. Bonninghausen, Thérapie homéopathique, 2848.
Rapport administratif sur l'exposition, 1176.
Rapport de la commission de l'hygiène, 2768.
Rapport de la commission militaire, 1175.
Rapport présenté par le conseil des colonies, 1284.
Rapport sur la caisse nat. d'épargne, 1278.
Rapport sur l'école polytechnique, 3214.
Rapport sur l'exécution des chemins de fer, 1288.
Rapport sur l'exposition, 1161.
Rapport sur les banques coloniales, 1267.
Rapport sur les caisses d'épargne, 1275-1277.
Rapport sur les sociétés de secours mutuels, 1090, 1093.
Rapport sur les traitements orthopédiques, 3104.
Rapport sur les vaccinations, 2908, 2913, 2918.
Rapports de la délégation ouvrière à Vienne, 792.
Rapports des ouvriers délégués à Anvers, 1182.
Rapports du jury sur l'exposition, 1187.
Rarey (J. S.). Art de dompter les chevaux, 2485.
Raspail (F. V.). Chimie organique, 1518.
Ratisbonne (J. L. Th.). Éducation morale, 732.

46.

RAUCH (F. A.). *Dir.* Annales de physique végétale, 1644. — Régénération de la nature végétale, 1821.
RAULIN (Jos.). Examen de la houille, 2299. — Examen des coquilles, 2299.
RAVAISSON (F.). Métaphysique d'Aristote, 442. — Philosophie en France, p. 46.
RAVAISSON MOLLIEN (Ch.). *Edit.* L. de Vinci, Manuscrits, 4075.
RAVESTEIN (Adr.). Lexicon medicum, 2557.
RAYER (Le D' P. F. O.). Rapport sur la pellagre, 2905.
RAYNAL (L'abbé Th. G. Fr.). Établissements des Européens, p. 178. — École militaire, 3548.
RAYNAUD (Maur.). Les médecins au temps de Molière, 2569.
RAYNAUD (Th.). De ortu infantium, p. 475.
REBEL (J. Ferry). Recueil de sonates, 4143.
Reboisement des montagnes, 2398, 2399.
REBOUL. Description de la vallée du gave, 1682.
Recherche (De la) de la vérité, 446-448.
Recherches et considérations sur les finances, 1194, 1195.
Recherches sur l'art statuaire, 3979.
Recherches sur l'origine du despotisme, 914.
Recherches sur la houille, 2301.
Recherches sur les courbes, 3296.
RECLUS (Élisée). La terre, 1661. — Villes d'hiver, 2997.
RECLUS (P.). Ophtalmies sympathiques, 2931. — *Edit.* Traité de chirurgie, 3098.
Récoltes (Des) dérobées, 2369.
Récoltes des céréales, 2084.
Récréations morales, 680.
Recueil d'observations, 3466.
Recueil de dessins, 3675.
Recueil de mémoires, 1062.

Recueil de morceaux de musique, 4145.
Recueil de pièces économiques, 2182.
Recueil de quelques discours, 871.
Recueil de vues, 3963.
Recueil des délibérations du congrès colonial, 1286.
Recueil des mémoires sur les remèdes d'Helvetius, 3019.
Recueil des pièces contre le rouissage, 4183.
Recueil factice de gravures, 3948.
Réflexions ou sentences et maximes, 593.
Réflexions sur les défauts d'autrui, 662.
Réformes à opérer dans les chemins de fer, 1299.
Réfutation de l'ouvrage : Dialogues, 1051.
REGA (H. J.). De urinis, 2858.
REGIOMONTANUS (J.). Observationes, 3459.
REGIS (P. S.). Philosophie, 239.
REGIUS (H.). Philosophia, 1577.
REGIUS. *Voy.* LE ROY (Loys).
REGIUS (Nic.). *Trad.* Galeni de usu partium corporis, 2577, 2580.
Règlement pour la subsistance des armées, 3557.
Règlement spécial pour les détenus politiques, 1135.
REGNAULT (Le P. N.). Entretiens physiques, 1479, 1480. — Origine de la physique, 1481.
REGNAULT (V.). Cours de chimie, 1524.
REGNIER (J. D.). De la lumière et de la couleur, 3908.
REGNIER. *Trad.* Lombroso, L'homme criminel, 2833.
Rei agrariæ auctores, 2108.
Rei agrariæ scriptores, 2110.
REICHARD (J. J.). *Edit.* Linné, Systema plantarum, 1838.
REID (Th.). Œuvres, 279.
REINHOLDUS (Er.). *Edit.* Purbachii theoricæ planetarum, 3432, 3433.
REINTJENS (N.). Les écoles en Irlande, 790.

Reisch (Gr.). Margarita philosophica, 151.
Reisnes. Oliv. de Serres, 2129.
Relation histor. de ce qui s'est passé à Marseille, 2881.
Rembrandt (P.). Œuvre, 3873.
Rémusat (P. de). Les sciences naturelles, 1589.
Remy (J.). Champignons et truffes, 1887.
Remy (Le D^r). Atrophie choroïdienne, 2930.
Renan (Ern.). Avenir de la science, 12.
— Averroès, 34.
Renard (L.). Le fond de la mer, 1592.
Renault (B.). Plantes fossiles, 1900.
Rendu (Ambr.). Essai sur l'instruction, 777.
Rendu (V.). Notions d'agriculture, 2077.
— Abeilles, 2513.
Renou (Et. L.). Thèses, 3437.
Renouvier (Ch.). Classification des doctrines philosophiques, 51. — Manuel de philosophie, 61.
Réorganisation de l'école des B. Arts, 3796.
Réorganisation des services de l'administration pénitentiaire, 1126.
Réponse à l'Essai sur les ponts et chaussées, 1034.
Représentation (La) proportionnelle, 932.
Requin (A. P.). Spécificité dans les maladies, 2828.
Rérolle (L.). *Trad.* Darwin, Fécondation des orchidées, 1895.
Resal (H.). *Trad.* Salmon, Géométrie, 3328.
Résolutions adoptées par le personnel des écoles normales, 822.
Restaurations des monuments antiques p. 617.
Résumé des états de situation de l'enseignement, 827.
Résumé des traités chinois sur la culture des mûriers, 2520.
Rethel (Alfr.). Le socialisme, 3951.

Réthoré (F.). *Trad.* H. Spencer, Classification des sciences, 10.
Retz (Le C^{al} de). Portrait de La Rochefoucauld, 399.
Reuchlin (J.). De arte cabalistica, p. 567.
Reuter (G. F.). Catalogue des plantes, 1874.
Reveil (O.). Règne végétal, 1848.
Reveillé Parise (Le Dr J. H.). Traité de la vieillesse, 2791.
Révision (La) constitutionnelle en Belgique, 904.
Revoil (H.). Architecture romane, 4042.
Revue d'hygiène, 2764.
Revue de l'art français, 3781.
Revue des institutions de prévoyance, 1084.
Revue des sciences médicales, 3079.
Revue et magasin de zoologie, 1907.
Revue horticole, 2536.
Revue pédagogique, 756.
Revue philosophique, 38.
Rey Deplanazu. Œuvres d'agriculture, 2146.
Rey Lescure. Aperçu des questions, 1679.
Reynaud (Le Bon A. A. L.). Géométrie, 3309.
Reyneau (Le P. Ch.). Analyse démontrée, 3200. — Calcul des grandeurs, 3201.
Reynier (L.). Économie publique des Perses, 2076.
Rhodion (Euch.). De partu hominis, 2578.
Rhodius (J.). Vita Celsi, 2588.
Riant (Le Dr A.). Conférences, 798. — Hygiène scolaire, 809.
Riant (F.). Observ. sur les cimetières, 2762.
Riban (J.). Encyclopédie chimique, 1527.
Ribot (Th.). Hérédité, 508. — Psychologie anglaise, 509. — Psychologie allemande, 510. — Maladies de la mémoire, 511. — Maladies de la

volonté, 512. — Maladies de la personnalité, 513. — *Dir.* Revue philosophique, 38. — *Trad.* H. Spencer, Principes de psychologie, 514.

Ricardo (Dav.). Principes de l'économie politique, 969.

Ricardou (A.). De l'idéal, 527.

Ricciolo (J. B.). Almagestum, 3435. — Astronomia, 3464.

Richard (Ach.). *Edit.* Buffon, Œuvres, 1620. — Code pharmaceutique, 3160.

Richard (Ant.). Dict. d'agriculture, 2096.

Richard. Encyclopédie d'hygiène, 2770.

Riche. Encyclopédie d'hygiène, 2770.

Richelot (H.). *Trad.* List, Système d'économie politique, 974.

Richer (l'abbé Cl.). Observations, 3466. — Gnomonique, 3487.

Richer (Le Dr P.). Anatomie, 2706.

Richerand (Le Bon A.). Notice sur Bordeu, 2674.

Richet (Ch.). Chaleur animale, 2737. — L'homme et l'intelligence, 2942. — *Préf.* Lombroso, L'homme de génie, 2834.

Richtenberger (Eug.). Musée du Louvre, 3918.

Rico y Sinobas (Man.). *Comment.* Alfonso X, Libros de astronomia, 3423.

Rieffel (J.). *Annot.* Bujault, Œuvres, 2173. — *Préf.* Bobierre, L'atmosphère, 2295.

Riemann (H.). Dict. de musique, 4127.

Riencourt (Le Cte de). Militaires blessés, 1080.

Rigaltius (Nic.). *Annot.* Rei agrariæ auctores, 2108.

Ringelbergius (Joach.). Dialectica, 331. — Rhetorica, 331.

Rio (A. F.). Art chrétien, 3794, 3795.

Riondet (A.). Agriculture, 2264.

Ripa (J. Fr. de). De peste, 2877.

Ris Paquot (O. Edm.). Dict. des marques, 4085, 4196.

Ritt (G.). Géométrie, 3313.

Ritter (Ch.). Théorie des hydrométéores, 1444. — Résultats de la submersion des chotts, 1446. — Études météoronomiques, 1448.

Ritter (Fr.). Fr. Viète, 3258. — Inventions mathématiques de Viète, 3283. — Lettre de Fermat, 3284. — *Trad.* Viète, Introd. à l'art analytique, 3277. — *Trad.* Viète, Notes sur la logistique, 3278.

Rivaltus (Dav.). *Edit.* Archimedis opera, 3192.

Rivard (Fr. Dom.). Éléments de mathématiques, 3221, 3222. — Éléments de géométrie, 3297. — Traité du calendrier, 3480, 3481. — Traité de la sphère, 3480, 3481.

Riverius (Laz.). Praxis medica, 2638. — Opera, 2639-2641.

Rivière (Em.). Antiquité de l'homme, 1994.

Robert (Ch.). Le salut par l'éducation, 745. — École ou prison, 749.

Robert (Ch.). Les légions d'Auguste, 3523.

Robert (Le Dr Const.). Action des eaux de Cauterets, 1760.

Roberty (E. de). Sociologie, 1017.

Robin (Le D^r Ch.). Instruction et éducation, 753. — Cours d'histologie, 2702.

Robinet (J. B. R.). De la nature, 1621. — *Trad.* Hume, Essais de morale, 257.

Roblin (F. H.). *Trad.* Kühn, Alimentation des bêtes bovines, 2501.

Rochard (Eug.). Encyclopédie d'hygiène, 2770.

Rochard (Le Dr J.). Questions d'hygiène, 2774. — *Dir.* Encyclopédie d'hygiène, 2770.

Rochas (Alb. de). Science des philosophes, 3740.

Rochow (F. E. de). Essai sur les établissements d'humanité, 1062.

Rocque (Bern.). Art militaire, 3536.

Rod (Ed.). Idées morales, 649. — Sens de la vie, 701.
Roeslin (Euch.). *Voy.* Rhodion.
Roger (Le Dr H.). Pathologie, 2837. — Hygiène de l'enfance, 2768.
Roger Milès (L.). Corot, 3878.
Roger de Parme. De venarum phlebotomia, 2585.
Roguet (Le Gal Cte Chr. M.). Bacon, 185. — Approvisionnement des armées, 3561. — L'officier d'infanterie, 3577.
Roguet (Le Gal Cte Fr.). Mémoires, 3622.
Rohart (F.). Fabrication des engrais, 2322. — Engrais chimiques, 2334.
Rohault (Jacq.). Physique, 1375-1377.
Rohlwes. Cours d'agriculture, 2155.
Rojas Clemente y Rubio (Sim.). Variedades de la vid, 2455.
Roland. De ratione medendi, 2585.
Rôle des femmes en agriculture, 2211.
Rolland (Le président). Recueil, 729.
Roloff (Dr J. F.). Der Electromagnetismus, 3367.
Romain (A.). *Edit.* Biston, Manuel du fontainier, 4176.
Romanes (G. J.). Évolution mentale chez les animaux, 1923. — Intelligence des animaux, 1924.
Romieu (Mme). Des paysans et de l'agriculture, 1043.
Ronchaud (L. de). Au Parthénon, 4025.
Rondelet (G.). Hist. des poissons, 2029. — Methodus curandorum morborum, 2622, 2623. — Opera, 2624. — De ponderibus, 3005.
Rondelet (J.). Art de bâtir, 4015, 4016.
Ronna (A.). Assainissement des villes, 2362. — Irrigations, 2363.
Rood (O. N.). Théorie des couleurs, 1409.
Rooenhuisen. Art d'accoucher, 3131.
Roques (J.). Hist. des champignons, 1885.
Rosen (Le Bon). Das Leben für den Czar, 4155.

Rosenthal (J.). Les nerfs et les muscles, 2735.
Rosny (Jos.). Le bonheur rural, 2192.
Rosset (P. Fulcran de). L'agriculture, 2183.
Rossignol. Excursions photographiques, 3975.
Rostan (L.). Cours d'hygiène, 2755.
Roswag (C.). Encyclopédie chimique, 1527.
Rota (Mart.). *Annot.* Boetii organum, 92.
Roti cochon, 769.
Rouaix (P.). Dict. des arts décoratifs, 4060. — Les styles, 4061.
Roudaire (Le cap. Elie). Mission des chotts, 3707.
Rouget (Ferd.). Génie de l'agriculture, 2255.
Rougier de la Bergerie (Le Bon J. B.). Forêts de la France, 2386.
Rouland. *Edit.* Sigaud de La Fond, Description d'un cabinet, 1474.
Roule (Le Dr L.). Embryologie, 2739.
Roumeguère (Cas.). Voyage géologique, 1677.
Rousseau (G.). Encyclopédie chimique, 1527.
Rousseau (J. J.). Profession de foi du vicaire savoyard, 290. — Émile, 717. — Lettre à Chr. de Beaumont, 718. — Contrat social, 889. — Dict. de musique, p. 627.
Rousseau (T.). *Trad.* Morus, Du meilleur gouvernement, 916.
Roussel (Fr.). Législation du recrutement, p. 549.
Roussel (Jos.). Étude des Pyrénées, 1718.
Rousselot (X.). *Trad.* Varron, Économie rurale, 2112.
Rousset (Cam.). Guerre de Crimée, 3646.
Rousset de Missy (J.). Rang entre les souverains, 950.
Roux (G.). Pathologie, 2837.

— 730 —

Roux (Hon.). Plantes de Provence, 1867.
Roux (L'abbé R.). Calcul infinitésimal, 3263.
Roy (P.). Principes de l'art musical, 4133.
Royer (Aug.). Cartes du ciel, 3465.
Royer (Ch.). *Edit.* Montaigne, Essais, 590. — *Edit.* La Rochefoucauld, Réflexions, 598.
Royer (Ch. Ed.). Notes économiques, 2195. — Agriculture allemande, 2277.
Royer (Mme Clémence). L'été de 1892, 1453. — Recherches d'optique, 1496. — Origine de l'homme, 2013. — Attraction et gravitation, 3430.
Royer Collard (P. P.). Fragments, 279.
Royère (Le Mis de). Avantages offerts à l'Alsace, 2472.
Rozan (Ch.). La bonté, 675.
Roze (L.). La menthe, 1893.
Rozier (L'abbé Fr.). Démonstrations de botanique, 1807. — Cours d'agriculture, 2143, 2145. — Manière de faire les vins, 2406. — Culture de la vigne, 2409.
Rubeus (Th.). Admonitio, 3193.

Rucco (Jul.). Science of the pulse, 2860.
Ruckert (Le D^r). Maladies de la peau, 2839.
Ruelle (Ch. Em.). Étude sur Damascius, 102. — Congrès d'Arezzo, 4136. — *Edit.* Damascii dubitationes, 101. — *Edit.* Rufus d'Ephèse, OEuvres, 2614. — *Edit.* Collection des anciens alchimistes, 3731.
Ruffer. Pathologie, 2837.
Ruffiny. Cours d'agriculture, 2155.
Rufus d'Ephèse. OEuvres, 2614.
Ruggiero. *Voy.* Roger de Parme.
Rulandus (Mart.). De phlebotomia, 3056. — Curationes empiricæ, 3056, 3057. — Medicina, 3057. — De dosibus, 3057.
Ruprich Robert (V.). Architecture normande, 4045.
Ruvio (Ant.). Logica, 379-381. — Comment. in Aristotelem, 434, 435, 1357-1362.
Ruyschius (Fr.). *Edit.* Commelinus. Horti medici Amst. descriptio, 1881.
Rymkiewicz, (X.). *Edit.* Bonnet, Manuel du capitaliste, 3249.

S

Sabatié (G.). Institutiones philosophicæ, 251.
Sabatié (R.). Bibliothèques pédagogiques, 842.
Sabatier (P.). Encyclopédie chimique, 1527.
Sabine (H.). Dict. de l'architecture, 3986.
Sablé (La M^{ise} Laval de). Maximes, 624.
Sacc (Le Dr F.). Chimie agricole, 1555. — Chimie minérale, 1573.
Sacchini (Le P. Fr.). Paræenesis, 707. — Protrepticon, 707, 708.
Sacrobosco (Joan. de). De sphæra, 3181, 3472, 3473. — De anni ratione, 3472, 3473.
Sacrobusto (Joan. de). *Voy.* Sacrobosco.

Sacy (L. de). De l'amitié, 665-668.
Sage (B. G.). Extinction de la chaux, 4009.
Saglio (E.). Rapport sur les musées, 3842. — Rapport sur l'enseignement des arts, 4098.
Sagnier (H.). Agriculture en Italie, 2283.
Sagot (P.). Cultures tropicales, 2287.
Saint (Le) édit, 632.
Saint Arroman (R. de). Gravure à l'eau forte, 3943.
Saint Cricq (Le Vte de). Peine de mort, p. 162.
Saint Félix (A. J. M. de). Traité des prairies, 2369.
Saint Hilaire (de). Anatomie, 2687.

— 731 —

Saint Hilaire (J. Barthélemy). *Voy.* Barthélemy.
Saint Hilaire (Is. Geoffroy). *Voy.* Geoffroy.
Saint John de Crèvecœur (J. H.). Lettres, 2186.
Saint Lager (Le D'). *Édit.* Mondeville, Chirurgie, 3099.
Saint Léon (Et. M.). *Trad.* H. Spencer, Morale des différents peuples, 647. — *Trad.* H. Spencer, Rôle moral de la bienfaisance, 1099.
Saint Robert (P. de). Nature de la force, 1422.
Saint Simon (A. de). Miscellanées, 2051.
Saint Victor (P. de). L'Album, 3953.
Sainte Beuve (C. A.). *Préf.* La Rochefoucauld, Réflexions, 594.
Sainte Claire Deville (Ch.). Coup d'œil sur la géologie, 1662.
Saisset (Em.). Manuel de philosophie, 62, 63. — Essais sur la philosophie, 287. — L'âme et la vie, 491.
Salabert (Joan.). Philosophia nominalium, 152.
Salcedo (P. G. de). Tratado del contrabando, 1251.
Saldoni (Balt.). Dicc. de efemerides, p. 626.
Salgues (J. B.). Erreurs et préjugés, 613.
Salicis (G.). Travail manuel, 842.
Salinis (Ant. de). Instruction pastorale, p. 132.
Sallenave (Le G^{al} de). Engrais humain, 2320.
Sallenave (Le D' L. P.). L'épuisement, 2899. — Réponse, 2899. — La fièvre, 2899.
Salles (Eus. Fr. de). Hist. des races humaines, 1961.
Salmasius. *Voy.* Saumaise.
Salmon (G.). Géométrie, 3328.
Salon (Le), 3952.
Salverte (Eus.). Caisse d'épargne de Genève, p. 184.

Samonicus (Q. Serenus). De medicina, p. 386, 2587.
Sancery (Le D'). Du nervosisme, 2941.
Sanctinius Lucensis (A.). Geometriæ Vietæ instauratio, 3490.
Sancto Georgio (Benv. de). *Voy.* Blandrate.
Sancto Jacobo (I. a). Philosophiæ cursus, 214.
Sancto Nazario (J. Fr. de). De peste, 2877.
Sander (D' Fr.). Handbuch, 2763.
Sander Rang. Hist. naturelle des aplysiens, 2047. — Hist. naturelle des mollusques, 2050.
Sandras de Courtilz (G.). Testament de Louvois, 909.
Sanson (André). Notions de vétérinaire, 2468. — Maréchalerie, 2470. — Médecine vétérinaire, 3177.
Sanson (C. A.). Calcul différentiel, 3272.
Santorini (J. D.). Opuscula, 2665.
Saporta (G. de). Cryptogames, 1832. — Phanérogames, 1833. — Paléontologie, 1959.
Sappey (Ph. C.). Études sur les poissons, 2032.
Sarabeyrouze (P.). Eaux de Bagnères, 1739.
Sarrazin (J. B.). *Trad.* Ruckert, Maladies de la peau, 2839.
Saulcy (F. de). Expéditions de César, 3611. — Lettre sur les esprits, 3731.
Saumaise (Cl.). De annis climactericis, 3756. — *Annot.* Simplicii commentarius, 561. — *Préf.* Aurea carmina Pythagoræ, 561.
Sautereau (G.). Canal de Panama, 3706.
Sauvageot (Cl.). Palais, châteaux, 4036.
Sauzay (Eug.). Étude sur le quatuor, 4108.
Sauzeau (Alix). Amélioration des races d'animaux, 2467.
Savary (Jaq.). Parfait négociant, 1232.

SAVARY (Ph. L.). Vie de J. Savary, 1232.
SAVARY DESBRUSLONS (Jaq.). Parfait négociant, 1232.
SAVERIEN (Alex.). Construction des navires, 3504.
SAVI (P.). Système nerveux de la torpille, 1927.
SAVIGNY (J. C.). Animaux sans vertèbres, 2034.
SAY (J. B.). Économie politique, 966, 967. — *Annot.* Ricardo, Principes de l'économie politique, 969.
SAY (L.). Socialisme d'État, 1019, 1020. — Économie sociale, 1030. — *Edit.* Dict. d'économie politique, 959. — *Edit.* Dict. des finances, 1208. — *Préf.* Chevalier, Assistance dans les campagnes, 1088.
SCALIGER (J. C.). De subtilitate, 1325. — Comment. in libr. Theophrasti de causis plantarum, 1844. — Comment. in libr. de plantis Aristotelis, 1844. — *Trad.* Aristotelis historia de animalibus, 1941.
SCALIGER (Jos.). *Annot.* Celsi de medicina, 2588.
SCHABOL (L'abbé R.). Pratique du jardinage, 2535.
SCHACHT (le Dr Herm.). Le microscope, 1418.
SCHAER (le Dr F.). Tuberculose, 2968.
SCHATZMANN (R.). Fromageries, 2502.
SCHAUENBURG (P. R. de). *Trad.* Schwerz, Préceptes d'agriculture, 2157.— *Trad.* Schwerz. Culture des plantes, 2377, 2463.
SCHEDEL (H. E.). Maladies de la peau, 2904.
SCHEGKIUS (J.). *Trad.* Arriani commentarius, 558.
SCHEIDWEILER. Flore des serres, 1883.
SCHENCKIUS A GRAFENBERG (J.). Observationes, 2626.
SCHERER (Edm.). Un moraliste, 698.

SCHLAGDENHAUFFEN (le D^r). Encyclopédie chimique, 1527.
SCHLEGEL (Fr. de). Philosophie de la vie, 282.
SCHLESINGER-RAHIER (le D^r). *Trad.* Griesselich, Manuel homéopathique, 2841.
SCHLOESING (Th.). Encyclopédie chimique, 1527.
SCHMIDT (O.). Descendance et Darwinisme, 1920. — Les mammifères, 2017.
SCHNEIDER (C. E. Ch.). *Edit.* Platonis opera, 116.
SCHNEPP (Le Dr B.). Climats de l'Afrique, 1440.
SCHOEDLER (Fr.). Minéralogie, 1799.
SCHOEN (F. L.). L'homme, 488.
SCHOENHALS (Le G^{al}). Campagnes d'Italie, 3640.
Schola Salernitana, 2780.
SCHOOTEN (Fr. a). *Trad.* Descartes, Geometria, 3289.
SCHOPENHAUER (Arth.). De la quadruple racine, 314. — Le monde comme volonté, 315.
SCHOTTUS (And.). De claris rhetoribus, 142.
SCHRIBAUX. Enseignement de l'agriculture, 842.
SCHRÖN (Le Dr L.). Logarithmes, 3346.
SCHULZE (J. H.). Fr. Hoffmanni vita, 2669.
SCHUTZENBERGER (P.). Chimie, 1526. — Fermentations, 1540.— *Trad.* Brucke, Les couleurs, 1408.
SCHWEITZER (Le D^r). Traitement de la fistule, 3096. — Cautérisation des hémorrhoïdes, 3096.
SCHWERZ (J. N.). Manuel de l'agriculteur, 2090, 2158. — Préceptes, 2157.— Culture des plantes, 2377, 2463, 2464.
SCHWILGUÉ (C. J. A.). Matière médicale, 3020.
Science du calcul des grandeurs, 3201.
Science du maître d'hôtel, 4209.

— 733 —

Scott (Walter). La démonologie, 3730.
Scribanus (Car.). Politico-Christianus, 704.
Scribonius (G. A.). Physica, 1326. — Isagoge sphærica, 1326.
Scrope (G. Poulett). Formation des cônes volcaniques, 1713.
Scudo (P.). Critique musicale, 4107.
Séailles (G.). Hist. de la philosophie, 52. — Génie dans l'art, 3832.
Secchi (Le P. A.). Le soleil, 3447. — Les étoiles, 3450.
Secret (Le) de longue vie, 2797.
Sédillot (L. P. E. A.). Hist. des mathématiques, 3179.
Sée (Cam.). Enseignement secondaire des filles, 800.
Sée (Le Dr G.). Maladies du cœur, 2984.
Sée (Le Dr M.). Edit. Cruveilhier, Traité d'anatomie, 2703.
Ségalas (P. S.). Essai sur la gravelle, 3119.
Seguer (M.). Annot. Jackson, Enchiridion, 2660.
Seguy (Ant.). Physica, 1388.
Seidel (Br.). Physica, 1327.
Seignette (P.). Massif Pyrénéen de l'Ariège, 1694.
Selmersheim (P.). Edit. Millet, Château de Saint Germain, 4047.
Semery (And.). Triennium philosophicum, 237.
Semmes (R.). Croisières de l'Alabama, 3514.
Sénac (J. B.). Chimie, 1514.
Sénac (Le D^r). Traitement à Vichy, 3042.
Sénac de Meilhan (G.). Considérations sur les mœurs, 611.
Sénamaud (J.). Hist. de Confucius, 651.
Sénarmont (H. de). Edit. Fresnel, Œuvres, 1491.
Sénault (Le P. J. Fr.). Usage des passions, 635-637. — Le monarque, 939.
Sénèque (L. A.). Opera, 136, 137, 139-146. — Epistolæ, 138. — Sententiæ, 142, 166, 1601.
Sénèque (M. A.). Opera, 141, 142. — Suasoriæ, 142.
Sennert (Dan.). Institutiones medicinæ, 2631, 2632. — De febribus, 2632.
Serbellonus (Sig.). Philosophia, 204.
Sérée (J. F.). Traité du choléra, 2884.
Serenus. Voy. Samonicus.
Sergent (E.). Traité des mesurages, 3354. — Résistance des matériaux, 3693.
Seringe (N. C.). Petit agriculteur, 2079.
Seroux d'Agincourt (J. B. L. G.). Hist. de l'art, 3770.
Serranus (J.). Trad. Platonis opera, 112.
Serranus (L.). Edit. Chr. a Vega opera, 2630.
Serres (Oliv. de). Théâtre d'agriculture, 2125-2128.
Serret (J. A.). Trigonométrie, 3331. — Edit. Lagrange, Œuvres, 3206.
Serrurier (G.). Musées scolaires, 842.
Sers (L. A.). Irrigation, 2360.
Servan (A. J. M.). Doutes d'un provincial, 1438.
Servois (G.). Edit. La Bruyère, Œuvres, 618.
Sevestre. Edit. Charcot, Œuvres, 2677.
Short (A.). account of the disease in corn, 2373.
Sicard (Le Dr Adr.). Monographie du sorgho, 1891.
Sidobre (Ant.). Dissertatio, 3007.
Siège du fort de Monzon, 3630.
Sigaud de La Fond (J. R.). Description d'un cabinet, 1474.
Sigorgne (L'abbé P.). Réplique, 1482.
Silhon (J.). Immortalité de l'âme, 467. — Ministre d'État, 948. — Certitude des connaissances, 949.
Silhouette (Et. de). Trad. Krantzovius, Traité sur le bonheur, 914.
Silva (Hon.). Observ. sur les sangsues, 2059.

Silvestre (Th.). Hist. des peintres, 3892.
Simon (Jules). Manuel de philosophie, 62, 63. — Le devoir, 674. — L'école, 739. — Réforme de l'enseignement, 791. — La liberté, 943. — L'ouvrier de huit ans, 1005. — La peine de mort, 1136. — *Préf.* Descartes, Œuvres, 210.
Simon (Le Dr Jules). *Trad.* Braid, Neurypnologie, 2944.
Simon (J. P. V.). Application de la loi sur le recrutement, p. 549.
Simon (Le Dr L.). Leçons de médecine, 2838. — Notice sur Hahnemann, 2851. — *Trad.* Dugald Stewart, Philosophie des facultés de l'homme, 485.
Simon fils (Le Dr L.). *Trad.* Hartmann, Maladies des enfants, 2847.
Simonin. Traité de la coupe des pierres, 4012.
Simonnin (J.). Notice sur La Bruyère, 616.
Simplicius. Commentarius in Epictetum, 561, 573.
Sincère (Marie). Des paysans et de l'agriculture, 1043.
Sinclair (J.). Code of agriculture, 2150.
Sinensis imperii libri classici, 650.
Sirodot (S.). Les batrachospermes, 1899.
Sisteron. Récréation musicale, 4146. — Divertissement, 4147.
Sloman (H.). Die Differenzielrechnung, 3274. — The claim of Leibnitz, 3276.
Smellie (W.). Traité des accouchements, 3131.
Smith (Adam). Théorie des sentiments moraux, 644. — Recherches sur les causes de la richesse, 965.
Smith. Vertus de l'eau, 3011.
Snell (Fr. W.). Morale, 644.
Snell (W. de Royen). *Edit.* Observationes Hassiacæ, 3459.
Sœur Jeanne des Anges, 3743.
Solano (Le D^r Fr.). Lapis Lydos Appollinis, 2856.

Soleirol (J. F.). Cours de construction, 3583.
Solleysel (J. de). Parfait maréchal, 3170, 3171.
Solms-Laubach (Le Cte de). Monographiæ phanerogamarum, 1843.
Sonnet (H.). Dict. des mathématiques, 3180.
Sonnini de Manoncour (C. N. S.). *Trad.* Young, Nature des engrais, 2303.
Sophianopoulo (Le D^r). Relation des épidémies, 2883.
Sorbière (Sam.). *Trad.* Hobbes, Œuvres, 224.
Sorel (Ch.). Science des choses corporelles, 1329.
Sorel. Encyclopédie chimique, 1527.
Soret (A.). Optique photographique, 3976.
Soto (Dom.). Quæstiones in libr. physicorum Aristotelis, 339. — Comment. in libr. physicorum Aristotelis, 339. — Comment. in dialecticam Aristotelis, 339.
Soubeiran (E.). Physique, 1397. — Fabrication des eaux minérales, 1727.
Soubeiran (Le Dr J. L.). Matière médicale des Chinois, 3025.
Soubies (Alb.). Hist. de la musique, 4119.
Soulacroix (J. J.). Guide des écoles, 778, 779.
Souleyet. Voyage autour du monde, p. 292.
Soulice (Th.). Entretiens sur l'agriculture, 2335.
Soulié (E.). *Edit.* Mémoires sur la vie des membres de l'Académie, 3784.
Soult (Le M^{al}). Mémoires, 3620.
Soumille (L'abbé B. L.). Le grand trictrac, 4230, 4231.
Soupers (Les) de la cour, 4208.
Souriau (P.). Théorie de l'invention, 522.
Soury (J.). *Trad.* Haeckel, Essais de

psychologie, 519. — *Trad.* Haeckel, Règne des protistes, 2061.
Souviron (A.). *Edit.* Estarac, Cours d'arithmétique, 3235.
Spach (Ed.). Illustrationes plantarum, 1877.
Spearman (E.). *Trad.* Bertillon, Anthropometrical descriptions, 1118.
Specimen methodi scholasticæ, p. 42.
Spectateur (Le). 637.
Spectator (The). 639.
Spencer (Herbert). Classification des sciences, 10. — Premiers principes, 305. — Essais de morale, 306. — Principes de psychologie, 514. — Bases de la morale, 646. — Morale des différents peuples, 647. — Problèmes de morale, 648. — Éducation intellectuelle, 759. — Introduction à la science sociale, 1013. — Principes de sociologie, 1016. — Rôle moral de la bienfaisance, 1099. — Principes de biologie, 1624. — *Préf.* Collins, Résumé de la philosophie de Spencer, 307.
Speusippus. De Platonis definitionibus, 68.
Spigel (Adr.). De corporis fabrica, 2682. — De formato fœtu, 2682.
Spinoza (B. de). Opera, 232, 233. — Ethique, 234. — Lettres, 235. — Dieu, 517.
Sponde (J.). *Trad.* Pythagoreorum fragmenta, 860.
Sprengerus (J.). Malleus maleficarum, 3711-3713.
Spuller (E.). Au ministère, 840. — Education de la démocratie, 903. — Lamennais, p. 44. — *Préf.* Castagnary, Salons, 3935.
Spurzheim (G.). Phrénologie, 2741. — Observ. sur la folie, 2955.
Staehling (Ch.). Mission suisse à Strasbourg, 3663.
Stahl (G. E.). Opusculum, 2663. — *Préf.* Alberti de hæmorrhoïdibus, 2898.

Stahl (P. J.). *Préf.* Noel, La vie des fleurs, 2543.
Stallo (J. B.). La matière, 1495.
Stampa (P. A.). Fuga Satanæ, 3713, 3716, 3718.
Statistique de l'enseignement, 799.
Statistique de l'industrie minérale, 1792, 1793.
Statistique forestière, 2401, 2403.
Statistique intern. de l'agriculture, 2083.
Statistique pénitentiaire, 1111.
Statistiques coloniales, 1283.
Statistiques des prisons, 1110.
Statues et bustes antiques, 3978.
Statuts du comice d'Alger, 2222.
Steele (R.). Le Spectateur, 637, 639.
Stendhal (de). Hist. de la peinture, 3905.
Stephanus (Henr.). Hippocratis loci, 2588. — Celsi loci, 2588.
Stephens (H.). Manuel de drainage, 2355.
Steuchus (Aug.). De philosophia, 157. — De Eugubii nomine, 157.
Stewart (Balfour). Conservation de l'énergie, 1422.
Stewart (Dugald). Hist. des sciences métaphysiques, 16. — Essais philosophiques, 484. — Philosophie des facultés, 485. — Philosophie de l'esprit humain, 486. — Esquisses de philosophie, 642.
Stewechius (God.). *Edit.* Vegèce, De re militari, 3537. — Conjectanea in Frontini stratagemata, 3537.
Stirling (P. J.). Découverte des mines d'or, 971.
Stoll (Max.). Ratio medendi, 2821. — De cognoscendis febribus, 2821, 2865. — Médecine pratique, 2822.
Störck (Ant.). Annus medicus, 2816. — De cicuta, 3016.
Stourm (R.). Le budget, 1212. — Systèmes d'impôts, 1221.
Strom (Chr.). Usus ratiociniorum, 2662.

STROZA (Kyriacus). Politica, 74.
STUART-MENTEATH (W. P.). Relations de la géologie, 1675. — Géologie des H.-Pyrénées, 1721.
STUART-MILL (J.). Économie politique, 975.
Stud book français, 2474.
SUAREZ (Fr.). Metaphysicæ disputationes, 407-411.
SUBIT (H.). Réforme des prisons, 1104.
SUDRE (Alfr.). Hist. du communisme, 999.
SUÉTONE. Vita Cæsarum, 328.
Suite du Voyage du monde, 473.
SULLY (James). Le pessimisme, 316. — Illusions des sens, 523. — *Préf.* Perez, Psychologie de l'enfant, 772.
SULLY-PRUDHOMME. *Voy.* PRUDHOMME.
Supplementi Vietæ instauratio, 3490.
Sur la législation des grains, 1053.
Sur l'expédition de Constantine, 3638.
SURIREY DE SAINT REMY (P.). Mémoires d'artillerie, 3571.

SUSANE (Le Gal L.). Hist. de l'artillerie, 3529. — Hist. de la cavalerie, 3530. — Hist. de l'infanterie, 3531.
SUTTER (Dav.). Théorie de la perspective, 3499. — Esthétique, 3798.
SWARTS (Th.). *Trad.* Liebig, Lettres sur l'agriculture, 2204.
SYDENHAM (Th.). Observationes, 2651.
SYLVIUS (Fr. DELEBOE). Disputationes, 2634.
SYLVIUS (Jac.). Isagoge, 2580. — Comment. in Galeni de febribus, 2606. — De mensibus mulierum, 2606. — Comment. in Hippocratis elementa, 2606. — Comment. in libr. Hippocratis anatomicos, 2606. — Comment. in libr. Galeni anatomicos, 2606. — Opera, 2633. — Morborum internorum curatio, 3004. — *Edit.* Galeni de usu partium corporis, 2580.
SYNÉSIUS. Comment. sur Démocrite, 3751.
SYRUS (Publius). Sententiæ, 142.

T

Tableau de l'amour conjugal, 2721.
Tableau du commerce de la France, p. 185.
Tableaux de population, 1281.
Tables de comparaison des mesures, 3350.
Tabula Cebetis, 561, 573.
TAGAULT (J.). De chirurgica institutione, 3080.
TAILHADE (J. P.). Lettres sur Capbern, 3039.
TAINE (H.). Idéalisme anglais, 299. — Philosophes du xixe siècle, 300. — Positivisme anglais, 301. — L'intelligence, 500. — Philosophie de l'art, 3801-3803, 3805. — L'idéal dans l'art, 3804.
TAIT (P. G.). Traité des quaternions, 3285.

TALABOT (L.). Exécution des chemins de fer, 1288.
TALÆUS (Aud.). *Annot.* Rami dialectica, 354.
TAMPIER (C.). Bains à l'hydrofère, 3023.
TANNERY (P.). *Edit.* Fermat, Œuvres, 3211.
TARBÉ DES SABLONS. Chemin de fer, 1291-1293.
TARBÉ DES SABLONS (S. A.). Manuel des poids et mesures, 3351.
TARDE (J.). Borbonia sidera, 3490.
TARDIEU (Ambr.). Dict. d'hygiène, 2759. — La pellagre, 2905.
TARDIEU (E.). *Edit.* Vitruve, Architecture, 4005.
Tarif des douanes, 1254, 1261.
TCHIHATCHEF (P. de). *Trad.* Grisebach, Végétation du globe, 1827.

Teinturier (E.). Le sabbat, 3746.
Teisserenc de Bort (Edm.). Questionnaire agricole, 2094.
Tellez (Balth.). Summa philosophiæ, 192.
Telliamed, 1639.
Tellier (Ch.). L'ammoniaque, 1571.
Ténot (Eug.). Paris, 3602. — La frontière, 3603.
Terrasson (L'abbé J.). La philosophie, 253.
Terrier (Jacq.). Maladies de l'armée des Pyrénées, 3002.
Tessier (L'abbé H. A.). Agriculture, 2072. — Expérience contre la morve, 2411.
Testament politique du C^{al} Alberoni, 911, 912.
Testament poltique de Louvois, 909.
Testament politique de Richelieu, 910.
Teste (Le Dr A.). Maladies des enfants, 2846.
Testelin (H.). Mémoires pour l'hist. de l'Académie, 3783.
Textor (B.). Préservation de peste, 2878.
Thaer (A.). Principes d'agriculture, 2149. — Instruments d'agriculture, 2341.
Thannberg (H. de). Centenaire de Boieldieu, p. 626.
Theatro moral, 639.
Theatrum chemicum, 1498.
Thénard (L. J.). Chimie, 1517.
Thénot (J. P.). Perspective, 3498.
Theodorus. Voy. Gaza.
Theodosius Tripolita. Sphærica, 3193, 3196.
Théon. Comment. in Euclidis elementa, 3181, 3183. — Comment. in Arati phænomena, 3409.
Théophile. Essai sur divers arts, 3773.
Théophraste. Characteres, 546, 569-573, 615-617. — Opera, 1849.
Théorie de l'impôt, 1214.

Théron de Montaugé. L'agriculture, 1046.
Théry (A.). Lettres, 738.
Thevart (J.). Edit. Ballonii opera, 2672.
Thibeaudeau (Ad.). Lettre sur la curiosité, 4067.
Thibault. Culture du pelargonium, 2544.
Thienon (C.). Vues de la Gironde, p. 605.
Thierry fils (J.). Vignole de poche, 4010.
Thirion (Ch.). Edit. Conférences du Trocadéro, 1177. — Edit. Congrès du Trocadéro, 1178.
Thomas d'Aquin. Libelli, 439, 1367. — Commentaria in Aristotelem, 439, 440, 550, 863, 1367, 1368. — Expositio in Boetium, p. 15, p. 101.
Thomas Philologus Ravenna. De vita hominis, 2586.
Thomassin (Am.). Messe, 4148.
Thomson, Cte de Rumfort (Benj.). Détails sur un établissement, 1062. — Précis de divers établissements, 1062. — Aliments des pauvres, 1062. — Principes des établissements, 1062.
Thomson (W.). Conférences, 1497.
Thore (Jean). Eaux de Dax, 1761. — Chloris des Landes, 1858.
Thore (Jules). Radiomètre, 1424. — Une nouvelle force, 1425.
Thouin (André). Agriculture, 2072. — Discours de l'économie rurale, 2143. — Cours de culture, 2289.
Thoumas (Le G^{al}). Transformations de l'armée, 3534.
Thouvenel (P.). Mélanges, 1427.
Thoyer (J.). Calculs d'intérêts, 3240.
Thuillier (J. L.). Flore, 1868.
Thulié (Le Dr H.). La femme, 1999.
Thuret (Aug. de). Considérations, 1295.
Thurot (Fr.). Edit. Locke, Œuvres, 273.
Thurston (R. H.). Machine à vapeur, 3387.

THYLESIUS (Anth.). De coloribus, p. 206.
THYRÆUS (P.). Dæmoniaci, 3715.
TIBERGHIEN (G.). Éléments de morale, 536.
TICIER (Mich.). Eaux de Capvern, 1749.
TICKELL. Le Spectateur, 637.
TILLET. Précis des expériences, 2411.
TILLIER (L.). Hist. d'un paquebot, 3518.
TIMÆUS Locrus. Opusculum, 111.
TIRON (Alix). Musique grecque, 4130.
TISSANDIER (G.). *Dir.* La Nature, 1596.
TISSERAND (E.). Économie rurale, 2268.
TISSIÉ (Le D^r Ph.). Les rêves, 526.
TISSOT (Cl. J.). Hist. de la philosophie, 28. — Cours de philosophie, 288. — *Trad.* Kant, Critique de la raison, 277. — *Trad.* Kant, Logique, 398. — *Trad.* Kant, Mélanges de logique, 399.—*Trad.* Kant, Prolégomènes, 417. — *Trad.* Kant, Principes de la morale, 644.
TISSOT (Jos.). L'imagination, 497.
TISSOT (J.). Carte géologique, 1700.
TISSOT (S. A.). Avis au peuple, 2785.
TITELMANN (Fr.). Compendium philosophiæ, 158, 1576.
TITIUS (Rob.). Notæ in Nemesianum, 4224.
Titres médicaux des thermes de Dax, 1762.
TOCQUEVILLE (Al. de). Démocratie en Amérique, 919.
TOLETUS (Fr.). Opera, 341, 343. — Comment. in Aristotelem, 340-343, 422-424, 1339-1343.
TOLLET (C.). De l'assistance publique, 1086. — Les hôpitaux, 1087.
TONSTALLUS (Cuth.). In laudem matrimonii oratio, 328. — De arte supputandi, 3224.
TOPINARD (Le Dr P.). Anthropologie, 1983. — L'homme dans la nature, 1997.—*Dir.* L'Anthropologie, 1967.
TORCY (Le Mis de). Des remontes, 2476.
TORINUS (Alb.). Paraphrases in libros Alexandri Tralliani, 2803. — *Trad.* Dioclis de tuenda sanitate, 2803.
Totius doctrinæ philosophicæ tractatio, 222.
Tour (Le) de l'exposition, 1181.
TOURNAL. Notes sur la céramique, 4187.
TOUSSAINT (Cl. J.). Manuel d'architecture, 4014.
TOUSSAINT (Fr. V.). *Trad.* James, Dict. de médecine, 2560.
TOUSSENEL (A.). L'esprit des bêtes, 2014, 2023.
TOUZIS. Dialogues sur le système métrique, 3332.
TOWNE (Gél.). Astronomie, 3431.
TOZZI (Lucas). Medicina, 2655. — Comment. in Hippocratis aphorismos, 2655.
TRACY (V. de). Lettres sur l'agriculture, 2200.
Traité de commerce, p. 182.
Traité de l'amitié, 665-668.
Traité de la jalousie, 661.
Traité de la paresse, 670.
Traité de l'incertitude des sciences, 5.
Traité des bois, 2382.
Traité des dispenses du carême, 2783.
Traité inédit d'économie rurale, 2162.
Traitement des porcs, 2498.
TRALLES (Balth. L.). De insitione variolarum, 2906.
TRALLIANUS. *Voy.* ALEXANDRE de Tralles.
TRAPEZUNTIUS (Georgius). Dialectica, 328, 329.
TREBATIUS (Bern.). *Trad.* Ori Apollinis de hieroglyphicis notis, 328.
TRÉLAT (U.). Enseignement de la médecine, 2571.
TRÉMAUX (P.). Origine de l'homme, 1963.
TRENCHANT (J.). Arithmétique, 3229.
TRESCA (H. Ed.). Visite à l'exposition, 1148.
Trésor politique, 867.
TRIGER (J.). Carte géol. de la Mayenne, 1680. — Note sur le pays basque, 1685.

— 739 —

Triller (D. W.). Clinotechnia, 2819.
Trincano. Éléments de fortification, 3582.
Tripier (Le Gᵃˡ J.). La fortification, 3598.
Tripon (J. B.). Traité élémentaire de Topographie, 3338.
Triquet (E.). Pathologie, 2829.
Trochu (J. L.). Défrichement des landes, 2349.
Trochu (Le Gᵃˡ). L'armée française, 3565.
Trogneux (G.). Modes de transport, 3520.
Trois mois d'hiver à Alger, 3001.
Tronchin (T.). De colica pictonum, 2988. — *Préf.* Ballonii opera, 2672.
Trouessart (Le Dʳ E. L.). Les microbes, 2063.
Troussel (Le Dʳ J. F. A.). Tumeur de l'utérus, 3095.
Trutat (Eug.). Les Pyrénées, 1720. — Gisements de chaux, 1798. — *Dir.* Matériaux pour l'hist. de l'homme, 1966.
Tschudy (Le Bᵒⁿ J. B. L. Th.). Greffe des plantes, 2411.
Tuchmann (Le Dʳ). Taille périnéale, 3096.
Tudot (Edm.). Principes du dessin, 3884.
Tull (de). Remarques sur le sainfoin, 2365.
Tulpius (Nic.). Observationes, 3060.
Turbilly (L. F. H. de Menon, Mⁱˢ de). Défrichements, 2345, 2346.
Turecki (Rud.). Études prophylactiques, 1572.
Turgan (J.). Les grandes usines, 4161.
Turlin (Alph.). Manuel, 3556.
Turlin. Organisation de l'enseignement, 842.
Tycho Brahe. Astronomiæ progymnasmata, 3434.
Tyndall (J.). Le son, 1421. — Les glaciers, 1423. — Les microbes, 2062.

U

Uhagon y Guardamino (Fr. de). La agricultura, 2280.
Ulacq (A.). Tabulæ sinuum, 3342, 3343.
Ulloa (Le Gᵃˡ Jér.). Guerre de l'indépendance, 3639.
Unité (De l'), 280.
Unquera (Ant. Balbin de). La beneficencia, 1075.
Urbain. Encyclopédie chimique, 1527.
Ussel (Le Vᵗᵉ Ph. d'). L'esprit public, 897.
Ussieux (L. d'). Cult. de la vigne, 2409.
Uterverio (J. C.). De piscibus, 2030.

V

Vacherot (E.). Hist. de l'école d'Alexandrie, 31. — Spiritualisme, 318. — Science et conscience, 499. — *Edit.* Cousin, Hist. de la philosophie, 25, 26, 27.
Vachon (Mar.). Callot, 3878. — Phil. de Lorme, 3878. — Strasbourg, 4076. — Rapports sur les musées, 4093-4097.
Vænius (Otho). Emblemata, 659.
Vaillant (L.). Expéditions du Travailleur, 2033.
Valabrègue (Ant.). Abr. Bosse, 3878.
Valazé (Le Gᵃˡ Dufriche de). *Edit.* Vauban, Défense des places, 3584.
Valence (P.). Comment. sur Cicéron, 99.
Valerianus (J. Pierius). Compendium in sphæram, 3473.
Valerius (Val. de). Opus in artem Lullii, 153.
Valerius (J. Gott.). *Voy.* Wallerius.
Valernod (M. Elz.). Problème, 3380.
Valla (G.). De expetendis rebus, 150.

— De ratione argumentandi, 329. — De argumentis, 330. — *Comment.* Ciceronis Tusculanæ, 96.

VALLA (J.). Institutiones, 268.

VALLERIOLA (Fr.). Enarrationes, 2615. — Loci communes, 2616.

VALLESIUS (Fr.). Comment. in Hippocratem, 2607, 2608. — Controversiæ, 3051, 3052. — Libellus, 3052.

VALLIN (E.). Traité des désinfectants, 2766. — Hygiène de l'enfance, 2768. — Encyclopédie d'hygiène, 2770. — *Dir.* Revue d'hygiène, 2764.

VALLOT (J.). Annales de l'observ. du Mont-Blanc, 1454. — Glaciers des Pyrénées, 1631. — Déformation des pics, 1631. — Le sapin, 1631. — Études pyrénéennes, 1631. — Comblement des lacs, 1631. — Flore de Paris, 1870.

VALMONT DE BOMARE (J. Chr.). Dict. d'hist. naturelle, 1579-1581.

VAN BENEDEN (P. J.). Commensaux et parasites, 1931.

VAN DE WIELE (Marg.). Van Ostade, 3878.

VAN DEN BROECK (V.). Catecismo de agricultura, 2178.

VANDERMONDE (Ch. Aug.). Dict. de santé, 2563.

VANDEVELDE (L.). Statique, 3378.

VAN HELMONT (J. B.). Ortus medicinæ, 2642. — Opuscula, 2642.

VAN HOUTTE (L.). Flore, 1883.

VAN SWIETEN (G.). *Comment.* Boerhaave, Aphorismes, 3090.

VAN VEEN. *Voy.* VÆNIUS.

VANIÈRE (Jac.). Prædium rusticum, 2133, 2134.

VARCIN (Le P. Amat). *Edit.* Milliet Dechales, Mundus mathematicus, 3197.

VARIGNON (P.). Mécanique, 3363.

VARIGNY (Le Dr H. C.). *Trad.* Collins, Philosophie de H. Spencer, 307. — *Trad.* H. Spencer, Problèmes de morale, 648. — *Trad.* Darwin, Correspondance, 1625. — *Trad.* Romanes, Évolution mentale des animaux, 1923.

VARIN. Observ. astronomiques, 3466.

VARIN (P.). Expédition de Chine, 3652.

VARRON (M. Ter.). De re rustica, 2098-2101, 2109, 2112, 2115.

VASARI (G.). Vies des peintres, p. 588.

VASC DU CHATEAU (P.). Exercitationes, 2963.

VASCHALDE (H.). Mines de Largentière, 1796.

VATABLE (Fr.). *Edit.* Fabri Stapulensis philosophiæ paraphrases, 1337. — *Trad.* Aristotelis meteorologica, 1367.

VAUBAN (Le M^{al} de). Projet de dîme, 1213. — Défense des places, 3584. — Traité des sièges, 3585.

VAUCHERET (V.). *Trad.* Salmon, Géométrie analytique, 3328.

VAUQUELIN (Nic. L.). Code pharmaceutique, 3160.

VAUVENARGUES (L. CLAPIERS, Mis de). Connaissance de l'esprit humain, 477. — Œuvres, 531, 532.

VEGA (Christ. a). Opera, 2630.

VÉGÈCE (Fl.). De re militari, 3537, 3538.

VEGETIUS (Publ.). De arte veterinaria, 2109.

VELPEAU (A. A. L. M.). Médecine opératoire, 3091. — Progrès de la chirurgie, p. 470.

VENERIO (Gir.). Osservazioni, 1435.

VENETTE (Nic.). Tableau de l'amour conjugal, 2721.

VENTO DES PENNES (Le Mis de). La noblesse ramenée à ses principes, 954.

VENTURA (Comino). Trésor politique, 867.

VENTURA DE RAULICA (Le P. Joach.). Lettre, 3731.

VENTURI (J. B.). Essais sur les ouvrages de L. de Vinci, 1485.

VÉRA (A.). *Trad.* Hégel, Œuvres, 296-298, 405.

Vérard de Sainte Anne. Chemin de fer, 3699.
Verdet (Em.). *Edit.* Fresnel, Œuvres, 1491.
Verdier (Aym.). Architecture, 4029.
Verdier (F.). La houille, 1804.
Verdo (B.). Eaux minérales, 1729, 1730.
Verduc (L.). Le maître en chirurgie, 3085.
Vergnaud (A. D.). Perspective, 3496.
Vergnette Lamotte (A. de). Le vin, 2437.
Verharne. Calligraphie, 3763.
Verheyen (Ph.). De febribus, 2864.
Véritables (Des) intérêts de la patrie, 686.
Véritables (Les) clavicules de Salomon, 3722.
Vérité (La) sur le salon, 3939.
Verneau. L'Anthropologie, 1967.
Vernerus (J.). De mutatione auræ, 3224.
Vernet (Carle). Études de chevaux, 3949.
Verneuil (Ed. de). Note sur le pays basque, 1685.
Vernois (Le Dr Max.). Maladies du foie, 2985.
Véron (Eug.). La morale, 539. — Esthétique, 3815. — Eug. Delacroix, 3878.
Véron de Forbonnois (Fr.). Considérations sur les finances, 1194, 1195.
Versorius Parisiensis. *Comment.* Petri Hispani summulæ, 382.
Vertus (Les) médicinales de l'eau, 3011.
Verulam (Fr. Bon de). *Voy.* Bacon.
Vesale (Andr.). De corporis fabrica, 2681.
Vesling (Joan.). Observationes, 3128. — De pullitie Ægyptiorum, 3128.
Vesque (Jul.). Monographiæ phanerogamarum, 1843.
Veuillot (L.). L'illusion libérale, 878.
Veyran (L. de). Peintres de la mer, 3871.
Vianne (Ed.). Fertilité du sol, 2327.
Viard. Instruction sur le système métrique, 3353.

Viardot (L.). Hist. des peintres, 3892. — Musées d'Espagne, 3931.
Vibert (P.). Musée commercial, 1250.
Vicat (L. J.). Recherches sur les chaux, 3674.
Vicq d'Azyr (F.). Éloge de Stoll, 2822.
Victoires, conquêtes des Français, 3617.
Victorius (B.). De dosibus, 3005.
Victorius (P.). Explicationes, 2100. — *Trad.* Aristotelis politica, 860. — *Edit.* Varronis de re rustica, 2100, 2101. — *Edit.* Catonis de re rustica, 2100, 2101.
Vidal de Cassis (Aug.). Pathologie, 3093.
Vidal de Poitiers (Le Dr). Occlusion du tube digestif, 3095.
Vieille (J.). Mécanique, 3370.
Vieillot (L. P.). Galerie des oiseaux, 2021.
Viète (Fr.). Introd. à l'art analytique, 3277. — Notes sur la logistique, 3278.
Vigani (J. Fr.). Medulla chimiæ, 3060.
Vignalou (Le Dr A.). Étude sur la pleurésie, 2982.
Vignolo (Le Dr). Réduction des hernies, 3095.
Vignon (L.). Expansion de la France, p. 186.
Vigo Roussillon (F. P.). Puissance des États Unis, 3634.
Villa (Ant. Rodr.). Biografia de Campomanes, 1011.
Villa Amil (Gr. Cruz.). Museo de pinturas, 3932.
Villanovanus (Arn.). Schola Salernitana, 2780.
Villarceau (Yv.). Rapport, 3708.
Ville (G.). Recherches sur la végétation, 1824. — Abonos quimicos, 2178. — La crise agricole, 2207. — Conférences, 2296. — Engrais chimiques, 2333.
Ville (L.). Notice minéralogique, 1794. — Exploration géologique, 1699.

47.

VILLEMOT (Ant.). Enseignement des filles, 838.
VILLEREY (A.). Galerie de St Bruno, 3950.
VILLEROY (Ch.). *Trad.* Schwerz, Manuel de l'agriculteur, 2090, 2158.
VILLEROY (F.). Bêtes à cornes, 2493, 2494. — *Trad.* Schwerz, Manuel de l'agriculteur, 2090, 2158.
VILLIERS (A.). Encyclopédie chimique, 1527.
VILLIERS (L'abbé P. de). Réflexions sur les défauts, 662.
VILLIERS (Le D^r de). Hygiène de l'enfance, 2768.
VILLON (A. M.). Encyclopédie chimique, 1527.
VILMORIN (H.). Production agricole de l'Inde, 2275.
VILMORIN (L.). Bon jardinier, 2545.
VILMORIN (P. Ph. A.). Bon jardinier, 2545. — Revue horticole, 2536.
VINCENT (A. J. H.). Géométrie, 3306. — Balistique, 3606. — Examen de la chirobaliste, 3609. — *Trad.* Héron d'Alexandrie. La chirobaliste, 3608.
VINCENT (Cam.). Encyclopédie chimique, 1527.
VINCENTIUS (J.). Cursus philosophicus, 217. — Discussio, 218.
VINCI (Léonard de). Manuscrits, 4075.
VINET (Ern.). Hist. de l'architecture, 3991.
VINOT (Jos.). Logarithmes, 3347.
VINOT (Violette). Petit astronome, 3426.
VINSON (Julien). Religions actuelles, 2003.
VIO CAJETANUS (Th. de). Comment. in Aristotelis Peri hermenias, 439. — Quœstiones, 1367. — *Comment.* Thomæ Aq. expositio in Aristotelem, 440.
VIOLETTE (J. H. M.). Dict. des analyses, 1534.
VIOLLE. Encyclopédie chimique, 1527.
VIOLLET LE DUC (Eug. Emm.). Dict. d'architecture, 3986. — Hist. de l'habitation, 3992. — De la décoration, 4054. — Réponse à M. Vitet, 3887.
VIOLLET LE DUC fils. Etudes sur l'exposition, 4033. — *Dir.* Gazette des architectes, 4032.
VION (Ch.). *Trad.* Huarte, Examen des esprits, 2712.
VIOT (L.). Assurance contre la disette, 1055.
VIRCHOW (R.). Lettres, 2802.
VIRGILE. Géorgiques, 2116.
VIRIDET (J.). Dissertation sur les vapeurs, 2934.
VIRY. Encyclopédie d'hygiène, 2770.
Visites du prince Napoléon, 1149, 1150.
VITET (L.). Hist. de l'art, 3797. — Monographie de l'église de Noyon, 4023.
VITRUVE. Œuvres, 2589, 4003-4005.
VIVIEN (L.). Cours d'agriculture, 2144.
VIVIS (J. L.). De anima, 466.
VLITIUS (Janus). *Annot.* Poetæ latini rei venaticæ, 4224.
VOGEL (H.). Photographie, 1541.
VOGELI (F.). *Trad.* Agassiz, De l'espèce, 1909.
VOGT (Carl). Leçons sur l'homme, 1964. — *Préf.* Darwin, Variation des animaux, 1921. — *Préf.* Darwin, Descendance de l'homme, 1987.
VOGT (G.). La porcelaine, 4201.
VOGÜÉ (Le Vte E. M. de). Remarques sur l'exposition, 1183.
VOLTAIRE. Lettres philosophiques, 57. — Testament du curé Meslier, 266.
VOULLONNE. Mémoire sur la médecine, 3070. — Mémoire sur les fièvres, 3070.
Voyage du monde, 472.
Vrai (Le) bon sens républicain, 927.
Vrai (Le) philosophe, 260.
Vraie (La) philosophie, 267.
Vues patriotiques sur l'éducation, 730.
VUILLEMIN (P.). Biologie végétale, 1836. — Pathologie, 2837.
VUITRY (Ad.). Régime financier de la France, 1205, 1206.
VULPIAN (Le Dr Alfr.). Discours, 3144.

W

Waddington (Ch.). Essais de logique, 401.
Wallerius (J. G.). Agriculture, 2139, 2187.
Wallis. Commercium epistolicum, 3211.
Walras. Théorie de la richesse, 977.
Walterus (B.). Observationes, 3459.
Wandelaincourt (L'abbé A. H.). Manuel des physiciens, 1390.
Watin (J. F.). Art du peintre, 4179.
Watteville (Le B^{on} de). Bibliothèques scolaires, 801.
Wauters (Alph.). Van Orley, 3878. — Hist. des peintres, 3892. — Peinture flamande, 3901.
Wecker (J. J.). Antidotarium, 3149.
Wedlake. Culture de l'ajonc, 2466.
Weinhard (F. C.). Medicus officiosus, 2641.
Welter (H.). *Trad.* Schoedler, Éléments de minéralogie, 1799.
Werlhof (P. G.). De variolis, 3069. — Tractatus varii, 3069. — *Trad.* Actorum medicorum Edinb. specimina, 3069.
Wicar (J. B.). Tableaux de Florence, 3925.
Wickersheimer. Encyclopédie chimique, 1527.
Wicquefort (Abr. de). L'ambassadeur, 950.
Wier (J.). Histoires des diables, 3742.
Wildenberg (Hier.). Philosophiæ epitome, 159. — Epitome in physicam Aristotelis, 159, 1338.
Williams (Ch. Th.). The climate of the south, 2999.
Willis (Th.). Opera, 2654.
Wilm (J.). Hist. de la philosophie, 32.
Wilm. Eaux minérales, 1735.
Wimmer (Fr.). *Trad.* Theophrasti opera, 1849.
Winslow (J. B.). Exposition anatomique, 2689.
With (Em.). Manuel du constructeur, 3683.
Wolfius (Chr.). Philosophia, 396.
Wolfius (Hier.). *Annot.* Ciceronis opera, 96. — *Trad.* Simplicii commentarius in Epictetum, 561.
Wolowski (L.). Économie politique, 981.
Woodberry. Journal, 3634.
Worms (Em.). Sociétés par actions, 1200.
Wrisberg (H. A.). *Edit.* Zinn, Descriptio oculi, 2691.
Wurtz (Ad.). Dict. de chimie, 1504. — Théorie atomique, 1506. — Introduction à la chimie, 1509.
Wyrouboff (G.). *Dir.* Philosophie positive, 35.
Wyssius (Casp.). Physica, 386. — Logica, 386.

X

Xénocrate. De morte, 68.
Xénophon. Institution de Cyrus, 420. — Économique, 705, p. 100. — Traité de la chasse, 4227.
Xylander (G.). *Trad.* Plutarchi opera, 126, 127.

Y

YAUVILLE. Traité de vènerie, 4226.
YOUNG (Arth.). Farmer's calendar, 2151.
— Nature des engrais, 2303.
YOUNG (C. A.). Le soleil, 3448.
YRIARTE (Ch.). Fortuny, 3878. — Véronèse, 3878.

YSABEAU (A.). Science des campagnes, 2352.
YVART (J. A. V.). Excursion en Auvergne, 2263.
YVON. Digestum sapientiæ, 4.

Z

ZABARELLA (Jac.). Opera, 160, 366-369.
— Tabulæ logicæ, 160, 366-369. — Comment. in Aristotelem, 160, 369. — De naturalis scientiæ constitutione, 160. — De rebus naturalibus, 160, 366, 368, 369. — De doctrinæ ordine, 366-369.
ZACCHIA (Lanfr.). Decisiones Rotæ Romanæ, 3044.
ZACCHIA (P.). Quæstiones, 3043.
ZACUTO (Abr.). Opera, 2637.
ZAHEL. De interrogationibus, 3410.
ZAMAKHSCHARI. Les colliers d'or, 645.
ZAMBERTI (Barth.). *Trad.* Hypsiclis commentaria in Euclidem, 3181. — *Trad.* Theonis commentaria in Euclidem, 3181. — *Trad.* Theonis expositio in Euclidem, 3183.
ZAZIUS (Ud.). Defensio contra Eckium, 328. — Oratio in funere Maximiliani, 328.

ZEBALLOS (Est. S.). Description de la Rép. Argentine, 2504.
ZELLER (Const.). Des conduites d'eau, 3401.
ZELLER (Ed.). Philosophie des Grecs, 40.
ZETNERUS (Laz.). Theatrum chemicum, 1498.
ZEUNER (Dr Gust.). Wärmetheorie, 1489.
ZIEGLER (J.). Études céramiques, 4186.
ZIMARA (M. Ant.). Problemata, 1601.
ZINN (Joh. Gottfr.). Descriptio oculi, 2691.
ZOZIME. Opera, 3751.
ZUBIAUR (Le Dr J. B.). Instruction dans la Rép. Argentine, 843. — La escuela primaria, 850.
ZURCHER (Fréd.). Prévision du temps, 1441.
ZVINGER (Th.). Compendium medicinæ, 2658. — *Edit.* Aristotelis de moribus, 543. — *Annot.* Aristotelis ethica, 546. — *Annot.* Aristotelis politica, 860.

ADDITIONS ET CORRECTIONS

N° 38. Ajoutez : Deuxième Table générale des matières contenues dans les années 1888 à 1895, par J. CLAVIÈRE. — *Paris, Alcan, 1896, in-8°, 91 p.*

N° 93, ligne 3. Au lieu de : THEODORI, lisez : Theodori [GAZÆ].

N° 111, ligne 4. Au lieu de : Timæi LOCRI, lisez : TIMÆI LOCRI.

N° 160, ligne 10. Au lieu de : Aristotelis, lisez : ARISTOTELIS.

N° 232, ligne 4. Au lieu de : Epistotæ, lisez : Epistolæ.

N° 328, ligne 12. Au lieu de : Andreæ, lisez : ANDREÆ.

N° 328, ligne 16. Au lieu de : impii, lisez : impii.

N° 328, ligne 23. Au lieu de : *S. l. 1519*, lisez : *S. l. 1519, in-4°*.

N° 329, ligne 4. Au lieu de : Noviomagi, lisez : NOVIOMAGI [BRONCHORST].

N° 329, ligne 5. Au lieu de : Mosellani, lisez : MOSELLANI.

N° 333, ligne 2. Au lieu de : Frugeret, lisez : FRUGERET.

N° 440, ligne 4. Au lieu de : cardinalis., lisez : cardinalis,.

N° 440, ligne 5. Au lieu de : Morelles, lisez : MORELLES.

N° 580, ligne 5. Après *1623*, ajoutez : *in-8°*.

N° 702, ligne 1. Au lieu de : Lubbock, lisez : LUBBOCK.

N° 833. Ajoutez : 57. Médecine et pharmacie. Projets de lois recueillis et publiés par A. de BEAUCHAMP. 1847-1848.

  58. Rapports des conseils généraux des facultés pour l'année scolaire 1893-1894.

  59. Rapport sur les observatoires astronomiques de province. Année 1894.

  60, 60 *bis*. Rapports des conseils généraux des facultés pour l'année scolaire 1894-1895.

  61. Capacité en droit. Réforme 1896.

  62. Rapport sur les observatoires astronomiques de province, année 1895.

  63. Agrégation de philosophie.

  64. Agrégation des facultés de droit. Réforme.

N° 840. Ajoutez : E. SPULLER. Au Ministère de l'Instruction publique. 1893-1894. Discours, allocutions, circulaires. Deuxième série. — *Paris, Hachette, 1895, in-12.*

N° 847. Ajoutez : Tome 4. De 1863 à 1879.

N° 908, ligne 1. Au lieu de : arcants, lisez : arcanis.

N° 959. Ajoutez : Supplément au Nouveau dictionnaire d'économie politique de M. Léon SAY et Joseph CHAILLEY-BERT. — *Paris, Guillaumin, 1897, gr. in-8°.*

N° 970, p. 140, ligne 1. Au lieu de : GARNIER, lisez : Garnier.

N° 1007, ligne 1. Au lieu de : à la clase, lisez : a la clase.

N° 1059, ligne 1. Au lieu de : Joly, lisez : JOLY.

N° 1060, ligne 1. Au lieu de : Joly, lisez : JOLY.

N° 1093, ligne 3. Au lieu de : *3 vol.*, lisez : *4 vol.*

N° 1093, ligne 4. Ajoutez : 1893.

N° 1099, ligne 2. Au lieu de : MARTIN SAINT LÉON, lisez : Martin SAINT LÉON.

N° 1116, ligne 1. Au lieu de : Guyanne, lisez : Guyane.

N° 1249, ligne 3. Au lieu de : *1891, gr. in-8°*, lisez : *1891-1894, 2 vol. gr. in-8°.*

N° 1249. Ajoutez : Tome 1ᵉʳ. Temps anciens. Moyen âge.
    Tome 2. Depuis les découvertes maritimes du xvᵉ siècle jusqu'à la Révolution de 1789.

N° 1266, ligne 5. Ajoutez : 1896.

N° 1300, ligne 5. Ajoutez : 1896.

N° 1337, ligne 2. Au lieu de : Vatablus, lisez : VATABLUS.

N° 1476, ligne 7. Au lieu de : *2 tom. en vol.* lisez : *2 tom. en 1 vol.*

N° 1478, ligne 1. Au lieu de : FOREST DUCHESNE, lisez : FOREST DUCHESNE.

N° 1527, p. 228, ligne 29. Au lieu de : *2 vol.* lisez : *4 vol.*

N° 1584, ligne 6. Au lieu de : *10 part. en 5 vol.*, lisez : *12 parties en 6 vol.*

N° 1599, ligne 2. Au lieu de : *12 vol.*, lisez : *17 vol.*

N° 1599, ligne 3. Au lieu de : tomes 18 à 29, du 6 décembre 1890 au 24 novembre 1894, lisez : tomes 18 à 34, du 6 décembre 1890 au 25 juillet 1896.

Page 249, ligne 5. Au lieu de : BABINET, lisez : Babinet.

Page 254, ligne 28. Au lieu de : DOLFUS et E. de MOAT SERRAT, lisez : DOLLFUS et E. de MONT SERRAT.

N° 1843, p. 275. Ajoutez : Tome 9, Bromeliaceæ, auctore Carolo MEZ.

N° 1849. Ajoutez : Deux exemplaires.

N° 1850, p. 277. Ajoutez : En cours de publication.

N° 1871, ligne 1. Au lieu de : catologo, lisez : catalogo.

N° 1890, ligne 5. Au lieu de : Linné, lisez : LINNÉ.

N° 2124. Ajoutez : Deux exemplaires.

N° 2130, ligne 1. Au lieu de : exoptimis, lisez : ex optimis.

N° 2144, p. 323, ligne 4. Au lieu de : Vivien, lisez : VIVIEN.

N° 2219, ligne 3. Ajoutez : 7ᵉ série, 1892-1895.

N° 2438, ligne 1. Au lieu de : par L. A. LECANU, lisez : par L. R. LECANU.

N° 2587, ligne 1. Au lieu de : SERENJ, lisez : Sereni SAMONICI.

N° 2643, ligne 7. Au lieu de : Aristote, lisez : ARISTOTE.

N° 2724, ligne 2. Au lieu de : de substances, lisez : des substances.

N° 2768. Ajoutez : Nᵒˢ 33-34, par le Dʳ CHARPENTIER, pour l'année 1895.

N° 2800, p. 423, ligne 2. Au lieu de : *1893-1895, gr. in-8°*, lisez : *1893-1897, 2 vol. gr. in-8°*.
N° 2800, p. 423, ligne 3, supprimez : Tome 1ᵉʳ. En cours de publication.
N° 2936, ligne 1. Au lieu de : De la nature du siège, lisez : De la nature [et] du siège.
N° 3204, ligne 3. Au lieu de : *1878-1894, 10 vol.*, lisez : *1878-1895, 11 vol.*
N° 3209, ligne 5. Ajoutez : tome 9.
N° 3211. Ajoutez : Tome 3. Traductions par M. Paul TANNERY. 1° Des écrits et fragments latins de FERMAT. 2° De l'Inventum novum de Jacques de BILLY. 3° Du Commercium epistolicum de WALLIS.
N° 3429, ligne 4. Au lieu de : *1882-1893, 12 vol.*, lisez : *1882-1894, 13 vol.*
N° 3471, ligne 5. Ajoutez : 1897.
N° 3473, ligne 6. Au lieu de : KÆBELIO, lisez : KOEBELIO.
N° 3490, ligne 9. Au lieu de : SANCTINIO Lucensi, lisez : SANCTINIO LUCENSI.
N° 3490, ligne 17. Après : Perspective pratique, ajoutez : [par le P. Jean du BREUIL].
N° 3490, p. 537, ligne 21. Au lieu de : circum volitant, lisez : circumvolitant.
N° 3710, ligne 3. Au lieu de : LEUNCLAIO, lisez : LEUNCLAVIO.
N° 3811, ligne 6. Ajoutez : tome 6.
N° 3982. Ajoutez : Tome 2. L'influence des grands maîtres du cinquième siècle. Le quatrième siècle. L'époque hellénistique. L'art grec après la conquête romaine.

TABLE ALPHABÉTIQUE DES NOMS D'AUTEURS

Page 655, col. 1. Ajoutez : BILLY (Jacq. de). Inventum novum, 3211.
Page 666, col. 2. Ajoutez : CLAVIÈRE (J.). Revue philosophique, 38.
Page 711, col. 1. Ajoutez : MEZ (Ch.). Monographiæ phanerogamarum, 1843.
Page 736, col. 2. Article TANNERY. Ajoutez : *Trad.* Billy, Inventum novum, 3211.
— *Trad.* Wallis, Commercium epistolicum, 3211.

TABLE

Table des divisions méthodiques. 1
Table alphabétique des matières. XI
Catalogue. 1
Table alphabétique des noms d'auteurs et des ouvrages anonymes. 645
Additions et Corrections. 745

Pau. — Imprimerie-Stéréotypie Garet, 11, rue des Cordeliers
J. Empérauger, imprimeur.

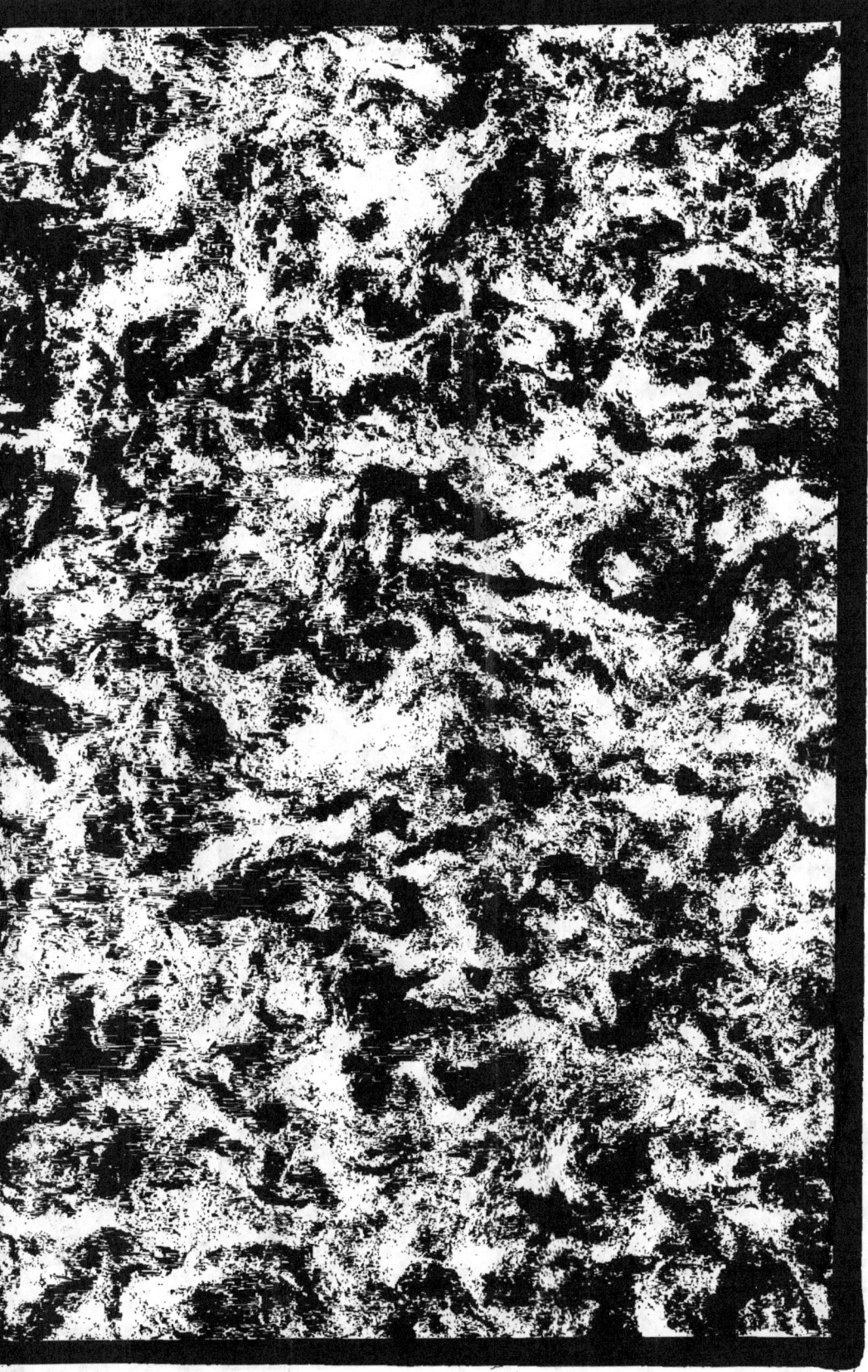

www.ingramcontent.com/pod-product-compliance
Lightning Source LLC
Chambersburg PA
CBHW061725300426

44115CB00009B/1106